2024 年度河北省哲学社会科学学术著作出版资

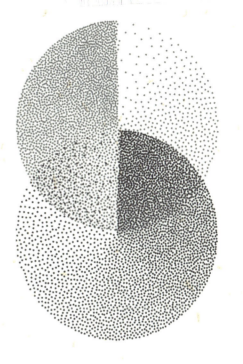

Research on the Cultural
Construction of Communities in the

PROCESS OF
GLOBALIZATION

全球化进程中共同体的
文化构建研究

赵学琳　◎著

中国财经出版传媒集团

经济科学出版社
Economic Science Press

·北京·

图书在版编目（CIP）数据

全球化进程中共同体的文化构建研究/赵学琳著
. --北京：经济科学出版社，2024.8
ISBN 978 - 7 - 5218 - 5653 - 8

Ⅰ.①全…　Ⅱ.①赵…　Ⅲ.①国际文化关系 - 研究
Ⅳ.①G115

中国国家版本馆 CIP 数据核字（2024）第 049619 号

责任编辑：杨　洋　卢玥丞
责任校对：刘　娅
责任印制：范　艳

全球化进程中共同体的文化构建研究
QUANQIUHUA JINCHENG ZHONG GONGTONGTI DE WENHUA GOUJIAN YANJIU

赵学琳　著

经济科学出版社出版、发行　新华书店经销
社址：北京市海淀区阜成路甲 28 号　邮编：100142
总编部电话：010 - 88191217　发行部电话：010 - 88191522
网址：www. esp. com. cn
电子邮箱：esp@ esp. com. cn
天猫网店：经济科学出版社旗舰店
网址：http://jjkxcbs. tmall. com
北京季蜂印刷有限公司印装
787 × 1092　16 开　26. 75 印张　530000 字
2024 年 8 月第 1 版　2024 年 8 月第 1 次印刷
ISBN 978 - 7 - 5218 - 5653 - 8　定价：160. 00 元

序　言

季正聚

　　当今，人类世界正在经历百年未有之大变局，百年来延续下来的世界秩序正在发生巨大变革，新兴力量不断发展，新的秩序原则和趋势已经萌芽并不断趋向强大。而在这个过程中，此消彼长的力量之间会产生更加激烈的竞争和较量。百年未有之大变局体现着新旧两种力量之间的博弈和较量，原有力量和新兴力量、原有秩序和新兴秩序、原有话语和新兴话语、原有规则和新兴规则之间将必然产生复杂的矛盾，形成多维度的博弈。但从根本上讲，百年未有之大变局的生成逻辑，决定着它在挑战和机遇中孕育着增长和发展的积极趋势，孕育着人类社会更合理的发展方向。在百年未有之大变局的时代境遇中，习近平总书记高瞻远瞩，审时度势，明确提出推动构建人类命运共同体的时代命题。推动构建人类命运共同体，是我国在百年未有之大变局的时代背景下提出的重大倡议，是中国顺势而为，主动作为，于变局中开新局、育新机的重要创新。

　　推动构建人类命运共同体，在新时代党的创新理论中居于重要地位，是习近平新时代中国特色社会主义思想中"十个明确""十四个坚持"的共同内容，是新时代中国共产党创新理论的重要话语，是我国处理中国与世界关系、推动构建新型国际关系、开展中国特色大国外交的根本目标和战略依据。推动构建人类命运共同体是顺应时代发展大势、符合人类社会发展潮流的选择。它是一种导向，是一个宏伟目标，更是在动态发展中需要不断探索和实践的方向性战略。推动构建人类命运共同体，是新时代中国共产党根据百年未有之大变局和当今人类社会发展的必然趋势作出的重大判断，是中国共产党理论创新、实践创新和战略创新的重要成果，也必将在当今和未来的世界格局演进中发挥积极的引领作用，从而产生巨大的变革意义。

推动构建人类命运共同体，需要在大历史观的视阈下，坚持总体性理念，把它作为一项系统性、长远性发展目标进行谋划和推进。推动构建人类命运共同体，需要在尊重各国主权的前提下，增强全人类的共同性、协调性和整体性，需要从不同国家和民族的经济活动、政治政策、对外战略、民心认同等多个方面向共同体的目标推进，其中，民心认同和民心相通，是构建人类命运共同体的人心基础，是构建人类命运共同体的必要条件，也是构建人类命运共同体的关键难点。这由此证明了从文化维度研究构建人类命运共同体问题的必要性和重要性。

文化是人类在发展进程中对大自然、社会、自我领域进行认识和改造的理论成果和实践成果，代表着人类社会发展的水平和质量。所以，文化既是人类社会发展的基本内涵，又是影响人类社会发展的重要力量。从人类社会发展的基本趋势来看，人类社会发展进步的过程，就是人类社会的文化含量不断丰富的过程，是文化对人类社会的推动力量不断增强的过程。立足当今，展望未来，文化对于一个国家、对于人类社会的塑造意义和变革意义越来越大。对于构建人类命运共同体而言，从民心、从文化的角度推动构建人类命运共同体，是一个具有前沿性的角度，也是一个具有挑战性的课题。

文化是构建人类命运共同体的"软环境"和"软条件"。从文化角度推动构建人类命运共同体，从根本上解决的是人们对于人类命运共同体的认知、认同问题，这也是构建人类命运共同体的前提性问题。人类社会从早期文明的起源发展，到不同国家、民族和文明相互之间的交流不断扩大，到现在全球化进程不可逆转，都表现为一种总体的趋势，这种趋势就是人类共同的行为、共同的内涵不断增加的历程。而在人类社会的剧烈变化期、深刻转型期，往往是思想观念多样性、差异性日益彰显的时期。在百年未有之大变局的背景下，不同价值取向、发展取向纷繁复杂、多元呈现，"文明冲突"论调、保守主义和民粹主义思潮都有所抬头。我们需要解决好构建人类命运共同体的进程中存在的文化壁垒，解决好文化全球化进程中仍然存在的文化挑战，从文化层面形成对于人类命运共同体的正确理解和认知，培育有利于构建人类命运共同体的文化理念，为推动构建人类命运共同体创造充分的文化思想环境，提供良好的文化思想资源。

从文化角度推动构建人类命运共同体，需要解决的非常关键的问题，就是个体与共同体之间的关系问题。这里的个体就是独立的国家、民族或国际组织，共同体就是人类命运共同体。推动构建人类命运共同体，不是削弱或消灭国家主权，不是取消国家或民族的独立地位，而是在"个性"和"共性"相统一的基础上，增强人类社会的共同性，增加不同国家或民族之间在全球平台上的共同思想理念、共同行为准则、共同战略取向和共同利益发展机制。所以，构建人类命运共同体，无论是过程还是结果，都是普遍性和特殊性的辩证统一，而不是普遍性和特殊性的分裂或对立，更不是运用普遍性压制或消灭特殊性。由此，推动构建人类命运共同体要坚持系统思维，正确处理独立国家和人类命运共同体的关系，正确处理内在要素和时代环境的关系。具体到全球文化领域也是如此，创造人类命运共同体的文化环境和文化条件，并不是要用共同体文化挤压、排斥甚至消灭其他的文化主体、文化形态和文化力量，而是以尊重多样性文化为基础，构建文化或文明之间的合理关系，培育不同文化或文明的共同内涵和共同形态。

从文化角度推动构建人类命运共同体，需要注重全球文化治理的现实问题，推动全球文化向健康合理的方向发展。在当前全球文化境遇中，存在着一定的文化问题，需要科学治理，合作治理。有的问题表现为资本逻辑推动之下，文化领域片面追求经济利益出现"娱乐至死"的现象；有的问题表现为高新科技浪潮迅猛发展，人却面临着科技异化的困境；有的问题表现为人认识世界的能力不断提高，但人们的信仰体系面临着断层和动荡的形势；等等。当今，我们倡导构建人类命运共同体，面对着全球化进程中的"逆全球化"思潮，面对着有的国家或集团对于人类共同性的破坏，面对着世界文化领域错综复杂的问题，需要进行针对性的善治和良治，通过全球文化治理推动文化格局向公正合理的方向发展，破除人类思想文化层面的"高墙小院"，消减形形色色的中心主义、保守主义和民粹主义的影响，从而为推动构建人类命运共同体创造良好文化环境。

从文化角度推动构建人类命运共同体，不是一个明确的工作或规划，而是一个摸索或探索的过程，具有较大的不确定性和多方变量。推动构建人类命运共同体，需要顺应时代变迁，在动态的持续的实践中坚持和运用系统观念。因为推动构建人类命运共同体，本身就是一个需要多要素共同参与、多领域共同发力、多维度共同推动的宏伟目标，需要把文化与其他的要素、领域通盘考量，系统统筹，协同推进，要把文化发生作用的机制与其他机制实现良性互动。同时，探索构建人类命运共同体进程中的文化战略问题，也要注重文化战略相关的结构性和系统性，把文化理念、文化战略、文化政策、文化途径进行全面分类规划，统筹安排，统一推进。对这个问题的研究要合乎变化着的时代环境和趋势，保持与时偕行，做到因事而化、因时而进、因势而新，才能实现建设性的作用。

赵学琳撰写的这本专著《全球化进程中共同体的文化构建研究》，从文化角度对于构建人类命运共同体进行了多维度的深入研究，形成了一个整体性研究成果，是在系统性观念的视角下，把握和回应了推动构建人类命运共同体的文化重点和难点问题，对于构建人类命运共同体研究具有理论意义和实践意义。当然，构建人类命运共同体不是一天建成的，也不是很快就能建成的，它需要铺垫基础，需要积累条件，需要创造与转化。推动构建人类命运共同体，需要坚持发展思维，正确处理当下和未来的关系。从文化角度推动构建人类命运共同体，是一个非常复杂的问题，也具有充分的不确定性，还需要从理论上、从实践上持续深入地进行学术探讨。

是为序。

2024 年 5 月于北京

前　言

当今的全球化进程还在继续吗?

由于有的国家和国家集团利益获取方式受到影响,世界上出现了反全球化、逆全球化、保守主义、民粹主义的动向,对全球化进程形成了干扰和破坏。有人对于全球化进程产生了怀疑,对全球化的未来产生了悲观的认识。

但是,正所谓天行有常,从人类历史特别是世界历史来看,从人类生产力和生产关系发展的根本要求来看,全球化是人类社会发展的大势,全球化进程不会"死亡",全球化进程会始终持续下去,并成为世界历史的主旋律。

在全球化的时代背景下,面对全球化发展面临的新机遇和新挑战,面对人类社会出现的新问题与新矛盾,习近平总书记提出了构建人类命运共同体的重大方略和主张,成为我国处理双边多边关系、中国与世界关系的核心话语,为人类社会发展进步明确了宏伟目标和科学方略,是解决人类前途命运重大问题的中国方案,是正确回答当今人类"时代之问""世界之问"的中国智慧,是实现人类社会美好理想的中国力量。构建人类命运共同体是我国针对世界格局深刻变革提出的基本目标,是推动世界百年未有之大变局向公平公正方向发展的科学举措,是面对影响人类前途命运的重大问题而提出的中国实践主张。这不仅成为我国处理中国与世界关系、双边与多边关系的核心话语,而且深刻体现出世界格局发展的正确方向。

世界大势变化多端,"分"与"合"、"一"与"多"的矛盾形成了世界大势的主要变量。全球化进程是人类社会发展的时代趋势,代表着人类社会总体的发展方向,体现着世界范围内共同性和差异性不断增加的过程。在这个过程中,正确处理国家主体与人类命运共同体的关系,正确处理差异性和统一性的关系,是构建人类命运共同体实践中面临的基础性问题。

毫无疑问,构建人类命运共同体是一个目标,是一张蓝图,是一个方向。人类命运共同体能否转变成现实,转变成人类世界的宏观系统,转变成国家与国家之间、民族与民族之间的关系构架，取决于我们应该怎样做，取决于我们共同的理念、共同的意志、共同的行动和共同的努力方向。因此，构建人类命运共同体是一项多维度的实践工程，需要多方共同支持和参与，需要多要素共同协调发挥各自的优势和作用。我们构建人类命运共同体，就是要建设一个持久和平、普遍安全、共同繁荣、开放包容、清洁美丽的世界，需要我们从经济、政治、文化、对外战略、外交目标等方面进行协调，同时也需要矢志不渝的信念为支撑，深化合作，全力推进。

要构建人类命运共同体需要多种要素和多维力量，其中有一种力量发挥着重要作用，可以说，这种作用是前提性的作用，基础性的作用。这种力量就是文化的力量。对于文化的世界影响，学术界已经提出过较多的解释范式或概念，如马克斯·韦伯提出"新教伦理与资本主义精神"，弗朗西斯·福山提出"历史终结论"，约瑟夫·奈提出"软实力理论"，塞缪尔·亨廷顿提出"文明冲突论"，苏珊尼·诺瑟提出"巧实力理论"，等等。尽管这些不同的解释范式有不同的立场，甚至也有提出者自身的初衷或动机，但都从不同的维度阐释了文化对人类社会、世界格局、国家地位和竞争力的影响。

文化不仅是构建人类命运共同体进程中的重要领域和重要内容，而且也是构建人类命运共同体的重要条件和重要保障，为构建人类命运共同体提供着思想保证和实践动力。从生态学的角度来讲，人类命运共同体能够生根发芽，结成累累硕果，前提是具备人类命运共同体生成、发展的生态要素和生态环境，文化对于人类命运共同体而言，就像是空气和土壤对于植物一样，为构建人类命运共同体提供着环境条件。构建人类命运共同体，首先要具备人类命运共同体的思想文化要素，具备人类命运共同体充分的"软环境"。认同的立场、接纳的态度，是人类命运共同体在世界范围内形成共识的根本条件。

从学术研究的角度而言，近年来，人类命运共同体理念受到广泛而持续的关注。构建人类命运共同体，已经成为国内学术界研究日益上升的显学，而且在国外学者中也引起了一定程度的反响，也有的学者开始关注构建人类命运共同体进程中的文化作用问题。深入探讨构建人类命运共同体与文化之间的学理关系和实践关系，全面研究和完善构建人类命运共同体的文化战略，具有非常重要的理论意义和实践意义。而从当前的学术研究脉络和动态来看，人类命运共同体与文化的关系，是学术界关注人类命运共同体的新角度，这个问题在学术领域也呈现萌芽成长的趋势。

从文化的维度推进构建人类命运共同体，并不是一个理想化的要求和取向，仍然要科学地处理整体与部分、国家立场与共同体意识等类似的关系，不能用标准化的尺度去衡量不同国家和民族的文化信念和文化主张，不能用一刀切的方法去切割多样性的文化形态和文化观念。我们科学的态度是，让世界各国和更多的人了解人类命运共同体的科学内涵，了解人类命运共同体对于国家地位和国家间关系的主张，面对错综复杂的世界文化环境，在多样性、差异性为鲜明特征的文化世情的基础上，做到求同存异，在不同国家、民族和文化系统中形成对于人类命运共同体的共性认识。人类命运共同体文化构建是以平等对话、包容理解、求同存异为原则进行的实践活动，是以不同国家、不同地域、不同民族为基础进行的实践活动，是在肯定文化多样性、加强文化交流、实现文化创新的基础上进行的实践活动。客观地讲，在世界范围内，在多样文化或文明的环境中，最大限度地形成对于构建人类命运共同体的文化共识，并不是一件容易的事情，也不是通过异想天开就可以达到的。

构建人类命运共同体是一个探索的过程，而且是一个长期探索的过程。我们需要从目标和过程的动态协调中推进构建人类命运共同体。如果说，把构建人类命运共同体等同于我们今天就要实现人类命运共同体的架构，这样的认识是不正确的，也是不理性的，甚至是有害无益的。

我们需要做的是，让世界上更多国家或民众形成对于人类命运共同体的正确认识，科学地理解人类命运共同体的真正内涵和目标。这是我们推进构建人类命运共同体的认知条件。在这个过程中，我们要正确把握构建人类命运共同体的文化底蕴，认识和发挥文化在构建人类命运共同体的重要作用，通过文化传播交流推进人类命运共同体理念的国际传播，更大程度上培育人类社会和不同国家对人类命运共同体的思想共识和文化共识，为构建人类命运共同体创造思想条件和文化条件。

构建人类命运共同体既是各国人民的共同愿景，又是人类社会的客观趋势，必然伴随世界历史的动态发展持续深化。

赵学琳

2024 年 6 月

目　录

第一章
人类命运共同体与文化建设的理论协奏

在人类社会历史长河中，形成了多种共同体的类型，只不过历史上出现的共同体，具有不同的指向性和目的性，从根本上看，是历史在特定环境中的产物，必定体现特定的视角和视野。社会存在决定社会意识，社会意识反映并反作用于社会存在。构建人类命运共同体，是我们运用辩证唯物主义和历史唯物主义分析世界的理论成果，是当今时代的理论产物。人类命运共同体是对于历史上不同共同体类型的进一步的超越和创新，具有很强的科学性、时代性和实践性。构建人类命运共同体是一项系统性、整体性的工程，需要多方主体共同参与建设，多个要素共同发挥作用，多个条件共同提供保障。在构建人类命运共同体的过程中，文化是构建人类命运共同体的重要领域、重要内容、重要资源和重要方式，为构建人类命运共同体提供着道义支撑、精神保证和思想共识，在构建人类命运共同体的实践中发挥着不可替代的重要作用。客观上讲，当前国内外学术界对于构建人类命运共同体过程中的文化作用和文化战略，开始了相关方面的思考，对这个问题进行了相关性的研究，但人类命运共同体文化战略的研究还处于萌芽阶段。对于构建人类命运共同体进程中我国文化战略的研究，要坚持好继承和发展的关系，既要全面把握国内外研究的现状和动态，了解已有的学术成果和观点，又要准确把握学术界研究的薄弱环节和创新空间，在现有的基础上进一步深化和拓展。

一、国内外研究现状

（一）国内研究现状

党的十八大以来，习近平总书记多次强调推动构建人类命运共同体，使这一理论不断完善和升华。人类命运共同体理念是在回望历史、立足现实和展望未来的基础上提出的具有前瞻性的思维范式，深蕴着我们党和国家与世界各国同舟共济、合作共赢、权责共担的发展原则，深蕴着实现繁荣发展、维护共同利益的美好愿景。在这一背景下，我国学术界近年来对人类命运共同体的研究不断深入，对于人类命运共同体研究形成了比较丰富的研究成果。在人类命运共同体的内涵方面，曲星（2013）发表《人类命运共同体的价值观基础》，从四个方面探讨了命运共同体的内涵价值。沈进建、陈家勤（2015）在《"命运共同体"凝聚世界经济新增长点》文章中从五个角度梳理了命运共同体的含义。李爱敏（2016）的《"人类命运共同体"：理论本质、基本内涵与中国特色》认为，人类命运共同体是 21 世纪初由中国共产党倡导并推动的、社会主义性质的价值理念和具体实践。在人类命运共同体的地位与意义方面，张蕴岭（2014）的《中国与周边关系：命运共同体的逻辑》，阐释了命运共同体的适当性与必要性。张彪（2015）在《构建命运共同体的国际政治经济意义》中分析了命运共同体有利于实现全球可持续发展。陈须隆（2016）的《人类命运共同体理论在习近平外交思想中的地位和意义》，认为人类命运共同体理论是实现"中国梦"和追逐"世界梦"的重要指导方针。在人类命运共同体的建设方面，张康之、张乾友（2012）的专著《共同体的进化》，对合作共同体的结构、治理方式、关系和行为模式等作出分析。金应忠（2014）在《试论人类命运共同体意识——兼论国际社会共生性》中，从多个方面对人类社会"共生性"进行了翔实的探讨。许利平等（2016）的专著《中国与周边命运共同体：构建与路径》，剖析了构建中国与周边命运共同体的可行性、挑战及前景。

当前，国内学者关于人类命运共同体文化问题和文化战略的研究，还没有出现系统性完整的研究成果，有的学者从与文化相关的维度进行了论述，主要体现在以下几个方面。

1. 发挥中华优秀传统文化的中国智慧推动构建人类命运共同体

中华优秀传统文化积淀着中华民族最深沉的精神追求，代表着中华民族独特的精神标识，是我们在世界文化激荡中站稳脚跟的根基。学者们普遍认为，构建人类命运共同体，必须坚守中华优秀传统文化立场，充分发挥中华优秀传统文化的文化优势，从文化战略的高度发挥中华优秀传统文化的中国智慧，将中华优秀传统文化中儒学文化、道学文化等优秀文化基因运用于人类命运共同体构建，继承和发展中华优秀传统文化，用中华优秀传统文化滋养人类命运共同体。

坚守中华优秀传统文化立场，继承和发展中华优秀传统文化是构建"人类命运同体"的内在要求。邹广文（2016）在《人类命运共同体意识的文化关切——学习习主席 G20 杭州峰会重要讲话精神》一文中指出："作为儒家代表的孔子所倡导的'和而不同''以直报怨'的中道智慧，其精义就在于克服两极对立思维，立足包容接纳的心态，才能达到天与人和谐、人与人感应、人与物均调。"[①] 这一倡导对于我们今天缓解各国文明间的冲突与紧张，构建人类命运共同体，无疑是弥足珍贵的思想资源。任成金（2021）在《国家形象塑造背景下中华文化立场的坚守与传承》中认为坚守中华文化立场，既是一个文化战略，又是一个政治战略。只有坚守中华文化主体性、观

---

① 邹广文. 人类命运共同体意识的文化关切——学习习主席 G20 杭州峰会重要讲话精神 [N].
光明日报，2016 – 09 – 24.

照中国现实、深化文化交流互鉴，才能在"中国崛起""人类命运共同体"等中国特色社会主义问题的叙事中形成完善的阐释框架①。毛俊超、陈文殿（2021）在《关于构建人类命运共同体的三个基本问题——基于中国传统文化视域》中认为，人类命运共同体思想植根于中国传统文化，是中国传统文化在当代的创新性发展、时代性运用。人类命运共同体思想的产生、发展、成熟与实现都离不开中国传统文化的滋养②。构建人类命运共同体离不开中国传统文化的支撑，传统文化为推动构建人类命运共同体提供了文化滋养；也离不开文明间的交流对话，要在尊重其他文明的基础上实现交流互鉴。程凯敏（2021）在《人类命运共同体思想中的传统文化智慧及实践路径》中认为，人类命运共同体思想中蕴含着我国传统文化中的许多智慧，其中包括：协和万邦的团结意识、求同存异的理性原则以及崇尚道义的义利观念③。要将人类命运共同体思想中所蕴含的中华文化作为一种实践载体，并探索恰当的方式传播中国智慧与人类命运共同体思想。

同时，学术界还从中华传统文化的具体文化中寻找人类命运共同体的文化资源。有的学者认为，中华优秀传统文化中的儒学文化为构建人类命运共同体提供了文化给养，构建人类命运共同体离不开儒学文化的"和"思想和大同理念。例如，周洋洋在《人类命运共同体的中华优秀传统文化思想底蕴》中认为，人类命运共同体理念就是运用与时俱进的"和"文化理念，传播"和合"智慧，引领国际新秩序④。她认为，构建人类命运共同体，建立持久和平、平等协商、彼此信任的世界，与中国传统"大同社会"的追求不谋而合；有利于打破西方人固有的"修昔底德陷阱"惯性思维的桎梏，不断推动形成互相尊重、合作共赢、共同发展的国际关系；要坚持道义优先，义利兼顾的原则，以国际道义来构建人类命运共同体，以全球利益来夯实人类命运共同体，力求使道义和利益在新时代背景下达到辩证统一。

王宁（2021）在《传统文化语境下人类命运共同体思想的再阐释》中提出要"站在中华文化的视角对人类命运共同体的内在逻辑与精髓要义进行澄清、厘析，在追源溯流中彰显中华文化的博大精深，赓续不断。"⑤该文认为，人类命运共同体理念在中

---

① 任成金. 国家形象塑造背景下中华文化立场的坚守与传承 [J]. 中国矿业大学学报（社会科学版），2021（5）：33 - 44.

② 毛俊超，陈文殿. 关于构建人类命运共同体的三个基本问题——基于中国传统文化视域 [J]. 山东农业大学学报（社会科学版），2021（3）：162 - 167.

③ 程凯敏. 人类命运共同体思想中的传统文化智慧及实践路径 [J]. 江西电力职业技术学院学报，2021（9）：123 - 124，133.

④ 周洋洋. 人类命运共同体的中华优秀传统文化思想底蕴 [J]. 广东省社会主义学院学报，2021（4）：81 - 86.

⑤ 王宁. 传统文化语境下人类命运共同体思想的再阐释 [J]. 南京航空航天大学学报（社会科学版），2021（4）：28 - 33.

国古代传统思想中蕴含着共在共生、中道精神、和合思想以及大同理念。其中共在共生思想是人类命运共同体的中国传统哲学基础；中道精神是人类命运共同体的中国传统行为原则；和合思想是人类命运共同体的中国传统价值取向；大同理念是人类命运共同体的中国传统理论旨归。因此，在中国理念走向世界的新时代背景下，我们要坚信中华优秀传统文化资源在中国共产党的领导下依然具有义化生命力。

中华优秀传统文化中的道学文化提高了构建人类命运共同体的文化境界。很多学者认为，构建人类命运共同体离不开道学文化的包容性，如胡孚琛（2018）在《道学文化的综合创新及其对构建人类命运共同体的现实意义》中表示，人类文明不能没有自己理想的超越世界①。道的学说体现了人类文明的最高智慧，是中华民族最伟大的文化资源，是世界各种异质文化的交汇点，具有最高的超越性和最大的包容性。新道学是革新的文化、前进的文化、通向未来的文化、世界大同的文化。道学文化包括究天人之际的自然学说，察古今之变的历史学说，穷性命之源的生命学说，集中了自然、社会和人体生命的智慧，对构建人类命运共同体具有现实意义。

2. 通过世界文明的交流借鉴推动构建人类命运共同体

构建人类命运共同体需要文明之间的交流互鉴，这一点在学术界得到了普遍认可，通过什么样的平台、方式、内容进行文化之间的交流互鉴，成为学者们研究的重点和热点。国内学术界认为，通过文化交流才能使人类命运共同体思想得到传播和认可，因此，文化交流互鉴成为构建人类命运共同体的重要环节，"一带一路"倡议为文化交流提供了良好的平台。胡正荣、王润珏（2018）在《"一带一路"建设中的传媒软力量建构——基于国家文化安全视角》中指出，在"一带一路"建设的过程中，文化交往是实现民心相通的重要途径，多元化文化的输入成为必然，"外源性"文化风险也就随之增加。"中华文化的传承与发展的历史同样如此。在'一带一路'建设的过程中，维护中国的文化安全绝不意味着对其他类型文化的排斥、拒绝，也不意味着展开与其他文化的竞争，而是要在保证意识形态安全、价值观安全的前提下拥抱丰富多彩的世界文化。"② 同样，范玉刚（2016）在《中华文化中的全球治理之道》一文中强调了对话对于人类命运共同体构建的重要意义，指出："通过对话，全球化才能逐渐发展出生命共同体的意愿；通过对话，各方才有和平共处的根源意识。因此，全球化不必然导致霸权主义，关键在于对对话原则的信奉和实践。"③

2015 年，国家发展改革委、外交部、商务部联合发布《推动共建丝绸之路经济带

① 胡孚琛. 道学文化的综合创新及其对构建人类命运共同体的现实意义 [J]. 宗教学研究，2018（3）：1 - 4.

② 胡正荣，王润珏. "一带一路"建设中的传媒软力量建构——基于国家文化安全视角 [J]. 国际传播，2018（3）：1 - 7.

③ 范玉刚. 中华文化中的全球治理之道 [J]. 人民论坛，2016（22）（上）：126 - 128.

和 21 世纪海上丝绸之路的愿景与行动》，将影视产业正式纳入"一带一路"倡议的建设发展之中，"一带一路"电影呈现出全新的传播景观。余俊雯、潘可武（2021）在《"一带一路"电影的建构性传播》中写道：电影被视作国家文化对外传播的媒介载体，是文化软实力的重要组成要素。我们可以通过电影对话机制，推进"一带一路"文化的交流互鉴，赋予更高层面的人类命运共同体的电影形态与文化价值观，从而建构一种主体平等的、多向交流的文化新样态。[①] 李丹（2021）在《构建"一带一路"文化共同体的基础条件与现实路径》中强调："一带一路"建设的目标是构建"人类命运共同体"。她认为共同体需要共同利益的基石、共同责任的支撑，更需要共同文化的凝结[②]。因此，文化既是基础、条件，也是保障、归宿。人类命运共同体的文化建构需要注意以下几点：一是实现语言互通，抓住"一带一路"建设机遇，促进中文国际教育。二是促进人文交流，文化共同体建设属于人文共同体建设的一个方面，促进民心相通，支持多领域交流合作，形成全方位、深层次、多渠道合作架构，成为通向文化共同体的现实之路。三是培育文化共识，我们要发掘共同文化价值，培育文化共识，以此提升共建国家文化的亲密感、认同感与归属感。四是促进文明互鉴，文明互鉴体现了"一带一路"文化共同体的本质，即通过文化多元互动，激发文化创造力，形成一种文明相互观照、文化交融共生的开放包容结构。

我国需要积极有为地成为文化融合的主动方，让中国的文化战略成为构建人类命运共同体的推动力量。邹广文（2019）在《对人类命运共同体的文化哲学思考》中指出："在人类命运共同体的具体实践中，最重要的还是每个国家民族要自觉维护文化多样性，强调彼此之间相互培育、相互欣赏、相互借鉴。"[③] 韦文英、戴俊骋（2019）在《全球文化空间格局与中国地缘文化战略——从习近平总体国家安全观谈起》中认为，在全球文明板块不断迁移碰撞和世界文化空间格局既融合又重塑的大背景下，立足构建人类命运共同体，从冲突的受动方变成融合的主动方是中国在主要文化区之间进行地缘文化布局的核心。[④] 构建以命运共同体为核心概念的中国特色知识体系，推动形成命运共同体共识和公民意识。依托共建"一带一路"，有层次地践行人类命运共同体理念，倡导并推动建立我国与周边地区国家、其他地区国家的区域性命运共同体。

① 余俊雯，潘可武."一带一路"电影的建构性传播 [J]. 现代传播（中国传媒大学学报），2021（11）：95 - 100.

② 李丹. 构建"一带一路"文化共同体的基础条件与现实路径 [J]. 中国人民大学学报，2021（6）：165 - 175.

③ 邹广文. 对人类命运共同体的文化哲学思考 [N]. 中国社会科学报，2019 - 05 - 30.

④ 韦文英，戴俊骋. 全球文化空间格局与中国地缘文化战略——从习近平总体国家安全观谈起 [J]. 广西社会科学，2019（5）：1 - 6.

我们要积极主动地破解历史和现实文化问题，通过文明交流探索人类命运共同体构建的路径。彭凤姣（2021）在《构建人类命运共同体面临的文化困境及破解之道》中认为，中国在传统"和"文化的影响下，对马克思主义思想中的共同体思想进行了进一步发展，因此提出了"人类命运共同体"思想。人类命运共同体思想集中体现了中国智慧，是全球治理的中国方案。人类命运共同体并不是倡导全人类的同化，而是期望不同文化、不同制度能够求同存异，共同发展。她认为，我们要从三个方面入手对构建人类命运共同体的困境进行破解：一是以文明交流和互鉴超越文明冲突；二是实践"一带一路"倡议促进跨文化认同；三是以全媒体传播实现文明间对话与互联①。

程银、胡达仁（2021）在《论人类命运共同体理念深入人心的文化理路》中认为，人的"类本性"心理、马克思共同体思想以及中华和文化心理，是人类命运共同体理念能够深入人心的三大基础。从这一观点出发，他们提出了人类命运共同体理念传播的文化逻辑进路，强调我们要坚定文化自信、"中国之治"和形成共同价值。因此，他们将当前中国在实现人类命运共同体理念深入传播进程中的路径总结为以下三点：一是坚持将"一带一路"作为构建人类命运共同体的重要载体；二是倡导多边主义，将命运共同体的和谐之声唱响全球；三是加强对中国传统文化中"和"文化的继承与弘扬。②

3. 坚持增强共同利益与共享理念推动构建人类命运共同体

人类命运共同体理念的推行需要有自己的话语体系，科学完善的话语体系有利于理念快速深入地推行，能够与其他国家迅速地形成共情，快速地被各国所接受。因此，共同利益与共享理念的研究成为学界研究的热点，也成为学者们的普遍共识。刘方喜（2018）在《论人类命运共同体与共享理念的文化战略学意义》中，在梳理相关文献的基础上，提出人类命运共同体思想是新时代马克思主义中国化的具有系统性、战略性的理论成果。③与中国传统文化相互融合的马克思主义经典理念不仅是"中国理念"，同时也是"社会主义理念"。凭借这一理念我们能够更加积极地应对和辨析西方资本主义的价值观以及文化战略。要坚持以马克思主义历史唯物主义思想为基点，充分吸收中华优秀传统文化资源，并以此为理论遵循，超越社会达尔文主义的文明价值观，推进新时代中国特色社会主义文化战略学建构。

任生德（2019）在《突出文化战略定位　努力推进中国国际话语体系建设》一文中指出："中国迫切需要正当和准确表达自身逻辑的国际话语体系。尤其是在发展权

---

① 彭凤姣. 构建人类命运共同体面临的文化困境及破解之道 [J]. 城市学刊, 2021 (5): 7 - 13.

② 程银, 胡达仁. 论人类命运共同体理念深入人心的文化理路 [J]. 河北青年管理干部学院学报, 2021 (6): 100 - 106.

③ 刘方喜. 论人类命运共同体与共享理念的文化战略学意义 [J]. 学术论坛, 2018 (3): 1 - 8.

利问题上，应当有世界话语体系为中国说话。为中国说话，就是为广大发展中国家说话，就是为公平正义说话。"① 因此，他认为在当前我们应当做好以下四点工作：首先，在分析国际社会百年变局时，对文化发展作出正确的顶层设计，在把握历史规律和顺应时代潮流中推动中国话语体系的构建。其次，要尽力做好从世界范围找出能够支撑和证明中国国际话语体系的"文物"和"化石"，做好标本的收集、鉴别、比较、阐释工作，用证据来支撑人类命运共同体的结论。再次，文化工作者要进一步提高研究和创新能力，尽快设计打造出展现中国话语体系概念的艺术形式。最后，我们要打造更多的对话平台，推动世界文化交流，促进多元文化的合作交流和融合。要寻找同理同源的共同价值，让中国文化走向世界、融入世界、引领世界，真正实现道路自信、理论自信、制度自信和文化自信。刘同舫（2022）在《构建人类命运共同体：人类共同利益的生成逻辑与实践指向》中指出，构建人类命运共同体与维护全人类共同利益之间存在一致性，其不仅消解了各主体的利益纠葛和矛盾，更提供了促进世界性普遍交往和维护人类共同利益的"建构性方案"②。

4. 运用中国特色社会主义文化理论推动构建人类命运共同体

中国特色社会主义文化在当今时代已经展现出强大的影响力和创造力，为世界文化的发展和繁荣作出了巨大贡献，因此针对中国特色社会主义文化的研究成为学界研究的一大热点，人类命运共同体理念作为中国特色社会主义文化影响下的一大成果，对其进行研究必然需要加深对中国特色社会主义文化的研究。叶小文（2016）在《"命运共同体"的文化思考》一文中指出："要使'命运共同体'理念得到广泛认同，除了要讲清楚人类现实的政治、经济利益的根本需要之所在，还要有坚实的文化支撑。"③ 周东辰、唐子清（2019）在《中国新时代提升"软实力"作用之探析》中写道，美国政府依托"软实力"理念，提出"巧实力"这一新名词。正是因为美国自认为其具有强大的"软实力"作为依托，因此从这一基础发展而来的"巧实力"逐渐被运用于其外交战略④。在中国特色社会主义的新时代背景下，党的各项举措无不展现出我国新时代社会主义大国外交的形象，其特点在于：在国内提出并践行复兴中华的"中国梦"，使得中国经济实现飞跃式的增长并不断扩大中产阶级规模，同时向世界推广"中国经验"；对外则基于"一带一路""人类命运共同体"等主张，倡议中

---

① 任生德. 突出文化战略定位 努力推进中国国际话语体系建设 ［N］. 中国文化报，2019 - 05 - 27.

② 刘同舫. 构建人类命运共同体：人类共同利益的生成逻辑与实践指向 ［J］. 南京社会科学，2022（10）：1 - 8.

③ 叶小文. "命运共同体"的文化思考 ［J］. 当代贵州，2016（1）：63.

④ 周东辰，唐子清. 中国新时代提升"软实力"作用之探析 ［J］. 内蒙古师范大学学报（哲学社会科学版），2019（2）：28 - 33.

国通过物资援助和开放共赢的外交姿态提升国际影响力，逐步在世界范围内推行更加成熟的、更符合当今国际秩序的外交策略。可以说"软实力"对社会主义市场经济体制建设、构建正确的中国政治和外交政策、聚焦国际合作的中国安全策略以及构建新生活方式的中国梦具有重要作用。

林坚（2021）在《从"五个文明"视角看人类命运共同体的逻辑结构》中通过从政治文明、物质文明、精神文明、社会文明、生态文明五个视角，从中国特色社会主义五大组成部分分析了人类命运共同体的逻辑结构。一是从政治文明角度看，人类和平安全共同体是构建人类命运共同体的政治诉求。只有维护世界和平与安全，才能为推动构建人类命运共同体打下坚实基础。二是从物质文明角度看，人类利益共同体是人类命运共同体的经济通道。中国本着互惠互利的原则，将自身利益同他国利益统一起来，将全世界人民对美好生活的向往作为现实通道。三是从精神文明角度看，人类价值共同体是人类命运共同体的文化意蕴。我们要尊重世界文明多样性，引导全世界人民向往美好生活、美好世界。四是从社会文明角度看，人类责任共同体是人类命运共同体的社会责任。社会文明与社会和谐稳定密切相关，我们要树立责任意识，构建人类责任共同体。五是从生态文明角度看，人与自然生命共同体是人类命运共同体的生态原则。他认为构建人类命运共同体须从以上五个角度的逻辑出发，并号召全人类应当摒弃封闭的、独善其身的思想。各国领导人应着眼世界各国利益和全人类福祉，致力于建设一个和平安全、共同繁荣、开放美丽的世界[①]。

朱世龙、涂志明（2021）在《红色文化与人类命运共同体理念的逻辑关联》中将红色文化与人类命运共同体理念相互联结起来，并认为二者在逻辑上具有关联性。中国的红色文化作为一种先进文化，是中国历史不断发展的产物，因此它既与时俱进又具有民族性和开放性。人类命运共同体理念以人类的共同利益和价值作为出发点，与红色文化追求的价值具有共同性，因此红色文化可以作为现如今我们构建人类命运共同体的基本原则思想指引。我们必须正确把握红色文化的灵魂，即马克思主义，并在这个基础上促进中国红色文化传播，推动构建"人类命运共同体"。[②]

5. 运用现代传播体系和战略推进构建人类命运共同体

文化战略的实施离不开现代传播体系和战略的运用，构建人类命运共同体必须注重文化战略的实施，积极主动地提出和设置有关人类命运共同体的相关议题、注重掌握更新技术和传播方式，将互联网科技运用于文化传播。因此，运用好现代传播体系

---

① 林坚. 从"五个文明"视角看人类命运共同体的逻辑结构［J］. 南昌大学学报（人文社会科学版），2021（6）：5–14.

② 朱世龙，涂志明. 红色文化与人类命运共同体理念的逻辑关联［J］. 常州大学学报（社会科学版），2021（6）：1–8.

和战略能够积极推动人类命运共同体的构建。李佳玮（2021）在《人类命运共同体的历史意识探析》中，将当前影响人类命运共同体历史意识的阐释与生成最大的两个因素归结为传播媒介和文化价值系统。与此同时，积极主动提出和设置更多的相关议题，创造沟通和交流该话题的平台，营造良好的传播氛围，引导国际社会对人类命运共同体理念进行更多的关注，从而使该理念得到更广泛的理解与认同，促进人类命运共同体理念的推广。① 在中国理论和中国形象对外传播的过程中，要更多地注重掌握更新的技术和传播方式，多渠道多方法地进行文化呈现，能够增进国际社会对中国形象和文化的认知，促进人类命运共同体在国际范围内拥有更广泛的认同基础，这也是树立文化自信的当代使命之一。

刘康（2018）在《构建人类命运共同体——十九大之后的中国全球文化战略》中认为，当下中国与世界各国之间的关系已经发生了历史性的变化。首先，中国在国际事务上已经具有主导意识和领导视野，因此中国在世界范围内影响力的不断增强也让世界各国对中国的关注度不断提升。其次，他认为"人类命运共同体"是一个具有多元性和包容性的共同体，在中国文化与世界文化的不断交流中形成一种人类共同的价值观，这种价值观是超越文化偏见的价值观。他认为当下我们要让中国话语越来越新鲜活泼，要为百姓喜闻乐见，在此基础上努力实现让世界人民理解和赞同。② 例如，从餐饮、语言等贴近生活的方面入手，增强中国文化的吸引力，使中国全球文化战略落在实处。此外，在对外传播方面，中国也需要实现创新，例如，与国际文化传媒出版业展开积极的合作，早日实现中国文化引领世界。

林玮（2021）在《论"人类命运共同体"的文化传播学意义》中认为，人类命运共同体理念能够着眼于国际社会，其理论内涵足以启发人类社会的文化传播。③ 文化传播必须把握住"共同"这一生活的本质，以"共同生活"为新科技集群的入口，通过转变人的情感结构，实现文化传播目的从"征服"转向"共享"。我们要通过以文化传播为普遍形式的审美教育来改造人的情感结构，创设出一种"共同生活"的社会情感结构，进而改造社会，实现社会的共同治理。它从自我与他人的共情出发，扩展到国与国之间的和谐，进而实现人类作为一种具有情感表征能力的物种与大自然的和谐。总之，"共同生活"是人类命运共同体的基础，只有把握住"共同"这一生活的本质，才能促发主体从自在意识向自由意识的转变。这不仅是人类命运共同体理念对文化传播

① 李佳玮. 人类命运共同体的历史意识探析［J］. 马克思主义理论学科研究，2021（11）：114 - 121.

② 刘康. 构建人类命运共同体——十九大之后的中国全球文化战略［J］. 国际传播，2018（1）：1 - 7.

③ 林玮. 论"人类命运共同体"的文化传播学意义［J］. 学习与探索，2021（10）：154 - 160, 198.

领域的根本价值，也是马克思主义中国化的最新理论成果对互联网科技时代的指导意义。

（二）国外研究现状

纵观共同体理论的研究历史，国外有关学者形成了共同体研究的多维度视角。德国社会学家滕尼斯（1887）在《共同体与社会》中最早提出来"共同体"概念，并把人类的共同体分为血缘、地缘和精神共同体三个层次。安德森（1983）的《想象的共同体》探讨了不同民族属性的、全球各地的"想象的共同体"。吉登斯（1990）在《现代性的后果》中阐释了现代性背景之下"脱域的共同体"概念。英国人齐格蒙特·鲍曼（2003）在《共同体：在一个不确定的世界中寻找安全》中，对于共同体存在的机遇和危险作出了重新评估。在雅克·布道（2006）主编的《建构世界共同体：全球化与共同善》中展示了许多国外学者围绕民主、政治、文化和经济目标所构建的人类命运共同体的愿景。

人类命运共同体及其理念在国外产生了较大影响，但是，国外学术界还没有对人类命运共同体的文化建设形成代表性的成果。人类命运共同体理念的提出既是对当前时代文化作出的回应，也是对历史文化发展作出的总结。当今时代文化成为世界各国关注的焦点，各国学者对文化形态秉持不同态度。对于构建人类命运共同体的文化维度相关的研究，国外并没有形成直观正面的成果，主要体现在全球文化格局、国际文化关系等领域，形成了以下几个主要方面的研究维度。

1. 文化差异性和冲突性方面的研究

针对世界不同文化之间差异的研究国外学者开展相对较早，并且他们从问题着手，研究的现实性和目的性更强。国外学者把不同文化作为客观对象来考察，目的是区别各民族及各现代国家的不同文化之间的异与同。在这方面，爱德华·霍尔（1959）出版了《无声的语言》（*The Silence Language*）一书，书中详细说明了不同地区文化的差异，以及对当地人行为习惯所产生的影响。此后，针对文化差异性和冲突性方面的研究开始涌现。阿尔文·托夫勒从一个未来学家的角度对新旧文化的冲突进行了研究。他对当前文化冲突的实质和文化发展的前景进行了深入探讨，认为人类正在经历着现实文化冲突。当今的文化冲突中暴力冲突仍然存在，但是与以前的暴力冲突不同，文化暴力冲突是含有知识的成分或者是由知识经济引起的。《未来的冲击》《第三次浪潮》《权力的转移》深入地探讨了人类从工业文明向信息社会的转变及在这一转变中新旧文化的冲突。托夫勒指出："我们正在走向更加全面理解进步的时代。进步再也不会是自动化的成就，也不会单以物质标准来衡量了。"[①] 他认为，全球化的迅速覆

---

① ［美］阿尔文·托夫勒. 第三次浪潮［M］. 朱志焱，等译. 北京：新华出版社，1996：326.

盖，在文化冲突的巨大压力下，也预示着新生和转机。托夫勒关注未来文化冲突的细节分析，教导人们要用理智的眼光看待文化冲突，掌握文化发展的趋势，形成文化自觉，减少文化发展中的曲折。

塞缪尔·亨廷顿在文明差异和文明冲突研究方面在世界范围内产生了广泛影响。在《文明的冲突与世界秩序的重建》一书中，他将第二次世界大战后的世界文明分成七个或八个，认为国际关系不再决定于一般的民族国家，而是文明的核心国家，世界冲突的根源已经不是意识形态，而是文化方面的差异，主导全球局势的将是"文明的冲突"。"最可能逐步升级为更大规模的战争的地区冲突是那些来自不同文明的集团和国家之间的冲突。"[①] 但是，亨廷顿的"文明冲突"范式，带有鲜明和强烈的西方文化中心主义和西方文化优越论的思想，其把多元文化的差异性绝对化，站在西方文化中心主义立场和西方文化优越感的视角来看待非西方民族国家文化，消极地用文化多元化的特征来重建世界秩序，忽略了非西方民族国家文化存在的合理性，这使得"文明冲突"思想在理论上导致荒谬、在实践上陷入困境。这为构建人类命运共同体的文化战略提供了启示和借鉴，我们既要看到冲突的一面也要看到融合发展的一面，让文化成为桥梁和纽带而非冲突的借口。

加拿大学者南希·爱德勒经过多年对组织或群体内的冲突的研究，在《国际组织行为》中提炼出了"凌越""妥协""协同"三种解决跨文化冲突的模式。"凌越"指在组织中某种文化超越了另外的一种文化，成为组织中占主导地位并起主导作用的文化，占主导地位的文化能够很快地在组织内实现文化协同，避免文化冲突的产生，提高组织的管理决策的质量。但是采用这种模式不能真正地避免冲突，只是拖延了冲突发生的时间，在这种管理模式下，主导文化之外的另外一种文化因为被迫接受主导文化，所以会感到压抑，增强其对主导文化的憎恶情绪，反而会加剧冲突的程度。"妥协"模式强调组织内的不同的文化之间要折中或妥协。这种冲突的解决模式主要是针对组织内存在的各种文化比较相似，因此各方可以采用这种容忍和让步的方式来解决彼此间客观存在的文化差异，避免冲突的发生，促进组织成员间的协作，协调彼此间的矛盾，顺利地实现组织目标。但是这种方案只适用于彼此之间文化差异较小的群体间。文化"协同"是解决组织内文化冲突的最理想的模式，文化协同要求组织内的成员首先承认彼此的文化存在差异，但是尊重这种差异的存在，不去试图改变这种差异，而是不同文化间彼此认同，相互取长补短，形成一种综合组织内各种文化优势的一个新文化，由于这种文化吸收了组织内各种的文化优势，所以容易被组织内的所有成员接受、认同，不仅稳定性很高，而且还会带来很大的协同效果。构建人类命运共同体

---

① ［美］塞缪尔·亨廷顿. 文明的冲突与世界秩序的重建［M］. 周琪，等译. 北京：新华出版社，2009：7.

的过程中，必须充分考虑到不同的文化差异，承认文化冲突的客观存在，对文化冲突的处理办法不是忽略、压制，而是充分地尊重，把不同成员的文化统一地纳入到人类命运共同体所倡导的文化中，充分起到不同文化的协同作用。

2. 文化的交流对话方面的研究

很多学者对文明冲突论进行了批判，认为这种观点是不能成立的，各种不同的文明应该能够和平共处。在文化建设方面，学者们把目光更多地聚焦在了不同文明的交流与对话上，因为这是解决文明间冲突的最优方案。反对文明之间的冲突，反对文化霸权，保持全球文化的多样性，这一点与"人类命运共同体"理念形成了相同的观念。

哈拉尔德·米勒的著作《文明的共存：对塞缪尔·亨廷顿"文明冲突论"的批判》，针锋相对地反驳了亨廷顿文明冲突论的全球观，而且向我们警示，简单地渲染或者接受这种片面的世界观或敌对论是极其危险的。米勒指出，国际社会必须更多地尝试进行合作，而不是简单地对抗；国际关系的复杂性、多样性不仅应该保持，而且应善加利用。只有对各种文化表现出宽容，全球的和平共存才可能得以实现。"全球的发展使得我们有理由相信，不同文化背景的国家之间，共同点会更广泛地得以扩大，而不是缩小，只要我们努力寻求，就能在世界各地找到对话的伙伴和合作的意向。"[①]尽管不同文化背景的国家之间也许会产生国家和种族之间的冲突，文化因素的影响将取决于国家和政治对待文化因素的态度。基于此，米勒提出了"文明共存论"，他认为，不同文化之间应该更多地进行合作，不是文化的对抗，而是文化的共存与对话，只有文化间表现出更多的宽容与包容，全球的和平共存才能得以实现。哈拉尔德·米勒所提倡的"文明共存论"反映了时代发展的要求，符合人类文明发展的要求，对于推动世界文明的共同发展具有积极的意义。

杜维明通过对"东亚现代性"所蕴含的儒家传统价值的发掘，驳斥了"西方一元现代性"论，提出了"多元现代性"的命题，从而为"文明对话"铺设了现实可能的平台。杜维明在《否极泰来：新轴心时代的儒家资源》中，通过对亨廷顿的"文明冲突论"的批判，揭示了文明对话的时代内涵，他借助于雅斯贝尔斯"历史轴心期"的人类文明阐释模式，提出了更具多元包容性的"新轴心文明"构想，为"文明对话"拓展了更加广阔的空间，进一步论证了新轴心时代文明对话的可能性和必要性。杜维明以儒家传统理念为中心的"全球伦理"价值观念，明确提出三种有效的文明对话形态：即义理式的对谈形式，也可以称之为判教式的对谈，也就是单方向的，将儒学涉入到不同宗教传统的义理之中，进行自我充实与优化整合；主题式的对谈形式，也就

———————
①　［德］哈拉尔德·米勒. 文明的共存：对亨廷顿"文明冲突论"的批判 ［M］. 郦红，等译. 北京：新华出版社，2002：298.

是每种文明之间共有的挑战内容，例如，他曾经强调过的生态意识、女性主义、宗教多元主义、全球伦理等主题；实用式的对谈形式，也叫合作式的对谈，这种对话是动态的，其表现形态不单限于文字的交谈，也包含行动的交流，可以说是社会参与的文化交谈。

池田大作提倡世界和谐思想，他在和著名的新儒家代表人物杜维明对谈的《对话的文明——谈和平的希望哲学》一书中提出了"对话的文明"思想。他坚持强调对话，认为对话是用不同的光来互相照亮对方，能将各自不同的生活方式与前进的道路更加鲜明、更加广阔地照亮出来，对话是具有创造精神的行为。更进一步来说，对话能连接人与人，对话是互相制造出信赖的磁场，是"和平行动的原点"①。池田大作在生活中坚持和秉承这一理念，从不放过这种意义深刻的"对话"，并且完全地以此为主轴，将其向世界推广，以期构筑人类期待的"对话文明"。他认为对话充满了"多样性""开放性""宽容性"的交流精神，在对话中包括佛教和儒教等各种宗教，都是社会存在和良好发展的"生命线"，宗教学者作为公共知识分子的一部分，应当将推动对话作为他们自身人生道路和学术道路的"使命"。因此，杜维明称池田大作是对话的使者。

3. 后殖民主义文化方面的研究

后殖民主义文化理论与葛兰西、福柯等学者从同质文化内部的矛盾研究走向异质文化之间的"关系"研究颇有渊源，探讨这一理论，有利于消除西方文化话语霸权的遮蔽，推动本土文化的重建。从后殖民主义理论来看，西方现代化的历史就是在全球殖民扩张的历史，对近现代世界格局造成了深远的影响。一方面，它建立了世界市场，打破了各国孤立、闭塞、相互隔离的状态；另一方面，长期的殖民统治使得西方文化不断地向东方传播和扩张。当殖民者以政治、经济、军事手段实施殖民的历史在民族解放运动中逐渐瓦解后，文化殖民的影响仍然长期存在。"东方"与现代西方的相遇，已经超出了单纯的地缘政治，演绎为在全球化语境下文化领域内的交流与碰撞。后殖民主义文化理论正是揭示、分析和批判西方资本主义借助殖民活动建构文化霸权的实质的理论。而在"文明的冲突"愈演愈烈的今天，这一反思、批判性理论更因其对于文化霸权、殖民与受殖心理、种族主义、历史偏见、性别文化等问题的现实针对性，致其研究持久未歇。

1978 年萨义德《东方学》的出版，开启了后殖民主义文化理论的研究。萨义德在该书中指出，西方世界对阿拉伯－伊斯兰世界的文化存在长期的认知错误，形成了落后的认知偏见，并成为西方国家施行文化霸权的借口。西方国家"有着我称之为东方

---

① ［日］池田大作，杜维明. 对话的文明：谈和平的希望哲学［M］. 卞立强，张彩虹，译. 成都：四川人民出版社，2007：3.

学（Orientalism）的悠久传统，这是一种根据东方在欧洲西方经验中的位置而处理、协调东方的方式。"① 整个西方对于东方的研究始终站在强烈的文化优越性的基础上，针对东方形成了一整套话语体系。萨义德针对东西方文化历史发展进程对西方文化进行了深刻而尖锐的批判，对西方国家丑化东方文化的行为给予了痛斥，从文化的历史性角度对东西方文化的差异进行了分析说明，此后，后殖民主义文化理论成为国外学者研究的热潮。萨义德的"东方主义"是针对东西方文化差异形成的批判西方国家文化霸权的新话语，是后殖民主义文化理论最早的理论内容，这一理论对西方文学与文化批评产生了革命性的影响，实现了"东方"对二元对立思维的超越，为后殖民主义文化理论提供了研究范式。

斯皮瓦克是一位有着强烈的女性挑战意识的女权主义批评家，她的后殖民主义理论充分展现了女权主义批判的特点，提炼精化了"臣属"之论，她从女权主义视角观察，以后殖民"边缘"解构"中心"的方式分析殖民文化对不同女性的影响，揭示了女性话语的双重遮蔽，批判了"男性中心话语权"。同时，斯皮瓦克充分发掘历史记忆中的"认知暴力"，着力为后殖民地知识分子摆脱对西方模式的依赖，因此，她极力锐化"他者"理论，通过指涉印度的非殖民化进程和反霸权斗争，为第三世界知识分子伸张正义。斯皮瓦克一方面为女权主义文学批评获得了新的空间，使后殖民文化批评在与女性主义批评的结合中获得了理论的深度延伸；另一方面她对西方文化霸权的批判为印度和其他第三世界国家的文化给予了支持，为第三世界知识分子争取了权益。

霍米·巴巴是一位文化批评家，"文化杂糅"一词比较完整地概括了他对文化关系的认识。霍米·巴巴善于以拉康式的精神分析解构外在的强迫权力如何通过心理因素扭曲人性。在后殖民主义文化理论方面，他认为殖民者与被殖民者在文化方面存在着错综复杂的联系，当殖民进行以后，殖民者与被殖民者之间的文化就开始了复杂的交流、碰撞和融合，两种文化之间尽管存在对立的现象，但也会相互交织，形成你中有我、我中有你的关系，这种相互融合不仅给被殖民者带来混乱，也会给殖民者带来焦虑。在霍米·巴巴看来，萨义德将殖民的力量完全划归殖民者是一种简单化的处理。殖民主义话语内在的矛盾取决于殖民者与被殖民者之间文化的差异性，它其实处于对差异的"他者"的肯定与否定的交织中。

弗朗茨·法侬是20世纪研究非殖民化和殖民主义的思想家，在反对西方的殖民统治、追求民族独立、建立民族文化等过程中，担负了非常重要的角色。同时，他还是一位重要的黑人文化批评家，在他的代表性著作《黑皮肤、白面具》《地球上不幸的

---

① ［美］爱德华·W. 萨义德. 东方学［M］. 王宇根，译. 北京：生活·读书·新知三联书店，2007：2.

人们》《走向非洲革命》中，法侬从心理层面说明了殖民主义对社会及个人的影响，他指出宗主国的影响会深入殖民地人民的精神世界，殖民地文化会被宗主国侵蚀和冲击，殖民地人民要想获得真正的解放不仅要在主权方面进行抗争，更要在民族文化方面进行抗争，为民族文化而战。法侬这些关于"民族文化"的理论及殖民主义的批评话语成为后殖民主义理论的一个重要内容，为后殖民主义文化批判从心理层面进行解构提供了研究视角。

1990 年出版的《白色神话：书写的历史与西方》一书是后殖民文化批评家罗伯特·扬的代表作，它从后殖民主义理论的早期理论溯源出发，首次系统性地将后殖民主义作为一种理论思潮进行构架，作为梳理分析类的理论作品，它对萨义德、斯皮瓦克和霍米·巴巴的思想进行了整合，通过文化反思和历史追溯实现了对后殖民主义理论的历史性透视，形成了后殖民主义理论的历史逻辑框架。罗伯特·杨在后殖民主义理论方面的另一部著作《后殖民主义——一种历史性介绍》一书中，为后殖民主义文化理论梳理了一条产生、发展、繁荣的理论发展图。这部作品同样依据历史线索，对后殖民主义文化理论进行发展脉络挖掘，实现了对后殖民主义理论的全景式剖析，解构了西方国家对被殖民国家的文化渗透，标注了西方理论界批判意识动向的发展路向，为此后的后殖民主义研究提供了一种近乎思想史的研究范式。

巴特·穆尔·吉尔伯特编写了《后殖民理论——语境、实践、政治》《后殖民批评》等著作，尤其是《后殖民批评》一书，对后殖民文化批判的重要文献进行了汇编，实现了对后殖民主义文化理论的整体性研究。同时，巴特·穆尔·吉尔伯特着重对东方学、现代性、民族文化、黑人女性批评、种族与阶级等主要问题进行了研究和分析，对萨义德、斯皮瓦克、霍米·巴巴等的后殖民主义文化理论进行了评价和讨论，实现了对后殖民主义文化理论的梳理。更加值得称赞的是巴特·穆尔·吉尔伯特从知识分子性质、理论来源与历史定位、文学研究与文化研究倾向性等角度阐发了后殖民主义文化理论的内部价值，为文化的价值性和文化发展的影响因素作出了评判和分析。

（三）国内外研究现状述评

1. 国内

自提出人类命运共同体理念以来，国内学者对于人类命运共同体的理论研究逐渐深入，此类研究的文献资料的理论深度也不断推进。从学术研究的历史沿革与趋势来看，国内学术界开始高度重视人类命运共同体研究，体现了人类命运共同体研究的重要性和前沿性，人类命运共同体将会成为我国学术界新的热点问题和重大关切。纵观国内学术界的研究成果可以发现，当前我国学术界对人类命运共同体理念的研究成果已是硕果累累，这对于研究人类命运共同体理念本身具有重大的借鉴作用。至此，从学术研究的理路变化来看，人类命运共同体研究正从直观性研究向学理性研究转变，从整体性向专业性研究转变，从单一维度研究向交叉研究、多学科综合研究转变，并通过开拓研究理路形成更加全面的研究格局和成果。国内对于人类命运共同体的研究和探讨已经形成"百花齐放，多点发力"的态势，人类命运共同体的学术研究和实践探讨达到了一个新境界。

文化因素在构建人类命运共同体的实践过程中受到国内有关学者的关注和重视。有的学者已经注意到文化在人类命运共同体中的重大意义，倡导通过文化交流互鉴的方式，促进彼此信任，加深相互理解，从而为人类命运共同体的实践发展探索可行的文化路径。但有关构建人类命运共同体较为系统、全面的与文化战略相关的论述仍然很少，在现有的学术成果中仍然存在研究上的薄弱环节，当前亟须从学理与实践维度系统深入地研究人类命运共同体建设中的文化战略问题。第一，目前国内学者对人类命运共同体的关注热度不减、研究成果依旧有攀升的趋势。但是，国内学者在构建人类命运共同体与文化相关联的研究中，在构建人类命运共同体实践中，对于中国特色社会主义新时代的先进思想和精神的关注不够精准，研究不够深刻。第二，部分学者认为从经济全球化和国际关系的角度入手进行探讨，是构建人类命运共同体的主要的现实维度，因而，关于人类命运共同体理念本身与文化战略的研究不够清晰明确，相关的构建还缺乏层次性。对于人类命运共同体文化战略构建的理论研究和学术阐释较少，不能满足客观现实的需求。第三，作为中国的原创性概念，人类命运共同体理念丰富了马克思主义理论，是融通中外的思想主张，目前逐步得到了国际社会的认同。但是，有些学者将人类命运共同体理念单独归为某一学科或某一方面的范畴，甚至仅从一个层面去研究人类命运共同体，很少从整体文化理念的角度深入研究人类命运共同体文化构建的思路问题。总之，研究构建人类命运共同体的文化战略需要突破区域性和学科化的局限，拓展文化研究的思维和视野，不断提升该问题研究的新境界，层层递进，逐步开展更加深入的学术研究。

2. 国外

国外学术界形成了较为丰富的文化和文明研究成果，从多个维度形成了当前文化和文明关系的研究体系。国外学者对世界文明关系以及全球文明的研究，在当前的现状中呈现出多学科性与跨学科性的特点，涉及国际关系、文化学、历史学、哲学、宗教学、人类学、社会学等众多学科领域，说明了人类文明所包含的复杂性和丰富性，为当前人类命运共同体的文化问题和文化战略研究提供了一定的理论参照和方法借鉴。

但是，国外学术界几乎没有形成人类命运共同体文化战略问题的研究成果，对于世界文化和文明的研究还存在着相应的不足之处，主要体现在以下几个方面。第一，部分国外学者特别是西方学者对于世界文化和文明的研究局限于单一视角和取向，尤其是存在着西方中心主义的倾向性，缺少平等、尊重的文化立场和文化理念，即使提出文化互动也存在着自上而下、居高临下的缺陷。有些西方学者多是从西方国家的现状进行研判，并没有更多地从全球其他文明主体诸如东亚文明、非洲文明的角度进行研究。第二，部分西方研究成果对全球化认识具有局限性，大多学者停留在社会学、人类学研究的层面上，基本上没有上升到人类整体文化层面进行深刻的研究和整体性反思，特别是很少从人类社会发展规律、人类文明发展规律的根本问题的角度进行探讨。第三，抽象地、一般性地谈论文明对话问题的主张较多，但由于看待问题所持的学术立场、观点和解决问题的思路方法各不相同，研究者无法完全适应当前全球文化遇到的新问题，也无法在公平公正的立场上联系具体实际，分析当前人类文明对话的现实障碍并提出解决办法。

二、本书的学术价值和应用价值

本课题在深入研究人类命运共同体内涵与意义的基础上，深刻阐释文化在构建人类命运共同体进程中不可替代的实践功能，准确剖析人类命运共同体建设中面临的文化问题与挑战、我国文化存在的薄弱环节与不足。在这个基础上，充分阐发中国文化对于人类命运共同体的独特价值，科学总结人类命运共同体建设中文化建设的理论与原则、目标与取向，探索构建人类命运共同体的文化战略。

（一）本课题相对于已有研究的学术价值

1. 有利于深化习近平新时代中国特色社会主义思想的创新研究

构建人类命运共同体，是我国坚持马克思主义基本原理和中国基本国情、时代特征相结合，创造性地推进马克思主义中国化时代化，提出的创新性理论成果。构建人类命运共同体体现了马克思主义关于"真正的共同体"理论在新时代的运用和发展，是习近平新时代中国特色社会主义思想的重要内容。分析习近平人类命运共同体的重要论述与马克思共同体理论的传承与创新关系，构建人类命运共同体的文化战略，是深化研究习近平总书记关于人类命运共同体重要论述的崭新视角，是拓展习近平新时代中国特色社会主义思想研究的新领域，有利于拓展习近平新时代中国特色社会主义思想、人类命运共同体研究的新空间，形成新成果。

2. 有利于阐发中国文化理念在人类命运共同体建设中的独特价值

深入研究文化与人类命运共同体的关联性，可以进一步探究文化与人类命运共同体在学理层面的重要联系，提炼文化对于构建人类命运共同体的重要价值，探索文化在构建人类命运共同体过程中能够发挥的重要作用。从推动人类社会进步、实现人类美好理想的维度，阐发中国文化的世界意义和时代价值，分析中国文化对于人类命运共同体的重大贡献。

3. 有利于为人类命运共同体的文化战略提供理论指导和原则遵循

结合文化生态理论、文化关系理论、文化对话理论等学说，从理论层面深入探索文化战略的思想内涵、原则遵循，明确构建人类命运共同体实践中文化战略实施的科学圭臬，在推进构建人类命运共同体过程中科学总结我国文化战略的科学理念和原则，为从文化层面推进人类命运共同体建设提供理论指导。

（二）本课题相对于已有研究的应用价值

1. 有利于为人类命运共同体的文化构建提供客观的现实依据

坚持从当前我国和全球文化领域的实际情况出发，科学提炼中国特色社会主义文化、中国优秀传统文化，为构建人类命运共同体提供思想理念和精神滋养，全面分析我国文化领域存在的现实问题。同时坚持全球视野和开放意识，研究当今世界范围内影响人类命运共同体构建的文化问题和挑战，剖析"普世"文化和文化冲突理论及其战略的负面影响，为人类命运共同体的文化战略提供客观的现实依据，从而保证文化战略的适应性和科学性。

2. 有利于为人类命运共同体贡献中国的文化智慧与文化方案

构建人类命运共同体，既是人类社会发展的正确方向，又是我国对于国际关系和格局、对于世界发展趋势的核心话语。我们要正确处理好国家主权与人类利益、文化主体性和全人类共同价值、文化民族性和世界性等文化关系，特别是依据全人类发展利益、人类命运共同体的构建需要、各国家民族文化发展的共同取向，提出我国全球文化发展与治理的文化智慧与文化方案，明确我国对于国际文化秩序和文化关系的目标和主张，提高我国在国际文化领域的制度性话语权。

3. 有利于完善人类命运共同体建设中我国文化战略的主体内容

从构建人类命运共同体的现实需要出发，发挥我国文化理论和文化战略的科学性和时代性属性，科学构建人类命运共同体的文化战略目标，全面提供构建人类命运共同体的文化战略条件。在这个基础上，提炼构建人类命运共同体文化战略的科学理念，坚持历史性、针对性、科学性、建设性的科学导向与要求，不断完善构建人类命运共同体的文化战略体系，实现战略的协调性、有效性和前瞻性。

三、主要目标与创新

（一）主要目标

本课题在研究人类命运共同体内涵与意义的基础上，论证文化在人类命运共同体建设中的重大意义。全面研究人类命运共同体视阈下全球文化冲突、博弈的状况，分析影响人类命运共同体建设的文化问题与挑战，全面构建人类命运共同体建设中我国文化战略的具体目标、理念依据、主体内容和实施条件。

学术目标。本课题运用马克思主义理论、文化学、中共党史、国际政治等多学科知识，针对当前人类命运共同体和文化研究领域的前沿动态与创新趋向，明确研究立场与对象，形成构建人类命运共同体进程中我国文化战略研究的整体性成果，深化学术研究领域对于该问题的进一步研究，体现思想和学术研究价值。

实践目标。本课题坚持开放视野和问题意识，针对人类命运共同体面对的文化问题与挑战，探索构建人类命运共同体进程中我国文化战略的理念与原则，研究人类命运共同体文化战略的构建目标及取向，扩展人类命运共同体进程中我国文化战略的内容与结构，形成具有建设性价值的研究成果。

（二）创新之处

研究文化对人类命运共同体的重大价值，为人类命运共同体提供科学的文化理念。文化在人类命运共同体建设中发挥着不可替代的作用，人类命运共同体的文化构建需要准确把握全球文化发展的前沿态势，针对具体问题、挑战及其发展方向，科学制定人类命运共同体建设的文化理念。

构建公平合理的国际文化秩序，为人类命运共同体提供文化动力与保证。增强我国在国际文化领域的制度性话语权，提高我国参与全球文化治理的能力与成效，积极建设平等、和平、共进的全球文化格局，实现和而不同、共同发展的国际文化关系，推进人类命运共同体目标的实现。

完善和建设我国文化战略的全面框架，实现我国对于人类命运共同体的文化贡献。遵循人类命运共同体的科学属性，构建我国在人类命运共同体中的文化战略，形成文化战略的系统结构与具体措施，发挥中国文化对人类命运共同体的独特价值，为人类命运共同体目标提供中国的文化智慧与文化方案。

第二章
人类命运共同体的思想基础与根本依据

构建人类命运共同体，是我国在中国特色社会主义新时代提出的重要话语，也是我国面向世界、面向未来作出的重大理论创新。人类命运共同体理念是以马克思主义理论为核心的多维思想相互交织形成的思想成果，是具有鲜明的理论属性和科学属性，具有深远而深刻的思想基础。近年来，习近平总书记提出的构建人类命运共同体理念在国际社会引起热烈反响，多次被写入联合国、上海合作组织等多边机制的重要文件，得到了更多国家和民族越来越广泛的认同，也日益成为全球治理的重要话语和思想主张。人类命运共同体在国际社会得到了广泛响应，被更多国家认同、使用，乃至于成为世界上广泛传播的国际话语。在理论上搞清楚人类命运共同体的基本内涵、本质属性，深入研究人类命运共同体的现实依据，是推进构建人类命运共同体的基本前提，是科学制定人类命运共同体构建思路、特别是人类命运共同体文化战略的思想保障，对于推进构建人类命运共同体具有重要的理论与实践意义。人类命运共同体，不但具有科学的理论依据和思想基础，而且具有强烈的现实依据和实践动力，它来源于人类社会的现实又超越于人类社会的现实，是世界各国构建美好世界的必要选择。全面准确地把握构建人类命运共同体的理论内涵、思想基础和现实依据，是深入研究人类命运共同体、探索构建人类命运共同体文化战略的基础性条件。

一、人类命运共同体的内涵与属性

（一）历史上共同体的主要类型

在人类历史上，出现过不少关于共同体的思想建树和实践探索，很多思想家对共同体思想有一定的研究。如柏拉图的"城邦共同体"、亚里士多德的政治共同体、孟德斯鸠"法的精神"共同体、卢梭"公意"契约共同体、空想社会主义的"乌托邦"共同体等，这些理论虽然在一定程度上有自身的局限性，但是总体而言对共同体思想的发展具有一定的促进作用。

1. 城邦共同体思想

城邦共同体的发展始于古希腊，尤其在柏拉图的《理想国》中进行具体阐释。在古希腊社会发展过程中，由于原始村社等历史影响因素，社会中大多都是相互联合的村社，但联合后的村社并不是平等的关系，而存在阶级分化、经济发展不平衡等问题，据此，形成的公民集体就对各个城邦的管控进行研究，之后形成了城邦共同体。柏拉图的城邦共同体思想来源于苏格拉底与不同对象的对话，通过对话的内容经过思考表现出来，同时这种方法还被尼柯尔斯称为"言辞中的城邦"。为达到"共善"的境界，必须涉及人与城邦共同体的关系问题，个人自身具有不完满性，所以必须同其他人联合在一起组成城邦共同体，并且只有联合形成共同体，个人才能生存并达到"至善"的生活状态。在对城邦立法工作考量时，柏拉图指明立法的目的是通过说服和强制两种手段，以达到全民合作、利益共享。作为文明崛起的古希腊时期，虽然当时的社会发展水平总体不如资本主义社会的经济发展，但是在思想纷涌的时代能够跳脱出束缚的藩篱，构建出共同体思想的滥觞是值得肯定的。

亚里士多德认为，城邦是最有代表性的共同体。"所有城邦都是某种共同体，所有共同体都是为着某种共同的善而建立的（因为人的一切行为都是为着他们所认为的善）。"① 城邦共同体思想的主要内容就是把城邦当作一个整体、一个共同体，城邦的组成要素如内部成员等都只能算作是整体的一部分，要为城邦的利益发展而贡献力量。所以此时城邦中的个人不能被当作是真正的个体，只能看作是城邦的附属。在柏拉图的城邦共同体思想中，理想的城邦是财产公有的（不包括奴隶），共同体内部也是有等级划分的。为了达到城邦的正义，城邦中的各个等级的人都要各司其职、各安其事，绝不能为了个体私利而采取行动。城邦的每一个居民都有义务维护城邦共同体的利益，他们的存在是为了团结和维护这个共同体的存在。总的来说，柏拉图城邦共同体思想带有明显的整体性色彩，忽视了人的个体性，认为个人只有在城邦的庇佑下才能过上至善的生活。正是在这种逻辑下，城邦共同体导致个人、部落等在城邦面前没有存在空间，所以这种城邦共同体的思想注定成为"理想国"，而不能真正确保城邦稳定发展、社会和谐进步。

2. 政治共同体思想

亚里士多德在继承柏拉图的思想时，最大的突破点在于指出了"目的"。目的因学说即伦理意义上的"最高的善"。日常生活中的道德准则均是来自"最高的善"，是一种自然法则，也是伦理学上的最高点。亚里士多德的政治共同体思想在一定程度上借鉴了柏拉图的基本观点，但是与城邦共同体思想还是有一定的区别，例如，就城邦的产生原因，亚里士多德提出不同想法，他认为城邦共同体是自然的合并过程。就组成要素来看，亚里士多德认为家庭、部落等属于城邦的范围内；就性质来看，亚里士多德认为城邦共同体是异质多样的。正是二者关于城邦共同体的观点有所不同，亚里

---

① 苗力田主编. 亚里士多德全集（第9卷）[M]. 北京：中国人民大学出版社，1994：3.

士多德认为："所有共同体中最崇高、最权威，并且包含了一切其他共同体的共同体，所追求的一定是至善这种共同体就是所谓的城邦或政治共同体"。① 这种至善的政治共同体是以正义为基础、以友爱为纽带的思想观念。在亚里士多德看来，实行政治共同体思想能够促进社会中平等的合作关系，有利于维护国家统治，但是在实行政治共同体的过程中，内部出现了分化，严格意义上说平民已经不再是政治共同体的组成部分，所以基于平民与国家疏离的关系，代表贵族利益的政治共同体规模逐步缩小，直至走向衰落。

3. 契约共同体思想

由于城邦共同体的思想在实践过程中存在着弊端，霍布斯与卢梭针对共同体的思想也进行探讨。霍布斯主张的契约共同体主要体现为他的《利维坦》中的主要观点，由于社会正在经历封建社会到资本主义社会的转型期，他认为不能够用之前的政治体制代替之后的政治制度。对此，霍布斯对国家理论进行研究与发展，他的契约共同体思想主要是从人的现实性出发，认为只有国家有着高度集中的权力才能维护人民的整体利益。所以整体而言他的共同体思想是既否定了柏拉图与亚里士多德的抽象、至高的善，又以暴力的战争所造成压力来维护和平、信守和平，并将理性与恐惧等量齐观。霍布斯的《利维坦》思想也为社会契约论奠定了一定的基础。

卢梭在前人共同体的思想参照下建立了"公意"下的契约共同体。所谓"公意"下的契约共同体指的公民们一致决定的事情，但是求得全体人民对一件事情相同的看法是较为理想的状况，所以针对"公意"卢梭认为多数人的决定也可以构成。卢梭的"公意"共同体思想是"要寻找出一种结合的形式，使它能以全部共同的力量来卫护和保障每个结合者的人身和财富，并且由于这一结合而使得每一个与全体相联合的个人又只不过是在服从其本人，并且仍然像以往一样地自由"②。在社会契约论中，卢梭首次阐明了这样一个问题：人生而自由，为了获取政治共同体生活的效率，主动选择缔结契约共同体。也就是说，契约共同体的形成是臣民让渡自身部分权力的结果，共同体有义务保证臣民的个体利益和自由，同时，共同体中不存在共同体利益凌驾于个体利益之上的权力，也不存在为特殊利益牺牲共同体利益的权力，这使得契约共同体具有了浓厚的民主性色彩。契约共同体的进步之处还在于强调了人们之间的平等。所以卢梭建立的契约共同体是指个人要服从一个作为整体人格的公共意志，所建立的自由的意志并非是绝对自由，而是关注平等的自由。总之，卢梭在契约共同体中主要坚持平等的观念，并且作为一个制约自由的引线贯通他的政治思想当中。

---

① ［古希腊］亚里士多德. 政治学［M］. 颜一，秦典华，译. 北京：中国人民大学出版社，2003：37.

② ［法］卢梭. 社会契约论［M］. 何兆武，译. 北京：商务印书馆，2003：19.

4. 伦理共同体思想

康德在共同体方面的一大贡献是创立了"伦理共同体"。他继承了卢梭契约共同体思想，同时还从道德的角度对契约共同体思想进行了梳理，将人的德行问题称之为"原初的善"，若人性不加以道德约束，那么将会受到不良因素的影响而走向堕落。这种"原初的善"并非生而有之，是需要靠人的后天培养所获得的，因此，人们需要联合起来，从"自然状态"走向"公民状态"，这一过程意味着共同体交往需要道德法则，即每个德行个体义务的道德准则。

黑格尔的伦理共同体思想对于原先的共同体思想进行了进一步的发展。黑格尔的客观伦理共同体思想是一种推崇自由与理性、带有思辨色彩的逻辑，所以后人大多数称之为"哲学的共同体"而不是"共同体的哲学"。在《法哲学原理》中，黑格尔将客观精神分为三个维度，对家庭、市民社会和国家这三个层次进行探究。黑格尔对于伦理共同体思想的演绎是将伦理理念作为研究的背景，他认为伦理的东西都是自由的或者代表自在自为的意志，在国家的组成因素中家庭是作为直接的伦理精神的自然共同体、市民社会是伦理精神分化的社会共同体、国家是伦理精神统一的政治共同体。在家庭这个自然共同体中倡导"可以为了整体的伦理精神牺牲个人"，但是不能为了个人私利牺牲整体；在市民社会中坚持等级制度；在国家中坚持法律与普遍精神，坚持"唯有客观伦理才是永恒的"[①] 理念，用精神、理念等治理社会。黑格尔认为，国家是伦理的最高形态即伦理共同体的最高形式，能够实现共同体中道德与政治的和解，因为国家是"伦理理念的现实——是作为显示出来的、自知的实体性意志的伦理精神……即在它自己的实质中，在它自己活动的目的和成果中，获得了自己的实体性的自由"[②]。黑格尔认为政治国家的建立有利于缓和市民社会中个体的原子化边缘化趋势，消解个体与共同体的不同利益冲突，政治国家中家庭与市民社会相互独立并相互统一，使个体获得了普遍的、现实的发展。虽然黑格尔的伦理共同体思想是虚假的共同体，但是在一定程度上是近代理性主义形而上学的巅峰，对马克思构建"真正的共同体"具有一定的参考价值，使得后人在批判与反思中进步。

从古希腊时期以来，人类对于共同体的认知历史出现了城邦共同体、政治共同体、契约共同体、伦理共同体等共同体的不同形式，代表了历史上人类对于共同体构建的尝试和结果，体现了人类长期以来对于共同体实践、共同体结构持续探索的过程。在探寻共同体思想的过程中，前人的实践过程和认识成果为当前和未来人类社会构建人类命运共同体提供了有益的经验教训。

---

① ［德］黑格尔. 法哲学原理［M］. 范扬、张企泰，译. 北京：商务印书馆，1982：189.
② ［德］黑格尔. 法哲学原理［M］. 范扬、张企泰，译. 北京：商务印书馆，1982：253.

（二）人类命运共同体的提出过程和影响

2011 年 9 月，我国发布《中国的和平发展》白皮书，第一次提出"命运共同体"概念，用它阐述中国把握世界潮流的新视角，指出"要以命运共同体的新视角，以同舟共济、合作共赢的新理念，寻求多元文明交流互鉴的新局面，寻求人类共同利益和共同价值的新内涵，寻求各国合作应对多样化挑战和实现包容性发展的新道路"①。2012 年 11 月，党的十八大报告明确提出了"人类命运共同体意识"，指出"要倡导人类命运共同体意识，在追求本国利益时兼顾他国合理关切，在谋求本国发展中促进各国共同发展"②。2012 年 12 月 5 日，习近平总书记与在华工作的外国专家座谈时指出，国际社会日益成为一个命运共同体，中国是合作共赢倡导者践行者。"我们的事业是同世界各国合作共赢的事业。国际社会日益成为一个你中有我、我中有你的命运共同体。面对世界经济的复杂形势和全球性问题，任何国家都不可能独善其身、一枝独秀，这就要求各国同舟共济、和衷共济，在追求本国利益时兼顾他国合理关切，在谋求本国发展中促进各国共同发展，建立更加平等均衡的新型全球发展伙伴关系，增进人类共同利益，共同建设一个更加美好的地球家园。"③

2013 年 3 月 23 日，国家主席习近平在俄罗斯莫斯科国际关系学院发表了《顺应时代前进潮流，促进世界和平发展》的演讲，第一次向世界表达"命运共同体"的论断。他指出："这个世界，各国相互联系、相互依存的程度空前加深，人类生活在同一个地球村里，生活在历史和现实交汇的同一个时空里，越来越成为你中有我、我中有你的命运共同体。"④ 2013 年 4 月 7 日，国家主席习近平在海南博鳌出席博鳌亚洲论坛 2013 年年会开幕式上，发表了题为《共同创造亚洲和世界的美好未来》的主旨演讲。他提出了牢固树立命运共同体意识的正确方向，即勇于变革创新，为促进共同发展提供不竭动力；同心维护和平，为促进共同发展提供安全保障；着力推进合作，为促进共同发展提供有效途径；坚持开放包容，为促进共同发展提供广阔空间⑤。2013 年 10 月 3 日，国家主席习近平在印度尼西亚国会发表题为《携手建设中国—东盟命运共同体》的演讲，全面阐述中国对印尼和东盟睦邻友好政策，提出加强中印尼全面战

① 中华人民共和国国务院新闻办公室. 中国的和平发展 ［M］. 北京：人民出版社，2011：24.
② 胡锦涛. 坚定不移沿着中国特色社会主义道路前进为全面建成小康社会而奋斗——在中国共产党第十八次全国代表大会上的报告 ［N］. 人民日报，2012 - 11 - 18.
③ 习近平同外国专家代表座谈时强调：中国是合作共赢倡导者践行者 ［N］. 人民日报，2012 - 12 - 06.
④ 习近平谈治国理政（第 1 卷）［M］. 北京：外文出版社，2018：272.
⑤ 习近平外交演讲集（第 1 卷）［M］. 北京：中央文献出版社，2022：33 - 35.

略伙伴关系，指出发展中国—东盟命运共同体内涵在于"五个坚持"，即坚持讲信修睦、坚持合作共赢、坚持守望相助、坚持心心相印、坚持开放包容①。

2014 年 3 月 27 日，国家主席习近平在法国巴黎联合国教科文组织总部发表演讲时，指出文明交流互鉴是推动人类文明进步和世界和平发展的重要动力，从文明交流互鉴的角度进一步指出："当今世界，人类生活在不同文化、种族、肤色、宗教和不同社会制度所组成的世界里，各国人民形成了你中有我、我中有你的命运共同体。"② 不仅强调了当今世界文化、种族、肤色、宗教和社会制度的现实多元性，也说明了多元之间客观的相互依存性。2014 年 7 月 7 日，国家主席习近平在巴西巴西利亚举行的中国—拉丁美洲和加勒比国家领导人会晤上，发表了题为《努力构建携手共进的命运共同体》的主旨讲话，提出努力构建政治上真诚互信、经贸上合作共赢、人文上互学互鉴、国际事务中密切协作、整体合作和双边关系相互促进的中拉关系"五位一体"新格局，坚持平等相待，始终真诚相助；坚持互利合作，促进共同发展；坚持交流互鉴，巩固世代友好；坚持国际协作，维护共同权益，坚持整体合作，促进双边关系③，为中拉全面合作伙伴关系、中拉命运共同体的构建提出了重要途径。

2015 年 3 月 28 日，在博鳌亚洲论坛 2015 年年会上，国家主席习近平发表题为《迈向命运共同体　开创亚洲新未来》的主旨演讲，系统阐述了命运共同体这一理念，指出迈向命运共同体，"必须坚持相互尊重、平等相待""必须坚持合作共赢、共同发展""必须坚持实现共同、综合、合作、可持续的安全""必须坚持不同文明兼容并蓄、交流互鉴"④，深入阐述了如何迈向命运共同体，为发展命运共同体指明了路径，只有这样才能建立更加均衡的新型发展关系。2015 年 9 月 28 日，国家主席习近平在纽约联合国总部出席第 70 届联合国大会一般性辩论并发表题为《携手构建合作共赢新伙伴　同心打造人类命运共同体》的重要讲话。他提出共同"打造人类命运共同体"的初步系统的科学内涵，指出"要建立平等相待、互商互谅的伙伴关系""要营造公道正义、共建共享的安全格局""要谋求开放创新、包容互惠的发展前景""要促进和而不同、兼收并蓄的文明交流""要构筑尊崇自然、绿色发展的生态体系"⑤，此时人类命运共同体有了较为明晰的发展走向，对于其内涵与涉及内容进行不同程度的

---

①　习近平. 携手建设中国—东盟命运共同体——在印度尼西亚国会的演讲 [N]. 人民日报，2013 - 10 - 04.

②　习近平. 论坚持推动构建人类命运共同体 [M]. 北京：中央文献出版社，2018：80.

③　习近平. 努力构建携手共进的命运共同体——在中国拉美和加勒比国家领导人会晤上的主旨讲话 [N]. 人民日报，2014 - 07 - 19.

④　习近平. 迈向命运共同体　开创亚洲新未来——在博鳌亚洲论坛 2015 年年会上的主旨演讲 [N]. 人民日报，2015 - 03 - 29.

⑤　习近平. 携手构建合作共赢新伙伴　同心打造人类命运共同体——在第七十届联合国大会一般性辩论时的讲话 [N]. 人民日报，2015 - 09 - 29.

完善。2015 年 10 月 12 日，习近平总书记在中共十八届中央政治局第二十七次集体学习时提出，要"继续丰富打造人类命运共同体"①。2015 年 10 月 16 日，国家主席习近平在减贫与发展高层论坛上，发表题为《携手消除贫困　促进共同发展》的主旨演讲，提出"共建一个没有贫困、共同发展的人类命运共同体"，对世界各国摆脱贫困提供重要理论贡献。2015 年 12 月 16 日，国家主席习近平在浙江乌镇召开的第二届世界互联网大会开幕式上发表了题为《建立多边、民主、透明的全球互联网治理体系》的讲话，提出"构建网络空间命运共同体"，指出："网络空间是人类共同的活动空间，网络空间前途命运应由世界各国共同掌握。各国应该加强沟通、扩大共识、深化合作，共同构建网络空间命运共同体。"②

2016 年 4 月 1 日，国家主席习近平在华盛顿核安全峰会上发表题为《加强国际核安全体系，推进全球核安全治理》的重要讲话，习近平在讲话中主张构建"公平、合作、共赢的国际核安全体系"，强调"以公平原则固本强基，以合作手段驱动发展，以共赢前景坚定信心，为核能安全造福人类提供强有力、可持续的制度保障"③。国家主席习近平全面阐述中国政策主张，介绍中国在核安全领域取得的新进展，宣布中国加强本国核安全并积极推进国际合作的举措。

2015 ～ 2017 年，习近平总书记使用人类命运共同体的频次逐步增加，并且针对国际性问题从人类命运共同体的视角出发，为东盟、亚洲、拉丁美洲等国家或区域集团提供了可借鉴的指导思想，从而不断拓宽人类命运共同体的相关思想。

在 2017 年 1 月 17 日，国家主席习近平在瑞士达沃斯举行的世界经济论坛 2017 年年会中指出："只要我们牢固树立人类命运共同体意识，携手努力、共同担当，同舟共济、共渡难关，就一定能够让世界更美好、让人民更幸福。"④ 2017 年 1 月 18 日，国家主席习近平在联合国日内瓦总部发表题为《共同构建人类命运共同体》的重要演讲，指出："构建人类命运共同体，关键在行动。我认为，国际社会要从伙伴关系、安全格局、经济发展、文明交流、生态建设等方面作出努力。"对此，习近平主席提出，"坚持对话协商，建设一个持久和平的世界""坚持共建共享，建设一个普遍安全的世界""坚持合作共赢，建设一个共同繁荣的世界""坚持交流互鉴，建设一个开放

---

①　习近平. 推动全球治理体制更加公正更加合理　为我国发展和世界和平创造有利条件［N］. 人民日报，2015 – 10 – 14.

②　习近平. 论坚持推动构建人类命运共同体［M］. 北京：中央文献出版社，2018：306.

③　习近平. 加强国际核安全体系　推进全球核安全治理——在华盛顿核安全峰会上的讲话［N］. 人民日报，2016 – 04 – 03.

④　习近平. 共担时代责任　共促全球发展——在世界经济论坛 2017 年年会开幕式上的主旨演讲［N］. 人民日报，2017 – 01 – 18.

包容的世界""坚持绿色低碳，建设一个清洁美丽的世界"①，系统阐释了推动构建人类命运共同体的路线图，提出了世界各国应对传统安全与非传统安全的办法。构建人类命运共同体不再只是中国的倡议，而成为全世界所关注的议题。

2017 年 10 月 18 日，习近平总书记在党的十九大报告中把"明确中国特色大国外交要推动构建新型国际关系，推动构建人类命运共同体"作为习近平新时代中国特色社会主义思想的"八个明确"之一，把"坚持推动构建人类命运共同体"作为新时代坚持和发展中国特色社会主义的基本方略即"十四个坚持"之一，并呼吁"各国人民同心协力，构建人类命运共同体，建设持久和平、普遍安全、共同繁荣、开放包容、清洁美丽的世界。"② 党的十九大通过了《中国共产党章程（修正案）》，其中写道，"在国际事务中，坚持正确义利观，维护我国的独立和主权，反对霸权主义和强权政治，维护世界和平，促进人类进步，推动构建人类命运共同体，推动建设持久和平、共同繁荣的和谐世界。"③ 2017 年 12 月，习近平总书记在中国共产党与世界政党高层对话会上讲话时指出："人类命运共同体，顾名思义，就是每个民族、每个国家的前途命运都紧紧联系在一起，应该风雨同舟，荣辱与共，努力把我们生于斯、长于斯的这个星球建成一个和睦的大家庭，把世界各国人民对美好生活的向往变成现实。"④ 2018 年 3 月 11 日，第十三届全国人民代表大会第一次会议表决通过了《中华人民共和国宪法修正案》，在宪法序言里加上了"推动构建人类命运共同体"的表述。这说明，推动构建人类命运共同体，已经从一般性的号召变为中国共产党全体党员和中华人民共和国所有公民要认真遵循的目标和努力奋斗的任务。

2021 年 10 月 25 日，国家主席习近平在中华人民共和国恢复联合国合法席位 50 周年纪念会议上发表重要讲话，指出："我们应该携手推动构建人类命运共同体，共同建设持久和平、普遍安全、共同繁荣、开放包容、清洁美丽的世界。人类是一个整体，地球是一个家园。任何人、任何国家都无法独善其身。人类应该和衷共济、和合共生，朝着构建人类命运共同体方向不断迈进，共同创造更加美好未来"。⑤ 2022 年 10 月 16 日，习近平总书记在党的二十大报告中创造性地提出了中国式现代化的本质要求，把"推动构建人类命运共同体"作为中国式现代化的本质要求的重要内容，并把"促进世界和平与发展，推动构建人类命运共同体"单独作为二十大报告的一部分进行战略部署，指出"中国始终坚持维护世界和平、促进共同发展的外交政策宗旨，致力于推

---

① 习近平谈治国理政（第 2 卷）［M］．北京：外文出版社，2020：541 – 544.

② 习近平．决胜全面建成小康社会　夺取新时代中国特色社会主义伟大胜利——在中国共产党第十九次全国代表大会上的报告［N］．人民日报，2017 – 10 – 28.

③ 中国共产党章程［M］．北京：人民出版社，2017：8.

④ 习近平谈治国理政（第 3 卷）［M］．北京：外文出版社，2020：433.

⑤ 习近平谈治国理政（第 4 卷）［M］．北京：外文出版社，2022：475.

动构建人类命运共同体。""构建人类命运共同体是世界各国人民前途所在。"①

2017 年至今，习近平多次在国际社会重大场合，在党的十九大报告、党的二十大报告等重要文献中阐发人类命运共同体理念，提出构建人类命运共同体的主张。人类命运共同体的构建是由国内到国外、由表及里、层层递进的过程，也是从思想理论到实践演进的阶段。人类命运共同体的提出为世界的发展增添活力，使世界各国都能"搭乘中国发展的列车"。

多年来，人类命运共同体的理念不断丰富和细化，这其中，既有中国同巴基斯坦、柬埔寨、缅甸、老挝等国家携手构建的双边命运共同体，也有多边层面的亚太命运共同体、亚洲命运共同体、周边命运共同体、中国—东盟命运共同体、中阿命运共同体、中非命运共同体、中拉命运共同体、中国—太平洋岛国命运共同体等，还有涉及具体领域的海洋命运共同体、网络空间命运共同体、核安全命运共同体、人类卫生健康共同体、人与自然生命共同体、全球发展共同体、安全共同体，等等。人类命运共同体获得国际社会积极响应，构建人类命运共同体的多元立体格局正日益形成并不断完善。

构建人类命运共同体不但是中国外交战略的根本目标，是中国对外战略的核心话语，而且也越来越多地写进联合国和其他国际组织的决议，日益成为国际社会共同认可和推崇的重要主张。人类命运共同体"仿佛是一条强劲的纽带，跨越亚欧大陆无垠的草原，跨越印度洋潮湿的季风，跨越乞力马扎罗的雪，跨越安第斯山的云，人类命运共同体理念，激起了全球范围的广泛共鸣"②。2017 年 2 月 10 日，联合国社会发展委员会第五十五届会议协商一致通过"非洲发展新伙伴关系的社会层面"决议，"构建人类命运共同体"理念首次被写入联合国决议中。这一行动表明，"构建人类命运共同体"理念已经得到联合国广大会员国的普遍认同，彰显了中国对全球治理的巨大贡献。3 月 17 日，联合国安理会全票通过关于阿富汗问题的第 2344 号决议，这是"构建人类命运共同体"理念首次写入安理会决议。同时，该决议还呼吁各国推进"一带一路"建设。第 2344 号决议强调，应本着合作共赢精神推进地区合作，以有效促进阿富汗及地区安全、稳定和发展，构建人类命运共同体。这是全票一致通过的一个决议，这就充分说明了各方越来越认识到"构建人类命运共同体"是国际社会的共同利益所在，是人类文明发展方向所在。3 月 23 日，在联合国人权理事会举行的第 34 次会议上，通过了关于"经济、社会、文化权利"和"粮食权"两个决议，决议明确表示要"构建人类命运共同体"，这是人类命运共同体重大理念首次载入人权理事会决议，标志着这一理念成为国际人权话语体系的重要组成部分。2017 年 10 月 30 日，

---

① 习近平. 高举中国特色社会主义伟大旗帜　为全面建设社会主义现代化国家而团结奋斗——在中国共产党第二十次全国代表大会上的报告［N］. 人民日报，2022 – 10 – 26.

② 国纪平. 为世界许诺一个更好的未来——论迈向人类命运共同体［N］. 人民日报，2015 – 05 – 18.

"构建人类命运共同体"还载入第 72 届联合国大会负责裁军和国际安全事务第一委员会会议通过的"防止外层空间军备竞赛的进一步切实措施"（见图 1 - 1）和"不首先在外层空间放置武器"两份安全决议。这表明，中国外交的这一重要理念在国际社会的影响已延伸到经济、文化、安全等各个领域，反映出国际社会对这一理念更加广泛的赞同和支持。

第七十二届会议
议程项目 97(a)

2017 年 12 月 24 日大会决议

[根据第一委员会的报告 (A/72/407) 通过]

72/250.　**防止外层空间军备竞赛的进一步切实措施**

　　大会，

　　回顾其 2016 年 12 月 5 日第 71/31 号、第 71/32 号和 2016 年 12 月 6 日第 71/90 号决议，以及关于这个问题的其他各项决议，

　　鼓励所有国家积极促进防止外层空间军备竞赛，特别是防止在外层空间放置武器以及对空间物体使用武力，促进和加强为和平目的探索利用外层空间的国际合作，以构建人类命运共同体，

　　确认防止外层空间军备竞赛，特别是防止在外层空间放置武器，将使国际和平与安全避免出现严重危险，

　　重申应研究并采取切实措施，以求达成防止外层空间军备竞赛的协定，

　　确认裁军谈判会议对谈判缔结一项或多项防止外层空间军备竞赛的多边协定具有首要作用和责任，

Seventy-second session
Agenda item 97 (a)

Resolution adopted by the General Assembly on 24 December 2017

[on the report of the First Committee (A/72/407)]

72/250.　**Further practical measures for the prevention of an arms race in outer space**

　　The General Assembly,

　　Recalling its resolutions 71/31 and 71/32 of 5 December 2016 and 71/90 of 6 December 2016, as well as its other resolutions on this subject,

　　Encouraging all States to contribute actively to the prevention of an arms race in outer space, especially the placement of weapons in outer space, as well as the use of force against space objects, with a view to promoting and strengthening international cooperation in the exploration and use of outer space for peaceful purposes, with the objective of shaping a community of shared future for mankind,

　　Recognizing that the prevention of an arms race, especially of the placement of weapons in outer space, would avert a grave danger for international peace and security,

　　Reaffirming that practical measures should be examined and taken in the search for agreements to prevent an arms race in outer space,

　　Recognizing the primary role and responsibility of the Conference on Disarmament in the negotiation of a multilateral agreement or agreements on the prevention of an arms race in outer space,

图 1 - 1　第 72 届联合国大会"防止外层空间军备竞赛进一步切实措施"决议中英文本（局部）

2021 年 11 月 1 日，第 76 届联合国大会裁军与国际安全委员会（联大一委）表决通过"不首先在外空放置武器"决议和"防止外空军备竞赛的进一步切实措施"决议。两份决议均写入中方提出的"人类命运共同体"理念。两份安全决议从理念到共识，彰显了中国方案对全球治理的巨大贡献。从中国的提倡到世界的相和，凸显了人类命运共同体理念的智慧闪光。

联合国前助理秘书长和国际贸易中心前执行主任冈萨雷斯认为，在当今国际治理体系面临分化挑战之时，人类命运共同体理念是对国际合作共赢传递的强烈信心。在第71届联合国大会主席彼得·汤姆森看来，中国所倡导的构建人类命运共同体理念，是"人类在这个星球上的唯一未来"①。联合国秘书长古特雷斯说："中国已成为多边主义的重要支柱，而我们践行多边主义的目的，就是要建立人类命运共同体。"② 当代中国与世界研究院2020年在全球22个主要国家开展的民意调查显示，64%的海外受访者认为"人类命运共同体"理念对个人具有积极意义，这一比例在发展中国家更是高达74%③。

（三）人类命运共同体的内涵与构成

人类命运共同体的内涵是一个较为庞大的体系，不仅涉及政治、经济、文化，还涉及生态等领域，对此习近平总书记指出要"建设持久和平、普遍安全、共同繁荣、开放包容、清洁美丽的世界"④。习近平总书记对于人类命运共同体的这一阐述，明确了人类命运共同体的内涵。

持久和平，建立协商对话的新世界。进入新时代以来，大国之间的竞争日益激烈，尤其是近些年西方大国尤其是美国频繁退出世界各种合作组织，对外进行贸易战等霸权行为，对世界的和平与发展构成较大威胁。面对各国之间的竞争，世界上任何一个国家都不能独善其身，要时刻摒弃冷战思维和强权政治，建立对话协商的和平世界。建设一个持久和平的世界，为应对"百年未有之大变局"提供稳定环境。"和平是我们最大的共同利益，也是各国人民最大的共同期盼。"⑤ 中国共产党倡议各国要构建对话不对抗、结伴不结盟的伙伴关系。作为世界和平的建设者，中国始终不渝走和平发展道路，坚持和平共处、对话协商，致力于化解纷争和矛盾、消弭战乱和冲突。

普遍安全，建立可持续的安全观。面对恐怖主义、难民危机、生物安全等全球问题，没有一个国家能够独善其身。求和平、谋发展、促合作是各国人民的共同期盼，要坚持共同、综合、合作、可持续的安全观，形成公平正义、共建共享的安全格局，维护世界安全稳定。建立普遍安全的世界，需要注意"普遍"安全不是绝对的，世界

---

① 钟声. 人类命运共同体理念成为广泛共识 [N]. 人民日报，2017－02－14.
② 中国理念获国际广泛认同 [N]. 人民日报（海外版），2017－03－27.
③ 孙敬鑫，曹俊. 为推动构建人类命运共同体提供正能量 [EB/OL]. 中国社会科学网，2022－09－09.
④ 中共中央宣传部. 习近平新时代中国特色社会主义思想学习纲要 [M]. 北京：学习出版社，人民出版社，2023：281.
⑤ 习近平谈治国理政（第4卷）[M]. 北京：外文出版社，2022：441.

上没有绝对的安全，安全是相对的，尤其是当今世界面临很多不安全的因素，这就需要世界中各国都树立共同、综合的安全观。建设一个普遍安全的世界，我们可以为应对百年未有之大变局提供、构建人类命运共同体的内在保障。

共同繁荣，建立合作共赢的发展理念。"经济全球化是历史大势，促成了贸易大繁荣、投资大便利、人员大流动、技术大发展。"① 随着全球化的发展，各国联系越来越紧密，合作共赢、同舟共济是实现共同发展的必由之路。经济全球化促进贸易全球化，当今世界是开放的世界，各国在相互发展的过程中都能受益，只有推动世界各国共同繁荣，让发展成果惠及全球，才能建立富足、安康的世界。中国坚定不移深化改革、扩大开放，践行新发展理念，构建新发展格局，以实际行动推进开放、包容、普惠、平衡、共赢的经济全球化，推动各国繁荣发展。

开放包容，建立交流互鉴的世界。人类文明多样性是世界文明的基本特征。世界上各个国家都有独特的文化与风土人情，摒弃文化霸权、打破文明的冲突需要世界各国进行文明交流互鉴，当前我国已经同世界 100 多个国家及地区进行友好的文化交流，充分将中华文化与世界各国文化进行交流。这就需要世界各国都要树立尊重差异、求同存异的理念来面对文化的交流互鉴。构建人类命运共同体要提倡不同文明间取长补短、互学互鉴，相互交流、求同存异，使其和谐共存，交相辉映，成为维护世界和平的纽带。

清洁美丽，建立低碳环保的世界。生态是人类发展的基础，生态文明是关于人类建设家园的自然指导。人类社会与自然界共生共存，伤害自然最终将伤及人类。在过去世界经济发展中对生态造成了不可逆的伤害，只有树立尊重自然、保护自然的理念才能够实现世界的可持续发展与全面发展。在人类命运共同体理念中，只有人的生存条件得到满足，才有可能成为自由而全面的人。世界各国应该与中国一道，树立可持续发展的绿色发展观。中国坚持绿水青山就是金山银山的理念，积极采取行动应对气候变化，推进生态文明建设，努力实现人与自然和谐共处，是构建人类命运共同体的重要内涵。

总之，人类命运共同体的内涵是个不断完善的过程，其目的就是致力于为世界的发展作贡献，为世界的文明交流作贡献，只有推动世界各国共建人类命运共同体才能携手迈入世界的新发展阶段。

通过系统研究人类命运共同体理念的相关内容，人类命运共同体在基本构成上可以分析和归纳为以下五个方面。

1. 建立平等相待、互商互谅的伙伴关系

联合国宪章贯穿主权平等原则。世界的前途命运必须由各国共同掌握。世界各国

---

① 习近平谈治国理政（第 2 卷）［M］. 北京：外文出版社，2017：543.

一律平等，不能以大压小、以强凌弱、以富欺贫。

在当今国际社会中，由于历史遗留等诸多原因，导致国际政治舞台上所存在的"共同体"由西方单边主义"共同体"所主导。某些西方发达资本主义国家在对外交往中，甚至会打压或欺凌拥有其他意识形态或与他们不同政治立场的国家或地区。因此这种单边主义"共同体"往往充斥着霸权主义、强权政治等不良因素。然而，全球多极化发展趋势愈发明显，众多发展中国家已经在经济、政治、文化等多个方面或领域取得重大进步。加之随着经济全球化的不断深入，这些发展中国家在本国的综合国力提升上，正在努力向西方众多发达国家看齐，尤其是在国际政坛上他们渴望能够为本国争夺更多话语权。但与此同时，以美国为首的西方发达资本主义国家在经济、政治领域内仍企图构建"单边"模式，并在一定程度上保留冷战思想，这不仅与当下的全球化发展趋势背道而驰，而且也势必遭到国际社会普遍质疑。

经济全球化趋势将过去国与国之间闭关自守的状态转变为互动开放的状态，随着国际开放程度的不断加深，和平稳定的国家环境至关重要。人类命运共同体理念的提出，有利于世界各国加强共存共进意识，缓和不同民族之间的矛盾与冲突，有利于我们从根本上转变以强欺弱的落后思维，推动形成各国之间互信、共享的新型伙伴关系。越来越多的国家已经参与到国际规则和国际秩序的建设中来，"合作共赢"正在成为各国认可的处理相互关系的行为准则。人类命运共同体理念是顺应时代呼唤和世界潮流的新思想，是对世界各国人民推动和平与发展理论与实践的升华，标志着人类对现实世界的认识达到了一个新的高度。

"地球是人类生存的舞台，不是国家角力的竞技场。"[①] 地球是世界各国的家园，因此每个成员都应当共同享有平等的发展权利。自新中国成立以来，我国在外交政策上始终坚持"和平共处五项原则"，这一原则也受到了国际社会的赞扬与认可。构建人类命运共同体，意在建构平等相待、互商互谅的伙伴关系，就是要求我们尊重各国主权、制度与文化，在和平合作、包容互惠的过程中，努力构建和促成稳定而均衡的国际关系，推动形成一种良好的国际新秩序。因此，中国所提出的人类命运共同体理念在政治方面所表达和呈现出的是一种世界各国政治交往的创新模式，这种新型的伙伴关系也强烈地反映了各国渴望实现共同发展，友好合作，平等协商等美好愿景。21世纪是和平与发展为主题的新纪元，正如美国著名文化人类学家理安·艾勒斯所说："我们的未来要向一种伙伴关系的，而不是继续向一种统治关系的社会模式发展。"[②]在追求平等合作这一方面，中国始终努力构建人类命运共同体。这一方案的提出并不

---

① 陈曙光. 人类命运与超国家政治共同体 [J]. 政治学研究，2016 (6)：49-59.
② [美] 理安·艾斯勒. 圣杯与剑：男女之间的战争 [M]. 程志民，译. 北京：中国社会科学出版社，1995：1.

是空穴来风，而是我国经过深思熟虑，在充分借鉴历史与现实所发生的一系列重大事件的基础上，对目前世界各国交往机制、交往关系和国际秩序运行中出现的普遍共识的反思，是中国为推动全球治理体系的完善和发展所贡献出的"中国智慧"。正因为人类命运共同体理念这一新思想具有崇高的国际道义优势和道义力量，因而一经提出就得到国际社会的普遍认同、赞成与支持。

2. 营造公道正义、共建共享的安全格局

在经济全球化时代，各国安全相互关联、彼此影响。没有一个国家能凭一己之力谋求自身绝对安全，也没有一个国家可以从别国的动荡中收获稳定。弱肉强食是丛林法则，不是国与国相处之道。穷兵黩武是霸道做法，只能搬起石头砸自己的脚。

一个国家能够稳步发展的前提，是具备安全稳定的发展环境。现如今，全球化的深入发展使各国之间的交往与联系更加密切，某一国家的安全稳定状态必将牵连其他国家。宗教矛盾、地区战争、恐怖主义等诸多因素与不稳定状态的出现相互作用，互为因果。因此，全球发展亟须稳定安全的国际环境。中国倡导构建人类命运共同体，要求世界各国树立整体安全观，为人类社会的进一步发展提供重要保障。

时代的发展进步导致国际社会上所产生的安全问题出现新变化和新特点。当前，国际社会动荡不定且变幻莫测，国际社会出现的安全问题十分复杂，其中不同国家之间的利益关系使这一问题的解决更加困难。面对这一现状，各国既要基于历史因素又要立足现实发展，通过具体问题具体分析的方法和手段有针对性地进行协调与沟通，进而实现全球安全治理体系的成功构建，"努力走出一条共建、共享、共赢的安全之路。"[①] "不能一个国家安全而其他国家不安全，一部分国家安全而另一部分国家不安全，更不能牺牲别国安全谋求自身所谓绝对安全。"[②] 以习近平同志为核心的党中央沉着应对，冷静分析，厘清各种国际事件的来龙去脉，剖析错综复杂的局势，以整体和全局作为出发点将国家安全体系进一步完善。我们要树立总体国家安全观，在不断维护中国国家安全的基础上推动世界各国和平事业的发展。

世界安全是一张密网，每一个国家都是这一网络中紧紧交织的线，都是世界安全整体中不可缺少的部分。世界的和平与安全是每一个国家通过友好相处，共同创造的成果。这就更加需要我们在今天的发展形势下，时刻关注安全问题并合理进行规划，在树立整体安全观的基础上团结协作，积极应对挫折与挑战。因此，世界各国之间要进一步加强合作与交流，从而构建"安全共同体"。总之，人类在当今世界的发展过

---

① 马俊峰，马乔恩. 构建人类命运共同体的历史性研究 [M]. 北京：人民出版社，2019：119.

② 习近平. 积极树立亚洲安全观共创安全合作新局面——在亚洲相互协作与信任措施会议第四次峰会上的讲话 [N]. 人民日报，2014–05–22.

程中必须面对安全这一重点难题。因此我们要时刻结合新情况，把握新态势，努力让和平安全的种子，在人类社会的土壤落地生根。

3. 谋求开放创新、包容互惠的发展前景

2008 年爆发的国际经济金融危机告诉我们，放任资本逐利，其结果将是引发新一轮危机。缺乏道德的市场，难以撑起世界繁荣发展的大厦。富者越富、穷者越穷的局面不仅难以持续，也有违公平正义。

在国际经济发展方面，人类命运共同体的构建更加期望能够推动形成具有共同利益取向的"经济共同体"。主要原因归于以下几点：一是目前世界发展形势处于总体稳定状态，但危机并没有从根本上消除，多方矛盾依旧存在。例如，2008 年全球性的经济危机和金融危机使大部分资本主义国家经济发展遭受困境。二是全球各国、各地区之间发展仍然存在较大差距。西方发达国家在对外贸易方面具有强大优势，新兴发展中国家却只能被迫身处中低端。三是饥荒、疫情等问题仍然存在，部分地区绝对贫困人口占比较大，人民生活缺乏基本保障。而此时，我国所提出的人类命运共同体理念，其中就包含了在经济利益共同发展的方面。中国既要保证发展的"量"又要保证发展的"质"，努力倡导各国共同实现均衡发展，并最终将发展成果惠及全人类。

首先，公平是各国合作的基础。世界各国都处于全球经济发展的整体之中，都理所应当地扮演着参与者和受益者的角色，霸权思维在世界经济均衡平等发展过程中起到阻碍作用。因此我们要不断完善全球治理体系，以强助弱，保障各国权利，树立合作共赢的发展理念，从而使各国积极主动地投身于平等发展的浪潮中，不断增强国家发展能力。其次，开放是国际合作的基本原则。开放发展能够使不同文化背景的国家扩大交流领域。各国通过实现共同繁荣，共享发展成果，将本国特有的资源和优势充分流动和传播，从而达到一种平等互商、开放共建、合作共享的经济发展效果。再次，全面统筹是正确处理发展中存在的问题的基本方法。处理好经济发展与社会效益、生态环境、精神需求、社会环境等诸多方面的协调关系。经济发展决不能以放弃社会效益作为前提，也不能在发展过程中肆意消耗有限的自然资源，破坏自然环境。我们所追求的全面既要提升经济实力，又不局限于物质层面，满足人民精神生活的同时营造良好的社会氛围，在和谐的社会环境中提升可持续发展水平，创造高质量的发展成果。最后，创新是推动发展的动力。习近平总书记指出："发展是第一要务，人才是第一资源，创新是第一动力。"① 通过勇于创新，解放和发展生产力，将固有的发展模式和手段实现突破和优化，从而为国家经济发展带来新的生机和新动能。对于创新能力的提升，习近平总书记指出："我们要坚持问题导向，通过创新突破我国发展的瓶

---

① 创新驱动激活第一动力 ［N］. 人民日报，2018 - 03 - 20.

颈制约"①。因此，在今后的发展过程中，我们既要注重人才的培养和引进，又要求真求实不断发现自身的不足；既要着眼于自身的发展短板并努力补足，又要与时俱进，不断完善激励机制。

综上所述，人类命运共同体理念的提出为世界经济发展注入新动力，将公平、开放、全面、创新的发展道路贯穿世界各国经济发展之中。

4. 促进和而不同、兼收并蓄的文明交流

人类文明多样性赋予这个世界姹紫嫣红的色彩，多样带来交流，交流孕育融合，融合产生进步。文明相处需要和而不同的精神。只有在多样中相互尊重、彼此借鉴、和谐共存，这个世界才能丰富多彩、欣欣向荣。不同文明凝聚着不同民族的智慧和贡献，没有高低之别，更无优劣之分。文明之间要对话，不要排斥；要交流，不要取代。人类历史就是一幅不同文明相互交流、互鉴、融合的宏伟画卷。我们要尊重各种文明，平等相待，互学互鉴，兼收并蓄，推动人类文明实现创造性发展。

当前中国所提出的人类命运共同体的理念，包含着面对现如今全球文明发展的新设想，即构建"人类文明共同体"。中国倡导在文明领域实现人类文明在和而不同的基础上实现求同存异。因此，构建人类命运共同体要求我们树立新时代文明观，迈向"文明共同体"，使人类文明在共同体中和谐相处、多元并进，让人类文明在共同繁荣的状态下，携手稳步向前发展。

首先，坚持文明多样化。人类社会生产生活的不断发展与演进产生了人类文明。"文明因交流而多彩，文明因互鉴而丰富。文明交流互鉴，是推动人类文明进步和世界和平发展的重要动力。"② 随着各地历史文化的积淀，不同地域文明的交流和碰撞，人类文明已然呈现出多元化发展的态势。因此，文明多元化已成为人类文明所呈现出的基本特征。只有通过不同的人类文明之间的交流和互鉴，人类文明才能跟随时代发展显现出丰富的成果，从而推动人类社会的发展进步。其次，坚持文明互鉴。对于文明本身而言，只有不同和特殊，没有高低贵贱之分。在看待某一文明这一问题上，确实存在该文明的某一部分已经不再适应社会发展的情况，但每一种文明都是它所出现的那一地域和群体的瑰宝，都是人类社会历史发展的必然产物。因此，我们要以客观、公正、发展的态度看待不同文明，在平等、接纳和学习中进行友好往来和交流互鉴。力图实现人类文明的丰富和创新，避免出现用歧视、自我满足等不恰当的眼光去评判其他文明成果。由此我们要充分认识到，正是文明的产生才使人类的生活丰富多彩。最后，坚持文明包容。习近平总书记指出："我们都应该采取学习借鉴的态度，都应

① 中共中央文献研究室．习近平关于科技创新论述摘编［M］．北京：中央文献出版社，2016：17.

② 习近平．论坚持推动构建人类命运共同体［M］．北京：中央文献出版社，2018：76.

该积极吸纳其中的有益成分，使人类创造的一切文明中的优秀文化基因与当代文化相适应、与现代社会相协调。"①因此在不同文明面前，我们更应该以一种包容并蓄的态度去对待不同的文明、充分尊重不同文明。

5. 构筑尊崇自然、绿色发展的生态体系

人类可以利用自然、改造自然，但归根结底是自然的一部分，必须呵护自然，不能凌驾于自然之上。我们要解决好工业文明带来的矛盾，以人与自然和谐相处为目标，实现世界的可持续发展和人的全面发展。

自然界不是某一个国家的自然界，而是整个世界所共有的。生态体系的构建是世界各国的共同任务，这项任务离不开全体人类的共同努力。中国所倡导构建的人类命运共同体中包含了对生态环境保护的深入思考，这也是中国在新时代对马克思主义生态思想的全新梳理与解读。

"纵观人类文明发展史，生态兴则文明兴，生态衰则文明衰。"② 以习近平为核心的党中央将生态文明建设纳入"五位一体"社会主义事业的总体布局之中。通过对党的相关方针政策的研究可以看出，这是中国共产党在深入贯彻马克思主义生态思想的基础上，对人类社会与自然界之间关系的深刻思考和科学总结，也是对社会历史发展规律科学总结的成果。"学习马克思，就是要学习和实践马克思主义关于人与自然关系的思想……人类必须敬畏自然、尊重自然、顺应自然、保护自然。"③ 我们要清醒认识到经济发展与生态环境恶化之间的矛盾，尤其是在发展中国家，这一矛盾往往更加突出。因此，我们要将经济发展与生态环境保护联系起来，努力实现和保持二者之间的平衡关系。"国际社会应该携手同行，共谋全球生态文明建设之路。"④ "生态共同体"的构建，除了需要发展中国家精心部署与决策之外，发达国家的技术支持同样至关重要。

现如今，中国特色社会主义进入了新时代。我国在经济发展方面一直在致力于转变和优化产业结构，不断提升产业效能，我国经济发展已经由高速增长转变为高质量增长。除此之外，生态环境系统的绿色循环以及经济社会的可持续发展，已成为我国现阶段在各方面工作上的关注重点。习近平总书记将关注目光投向资本主义工业文明与人类发展和环境之间的矛盾，他将发展格局定位在人的全面发展与社会经济可持续发展的内涵之中，总结出一系列具有中国特色和中国智慧的生态思想。因此，从人类命运共同体理念出发，深入思考生态环境保护问题，这不仅是在充分运用和借鉴马克

---

① 习近平. 在纪念孔子诞辰 2565 周年国际学术研讨会暨国际儒学联合会第五届会员大会开幕会上的讲话 [N]. 人民日报，2014 – 09 – 25.

② 习近平谈治国理政（第 3 卷）[M]. 北京：外文出版社，2020：374.

③ 习近平. 在纪念马克思诞辰 200 周年大会上的讲话 [N]. 人民日报，2018 – 05 – 05.

④ 习近平谈治国理政（第 2 卷）[M]. 北京：外文出版社，2017：525.

思的资本主义私有制批判思想的基础上，实现人类与自然界的真正和谐，使人的本质得到充分实现，它还是以科学的视角来审视当代资本主义文明社会，从而对经济发展与生态环境保护的和谐进行，以及人类社会全面发展进行时代性的诠释。

中国倡导构建的人类命运共同体是一个着眼于我们所生活的自然界而构思生成的"共同体"，是人与自然的"命运共同体"。地球是人类能够生存的唯一家园，不同国家和不同民族的人们共同生长在同一个地球村。工业革命以来，西方发达资本主义国家只注重资源掠夺和市场开拓。在盲目贪图利润的背后，资源分配不均、生态环境破坏以及自然资源枯竭问题正在引发一系列全球性危机。在环境污染严重、生态问题突出的今天，自然环境的状态决定了人类生命的质量。人与自然之间的关系如何实现和谐成为人类命运走向需要面对的根本问题。因此，人类命运共同体理念的提出对于我们重新审视人类与自然界的关系具有时代意义。

（四）人类命运共同体的根本属性

人类命运共同体是中国共产党理论创新与人类社会发展的历史逻辑相统一的成果，具有深刻的思想内涵和完善的实践构成体系。从理论上来看，人类命运共同体具有鲜明的根本属性，是人类命运共同体内涵科学性和实践发展性的有机统一和生动体现。

1. 共生性与总体性

物质世界普遍存在着整体与部分的关系，人类社会也不例外。整体与部分之间存在着辩证关系，二者既区别，又相互依存、不可分割。这一关系的原理及方法论对于我们认识和改造世界，并形成正确的世界观至关重要。整体与部分具有相对性，对于某一地域的人而言，他们所处的国家就是一个整体，并在国家中使个人利益得到维护。而整体之间也存在差别，马克思认为："只有在共同体中才可能有个人自由。"① 由此可以看出，存在着某一种整体，它能够为人类实现自由而全面发展提供具有可能性的环境，在这个整体中，人类社会将会实现前所未有的和谐。作为人类共同生存的地球，它就是每一个人所存在的整体，它的前途与命运，决定着整个人类社会的发展走向。因此，如何保护我们的共同家园，维护好全体人类的共同利益是我们在今天所面临的重要问题。

在我们共同生活的"地球村"中，每一个"村民"都是平凡而平等的存在。为了追求高质量的生存环境，实现更加友好开放的生活方式，我们必须要摒弃优越感和对抗性。只有相互包容，相互借鉴，实现真正意义上的一体化，人类社会才有真正的"自由"。"在传统的人类道德意义结构中，人们对世界和社会的认识是基本的和首先

---

① 马克思恩格斯选集（第1卷）[M]. 北京：人民出版社，2012：199.

的，因为在传统的伦理学或道德哲学观念里，只有首先正确地认识了人自身存在于其间的整体世界各种关系，才有可能正确地认识自身。确定这一认知秩序的哲学前提是，人作为一种生命存在不过是整体世界的一个部分，因而具有与整体世界和社会相通的本性。"① 人类社会所包含的一切问题，实际上也是人类共同的、全球的问题。因此我们要将人类社会看作一个整体，在关系到政治关系、经济发展态势、文化交流、生态治理、科技创新等问题时，我们要站在整个世界的背景中，以全人类的共同利益作为考量标准。在整个人类社会的系统中，还存在着无数的子系统，各类组织、民族、宗教群体、国家等都是人类社会这一整体中的部分。因此，在我们认识世界和改造世界的过程中所发挥的一切主观能动性，都必须将整个地球和人类社会的命运走向作为首要考虑对象。

除此之外，在把握整体重要性的基础上，我们还需要清楚地意识到人与人之间是一种共生性的关系，而这种关系是共同体发生、发展的动力源头。有机的结合是不同意志的内在的、完美的结合，这种结合意味着不同个人之间有着不言而喻的相互理解。对于共同体成员之间的相互理解，滕尼斯提出了"默认一致"作为其基础。"相互之间的一共同的、有约束力的思想信念作为一个共同体自己的意志，就是这里应该被理解为默认一致（consensus）的概念。它就是把人作为一个整体的成员团结在一起的特殊的社会力量和同情。"② 也就是说，默认一致的东西在某种意义上就是共同体的意志，这种意志起着把不同成员团结在一起的作用，也是一种高于个人意志的意志。因此，共生性问题也是我们考察人类命运共同体的一个重要的切入点。除了人类命运共同体理念以外，习近平总书记还提出"中拉命运共同体""亚洲命运共同体""生命共同体"等思想，他将有关影响人类社会发展的一系列因素动态结合，努力促成人类社会的共生发展。对于人类创造的各种文明，习近平总书记在构建人类命运共同体的视阈下积极倡导"维护世界文明多样性""尊重各国各民族文明""正确进行文明学习借鉴""科学对待文化传统"四项原则③，这些原则体现了中国将全力支持全球文明在共生中不断向前发展。

在不同的时代性背景下，每一个"共同体"内的主体都在紧紧围绕相关切己的各种利益，并在此过程中相互交融而形成的极具特色的基于共生需求的价值观，此种价值观是在扬弃了狭窄视野的个人主义与狭隘极端的国家至上主义的价值观之后的一种全新的共生性价值观。习近平总书记在构建人类命运共同体的过程中，将人类社会的发展作为一个整体，并将全球性共生问题及其人类命运共同体的共同价值问题作为重

---

① 万俊人. 寻求普世伦理 ［M］. 北京：商务印书馆，2009：7.

② ［德］斐迪南·滕尼斯. 共同体与社会：纯粹社会学的基本概念 ［M］. 林容远，译. 北京：北京大学出版社，2010：71 - 72.

③ 习近平. 论坚持推动构建人类命运共同体 ［M］. 北京：中央文献出版社，2018：160 - 163.

点。习近平总书记强调"和平、发展、合作、共赢"成为时代潮流，并提出"和平、发展、公平、正义、民主、自由"① 是全人类共同价值的理念。中国积极践行和平共处五项基本原则，这些价值都是基于整个人类社会的整体和全球性共生的时代背景下的共生性价值，人类命运共同体只有在这样的价值观的指导下，才有可能共建人类美好的社会生活。

2. 动态性与发展性

对客观存在和客观规律能否正确反映并起到促进作用是判断一种思想或理论成果具有科学性的评判标准。而物质世界是绝对运动的，时间和空间也在不断地变化发展。从这一观点出发，绝对具有真理性的思想或理论成果也是不存在的。因此，思想或理论能否与时俱进，是否能够随着时间和空间的发展而变化与其本身内涵是否具有科学性息息相关。

习近平总书记所提出的"人类命运共同体"理念，不仅是理论层面上的科学，更是价值取向和实践行为上的科学。"共同体"自人类社会出现以来，历经多个阶段，在形式上也发生过多次演变：马克思的"自由人联合体"思想，诞生于资本主义工业文明时期，这一思想在解决资本主义内在矛盾和危机方面提供思想指南；在冷战时期毛泽东提出了"三个世界"理论；改革开放新时期邓小平提出了"和平与发展"重要论断；在中国特色社会主义发展进入了新时代之后，习近平总书记着眼于当今国际局势和人类社会发展的前途命运，提出了"人类命运共同体"理念及构建框架……由此可见，虽然"共同体"理念的实践形式在人类社会发展的不同阶段展现出不同的形势与状态，但其本质和内涵都是在结合时代背景的基础上对过去旧的"共同体"理念的时代性发展。可以说，每一种"共同体"的诞生都是为时代所孕育。从价值导向的视角来看，人类命运共同体理念所追求的价值观，在处理人类本身之间、人与自然环境之间关系的问题上提供方向；在倡导和平与发展为主旋律的当今世界，人类命运共同体的构建对人类社会的进一步发展具有重要推动作用。从具体实践的视角来看，构建人类命运共同体是中国共产党在综合分析国际形势、各国发展实际，并结合中国在社会主义建设过程中与各国之间的交流实践而提出的重要理论成果。这一理论凭借着其内在的科学性与动态性，正在反作用于人类社会正在发生的具体实践，因此，人类命运共同体的构建是从认识到实践再到认识的动态发展过程。

人类命运共同体的构建不是在一朝一夕中完成的，也不可能一蹴而就。其中，作为构建人类命运共同体的主要平台，"一带一路"倡议从提出到逐步落实和快速推进，取得了较大的发展成就。"'一带一路'倡议自2013年提出以来，已取得丰硕成果，

① 习近平. 携手构建合作共赢新伙伴　同心打造人类命运共同体——在第七十届联合国大会一般性辩论时的讲话［N］. 人民日报，2015–09–29.

成为当今世界范围最广、规模最大的国际合作平台。截至 2021 年底，中国已同 145 个国家、30 多个国际组织签署 200 多份共建'一带一路'合作文件，涵盖互联互通、投资、贸易、金融、科技、社会、人文、民生、海洋等领域。随着'一带一路'建设走深走实，推进多边化、机制化、组织化发展，提升国际合作水平应成为'一带一路'建设的重要方向。"① 在"一带一路"建设的过程中，亚投行作为"一带一路"的重要举措和载体，也在发展中取得了较大的成就。"亚洲基础设施投资银行是一家多边开发银行，其宗旨是为了促进亚洲区域的建设互联互通化和经济一体化的进程。自 2015 年 12 月成立以来，亚投行按照多边开发银行模式和原则运作，坚持国际性、规范性、高标准，实现良好开局。今年 10 月，在亚投行第六届理事会上，非洲国家尼日利亚获批成为亚投行的新成员。至此，亚投行的成员总数达到 104 个，其中 20 个为非洲成员。"② 亚洲基础设施投资银行成为仅次于世界银行的全球第二大多边开发机构。实际上，无论是中国"一带一路"倡议，还是"中拉命运共同体""亚洲命运共同体""生命共同体"等其他"共同体"的提出或构建，抑或是上合组织、金砖国家合作的发展，中国都在用实际行动证明构建人类命运共同体的科学性和可行性。构建人类命运共同体虽然是中国对全球人类发展的美好愿望，但绝非凭空想象，它是中国共产党经过深思熟虑并结合整个人类社会的发展和历史经验作出的重大决定，是经得住实践检验的科学理论。由此可见，人类命运共同体理念是牢固建立在对人类社会发展规律的深刻认识和准确把握基础上的科学思想，具有深刻的科学性与动态性。

3. 继承性和创新性

马克思共同体思想是唯物史观视阈下关于一切"共同体"思想的理论升华和时代成果。首先，习近平总书记吸收了马克思对资本主义"虚假共同体""抽象共同体"的批判思想，继承了马克思"自由人联合体"思想。在对国际社会所存在的保守主义、单边主义和逆全球化的资本主义共同体进行批判的基础上，习近平总书记将世界各国求同存异、合作共赢作为内在要求，促进新型国际关系和国际秩序的形成，创造性地提出了"人类命运共同体"理念。其次，习近平总书记继承了马克思共同体思想中关于实现人类自由发展的思想，提出了"五个支柱"和"五个世界"理念，为实现人类自由发展提供保障。最后，习近平总书记继承了马克思的以共同体为单元，思考人类命运的历史唯物主义和世界历史思想，提出"一带一路"倡议，将马克思主义唯物史观与当今世界发展形势相结合，为马克思主义共同体思想注入时代精神。

中国优秀传统文化是中国共产党治国理政思想的重要思想源泉。人类命运共同体

---

① 王辉耀. 推进一带一路多边化发展与国际合作 [N]. 中国社会科学报，2022 - 02 - 10.

② 亚投行成立六周年 在推动全球多边开发机构合作方面作出巨大贡献 [EB/OL]. 国际在线，2021 - 12 - 27.

理念是中国共产党在"天人合一""和而不同""天下为公""胸怀天下"等中华优秀传统思想的熏陶下,以当前国际局势为立足点,在中国特色社会主义建设过程中展现出的"中国智慧"。人类命运共同体理念继承了中国古代"天人合一"思想,提出关于解决生态问题的"两山"论;承继了"天下为公""协和万邦"的思想精髓,积极打造一个超越民族国家、区域特色、意识形态固化的新型国际关系;继承"和而不同"的和合思想,积极倡导全球范围内不同民族和文明之间友好往来、开放包容和交流借鉴。中国通过"一带一路""亚投行""博鳌论坛""上合组织"等多种平台的建设,积极推进世界的和平与发展。因此,人类命运共同体的构建不是中国共产党从本国的利益出发而提出的,而是中国共产党站在时代发展的高度,充分发扬和继承中华民族伟大民族精神,以维护整个人类社会的利益作为首要任务而提出的。

　　中国外交精神是构建人类命运共同体的行为准则。人类命运共同体理念承继了中国共产党外交思想的精华。首先,人类命运共同体理念继承借鉴了"一边倒"理论,全力推进"一带一路"建设,从中国的实际国情出发,为我国的发展与世界的进步提供一个和平的发展环境。其次,人类命运共同体理念继承了和平共处五项原则,在和平共处五项原则的基础上,进一步发展我国同世界各国的平等互利和友好合作,从而改善既有的国际关系和国际秩序,推动和平共处五项原则向更高程度发展。最后,中国共产党将"三个世界"理论的共同体划界思想融入了人类命运共同体理念之中,提出通过构建亚洲命运共同体、亚太命运共同体、中拉、中非、中欧命运共同体,共同迈进人类命运共同体的基本理念。

4. 平等性与正义性

　　尽管当今世界各国发展总体趋于稳定,但局部利益纷争仍然存在,当下全球化趋势迫切需要正义且公平性的国际环境。因此正义性与平等性是衡量一切重要决策能否适应全球各项事业健康发展的必须要素。习近平总书记有关人类命运共同体理念是具有历史性和开创性的思想成果,它以各国之间平等互商的伙伴关系为基础,与资本主义旧有的"抽象共同体"存在本质差别。平等是联合国宪章的基本原则,"世界各国一律平等,不能以大压小、以强凌弱、以富欺贫"[1]。中国反对一切逆全球化行为,支持多边主义原则,而人类命运共同体理念紧紧贴合和平与发展的时代主题,以合作共赢为基本原则,充分吸取中国传统文化中"义利观"中先义后利等思想精髓。中国不歧视、不打压综合国力较弱的国家,尊重各国主权和民族文化,积极参与同世界各国共同开展文化交流借鉴与学习,鼓励各国走独立自主的发展道路,并对发生危机和灾难的国家或地区施以援手。因此,平等性与正义性融汇于人类命运共同体理念之中,中国通过人类命运共同体构建的实践行动,将实现正义和平等作为中国应该具备的道

---

① 习近平. 论坚持推动构建人类命运共同体 [M]. 北京:中央文献出版,2018:254.

义和责任。

　　除此之外，人类命运共同体理念中的平等性和正义性还体现在代际问题上。人类命运共同体的构建不是一朝一夕的，而是需要世界各国时刻把握以人为本理念、可持续发展价值观及其平等正义精神，经过长时间的共同配合才能够完成的。人类命运共同体的构建需要恒久稳固的伙伴关系的支持，这种伙伴关系需要历史和时间的考验。因此人类命运共同体理念中所包含的平等性和正义性不仅面向当代人，还面向后世，为此我们既要确保现存人类在发展过程中的平等性和正义性，又不能损害后世子孙的平等正义。

　　"一带一路"倡议的提出和践行不仅丰富了人类命运共同体理念的具体内涵，其思想精髓也已经写入联合国及其他区域性组织的相关文件中。目前，"一带一路"倡议已经形成了六大国际经济合作走廊，即新亚欧大陆桥、中蒙俄、中国－中亚－西亚、中国－中南半岛、中巴、孟中印缅经济走廊，这一平台的合作水平迅速提高，从而在互利共赢过程中，使共建国家基础设施建设不断完善。"一带一路"倡议所取得的一系列成果之间存在的联动效应，也为建构人类命运共同体提供了源源不断的新势能，同时与金融合作领域不断扩展深化，不断提升人类命运共同体构建过程中的稳定性，使构建人类命运共同体的人文意蕴充分释放。因此，无论从政策实施、设施联通、发展贸易还是人文建设的角度来看，自"一带一路"倡议实施以来，沿线多个国家成功在"五通"方面都取得显著成就，这也有力证明了人类命运共同体理念中存在平等性和正义性。

5. 共同性与全局性

　　人类命运共同体理念是习近平总书记在科学研判当今国际局势基础上，高瞻远瞩、未雨绸缪，以维护全人类的利益为出发点提出的。"不谋全局者，不足谋一域"，习近平总书记带领中国共产党，对于关系到全球发展的全局性问题进行战略谋划，在时间维度上首先提出实现中华民族伟大复兴"中国梦"的伟大奋斗目标。这一目标激发了全国各族人民为实现祖国强盛，创造幸福生活而奋力拼搏的热情。党的十八大以来，国民综合素质逐步提高，从而中国人民对于国际社会的热点问题的关注度也在不断加强。中国人民愈发能够清晰地感受到本国利益同世界利益相统一的重要性，进而与世界各国人民发生共情的能力不断增强。在习近平总书记提出"中国梦"目标后，站在全球各项事业发展的高度，提出"一带一路"倡议，这也为中国推动人类命运共同体的构建提供目标导向和行动指南。

　　从"中国梦"的目标到"一带一路"的倡议，再到构建"人类命运共同体"的实践，这些都是中国在吸收借鉴本国和世界历史发展的经验教训基础之上作出的重大举措，最终目的都是为实现人类社会的全面发展。构建人类命运共同体巧妙地将"中国梦"与"世界梦"相结合，与世界各国的梦想相结合，是实现各国和平发展与合作共赢的宏伟蓝图。在国际交流与合作中，中国共产党内外兼顾、海陆统筹，提出"一带一路"倡议。习近平总书记指出："我们推进'一带一路'建设不会重复地缘博弈的老套路，而将开创合作共赢的新模式；不会形成破坏稳定的小集团，而将建设和谐共存的大家庭。"① 在加强与共建国家的交流合作的同时，也向其他发展中国家伸出援手，平等对待东西合作与南南合作。因此，一方面，"一带一路"是针对世界发展的瓶颈所开通的，是能够增强国家间互通互信的开放之路，是中国对当前存在的、合理的合作机制的进一步优化；另一方面，"一带一路"是站在世界各国、各民族的根本利益之上提出的，习近平总书记从人类整体利益出发，运用整体思维和底线思维作出了构建人类命运共同体的战略决策，提出"人类已经成为你中有我、我中有你的命运共同体"② 的重要论断。习近平总书记深刻地认识到，人类共处地球村，唯有患难与共，同舟共济，才能破解威胁人类生存的诸多难题。唯有加强各国政策对接，整合发展资源，推动文明交流，才能形成合力，给世界带来和平与安宁。

构建人类命运共同体顺应了世界人民渴望和平、渴望发展、渴望幸福的强烈意愿，具有战略性和全局性。可以说，习近平总书记人类命运共同体的重要论述蕴含着"和实生物，同则不继"的世界观、"察势者明，顺势者赢"的大局观、"计利当计天下"的义利观、"安而不忘危"的安全观、"执古之道以御今之有"的发展观、"己欲立而立人，己欲达而达人"的国际观。这说明，人类命运共同体理念既具备实践视野上的全球性和时代性，又具备理论视野上的全面性和深邃性，体现了开放的视野和总体的思维方式。

二、构建人类命运共同体的思想基础

文化，是人的文化。这是文化的一个根本特点。动物没有自己的文化。文化是与人相关的，人与动物是有区别的，其中一个非常重要的因素就是人自己的文化。人，都是由动物演化而来的。文化的生成来自实践和获得，是经由学习、模仿、继承而得到的，这与动物遗传形成鲜明区别。说文化的获得性，也就是意味着各个民族对于自身文化传统的传承与坚守。"每一个时代的哲学作为分工的一个特定的领域，都具有由它的先驱传给它而它便由此出发的特定的思想材料作为前提。"③ 看一个民族的文化，其实也是看它的历史。所谓对于文化的理解，必须基于传统、基于我们生活于现

---

① 习近平谈治国理政（第 2 卷）［M］. 北京：外文出版社，2017：514.

② 中共中央党史和文献研究院. 习近平关于总体国家安全观论述摘编［M］. 北京：中央文献出版社，2018：220.

③ 马克思恩格斯选集（第 4 卷）［M］. 北京：人民出版社，2012：612.

实的文化环境之中，并以此为起点，遵循文化的根源和演变的脉络。冷战结束后，随着全球化趋势的不断发展，世界各个国家由传统的"高级政治"不断转向发展本国"低级政治"，在这成为世界政治演化的突出特点后，面对当今世界的冲突与斗争、发展与建设的国际新态势，构建人类命运共同体的理念便逐步成为大多数国家的国际共识。人类命运共同体的文化理念更是传承了中华优秀传统文化、社会主义先进文化与马克思共同体的价值共识，具有丰富的文化意蕴与深刻的精神主旨。中国在解决当今时代全球政治、经济、文化等诸多领域发展中出现的问题上，具有较为开创性的理论精神。人类命运共同体理念是在汲取马克思主义科学思想的基础上，深深扎根于中国优秀传统文化，借助中华民族伟大奋斗精神，并为新中国成立以来的大国外交精神所不断熏陶而逐渐产生的。

（一）马克思恩格斯的共同体理论

马克思终其一生致力于探寻人类解放的实践旨归，而共同体思想是马克思基于人的发展阶段和社会历史维度对未来社会发展规律作出的思维范式。与之前马克思提出的"三大社会形态"相似的是根据社会经济形态演进提出共同体思想的发展脉络，阐述由"自然形成的共同体""虚幻的共同体"发展到"真正的共同体"的演进过程。马克思通过研究总结前人的共同体思想，将资本主义社会之前的联合称为原始的共同体，将资产阶级营造的联合称为虚假的共同体，将无产阶级为之奋斗努力，即将形成的联合体称为真正的共同体。马克思恩格斯在革命实践和理论创作的实践中，对于人类社会发展方向和未来理想进行了创新性的理论建树，形成了"共同体"思想，对于当今人类命运共同体的构建提供了重要的思想镜鉴。人类命运共同体作为习近平提出的原创性理论，是将马克思主义基本原理与中国现实社会相联系的创新性理论，体现了与中华优秀传统文化相联系的文化基因，也彰显了中华文化与历史唯物主义、唯物辩证法相结合的文化性格，是将马克思主义与中华优秀传统文化一脉相承的科学理性思维，能够带领全人类向"自由人联合体"不断迈进。当前人类命运共同体思想，是马克思"共同体"思想的时代化成果，是在世界百年未有之大变局中马克思"共同体"思想的当代形态。

1. 马克思恩格斯的"真正的共同体"思想

随着生产方式与生活方式的变革，工业革命的发展使西方社会进入到现代文明时代，此时传统的共同体思想逐步被弱化，新型的共同体思想逐步被塑造。此时共同体思想被当作学术研究后，很多学者如韦伯、涂尔干等都对其进行发展，但是他们都是将人看作抽象、孤立的个体，否认了个体性的联系，而马克思立足现实的人，对共同体思想进行剖析。马克思在理论研究和建树中，关注到了共同体思想，特别是通过对于资本主义旧式共同体的批判，对人类社会未来理想的构建，形成了马克思的"真正的共同体"思想。

一是马克思对资本主义"旧式抽象共同体""虚幻共同体"的批判。马克思坚持理性的思考方式，认为理性是人区别于动物的最高标准，从而为马克思深入思考共同体思想奠定基础。在崇尚理性的思考下青年时期的马克思深受启蒙运动的影响，逐步追求人的自由，这从他的中学毕业论文《青年在选择职业时的考虑》（1835）中就充分体现出来，文章中提到的选择职业要综合考虑具体实践、个人能力、兴趣爱好、父母意见等因素，不能只简单地根据过去的宗教神学的信仰而确定，对于这些理性因素的发展就能够客观、辩证、理性地看待问题，从而成为马克思共同体思想产生的重要因素。在马克思的博士时期所写的《德谟克利特的自然哲学和伊壁鸠鲁的自然哲学的差别》（1840～1841）论文中更是通过二者之间的比较得出人对自我意识和自由追求的欲望，这在当时是对古希腊哲学发出的冲击，这也是从理论的层面上削弱了统治者对于社会的统治的必然性。在《关于林木盗窃法的辩论》（1842）中马克思通过当时社会中存在的林木案件作出评论，指出当权者为了维护资产阶级或有权者的利益而不惜用看似公平的法律来约束平民的行为，用程序正义取代事实正义。所以在这个时候马克思真正体会到私有制对平民的主宰与统治，看到了资本主义的剥削与黑暗，从而为"真正的共同体"就是自由人联合体的提出和发展奠定基础。

马克思作为青年黑格尔学派的一员，黑格尔的思想对他影响较大，但是当马克思接触到社会现实问题后发现国家共同体并不是仅依靠理性就可以解释的，所以马克思在《莱茵报》时期对社会现实问题的解决方式提出了疑问，首次提出要建立"合乎伦理和理性的共同体"。在《评普鲁士最近的书报检查令》中马克思批判了当权者利用新闻舆论来禁锢人们的思想，尤其本作为人民发声的领地却要用虚假的"自由主义"取代真正的言论自由，用看似民主的方式做着专制的事情，从而将言论自由的领地变成统治者思想的散发地。马克思通过这次的书报检查更加深化了对人们自由的渴望和基本权利的追求的认识，致力于构建真正的共同体。直到在《〈科伦日报〉第179号的社论》中，马克思首次提出"自由人联合体"思想，马克思指出："社论不是把国家看作是相互教育的自由人的联合体，而是看作是被指定接受上面的教育并从'狭隘的'教室走进'更广阔的'教室的一群成年人"。①

《德法年鉴》时期，马克思致力于揭露旧世界，并为建立一个新世界而积极工作，与《莱茵报》时期不同，马克思找到了自己的革命立场，同时共同体的思想也得到发展。在《论犹太人问题》中，马克思深刻阐释了政治解放的局限性，指出政治解放只是资产阶级的解放，只有无产阶级的解放才是全人类的解放，并且马克思辨别了民族

---

① 马克思恩格斯全集（第1卷）[M]．北京：人民出版社，1995：217．

和宗教之间的关系，批判了鲍威尔的唯心主义的观点。同时指出资产阶级此时建立的国家只是一个虚幻的共同体，看似正义的法律也只是为了维护其自身的统治，一旦触及资本家的个人利益后将会用更加强制的手段剥夺平民的权利，所以此时提出的"国家是虚幻共同体"为真正的共同体奠定了基础。《黑格尔法哲学批判〈导言〉》中立足于人类解放的问题，找到了最革命的阶级和最可靠的力量——无产阶级。指出无产阶级在社会中是备受剥削和压榨的阶级，只有经过无产阶级的自我革命才能拯救其自身。尤其是指出"批判的武器不能代替武器的批判"，无产阶级只有通过自身的解放才能够摆脱资产阶级和资本主义的枷锁，只有这样才能真正地实现人的解放。

经济基础决定上层建筑，任何理论的源头都可以从经济的发展中去探寻。马克思通过对社会现实的一系列考察发现黑格尔提出的"伦理共同体"中关于国家、市民社会和家庭之间的关系存在一定的悖论，不是国家决定市民社会、市民社会决定国家，而是作为天然的集合体——家庭是组成市民社会的基础，家庭成员和组合的变化是影响社会变化的基本因素，如果仅从国家的层面来考量的话只会颠倒二者之间的关系。所以厘清组成国家共同体的要素就显得尤为重要。马克思通过对批判黑格尔虚幻的共同体，从而找寻自身共同体意识的建构与发展，立足于人的解放的前提下提出"抽象的共同体"，认为异化劳动也会给工人阶级带来压迫和剥削，从而找到工人阶级是最革命的力量。同时马克思此时不再停留在较为狭小的私人利益，而是放眼到整个国家、市民社会的大的集体中对待个人合理的私利。从这个层面上不断地去除自身存留的黑格尔唯心主义的印记，从而为形成"真正的共同体"奠定了良好的基础。

马克思在《1844 年经济学哲学手稿》中指出，市民社会的本质就是"抽象的共同体"，资本主义所构建的异化劳动是对人们的剥削和压迫，尽管用一种看似公平的规则去处理公平和效率，但是实质还是工人阶级为资本家服务。马克思在对资本主义社会发展所作出的一系列思考中，曾表达出对自然所形成的"共同体"的欣赏："稚气的古代世界显得较为崇高。"① 这也是马克思对资本主义社会所存在的"货币—资本"抽象共同体进行批判而得出的。原始的共同体的形成主要是因为较低的生产力水平威胁到人类的生存，人类被迫联合在一起。资产阶级为了维持自身的统治，将资产阶级的利益伪装成全社会共同的利益，以便实现对无产阶级的剥削。"金钱是人的劳动和人的存在的同人相异化的本质；这种异己的本质统治了人，而人则向它顶礼膜拜。"② 资本主义国家通过统治优势在全社会形成虚假文化，在虚假文化的作用下维持剥削的社会的稳定。马克思认为，资本主义制度本身只是为了保护资产阶级的利益，探索资本主义制度的功能就会发现这种制度的背后往往存在一种"虚幻的共同体"。资本主

---

① 马克思恩格斯全集（第 30 卷）[M]. 北京：人民出版社，1995：480.
② 马克思恩格斯全集（第 3 卷）[M]. 北京：人民出版社，1995：194.

义国家对于自己所持有的价值观等意识形态十分自信，并十分擅长披着拯救世界的外壳保护和服务于特定阶级。资本主义企图利用"抽象共同体"使世界发生同质化，主要表现为世界殖民化与世界格局的永久性固化。虽然马克思在《德法年鉴》时期提到要构建真正的共同体，但是基于当时并没有逃脱出黑格尔的唯心主义，直到在《德意志意识形态》（1846）中坚持唯物史观的基本原理和观点，批判国家是"虚幻的共同体"，统治阶级把自己的利益冠以合法化从而上升为普遍利益，所以此时马克思掌握了真正批判的武器——唯物史观，运用理性、客观的角度继续探究真正的共同体。马克思恩格斯在《德意志意识形态》中认为："每一个单个人的解放的程度是与历史完全转变为世界历史的程度一致的。至于个人在精神上的现实丰富性完全取决于他的现实关系的丰富性。……只有这样，单个人才能摆脱种种民族局限和地域局限而同整个世界的生产（也同精神的生产）发生实际联系，才能获得利用全球的这种全面的生产（人们的创造）的能力。"① 共同体思想对有个性的个人产生较大的接纳作用，而任何虚伪的共同体思想都是马克思批判和抨击的对象。

马克思在对资本主义国家社会形态及社会发展进程等问题进行深刻思考后，发现资本主义社会所存在的种种实际情况，与他所构思的理性且美好的世界并不相符，因此，他对资本主义国家所存在的"旧式抽象共同体""虚幻共同体"进行了无情批判，对"虚幻共同体"进行批判的思想是马克思揭露资本主义国家在本质与功能上存在虚幻性的论证结果。"正是由于特殊利益和共同利益之间的这种矛盾，共同利益才采取国家这种与实际的单个利益和全体利益相脱离的独立形式，同时采取虚幻的共同体的形式。"② 资本主义国家是"虚幻共同体"的典型代表。"由于这种共同体是一个阶级反对另一个阶级的联合，因此对于被统治的阶级来说，它不仅是完全虚幻的共同体，而且是新的桎梏。"③ 资本主义革命取得胜利之后，资产阶级为了维护自身利益的合法性地位，"使自身通常的利益"上升为全民的利益，使自身利益成为代表全民利益的"普遍利益"。马克思指出："为了使这些对立面，这些经济利益互相冲突的阶级，不致在无谓的斗争中把自己和社会消灭，就需要有一种表面上凌驾于社会之上的力量，这种力量应当缓和冲突，把冲突保持在'秩序'的范围以内；这种从社会中产生但又自居于社会之上并且日益同社会相异化的力量，就是国家。"④ 资本主义国家实际上则是打着"代表社会公共利益"的合法性地位的幌子，对全体国民进行统治。也就是说，资本主义国家"不外是资产者为了在国内外相互保障自己的财产和利益所必然要采取的一种组织形式"。恩格斯在《社会主义从空想到科学的发展》解释道："现代国

---

① 马克思恩格斯选集（第1卷）[M].北京：人民出版社，2012：169.
② 马克思恩格斯选集（第1卷）[M].北京：人民出版社，2012：164.
③ 马克思恩格斯选集（第1卷）[M].北京：人民出版社，2012：199.
④ 马克思恩格斯选集（第4卷）[M].北京：人民出版社，2012：187.

家也只是资产阶级社会为了维护资本主义生产方式的一般外部条件使之不受工人和个别资本家的侵犯而建立的组织。"① 由此马克思开始了对现实的国家社会形势的深刻批判，并将资本主义国家视为一种"虚幻共同体"。马克思希望无产阶级联合起来，推翻资产阶级的统治，形成真正的共同体。

二是马克思提出了"自由人联合体""真正的共同体"思想。根据马克思主义历史观的观点，世界历史的形成是人类交往范围扩大的结果，人类的交往逐渐从区域层面扩大到世界层面，促使世界历史的形成，在世界历史的形成过程中，交往起着任何其他因素都不能替代的作用。交往使各民族国家打破地域性的存在状态，在政治、经济、文化方面的联系日益密切和加强，本民族的发展越来越融入世界历史的发展轨道中。马克思指出："过去那种地方的和民族的自给自足和闭关自守状态，被各民族的各方面的互相往来和各方面的互相依赖所代替了。物质的生产是如此，精神的生产也是如此。各民族的精神产品成了公共的财产。民族的片面性和局限性日益成为不可能，于是由许多种民族的和地方的文学形成了一种世界的文学。"② 在整个关于交往的理论体系中，马克思主义的世界交往理论占有重要地位，马克思主义的世界交往观，深刻揭示了交往的本质，马克思交往观将交往的普遍性的空间延展至全球，形成世界交往理论。交往是马克思历史唯物主义中的一个整体性范畴，是对人的生存状态的深刻描述。"交往是人类第一个历史活动——物质生产资料生产——的前提，是历史转变为世界历史的基础，是人类历史前后相继的纽带，是理解人与社会发展的一把钥匙。无论是人的精神生产抑或人的发展，都是以交往为前提并在交往中生成的。随着全球化浪潮的裹挟以及人类社会实践方式的转变和主体间性在哲学研究领域内的凸显，马克思交往理论越来越成为人们关注的一门显学。"③ 深层次的文化对解放人的思想和凝聚社会力量具有十分重要的作用，马克思所设想的真正的共同体正是在人类共同认可的社会文化基础上形成的共同体，是有别于资本主义国家宣扬的资产阶级文化的一种人类共同的价值观。世界文化的到来打破了民族性和地域性文化的狭隘性，使得各民族的文化成为世界的精神财富。马克思认为："各个相互影响的活动范围在这个发展进程中越是扩大，各民族的原始封闭状态由于日益完善的生产方式、交往以及因交往而自然形成的不同民族之间的分工消灭得越是彻底，历史也就越是成为世界历史。"④ 真正的共同体是一个没有阶级对立、公平正义、稳定发展的社会状态。

马克思恩格斯在《共产党宣言》中第一次阐述"真正的共同体"是"自由人联合体"的含义。其实对于"真正的共同体"的定义是一个不断发展的过程，自由人联合

① 马克思恩格斯选集（第3卷）[M]．北京：人民出版社，2012：810．
② 马克思恩格斯选集（第1卷）[M]．北京：人民出版社，2012：404．
③ 闫艳．交往视域中的思想政治教育[M]．北京：人民出版社，2011：14．
④ 马克思恩格斯选集（第1卷）[M]．北京：人民出版社，2012：168．

体的含义更多的是针对其对于人本质的探究。对于人的本质问题，在中世纪时期都普遍坚持"神"的观点，直到文艺复兴时期"人"的观点逐步苏醒成为社会中普遍的观点，后来费尔巴哈这个唯物主义者提出人的本质是"单个人所固有的抽象物"，虽然与之前的唯心主义的观点相比是进步的但是还是被束缚在精神的枷锁里面。马克思在实践中指出人的本质是"一切社会关系的总和"，把人逐步从天上拉回地面然后赋予他们血和肉。马克思和恩格斯认为："个人力量（关系）由于分工而转化为物的力量这一现象，不能靠人们从头脑里抛开关于这一现象的一般观念的办法来消灭，而只能靠个人重新驾驭这些物的力量，靠消灭分工的办法来消灭。没有共同体，这是不可能实现的。只有在共同体中，个人才能获得全面发展其才能的手段，也就是说，只有在共同体中才可能有个人自由。"① 马克思主义的"真正的共同体"思想就是在探究人本质的过程中不断深化和发展，指出人本质就是真正的共同体。"在真正的共同体的条件下，各个人在自己的联合中并通过这种联合获得自己的自由。"② 所以，在马克思看来，真正的共同体是"以每一个个人的全面而自由的发展为基本原则的社会形式"③，对于人的本质的探究和发展是马克思共同体思想的进步体现。

从马克思的共同体思想出发，认为"自由人联合体"必须要在共产主义的社会发展阶段才得以实现，但是在新时代的语境下，虽然局部存在着冲突与争端，但是总体态势是和谐发展的，总体而言，习近平人类命运共同体的重要论述是马克思共同体思想的价值延续与当代发展，它的价值追求正是要形成一种共生、共享、共建、共赢的国际共识，必然为马克思共同体思想提供新的实践路径与时代价值。马克思恩格斯在《共产党宣言》中，提出"自由人联合体"，并将这一"共同体"所蕴含的社会形态作为理想社会形态。马克思认为"自由人联合体"能够超越阶级界限，覆盖资本主义社会中残酷、自利的社会关系，建立友好共存，尊重个人利益的社会关系。因此在人类现存的各种文明之间，相互尊重、友好互鉴、兼收并蓄是推动各种文明发展进步的必要手段。从文化主体上看，马克思认为共同体的文化主体应该是自由的个体与自由人的联合体，是超越阶级的真正的自由人，这有别于资本主义社会中宣扬的虚假的共同体，马克思追求的真正的共同体是全人类的解放，这表明共同体的文化主体既有阶级属性又有全人类属性。

马克思共同体思想总的关切点就是现实生活中个人的自由而全面的发展，人类命运共同体理念继承了马克思共同体思想的精髓，坚持了中国特色社会主义发展理念，顺应了时代主题与世界人民的共同愿望，是中国形象、中国声音、中国贡献的象征。人类命运共同体的文化底色首先体现在马克思的共同体理论，马克思的世界交往理论

①② 马克思恩格斯选集（第 1 卷）［M］. 北京：人民出版社，2012：199.
③ 马克思恩格斯选集（第 2 卷）［M］. 北京：人民出版社，2012：267.

不仅对物质的交往作了充分的论证，更对文化在交往过程中的作用作了充分说明。马克思认为国家间的交往中，文化的作用是巨大的，文化交往使世界交往中的狭隘与自私逐渐消失，以往国家内部相对独立的私有财富、精神产品、价值内涵推向全球，文化共性在交往中被重视，包容性文化取代以往的局限和狭隘，文化共同发展成为最终归宿。这为人类命运共同体理念提供了文化底色，也为人类命运共同体最终形成提供了理论基础。

2. 马克思恩格斯"真正的共同体"思想对人类命运共同体理念的理论贡献

马克思"自由人联合体"作为人类"真正的共同体"是在人类社会具有最高价值的"共同体"，它是人类历史发展的长时段的理想价值的体现。人类命运共同体理念把人类对互利共生关系的追求同现实个人的自由与全面发展的价值期盼连接起来，它是对马克思"自由人联合体"理念的历史性承继与现实性践行。"每个人的自由发展是一切人的自由发展的条件。"[①]"自由人联合体"思想把共产主义作为人类新社会的入口，刻画了人与自然、人与人、人与社会本真共同体进化的未来世界景象。在当代世界，全球化发展所形成的多元性、复杂性与全面性的世界历史景象，要远远超过马克思所生活的那个时代。世界各国在发展过程中日渐形成"你中有我、我中有你、荣辱与共"的利益共同体。这种利益共同体要求各国、各民族摒弃冷战性思维，积极完善双边、多边交流机制，坚持互利多赢共赢原则，放弃歧视和博弈，积极建构持久和平的世界、普遍安全的世界、共同繁荣的世界、开放包容的世界、清洁美丽的世界，完善人类命运共同体的实践维度和内容维度。

第一，马克思除了从人本质的关系上探究共同体的发展脉络，更是从理论与实践层面建立一种自然属性的关系。马克思共同体思想的发展不是一蹴而就的，是根据社会发展的阶段不断总结和深化的，其逻辑起点是从"现实的人"出发最终回归到实现自由人联合体的思想，整体而言，共同体思想是关于对历史的批判、现实的思考和对未来期冀的学说。自然共同体作为共同体的最早阶段，是早期社会中个体出于生存的第一需要而相互结成的共同体形式。"每一个单个的人，只有作为这个共同体的一个肢体，作为这个共同体的成员，才能把自己看成所有者或占有者。"[②] 马克思在《1857 – 1858 年经济学手稿》中回顾了之前如亚细亚共同体资本主义共同体的形式，并得出资本主义的解体的方式就是这种自然共同体的解体的过程。与此同时，马克思在观望德国当时社会不能跨越资本主义阶段后将目光转向了东方世界，提出了跨越"卡夫丁峡谷"理论，对于东方世界尤其是俄国封建时期为了维护利益而竭力维持村社共同体的存在，对于这样的共同体的发展，马克思提供了迈进"真正的共同体"的方法。通过

---

① 马克思恩格斯选集（第 1 卷）[M]. 北京：人民出版社，2012：422.
② 马克思恩格斯文集（第 8 卷）[M]. 北京：人民出版社，2009：124.

马克思、恩格斯原著中关于"共同体"思想的描述可以看出，习近平总书记所提出的"人类命运共同体"理念同马克思"共同体"思想在方法论上具有理论上的一致性和传承性。目前的逆全球化趋势愈发明显，我国以马克思对"旧式抽象共同体"的批判为人类命运共同体理念中思想基础的一部分，并提出构建人类命运共同体，为西方发达资本主义国家主导全球治理体系的企图形成制衡，从而为推进世界生产力发展由衰转盛、建立公平正义的国际关系、人类社会发展前途更加美好等迫切需要解决的问题提供思想指引。

第二，马克思主义的阶级理论是唯物史观的基本内核，阐明了阶级是人的总体的存在方式，但是阶级的存在不以人的主观意志为转移，是一种客观存在的现实。阶级的存在与发展受到社会中的各种因素影响，包括经济基础与上层建筑的总和性因素。马克思指出，正是在这样的社会环境中阶级经历了漫长的发展过程，对于阶级的界定只有当处于资本主义社会时，阶级之间的矛盾日益激化才能完成对阶级概念的界定。纵观马克思共同体的发展逻辑，是一个较为宏观和立体的理论，从概念、内容、性质和实践理路对不同的社会制度和现实提出了不同的发展要求。交往世界化是生产方式扩张的结果，不断扩大产品销路的需要，资本家奔走于全球各地，建立世界化的产销链条，生产的发展驱动资本家到处建立联系，交往就内含在这种联系之中，随着生产方式的世界化带动了其他交往形式出现。随着生产交往的世界化必然带来文化的世界化，这是一种必然的附带结果。生产力的发展必然导致交往的深入，人与人之间、国家与国家之间的交往必然导致文化的交流与碰撞，成熟定型的文化在世界交往过程中发挥着巨大的作用，世界各国在国际交往过程中都在努力输出本国文化，以期在交往过程中占有主动权。"人类命运共同体"与"自由人联合体"在价值逻辑上具有一定程度上的契合性，那就是普遍利益与特殊利益、全体利益与个体利益之间矛盾的和解。我国人类命运共同体理念是在整体利益与个体利益相统一的基础之上成长起来的，这一全新的"共同体"绝不是凌驾于现实的个人与不同的民族国家之上的一种抽象性的共同体。它从人类社会的现实出发，且积极回应时代发展的现实窘境，是一次具有突破性的实践探索与理论思考。人类命运共同体正是基于马克思主义的阶级分析理论，创造性地将唯物史观与社会现实相结合，针对资本主义与社会主义两种不同的社会制度，既立足于国际社会中两种制度的争端，也寻求二者之间的共同利益，通过发展共生性的经济平台、搭建政治对话主体、促进文明的交流合作，从而为消灭阶级提供物质基础，也为完成无产阶级自身的解放奠定了基础。

第三，从文化属性上看，马克思认为文化具有阶级属性，是阶级思想的集中呈现，它是一个阶级统治另一个阶级的思想武器。同时具有社会属性，它是人们长期形成的公共约定，具有持续性与稳定性。所以，共同体的文化属性同样具有阶级性。资本主义社会宣扬的虚假的共同体必然以资产阶级的意志为主导，而马克思倡导的真正的共同体不仅包含资产阶级的意志还包括无产阶级的意志，其阶级性又表现为全民性。马克思的共同体理论是以批判资本主义社会文化为底色，以科学文化、革命文化、大众文化为支撑的社会先进文化。马克思共同体理论是在世界交往理论的论证中形成的科学的文化，是一种发展的社会文化。文化交流是共同体形成的前提和基础，共同体的形成必然以世界各民族文化的融合为基础，形成共同的文化认同。我国人类命运共同体理念的提出与实践是马克思主义唯物史观的理论逻辑与人类社会发展的实践逻辑的有机统一。它是中国特色社会主义新时代中国共产党人为人类进步事业而奋斗提供了宏伟目标，是中国共产党人积极跨越"修昔底德陷阱"①、探求全球治理方案的理论结晶。它体现了共存共生、共商共担、共建共享的新世界主义的智慧，更是将人类社会逐渐从"虚幻共同体"拯救出来，进而带领人类社会迈向更高级的"自由人的联合体"这一真正贴合全人类共同利益的"共同体"。

需要说明的是，我们今天讲的人类命运共同体充分体现了马克思关于世界发展共同性的论述，体现了马克思"真正的共同体"的目标。需要强调的是，我们要构建人类命运共同体的实践，在理论上需要着重解决的一个重大理论问题，即人类命运共同体与共产主义的关系问题。"共产主义是私有财产即人的自我异化的积极的扬弃，因而是通过人并且为了人而对人的本质的真正占有；因此，它是人向自身、向社会的即合乎人性的人的复归，这种复归是完全的、自觉的和在以往发展的全部财富的范围内生成的。……这种共产主义，作为完成了的自然主义＝人道主义，而作为完成了的人道主义＝自然主义，它是人和自然界之间、人和人之间的矛盾的真正解决，是存在和本质、对象化和自我确证、自由和必然、个体和类之间的斗争的真正解决。它是历史之谜的解答，而且知道自己就是这种解答。"② 马克思"真正的共同体"和共产主义思想，无疑是人类命运共同体的思想基础。人类命运共同体思想是以习近平为核心的党中央领导集体立足世界历史发展规律和人类社会发展规律提出的重大理论创新，既是对马克思的共同体思想的一脉相承，又是对马克思"真正的共同体"思想的创造性发展。这一思想以马克思主义唯物史观贯穿始终，以马克思主义共同体思想为理论基础，以马克思主义世界历史思想内核为发展趋势，是马克思主义中国化的伟大战略构想，开辟了马克思主义中国化时代化的新领域和新境界，是百年未有之大变局下合理关切和参与全球管理的中国声音、中国智慧和中国方案。新时代，在国际格局深刻调整的形势中，人类命运共同体需要吸取马克思"真正的共同体"的思想精华，在世界百年

---

① "修昔底德陷阱"源自古希腊著名历史学家修昔底德，他在《伯罗奔尼撒战争史》中认为，"当一个崛起的大国与既有的统治霸主竞争时，双方面临的危险多数以战争告终"，它是指一个新崛起的大国与原有保成大国的地位更替，总是通过战争的方式来实现。[古希腊] 修昔底德. 伯罗奔尼撒战争史 [M]. 徐松岩，译. 上海：上海人民出版社，2012：641.

② 马克思恩格斯全集（第3卷）[M]. 北京：人民出版社，2002：297.

未有之大变局中对世界政治民主化转型、国际外交新发展提供中国方案，贡献马克思主义关于共同体和世界历史思想的当代形态与时代精华。

（二）中国特色社会主义文化

文化是由人类长期的社会历史实践创造又为人类物质生活和精神生活服务的产物，它是人类社会的重要组成部分，与一定社会的经济、政治紧密联系。人类对于文化的认识和界定由来已久，形成了多样的内涵和类型。1871 年，英国人类学家爱德华·泰勒在著名的《原始文化》一书中将文化作为中心概念进行了系统阐释，并将文化定义为：“文化，或文明，就其广泛的民族学意义来说，是包括全部的知识、信仰、艺术、道德、法律、风俗以及作为社会成员的人所掌握和接受的任何其他的才能和习惯的复合体。”[1] 泰勒对文化所下的定义非常经典，在中西学术界一直有非常广泛的影响和认同。显然，这个定义将文化解释为社会发展过程中人类精神创造物的总称，包括物质技术、社会规范和观念精神。美国文化学创始人克罗伯和克拉克洪早就注意到了“文化”定义的复杂性和差别性，收集了 1871～1951 年西方学界各学科中有关“文化”的 160 多个定义，加以整理和分类，于 1952 年写成了一部名叫《文化：概念和定义的批判性回顾》的著作。在这部著作里，他们把当时所见的 160 多个由人类学家、社会学家、精神病学家，以及其他学者的有关文化定义整理起来，分析它们的侧重点，并依次细分为七大类型，分别为描述性定义、历史性定义、规范性定义、心理性定义、结构性定义、遗传性定义和不完整性定义。在全面地研究了这些定义后，他们给文化下了一个定义：“文化是由各种外显和内隐的行为模式构成的，这些行为模式是通过符号习得和传播的，它们构成了人类群体的独特成就，其中包括体现在人工制品方面的成就。文化的本质内核是由传统的（即历史衍生的和选择的）观点，尤其是其所附带的价值观构成的。文化体系从一方面来讲，可被视为进一步行动的制约因素”。[2] 这是 20 世纪最有影响的定义，是继泰勒之后最受重视的文化概念的界定。《不列颠简明百科全书》对于文化的定义是这样的：“文化（culture）、人类知识、信仰与行为的统合形态，包括语文、意识形态、信仰、习俗、禁忌、法规、制度、工具、技术、艺术品、礼仪、仪式及符号，其发展依人类学习知识及向后代传授之能力而定。”[3]

文化是一个内涵丰富的范畴，国内外学术界对文化概念的界说众说纷纭，莫衷一

---

① ［英］泰勒. 原始文化［M］. 连树声，译. 上海：上海文艺出版社，2005：1.

② Kroeber A. L. & Kluckholn C. Culture：A Critical Review of Concepts and Definitions，NewYork：Vintage Books，1963：357.

③ 不列颠百科全书公司编著. 不列颠简明百科全书［M］. 中国大百科全书出版社编译，北京：中国大百科全书出版社，2005：1704.

是。但人们在讨论它的含义或坚持自己的界定时，对于"文化"这样的一种客观现象及其学理上的宏观内涵还有大致的，甚至是一种模糊的认同。因此，人们对于文化内涵的研究只是形成一种见仁见智的差异性，而并没有形成截然对峙、水火不容的局面。正如"世界上没有完全相同的两片树叶，也没有完全不同的两片树叶"。这一客观事实是从整体的角度理解文化概念的一个前提性基础。尽管文化的基本内涵有几个不同的方面和丰富的层次，但理解文化概念本身又不能只从其中的某一个方面进行理解，因为文化概念本身不是支离破碎的，文化在本质上是一个整体性概念，包括丰富的内涵，而且各个要素之间也有机结合在一起。文化是人类社会及其各个民族或地区文明开化过程及其水平的标志，是人们对于自然和社会及其自身的认识方式和实践方式，是人们对人类社会、自然界和自身的长期认识和创造、总结出来的智力和精神的成果结晶。一方面，它与经济、政治和社会是一个有机的整体。它天然地与民族基质、地域特征和时代界限联系在一起，脱离一定的时间和空间，离开整体环境和社会条件的文化是不存在的，抽象地孤立地定义文化概念、进行文化研究是无法理解的。另一方面，它自身内在也是一个由各自部分、结构、要素、层面有机结合而成的综合体，是由人类发明、创造和解释世界的技术条件和价值载体构成的结构性的有机系统。所以，文化内涵本身是一个整体性概念。唯有尊重文化及其概念的整体性，从整体的角度认识和界定文化内涵，才能宏观把握文化的根本意义，并在更本质性的层面上实现文化价值和智慧的沟通和共享。这是正确理解文化概念的科学态度。

而中国特色社会主义文化，则是与中国特色社会主义道路、理论、制度密切联系在一起的，而且也是与中国特色社会主义道路、理论、制度存在着既有独立领域又相互交叉的关系。习近平总书记指出："中国特色社会主义，是科学社会主义理论逻辑和中国社会发展历史逻辑的辩证统一，是根植于中国大地、反映中国人民意愿、适应中国和时代发展进步要求的科学社会主义，是全面建成小康社会、加快推进社会主义现代化、实现中华民族伟大复兴的必由之路。"① 中国特色社会主义理论，指导当代中国的社会主义现代化实践，并且根据时代变化和实践中的问题进行理论思考和创新。人类命运共同体理念正是习近平总书记对中国与世界关系乃至人类文明进程深入思考的结果，必然反映中国特色社会主义理论的本质属性。人类命运共同体构筑于现实的多个维度之上，文化维度作为基本的现实维度对经济、政治、社会、生态等维度起到推动和促进的基础作用，深层次剖析文化维度在人类命运共同体构建的作用，可以认清文化在构建人类命运共同体过程中的渗透力与感染力，能够构建起现实层面与理论层面的桥梁，更好地实现文化的积极作用。

首先，中国特色社会主义文化是以中国人民为主体，并具备开放视野的高度自觉

的文化，它站在人类整体的高度引领世界的价值观念，超越了西方国家的霸权主义文化，符合世界上绝大多数人民的文化认同。人类命运共同体构筑于现实的多个维度之上，文化维度作为基本的现实维度对经济、政治、社会、生态等维度起到推动和促进的基础作用，深层次剖析文化维度在人类命运共同体构建的作用，可以认清文化在构建人类命运共同体过程中的渗透力与感染力，能够构建起现实层面与理论层面的桥梁，更好地实现文化的积极作用。人类命运共同体文化构建覆盖在社会生活的各个领域，中国特色社会主义文化为人类命运共同体文化构建提供了文化基础，饱含着人类命运共同体的文化因子，为人类命运共同体文化提供支撑。指引人民追求幸福美好生活，促进世界文化的融合发展，追求全人类的解放和实现共产主义，是中国特色社会主义文化的价值导向和发展方向。中国特色社会主义文化是以人民为中心的文化，极具人民情怀，不仅是对中国人民，对世界各国人民同样有着深情厚谊。习近平总书记提出的人类命运共同体理念，是对中国特色社会主义文化的弘扬，体现了中国共产党不但要为中国人民谋幸福，同时对世界各国人民的生存和发展表达了关切之情。

其次，中国特色社会主义文化，是世界文化整体的有机组成部分，具有鲜明的开放性和时代性。世界上的各个国家、各个民族，都有自己独特的文化，中国自古以来保持着与各个国家和民族进行文化的交流互鉴，在交流互鉴中促进中华文明的不断完善和发展。中华文明融合了世界其他文明的优秀基因，同时，在其他文明中也能找到中华文明的影子。世界各国文化交流互鉴、相互交织、联系密切，已经形成世界文化的有机整体。实现人类命运共同体的理想目标，是人类整体文化的发展目标，中国特色社会主义文化的繁荣能够推动人类命运共同体的构建，文化交流是世界各族人民交往的纽带。中国特色社会主义文化，作为世界文化整体的有机组成部分，要顺应世界文化不断交流融合的发展潮流，积极推动全世界各民族文化的交流互鉴、融合发展，构筑起人类命运共同体的精神家园。

再次，中国特色社会主义文化，是既包含集体主义思想又兼顾个人发展的文化，倡导"每个人的自由发展是一切人的自由发展的条件"。这种文化倡导人与自然的关系，各民族间的关系，乃至世界各国间的关系能够和谐、团结、平等、互利，实现共同发展，这样才能为人的自由全面发展创造良好的条件。在这种思想的指引之下，为了实现人与自然环境的和谐，形成了环境共同体思想，为了维护和发展中华民族的整体利益，形成了中华民族利益共同体思想，及至人类命运共同体思想。人类命运共同体强调人类共同利益，强调人发展的全民性与持续性，这是一种文化自觉，是一种超越种族的全球性文化。人类命运共同体的理念正是中国特色社会主义文化中集体主义思想以及实现人的自由全面发展思想的发展和延伸。

最后，中国特色社会主义文化是面向世界、面向未来、面向现代化的文化，体现了中国立场与世界视野的辩证统一。习近平总书记提出的人类命运共同体理念是在中国特色社会主义事业取得巨大成就的基础上提出的，是在中国特色社会主义文化不断发展过程中提出的。人类命运共同体文化在价值多样化中聚合全人类共同价值，通过共同价值凝聚共识，推动人类命运共同体构建。在人类命运共同体构建过程中我国的文化战略符合中国特色社会主义文化的发展方向，共同体文化正是面向世界的一种文化战略，是一种面向未来的文化。实现人类命运共同体的理想目标，本身就是人类整体文化的发展，中国特色社会主义文化的繁荣能够推动人类命运共同体的构建。

中国特色社会主义文化是人类命运共同体理念提出的文化基础，同经济、政治、社会、生态维度同属于构建人类命运共同体的重要力量。中国特色社会主义文化对中国各项事业的推进起着引领、辐射的作用，是推动人类命运共同体理念落地生根的条件。人类命运共同体文化构建是以中国特色社会主义文化和世界优秀文化为底色进行的文化创新，是为世界文化交流搭建平台，增强文化认同的现实举措，是世界认识中华文化的重要窗口，是人类命运共同体建设的理论支持，为人类命运共同体建设营造良好的文化环境。在文化、经济、政治、社会与生态向人类命运共同体构建的发展中，文化构筑着人类社会的精神家园，文化认同是最深层的认同，人类命运共同体的文化理念如同毛细血管一般，嵌入并且引导着人类命运共同体现实发展进程。中国特色社会主义文化是面向现代化、面向世界、面向未来的，民族的科学的大众的社会主义文化，以此为底色形成的人类命运共同体文化以更深层次文化浸染凝聚价值共识，致力于同心打造全人类共同价值，进而推动人类命运共同体构建。

（三）中国共产党外交思想

中国共产党外交思想和精神是人类命运共同体理念的重要源泉。中国共产党胸怀天下，在为中国人民谋幸福，为中华民族谋复兴的同时，也在为全人类的进步事业奋斗。正如习近平总书记指出："中国共产党是为中国人民谋幸福的党，也是为人类进步事业而奋斗的党。"① 中国共产党外交思想和精神，充分体现了中国共产党忧国忧民、心怀天下，为人类谋和平与发展的优秀品质。

在中华人民共和国成立的 70 多年中，中国共产党始终将实现和平发展作为不懈追求，奉行独立自主的和平外交政策，走出了一条与本国国情和时代特征相适应的和平发展之路。在开国大典举行之前召开的政治协商会议第一次全体会议上，毛泽东明确宣告，中华人民共和国成立后，"我们的民族将从此列入爱好和平自由的世界各民族的大家庭，以勇敢而勤劳的姿态工作着，创造自己的文明和幸福，同时也促进世界的和平和自由。我们的民族将再也不是一个被人侮辱的民族了，我们已经站起来了。我

---

① 习近平谈治国理政（第 3 卷）［M］．北京：外文出版社，2020：436.

们的革命已经获得全世界广大人民的同情和欢呼，我们的朋友遍于全世界"①。20 世纪 50 年代，毛泽东就提出"中国应当对于人类有较大的贡献"。1953 年，周恩来在与印度代表团就西藏问题协商时，完整地提出了和平共处五项原则。次年中印、中缅分别发表联合声明，确认和平共处五项原则将在相互关系以及各自国家同亚洲及世界其他国家的关系中予以适用。这一原则也成为新中国对外交往的一贯坚持的基本准则与价值指引。这是国际关系史上的重大创举，为推动建立公正合理的新型国际关系作出了历史性贡献。

中国进入改革开放和社会主义现代化建设新时期后，国际形势呈现新的特点和趋势，以邓小平为主要代表的中国共产党人纵观国际风云变幻，基于对国际形势的全面深刻分析，提出了"和平与发展是当今时代的两大主题"的论断。"现在的世界是开放的世界"，"中国的发展离不开世界"。中国独立自主的和平外交，从此有了更加坚实的理论基础和思想指南。1985 年，邓小平指出："任何一个国家要发展，孤立起来是不可能的，闭关自守是不可能的。"② 这是对于整个人类文明发展进程的科学判断，无论是资本主义国家还是社会主义国家，无论是发达国家还是发展中国家都是如此。邓小平指出："考虑国与国之间的关系主要应该从国家自身的战略利益出发。着眼于自身长远的战略利益，同时也尊重对方的利益。"③ 邓小平面临国内形势和外部挑战，提出了对外关系指导方针就是"冷静观察、稳住阵脚、沉着应付、韬光养晦、善于守拙、决不当头、有所作为"④。同样，世界的发展也离不开中国，这正是邓小平将中国与世界的命运联系在一起所作出的深刻考量。邓小平关于国际形势和国际关系的重大判断，为我们改革开放初期开展社会主义现代化建设提供了根本保障。此后，江泽民便多次提出尊重世界多样性的倡导。在联合国千年首脑会议上江泽民指出："世界是丰富多彩的。如同宇宙间不能只有一种色彩一样，世界上也不能只有一种文明、一种社会制度、一种发展模式、一种价值观念。各个国家、各个民族都为人类文明的发展作出了贡献。应充分尊重不同民族、不同宗教、不同文明的多样性。"⑤ 而后，20 世纪 90 年代以来，江泽民又提出"一个和平相处、共同发展的世界，只能是一个各种文明相互交汇、相互借鉴，所有国家平等相待、彼此尊重，充满活力而又绚丽多彩的世界"⑥。江泽民在强调中国永远是维护世界和平，促进共同发展的中坚力量，同时提出中国应全方位参与包括世界贸易组织、反恐、人权对话、保护生态在内的各类国际机

---

① 毛泽东文集（第 5 卷）[M]. 北京：人民出版社，1996：344.
② 邓小平. 建设有中国特色的社会主义（增订本）[M]. 北京：人民出版社，1987：105.
③ 邓小平文选（第 3 卷）[M]. 北京：人民出版社，1993：330.
④ 中华人民共和国简史 [M]. 北京：人民出版社，当代中国出版社，2021：195.
⑤ 江泽民文选（第 3 卷）[M]. 北京：人民出版社，2006：110.
⑥ 江泽民文选（第 3 卷）[M]. 北京：人民出版社，2006：474.

制，并更积极参与联合国事务，致力于建设公正合理的国际政治经济新秩序，进一步推进了中国共产党外交思想和外交政策的发展。胡锦涛在 2005 年指出："倡导开放包容精神，尊重文明、宗教、价值观的多样性，尊重各国选择社会制度和发展模式的自主权，推动不同文明友好相处、平等对话、发展繁荣，共同构建一个和谐世界。"① 而后，在联合国成立 60 周年首脑会议期间，胡锦涛再次向全世界呼吁："应该以平等开放的精神，维护文明的多样性，促进国际关系民主化，协力构建各种文明兼容并蓄的和谐世界。"② "和谐世界"就是主张不同文明、不同国家、不同种族之间取长补短、和衷共济，倡导同情与包容、民主与平等，反对强势集团的"丛林法则"。中国共产党陆续提出的构建和谐世界等重要理念，丰富发展了中国共产党的外交思想。

中国特色社会主义进入新时代以来，中国式大国外交风生水起，新型大国外交成就显著。习近平总书记提出了一系列的文明观、新秩序观、新安全观、新发展观和新合作观，形成了习近平外交思想。"党的十八大以来，以习近平同志为核心的党中央高瞻远瞩，纵览全局，深刻思考人类前途命运、中国和世界发展大势，紧紧围绕实现'两个一百年'奋斗目标和实现中华民族伟大复兴中国梦，在保持对外大政方针稳定性和连续性的基础上，积极推进外交理论和实践创新，提出了一系列富有中国特色、体现时代精神、引领人类发展进步潮流的新理念新主张，形成并确立了习近平总书记外交思想。"③ 习近平总书记外交思想提出了"人类命运共同体"，并对人类命运共同体进行了多维度的理论阐述和实践探索，在很多领域加以展开和延伸，如海洋命运共同体、亚洲命运共同体、中非命运共同体等，进一步完善发展了人类命运共同体理念的理论内涵。习近平总书记关于构建人类命运共同体的重要论述，构成了习近平新时代中国特色社会主义思想"十个明确"的重要组成部分。党的十九届六中全会指出，习近平新时代中国特色社会主义思想"明确中国特色大国外交要服务民族复兴、促进人类进步，推动建设新型国际关系，推动构建人类命运共同体"④。"人类命运共同体"理念彰显了中国理念和中国方案对全球治理的重要贡献，书写了人类命运共同体理念不断上升为国际共识的历史篇章。

人类命运共同体理念的提出，一方面是针对中国的对外关系，它作为当代中国对外关系的核心理念，从本质性的角度来说与和平共处五项原则高度相似。中国共产党

①　中共中央文献研究室. 十六大以来重要文献选编（中）［M］. 北京：中央文献出版社，2006：850.

②　中共中央文献研究室. 十六大以来重要文献选编（中）［M］. 北京：中央文献出版社，2006：997.

③　杨洁篪. 深入学习贯彻习近平总书记外交思想不断谱写中国特色大国外交新篇章［J］. 求是，2017（14）：3 - 6.

④　中共中央关于党的百年奋斗重大成就和历史经验的决议［N］. 人民日报，2021 - 11 - 17.

带领中国人民紧扣时代脉搏，紧跟历史步伐，遵循和平立国、和平共处、和平发展的理念，不断开拓独立自主的和平外交新局面，不断取得大国外交新成果。从和平共处五项原则、万隆精神，到上海精神，再到中非友好合作精神，其基本内容无不与人类命运共同体的美好愿景相通。可以说，人类命运共同体理念是和平共处五项原则的当代践行与创新发展，是将和平理念扎根于世界，积极倡导世界各国以合作共赢理念为遵循的和平理念。几十年来，中国一以贯之的奉行独立自主的和平外交政策和理念，在国际上得到日益广泛的认可和赞同，也给中国和世界带来了安全利益和发展利益。

另一方面是针对世界百年未有之大变局的实际状况，它作为解决世界和平与发展问题的中国方案与主张，是值得每一个希望实现自身发展的国家所认真考虑的。当代世界，各种问题层出不穷。一向以"民主灯塔"标榜自己的资本主义陷入了制度危机，出现矛盾频发的现状，深层次的制度弊端不断显现。为了转嫁矛盾，转移国内人民的不满情绪，个别国家对他国利益肆意践踏，以谋取本国私利，制造冲突和战乱，引起局部地区关系紧张，影响世界局势的和平稳定。西方中心主义和以资本为中心的世界经济政治的治理格局正在受到现实的冲击和影响。世界向何处去，是个不容回避的时代考问。人类命运共同体理念为缓解当今世界复杂的利益冲突，建立新型国际关系提供了解决思路。马克思主义认为，对经济利益和物质利益的追求是人类生存发展的本能。因此人类社会存在的一切"联合体""共同体"形成的根本动因和本质也源于此。随着人类社会的不断演进壮大，加之不同民族不同文明的不断发展，民族国家意识应运而生。然而，随着时代的发展，不同国家与不同民族之间的联系越来越密切，原有的个别"共同体"开始与其他"共同体"相互交流和融合。随着各国各民族之间的交流融合的愈发频繁，反映时代发展的国际关系也在随之形成。因此，"人类命运共同体"理念是新时代中国共产党外交理论的科学成果和智慧结晶。

以中国共产党的外交思想和精神为源泉，结合当今世界的实际，习近平总书记提出人类命运共同体理念，为世界各个国家提供了解决人类和平与发展问题的新的可选择项。在《联合国宪章》中，包含着倡导"彼此以善邻之道，和睦相处"等内容。因此新型国际关系的形成，需要我们牢固树立"人类命运共同体"意识。在国际关系的处理上，中国政府历来主张构建新型大国关系和新型国际关系准则，无论国家大小、强弱，都需要相互尊重、互利共赢，必须营造公道正义、共建共享的安全格局。中国积极创建平等相待、互商互谅的伙伴关系，谋求开放创新、包容互惠的前景。譬如，中国共产党以全人类的共同繁荣为宗旨，从"全球意识""人类命运共同体意识"出发，提出"一带一路"倡议。联合国秘书长古特雷斯所指出："中国提出'一带一路'倡议，为促进国际合作搭建了重要平台、提供了新思路，并发挥了核心引领作用。'一带一路'倡议具有远见卓识，它不仅有利于国家之间实现联通，而且使各国人民之间民心相通，形成人类命运共同体，共同面对并着力解决全球性挑战，为世界提供了中国方案。'一带一路'建设不仅是经济合作，而且是完善全球发展模式和全球治理、推进经济全球化健康发展的重要途径。它是中国面对全球化挑战所作出的积极回应，正在为世界许多地区带来和平，期待未来进一步深化联合国与中国的合作。"①

面对百年未有之大变局，以习近平同志为核心的党中央根据中国的现实发展状况和世界的发展趋势，提出人类命运共同体理念。中国正以前所未有的努力去遵循和实践中国共产党在新时代提出的"中国方案"，与全世界所有爱好和平的国家与人民一道，共同打造牢不可破的人类命运共同体，为形成和谐、稳定的新型国际关系贡献"中国力量"。实现持久和平、普遍安全、共同繁荣、开放包容和清洁美丽的人类命运共同体，正体现了与和平共处、交流互鉴、合作共赢等理念一脉相承的中国共产党外交思想和精神。人类命运共同体理念是对中国一贯秉持的和平外交理念的继承和发展，体现出中国外交一脉相通的伦理追求和对世界前途的责任感。

（四）中华优秀传统文化

我国拥有五千多年的文明史，不仅历史悠久，国土辽阔，而且中华文明源远流长，博大精深，文化资源十分丰富。我国是四大文明古国之一，长时期的文明积淀和与外来文明的相互融合，为我们积累了难以估价的文化资源，博大精深的中华文化和丰富的文化资源，为我国的文化建设提供了宝贵的财富，也成为我国推进构建人类命运共同体的重要思想源泉。在我国悠久的文化发展长河中，形成了非常丰富的天下观、和合观，为人类命运共同体理念提供了殷实的思想源泉。中华传统文化是人类命运共同体理念不可或缺的文化底色。构建人类命运共同体不仅体现了人类社会的发展需要，而且也体现了中华优秀传统文化的理论主张，是中华优秀传统文化的时代性升华。人类命运共同体的理念是全球文明转型的必然趋势，是基于对中华优秀传统文化和社会主义先进文化的文化自信。文化作为维系人民情感的精神纽带，对整个人类的发展起着至关重要的作用，人类命运共同体的提出更是超越地域、民族、国家的国际通识。因此，从我国文化理念的视域探究构建人类命运共同体的时代课题，能够发现其对人类命运共同体的原创性思想提供了文化支撑、文化动力与文化自为。

一是天下政治观。"光天之下，至于海隅苍生。"② 中华优秀传统文化的天下政治观，集中体现为"天下为公"这一思想。《老子》中说道："知常容，容乃公，公乃王，王乃天，天乃道，道乃久，没身不殆。"③ 就是说，认识了"道"的本原，才能保

---

① 一带一路，"促进国际合作的一项创举"［N］. 人民日报，2019－02－13.
② 尚书译注［M］. 顾迁，译注. 北京：中华书局，2016：50.
③ 杨树达. 周易古义 老子古义［M］. 上海：上海古籍出版社，2013：20.

持包容；始终坚持包容，为人处世自然公正无私；公正无私可为天下君王，天下君王就要遵循天理法则；符合天理法则才能长盛不衰，终生不会遇到危险。同时，这一思想具有"兼济天下"与"协和万邦"的治国精神，提倡天下太平、天下大同、天下平等、共同发展、协同进步的思想主张。这一思想提倡"己所不欲，勿施于人"的处世之道与"己欲立而立人，己欲达而达人"的发展之道，体现了多元与一体、个体与整体的辩证统一关系。"天下为公"是人类对美好社会的普遍憧憬和意愿，体现了中国古代先圣先贤的价值理想和价值目标。整体意识与大一统思想是中国优秀传统文化的重要表现，也是中华民族有史以来形成凝聚力的思想基础。《尚书》中记载："有容，德乃大。"① 有所包容，所成就的功德才能巨大。中国人早就提出："以国为天下，天下不可为也，"要"以天下观天下"②。这一思想体现了包容开放的天下观，强调"天人合一""万物与我一体"的整体观及综合思维，积极倡导人类社会的整体利益高于个人利益，世界性公共利益大于一国的特殊性利益。中华文明自古重视天下大同，强调四海一家。

中国古代的天下思想，不仅包含着对于远大空间的包纳，而且体现了对于天下各地、各事的包容。事实上这种"至大无外"的天下观，从逻辑上就"排除了不可化解的死敌、绝对异己或者精神敌人的概念"③，从文化上决定了今天中国人与世界交往的观念与方法。"支撑我们这个古老民族走到今天的，支撑五千多年中华文明延绵至今的，是植根于中华民族血脉深处的文化基因。中华民族历来讲求'天下一家'，主张民胞物与、协和万邦、天下大同，憧憬'大道之行，天下为公'的美好世界。我们认为，世界各国尽管有这样那样的分歧矛盾，也免不了产生这样那样的磕磕碰碰，但世界各国人民都生活在同一片蓝天下、拥有同一个家园，应该是一家人。世界各国人民应该秉持'天下一家'理念，张开怀抱，彼此理解，求同存异，共同为构建人类命运共同体而努力。"④ 党的十八大以来，我们提出践行正确义利观。在构建人类命运共同体的过程中，只有坚持正确的义利观，正确处理国与国之间的利益关系，把个人的民族的国家的利益放入整体利益与世界性的公共利益之中，才能找到国家与国家之间合理的利益位置，才能达到双赢、多赢与共赢局面。

习近平总书记在各个场合引用中国古代哲学概念，用以深刻思考人类命运和各国交往之道，生动阐明中国人与天下共处的理念法则。习近平总书记提出的人类命运共同体是对"天下整体观"的继承和发展。"天下整体观"对中华民族的意义是深远的，

① 尚书译注 [M]. 李民，王健，撰. 上海：上海古籍出版社，2004：369.

② 管子译注 [M]. 谢浩范，朱迎平，译注. 上海：上海古籍出版社，2020：6.

③ 赵汀阳. 以天下重新定义政治概念：问题、条件和方法 [J]. 世界经济与政治，2015（6）：4 – 22，156.

④ 习近平. 论坚持推动构建人类命运共同体 [M]. 北京：中央文献出版社，2018：509 – 510.

在古代，"天下整体观"是我国处理国家间事物的基本准则，是我国对待世界的态度；在当代，"天下整体观"仍然是我国倡导处理国际事务的准则，是我国重要的话语体系。在中华传统文化中，天下既是以中原为中心的地理空间的想象，又指理性森严的伦理秩序。中国的"天下整体观"是一种跨越种族的宏观态度，是中华民族处理种族问题的指导思想，是解决种族文化差异问题的宏观视角，不仅体现出了中华民族深厚的文化底蕴，而且刻画了世界文化的宏伟蓝图，为世界文化发展指明了方向。中华文化强调强而好礼、富而不骄，在国际交往中遵循平等互助、公平合作的原则，始终本着加强合作、睦邻友好的准则扩大对外交流，使中国在国际上赢得了尊重。

二是和而不同思想。和合文化思想是中华优秀传统文化的重要思想，包含了中华优秀传统文化处理人与人的关系、民族与民族关系、国家与国家关系、事物与事物关系的思想精髓，真正做到了"天人合一"的至高境界。"和合"作为中华优秀传统文化中的文化基因，是中华民族先贤之辈在处理各种关系时孕育的智慧，也是中华民族处理对外关系的原则与交往理念。《论语》说："君子和而不同，小人同而不和。"① 孔子曾将"忠恕"说成自己全部学说一以贯之的精髓，后世解释"忠"是对自己信念的认真信奉，而"恕"则是对他人信念立场的宽容与理解，这"忠"和"恕"两个方面的圆融，表达出一种富有智慧的人生境界，使我们学会最大限度地欣赏他者的独特性，从而将自己的信念提升到一个更高更自觉的层次。和而不同既是人类相处的一种理念，也被视作一种维系社会的准则。以墨子为代表的墨家学派主张"兼爱""非攻"，这些都体现为人类命运共同体和平至上的价值准则。《国语·郑语》讲："夫和实生物，同则不继。以他平他谓之合，故能丰长而物归之。"② 中华文化讲究和合，合实生物，不同的元素、因素融突而和合起来才产生万物，才能够实现多元文化的融合。和合文化展现了中华文化融合创新与包容万物的文化特征，它是中华传统文化中最具活力的组成部分。《老子》说："万物负阴而抱阳，冲气以为和。"③ 这是从哲学的高度解释"和"的本质，用"和"来概括万物之间相互联系的关系。以孔子为代表的儒家学派积极倡导和平理念，将"和"视作天下忠恕之道，强调"己所不欲，勿施于人"。"天时不如地利，地利不如人和"，在人与自然的关系上，中国提倡"天人合一"原则。"和合是中华文化的首要价值，也是中华哲学人文精神的精髓、中华哲学生命的最完善的体现形式，亦是东亚各国文化价值的基本取向和东亚各民族多元文化所整合的哲学人文精神的精髓。和合是指自然、社会、人际、心灵、文明中诸多元素、要素的相互冲突、融合，与在冲突、融合的动态过程中各元素、要素构成新结构方式、新

---

① 论语 [M]. 张燕婴, 译注. 北京: 中华书局, 2007: 199.
② 左丘明. 国语 [M]. 罗家湘, 注. 郑州: 中州古籍出版社, 2021: 284.
③ 杨树达. 周易古义 老子古义 [M]. 上海: 上海古籍出版社, 2013: 51.

事物、新生命的总和。宇宙间一切现象都蕴涵着和合，一切思维都浸润着和合。在和合的视野中，自然、社会、人我、心灵、文明都是和合。"①在人与人的关系上，中国强调人际关系的自然和谐。在人与社会的关系上，中国倡导家庭关系、宗族关系、邻里关系、地区关系与民族的融洽和谐关系的构建。在人与国家的关系上，中国追求"公天下"的"大同"理想境界。同时，中华传统文化中也存在很多有别于西方国家的文化，如中华传统文化中的"和"文化有别于西方的"霸权"文化，所以在交往过程中难免会出现对抗的方面。在天下整体观的认知中，文化高于种族、天下高于国家、世界大同是最高追求。在中华传统文化中，"他者"与"我者"具有相对性。

中华文化强调"有容乃大"的平等秩序与"和合共生"的哲学观念，在构建人类命运共同体的过程中，中国坚持不同国家、民族的思想文化地位平等，没有高低、优劣、贵贱之分，主张尊重各民族文化之间的差异性，强调互补互鉴、共同进步。中国的"和"文化，坚持的是"以和为贵""有容乃大"格局；追求的是"致中和，天地位焉，万物育焉"的"太平和合"境界；秉持的是"天下为公""万邦和谐""万国咸宁"的政治理念；讲究的是"和而不同""执其两端而用其中"的哲学思想。"命运共同体"理念，是吸收"和"文化精髓，内化新时代要求，提炼升华而形成的一种价值观。人类命运共同体作为中国提出的原创性理论，将中华优秀传统文化、社会主义先进文化、革命文化紧密联系，主张"和实生物，同则不继"的共生状态，坚持"普惠共享"的价值方向，"大同""天下"等具象的词汇构成了人类命运共同体的蓝图，在构建人类命运共同体的发展历程中，中国秉持建立互利共赢的和谐发展理念，不断坚持"各美其美，美人之美，美美与共，天下大同"的思想，这些体现共同性的文化逻辑也促使共赢的文化理念能够得以实践。在当代世界中虽然也存在着"文明冲突论"，但是要认清其实质是坚持以西方资本主义文化为主导的狭隘文明观，这种文化霸权主义的行径只会将西方文明变为"普罗克拉斯提斯的铁床"②，会与日渐式微的资本主义制度一样最终被时代所抛弃，所以世界的文明发展亟须平等、包容的文明观与价值观，只有这样才能建立起新型国际关系与文明秩序。

---

① 张立文. 和合与东亚意识——21世纪东亚和合哲学的价值共享［M］. 上海：华东师范大学出版社，2001：36.

② 普罗克拉斯提斯（又译普洛克儒斯忒斯）是希腊传说中提修斯前往雅典途中杀死的五个强盗之一。据说普罗克拉斯提斯狡诈而残忍，他有一张铁床，是专门用来杀人的刑具。他假意邀请路人到他家做客，客人一进门，普罗克拉斯提斯便强迫客人躺在那张铁床上；矮小者被他把身子拉得和床一样长，高大者则被他锯掉伸出床外的脚和腿。一说他有两张床，一长一短，矮小者被迫躺在长床上拉长，高大者被迫躺在短床上锯掉伸出床外的脚和腿。"普罗克拉斯提斯的床"一语即由此而来。"普罗克拉斯提斯的床"一语常被比喻为用固定的、僵死的观点看待不同的问题，对待变化、发展的事物。有"人造的尺度"和"强人就范"的意思。转引自《马克思恩格斯选集》文学典故注释［M］. 北京：人民出版社，1986：48.

　　"平等相待，和而不同"的优秀传统文化为世界携手并进提供了文化支撑，深耕于中华文化的人类命运共同体也为构建和平、和谐、和合的世界秩序贡献文明力量。从认识论上来看，中国不同于西方文明中的"主客体分离"的"二元论"，而是历来尊崇物我相与、阴阳平衡、众生平等等理念，这与人类命运共同体对世界的认识完全一致。与美国和欧洲人不同，中国人的思维方式主张将自己融于这世界之中，用非对象性的思维去领悟这个世界，讲究阴阳和谐，融合共生，共同存在于一个统一体之中。因此，中华传统文化中所强调的世界观并非文化的相互对抗，而是文化的相互融合，追求的是同心圆世界，而不是多圆排斥。人类命运共同体理念所蕴含的文化底色是一种包容性文化，是以中华优秀传统文化为底色不断向外延展所形成的多元文化体系，人类命运共同体文化是一种不断发展的文化体系，获得公共认可的文化体系。习近平总书记明确指出："和平、和睦、和谐是中华民族 5000 多年来一直追求和传承的理念，中华民族的血液中没有侵略他人、称王称霸的基因。"① 他在不同的场合反复强调："和"是实现全球和谐发展的重要渠道，国与国间唯有坚持"和合"才可能实现共同发展。构建人类命运共同体离不开和平和谐，只有和平才能使人类命运共同体得到构建，只有和谐才能够使人类命运共同体得到稳步发展。和合文化精神成为当代中国建构人类命运共同体的内生性的思想渊源，同时也是其理论本身的基本出发点。

　　三是协和万邦思想。中华传统文化中有悠久的协和万邦思想。《周易·象传》（上）载："乾道变化，各正性命，保合大和，乃利贞。首出庶物，万国咸宁。"② 表明天道、王道、人事不断变化，各正性命，各得其所，天地万物保持最大的和合、和谐，和实生物，使天下万国太和、安宁的共同体的意愿得以实现。《论语·颜渊》载，司马牛忧曰："人皆有兄弟，我独亡。"子夏曰："商闻之矣：死生有命，富贵在天。君子敬而无失，与人恭而有礼，四海之内皆兄弟也。君子何患乎无兄弟也？"这也是我们较早提出"四海之内皆兄弟"的思想。③《尚书·尧典》中有"克明俊德，以亲九族。九族既睦，平章百姓。百姓昭明，协和万邦，黎民于变时雍。"④ 认为从家族内到家族间再到各个邦国之间的治理遵循渐进的规律，即由家族和睦最终可达致各邦国间的和谐合作。庄子说："天地与我并生，而万物与我为一。"⑤ "协和万邦""亲仁善邻""贵和尚中""和衷共济"是中华文化的重要主张。贵和尚中思想，作为东方文明的精髓，作为中华文化基本精神的一个构成部分，它的积极作用和影响是主导方面。由于全民族在贵和尚中观念上认同，使得中国人十分注重和谐局面的实现和保持，这

---

① 习近平．在庆祝中国共产党成立 100 周年大会上的讲话 [M]．北京：人民出版社，2021：16.

② 朱熹．周易本义 [M]．北京：中华书局，2009：33.

③ 论语译注 [M]．金良年，撰．上海：上海古籍出版社，2004：133 – 134.

④ 尚书正义 [M]．孔安国，传，孔颖达，疏．上海：上海古籍出版社，2007：34.

⑤ 周易义疏 [M]．邓秉元，撰．上海：上海古籍出版社，2011，440.

对于社会的稳定和发展是必不可少的。做事不走极端，着力维护集体利益，求大同存小异，保持人际关系和谐，是中国人普遍的行为准则。这对于民族精神的凝聚和扩展，对于统一的多民族政权的维护，无疑有着积极作用。

"和"的思想是中华文化的基本要素，中华文化多元共存的精神追求在构建人类命运共同体进程中得到鲜明体现，表达了中国追求和平发展、共同发展的立场与态度。我国积极倡导并构建人类命运共同体，秉持尊重文明的多样性的基本立场，充分肯定各种文明的价值，把多元并存作为处理不同文化关系的基本准则，保证不同文明协同发展。中华文化历来主张"万物并育而不相害，道并行而不相悖"。因此，构建人类命运共同体要消减"文明冲突"的思维，以文明自洽的方式及时化解矛盾、协调关系，反对社会达尔文主义的丛林规则，破除极端化思维，兼顾各方意愿，善于维持平衡，提倡多元融洽、多元共存。习近平总书记所提出的"人类命运共同体"理念汲取了中华民族优秀传统文化中的伙伴观，积极倡导与构建国与国之间的平等公正的伙伴关系，这也为人类社会发展的前途命运提供良好的发展氛围和发展条件。中国坚持与邻为善、以邻为伴，友好的伙伴关系需要先从友好的邻国关系开启，先由近及远，再广泛发展同其他国家之间的友好伙伴关系。这为"中华民族共同体"走向"亚洲命运共同体"再到"人类命运共同体"提供一个良好的和平发展环境，平等共处的国家间关系、民族间关系也是中国构建人类命运共同体的应有之义。

四是以民为本思想。中国传统"民本"思想源远流长，西周初"天命靡常""敬德保民"是"中国古代'重人'思想的萌芽"[1]，《左传·桓公六年》提出"上思利民……夫民，神之主也"[2]。《左传·文公十三年》提出"天生民而树之君，以利民也"[3]。《春秋谷梁传·桓公十四年》提出"民为君之本也"[4]。《管子》提出"以人为本，本理则国固，本乱则国危"。儒家创始人孔子在中国历史上第一次提出"爱人""仁者，人也"，要求把人当人看待，尊重人的内在价值和独立意志。孟子创新孔子的"仁"说，提出以"天爵""良贵"为基础的"仁政"思想，主张"得天下有道，得其民斯得天下矣""民为贵，社稷次之，君为轻"，认为民心向背是政权是否合法性的基础、是兴衰成败的关键。张载在《西铭》中提出："天地之塞，吾其体；天地之帅，吾其性。民吾同胞，物吾与也。"[5] 他指出，天地是人类的父母，吾人的身体和人性是天地赋予的，普天下的人民都是我的同胞兄弟，天地万物都是人类最亲密的伙伴。儒学的根本思想乃是"仁爱"观，"仁"的核心就是"爱人"，强调崇仁尚德。在儒家

---

① 刘鄂培. 孟子大传 [M]. 北京：清华大学出版社，1998：185.
② 左传译注 [M]. 李梦生，撰. 上海：上海古籍出版社，2004：67.
③ 左传译注 [M]. 李梦生，撰. 上海：上海古籍出版社，2004：391.
④ 春秋穀梁传译注 [M]. 承载，撰. 上海：上海古籍出版社，2004：92.
⑤ 张载. 张载集 [M]. 北京：中华书局，1978：62.

看来，"仁"是指一个主体或一个人基于善的行为，是人类生活生存的本质属性。"仁"不仅是指人应该具备善良和道德，而且还应该在社会活动和交往的发展中贯彻人性和道德。中华传统文化价值系统的确立，中华传统文化主体内容的嬗变，中国古代各种哲学派别、文化思潮的关注焦点，以及整个中华传统文化的政治主题和价值主题，始终围绕着人生价值目标的揭示，人的自我价值的实现、实践而展开。人为万物之灵，天地之间人为贵，是中华传统文化的基调。中华文化具有超越宗教的情感和功能，换言之，在中华文化中，神本主义始终不占主导地位，恰恰相反，人本主义成为中华文化的基本精神。在中华文化中，人是宇宙万物的中心。中华传统文化中培养并加强对他人的仁爱，这不仅适用于人与人之间，也适用于国际事务层面，"仁爱"也应是国家之间建立关系的基本原则。当今世界，穷国与富国之间的经济差距不断扩大，发达国家和发展中国家之间以及发展中国家之间的分配不平衡继续加剧，这是世界各地发生动荡和混乱的主要原因。因此，对那些愿意纠正和改善国际准则和价值观的人来说，实现互利共赢和共同繁荣是一项紧迫的要求。世界各国本着"仁爱"的基本理念，在相互分享的基础上实现共同发展，为解决当今世界的各种问题作出了贡献。

五是仁政思想。《诗经·大雅·民劳》云："惠此中国，以绥四方，无纵诡随，以谨无良。式遏寇虐，无不畏明。柔远能迩，以定我王。"① 这表明了主张以"德"为主要内容的"软力量"治国策略。孔子将"仁""礼"作为道德规范，《论语·为政》提出"君子务本，本立而道生。"② 《论语·八佾》提出"人而不仁，如礼何？"③ 《周易·贲卦·彖传》阐发了"文""化""文明"的观念："刚柔交错，天文也。文明以止，人文也。观乎天文，以察时变；观乎人文，以化成天下。"④ 孟子强调道义，"得道者多助，失道者寡助。寡助之至，亲戚畔之；多助之至，天下顺之。"⑤ 他曾把那种依赖军事"硬实力"来实现争霸之道，从而达到以力服人，称为"霸道"，将依赖、实践"文化""文德之教"等"软实力"的治国之道，从而达到以德服人，称为"王道"，突出"文德"在国家竞争中的重要作用，认为它虽然是一种"软"的力量，但又是一种"无敌于天下"的巨大力量。道圣老子一语道出软实力的真谛："天下之至柔，驰骋天下之至坚，无有人无间，吾是以知无为之有益。"⑥ 战国时期军事家孙子指出，战争的最高境界为"不战而屈人之兵，善之善者也"⑦。中国历代明君贤臣多认为

---

① 诗经今注 [M].高亨，注.上海：上海古籍出版社，2019：549.

② 论语译注 [M].金良年，撰.上海：上海古籍出版社，2004：2.

③ 论语译注 [M].金良玉，撰.北京：中华书局，2017：20.

④ 周易义疏 [M].邓秉元，撰.上海：上海古籍出版社，2011：152.

⑤ 孟子译注 [M].金良年，撰.上海：上海古籍出版社，2004：78.

⑥ 杨树达.周易古义 老子古义 [M].上海：上海古籍出版社，2013：51.

⑦ 孙子译注 [M].郭化若，译注.上海：上海古籍出版社，2016：21.

要实现国家的意志和赢得他国的尊重，当行"王道"而弃"霸道"，取得他国、他地区、他族的理解和认同；处理国家、地区间的矛盾主张"和为贵"，反对以强凌弱；解决与他族、他国、他地区的冲突，强调"以德服人""攻心上"，反对穷兵黩武。殷周以来，"怀柔远人"的思想绵延不衰，逮至康乾时代达到高潮，这正是帝王将相以怀柔政策安抚、吸引远族或他国的写照。

习近平总书记在《携手推进"一带一路"建设》的重要讲话中的承诺彰显了中国在构建人类命运共同体过程中所秉持的"仁爱"精神。弘扬中国人类命运共同体理念，就是发扬光大中华优秀传统文化中的"仁者爱人"的精神。中国共产党通过秉承仁爱思想的精髓，努力组织动员世界各国共建一个友好、和谐、共生的"人类命运共同体"。习近平总书记提出的人类命运共同体重要论述，是在继承中华优秀传统文化基础上形成的科学思想，符合世界人民的愿望和要求，对推动世界交流合作，引导世界发展具有重要作用。中华文化同世界其他民族文化存在很多相同的地方，这就为世界文化交流融合提供了基础和前提，中华传统文化中的自由、平等思想同世界上绝大多数国家倡导的义化是相同的。人类命运共同体文化构建不是推动中华文化或者某一国利益的片面观点，不是零和博弈、文化霸权的文化侵略，而是着眼于世界文化的共同发展，实现文化的共同繁荣。

六是义利结合先义后利的伦理精神。中华传统文化中存在着"义利之辨"，它包含个人利益与群体利益的关系问题以及精神生活与物质生活的关系问题。"义利之辨"发端于先秦，"义"训"宜"，指以公正为核心的道德原则、道德义务等，是"人之所以异于禽兽者"或"人之所以为人者"。"利"一般指物质利益如财富、地位等，又有私利与公利之别。孔子倡导"富之""庶之""教之"的和谐，发展提出"见利思义"。儒家并不是反对追求个人利益，而是主张以道义来衡量和选择。荀子主张"先义而后利""以义制利"，提出"义与利者，人之所两有也，……故义胜利者为治世，利克义者为乱世"。[①] 这种以义为尚、兼重义利的思想，可以说是儒家的基本态度，它也是中华民族重德尚义的精神气质，成为我们今天构建人类命运共同体需要遵循的重要的精神原则。

人类命运共同体思想中所体现出的中华优秀传统文化符合中华文化的发展方向，同时符合世界文化发展的新要求，是世界各国交往的基本要求。儒家倡导的公平公正的社会制度和理想化的追求，是和人类命运共同体的目标一致的。当今世界正处于百年未有之大变局，原有的国际秩序正在制约着发展中国家的发展，发达国家同样对原有国际秩序进行推翻，所以世界迫切需要一种新的理念、新的文化指导新的国际秩序的形成。在新旧秩序的过渡期，中华传统文化所追求的"天下一家"，在国家间交往

---

① 王先谦. 荀子集解 [M]. 北京：中华书局，1998：502.

过程中获得普遍认可，对处理国际事务、应对疫情等方面起到了积极作用。人类命运共同体构建过程中我国的文化战略是我国对国际政治经济秩序变化作出的战略调整，是基于国际国内两个大局共同发展提出的文化部署，是为世界文化发展作出的战略安排。人类命运共同体构建过程中华优秀传统文化发挥了巨大作用，为人类命运共同体在国内构建营造了良好的环境，人类命运共同体文化底色的探究为中华优秀传统文化发展提供了环境。同时，在文化交流过程中，中华优秀传统文化对世界文化繁荣发挥了重要作用，对世界范围内人类命运共同体构建提供了文化支持。

人类命运共同体并非复兴天下体系，也不是否认各个国家的主权独立而构建一体化国家，而是对于传统文化精髓的创造性转化与创新性发展，是当前世界百年未有之大变局背景下回答和解决世界发展问题、时代发展问题的中国智慧与中国方案。2014年9月，在纪念孔子诞辰2565周年国际学术研讨会暨国际儒学联合会第五届会员大会开幕会上，习近平总书记指出："世界上一些有识之士认为，包括儒家思想在内的中国优秀传统文化中蕴藏着解决当代人类面临的难题的重要启示，比如，关于道法自然、天人合一的思想，关于天下为公、大同世界的思想，关于自强不息、厚德载物的思想，关于以民为本、安民富民乐民的思想，关于为政以德、政者正也的思想，关于苟日新日日新又日新、革故鼎新、与时俱进的思想，关于脚踏实地、实事求是的思想，关于经世致用、知行合一、躬行实践的思想，关于集思广益、博施众利、群策群力的思想，关于仁者爱人、以德立人的思想，关于以诚待人、讲信修睦的思想，关于清廉从政、勤勉奉公的思想，关于俭约自守、力戒奢华的思想，关于中和、泰和、求同存异、和而不同、和谐相处的思想，关于安不忘危、存不忘亡、治不忘乱、居安思危的思想；等等。中国优秀传统文化的丰富哲学思想、人文精神、教化思想、道德理念等，可以为人们认识和改造世界提供有益启迪，可以为治国理政提供有益启示，也可以为道德建设提供有益启发。对传统文化中适合于调理社会关系和鼓励人们向上向善的内容，我们要结合时代条件加以继承和发扬，赋予其新的含义。希望中国和各国学者相互交流、相互切磋，把这个课题研究好，让中国优秀传统文化同世界各国优秀文化一道造福人类。"① 可以看到，中国优秀传统文化内涵丰富，思想深刻，并包含着很多人类命运共同体可以借鉴的思想和理念，体现了在当今时代的重要价值。

优秀传统文化构成了当代中国话语体系的重要品质，也成为人类命运共同体理念的思想因素。人类命运共同体的文化话语权的构建，不仅需要中华优秀传统文化的历史积淀，更得益于中华优秀传统文化的现代性转化。借助于中华优秀传统文化，人类命运共同体在话语主体、话语内容和话语形式上实现对"普世价值"所代表的旧的话语体系的超越，从而开启一种新的话语类型。第一，在世界层面，中国文化中具有全

---

① 习近平外交演讲集（第1卷）[M]. 北京：中央文献出版社，2022：189-190.

面开放、整体系统的多维视域，呈现时间、空间、社会、文化、技术等多元维度，在这样一种宏大视角下进行叙事、辩论、解释等。第二，在思维层面，中国文化具有辩证联系的认识判断模式。西方思维是二元对立的，分割的，聚焦一方面，忽视另一方面。中国则是认为事物都是有联系的，事物是不断变化发展的。对于破解当今世界难题，这是一个十分有利的思维方式。第三，在社会关系层面，中国文化具有平衡和谐的共存原则。在中国的文化进程中，始终坚持平衡和谐的社会关系是交际原则的重要依据。面向世界坚持求同存异、和而不同、共同发展的立场和原则，这对于充满仇恨、分裂、冲突、歧视的世界，对于优胜劣汰、充满丛林法则的世界而言是一种十分好的理念。第四，在话语表达层面，中国文化具有委婉的沟通特征。中国式的沟通法则，反映在我们的文化体验中，可以观察到的意义不等同于实际意义，语言和意义之间不画等号，意义是松散的、不断变化的，不仅取决于说话人的意志，而且取决于环境、条件、事物本身的发展变化。中国的判断视角和表达方式习惯于运用间接、含蓄、缄默的方式。这一方式可以发挥到化解矛盾的作用，能够鼓励相互交流，在更大程度上体现尊重的原则，从而可以更大程度地达到文化和思想共识，为构建人类命运共同体创造条件。

总之，人类命运共同体理念坚持马克思主义理论特别是马克思"共同体"理论作为指导依据，坚持中国特色社会主义文化思想主张，体现了中国共产党外交思想的理论成果与智慧，并继承和发展中国优秀传统文化。从根本上讲，人类命运共同体的哲学基础在于辩证唯物主义和历史唯物主义，客观反映了世界百年未有之大变局的时代变化，深刻把握了当今人类社会生产关系与生产力、上层建筑与经济基础之间的矛盾运动状况。现在各国、各民族、各地区的发展已经离不开世界市场和普遍交往，地球已经逐渐成为一个"你中有我、我中有你的命运共同体"，人类命运共同体思想的提出是对于当今世界人类社会相互依存、密不可分现状的重大考量。习近平总书记从目的论、动力论、方法论等方面全面而深刻地阐发了人类命运共同体的构建思路，深度解读了人类命运共同体的基本遵循，从现实目标、创新路径、挑战分析等方面分析了构建人类命运共同体的实践思路。人类命运共同体的思想基础，具有全面的总体性，内在的科学性，是构建人类命运共同体的理论前提和依据，为构建人类命运共同体提供了基本的思想根源和理论营养。

三、构建人类命运共同体的根本依据

人类命运共同体理念的提出，不是纯粹主观活动的产物，而是和世界百年未有之大变局的客观现实紧密联系在一起的，是和当前人类社会发展的客观需要紧密联系在一起的，反映了时代的呼声，也是时代的产物。恩格斯曾经指出："历史从哪里开始，思想进程也应当从哪里开始，而思想进程的进一步发展不过是历史过程在抽象的、理论上前后一贯的形式上的反映；这种反映是经过修正的，然而是按照现实的历史过程本身的规律修正的，这时，每一个要素可以在它完全成熟而具有典型性的发展点上加以考察。"[①] 我国提出人类命运共同体理念和方案，深刻体现了当代时代的全面变化，体现了解决全球性问题的迫切需要，既有辩证唯物主义和历史唯物主义的学理依据，又有人类社会出现的新的时代依据。

（一）全球化和相互依存的程度日益深化

人类的发展是不断从孤立分散发展走向紧密联系的整体发展，是不断从封闭的发展走向开放的发展。在《大连接：社会网络是如何形成的以及对人类现实行为的影响》一书中，作者尼古拉斯·克里斯塔基斯和詹姆斯·富勒写道："人类连接在一个巨大的社会网络上，我们的相互连接关系不仅仅是我们生命中与生俱来的、必不可少的一个组成部分，更是一种永恒的力量。正像大脑能够做单个神经元所不能做的事情一样，社会网络能够做的事情，仅靠一个人是无法胜任的"[②]。文明社会的核心在于，人们彼此之间要建立连接关系，这些连接关系将有助于抑制暴力，并成为舒适、和平和秩序的源泉。人们不再做孤独者，而是变成超级合作者。从地理大发现到科技革命，从资本主义原始积累到社会化大工业生产，人类在生产生活的实践中势不可当地萌生和助长全球化趋势。西方崛起带给整个世界的是殖民主义的兴起，是西方列强主导之下的世界的殖民化。西方国家以坚船利炮为先导，以商品为武器，拓展到世界各地，开创了世界市场，打破了各国和民族之间孤立的联系，将各个落后国家和地区纳入到殖民体系当中来。

人类社会近代以来所历经的几次工业革命，带来了人类文明交流互动的历史性转折，生产力的迅速发展和现代化水平的提升，社会分工的不断具体化和细致化，推进了各个国家在广度和深度上的交往，把人推到了一个前所未有的历史场景当中，在这个场景当中，每一个人的需求可以跨过地理界限，跨地域限制而得到满足，形成相互了解、相互交流、共同实践的生存状况，进而构建形成了开放的社会、开放的国家，以至于开放的世界。在这个背景下，"全球化"一词应运而生，"全球化"最早由美国学者奥利维·勒斯利·雷舍（Oliver Leslie Reiser）和布洛温·戴维斯（Blodwen Dav-

---

① 马克思恩格斯文集（第2卷）[M]. 北京：人民出版社，2009：603.
② [美] 尼古拉斯·克里斯塔基斯，詹姆斯·富勒. 大连接：社会网络是如何形成的以及对人类现实行为的影响 [M]. 简学，译. 北京：中国人民大学出版社，2013：1.

eies）提出的，他们在 1944 年出版的《全球民主：科学人文主义与应用语义哲学导论》一书中提出："不但科学，就连宗教、政治和经济，也必须社会化、人文化和普遍化，简言之，全球化"。[①] 在当今全球化时期，世界范围之内相互依存度不断提高，各国相互依赖不断发展，世界范围之内人员、商品、资金、技术等流动大幅度增加，已经把世界各国连成一个整体，使得一国的政治经济发展日益和世界上其他国家政治经济发展联系在一起。

冷战结束以后，全球化的发展更加深入，各国相互依存关系不断强化，合作领域不断拓展，国家之间的关系日益紧密而复杂。国家安全的共性和关联性都在增强，国家相互之间以硬实力为支撑的冲突进一步减少。信息时代的发展为文化和观念的传播提供了极大的便利，通过电视、互联网、手机在内的各种传播方式，人们能够轻易跨越国家间疆域，传播和获取知识信息。"国际社会、政治、经济、文化联系更加紧密，因特网把大家联在一起，走向和合体的趋势越来越加强，但这不是没有差异，而是个性也越来越强，整个世界不是统一体，而是一个自组织自调整系统——和合体。"[②] 21世纪以来，以智能化和信息技术革命为中心的高新技术革命，催生了生产、贸易、金融、投资、消费等各个领域的全球化，覆盖了世界经济及其相关的各个方面，进一步加强了世界各地区的联系，使世界各国各地区融为一个"你中有我、我中有你"紧密联系的整体，把地球变成了"地球村"。世界各国的人员交流日趋频繁且界域愈加模糊，全球交往已成常态，这主要奠基于两种机制：经济与科技。一方面，经济全球化浪潮把世界各国都卷入了联动性的经济体系内，一国的发展正越来越依赖于他国及世界经济体系的交流；另一方面，伴随新技术革命成果的应用和网络的广泛普及，虚拟空间上已形成一个打破时空与疆域界限的数字地球。大数据、信息网络技术以及人工智能等科学技术日新月异，加之现代交通运输发展迅速，极大地加速了全球范围内生产要素的流动和重组，以此不断加深当今世界的全球化程度。约瑟夫·奈指出："美国外交部官员开着吉普车到第三世界偏远地区向与世隔绝的村民展示卷带式电影的日子早已一去不复返。"[③] 可以说，全球化趋势为全球经济发展营造出商品广泛流通、各国贸易往来一片繁荣、劳动力全球流动、投资愈加便利、信息传播速度增快等全新局面。"这个世界，各国相互联系、相互依存的程度空前加深，人类生活在同一个地球村里，生活在历史和现实交汇的同一个时空里，越来越成为你中有我、我中有你的命

---

① 高放，李景治，蒲国良. 科学社会主义的理论与实践 ［M］. 北京：中国人民大学出版社，2008：226.

② 张立文. 和合与东亚意识——21 世纪东亚和合哲学的价值共享 ［M］. 上海：华东师范大学出版社，2001：217.

③ 赵刚，肖欢. 国家软实力：超越经济和军事的第三种力量 ［M］. 北京：新世界出版社，2010：49.

运共同体。"① 在全球化的长期影响下，不同国家的资源优势得以在全球范围内体现，资源配置和流动体现了经济规律正在发挥的主导作用。在生产要素不断流动和构建产业链、价值链、供应链的双重作用下，无论是发展中国家还是发达国家，都能实现跨区域的联动发展。由此，各国的发展不再孤立，世界被作为一个共同发展的整体而存在，人类社会生产生活的实践能力显著提高，生产力发展也在不断实现突破。

物质条件的不断进步和发展，为人类社会各项事业的发展实现全球化提供无限可能，也为人类认识世界、改造世界提供了新的工具和视角。1961 年，苏联宇航员加加林成为第一个遨游太空的人，他这样描述人类此前从未见过的壮丽场景："我能够清楚地分辨出大陆、岛屿、河流、水库和大地的轮廓……淡蓝色的晕圈环抱着地球，与黑色的天空交融在一起"。习惯仰望星空的人们，从太空中回望才发现，这个蓝色的星球，是我们共同的也是唯一的家园。加加林的视角，正像一个隐喻：人类可能超越个人、国家、民族，可能超越制度、观念、信仰，去拥抱一个更辽阔的世界。随着交通运输工具的不断革新以及科技进步，世界各国之间的交往相较过去变得更加深入和广泛，各国之间的联系和影响也比过去更频繁和强烈。全球化的发展，意味着世界各国的经济资源和生产要素，可以在全球范围内有效配置，通过各国经济的优势互补加深各国的贸易、金融、生产乃至经济政策领域的一体化程度，在这种背景下，国与国之间相互依存的关系和依存的程度得到强化，国际合作和协调成为国际社会的主旋律。2017 年，国家主席习近平在瑞士达沃斯举行的世界经济论坛 2017 年年会开幕式上的主旨演讲中指出："历史地看，经济全球化是社会生产力发展的客观要求和科技进步的必然结果，不是哪些人、哪些国家人为造出来的。经济全球化为世界经济增长提供了强劲动力，促进了商品和资本流动、科技和文明进步、各国人民交往"。② 同时，他还指出："经济全球化是一把双刃剑。当世界经济处于下行期的时候，全球经济蛋糕不容易做大，甚至变小了，增长和分配、资本和劳动、效率和公平的矛盾就会更加突出，发达国家和发展中国家都会感受到压力和冲击。反全球化的呼声，反映了经济全球化进程的不足，值得我们重视和深思"。③ 全球化犹如一柄"双刃剑"，在经济全球化趋势的推动下，增长与分配、资本和劳动、效率和公平等方面的矛盾会愈发突出。因此，我们应该转变思路，着眼未来，讲求效率，促进公平，各国加强合作，共同管理，从而促进全球化发展正面效益的再释放，促进全球经济有序平衡发展。

然而，全球化发展正在遭遇历史性变革。因为在这一趋势中，新兴经济体和部分发展中国家在全球劳动分工及产业合作方面的参与度不断提升，这些新兴经济体和发

---

① 习近平. 论坚持推动构建人类命运共同体［M］. 北京：中央文献出版社，2018：5.
② 习近平. 论坚持推动构建人类命运共同体［M］. 北京：中央文献出版社，2018：401.
③ 习近平. 论坚持推动构建人类命运共同体［M］. 北京：中央文献出版社，2018：402.

展中国家也因此成为新一轮全球化进程中的新生力量，并发挥着重要作用。因此，部分资本主义发达国家在全球化进程中获益势必减少，进而掀起保护主义和民粹主义思潮，以此掀开逆全球化的面纱。加之随着新冠疫情在全球的肆虐，全球化发展趋势正在遭受前所未有的挫折。面对世界各国竞争的形势，特别是发展中国家、新兴国家的发展，西方提出了著名的"救生艇理论"。按照这一理论，随着人类发展所需要的资源越来越多，以及人口的不断增加，世界的资源的有限性越发凸显，这就从根本上导致了人类灾难的不可避免。在这个过程中，发达国家在先发展过程中已经上了船，发展中国家也要挤到船上，但是船的容量是有限的，随着发展中国家不断发展起来，人类社会的发展就像是一个"救生艇"，当挤上船来的发展中国家、不发达国家越来越多后，发达国家就有可能会被挤下去，或者"救生艇"就会超载，甚至就会下沉。这种理论在思维方式上就是冷战思维，但是在西方是很有市场的。我们只有一个地球，我们都在地球上面，我们就已经在同一艘船上，不是只有发达国家已经上了船，而发展中国家发展起来就要挤上船，这种理论假设是不成立的。尽管在全球化程度不断加深的过程中，贸易自由与保护主义、多边主义与单边主义之间的角逐愈发激烈，但从近代全球发展的历史趋势来看，全球科学技术和产业革命继续深入发展的必然趋势不会发生逆转，世界各国日趋紧密的联系状态也不会被改变。目前和平、发展、合作、共赢仍然是全球人民的共同追求。因此，全球化趋势并不会被个别国家挑起的事端所阻拦，也不会被短期或暂时发生的事件所影响。只有坚持同舟共济、共同生存和发展，构建人类命运共同体，才能从根本上解决这一矛盾和问题。

马克思在《共产党宣言中》指出："由于开拓了世界市场，使一切国家的生产和消费都成为世界性的了。"① 新一轮产业革命促使国际社会在生产力发展过程中发生剧烈变革，新能源与新材料的研发不仅改变了人们以往的生产生活方式，还将人类认识世界改造世界的能力实现进一步提升。贸易、金融、投资在全球范围内实现流动，人类生产在国际间的分工也更加细化，可以说经济全球化、区域经济一体化趋势已经成为定局。"过去那种地方的和民族的自给自足和闭关自守的状态，被各民族的各方面的相互往来和各方面的相互依赖所代替了。"② 合作共赢、协调发展，同时也伴随着经济矛盾冲突，这些已然成为世界政治经济发展的基调和主旋律。任何地区、国家和企业主体都不可能脱离世界市场和其他国家的分工合作。可以说，恰恰是因为资本主义生产方式固有的扩张性打开了世界市场"紧闭的大门"，成为经济全球化趋势的经济基础。同时，资本主义生产关系内部固有的矛盾也需要通过全球性的合作与贸易来谋求解决途径。

20 世纪末以来，贸易、投资、金融、生产等活动日益成为全球化行为。生产力高

①② 马克思恩格斯选集（第 1 卷）［M］. 北京：人民出版社，2012：404.

度发展，国际分工逐渐跨越民族和国家界限，生产要素实现了世界范围内的优化配置。不同国家之间在经济优势上进行补充，世界经济格局开始重新调整，世界经济贸易的发展进入全新的以全球化为典型标志的新纪元。现如今，各国经济发展全球化趋势使"你中有我，我中有你"的新局面油然而生，这也成为当代国际社会最具代表性的变化之一。随着时间的推移，全球化趋势将世界各国紧密串联，"地球村"使各个国家与地区之间在政治、经济、文化等多领域中的交流借鉴更加广泛。贸易往来更加频繁，各国之间相互依存的程度也不断增强，各国在社会交往、技术互通、资源共享、安全共治等诸多领域开展深度合作，给各国带来了巨大的好处与收益。此外，随着现代多媒体网络技术的日新月异，不同地域的人们之间所存在的时间与空间的障碍被攻破。可以说，现代通信技术和网络科技成为世界各国紧密联系的重要纽带，世界各国俨然成为不可分割的整体。由此可见，经济全球化浪潮是世界历史进程中的一个标志性阶段和必然性产物。虽然经济全球化是人类发展进步的表现和必然结果，但对于每一个国家来说，这既包含着发展的机遇，也面临着严峻的挑战。尤其是对于经济和科技实力落后的广大发展中国家来说，在全球的激烈竞争中，将会承担或面临更多的风险和挑战，国家间经济合作竞争中的矛盾和冲突也将更多。在全球一体化的今天，和平稳定的国际关系和国际社会新秩序尤为重要。中国构建人类命运共同体的倡议，紧跟全球化发展趋势，并着眼于全人类的共同利益，这是中国共产党为了努力化解国家间经济合作竞争中的矛盾和冲突而作出的思想贡献。

（二）国际社会不平等问题层出不穷

1. 经济层面不平等问题

一方面，经济全球化极大地推动着世界市场的扩大，从时间和空间上拉近了各国之间的距离，社会分工可以在全球范围内进行，资本技术等生产要素可以在国际范围内流通和优化配置，它加速了世界经济增长，对各国的经济发展提供了难得的历史机遇；另一方面，经济全球化的进程中也存在着或出现了严重的不平等的事实。资本通过在全球范围内进行投资，聚集大量财富，而后又将获得的资本进行再投资，在遵循资本逻辑的前提下不断循环往复。这造成了全球发展差异，南北差距不断扩大，发达国家与发展中国家的差距越来越大，发展中国家几近沦为发达国家的商品生产原料供应地与商品倾销地。当前，现行国际经济规则的基本特点：一是推行市场经济体制。自由市场体制、社会市场体制和转轨市场体制汇流，共同推动了世界市场的扩大和经济全球化的深入。二是倡导经济自由化。关贸总协定（GATT）和世界贸易组织（WTO）的多回合谈判，国际货币基金组织（IMF）、世界银行集团（WBG）的政策等，都体现了让贸易投资更加自由的主张。三是保护产权和鼓励创新。现如今市场经济发展较完善的国家更加注重创新能力的培育，产权保护愈发严格，并希望将这一措施成为世界范围内的普遍行为，形成国际标准，在一定程度上体现了鼓励创新的大趋势。四是总体规则上由发达国家主导，美国在金融等领域占据绝对话语权，新兴发展中大国的话语权也在增加。五是维护自身优势和利益。各国都希望自身优势产业有更大的自由，劣势产业有更多的保护，由于发达国家的主导地位，扩张优势产业、维护劣势产业的能力较强，自身利益更能得到保护。六是通过协商妥协来争取共赢。WTO等各类组织总体上是开放的，允许各国进行提问、让步或者妥协。例如，对发展中国家的倾斜不断增多，发展中国家任国际组织的高管增多，话语权开始被迫从 G7 向 G20转移，都说明现行规则是需要不断修正完善的。当前的国际规则并非各国好处均沾，也不存在"兼济天下"的机制。

经济全球化及其现行游戏规则加剧了国际竞争，并给每一个国家的经济带来不同程度的冲击。在经济全球化进程中，发达国家在资金、技术、信息和人才方面拥有绝对的优势而处于有利位置，发展中国家存在严重匮乏而处于不利的状态，尤其是在应对经济全球化的冲击过程中，有的发达国家为了一国私利，置国际规则于不顾，采取单边主义、贸易保护主义，严重损害了其他国家特别是发展中国家发展的合法权益，导致世界出现了"穷者越穷、富者越富"的马太效应，发展中国家和发达国家的差距正在日益扩大。当前，世界经济发展促进功能不足，世界南北差距还在拉大。技术扩散的不足和知识产权的过度保护不利于发展中国家的技术进步。除此之外，劳动力流动不足，劳动工资的国际差别惊人。加之金融和资本监管不足，过快的资本流动、金融衍生产品的膨胀、跨国公司难以监督、美国不承担国际储备货币义务等问题仍然没有得到解决。这也导致了国际竞争只体现了程序公平而严重忽略了起点公平和结果公平。如何弥补和修正这些不足，建立更优的、更能广泛认同的规则，需要更高的、适应全球化需要的智慧。

2. 政治层面不平等问题

"沧海桑田，谓世事之多变。"① 世界大势，浩浩荡荡。世界格局在世界发展潮流中呈现出复杂多变的态势，表现为沧海桑田的变幻。近代以来，世界发展的格局在不断演变中呈现出多次模式的替换。18 世纪末 19 世纪初的法国大革命和拿破仑战争，打破了欧洲均势的局面。1814～1815 年法国战败之后形成了维也纳体系。1914～1918年爆发第一次世界大战，结束后形成了凡尔赛—华盛顿体系。1945 年第二次世界大战结束，世界形成了雅尔塔体系，然后进入了美苏为首的两大阵营主导的"冷战"时期，导致了两极格局的形成。20 世纪 80 年代末 90 年代初，苏联东欧剧变标志着两极格局解体。但是，人类社会并没有进入个人主义、西方民主一统天下的"历史终结"

---

① 程允升. 幼学琼林 [M]. 长沙：岳麓书社，2005：13.

时期和单极格局。"世界权力始终由少数大国主导、西方国家决定世界命运的国际格局，正为今天走向多极的时代所摒弃。"① 同样地，世界多极化格局不是一个静止不变的状态，也是处于不断的变化和演进的过程中。当今世界，全球政治发展正经历着许多不确定性因素的挑战，倘若应对不合理，定将危及世界的和平与发展。具体表现在以下五个方面：

其一，当今国际秩序的改革问题。当今世界的国际性力量出现了"西降东升"的情形。与此同时，世界经济重心逐渐东移，国际秩序重构与变革的声音日趋高涨。在此情形下，联合国及其安理会的改革便成为首当其冲的议题，而改革势必会对全球性政治秩序产生巨大影响。但是在美国控制下的安理会改革，目前裹足不前，棘手问题颇多，不断促使全球性国际政治经济关系矛盾的产生。

其二，南北关系的处理与南南合作地位的提升问题。妥善处置南北关系，做到求同存异，规避新的分裂点与二元对峙结构关系的出现最为紧要。在处置南北关系问题中，要秉持多元包容性原则，兼顾三方合作的基本理念。与此同时，积极提升南南合作的国际地位与推进南北关系的健康发展。

其三，霸权主义与强权政治问题。当今世界，冷战思维仍在作祟，霸权主义所导致的世界政治格局的碎片化使得世界局势发生倾斜性不稳定。与此同时，地缘性政治倒流、"颜色革命"肆虐、国际人权问题打上政治烙印都与强权政治不无关联。如何消解霸权主义与强权政治成为人类命运共同体构架的重中之重。

其四，全球民族分裂主义是目前世界各国应该积极面对的重要问题。当下一个值得关注的焦点乃是民族分裂主义势力企图扩大事态的国际影响，来获取国际势力的同情与支持，从而达到原有事态的国际化。

其五，经济发展导致的不平等问题成为全球性政治不稳定的根本性诱因。根据托马斯·皮凯蒂发布的《2022年世界不平等报告》，"从1995年到2021年，全球最富有的1%人口获取了38%的增量财富，而底层50%只获取了2%"②。世界经济发展所诞生的不平等这一赘瘤，在其指数越过某一特定阈值，一定会破坏社会的发展、世界性减贫及其全球性治理的效度。另外，世界出现的极端的不平等现象也会消解人类的共同信念。

世界格局的变化为构建人类命运共同体提供了机遇，尽管西方资本主义国家致力于消除东升西落带来的消极影响，但是在"零和博弈"的发展态势下西方治理体系逐步显现弊端，此时世界亟须一种应对全球风险挑战、维护人类整体安全的发展思想。

---

① 于沛. 国际格局演变中的世界大变局 [N]. 光明日报, 2020 - 01 - 03.

② 李彦文. 2022 年世界不平等报告：消除不平等是一种政策选择 [N]. 社会科学报, 2021 - 01 - 07.

基于这样的国际形势，习近平提出的人类命运共同体为满足世界各国的期冀提供了理论参考。人类命运共同体是对马克思共同体思想的当代继承，是马克思主义中国化的理论成果在新时代焕发的生机与活力。新时代人类命运共同体的提出是对新型国际关系的重要发展，是在百年未有之大变局下为世界各国携手并进提出的理论支撑，为世界相互尊重、共同发展、文明互鉴提供了中国道路与中国方案。

3. 社会层面不平等问题

《2020 年世界社会报告》是联合国经济与社会事务部改革之后出版的第一份社会报告，也是一份创新性的社会专题报告。在这份报告中提到，无论发展中国家还是发达国家，不平等水平都处于历史性高位。这一严重的不平等将有可能加剧分歧，减缓社会经济发展步伐，影响 2030 年可持续发展目标的实现。

《2020 年世界社会报告》指出："全球 70% 的人生活在自 1990 年以来收入不平等加剧的国家，虽然某些基于性别、种族、族裔、残疾、移民地位和社会经济地位的不平等指标有改善，但在其他许多方面机会的不平等仍在增加。技术创新、气候变化、城市化和国际移徙四大趋势是不平等加剧的重要因素。"[1] 该报告着重分析了技术创新、气候变化、城市化和国际移民这四大趋势对不平等的影响。

在技术创新方面，不断推进的新技术可能会进一步加大熟悉互联网的高技能富裕阶层与其他群体之间的差距。尽管技术创新能够提高生产率和开拓新机会，但与此同时也加剧了工资不平等和中等技能工作的流失。例如，数字技术在提供保健、医疗服务和教育方面正在开创新的机会。但其促进经济和社会进步的潜力因持续存在数字鸿沟而受到限制，并可能造成或加剧新的不平等。

在气候变化领域，报告强调气候变化及各国应对气候变化的政策，都有可能成为加剧不平等的因素。国际社会在采取气候行动时，必须充分保障低收入群体的利益。报告认为，气候变化加剧了国家间的不平等，且低收入发展中国家面临更严峻的挑战。报告提供的证据也表明，在各国内部，生活在贫困中的人和其他弱势群体面临更多气候变化的风险。

在城镇化方面，不平等现象的加剧使得对政治和政策的影响力集中在富裕阶层手中，这种情况可能导致富人更富、穷人更穷，并侵蚀人民对执政者的信任。随着城市人口不断增长，改变这一现状的需求将变得更为紧迫。报告预计在未来 30 年中，大部分人口增长将发生在城市或特大城市[2]。城市生活为可持续发展的方方面面提供了机会。然而，报告所作分析表明，城市比农村地区更不平等，城市管理已成为减少不平等的关键。

在国际移民问题方面，报告指出国家之间与国家内部不同地区之间的不平等，将

---

①② 联合国发布《2020 年世界社会报告》[EB/OL]. 中国社会科学网，2020－01－18.

不可避免地推动更多人口移徙。尽管在安全、有序和有规律的条件下，国际移民有助于减少不平等，但阻止非熟练技术移民合法入境、汇款费用高以及社会保障措施在国家之间不可转移的政策，限制了国际移民减少不平等的潜力。

联合国发布的《2021年可持续发展融资报告》显示，新冠肺炎疫情导致世界经济出现严重衰退，日益加剧全球的不平等现象。"报告称，疫情发生后，全球损失了1.14亿个工作岗位，约1.2亿人陷入极端贫困。最脆弱社会群体受到的影响最大，最贫穷国家实现可持续发展目标的时间期限可能再后推10年。报告表明，应对疫情的资源的不平等状况，扩大了各国间业已严重的差距和不平等。全球16万亿美元疫情纾困资金中，用于发展中国家的不到20%。截至今年1月，在推出疫苗接种的38个国家和地区中，只有9个是发展中国家。疫情发生前，最不发达国家和低收入国家中，近半已经身陷债务困境或面临较高风险。"① 德国救援组织乐施会最新一项问卷调查结果显示，新冠疫情加剧了全球多国社会不平等问题，人们因其性别、性取向、年龄、种族和阶层等不同受到多种形式的压迫和边缘化现象在疫情期间捆绑出现。来自全球79个国家的295名经济学家参加了调查。87%的受访经济学家认为，本国的收入分配不均问题因疫情而严重。超过半数受访者认为，男女不平等现象很有可能会进一步加剧。超过2/3受访者认为，白种人和有色人种的不平等问题也会因此次疫情而进一步激化。②

存在于世界范围内的各类不平等问题严重影响着人类社会的发展以及人类文明的进步，成为国际社会特别是发展中国家高度关注的时代问题。2021年7月6日，习近平总书记在中国共产党与世界政党领导人峰会上的主旨讲话中提醒国际社会："今天，人类社会再次面临何去何从的历史当口，是敌视对立还是相互尊重？是封闭脱钩还是开放合作？是零和博弈还是互利共赢？选择就在我们手中，责任就在我们肩上。人类是一个整体，地球是一个家园。面对共同挑战，任何人任何国家都无法独善其身，人类只有和衷共济、和合共生这一条出路"。③ 人类命运共同体理念的产生正是基于当前国际社会在发展过程中所出现的各种不平等问题。"构建人类命运共同体和新型国际秩序的动力机制不是资本全球扩张，而是全世界各国人民共同福祉、共同利益诉求的美好生活需要。"④ 它以全人类共同体利益为基础，反对并抵制"一国发展、别国不发展"的思维，倡导命运共生、共享共赢的发展理念；反对零和博弈、强调互助合作，

① 联合国报告：疫情加剧全球不平等现象［N］．人民日报，2021 - 03 - 30.

② 调查显示，新冠疫情加剧全球社会不平等问题［EB/OL］．中华人民共和国商务部网站，2021 - 01 - 26.

③ 习近平谈治国理政（第4卷）［M］．北京：外交出版社，2022：424.

④ 胡博成，张平．论习近平对马克思世界历史思想的继承和发展——以建构人类命运共同体为视角的考察［J］．思想教育研究，2018（7）：8 - 12.

真正关注关乎"现实的人"生存发展问题，致力于推进人类整体性贫困的根本消除进而实现全球范围生产力的均衡与共享发展，是对资本逻辑主导下经济全球化的积极扬弃和根本性超越。凭借其理念本身所具有的公平性和正义性，人类命运共同体的构建将直接关系到全球各国的利益均衡的实现以及整个人类的生活质量提升。

（三）人类面临的全球性问题日益突出

著名哲学家汤因比指出："某个具有生命的一方对另一个遇到的对手所采取的主动却不是原因，而是挑战；其结局也不是结果，而是应战。挑战和应战与原因和结果的类似之处仅在于二者均体现了事件的先后次序。但这种次序的性质却并不一致。与因果关系不同，挑战和应战不是先定的，在所有的场合并非一定是均衡对应的，因而它实际上是不可预测的。""各个文明不是起源于单因，而是起源于多因；文明的起因不是一个统一的整体，而是一种关系。我们可以任意设想这种关系，既把这种关系看作是两种非人类的力量之间的相互作用，如同汽油和空气在汽车引擎中的交互作用一样；也可把它当作在两个人物之间发生的一次遭遇。"① 这种关系在汤因比看来就是挑战与应战的矛盾关系。"最适度的挑战不仅必须激起受到挑战的一方进行成功的应战，而且刺激对方获得一种将自己推向前进的动力，即从一次成功到新的斗争，从一个问题的解决到另一个问题的提出。从暂时的歇息到展开新的运动，从阴再次到阳。"② 这种矛盾关系不断互相作用将文明向前推进，人类文明的进步是由这种挑战与应战的矛盾运动推进的。

无论是在人类历史上还是在当今时代，社会性和全球性问题一直在不同阶段伴随着人类社会。在当前，威胁全人类生存和发展的全球性问题日益凸显，环境污染、气候变化、粮食安全、人口增长、毒品泛滥、贫富分化、国际恐怖主义、战争冲突、疫情传染的问题仍然严重，网络安全、外空探索、极地开发等新难题，更具有挑战性。全球性问题具有普遍性、整体性、复杂性，单个国家无力独自应对，更不可能置身事外，世界各国需要坚持构建人类命运共同体，以负责任的精神，同舟共济，携手应对挑战。

1. 人口增长速度快与老龄化程度高的问题

目前，随着人口问题愈发严峻，这一问题带来的负面效应也在逐渐增强：生态环境问题、资源问题，人类安全问题及其发展问题等多种问题呈现在人类面前。可以说，

---

① ［英］汤因比. 历史研究［M］. 刘北成，郭小凌，译. 上海：上海人民出版社，2005：73.

② ［英］汤因比. 历史研究［M］. 刘北成，郭小凌，译. 上海：上海人民出版社，2005：118 - 119.

人口问题已经成为影响人类发展的全球性难题。

第一，人口生产数量增长过快。根据联合国相关的权威机构发布的预测数据，预计全球人口数量会达到81亿人（2023年）与96亿人（2050年）的两个人口数量生产性节点；世界人口的稳定性阈值会在105亿人至110亿人之间徘徊。① 世界人口增长速度如此之快将不可避免地带来生态问题、环境问题及其资源供给等问题。尤其对于发展中国家而言，人口增长过快的问题将是一项综合性问题，这将成为人类命运共同体能否成功构建的主要障碍。第二，世界人口的老龄化问题。据世界经济论坛官网报道，预计在未来的几十年中，全球老龄化人口将从今天的7%上涨到20%。到2050年，全球65岁以上的成年人数量将翻一番，达到16亿人，其中发展中国家的增幅最大。② 众所周知，世界人口老龄化将会给全球的社会、经济、政治等各个方面造成无法估量的影响，引发的养老问题、社会服务问题、医疗问题等，将会考验世界各国人民的智慧。特别是对于广大发展中国家出现的"未富先老"现象，将会给这些国家带来严峻的挑战。

2. 环境保护与资源短缺问题

对于全球环境问题，主要体现在两个方面：一是生态环境遭到破坏而导致的生态危机；二是由于人类生产生活造成的环境污染而引发的人类生存困境。现如今，全球性气候问题日益严重，尤其是极端天气的频繁出现，不断造成人类对世界气候未来走向的担忧和恐慌。全球变暖导致的海平面上升进而威胁岛国居民的生命与财产安全，全球性极端气候的频发导致的经济与社会危机不断出现。联合国开发计划署指出如果人类不能够共同行动起来，使得人类减少二氧化碳的气体排放量的行动被搁置或延迟，人类将不可避免地加重全球气候的恶化。

世界自然保护基金会《活着的地球》报告显示，基于当前人类对自然资源的利用率迈过了20%这个自然界的自我更新能力关键点③，倘若世界再不联合行动进行积极性应对与有效性干预，那么2030年将会是一个关键之年，此后的人类整体生活质量将会急剧性下滑，人类生存与生活的风险与代价将会更大。

目前全球性资源问题的主要症候表现在：依据绿色和平组织的科学预估，近百年来自然界80%的原始森林遭遇不同程度的破坏④，人类的活动是全球森林衰退现象的重要原因。土壤沙化、盐碱化、板结化等退化问题不断扩大，从而引发了人均耕地面积不断递减。全球性水资源短缺及其水污染已成为目前最重要资源环境问题之一，更是人类未来面对的极端严峻的挑战。"不同的人群可以生活在不同的地区和国家，可

---

① 陈须隆. 当今世界面临的主要全球性问题［EB/OL］. 中国日报网，2015 - 09 - 27.
② 世界人口老龄化：暗藏隐忧还是蕴藏机遇？［EB/OL］. 环球网，2021 - 04 - 16.
③④ 孙佳华. 50年后：两个地球都不够用［N］. 解放日报，2002 - 07 - 11.

以有贫富之别，可以占有不同份额的资源，但作为命运共同体，今天的人类有一点是平等的，即我们只有同一个地球。人类要生存，社会要发展，就必须拥有一个能与人类长期和谐共处的自然环境。告别盲目的发展状态，共同建立起一种全球性的生态文明，这是保证人类真正实现可持续发展的基础。"①

3. 全球性经济危机问题

2008 年世界金融危机以来，世界经济发展陷入困境，持续保持低迷的发展状况。特别是发达国家经济整体上处于保持的水平，有的发展中国家受到较大冲击，出现多家银行被迫倒闭、失业人群增多、企业破产的经济和社会问题，经济危机带来的巨大损失无疑影响着全球人类的正常生活。然而这些危机还将引发一系列短期内无法显现的世界性次生危机，随着时间的推移，它们将成为全球人类健康发展的隐患。

从美国迈入金融动荡不安和走向有史以来的经济危机后，这场经济危机已经为世界带来严重的金融动荡和经济影响。自 2008 年 9 月金融危机爆发以来，世界各国和国际组织都在尽全力组织应对。世界在不断进行全球化的今天，没有一个国家或地区能够置身事外，或藏身于脱离世界整体的"避风港"。因此，世界各国团结一心应对这场全球危机是走出危机的必然选择。

4. 全球性恐怖组织与毒品组织问题

第一，目前国际恐怖主义随着时代与科技的发展，其表现形式除了以往的隐蔽性和长期性以外，还呈现出网络虚拟性与高端技术性的特征。除了我们较为熟知的中东与非洲以外，欧洲与美洲的本土国际恐怖主义也在伺机而动，制造事端。另外，一些发展中国家也会成为国际恐怖主义的作案目标。近年来，国际恐怖主义组织逐渐将互联网作为开展恐怖活动的武器或阵地。因此，未来的网络恐怖主义袭击将极有可能成为全球安全的重要威胁。

第二，全球性毒品泛滥引发的安全问题中，最为重要的就是跨国毒品组织与国际黑社会性质组织相互联手，他们正在共同威胁着世界的稳定。与此同时，新型麻醉品日趋多样性特征，多样化的"软毒品"不断出现。

5. 各类全球性安全问题

第一，世界性核安全问题包括传统式核威胁与军控问题和非传统式"核自身安全"问题与"核安保"问题。从整体性的角度来看，想要根除世界各国核武器的扩散问题的可能性微乎其微。而且目前美国退出伊核协议所引发的地缘局势升温问题，一直引发国际社会的广泛关注。可以说在当今世界，核安全问题牵扯到多国利益，真正

① 邹广文. 人类命运共同体意识的文化关切——学习习主席 G20 杭州峰会重要讲话精神［N］. 光明日报，2016 - 09 - 24.

消除核武器威胁仍然无法实现。

第二，在影响人类可持续发展这一问题上，能源安全问题居于战略性地位，能源安全问题同时也关系到人类命运共同体能否顺利构建。一般而言，全球性能源安全问题涵盖能源的定价、供给、运输与消费的安全等问题，因此较为复杂，具有综合性的特征。目前，全球性能源安全十分脆弱，所以，加快能源安全问题的研究，已成为全球能源治理的重要议题。当下，全球性能源供给版图与种类发生极大变化，以美国为首的页岩气开采技术引人关注，从而使得美国成为一个重要的新型能源供给地。

第三，全球网络科技的迅猛发展在为人类生活带来便利的同时，全球性网络安全问题也日益成为人类社会不可忽视的一项综合性安全问题。全球性网络安全问题涉及网络基础设施安全与网络信息安全等方面。目前，互联网与物联网发展迅速、齐头并进，人类通过网络手段打破了以往时间与空间的限制。但同时存在的信息安全与意识形态入侵等也成为世界各国迫待解决的重点问题。尤其是当前国际社会在经济、政治、文化与社会生活等各方面发展过程中对网络的依赖度不断加深，因此，全球性网络安全问题事关人类社会的稳定发展。

第四，当前粮食价格上涨与粮食短缺等全球性粮食安全问题在非传统性因素的影响下越发严峻。非传统性问题包括极端性天气、生物燃料的大规模生产、粮食作物市场炒作与获利性囤积和储存与抛售等。尤其 2008 年的全球性经济危机所引发的全球性粮价急速上涨与全球性经济下滑，继续推迟了全球各国应对全球性粮食危机的步伐。世界性粮食安全问题不仅已经长期存在，而且正在发生扩大趋势，这也在向我们暗示着：核武器存量的大小并不能决定未来世界各国综合国力的高低，而粮食大国将在未来国际社会中掌握更多主动权。

第五，当下全球性公共卫生问题十分突出。除了艾滋病病毒和中东呼吸综合征病毒以外，埃博拉病毒、新型冠状病毒等多种传染性病毒的产生使各种疫情频繁发生。这些病毒的出现和疫情的发生一方面使世界各国陷入恐慌，另一方面也导致人类社会的稳定与世界经济的发展正在遭受重重阻力。疫情的发生使我们看到非洲国家及部分发展中国家在公共卫生基础设施建设方面十分落后，从而也折射出我们在公共卫生问题上的治理能力仍然不足。尤其是新型冠状病毒的传播，带来了波及全世界的新冠疫情，全方位展露了应对全球性公共卫生危机必须培育新型"共同体"理念。

总体来讲，进入 21 世纪以来，世界处于大变革、大发展、大调整的时期，人类社会遇到了更加复杂的全球性问题和关系发展前途的瓶颈性问题，霸权主义、单边主义仍然存在并有所抬头，地缘政治较量和矛盾加大，地区热点问题此起彼伏，世界经济增长动能不足，贫富分化日益严重，世界面临的不稳定性不确定性"黑天鹅""灰犀牛"事件突出。同时，全球性金融危机、环境恶化、恐怖主义、网络安全、重大传染性疾病、气候变化等非传统安全威胁持续蔓延，不少国家出现了大规模失业、就业不足与就业不稳定、贫困饥饿、社会冲突等问题。人类面临许多共同挑战，人们对未来感到担忧，开始反思"人类怎么啦?""应该怎么办?"的问题。然而，资本主义在全球化的过程中，不仅没有解决这些问题，反而加剧了矛盾，就连资本主义国家本身的发展也陷入困境，这也使得资本主义一直鼓吹的平等与自由化为泡影，资本主义反对资本主义，成为资本主义世界的根本悖论，也成为全球范围内的重要现象。随着我国进入了中国特色社会主义新时代，中国在解决世界性难题、构建新型国际关系上的地位正在发挥越来越重要的作用。针对当前人类社会面临的全球性问题，中国根据世界发展大势，坚持从时代问题出发，提出构建人类命运共同体，并提出科学有效的思路，具有很强的现实依据，是解决全球性问题的中国智慧和中国方案。"'构建人类命运共同体'得到国际社会的广泛认同，成为一面具有强大生命力和感召力的促进全球共同治理的旗帜，为变革全球治理体系贡献中国方案。"① 只有构建人类命运共同体，不同国家不同民族通力合作，才能够共同解决全球性问题，构建更加美好的实践条件。人类命运共同体理念的提出，回应和回答了"世界怎么了? 我们应该怎么办?"的世界之问，充分彰显了新时代中国对世界贡献出的中国智慧和中国力量，具有鲜明的针对性、整体性和时代性。

（四）全人类共同价值的时代意义日益彰显

共同利益形成的背后往往是思想上或价值取向上已经达成某种共识。人类的共同利益同样与这两种因素直接相关。马克思曾指出："人们的社会存在决定人们的意识。"② 全人类的共同价值的产生和形成与人类社会生产力以及生产方式变革过程息息相关。全人类的共同价值来自人类在生产生活过程中，对世界的认识以及改造世界的实践本身的内化和积淀。在物质生产中，人类生产方式在生产力水平的不断提升中发生变化，这也决定着人类形成什么样的意识。当下，全球化的发展趋势使利益主体的规模不断扩大，共同利益逐渐成为全人类的共同价值取向。"人们为之奋斗的一切，都同他们的利益有关。"③ 但是马克思认为，并非"细小的利益"，也并非"不变的利己的利益"，而是全球人类之间相互影响和共有的利益。因此，我们必须坚持以马克思主义历史唯物论的基本观点和方法论，深入研究全人类共同价值的形成和起源。

从整体的角度来看，人类社会本身就是一个利益的"集合"。因此，人类共同的利益作为全人类共同价值的根本来源，可以被看作是人类社会发展的最主要动力，也

---

① 周银珍. 全球变局下中国方案:"人类命运共同体"构建研究 [J]. 新疆大学学报（哲学·人文社会科学版），2021（3）：43-49.

② 马克思恩格斯选集（第4卷）[M]. 北京：人民出版社，2012：904.

③ 马克思恩格斯全集（第1卷）[M]. 北京：人民出版社，1995：187.

是世界各国之间产生交往与合作的基础和客观依据。人类在进行生产生活的过程中十分依赖共同利益，这也为生成和构建全人类共同价值提供根本动力。"'思想'一旦离开'利益'，就一定会使自己出丑。"① 一方面，透过马克思主义辩证法思想可以得出，物质利益在人类社会的发展中起到决定性作用，主要表现在其对人们思想和行为的起源和动向的影响。通过对利益本身进行辩证分析，我们可以适当地对不同类别的利益进行重组或整合，以此对人们意识和实践的协同正向发展起到促进作用。因此，"利益"本身能够在马克思主义辩证法思想中得到科学认识。另一方面，"每一既定社会的经济关系首先表现为利益"②，经济利益是当下国际社会交流合作的关键。现如今，人类社会整体发展水平以及生产力水平在科学技术的促进作用下实现飞跃式提升。现代交通工具、通信手段及网络技术的革新，使不同国家和地区之间的时空限制被打破，这也进一步加速了全球化发展的进程。

2015年，国家主席习近平在第七十届联合国大会一般性辩论时的讲话中指出："和平、发展、公平、正义、民主、自由，是全人类的共同价值。"③ 在全球化发展的驱使下，不同国家或地区的利益需求也在全球多元文明的交流碰撞中不断发生同化。人类整体的需求和利益在这一过程中不断达成一致，由此促成全人类共同价值的产生。在马克思主义哲学的基本原理中，整体与部分是相对的。因此，在现实世界中，不仅仅是人本身可以被当作独立的个体，某一个国家也同样可以作为个体而存在。世界各国之间的相互交往，在经济全球化的带动下形成了发展荣辱与共、利益不可分割的强烈意识，从而在价值追求和利益需求方面达成共识。从此，获得利益已经不再是一国独享或绝对占有，一国获利他国皆可分享的现象越来越普遍。"共同体"不仅是一种格局，也是一种和谐状态的实现。民族文化在多样化发展的同时还能够保持和谐的状态，就必须要在全球范围内确立一种共同的价值取向。实现不同国家和地区在民族文化多样化发展这一问题上形成一致的思想认同，进而使保护和促进民族文化多样性的合力能够在世界范围内顺利形成。国家与国家、地区与地区、民族与民族之间的物质利益冲突往往可以通过谈判及相互妥协的方式来调解，而无形的文化冲突和各国间文化软实力的对抗却更难以解决。因此，提升区域间国家文化认同感，尊重文化多样化这一客观事实，在文化冲突中促进文化融合十分重要。"只有在地理与文化一致时，区域才可能作为国家之间合作的基础。离开了文化，地理上的邻近不会产生共同性，

---

① 马克思恩格斯文集（第1卷）[M]. 北京：人民出版社，2009：286.
② 马克思恩格斯选集（第3卷）[M]. 北京：人民出版社，2012：258.
③ 习近平. 携手构建合作共赢新伙伴 同心打造人类命运共同体——在第七十届联合国大会一般性辩论时的讲话 [N]. 人民日报，2015-09-29.

而可能出现相反的情况。"① 现如今，文化作为国家软实力深刻影响着国家各项事业的发展状况。甚至可以说，文化认同度与经济合作之间已经存在着密切联系。部分国际组织之所以能够在一体化发展的道路上稳步前进，归根结底就是因为在这些组织的国家之间能够做到尊重和理解彼此之间的历史文化，形成强烈的文化认同感，并形成稳固的同盟关系，这些原因都促使他们拥有共同的经济利益或政治利益。在这样的形势下，不同国家或地区在交往、交流过程中将会发现更多的利益重合部分，从而为人类社会的共同价值构建指明方向。实际上，人类社会共同利益的产生并不是偶然的，而是人类社会发展进程中的必然产物。各个国家和地区对于社会发展能否达成思想意识上的共识，取决于他们对参与这一过程的实际获益情况的期望值。然而，思想共识想要真切反映出全人类的共同精神诉求，就必须能够成功向世界各国各地区如实说明，并能够有利论证参与到共同体的有益之处。这就要求我们必须跨出单一或个别几个国家的利益圈，始终将目标指向人类的整体利益，这样才能够在真正意义上实现价值共识。

习近平总书记指出："当今世界，相互联系、相互依存是人潮流。随着商品、资金、信息、人才的高度流动，无论近邻还是远交，无论大国还是小国，无论发达国家还是发展中国家，正日益形成利益交融、安危与共的利益共同体和命运共同体。"② 利益是人类命运共同体视域下共同价值最普遍、最根本的生成来源。正是为了表达与维护自身一定的利益，人们才有了一起达成思想共识的要求与动力。也正由于利益基础的融合与一致，人们才衍生出对认同全人类共同价值的意愿。不可否认，利益基础的冲突与矛盾也会导致对全人类共同价值的撕裂，处于不同利益阵营的价值主体，其共同价值必然呈现不同的属性和要求。人类命运共同体主张，国际社会应在相互尊重、相互信任的原则基础上，通过积极有效的国际合作，建立和平、安全、开放、合作的世界秩序，建立多边、民主、透明的国际治理体系。世界各国应该从全人类的长远利益出发，切实考虑当今社会面临的问题，而不是根据本国的短期政治需要来制定政策。国与国之间相互交流的目的是倡导公平正义的概念。作为国际关系的主体，各国应树立相互合作、共同繁荣的理念。一个国家在谋求自身利益的同时，也必须兼顾其他国家的正当利益，以促进各国共同发展，最终实现自身的发展，并建立更加平等均衡的新型全球发展伙伴关系。这是每个国家的共同责任。可见，共同利益既是人类命运共同体视域下全人类共同价值的生发力量，也是共同价值得以实现的根本基础。因此，利益的协调整合将进一步推动全人类共同价值的集中生成和发展壮大，从利益根源去

---

① ［美］塞缪尔·亨廷顿. 文明的冲突与世界秩序的重建［M］. 周琪，等译. 北京：新华出版社，2009：110.

② 习近平. 共倡开放包容共促和平发展——在伦敦金融城市长晚宴上的演讲［N］. 人民日报，2015－10－23.

寻求人类命运共同体视域下全人类共同价值生成发展的最终动力，将解决实际问题与解决思想问题结合起来，才能推动全人类共同价值的有效建构。

（五）文化全球化增进世界范围内共同体共识

"文化"一词在古代汉语中具有悠久的历史渊源，体现着深远的内涵和表达意义，它与我国现代意义上的"文化"一词既有一定的相关性意思，也在本质内容上存在着深刻的差异。古代汉语中"文"是一个象形字，它的本义指的是色彩相交错的文理、花纹或图形。如《周易·系辞下》云："物相交，故曰文。""文不当，故吉凶生焉。"①《礼记·乐记》称："五色成文而不乱。"②许慎在《说文解字》中认为："文，错画也，象交文。像两纹交互也。"③在本义的基础上，"文"又引申出一些其他含义。而古代汉语中"化"字的本义为变易、生成、造化，是指事物动态的变化过程。《易·系辞下》中"男女构精，万物化生"④中的"化"即是生成的意思，指雌雄结合构精，于是生成各种动物及某些植物。《庄子·逍遥游》中的"化而为鸟，其名曰鹏"，⑤这里的"化"就是变成的意思。许慎《说文解字》解释说："唯初太极，道立于一，造分天地，化成万物。"⑥其中"造分"和"化成"就是造化，指宇宙之发生。《黄帝内经·素问》："化不可代，时不可违。"⑦"化"即指变化。可见，"化"最基本的是指改变、变化，在此基础上，后来又引申为改造、教化、培育等意义。由"文""化"的起源来看，文化概念本身就蕴含着多样交织交叉、事物变化演化的情形。尽管文化概念后来不断演变，形成现代意义的内涵，但文化早期的含义并没有消失，表明文化概念本身就具有多样性的特征。

世界各国各民族在长期历史发展的过程中，创造了各种各样、多姿多彩的文化，无论是社会制度、价值观念和发展程度，还是历史传统、宗教信仰或文化背景，都存在着鲜明的差异性和多样化。在经济全球化发展的今天，世界各国综合国力强弱的评判标准已经不再仅是科技水平或军事实力，文化软实力在综合国力的组成部分中同样具有举足轻重的地位。软实力当然不是解决所有问题的灵丹妙药，不过，通过软实力实现其他目标会更容易一些，例如，推广民主和人权等。软实力凸显成效需要的时间

---

① 周易义疏 [M]. 邓秉元，撰. 上海：上海古籍出版社，2011：425.
② 礼记译注 [M]. 杨天宇，撰. 上海：上海古籍出版社，2004：485.
③ 说文解字今释 [M]. 汤可敬，撰. 上海：上海古籍出版社，2018：1280.
④ 周易义疏 [M]. 邓秉元，撰. 上海：上海古籍出版社，2011：254.
⑤ 重订庄子集注 [M]. 阮毓崧，撰. 上海：上海古籍出版社，2018：1.
⑥ 说文解字今释 [M]. 汤可敬，撰. 上海：上海古籍出版社，2018：9.
⑦ 黄帝内经·素问 [M]. 北京：人民卫生出版社，2012：308.

通常也要更长一些，但它同时也是获取既定目标更行之有效的手段。尤其是"和平与发展"已经成为当今时代的主题，因此，一个强国不能仅以军事力量或军事武器作为全部支撑，拥有通过吸引而非强迫或收买的手段来达己所愿的能力也格外重要。正如约瑟夫·奈所说："一个国家有可能在国际政治中获得其所期望的结果，是因为其他国家仰慕其价值观，模仿其榜样，渴望达到其繁荣和开放的水平，从而愿跟随其后。就此而言，除了靠军事力量或者经济制裁胁迫他人改变外，在国际政治中设立议程并吸引他国也十分重要。"①

丰富多彩的民族文化形态在社会制度领域、价值观念领域、生活习俗领域等都存在着较大的差异，为世界人民呈现出独特的文化魅力。因此多样性的文化是人类的共同遗产和财富。随着经济全球化的发展，越来越多的国家和民族看到文化正在进入多元化发展时期。由于国家间的合作交流越来越频繁，各国与各民族的文化交流互鉴的广度与深度也在不断扩大。但与此同时，我们也应当注意到，不同文化之间的交流的全过程也并不是绝对平和或顺利的。受某些利益冲突或传统文化思想根基的影响，部分国家或地区之间的关系仍然处于紧张状态。文化多样在繁荣发展的同时也在遭受打击，这也就不可避免地发生文化冲突。

在20世纪90年代初，美国政治学家亨廷顿提出了"文明冲突"理论，他认为文化、文明差异是产生世界冲突的根源，这一结论的得出在国际社会中反响强烈。在整个人类历史的发展过程中，不同民族之间的文化合作与冲突从未停止。一方面，不同文化的主体都是人，文化的产生也是源于人类对自然界的认知与改造，以及人类社会生生不息的生产活动和社会交往活动。因此，这也就不难理解为什么有些单独的文化现象看似巧合地存在于几个不同的民族中。由此我们可以得出，不同文化之间存在着一定的共性。而另一方面，文化冲突的发生并不是完全来源于不同文化之间的文化差异。文化冲突产生的根本原因实际上是不同民族之间对待彼此文化的尊重程度。当不同民族之间在对外联系或文化交流的过程中，能够真正意义上做到不歧视、不排挤其他民族文化，那么将极有可能实现不同民族之间的文化的包容与整合。因此，我们应该在文化交流中鼓励文化宽容，尊重文化的多样性，利用积极正面的政治动员手段对不同民族文化进行合理有效的整合，从而遏制部分邪恶势力利用文化差异制造冲突和动乱的企图。无论是民族文化冲突还是民族文化整合，都是文化交流所形成的结果。对于文化差异的问题，我们必须要理性看待并竭尽全力避免文化冲突，促进民族文化能够实现多样化发展。只有这样，各民族文化才会持续繁荣、经久不衰，人类文明的不断延续也将因此拥有稳定平和的环境。

---

① ［美］约瑟夫·奈. 软力量——世界政坛成功之道［M］. 吴晓辉，钱程，译. 北京：东方出版社，2005：5.

　　在中华民族的传统文化思想中，"天人合一""协和万邦"等观念，时刻体现着中国人民"海纳百川，有容乃大"的胸怀。中国构建人类命运共同体的倡议也是在遵循中国传统"和合"思想的基础上发出的。与个别发达资本主义国家在意识形态上的"殖民"行为相比，我国倡导的人类命运共同体构建，实际上是以和谐、和睦、以和为贵等理念作为精神内核，深刻展现出新时代中国"求同存异""和而不同"的大国风范。中华民族是追求包容与和平的民族，现阶段中国各项事业的和平稳定发展与党和人民所共同营造的稳定友好的对外关系息息相关。在世界多极化发展过程中，多种文化相互碰撞，互鉴互赏，促进了各民族在交往与交流过程中积极探索和改造世界能力的提升，因此文化多样性也是人类智慧的多样性。网络科技发展的日新月异为文化多样性发展提供了重要平台。随着人类生活质量与生活水平的不断提高，人类社会的生活方式也呈现出复杂性。全球各国各地区的人们对于各类信息的收集和浏览越来越便捷，足不出户尽知天下事的现象普遍发生。其他民族的生活习俗、语言特点、传统文化为越来越多的外族人所熟知，这也加速了不同文化之间的交流，不同文化之间的融合已是大势所趋。

　　一直以来中国作为拥有五千多年历史文化的东方大国，始终坚持以中华优秀传统文化中的价值取向进行对外交往。在中国特色社会主义新时代，中华民族的伟大复兴中国梦，是站在世界各民族共同利益的基础上描绘的，坚决不以牺牲其他民族的利益作为条件。因此，中华优秀传统文化中的思想精髓和基本价值准则，不仅是人类命运共同体理念的重要思想来源，更是在文化多样化发展的当今世界缓解和消除文化冲突的一剂良药。中国人类命运共同体理念是基于多元文化共同发展的世界背景而提出的。当前各民族文化交流互鉴与文化冲突共同存在。中华民族传统文化中的"和合"思想与"天下大同"思想，对于当下日趋复杂的国际社会解决不同民族之间的文化冲突，实现民族融合，促进国与国之间形成共存共享的友好局面，以及增强民族间的文化认同感等，提供了科学的方法论指导。

第三章
构建人类命运共同体的重大意义

　　构建人类命运共同体是根据我国国情及世界变化所提出的中国理念和中国方案，是应对"世界怎么了，我们怎么办"的"时代之问"所作出的中国回答。坚持推动构建人类命运共同体，是习近平外交思想的重要内容，是习近平新时代中国特色社会主义思想的重要组成部分。构建人类命运共同体对于统筹国内国际两个大局，始终不渝走和平发展道路、奉行互利共赢的开放战略，坚持正确义利观，树立共同、综合、合作、可持续的新安全观，谋求开放创新、包容互惠的发展前景，促进和而不同、兼收并蓄的文明交流，构筑尊崇自然、绿色发展的生态体系，始终做世界和平的建设者、全球发展的贡献者、国际秩序的维护者，具有十分重要的指导意义。

　　党的十八大以来，我国致力于推进构建人类命运共同体，得到了国际社会的广泛响应，取得了较大的成就。"我们全面推进中国特色大国外交，推动构建人类命运共同体，坚定维护国际公平正义，倡导践行真正的多边主义，旗帜鲜明反对一切霸权主义和强权政治，毫不动摇反对任何单边主义、保护主义、霸凌行径。"[①] 人类命运共同体理念不仅是一种科学的理念，也是一种解决人类发展问题的根本战略，通过科学理论指导不断认识世界、改造世界。人类命运共同体思想在中国共产党的推行下日益得到国际社会的理解、认同和支持，已被写入多个联合国文件，成为国际社会共同遵守的准则，产生了广泛而深远的国际影响，具有重大的理论意义、现实意义和世界意义。构建人类命运共同体在世界范围内的积极响应与高度认可，展现了人类命运共同体理念的科学性、人民性、包容性及实践性。人类命运共同体理念是马克思主义共同体思想中国化时代化的最新成果，是针对世界发展动力不足、应对全球共同危机、解决时代问题所提出的科学理论，不仅对中国特色社会主义的发展具有指导意义，更为世界的繁荣发展提供了行动指南。构建人类命运共同体的重大意义，反映了构建人类命运共同体的现实必然性和必要性。

一、缓解国际冲突维护世界共同和平和谐

　　冷战结束以后，多极化格局取代了两极对抗的世界格局。世界格局的变化导致了

---

　　① 习近平. 高举中国特色社会主义伟大旗帜　为全面建设社会主义现代化国家而团结奋斗——在中国共产党第二十次全国代表大会上的报告［N］. 人民日报，2022－10－26.

国际安全形势发生深刻变化，安全问题成为摆在各国面前的首要问题。随着世界安全问题的日益复杂，非传统安全问题成为各国关注的焦点越来越受到人们的重视，传统安全与非传统安全相互交织使安全问题更加严峻。随着经济全球化的不断深入，安全问题愈加凸显，尤其是新出现的跨区域安全问题成为世界安全的新特点。传统安全问题中的领土争端、资源冲突、权力斗争不再以武力控制的方式展现，更多的是通过经济制裁、宣扬民主、政治施压等方式进行，对双边和多边合作制造了障碍。而非传统安全问题中的生态危机、重大自然灾害、重大传染病防控、能源危机等问题成为当今社会共同关切的问题。例如，2021 年日本的核废水排海问题、2021 年全球气候大会上提到的极端天气与海洋升温等问题、2021 年新冠疫情防控问题等成为世界首要关切。如果说常规的局部战争等传统安全问题所带来的危害是短期剧烈的，核废水排海、气候等非传统安全问题所带来的危害将是长期的甚至是毁灭性的。当巨大的全球性灾难来临时，国家安全、主权利益将会变得微不足道，人类的命运将会紧紧地连在一起，人类处于命运与共的状态。当今世界的主题仍然是和平与发展，但国际安全局势依然错综复杂，部分西方国家仍然奉行本国利益优先等理念，这显然无法很好解决多样性、共同化的国际安全问题，只有各国通力合作，摒弃传统的错误理念，才能应对当今世界存在的安全挑战。人类命运共同体理念的提出是对中国新时期安全观内涵的延续，"一带一路"倡议更是对中国新安全观的具体实践。中国新安全观保障了亚太地区国家的有效合作，为世界持久和平与稳定提供了行动指南。

（一）缓解国际矛盾冲突促进各国和平共处

在西方国家一直存在着支持战争的言论和态度，甚至认为战争方式是一种实现人道主义的手段。英国作家乔治·奥威尔在《一九八四》里所描述到："战争即和平、自由即奴役、无知即力量。"[①] 在西方国家的价值观念和战略体系中，"民主和平论""霸权和平论"成为重要信条。伴随着两极格局的破裂，世界秩序发生变化，以美国为代表的西方国家利用自身优势打压亚非拉国家，通过搅乱地方局势从中获取利益，不仅压制了亚非拉地区的发展，同时造成了地区的动荡。1997 年 12 月，塞缪尔·亨廷顿在为《文明的冲突与世界秩序的重建》所作的中文版序言中，表达了对于未来世界的忧虑，他指出："未来的世界和平在相当大的程度上依赖于中国和美国的领导人协调两国各自利益的能力，以及避免紧张状态和对抗升级为更加激烈的冲突甚至暴力

---

① ［英］乔治·奥威尔．一九八四［M］．董乐山，译．沈阳：辽宁教育出版社，2001：5.

冲突的能力，而这些紧张状态和对抗将不可避免地存在"。① 在对风险社会和传统社会进行比较的基础上，乌尔里希·贝克指出，"阶级社会的推动力可以用一句话来概括：我饿！风险社会的驱动力则可以用另一句话来概括：我怕！"② 多极化格局形成过程中由于利益矛盾问题产生分歧导致国家间冲突不断，西欧国家因为既得利益的丧失，不断在原先的殖民地国家挑起事端，导致有的发展中国家内部动荡，冲突不断。资源争夺同样是导致国际冲突的重要因素，以美国为首的发达国家为了获得廉价的石油资源，不断挑起战争，致使中东地区战争不断。

2008 年国际金融危机爆发后，发达国家为了本国利益，不断地将金融危机转嫁给发展中国家，导致世界金融危机的大爆发，阻碍了世界经济的发展，经过十年努力，危机的阴影才渐渐散去。过去的种种事实告诉我们，各国"画地为牢"最终都不能独善其身，只有精诚团结才能共渡难关，推动世界经济不断向前发展。"我们要努力建设一个远离恐惧、普遍安全的世界。纵观人类文明发展进程，尽管千百年来人类一直期盼永久和平，但战争从未远离，人类始终面临着战火的威胁。人类生存在同一个地球上，一国安全不能建立在别国不安全之上，别国面临的威胁也可能成为本国的挑战。面对日益复杂化、综合化的安全威胁，单打独斗不行，迷信武力更不行。我们应该坚持共同、综合、合作、可持续的新安全观，营造公平正义、共建共享的安全格局，共同消除引发战争的根源，共同解救被枪炮驱赶的民众，共同保护被战火烧灼的妇女儿童，让和平的阳光普照大地，让人人享有安宁祥和。"③ 只有搁置争议、摒弃冲突、谋求合作才能做大"蛋糕"。人类命运共同体理念强调合作共赢，要求正确处理义利关系。通过共同的价值诉求，实现共商、共建、共享成果，在合作共赢中处理对外关系。中国所倡导的人类命运共同体促进了各国和平团结，有效缓解了国际冲突，通过合作共赢这一指导原则推动世界和平发展。构建人类命运共同体是全世界的伟大实践，是构筑世界和平发展的新支柱，是探索全球合作共赢新机制、实现各国同舟共济的新动力。构建人类命运共同体是实现世界和平发展、应对全球共同挑战、解决时代问题提出的中国智慧和中国方案。

西方国家逐渐展现以构建所谓"普世价值"为抓手，进行全球文化格局割据的态势，形成的价值观格局更加松散、更具目的性，这种西方主导之下的思想态势逐渐收缩，形成站在西方国家利益和价值角度上的狭隘的文化环境。美国总统拜登 2021 年 6 月 6 日在《华盛顿邮报》发表题为《我的欧洲之行是为了团结世界民主国家》的署名

---

①　塞缪尔·亨廷顿. 文明的冲突与世界秩序的重建［M］. 周琪，等译. 北京：新华出版社，2009.

②　［德］乌尔里希·贝克. 世界主义的观点——战争即和平［M］. 杨祖群，译. 上海：华东师范大学出版社，2008：69.

③　习近平. 论坚持推动构建人类命运共同体［M］. 北京：中央文献出版社，2018：511.

文章，称这次访问是"为了实现美国对我们的盟友和伙伴重新作出的承诺，并展示民主国家有能力既应对挑战，又遏制新时代的威胁"。拜登宣称，无论是在世界各地结束新冠疫情大流行，还是应对不断加剧的气候危机，抑或是对抗中国和俄罗斯政府的"有害活动"，美国必须以强大的地位领导世界。① 但即使如此，西方国家压制中国的企图并没有实现，也不可能实现，中国国际影响力不断增强，国际社会对于中国的好感不断提高。2022 年，英国剑桥大学民主未来中心最近开展的民意调查显示："如今62% 的发展中国家民众对中国抱有好感，61% 的人对美国持正面看法，中美之间仅有微小差距。""过去 10 年来，位于东欧、亚洲和非洲西部的许多国家都进一步向中俄靠拢。民主未来中心的数据——通过合并 30 项全球调查而来，这些调查覆盖 137 个国家，代表全世界 97% 的人口显示，在'自由民主'国家的 12 亿人中，对中俄持负面看法的分别占 75% 和 87%。但同样数据在发展中国家却几乎正相反——63 亿人中，对中国和俄罗斯抱有好感的占比分别为 70% 和 60%。这种分化是在过去 10 年中逐渐形成的。"②

　　由此可见，全球共同发展的趋势不会因西方国家的破坏而中止，中国走近世界舞台中心的趋势也不会因西方国家的干扰而停滞。经济全球化与应对全球性挑战使得世界成了一个命运攸关、利益相连、相互依存的集合体。在这个集合体中不存在一个国家或者几个国家的成功，也不会存在几个国家的失败，因为不存在你输我赢、你兴我衰的零和博弈的现象，世界将会越来越成为一个整体。以邻为壑、转嫁危机、损人利己的做法既不道德，也无法真正解决问题，甚至还可能恶化整个局势，导致更大危机的产生。因此，合作共赢才是最佳选择。构建人类命运共同体，需要积极发展平等的全球伙伴关系网络，扩大同各国的利益汇合点，倡导全人类共同价值，携手应对世界面临的挑战，推动建设相互尊重、公平正义、合作共赢的新型国际关系，这也将缓解国际冲突，促进各国和平团结。

（二）应对和化解人类共同的危机与挑战

　　一个国家、一个集团乃至整个国际社会在一定的历史阶段会形成一定的战略力量，而这种战略力量的发展是一个国家、集团的战略利益、国际社会的共同利益的深刻反映，它既是一个国家、集团和国际社会根本战略需求的表现，同时也是在很大程度上应对国家战略和人类共同挑战的产物。马克思指出："我们不是从人们所说的、所设

---

① G7 峰会本周开启，拜登鼓吹美欧团结应对中俄，美媒浇冷水［EB/OL］. 中国新闻网，2021 - 06 - 07.

② 朱莉娅·卡尔波纳罗. 30 项全球调查显示发展中国家更挺中国［N］. 崔晓冬，译. 环球时报，2022 - 10 - 27.

想的、所想象的东西出发，也不是从口头说的、思考出来的、设想出来的、想象出来的人出发，去理解有血有肉的人。我们的出发点是从事实际活动的人，而且从他们的现实生活过程中还可以描绘出这一生活过程在意识形态上的反射和反响的发展。"① 马克思所强调的人是"现实的人"，是处于社会活动之中的人，是脱离抽象和形而上学的人。人类命运共同体理念同样立足"现实的人"所处的生活世界，致力于解决现实主体的困境。当今世界正处于百年未有之大变局，人类所取得的成就是前所未有的，同时也产生了很多时代问题，人类如何解决这些共同的危机与挑战成为我们不得不思考的问题。马克思曾经说："问题就是公开的、无畏的、左右一切个人的时代声音。问题就是时代的口号，是它表现自己精神状态的最实际的呼声。"② 中国共产党敏锐地洞察了问题本质，着眼于解决人类共同的危机挑战，适时提出了构建人类命运共同体这一深刻的思想理念。"就人类命运共同体而言，既不是一种自在的自然共同体，也不是理想的自由人联合的共同体，而是对存在危机进行反思的命运共同体，也是观照生死存亡底线的共同体。"③ 那么，我国提出的构建人类命运共同体，既是应对全球性危机和挑战的战略选择，又是满足各国发展需要的战略构想。

在人类所面临的生存危机中自然危机和社会危机是当今世界最突出的危机。一直以来人类在改造自然的过程中，受认知水平的局限和生产力的限制，始终保持着一种敬畏自然的状态，所以人与自然保持着相对和谐的状态。进入 21 世纪以后，随着科学技术的进步和社会对人能动性的无限夸大，人类逐渐淡化了对自然的敬畏之心，致使环境迅速恶化，大气污染、海洋污染、生物多样性锐减等问题直接造成了人类的生存危机。全球变暖、资源短缺、环境恶化等问题正以一种组合性方式对人类进行施压，使解决问题的难度成倍甚至几十倍的增长，严重制约人类的发展。尽管人类社会从自然中分离出来，但始终依靠自然，人类所有发展都受自然环境的制约，人类对自然的认识远没有到可以征服自然的程度，所以不尊重自然必然导致危机的产生。同时，人类具有社会属性，整个人类同属于一个大的社会中，从 2008 年金融危机爆发后，全球的社会危机逐渐显现出来，全球治理体系失效、全球发展动力不足、全球信任赤字等问题成为制约人类社会发展的重要因素。这些人类共同的危机与挑战给整个人类提出了一个全新的时代问题，要求人类树立新的合作理念，探索新的合作形式，确立新的合作机制。当今社会需要建构一种机制，确立一种共同认同的发展理念，在应对人类共同的危机与挑战时通过合作及时化解危机，通过合作机制，"在应对风险和危机的过程中，人们更倾向于相信共同行动的伙伴，更乐意于合作，更愿意建立平等关

①　马克思恩格斯选集（第1卷）［M］. 北京：人民出版社，2012：152.
②　马克思恩格斯全集（第40卷）［M］. 北京：人民出版社，1982：289 - 290.
③　沈湘平. 关于人类命运共同体、人类共同价值的几点思考［J］. 社会科学辑刊，2018（3）：5 - 10.

系……对于行动者而言，风险和危机就是他们开展行动的全部理由"①。对于人类可预见、可控制的危机我们要建立危机防控机制，在危机来临前、来临时、来临后妥善解决危机。

人类今天的实践活动在层次、范围上较之前有了很大的拓展，人类之间的关联性也不断加强，日益成为一个整体，这是人类交往程度加深的结果。人类命运与共的特征表现在利益的共性、人类价值的共性、人类生存需要的共性上，在共同的风险和挑战面前，人类命运前所未有地联系在一起。人类的命运真正具有整体性意蕴。这种整体性意蕴在当代全球性生存危机境遇中更加凸显出来。

全球性生存危机不再仅仅作为一种描述性概念出现，更大意义上是作为反思性的概念。它是对人类生存方式的理性反思，人们需要正视和回应这种生存危机，建立面向新的全球性生存危机的哲学分析概念。人类命运共同体理念就是对人类生存危机的一种时代性回应。"以往的历史唯物主义研究范式往往只是从不同的角度批判性地解释全球化，而真正的问题则在于建构性地阐发全球化，阐发人类命运共同体，这既是人类命运共同体带给历史唯物主义的理论效应，也是历史唯物主义作为全球化时代'建构性世界观'的伟大理论任务。"② 人类命运共同体作为一种全球意义的共同体，是针对全球性危机的出现而提出的最高层次的共同体，具有鲜明的时代色彩。党的十九届六中全会通过的《中共中央关于党的百年奋斗重大成就和历史经验的决议》指出："党和人民事业是人类进步事业的重要组成部分。……党推动构建人类命运共同体，为解决人类重大问题，建设持久和平、普遍安全、共同繁荣、开放包容、清洁美丽的世界贡献了中国智慧、中国方案、中国力量，成为推动人类发展进步的重要力量。"③ 在全球化的新阶段，人类命运共同体表现在经济、政治、社会、文化和生态等各个方面。人类命运共同体理念能够被国际社会广泛承认，其重要原因是人类面临着共同的全球性危机以及生存与发展的难题。人类命运共同体理念的重要意义在于为解决全球经济动荡、地缘政治冲突、生态环境危机等生存危机提供了理论基础和行动指南。积极践行人类命运共同体有助于应对和化解人类共同的危机与挑战，实现人类的持续发展。

（三）预防和减少世界新危机的产生

全球化的深入改变了人类认识自身的存在逻辑，在不断扩大交往范围的同时认识

---

①　张康之. 为了人的共生共在 [M]. 北京：人民出版社，2016：267.

②　刘同舫. 构建人类命运共同体对历史唯物主义的原创性贡献 [J]. 中国社会科学，2018 (7)：4 – 21，204.

③　中共中央关于党的百年奋斗重大成就和历史经验的决议 [N]. 人民日报，2021 – 11 – 17.

到人类内部之间关联性的增强、人类自身与外部相互作用程度的加深。无论是人类内部之间还是与外部自然环境之间的危机都具有客观存在性，这种危机的客观性成为人类今后发展必须正视的。全球化使人类社会的危机和风险具有全球性，无论是人类自身发动的战争、恐怖袭击、跨国犯罪等问题，还是自然环境问题、资源匮乏问题、社会治理问题等，越来越复杂，越来越难以解决。人类在应对这些问题时很难通过一国一地的努力完美解决问题，必须通过多国的通力合作进行解决。人类最初为了生存的需要联系在一起，这种联系的必要性从来没有改变，面对今天的危机与挑战同样需要通过合作共同应对。全球化和现代化将人类推向一个风险性的共生境遇，人类社会面临着极大的不确定性，这种不确定性正是因为新危机、新挑战的不断出现而导致的。社会的快速发展是新危机产生的根源，发展的高速度使人自身产生不适应性，使人与人之间产生强烈的竞争性，使人与自然之间的关系出现破坏性，这些新的危机必须依靠人类团结合作才能解决。新的危机同时也意味着新的机遇，问题的产生和问题的解决方法总是同时出现的。在应对新危机的过程中人类会创造性地提出新的理念与方针，这些新的理念在解决新危机的过程中同时解决了一直存在的以往的危机。人类在共同的风险挑战面前，因为共同的命运而担负共同的责任，这就是命运共同体。人类必须作为一个类整体应对新的危机与挑战，通过共同努力化解风险挑战。

危机的产生更多是因为人自身实践的不得当造成的，由于人类处于竞争状态时容易忽视自身实践产生的危害，不自觉地孕育了危机的产生。同时，在解决危机过程中过分看重自身利益导致侵害他人利益的行为产生，新危机就是在这个过程中发展起来。所以，和平、团结、稳定的社会环境是避免新危机产生的重要因素。危机反映的是人类社会存在和出现的矛盾，在这个过程中，当人类社会不通过自我诊治方式医治自己躯体中的疾病，便不能获得进一步发展进化的时候，实现制度新政，开展科学技术革命，改组社会生产力和生产关系，便成为人类社会必然的选择。危机是人类社会发展的重要动力之一，是人类社会取得突破的重要机遇和出发点，是人类社会实现进步发展的自我修复机制。构建人类命运共同体就是要创造一个开放、包容、共商、共建、共享的世界大环境，通过共商、共建、共享的理念推动世界和平发展。

邓小平指出："衡量我们是不是真正的社会主义国家，不但要使我们自己发展起来，实现四个现代化，而且要能够随着自己的发展，对人类做更多的贡献。"① 长期以来，中国为广大发展中国家提供了大量无偿援助、优惠贷款，提供了大量技术支持、人员支持、智力支持，帮助发展中国家尽快走向现代化的道路，为广大发展中国家解决发展问题提供了巨大帮助。在这个过程中不仅解决了发展中国家以往的危机，也避免了金融危机、环境恶化等新危机。同时，中国共产党强调树立世界眼光，积极学习

---

① 邓小平思想年编：1975-1997［M］．北京：中央文献出版社，2011：139-140.

借鉴世界各国人民创造的文明成果，以开放的眼光、开阔的胸怀对待世界各国人民的文明创造，通过文明对话、科技交流、政党对话等方式同世界各族人民进行交流学习，为解决世界问题提供了中国智慧，防止了新危机的产生。人类命运共同体科学地回答了当代世界人类发展的一系列难题，这不仅显示出中国智慧，还体现了中国共产党强大的影响力和感召力。

二、构建更加公平合理的新型国际秩序

从全球化的历史进程来看，完整意义上的全球化经历了多个阶段的演变，在不同阶段又呈现出不同的根本特征。全球化的第一阶段可以从新大陆的发现开始，以欧洲为中心形成了此后几百年的全球化动力，给世界带来的是资本主义生产方式的全球化和全球殖民体系的建立。全球化的第二阶段是从第二次世界大战结束以来到苏东剧变、苏联解体，以美国为核心的资本主义阵营和以苏联为核心的社会主义阵营形成了冷战格局，并主导着世界的主要矛盾和国际关系，并在一定程度上也带来了各个集团范围内的一体化和区域化。全球化的第三阶段是冷战结束后"一超多强"主导下的全球化，美国在多极化格局中成为唯一的全球性的超级大国，并谋求建立美国主导之下的单极世界，多极力量对于美国谋求霸权的决心和战略形成一定程度上的制约。全球化的第四阶段可称之为新全球化阶段，世界开始进入百年未有之大变局，根本的特征和依据是就是西方发达国家开始衰落，新兴国家开始崛起，"东升西降"的发展趋势日益明显，西方国家主导世界的时代即将结束。2008 年国际金融危机的爆发，暴露了当前治理体系存在的缺陷，对世界产生了广泛而深远的影响，引起世界各国反思。国际金融危机对世界的影响不仅表现在经济上的无序性与破坏性，同时还表现在政治上的关联性与统治性和文化上的差异性与排他性。现有经济体系功能的滞后性、政治体系的霸权性、文化体系的不平等性加大了金融危机的破坏性。面对当今社会全球问题普遍性的现实状况，基于当今世界格局所发生的重大改变，在处理国际事务的过程中需要更多国家的共同参与才能更加有效地解决问题，通过共同构建新型国际秩序、推动国际治理体系变革，形成更加有效的新型国际秩序观，更好解决人类面临的全球问题。

人类命运共同体思想强调人类的整体性与可持续性，"人类已不可能再局限于领土国家之内应对生存挑战，推动社会进步实现可持续发展"①。以往的霸权主义思想与民主国家的排斥主义思想所建构的国际秩序已经被绝大多数国家所否定，中国所倡导的以人类命运共同体理念所构建的新型国际秩序越来越得到国际社会的认可。新型国

---

① 蔡拓. 全球治理的反思与展望［J］. 天津社会科学，2015（1）：108 – 113.

际秩序观所倡导的是一种"共同体"的新思维，旨在为各国谋求共同安全和发展，实现各国共同承担责任和履行义务，在这种共商共建的基础上实现推进全球治理体系的变革和新型国际关系的建立。

（一）体现世界各国协同发展的愿望和取向

在当今时代，人们通过彼此间的连接形成或近或远、或强或弱的联系，这种联系本身便可成为一个巨大的网络，形成网络社会中的重要组成部分，身处这种关系网络的每一个人、每一个国家都会相互作用。马克思指出："人的本质不是单个人所固有的抽象物，在其现实性上，它是一切社会关系的总和。"[①]毕竟，全球化进程开启以来，西方国家就处于主导地位，凭借经济和科技实力以及话语地位，在全球化进程中处于优势地位。21世纪以来，全球化进程在西方国家的主导下出现了严重问题，西方规则、西方价值、西方机制无法有效解决新的全球性问题，甚至导致了新的危机和问题。资本逻辑主导下的全球治理体系治理效能低下、危机愈演愈烈，原来的治理方案正在失去时代效力，无力解决当代的全球治理危机。世界经济发展缓慢、区域安全问题、新冠疫情等全球性问题，要求世界各国互利合作、同舟共济。

世界的和平发展是世界人民的共同愿望，是解决发展缓慢问题的根源所在。要实现这一愿景需要有科学的理论作为指导，积极倡导各个国家的广泛参与，通过科学的理论指导、完善的制度保障，构建新型国际秩序。新型国际秩序观讲求民主与平等，而非以往不公平的单边主义和极权主义，它以全球主义和多边主义为根本出发点，"是一种区别于国家主义的世界整体论和人类中心论的文化意识、社会主张、行为规范"[②]。面对全球治理的新形势新挑战，我国高举构建人类命运共同体的旗帜，以全新的理念和积极的姿态提升全球治理能力，推动建立更加公正合理的国际秩序和治理体系，引领全球治理健康发展。新型国际秩序观要求世界各国以世界共同发展为出发点和落脚点，摒弃狭隘的个体中心主义，以共同利益为准绳，放弃争议和对抗，通过对话协商，和平解决问题。树立平等协商和合作共赢的理念，加强沟通合作，通过合作汇聚力量，共同解决全球性重大难题。在涉及本国重点利益问题时加强沟通交流，在不侵害核心利益的基础上适度让渡权力和利益，为解决世界问题承担相应的责任与担当。在处理全球性事务时形成各国共同遵守的规范与准则。

以合作、共赢、共建、共享为发展理念的人类命运共同体思想，包含了全新的发展观与秩序观，通过倡导全人类共同价值推动世界共同发展。人类命运共同体理念是

---

①　马克思恩格斯选集（第1卷）[M]. 北京：人民出版社，2012：139.

②　蔡拓. 全球主义与国家主义 [J]. 中国社会科学，2000（3）：16－27.

马克思共同体思想的当代创新，是将中国的发展与世界的发展紧密联系在一起，将中国人民与世界人民的命运联系在一起，让世界上那些既希望保持自身独立又希望加快发展的国家搭乘中国高质量发展的便车，在实现中华民族伟大复兴的过程中，为世界发展指明方向、提供动力。人类命运共同体理念所蕴含的发展观，强调全人类共同价值，反对资本利益至上，将共同发展作为世界的发展模式，强调人与自然、人与人、人与社会的和谐共生式发展。人类命运共同体理念旨在平等、互助、合作、共享的原则基础上构建新型国际秩序，通过创新全球治理实现世界的永久和平与普遍安全。人类生存环境的一致性决定了根本利益的共同性，决定了人类命运共同体理念的现实必要性。和平、发展、公平、正义、民主、自由等价值共识超越了国界与民族界限，成为人类共同的价值主张。

构建人类命运共同体正是以一种创新性价值观为指导，通过倡导"和平、发展、公平、正义、民主、自由"的价值观扭转原有国际治理体系中不合理不科学的理念，最大限度地剔除个体及群体情绪、不良价值观的干扰，通过对各种相关思想理论的分析批判，改变错误思想对世界人民对国际治理体系的扭曲与误读，从而形成合作共赢的新型秩序观。人类命运共同体思想的传播为世界人民宣扬合作共赢理念提供了蓝本，为世界人民构建新型秩序观提供了新的思想指导，为世界人民表明协同发展的愿望和取向提供了思想范本，体现了我国作为一个负责任大国的责任和与世界各个国家互利共赢的态度，彰显了共同发展的价值理念。

（二）搭建协调各国利益的有力平台

构建人类命运共同体的实际推动仍面临着重重考验，首当其冲的是不同国家和地区之间的利益冲突问题。全球化进程中，人类社会存在着价值异化问题。价值异化意味着"创造与享受被割裂了，一部分人创造出来的价值被另一部分人所掠夺，一些人的发展以另一些人的不发展为前提，社会分裂为对立的阶级，剥削阶级成了不劳而获的人，成为价值的享受者，而劳动阶级创造的价值则受到了残酷的剥削，成为劳而不获的人，或劳多而获少的人"①。这种价值异化不仅存在于不平等的社会环境中，而且也存在于西方国家主导的世界体系中，体现于国家间的价值异化中。"国家间的价值异化主要是指发展中国家作为价值主体的价值创造和价值享受处于被割裂的状态。国家间的价值异化是造成西方文明中的国家与其他文明中的国家的价值冲突的重要原因，是威胁人类共同价值安全的重要因素。"② 当前屡见不鲜的国际问题，很大程度上是

---

① 马俊峰．马克思主义价值理论研究 [M]．北京：北京师范大学出版社，2017：284.
② 廖小平．人类命运共同体与共同价值安全构建 [J]．求索，2020（4）：29 - 36.

国家之间争夺利益的后果，还有很多国家仍将单纯追求自身利益视为国际交往中的根本动力。以往西方国家所搭建的对话平台绝大部分是为个别国家或者少数国家而服务，西方发达国家借助经济、军事等优势，通过主导会议的方式制定规则，所制定的规则严重侵害了发展中国家的利益，通过搞"小圈子"以侵害他国利益为前提获取利益。

在人类命运共同体理念中，民族、国家、跨国公司、公民个人等，无论是以个体形式出现的主体，还是以群体社会形式出现的主体，都是共同体的实践主体，都承担着促进世界向"持久和平、普遍安全、共同繁荣、开放包容、清洁美丽"的方向发展的主体作用。

人类命运共同体遵循的是强调不同国家间的利益共生、不同主体间互利共惠的发展理念，经济全球化打破世界各国的分离状态、形成了休戚与共的利益共生关系。在当今人类社会构建国家之间的平台，不仅要搭建各国交流的对话平台，同时要建立公共服务的体制机制，建立全球利益协调的平台。世界各国所面临的发展、环境、安全等问题不再是局限于一国的问题，而是基于诸多国家，影响广泛的全球性问题。世界各国之间虽然存在着制度、传统上的差异，但影响甚广、利益共生的合作需求使得世界各国互联互通成为可能，发展不再是一国独大、此消彼长的关系，而是彼此休戚相关、荣辱与共的利益共生关系。中国所倡导构建的人类命运共同体旨在以全世界每个国家为主体，以各国共同发展为目标，以搭建平台和构建新型国际秩序观为手段，实现世界的和平、永续发展。中国"一带一路"倡议，"欢迎沿线国家和亚洲国家积极参与，也张开臂膀欢迎五大洲朋友共襄盛举"[①]。在世界经济加速融合的今天，融合范围越来越广、融合程度越来越高，经济发展大势不再由少数国家主导，发展成果亦不再由少数国家独享。每个国家都成为影响世界发展的主体，发展成果同样由世界各国共同分享。各国只有精诚团结才能共同推动世界发展的大船，合作共赢、共谋发展成为各国合作的准则。同时，体制机制建设同样为各国相互合作提供了保证。世界各国公共产品供给制度、成果共享机制、危机应急机制等是各国各尽所能的前提，也是应对危机的根本保障。由于当今世界各国之间发展差距的原因导致发展中国家在规则制定、利益分配等方面处于弱势状态，科学合理的体制机制能够很好地解决利益分配不均的问题，为促进世界各国的参与积极性提供了保证。当今全球，推动经济发展的因素越来越多，单纯通过经济援助的方法已经不能满足经济发展的需要，合作共赢、各尽所能，才能将世界范围内的已有经济成果接续起来，通过资源整合推动经济健康可持续发展。

人类命运共同体旨在破除贸易壁垒，维护多边贸易体制。当今国际体系是以西方

---

① 习近平. 迈向命运共同体 开创亚洲新未来［N］. 人民日报，2015－03－29.

发达的资本主义国家为利益中心建构起来的，也是当今世界发展两极分化的罪魁祸首，发达的资本主义国家在其所建构的制度体系中无限获益的同时，阻碍了落后国家的发展，并给发展中国家的未来发展埋下很多安全隐患。如果不破除贸易壁垒、停止扰乱正常贸易秩序的制度，世界经济的发展将会愈加困难。"这种受资本逻辑影响的世界秩序，以价值增值和利益驱动为目标，不断满足部分国家和地区，以及部分人的利益需求，从而导致世界范围内民族国家之间的对立性孤立和竞争性共存。"① 要改善这一局面，需要各国加强政策沟通和战略对接，形成一个公正、公平的国际贸易体系。要坚持维护开放型的多边贸易体制，促进贸易和投资自由化便利化，利用国际多边组织积极传递新兴市场国家和发展中国家参与全球经济治理的诉求，在自由、平等基础上倡导全人类共同价值，发挥多边主义在缓和经济政策冲突方面的作用。建立这样一种国际经济制度体系是世界各国共同的任务，需要各国共同参与。

"一带一路"倡议作为构建人类命运共同体的重要实践载体，体现了中国坚持多边贸易的坚定决心。它向众多新兴市场国家和发展中国家提供了一个开放包容的平台，其本质是一种全球经济治理模式，旨在推进共同利益，实现多数国家共同进步。以人类命运共同体理念搭建的利益平台，有效解决了因国家间经济、科技等方面的发展差异而导致的参与程度广度问题，使参与国的利益诉求得到充分表达，发展中国家的要求和权力得以实现。中国推动"一带一路"建设，不附加任何政治条件，不干涉其他国家内政，各相关国家均可以自愿平等参与建设，共享改革发展红利。以人类命运共同体理念构建的利益平台和体制机制，在处理各国利益过程中作用不断增强，建设成果丰硕，在促进世界贸易畅通、维护多边贸易体制等方面起到了重要作用。因此，人类命运共同体的构建从一定意义上来说，顺应了时代发展潮流，推动世界走全球化、多极化的发展道路，更有助于形成互帮互信的国际关系，从而构建和谐稳定的国际社会发展新秩序。

（三）展现中国特色国际秩序观的时代价值

习近平总书记指出，"公平正义是世界各国人民在国际关系领域追求的崇高目标。"② 中国共产党努力构建的国际秩序是和平、发展、公平、正义、民主、自由的国际秩序观，不同于西方大国凭借其经济、文化、科技等方面优势主导推行的以欺压、奴役贫穷、弱小国家为目的的国际秩序观。人类命运共同体理念的推进旨在推动世界

---

① 许晓丽．人类命运共同体理论自洽性的话语体现与时代意义［J］．社会主义研究，2020（1）：120 – 127.

② 习近平．论坚持推动构建人类命运共同体［M］．北京：中央文献出版社，2018：133.

所有国家的发展，为那些既希望保持自身独立又希望加快发展的国家提供全新的发展理念，展现中国特色国际秩序观，构建新型国际秩序，引导和激励各国共同建设一个平等、民主、和谐的新世界。

一是中国特色国际秩序观主张构建机会平等、规则平等、权利平等的制度。经济全球化和区域一体化的深入推进加深了国家间、地区间的联系，世界成了一个你中有我、我中有你的统一体，国家间已经无法割裂彼此间的联系，命运共同体已经成为人类社会发展的趋势。国际事务的处理已经不能由一国和少数国家所决定，以往的国际治理体系已经不能很好地解决当今时代的问题，这就需要构建新的国际治理理念和国际治理体系。人类命运共同体理念作为中国特色国际治理理念着力构建机会平等、规则平等、权利平等的制度，顺应世界人民的远景期望，为国际社会提出新的治理方案。

"新兴市场国家和发展中国家对全球经济增长的贡献率已经达到80%。过去数十年，国际经济力量对比深刻演变，而全球治理体系未能反映新格局，代表性和包容性很不够。"[①] 现有治理体系中少数的代表数量和较小的包容范围充分说明了其不合理性，它所代表的是少数国家的利益，这种不公平性导致了一些国家和地区的动荡，频繁的战争和经济危机严重影响了当地人民正常的生活，加深了人民的贫苦，影响了世界的发展。强权国家为实现一己私利，不顾国际准则干涉别国内政挑起事端，严重危害世界的和平与发展，为此，需要建立新型国际关系和国际体系保证各国的独立平等，维护世界的和平有序。

二是中国特色国际秩序观尊重和保障每个国家安全。正确的安全观应当使世界各国处于普遍的安全状态中，中国特色国际秩序观是一种平等共有的安全观，它所倡导的不仅仅是某些国家或某些地区的安全，不是以牺牲他国利益换来的局部安全，也不是以大国武力相威胁欺压换来的暂时性安全，而是世界所有国家和地区，无论国家大小都共同参与、共同治理、共同享有的安全。每个国家都有平等参与地区乃至世界安全事务的权利，都有维护世界安全的义务和责任。在应对恐怖主义、种族歧视、网络攻击、核安全等复杂而棘手问题时，需要各国以世界安全为己任，共同应对、同舟共济，使世界步入持续安全的和平轨道。中国特色国际秩序观所要求的是全面的、持续的，不是某一领域、某一方面、某一时期内的安全。在以往国际秩序观引领下造成的恐怖主义、霸权主义、强权政治、环境问题、发展问题等一系列重大问题，证明了部分国家主导的国际秩序具有很大的缺陷，这些国家没有能力解决这些问题，同时也证明了任何一个国家都没有单独解决这些问题的能力，任何一个国家也不可能摆脱这些困扰，全世界面临着共同的挑战。以人类命运共同体思想为指导的中国特色国际秩序

---

① 习近平. 共担时代责任共促全球发展——在世界经济论坛2017年年会开幕式上的主旨演讲 [N]. 人民日报，2017-01-18.

观要求各国立足于你中有我、我中有你的客观现实，以积极协商、平等对话的方式共同解决问题，共同维护全人类的共同利益和核心关切，实现共同发展和共同繁荣，真正实现共商、共建、共治、共享的国际秩序。

三是中国特色国际秩序观主张建立多边民主、透明的国际治理体系。"多边主义的要义是国际上的事由大家共同商量着办，世界前途命运由各国共同掌握。在国际上搞'小圈子''新冷战'，排斥、威胁、恐吓他人，动不动就搞脱钩、断供、制裁，人为造成相互隔离甚至隔绝，只能把世界推向分裂甚至对抗。一个分裂的世界无法应对人类面临的共同挑战，对抗将把人类引入死胡同。在这个问题上，人类付出过惨痛代价。殷鉴不远，我们决不能再走那条老路。"① 过去以西方发达国家为主体制订的国际治理体系因透明度过低导致国家间的猜疑，要实现各国彼此信任只能通过对话加深彼此了解，彼此之间坦诚相待、交流合作。当今世界迅猛发展，整个世界创造了巨大的物质财富，然而巨大的财富被少数国家占有，落后国家仍然贫穷落后，国家间贫富差距不断扩大。但世界财富是由世界人民共同创造的，这些成果应该由世界人民共同享有。作为国际社会中的独立、平等的个体，在国际组织和多边机构管理的各项国际事务中都有话语权，都应平等对待，这种权利不是形式上的，而是要真正具有代表性和实质性。

"世界的命运必须由各国人民共同掌握，世界上的事情应该由各国政府和人民共同商量来办。垄断国际事务的想法是落后于时代的。"② 现如今，世界处在多种全球性危机之中，为谋求共同利益的最大化，建设一个和谐美丽的新世界，需要一种全新的思路，构建人类命运共同体便成了世界各国最好的选择。这一理念超越了国家、民族、文化、地域等方面的界限，以各国共同利益为出发点，积极培育合作意识并努力扩大合作领域，以合作谋安全，以合作促发展，通过合作实现治理。"全球经济治理应该以开放为导向，坚持理念、政策、机制开放，适应形势变化，广纳良言，充分听取社会各界建议和诉求，鼓励各方积极参与和融入，不搞排他性安排，防止治理机制封闭化和规则碎片化。全球经济治理应该以合作为动力，全球性挑战需要全球性应对，合作是必然选择，各国要加强沟通和协调，照顾彼此利益关切，共商规则，共建机制，共迎挑战。"③ 不能基于本国利益随意动用武力，也不能基于本国利益而蓄意挑起事端，更不能基于本国利益以强权和武力相威胁，这只能扩大分歧、激化矛盾，要坚持平等，谋求合作，实现共荣。

---

① 习近平谈治国理政（第4卷）［M］. 北京：外文出版社，2022：461.
② 习近平. 论坚持推动构建人类命运共同体［M］. 北京：中央文献出版社，2018：133.
③ 中共中央文献研究室. 习近平关于社会主义经济建设论述摘编［M］. 北京：中央文献出版社，2017：304.

三、增强各国共同履行责任担当

中华民族始终将实现天下大同视为自身的历史使命，始终将人类的共同发展作为自己的责任与担当。新中国成立之初，中国积极倡导和平共处五项原则，反对霸权主义与强权政治，为维护世界和平贡献了巨大力量。改革开放初期，中国通过加强国家间沟通协调致力于维护世界和平，促进各国共同发展。进入 21 世纪以后，随着国家综合国力的提升，中国通过协调各方利益、解决国际争端坚定不移地稳定世界发展局势。进入新时代以来，中国积极走向世界舞台中央，致力于构建新型国际秩序、发展新型大国关系、主导世界公共事务，为维护世界和平与促进共同发展贡献了更多的中国智慧和中国力量。习近平提出："我们应该促进不同国家、不同文化和历史背景的人们深入交流，增进彼此理解，携手构建人类命运共同体。"① 在构建人类命运共同体的过程中，由于存在文化的差异和利益的冲突，所以坚持沟通协调、明确权力义务显得格外重要。

中国谋求自身经济发展是自己的正当权利，促进世界经济发展是自己的义务。同样，世界其他国家也要增强权力责任意识，争取正当权利、履行责任义务。中国通过"一带一路"促进国际合作，努力实现政策沟通、设施联通、贸易畅通、资金融通、民心相通，为促进世界不同国家、不同地区的共同发展贡献中国智慧、中国方案、中国力量。中国的高速发展符合中国人民的迫切要求，也符合世界人民的发展要求，通过自身发展带动世界经济的快速发展，为人类的发展贡献了自身力量。同时，通过搭建平台，加强国家间交流合作，为世界共同发展作出了重要贡献，体现了中国的责任与担当。中国自身经济、政治、文化的发展带动和鼓励了发展中国家的发展、繁荣和进步。世界其他国家同样应该积极参与国际事务，通过交流对话表达本国诉求，在谋求发展的过程中主动承担责任与义务。共同推动世界经济的互联互通，促进全球经济发展的平衡，努力构建持久和平、合作共赢、共同繁荣的美好世界。增强各国权力责任担当是构建人类命运共同体的有力支撑，"它能够代表人类社会的发展方向，凝聚人类的共识和意志，并为构建人类命运共同体提供最坚实可靠的历史性示范"②。

---

① 习近平. 论坚持推动构建人类命运共同体 ［M］. 北京：中央文献出版社，2018：371.

② 刘同舫. 构建人类命运共同体对历史唯物主义的原创性贡献 ［J］. 中国社会科学，2018（7）：4－21，204.

（一）践行国际权利与国际责任的互动、对等和一致

国际社会中"权责平衡"是国际社会的普遍认同，是增进国家参与国际事务的前提。大国之间通过对话交流表达利益诉求的同时通过贯彻国际特殊责任实现"大国责任"，大国间关系的发展正是国际社会构成的演进过程，体现了大国对秩序、规范、价值等公共性议题的担当。随着世界多极化不断发展，解决国际事务不再只是既成大国的国际责任，也是新兴国家参与国际事务、共享发展成果、体现自身价值的重要方式。随着经济全球化的不断深入，国际关系议题的拓展和技术化程度不断加深，相应的公共性问题进一步凸显，承担国际责任成为世界各国的共同使命，更是大国必须承担的责任。大国的责任就是凭借国际威信、世界贡献、自身优势和特殊职责积极主动地探索科学方法解决现存问题。由于国家间存在利益范围和外交能力上的巨大差别，相较一般国家，大国更关注对国际秩序长期、广泛、深远的塑造，这一过程则通常蕴含了大国对"理想秩序"的深切关怀与责任担当理念。大国身份不仅取决于其国际政治参与的物质能力，还取决于该国是否对国际秩序有充分、深远的塑造意愿。一方面，体系中既成大国通过捍卫秩序彰显自身优势地位或大国道德关怀。例如，美国作为前后两个"全球性大国"均将远离本土的地区秩序维护作为外交政策的重要支柱，寻求海外利益和大国身份合法性的双赢。再如，法国外交文化也明确解答了长期以来法国作为欧洲霸权国，其防卫政策不仅仅寻求本国的国土安全，同时还追求捍卫其他人民的权利。另一方面，新兴国家尽管通常以"秩序挑战者"身份，将自身塑造为国际政治新秩序的缔造者。例如，德日崛起不仅只追求物质激增后的国富民强，表现在两国对旧秩序重塑的深层责任意识，这体现的是不同类型国家对国际事务的责任意识。

在国际社会中，大国能否有意识地防止自身权力滥用是保证践行国际权利与国际责任对等和一致的重要依据。"美国一贯将国内法凌驾于国际法之上，对国际规则采取合则用、不合则弃的实用主义态度。自20世纪80年代以来，美国曾退出联合国人权理事会、世卫组织、联合国教科文组织、《巴黎气候协定》、《伊朗核问题全面协议》、《武器贸易条约》、《中导条约》、《开放天空条约》等17个国际组织或协议。"[①]在国际社会中对于国家权力的自我限制对大国具有其特殊内涵，这不仅要从"成本—收益"或"行为风险"的经济理性考量，而且要从国家持久性大国地位或道义形象使用权力，将大国责任运用于处理国际事务。在国际体系深刻变革的今天，发达国家已经无法运用原有大国政治优势完全解决现有问题，更无法解决未来可能出现的新问题，这就需要广大发展中国家积极参与到国际事务中，通过广泛的交流合作践行国际权利

---

①　美国对华认知中的谬误和事实真相［EB/OL］.外交部网站，2022 - 06 - 19.

与国际责任的互动、对等和一致。人类命运共同体思想旨在使大国积极主动进行自我反思，适应国际社会的变化，防止国内的"过度自信"和大国沙文主义外溢到国际社会当中。同时，鼓励广大发展中国家积极参与国际事务，表达自身诉求，实现权利与责任的互动、对等和一致。

（二）履行世界各国共同认可的国际责任

当新冠疫情笼罩世界的时候，世界人民已经充分认识到问题与挑战时刻影响着人类的生存和发展。但遗憾的是，很多国家仍然没有认识到问题的根源，仍然不愿意放弃自身微小的利益来组建一个能够真正解决问题的团体，仍然没有认识到自身需要承担的国际责任，仍然不愿意将自身很快融入世界。世界多极化、经济全球化、社会信息化、文化多样化的深入发展，不仅没有解决南北发展不均衡问题，并增添了新的数字鸿沟等问题。传统安全威胁与非传统安全问题日益增多，经济持续低迷、增长乏力、霸权主义、强权政治和新干涉主义依然存在，民粹主义、单边主义、保护主义、逆全球化思潮层出不穷，严重影响世界的和平发展。这就需要国际社会形成一种使各国共同认可的国际责任，各国共同遵守、共同负责、共同监督，共同建立、维护一个和平稳定、共同发展的世界。

中国一直以来都是一个负责任的大国，在应对经济危机、维护区域稳定、应对气候变化、增加生物多样性、防止核扩散、控制传染病蔓延等方面作出了巨大的贡献。无论是在中国古代加强世界贸易、传播中华民族先进文化，还是新中国成立初期支援非洲国家经济发展，改革开放以后积极参与国际事务，中国在各个历史时期都为世界经济发展、政治稳定作出了积极的贡献。随着中国综合国力的增强，以美国为首的西方发达国家为阻碍中国快速发展高调鼓吹"中国责任论"，试图破坏中国国家形象、推脱本国责任。

中国始终秉持大国责任和担当，谋求世界的共同发展，努力使国际社会形成共同认可的国际责任。自2012年党的十八大报告提出"人类命运共同体意识"概念以来，国家主席习近平在莫斯科国际关系学院的演讲、在二十国集团领导人汉堡峰会等众多重要国际场合的多次阐述，都强调了人类命运共同体的责任内涵，希望国际社会能够勇于承担人类的共同责任，共同努力、共同发展。在中国人民的倡导和推动下，人类命运共同体实现了从"概念"到"方案"、从愿景到行动、从理论到实践的飞跃。2015年9月28日，国家主席习近平在美国纽约联合国总部举行的第七十届联合国大会一般性辩论时发表讲话，指出打造人类命运共同体要建立平等相待、互商互谅的伙伴关系，要营造公道正义、共建共享的安全格局，要谋求开放创新、包容互惠的发展前景，要促进和而不同、兼收并蓄的文明交流，要构筑尊崇自然、绿色发展的生态体系①，要实现这一目标首先要形成国际社会共同认可的国际责任。建构人类命运共同体要遵循联合国宪章明确的宗旨和原则、和平共处五项原则等公认的原则，所以首先要形成国际社会共同认可的国际责任，坚持以合作共赢为核心首先也要明确责任，坚持对话协商、坚持共建共享、坚持合作共赢、坚持交流互鉴、坚持绿色低碳，同样需要形成国际社会共同认可的国际责任。人类命运共同体彰显了中国共产党领导中国人民为人民谋幸福、为民族谋复兴、为世界谋大同的责任意识。人类命运共同体作为表征"中国责任"的话语体系，超越了西方刻意制造或鼓吹的形形色色的"中国责任论"。"责任"是"分内应做的事"。"中国责任"就是中国立足于中国国情和人类的发展现实，从世界人民总体利益出发承担的国内责任和国际责任。作为中国责任体现的人类命运共同体正确处理了中国在物质层面和精神层面的责任，处理了中国的国际责任和国内责任，处理了中国的国际责任与西方大国的关系，处理了中国的现实责任和未来责任。人类命运共同体是中国积极承担国际责任，为解决全球问题和人类的未来发展问题贡献的中国智慧、提供的中国方案，把中国的发展与世界各国的发展有机地结合起来，既为实现中华民族伟大复兴的中国梦创造良好的氛围和国际环境，又为人类发展指明了方向、描绘了美好的蓝图。人类命运共同体思想是从中国人民和世界人民的整体利益出发，为国际社会形成共同认可的国际责任提供了理论支撑。

（三）体现中国积极履行国际责任的作为担当

中国作为联合国安理会常任理事国，在处理国际事务、维护世界和平等方面作出了突出的贡献。中国积极履行国际责任和使命，致力于推动世界经济发展、维护世界和平稳定、提高世界人民的生活质量。习近平总书记提出人类命运共同体后，中国在积极承担和履行本国内责任的同时积极承担国际责任，努力做到统筹兼顾、相互促进、相互协调。中国作为世界上最大的发展中国家，拥有世界上近1/5的人口，实现好本国的安定团结已经为世界的和平稳定作出了巨大贡献。中国人民在中国共产党领导下成功地开创了中国特色社会主义道路，形成了中国特色社会主义制度、中国特色社会主义理论和中国特色社会主义文化，形成了中国特色社会主义道路自信、理论自信、制度自信和文化自信，为世界其他发展中国家探索出一条更加光明的道路。作为人类命运共同体成员的中国不仅对中国人民承担和履行责任，而且始终同世界人民站在一起，对人类命运共同体其他成员国的人民承担和履行责任。中国所倡导和构建的人类命运共同体是多层次、全方位的共同体，希望世界所有国家和地区共同参与、共同承

---

① 习近平. 携手构建合作共赢新伙伴 同心打造人类命运共同体——在第七十届联合国大会一般性辩论时的讲话 [N]. 人民日报, 2015-09-29.

担和履行国际责任。在周边关系上，打造中巴命运共同体、中俄命运共同体和中越命运共同体等；在区域关系上，构建中国—东盟命运共同体、亚洲命运共同体，中非命运共同体、中拉命运共同体等；在全球范围内构建人类命运共同体。

中国始终秉持大国责任与担当。2012 年 11 月，党的十八大指出，中国"在追求本国利益时兼顾他国合理关切，在谋求本国发展中促进各国共同发展，建立更加平等均衡的新型全球发展伙伴关系，同舟共济，权责共担，增进人类共同利益"①。2017 年 1 月 17 日，国家主席习近平在瑞士达沃斯举行的世界经济论坛 2017 年年会开幕式上发表主旨演讲，指出："1950 年至 2016 年，中国在自身长期发展水平和人民生活水平不高的情况下，累计对外提供援款 4000 多亿元人民币，实施各类援外项目 5000 多个，其中成套项目近 3000 个，举办 11000 多期培训班，为发展中国家在华培训各类人员 26 万多名。""中国人民张开双臂欢迎各国人民搭乘中国发展的'快车''便车'。"② 中国不仅是人类命运共同体的受益者，而且是人类命运共同体的贡献者，更是国际责任的担当者和履行者。

中国积极构建的人类命运共同体是全人类共同参与的共同体，是不同国家之间、不同民族之间、不同制度之间、不同文明之间共商、共建、共享的共同体，为应对国际问题、处理国际事务、顺应时代变革、解决人类未来发展问题贡献了中国方案，彰显了中国对人类未来的责任。2017 年 1 月 18 日，国家主席习近平在联合国日内瓦总部发表了题为《共同构建人类命运共同体》的演讲，指出："宇宙只有一个地球，人类共有一个家园。霍金先生提出关于'平行宇宙'的猜想，希望在地球之外找到第二个人类得以安身立命的星球。这个愿望什么时候才能实现还是个未知数。到目前为止，地球是人类唯一赖以生存的家园，珍爱和呵护地球是人类的唯一选择。瑞士联邦大厦穹顶上刻着拉丁文铭文'人人为我，我为人人'。我们要为当代人着想，还要为子孙后代负责。"③ 习近平总书记强调，为了给人类的子孙后代留下一片蓝天，着力实施生态文明建设，这不仅是对子孙后代负责、对人类的未来负责，更是对人类命运共同体的未来负责。面对人类长远未来，各国都承担着一份责任。中国是一个发展中大国，但我们不回避应尽的国际责任。中国通过坚持创新、协调、绿色、开放、共享的发展理念寻求永续发展之路，积极主动承担和履行中国的责任。中国是人类命运共同体的倡导者、建设者、践行者，更是人类命运共同体的贡献者，无论在人类历史上还是人类的未来都是担当者和贡献者。当代中国要引领时代并走向世界，只有心中始终怀有

---

① 胡锦涛. 坚定不移沿着中国特色社会主义道路前进为全面建成小康社会而奋斗——在中国共产党第十八次全国代表大会上的报告 [N]. 人民日报, 2012–11–18.

② 习近平. 共担时代责任共促全球发展——习近平在世界经济论坛 2017 年年会开幕式上的主旨演讲 [N]. 人民日报, 2017–01–18.

③ 习近平谈治国理政（第 2 卷）[M]. 北京：外文出版社, 2017：538.

全球理念，才能勇于担当构建人类命运共同体的历史重任，才能够树立全球意识的博大胸怀和宽厚包容的心态。人类命运共同体的构建，不仅能够为"中国梦"的实现营造合理有序的国际秩序，同时也能够为中华民族伟大复兴的实现增添助力。因此，在未来的发展阶段中，我们必须坚定不移地将人类命运共同体精神植根于人民精神培育中；继续着力将开放包容的精神融入文明教育中。不断提升人们的民族意识和创新意识，努力提高全民参与全球治理的积极性，不断提升构建人类命运共同体的自觉性。

中国共产党根据当今世界变化及对未来形势的研判，提出了人类命运共同体理念，这一理念不仅是对全国各族人民未来发展的科学指导，同时也是对世界未来发展提出的中国方案，对世界发展具有重大影响。党的二十大报告指出，十年来，党和国家事业取得历史性成就、发生历史性变革，推动我国迈上全面建设社会主义现代化国家新征程。在这个过程中，我们取得了 16 个方面的历史性成就。其中，"我们全面推进中国特色大国外交，推动构建人类命运共同体，坚定维护国际公平正义，倡导践行真正的多边主义，旗帜鲜明反对一切霸权主义和强权政治，毫不动摇反对任何单边主义、保护主义、霸凌行径。我们完善外交总体布局，积极建设覆盖全球的伙伴关系网络，推动构建新型国际关系。我们展现负责任大国担当，积极参与全球治理体系改革和建设，全面开展抗击新冠肺炎疫情国际合作，赢得广泛国际赞誉，我国国际影响力、感召力、塑造力显著提升。"① 人类命运共同体理念提出的根本目的是实现不同民族、不同国家之间的共同发展，是基于世界交往的普遍性而提出的，对处理当今世界存在的问题具有重大意义，对促进人类社会发展理念转变具有重大意义，对人类社会存在方式重建具有重大意义。人类命运共同体理念既是科学的理论又是实践后的图景；既是人类社会的价值共识，又是共商共建共享的基本主张；既是对多元世界的尊重，又是对交流合作的坚持。人类命运共同体理念必将在促进世界繁荣发展、解决世界性难题上发挥重大而深远的作用。

四、推进世界各国协同发展共同繁荣

改革开放以来，中国的快速发展得益于稳定的国内环境和相对和平的国际环境，得益于中国妥善解决同周边国家的冲突分歧和积极应对一定时期某些发达国家对我国的打压和"制裁"。随着中国积极主动地融入世界大环境，世界已经离不开中国，同样，中国的持续发展仍然离不开世界，中国的发展和世界的发展是同频共振的。中国

---

① 习近平. 高举中国特色社会主义伟大旗帜　为全面建设社会主义现代化国家而团结奋斗——在中国共产党第二十次全国代表大会上的报告 [N]. 人民日报, 2022 - 10 - 26.

清朝时期的"闭关锁国"使中国在世界发展历史的浪潮中落在了后面，改革开放的成功实践证明了积极融入世界浪潮才是唯一出路；美英资本主义国家靠殖民扩张实现的发展，是以地区的不稳定和被殖民地区的被压榨和迫害为代价，必然导致被压榨民族的仇视与反抗，中国的和平崛起证明反对霸权主义、推动世界各族人民共同发展才能顺应历史潮流，获得世界人民的广泛认同。改革开放只是中国融入世界的开始，是中国积极参与全球合作与竞争，发挥自身优势，利用国内国际两个市场两种资源发展自己，助力世界经济发展的开端，进入新时代，国家继续扩大开放，让世界搭乘中国快速发展的便车，借鉴中国的成功经验，通过构建人类命运共同体，推动世界的发展。同时，人类命运共同体作为一种不同于以往发达国家主导的话语体系，是中国表达和平发展立场的中国之音，对提升中国的国际形象具有重要意义。在世界大发展大变革的今天，世界正处于前所未有的机遇期，同时也是巨大风险的挑战期。西方发达国家为了防止发展中国家迅速崛起，撼动到他们国家的霸主地位，不断地打压孤立新兴国家。同时，因为对未来预期的不确定性，保守主义盛行，给国家间的交流合作造成很多困难。中国通过倡导人类命运共同体，展现我国维护世界和平、促进人类社会共同发展的战略宗旨，加强同世界各国的交流合作，促进世界的稳定与发展。

中国提出的人类命运共同体理念是针对以往大国优先理念的回应，是对以往世界治理体系的再创造，是对提升人类社会整体福祉的重视与引领。随着人类社会的发展，资本主义世界体系的内在矛盾必然加快突显，资本全球化、金融全球化催生的金融权贵利益集团必然无法持续，资本主义利益集团不合理的全球经济秩序必然无法带领低迷的发展走出泥沼，资本主义国家也无意承担应有的国际责任和义务，这导致了权利和责任的严重失衡，引发了民族国家利益优先的贸易保护主义与逆全球化浪潮。中国的崛起导致了很多国家对中国今后走什么样的道路产生了担忧，担心中国走霸权主义道路。中国所提出的人类命运共同体思想是一种有别于西方霸权主义思想的全新发展理念、价值观念和治理机制，是中国对人类未来发展的一种价值引领，这一理念也向世界宣示中国坚定不移地走和平发展道路的决心，中国不会遵循"国强必霸"的逻辑，中国的发展不仅不会损害其他国家的发展权力和利益，而且还会促进世界的共同发展，增进全人类的共同利益。这一发展理念经过多年的实践已经获得了世界绝大多数国家人民的认可，提高了中国的国际影响力，对维护世界和平、促进人类社会共同发展作出了巨大的贡献。

（一）反对西方国家的零和博弈和霸权主义

当今时代人类社会面临的问题愈发多元化、复杂化，且影响力越发巨大。传统问题与新发问题相互交织，增加了问题解决的难度。经济低迷与贸易保护主义的问题、自然灾害与难民潮的问题、生物多样性与生态恶化问题、恐怖主义与政治干预问题等，各种新问题层出不穷，人类社会该往哪里去这一时代之问摆在我们每个人面前。在 21 世纪，全体中国国民在许多领域面临着激烈的国际竞争。一些西方国家至今依然保持着"冷战"的思维和行为方式，它们很可能永远也理解不了中华文化传统中"和而不同"的辩证思维和"己所不欲，勿施于人"的磊落胸怀，它们更习惯于"零和游戏"而不懂得如何去追求"双赢"。它们在国际交往中必须树立一个竞争的"敌人"，然后极力削弱本国的"战略敌人"。这是它们采用的最常见和最有效的做法之一。我国一直坚持合作共赢、共同发展的理念处理国家间的关系。国家主席习近平在莫斯科国际关系学院发表演讲时指出："各国和各国人民应该共同享受发展成果。每个国家在谋求自身发展的同时，要积极促进其他各国共同发展。世界长期发展不可能建立在一批国家越来越富裕而另一批国家却长期贫穷落后的基础之上。只有各国共同发展了，世界才能更好发展。那种以邻为壑、转嫁危机、损人利己的做法既不道德，也难以持久。"① 人类命运共同体理念正是习近平总书记针对时代问题所作出的时代回答，是在已经结成了利益相关的人类社会背景下作出的睿智选择。中国同世界人民构建的人类命运共同体是共生共荣的共同体，是利益共享责任共担的共同体，是永不称霸和谐共生的共同体。

塞缪尔·亨廷顿提出的"文明冲突论"在近代资本主义扩张的过程中得到了充分展现，这也使得很多国家对新兴国家崛起产生担忧，尤其是新兴大国与守成大国之间矛盾往往不可调和。同时，不同文明国家人们在宗教信仰、意识形态和文化观念方面的差异，同样是导致国家间冲突的重要原因。塞缪尔·亨廷顿体现了美国和西方国家对于文明的零和博弈思维，对今天世界的发展造成了重要影响。随着全球挑战的增加，主张对抗的观点将会蔓延，并将可能导致世界回到冷战时代，这将引发损害世界发展的零和博弈。在博弈论和经济学理论中，零和博弈是一种数学模式，在零和博弈的情况下，每个参与者的效用得失，恰恰与其他参与者的效用得失成反比。中国向来反对零和博弈，习近平总书记提出的人类命运共同体重要论述正是对零和博弈思维的有力回击。人类命运共同体重要论述是对马克思主义观点的继承和发展，马克思认为经济基础决定上层建筑，国家冲突的根源在于物质利益的冲突。尽管不同国家意识形态不同、政治立场不同，但导致国家间冲突的根源是利益分配的不均等。尽管今天的世界是一个物质比较丰富，人的精神得到很大满足的时期，但世界不同国家人民的生存状态仍具有巨大差别。南北地区鸿沟的扩大、东西方发展的不均衡，形成了当今世界财富分配不均的现实。"在全球范围内，大量财富始终掌握在少数人手中。根据 2019 年 10 月瑞士瑞信银行（Credit Suisse）研究院的研究数据，当前全球最富有的 1% 人口掌

---

① 习近平谈治国理政（第 1 卷）[M]．北京：外文出版社，2018：273．

握了全球45%的财富，全球最富有的10%人口占有全球财富的82%，而全球最不富裕的50%人口占有的财富不足全球总量的1%。在国家层面，北美地区和新兴经济体的贫富差距整体呈上升趋势。2000年至2019年，北美地区最富有的1%人口拥有总财富的33%～35%，而北美地区最富有的10%人口财富总量占比从略低于70%上升至75%。以美国为例，2019年美国成年人的资产均值为432365美元，但中位数仅为65904美元，说明美国大部分财富仍然掌握在高收入阶层手中。"① 究其原因，人类社会的不平等现状从根本上是由不平等的政治经济规则导致的，从根本上是由资本的本性和动机决定的。资本的霸权是导致现行全球性危机以及世界治理体系失效的根源，资本主义世界市场由资本主导，使得世界始终处于资本的奴役之中，因为资本"将一切都纳入资本逻辑的强大抽象同一性之网中"②。作为一种社会性的霸权，资本在全球化形成过程中，一步一步拓展了对世界的统治。

目前，反全球化、逆全球化思潮和主张甚嚣尘上，成为世界发展的阻力，也正在转化成有的西方国家维护自己利益和地位的国家策略。霸权主义、强权政治、冷战思维在西方国家范围内不断蔓延。在当今世界格局与国际形势大变革的环境下，在当今破坏、分裂势力暗流涌动的情况下，这一百年未有之大变局的形成发展，让世界各国都看到了全球化的重要性，也认识到了构建人类命运共同体的必然性。任何一个国家都不能独善其身，也无力应对这一局面，只有凝聚全人类的力量，才能形成巨大合力，共同应对风险和挑战，更好地推动世界发展。人类命运共同体理念完全不同于西方发达国家近代以来所采取的发展模式和发展理念。西方发达国家强调西方国家利益至上，通过排挤打压非西方国家实现自己的利益诉求，其目的是拉大贫富差距，实现自己永远称霸的美梦。随着时代的变化和全球问题的日益扩大，西方发达国家试图通过极限施压、武力威胁等方法实现矛盾转移，以解决自身发展的瓶颈问题。这种方式深深伤害了发展中国家的利益，给全世界带来了很坏的思维方式，很多国家认为要想实现自身发展必然要损害他国利益，这种错误的思维方式导致中国提出人类命运共同体初期，受到很多国家的质疑，认为中国是在"搞小圈子"，目的是与美国对抗。

人类命运共同体理念的提出回应了"中国威胁论""国大必霸论"的疑问，其蕴含的共商、共建、共享理论有利于解决全球的霸权问题、"小圈子"问题、发展不平衡问题。人类命运共同体理念是对马克思"真正的共同体"的继承和发展，是对中国古代天下大同思想的延续和创新，它要求国家间处理问题时要加强沟通交流，反对欺凌威胁，这是对"中国威胁论"有力回击。随着中国特色社会主义事业的推进以及外交政策的实施，世界各国逐渐认识到中国不结盟、不对抗、不称霸的真实性与实施的

---

① 徐秀军．全球财富鸿沟的演进与弥合［J］．人民论坛，2021（3）：84－87.
② 王庆丰．《资本论》的再现［M］．北京：中央编译出版社，2016：212.

坚定性，扭转了那些对人类命运共同体的不良认识。人类命运共同体的主张希望全球所有国家和地区共同参与共同建设，反对搞"小圈子"，希望形成一个共同发展的整体，这是对"国大必霸论"有力回应。人类命运共同体要求发展成果人民共享，反对西方国家利益至上，这有利于减少国家间的贫富差距，使世界人民共同享受发展成果。

在人类命运共同体思想指引下，中国积极参与上海合作组织、"金砖五国"合作组织、中非合作论坛等，提出"一带一路"倡议，并且发起建立亚洲基础设施投资银行，为参与国家提供了发展机会和发展条件。中国通过实际行动，致力于改善发展中国家落后的现实处境，通过自身的发展带动其他国家的发展，致力于构建更加公平正义的世界格局。"一带一路"作为人类命运共同体实践的重要项目，自倡议提出以来已有100多个国家和组织参与其中，对促进国家间交流合作、推动世界经济发展作出了重要贡献，对霸权国主导的合作项目产生了巨大冲击，为维护世界和平反对霸权主义作出了巨大贡献。亚洲基础设施投资银行、丝路基金等国际金融合作，促进了很多国家的投资、建设。人类命运共同体的构建回应了"中国威胁论""国大必霸论"，对于促进共享发展和互利共赢有着积极的现实意义，对于推动各个国家的发展和全球的社会进步发挥着重要的引领作用。

（二）展现中国和平发展道路的世界意义

中国作为世界前列的发展中国家，解决好本国人民的生存问题和国家的发展问题是国家的头等大事，处理好这些问题对于维护世界稳定具有重要意义。中国在中国共产党的带领下由新中国成立初期的百废待兴、积贫积弱到现在的全面小康，走出了一条不同于他国的具有中国特色的社会主义道路。70多年的励精图治与40多年的改革开放使中国成为"世界第二大经济体、制造业第一大国、货物贸易第一大国、商品消费第二大国、外资流入第二大国、外汇储备第一大国。"[①] 70多年的艰苦奋斗，大大提升了中国人民的生活水平，全面建成了小康社会，全面建设社会主义现代化国家的征程已经开启，为发展中国家未来的发展提供了道路选择。"成就不是天上掉下来的，更不是别人恩赐施舍的，而是全党全国各族人民用勤劳、智慧、勇气干出来的！"[②] 中国的发展是靠几代人的驰而不息、艰苦奋斗换来的，中国从来没有输出过问题、转移过矛盾，也从来没有强买强卖、侵略过他国人民。"一个稳定的中国是这个充满不确定的世界的最大稳定源。今天如此，今后很长历史时间里，依然如此。"[③] 中国特色社

---

①　国务院新闻办公室. 新时代的中国与世界［N］. 人民日报，2019 – 09 – 28.

②　习近平. 在庆祝改革开放40周年大会上的讲话［N］. 人民日报，2018 – 12 – 19.

③　郑永年. 为世界提供确定性和正能量［N］. 人民日报，2019 – 12 – 26.

会主义道路是一条和平的道路，是一条以人类命运共同体理念为旨归的和平道路，是一条世界人民同向而行的和平发展道路。

"以和为贵"是中华民族的优良传统。英国学者克里斯托弗·库克曾指出："中华文明是'天生的和平、非扩张主义和非帝国主义的文明'。"① 和平发展是中国的一贯主张和行为习惯，是中华民族的优良传统和时代要求，是中国人民和世界人民的迫切愿望。新中国之初，1954 年 4 月 29 日，中国与印度签署《中印关于中国西藏地方与印度之间的通商和交通协定》，首次提出"和平共处五项原则"。该协定序言指出，中印两国依照下列原则达成协议：相互尊重主权和领土完整，互不侵犯，互不干涉内政，平等互利，和平共处。1955 年 10 月，第一次亚非会议在万隆举行，在中国的倡议下，会议以和平共处五项原则为基础，形成了"万隆会议十项原则"②。万隆会议最终一致通过《亚非会议最后公报》，公报提出的"万隆会议十项原则"也成为规范国际关系的重要准则。1961 年，在贝尔格莱德举行的不结盟国家首脑会议强调和平共处五项原则是国际法的灵魂。中国共产党提出的"和平共处五项原则"，为世界和平提供了理论准则，为世界和平作出了巨大贡献。

新时代，中国共产党"反对霸权主义与强权政治"的政治主张再次得到世界人民的支持，德国前总理施密特对中国的和平发展道路曾给予充分肯定，他讲道："这种和平的态度，已成为中国的特质。""完全有理由期待中国这种和平政策会延续下去。"③"构建新型国际关系和人类命运共同体"等和平发展理念正是中国特色社会主义道路实践过程中形成的重要思想，是中国和平发展理念的生动展现。中国始终将和平发展作为自觉追求，并向全世界作出郑重承诺。国家主席习近平曾在德国宣告："中国走和平发展道路，不是权宜之计，更不是外交辞令，而是从历史、现实、未来的客观判断中得出的结论，是思想自信和实践自觉的有机统一。"④ 中国将走和平发展的道路写入宪法和党章，表明了中国走和平发展道路的决心。中国人民将这一强烈的

---

① 本报评论员. 坚定不移走和平发展道路——70 年中国发展的世界意义 [N]. 人民日报，2019 - 09 - 19.

② 万隆会议一致通过的《亚非会议最后公报》在《关于促进世界和平与合作的宣言》这一决议中，提出了各国应当在下列原则的基础上，作为和睦的邻邦彼此实行宽容，和平相处，发展友好合作：一、尊重基本人权，尊重联合国宪章的宗旨和原则。二、尊重一切国家的主权和领土完整。三、承认一切种族的平等，承认一切大小国家的平等。四、不干预或干涉他国内政。五、尊重每一国家按照联合国宪章单独地或集体地进行自卫的权利。六、不使用集体防御的安排来为任何一个大国的特殊利益服务；任何国家不对其他国家施加压力。七、不以侵略行为或侵略威胁或使用武力来侵犯任何国家的领土完整或政治独立。八、按照联合国宪章，通过如谈判、调停、仲裁或司法解决等和平方法以及有关方面自己选择的任何其他和平方法来解决一切国际争端。九、促进相互的利益和合作。十、尊重正义和国际义务。这就是著名的十项原则，它是万隆会议达成的最重要的协议。

③ 黄发红."和平，中国的特质"——访德国前总理施密特 [N]. 人民日报，2014 - 04 - 01.

④ 习近平谈治国理政（第 1 卷）[M]. 北京：外文出版社，2018：267.

和平发展愿望付诸实践，在打击恐怖主义、维护中东地区稳定、反对霸权主义等方面作出了突出贡献。1990 年，中国首次向联合国停战监督组织派遣 5 名军事观察员。从此，中国先后派出维和人员 5 万余人次，参加 25 项联合国维和行动①。新中国成立以来从未主动挑起过国际争端，没有侵占他国一寸土地，为维护世界和平发展作出巨大贡献。世界好，中国才能好。中国的发展得益于世界，也必将和平发展的大旗紧握手中，为他国形成和平的发展环境，为世界创造安定局面。

人类命运共同体的主张，是中国共产党不忘初心、牢记使命的写照，是中国特色社会主义道路的应有之义。习近平总书记指出："坚持同舟共济，破解和平赤字。人类今天所处的安全环境仍然堪忧，地区冲突和局部战争持续不断，恐怖主义仍然猖獗，不少国家民众特别是儿童饱受战火摧残。我们要秉持共同、综合、合作、可持续的新安全观，摒弃冷战思维、零和博弈的旧思维，摒弃弱肉强食的丛林法则，以合作谋和平、以合作促安全，坚持以和平方式解决争端，反对动辄使用武力或以武力相威胁，反对为一己之私挑起事端、激化矛盾，反对以邻为壑、损人利己，各国一起走和平发展道路，实现世界长久和平。"② 人类命运共同体的构建反映了中国共产党的责任担当，说明中国共产党是负责任的政党。中国作为负责任的大国，历来将国际和平与共同发展作为外交政策的重要内容。在维护世界和平方面，中国军队作为维和行动的关键力量，开展监督停火、稳定局势、保护平民等行动，中国参与维和行动的人员数量不断增加、领域不断扩大。人类命运共同体将中国推动国际和平与共同发展的理念、思想和实践有机整合，将中国特色社会主义道路展现在世界面前，将完整的理论体系和成功的发展道路推向世界，在应对全球抗疫、发展多边主义改革、完善国际法治等方面展现大国责任与担当。党的十九大报告指出，和平发展是中国特色社会主义的必然选择，我们既要通过争取和平的国际环境发展自己，又要以自身发展维护和促进世界和平。中国共产党立足自身发展责任，履行世界责任，彰显了中华民族伟大复兴进程中"利己达人"的价值理念和道德境界，高举和平、发展、合作、共赢旗帜，积极营造良好外部环境，推动构建新型国际关系和人类命运共同体。从努力"争取"到"积极营造"，进一步反映了中国共产党世界责任意识中的主观能动性。

（三）践行我国维护世界和平促进共同发展的战略宗旨

党的十八大以来，中国积极参与国际安全治理与国际维稳，积极参与联合国维和行动。中国作为联合国维和行动的重要成员国，在资金支持和人员配备上作出了巨大

---

① 维护世界和平的中国力量 [N]. 解放军报，2024 – 05 – 30.
② 习近平谈治国理政（第 3 卷）[M]. 北京：外文出版社，2020：461.

贡献。2013 年底，中国向联合国马里特派团派遣 150 余人规模的工兵分队、70 人的医疗分队和 170 人的警卫队（首次），为维和行动提供了坚实的保障；2014 年，应联合国邀请，中国首次向联合国在南苏丹的维和行动派遣 700 人的成建制维和步兵营，实现了维和行动兵种类型创新；2015 年，习近平在联合国维和峰会上承诺，"中国将加入新的联合国维和能力待命机制，决定为此率先组建常备成建制维和警队"。[①] 党的十九大以后，中国积极考虑联合国要求，派遣工程队、运输队、医疗队参与维和行动；参与维和部队人员培训工作，参与扫雷援助项目；为非盟国家提供无偿军事援助，支持非洲常备军和危机应对快速反应部队建设；为向联合国在非洲的维和部队提供直升机分队等，彰显了中国参与维和行动的决心与担当，展现我国维护世界和平、促进人类社会共同发展的战略宗旨。同时，中国为保卫国际海上航线安全也作出了积极贡献。海洋航线作为各国的生命线，在贸易运输方面发挥了巨大作用，是各国参与国际贸易必须保证的路线。保证海洋航线安全是世界各国的共同愿望，然而，因为海洋航线的特殊性和国家能力的差异性，很多国家无法保证航线的安全，面对这种情况，中国主动承担国际航海安全责任，自 2008 年以来，中国就不断向亚丁湾派遣舰队打击海盗，迄今为止，中国已经派出 38 批护航编队，维护国际海上航线安全[②]。2015 年《中国的军事战略》白皮书更加明确提出 "忠实履行国际义务，根据需要继续开展亚丁湾等海域的护航行动，加强与多国护航力量交流合作，共同维护国际海上通道安全。"[③] 中国的远洋护航行动为国际海洋事务作出了巨大的贡献，赢得了国际社会的认可和赞誉，展现我国维护世界和平、促进人类社会共同发展的战略宗旨。

中国是核能利用大国，中国对自身核安全的保障是对国际社会核安全的重要贡献。中国在防止核扩散、有效利用核能源、防止核污染等方面作出了巨大贡献。中国致力于安全前提下的核能开发利用，且积极探索核安全保障举措，完善国家核安全体系。积极履行国际核安全责任和承诺，推动核热点问题的妥善解决，在伊朗核武器问题上提出了很多建设性举措、在日本核废水排海问题上表明了态度。中国积极支持国际原子能机构的工作，提供资金、技术支持，制定核安全相关文件，参与培训相关人员。中国在严格遵守核不扩散原则基础上，加强与他国进行交流合作，支持其他国家的核安全能力建设。国家主席习近平在海牙核安全峰会上承诺的国家安全示范中心已经提前竣工并投入运营，帮助有需要的国家推进高浓铀微堆改造，积极参与联合国核安全法律文件制定，为世界核能源发展作出了突出贡献。

---

① 习近平. 携手构建合作共赢新伙伴　同心打造人类命运共同体——在第七十届联合国大会一般性辩论时的讲话 [N]. 人民日报，2015 - 09 - 29.

② 一支值得信赖的和平力量 [N]. 人民日报，2024 - 01 - 07.

③ 国务院新闻办公室. 中国的军事战略 [EB/OL]. 中国政府网，2015 - 05 - 26.

习近平总书记指出："实现各国共同安全，是构建人类命运共同体的题中应有之义。"① 从国际政治理论视角看，所谓安全，是指一国处于"一种免受各种破坏性行为影响或异己力量威胁的状态"。维护世界和平、促进人类社会共同发展绝不是一句空话，人类命运共同体也绝不是一句套话，中国特色社会主义道路正是沿着和平发展的大道、向着人类命运共同体的远景前进。"一带一路"倡议是在习近平总书记提出的人类命运共同体理念下实施的重大倡议，是连接中国与周边国家共同利益的中国方案，是中国作为地区性大国引领区域各国共同发展的责任体现，也是习近平和平发展理念在世界范围内的生动实践。2013 年 10 月，习近平在周边外交工作座谈会上指出："做好周边外交工作，是实现'两个一百年'奋斗目标、实现中华民族伟大复兴的中国梦的需要，要更加奋发有为地推进周边外交，为我国发展争取良好的周边环境，使我国发展更多惠及周边国家，实现共同发展。"② 西方发达国家所走的殖民主义与帝国主义的大国之路已经不能适应当今时代，从大历史观角度观察西方发达国家所走过的道路仍不是一条正确的道路。中国通过"一带一路"开辟了一条国家间相互尊重、共同发展、合作共赢之路，对于维护世界和平、增强合作提供了巨大平台。正如《推动共建丝绸之路经济带和 21 世纪海上丝绸之路的愿景与行动》所指出的"推进'一带一路'建设既是中国扩大和深化对外开放的需要，也是加强和亚欧非及世界各国互利合作的需要，中国愿意在力所能及的范围内承担更多责任义务，为人类和平发展作出更大的贡献。"③《推动共建丝绸之路经济带和 21 世纪海上丝绸之路的愿景与行动》文件中明确指出，"一带一路"倡议的目的是促进沿线经济共同发展繁荣，主要内容是"贸易畅通"。所以投资贸易是"一带一路"倡议的关键，促进区域间交流合作、推动各国共同发展是最终目的。

美国前国务卿基辛格曾感叹："和平总是地区性秩序，从未能建立在全球的基础上。"④ 人类命运共同体的提出，是习近平总书记根据国内和国际现实情况提出的中国智慧，是中国共产党始终坚持的发展理念，充分展现了我国维护世界和平、促进人类社会共同发展的战略宗旨，对于世界人民认识中国、了解中国具有重要意义。以人类命运共同体理念为指导的"一带一路"、亚投行、金砖论坛等项目，对促进国家之间、区域之间的交流具有重要意义，对探索全球治理模式、区域发展模式具有重要意义，

① 习近平. 论坚持推动构建人类命运共同体 [M]. 北京：中央文献出版社，2018：484.

② 习近平在周边外交工作座谈会上发表重要讲话强调　为我国发展争取良好周边环境推动我国发展更多惠及周边国家 [N]. 人民日报，2013 – 10 – 26.

③ 国家发改委，外交部，商务部. 推动共建丝绸之路经济带和 21 世纪海上丝绸之路的愿景与行动 [EB/OL]. 国务院新闻办公室网站，2015 – 03 – 28.

④ 维护国际秩序的"中国贡献"——70 年中国发展的世界意义 [N]. 人民日报，2019 – 09 – 27.

对维护世界公平正义、促进共同发展具有重要意义。

五、实现中国梦与世界各国梦想相连共进

党的十八大以来，习近平总书记从历史的角度与时俱进地推动马克思主义中国化、时代化、大众化，创造性地提出了关于人类命运共同体的重要主张，对发展马克思共同体思想作出了巨大贡献。2012 年 11 月 29 日，习近平总书记在参观"复兴之路"展览时，第一次阐释了"中国梦"的概念，将中国梦定义为"实现中华民族伟大复兴，是中华民族近代以来最伟大的梦想"①。随后，习近平总书记在第十二届全国人大第一次会议上进一步阐释了中国梦的内涵及其实现途径，指出"实现中华民族伟大复兴的中国梦，就是要实现国家富强、民族振兴、人民幸福"②。习近平总书记指出，中国梦必须同人民对美好生活的向往结合起来才能取得成功。中国梦一经提出，很快深入人心，成为新时代中国特色社会主义的政治旗帜和价值导向。中国梦的提出有着深厚的历史逻辑和现实背景。首先，中国梦的提出符合历史前进的逻辑，凝聚着几代中国人的渴望和期盼。作为历史上创造过无数辉煌的文明大国，中国曾走在世界前列。但自鸦片战争以来，由于外强入侵和封建帝制的腐败，中国遭受了许多凌辱和苦难，一度陷入危亡之中。无数仁人志士为了实现国家富强、民族振兴而奋起抗争，在一次次失败中艰难前行。而中国梦正是对鸦片战争以来无数仁人志士 180 多年持续奋斗的历史传承。其次，中国梦的提出是对中国改革已经进入攻坚期和深水区的现实回应。经过40 多年的改革开放，目前我国改革已经进入深水区，"容易的、皆大欢喜的改革已经完成了，好吃的肉都吃掉了，剩下的都是难啃的硬骨头"③。但是，改革是决定中国命运的一招，"再难也要向前推进"，这就需要将全党全国各族人民团结起来，攻坚克难，同舟共济。中国梦就是凝心聚力的旗帜。人类命运共同体理念的提出亦是如此，既符合历史逻辑，又有极强的现实关怀。早在习近平同志担任党的十八大报告起草工作组组长时，他就表达了倡导人类命运共同体的构想。党的十八大以来，习近平总书记多次在国际场合阐述他的"全球观"，不断丰富和发展人类命运共同体理念，并且越来越得到国际社会的回应。2015 年 9 月 28 日，习近平总书记在纽约联合国总部出席第 70 届联合国大会一般性辩论并发表题为《携手构建合作共赢新伙伴，同心打造

---

① 习近平谈治国理政（第 1 卷）[M]．北京：外文出版社，2018：35．

② 习近平谈治国理政（第 1 卷）[M]．北京：外文出版社，2018：39．

③ 习近平谈治国理政（第 1 卷）[M]．北京：外文出版社，2018：101．

人类命运共同体》的重要讲话①，首次在联合国的舞台上阐述"人类命运共同体"的理念，并从政治、经济、文化、安全、生态等方面揭示了人类命运共同体的科学内涵，标志着这一理念日趋完善。随后，"构建人类命运共同体"这一理念先后被写入联合国决议、党的十九大报告、《中国共产党章程》及《中华人民共和国宪法》。人类命运共同体是经济全球化、社会信息化和世界格局多极化的战略选择。当前世界局势纷繁复杂，和平与发展虽是时代主题，但世界发展和人类文明急需新思路、新理念、新秩序。21 世纪的世界，各国各地区联系日益紧密，共同面临着空前的严峻挑战。正是在这样的时代背景下，习近平总书记深入思考如何在 21 世纪更好回答人类社会发展这一重大课题，号召世界各国人民树立人类命运共同体意识，共谋合作发展，共圆世界和平稳定发展之梦。

（一）发展中国特色社会主义伟大事业的客观需要

"仰以观于天文，俯以察于地理，是故知幽明之故。"② 今天，中国与世界的前途命运空前紧密地联系在一起。实现中华民族伟大复兴与打造人类命运共同体相辅相成，让中国梦同世界梦相融相通，是中国和世界发展的大势所趋。构建人类命运共同体能够为中国特色社会主义事业营造良好的内部和外部环境。改革开放以后，中国开启了中国特色社会主义建设，经过 40 多年不懈努力，中国实现了从"站起来""富起来"到"强起来"，中国的巨大变化得益于良好的内部和外部环境，中国未来的发展道路仍然需要有良好的内部和外部环境，构建人类命运共同体能够实现世界的和平与稳定，为中国特色社会主义事业营造良好的内部和外部环境。党的十八大以来，国内外形势发生深刻变化，给中国特色社会主义事业的开展提出了新的时代之问。新时代，中国仍然需要长期稳定的国内国际环境，中国也会努力构建一个和平发展的人类命运共同体，做世界和平的倡导者、践行者、维护者。当今世界正处于百年未有之大变局，世界和平与发展面临诸多挑战，营造良好的国内国际环境任务巨大，中国作为世界大国在维护世界和平方面作出了巨大贡献。人类命运共同体自提出与实施以来，中国特色社会主义事业得到良好发展，中国在自身高速发展的同时带动周边国家的发展，为世界经济的发展提供了动力。同时，中国积极推动全方位外交布局，努力打造新型大国关系，不断提高中国的国际影响力，推进中国特色社会主义伟大事业。

构建人类命运共同体能够为中国特色大国外交树立光辉旗帜。中国的外交事业始

---

① 习近平. 携手构建合作共赢新伙伴　同心打造人类命运共同体——在第七十届联合国大会一般性辩论时的讲话 [N]. 人民日报，2015 - 09 - 29.

② 周易义疏 [M]. 邓秉元，撰. 上海：上海古籍出版社，2011：375.

终以服务中国发展为导向，新中国成立初我国提出了和平共处五项原则的外交策略，旗帜鲜明地表达了中国渴望和平、维护和平的主张。中国特色社会主义进入新时代的今天，我国倡导构建人类命运共同体，同样为中国特色大国外交树立了光辉旗帜。党的十八大科学把握当今国际形势新变化，着眼当代中国发展新要求，深刻思考人类发展前途命运，提出了一系列富有创造性和前瞻性的外交新思想新理论新战略，人类命运共同体理念顺应时代要求，是我国为世界应对当今变局提供的中国智慧。人类命运共同体是全党全国对新型大国外交的规律的深刻认识，是对抗单边主义、霸权主义的有力武器，是帮助发展中国家、同情落后国家的真实写照，是中国外交思想的生动体现，也是中国特色社会主义事业的前进方向。习近平关于人类命运共同体的重要论述集中反映了党的十八大以来的习近平外交思想，是当代中国外交政策和习近平外交思想的精髓，构成了新时代中国特色大国外交的鲜明特征，也向世界展示了中国与各国共同努力的大方向。它表明中国人民的梦想同各国人民的梦想息息相通，中国自身的发展同世界各国的发展紧密相连，证明了中国梦与世界梦是同一个梦想。

构建人类命运共同体是中国特色社会主义的必然选择。中国特色社会主义是社会主义的一个发展阶段，是中国共产党根据中国的现实状况和时代要求创造性的发展出的阶段，符合人类社会的发展趋势。历史证明，只有社会主义才能救中国，只有改革开放才能发展中国。改革开放最重要的成果就是形成了中国特色社会主义，完善发展中国特色社会主义道路、理论、制度和文化，是改革开放不断取得成功的根本保障。中国特色社会主义始终坚持扩大开放，坚持合作共赢的开放理念同世界交往，将推动世界经济发展作为自身的责任与使命，致力于构建持久和平、共同繁荣的和谐世界。和平发展是中国特色社会主义的必然选择，通过争取和平国际环境发展自己并以自身发展维护和促进世界和平，是中国和世界人民的共同愿望。人类命运共同体是未来世界的必然状态，构建人类命运共同体是人类发展的必然选择，也是中国特色社会主义事业的必然选择。中国特色社会主义事业在中国的成功，是对马克思主义、科学社会主义理论的实践证明，对世界科学社会主义具有重大现实意义和深远历史意义。"中国共产党是为中国人民谋幸福的政党，也是为人类进步事业而奋斗的政党。中国共产党始终把为人类作出新的更大的贡献作为自己的使命。"[①] 中国共产党高举构建人类命运共同体的旗帜，不仅能够促进人类进步事业的发展，也将推动世界社会主义的振兴。

（二）走近世界舞台中心的时代需要

党的十八大以来，以习近平同志为核心的党中央，确立了扩大开放的发展理念，

---

① 习近平．决胜全面建成小康社会 夺取新时代中国特色社会主义伟大胜利——在中国共产党第十九次全国代表大会上的报告 ［N］. 人民日报，2017 - 10 - 28.

通过扩大开放积极参与国际合作，以经贸合作为开端积极参与世界贸易，在世界大环境的浪潮中磨炼自己，在国际合作中提升国际影响力。提高经济实力是各国发展的主旋律，提升在世界贸易中的地位是提升国家地位的重要方法。在开放发展新理念、内外联动新思维指引下，中国贸易影响力持续扩大，国际地位显著提升，国际竞争力明显增强。"这十年，中国高水平对外开放稳步推进。中国已成为140多个国家和地区的主要贸易伙伴和全球第一货物贸易大国；年度实际使用外资从7000多亿元人民币增长到1.15万亿元，境外投资存量由不足0.6万亿美元增长到超过2.7万亿美元；中国已经与149个国家、32个国际组织签署200多份共建'一带一路'合作文件；通达欧洲20多个国家的中欧班列运量持续增长，维护着国际产业链的稳定通畅；在经济全球化遭遇逆流的情况下，中国成功举办中国国际进口博览会等经贸盛会，汇天下之物产，促商贸之流通，聚发展之合力。一个更加开放的中国，正在世界经济中扮演越来越重要的角色：2021年中国GDP占世界比重达到18.5%，比2012年提高7.2个百分点；中国全球货物贸易第一大国的地位更加稳固，货物贸易占世界比重从2012年的10.4%提升到2021年的13.5%；人民币2016年正式纳入国际货币基金组织特别提款权（SDR）的货币篮子，在全球贸易中的支付比重不断提升。中国债券被先后纳入彭博巴克莱、摩根大通和富时罗素等全球指数；2018~2021年，外资累计净增持中国境内股票和债券超过7000亿美元，年均增速34%。"① 党的十八大以来中国经济保持中高速增长，成为促进世界经济复苏的重要"引擎"，为世界经济的发展作出巨大贡献（见图3-1）。中国已经同世界近200个国家建立了经贸、科技、文化关系。中国持续扩大对外开放，积极参与对外投资的同时积极吸引外商直接投资。在经济领域，中国已经走近世界舞台中央，对世界各国的影响渗透到经济的方方面面。

在中国共产党的带领下，在全国人民的不懈努力下，中国国际影响力持续提升，中国已经走近世界经济、政治及全球治理舞台的中心，成为全球和平与发展的中坚力量，发挥着巨大正能量。日益开放的中国与日益一体化的世界，谁也离不开谁。中国正前所未有地接近世界舞台中央。伴随着我国制造业的快速发展，中国先后成为世界上最大的制造业国家、最大的进出口国家。2016年人民币纳入SDR成为国际货币后，人民币国际化持续推进，极大促进了东南亚国际贸易，中国与世界的关系自改革开放以来发生了根本性变化。中国持续扩大对外开放对世界的影响是巨大的，对世界经济的推动是巨大的，为世界经济增长注入动力，中国不仅在推动区域发展方面作出了巨大贡献，同时为世界的发展作出了巨大贡献。中国以提升中国的国际影响力为目标积极推动地区与国际经济合作，全面参与和完善全球治理体系，国际影响力、感召力和塑造力进一步得到提升。

---

① 世行报告：中国经济十年对世界经济增长贡献率超 G7 总和 [EB/OL]. 人民网，2022-10-26.

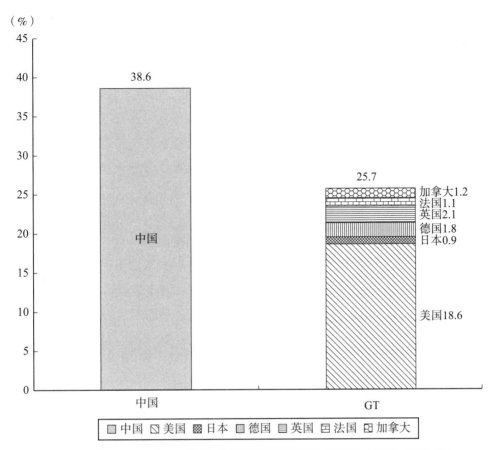

图 3 - 1　中国和 G7 主要经济体对世界经济增长平均贡献率（2013 ~ 2021 年）

数据来源：世界银行网站数据。

外交方面持续向纵深拓展，积极推动全球治理体系改革，秉持"合作""共赢"理念，全面推进中国特色社会主义大国外交。摒弃零和博弈思维，积极构建人类命运共同体，致力于建立以合作共赢为核心的新型国际关系，形成各国共治共享的新型国际格局。中国特色社会主义大国外交的成功表现在中国"主场外交"的规格不断提升，中国倡议或参加的高水平国际论坛与参会国家数量"双增长"，中国在国际会议中作用的重要性不断提高，国际事务话语权大幅提升，国际影响力迈上新台阶。中国的外交新格局全面展开，逐步构建起全方位、多层次、立体化的外交布局。党的十八大以来，以维护和平发展、促进民族复兴为主线，中国同国际社会的互联互动空前紧密，把中国发展与世界发展密切相连，把中国人民的利益同世界各国人民的共同利益有机结合，开辟了一条具有中国特色的强国外交之路。中国的对外工作具有鲜明的中国特色，展现了独特的中国风格、彰显了不凡的中国气派，通过深刻认识和把握世界发展大势，积极应对新机遇和新挑战，在世界乱象和国际变局中维护了中国发展的良好外部环境，提升了中国的国际地位。中国积极主导世界多极化，在世界舞台上顺应科技革命和新产业革命所形成的世界格局变化，为新兴国家发展增添动力，为发展中国家提供基础援助，为世界和平发展大局作出了巨大贡献，得到了世界绝大多数国家的认可，为中国走近世界舞台中心奠定了基础。在同周边国家交往过程中，秉持"亲、诚、惠、容"的外交理念，同周边国家互利合作，形成了独特的中国辐射网络，形成了以中国为中心的亚洲贸易网，为亚洲地区贸易与稳定作出了巨大贡献。在同非洲国家交往过程中，秉持"真、实、亲、诚"的外交理念，支持和帮助非洲国家实现自主可持续发展，尊重维护非洲人民的根本利益，赢得了非洲人民的一致好评，中国已经成为非洲最大的贸易伙伴国，成为非洲发展不可缺少的一部分。在同美国外交过程中，秉持"合作、不冲突"的外交理念，坚持和平共处五项原则，共同进行全球治理。从对外开放到全面开放，从局部参与世界治理到全面参与世界治理，既是水到渠成，又是大势所趋。中国积极主动参与全球经济事务和政治事务治理，做参与者、引领者，更加主动提出"中国建议""中国方案"，并着力使之成为"世界方案"的一部分。习近平总书记提出的"构建人类命运共同体"，是新时代背景下中国治国理政的新思想、新战略，也是国际秩序调整变革的新理念、新方向，是中国走近世界舞台中心的关键一招。

（三）推进实现人类社会未来理想的根本需要

马克思、恩格斯对于人类社会的未来发展方向和理想进行的理论建树，以人类整体性视野为基础，提出："一个人的发展取决于和他直接或间接进行交往的其他一切人的发展"①。一个国家，一个民族的发展条件和发展水平同样也是和外部环境的联系程度密切相关的。各个国家和民族应该在平等、正义、公正的交往原则上实现共同发展。中华民族伟大复兴不仅需要中国人民持续不断的努力，而且需要坚持对外开放，在与世界人民的交流共进中共同发展。构建人类命运共同体"站在全人类整体利益的高度审视国与国关系，反映了人类社会共同价值追求，汇聚了世界各国人民对美好生活向往的最大公约数"②。

构建人类命运共同体要求社会主义国家始终做世界和平的建设者、全球发展的贡献者、国际秩序的维护者。党的十九大强调，构建人类命运共同体"必须统筹国内国际两个大局，始终不渝走和平发展道路、奉行互利共赢的开放战略，坚持正确义利观，树立共同、综合、合作、可持续的新安全观，谋求开放创新、包容互惠的发展前景，

---

① 马克思恩格斯全集（第 3 卷）［M］. 北京：人民出版社，1960：515.
② 徐祥丽，李焱."构建人类命运共同体"为什么被写入联合国决议？［EB/OL］. 人民网，
2019 - 10 - 11.

促进和而不同、兼收并蓄的文明交流，构筑尊崇自然、绿色发展的生态体系，始终做世界和平的建设者、全球发展的贡献者、国际秩序的维护者"①。社会主义国家必须高举和平、发展、合作、共赢的旗帜，在相对和平的世界环境中实现自身的快速发展，才能在当今资本主义国家占据世界绝对优势的大环境下占有一席之地。我们必须在相互尊重的基础上发展同各国的友好合作，在同资本主义国家合作时既要维护自身核心利益，又要寻求利益共同点加强合作，推动建设互相尊重、公平正义、合作共赢的新型国际关系。社会主义国家具有自身独特的优越性，决不能走封闭僵化的老路，更不能走改旗易帜的邪路，要坚定不移走中国特色社会主义道路。中国人民是国家的主人，我们在充分保障中国人民的知情权、参政权、选举权、监督权等各项民主权利的同时，积极维护世界各国人民的正当权利，实现世界人民的全面发展与和谐。资本主义国家借助经济和科技优势在全世界宣扬民主与自由，目的是将资本主义国家宣扬的社会理念强加于社会主义国家，而这种虚假的民主、平等、自由只是资产阶级蒙蔽无产阶级的思想武器，人民应该在评判与回击资产阶级"虚假意识"中推动社会主义事业。

社会主义国家向来主张国与国之间相互平等反对侵略，原因在于社会主义国家在经历了世界大战与实现民族独立的过程相对艰难，国家和人民认识到和平弥足珍贵，希望获得一种平稳安定的生存环境。中国作为最大的社会主义国家，努力维护世界和平与稳定，积极促进国际关系民主化和各国友好合作。中国始终坚持和平共处原则，与世界各国相互尊重、平等协商，呼吁各国摒弃冷战思维和强权政治，走对话而不对抗的新路。中国始终坚持通过对话解决争端，以协商化解分歧，为中国的发展道路扫平了障碍，实现了国家的快速发展，推动了社会主义事业向前发展。中国始终维护国际公平正义，反对干涉别国内政，反对以强凌弱，为社会主义国家的发展作出了巨大贡献。尽管社会主义阵营在整个世界的力量方面处于弱势地位，但社会主义国家仍然要积极维护本国利益，决不能放弃自己的正当权益。中国始终坚持多边主义，反对单边主义，在解决国际争端问题时坚持协调多方利益，致力于形成公平合理的国际秩序。中国积极参与国际事务，在核问题、气候问题、生物多样性问题、恐怖事件问题、公共卫生等问题上，中国始终是重要的参与国和贡献国，为解决世界问题贡献了自己的力量，把社会主义事业推向前进。当前，世界经济增长动能不足，贫富分化严重，网络安全、重大传染性疾病、气候变化等非传统安全威胁蔓延，人类面临许多共同挑战。在世界大变革的今天，社会主义国家应该更加积极地构建人类命运共同体，这有利于社会主义国家把国内和国际两个大局统一起来，既推动本国不断发展，又推动科学社会主义事业向前发展。

---

① 习近平. 决胜全面建成小康社会 夺取新时代中国特色社会主义伟大胜利——在中国共产党第十九次全国代表大会上的报告 [N]. 人民日报，2017－10－28.

实现中华民族伟大复兴中国梦要求中国在国际上不断提高自身的影响力和贡献力，成为稳定世界局势、促进经济发展、实现文化繁荣的中坚力量，建立世界各国公认的国际准则。中国梦是国家的梦、民族的梦，同时与世界各国人民的美好梦想相通。而中国梦的实现也离不开世界。社会主义国家只有坚持国际法和公认的国际关系准则，才能同其他各国建立正常的国家关系，开展正常的合作与交流，并通过这种交流维护自身利益，为自身生存、发展创造一个良好的国际环境。中国改革开放的成功经验告诉我们，只有将自己融入世界大环境才能更好地认清形势，才能把握正确的方向，使自己不落在后面并迎头追赶。改革开放以来，中国积极主动地同世界各国进行交往，在处理对外关系时始终坚持国际法和公认的国际关系准则，主动承担国际责任，加速了中国融入世界的进程。社会主义国家应该加快自身发展，在坚守联合国宪章的基础上，积极构建新型国际秩序，形成更加公平合理的世界新秩序，维护广大发展中国家的切身利益，推动社会主义事业向前发展。社会主义国家还要维护自身安全，为自身生存、发展创造良好的国际环境特别是周边环境，坚决反对霸权主义和强权政治，努力开展多边外交。多边外交的本质和主要功能是实现各种国际力量的平衡，在平衡中寻求安全保障。因此，社会主义国家不仅彼此之间要维护良好关系，而且要同其他各类国家包括发达国家、发展中国家特别是邻国，开展正常的交流与合作。

构建人类命运共同体要求社会主义国家彼此之间要加强交流与合作，同其他国家要积极发展全球伙伴关系，不断扩大同各国的利益交汇点，求同存异，共同发展。各国应按照亲、诚、惠、容理念同周边国家交往，深化同周边国家的关系，为本国发展创造良好的周边环境。中国积极加强双边合作，着力实现互利互惠和共同繁荣，实现人类的共同发展。中国的外交政策不针对第三国或国家集团，不涉及同其他国家的对抗，不妨碍同其他国家发展和建立战略伙伴关系。这种战略伙伴关系并非正式结盟，对任何其他国家都不构成威胁，因而得到多数国家的认可与支持，是一条"结伴而不结盟的国与国交往新路"①。结伴是为了相互支持、共同发展、互利共赢，不结盟是为了坚持和维护独立自主。所以，构建人类命运共同体必须坚持结伴而不结盟的外交方针。历史和现实告诉我们，国家间的结盟并不能使国家之间维持密切友好的关系，原因在于建立密切友好关系的根本在于形成正常的国家关系，首先应该按照国际法和公认的国际关系准则发展彼此之间的合作交流。结盟不是万能的解决问题的办法，只有彼此之间化解矛盾、分歧和冲突，形成相互理解和尊重的关系，才是实现共同愿望的基础。尽管国家间的利益存在各种差别，国家间的矛盾冲突存在比较尖锐的方面，但是寻求和平稳定生存环境的愿望相同，追求人的全面发展的愿望相同，所以中国共产

---

① 习近平. 决胜全面建成小康社会 夺取新时代中国特色社会主义伟大胜利——在中国共产党第十九次全国代表大会上的报告 [N]. 人民日报，2017 - 10 - 28.

党提出的人类命运共同体理念是世界各国人民的共同心声，符合各国人民的共同追求。长期以来，由于处理国家间关系的基本方针政策是模糊的，使国家之间原已存在的分歧和争端不仅没有得到妥善解决，反而演化成边境冲突或战争。所以，构建新型国际关系、形成新型国际治理体系需要人类命运共同体思想作为理论指导，构建人类命运共同体是中国为世界提供的中国智慧，为人类发展指明了方向。

在党的十九大报告中，习近平将"坚持推动构建人类命运共同体"作为新时代中国特色社会主义的基本方略进行阐述，充分体现了人类命运共同体理念的重要意义。"打造人类命运共同体，是对人类社会发展进步潮流的前瞻性思考，是需要国际社会为之长期奋斗的共同理想和愿景目标，同时也是各国共同破解当下发展与安全难题、正确处理相互关系所应秉持的共同价值、行为准则和手段路径。打造人类命运共同体思想，从国际关系实践中产生，又在实践中不断丰富发展，闪耀着辩证唯物主义和历史唯物主义科学精神的光芒。"[1] 人类命运共同体理念是顺应人类历史发展潮流、致力于解决人类社会面临的共同问题而提出的科学理论。不仅很好地把握住了人类未来的发展走向，更展现了中国共产党在人类社会大变局过程中的世界胸怀。这一思想超越了种族界限、超越了国家边界、超越了文化差异，是中国共产党为建设更加美好世界所提供的新视角、新选择、新方案。

---

[1]　王毅. 携手打造人类命运共同体［N］. 人民日报，2016－05－31.

第四章
推进人类命运共同体文化建设的现实价值

构建人类命运共同体是一项系统工程，是由政治、经济、文化等各维度共同作用才能完成的发展目标。其中文化是构建人类命运共同体的重要维度，是构建人类命运共同体的重要内容。坚持推动构建人类命运共同体，促进和而不同、兼收并蓄的文明交流，是我们长期的对外发展战略。这体现出了文化维度在人类命运共同体构建中的重要作用，表明了推进人类命运共同体文化构建对促进文明间交流、建设公平合理的全球文化治理结构与机制、解决全球性文化问题、形成文化认同、推动我国文化强国战略具有重要现实意义。人类命运共同体文化构建是以平等对话、包容理解、求同存异为原则进行的实践活动，是以不同国家、不同地域、不同民族为基础进行的实践活动，是在肯定文化多样性、加强文化交流、实现文化创新的基础上进行的实践活动，对构建人类命运共同体、实现世界的共同繁荣发展具有重要的现实意义。

文化作为知识生产、精神创造和文明形塑的人化之物，在人与人沟通、国家与国家合作、民族与民族交流中发挥桥梁与纽带的作用，对事物的发展具有潜移默化的影响。同时，文化作为一种精神活动及其产物，对思想体系、共同价值和文明秩序具有直接的影响作用。人类命运共同体文化是一种多元交互的文化发展状态和不断发展的文明存在秩序，对丰富中华优秀传统文化和世界文化资源具有重要的意义，对超越文化隔阂、促进文化融合消弭文化冲突具有重要意义。人类命运共同体文化建构的着力点既在于使人类命运共同体理念具有历史的厚重性和时代的创新性，也在于使之占据对外交往的道义高地，提升其在国际社会的认知效应，还指向了在交流互鉴、异质互通中实现人类文明共同体的构建。

一、有利于增强人类命运共同体理念的国际认同

文化作为人们在实践活动中形成的共有知识和观念，在实践中起到对人的规范和引导作用，具有持续性与稳定性的特点，对维护人与人之间的关系具有重要作用。人类命运共同体的构建最根本的就是构建人与人之间的关系，所以，形成与之相适应的共有理念、形成世界人民共同接受的文化，在推动构建人类命运共同体的过程中具有规范和引导作用。构建人类命运共同体重在国际认同。人类命运共同体文化构建能够从文化的角度形成观念上的认同感，使世界人民将共同体思想内化于心、外化于行，在情感共鸣的基础上，将世界看为一个整体，共同建设人类命运共同体。文化是构建

人类命运共同体的底色，文化认同是人类命运共同体构建的基础。从文化层面助力人类命运共同体构建，不仅有利于我国文化战略的实施，也有利于世界文化的繁荣发展。人类命运共同体的逻辑、立场与文化融合发展的目标是一致的，都是为了促进人的全面发展和实现"自由个性"的进阶。文化的融合发展存在于构建人类命运共同体的逻辑之中，是人类文明走向新阶段的应有之义，是人类文化发展的新征程。只有深入探索人类命运共同体理念的文化底色、塑造人类命运共同体文化环境、传播弘扬全人类共同价值，才能使世界文化从二元对立走向多元共生，为人类命运共同体构建予以文化支撑。

（一）为构建人类命运共同体塑造文化环境

文化的核心是价值，塑造文化环境的目的是实现价值，人类命运共同体文化构建的目的是实现全人类共同价值。梁漱溟在《东西文化及其哲学》中写道"所有人类的生活大约不出这三种路径样法：（一）向前面要求；（二）对自己的意思变换、调和、持中；（三）转身向后去要求；这是三个不同的路向。这三个不同路向，非常重要，所有我们观察文化的说法都以此为依据。"梁漱溟进一步指出，西方文化"所走的是第一条路向——向前的路向"。"中国文化是以意欲自为调和、持中为其根本精神的。印度文化是以意欲反身向后要求其为根本精神的。"[①] 这表明了多元文化共存背景下人类的价值具有多样性。现实世界中，全球化舞台上文化与价值交锋只见"差异"不见"共同"的事实，说明全人类共同价值在世界交往过程中没有发挥其应有的作用，也表明世界共同文化尚未形成，世界需要各国都认可的共同文化。文化构建能够为人类命运共同体塑造文化环境，有利于推动我国的文化战略，推动中华文化走向世界。中国特色社会主义文化在解决中国多民族问题中发挥了积极的作用，共同的价值需求推动中国走向团结，以中国特色社会主义文化为底色的人类命运共同体文化必然对解决世界冲突与危机起到积极的作用。

文化具有特殊性与普遍性。一方面，每一种文化都是在长期的社会实践中形成的，其内部的价值体系具有特殊性与稳定性，对文化主体的影响发挥着潜移默化且巨大的作用。文化的特殊性导致其具有排他性的特点，在不同文化交流的过程中往往出现对抗的情况，从而导致所从事的事物出现阻力。文化构建的作用在于为不同文化交流搭建平台，提供相互交流的文化环境，从而促进事物的合作。文化构建绝不是宣扬"普世价值观"，绝不是评判文化的优劣，不同文化都是平等的，绝不存在哪一种文化可以趾高气扬强制他国学习效仿，更不可以假借文化之名侵害他国。另一方面，世界人

① 梁漱溟.东西文化及其哲学 [M].上海：上海人民出版社，2014：62-63.

民同处地球村，具有相似的生存环境和生理需求，所以在此基础上通过社会实践形成的文化也具有一致性和共通性，因此，不同文化又表现出普遍性的特点，这就为文化的交流与融合提供了基础。中华优秀传统文化就是融合了儒释道等多种文化形成的文化结晶，中国特色社会主义文化同样是融合了中华优秀传统文化、马克思主义基本思想、革命文化、民族文化、时代文化等形成的文化宝藏。人类命运共同体文化的形成同样离不开中国特色社会主义文化及世界其他民族的文化，在人类命运共同体文化构建过程中应尊重、肯定和发扬各民族文化，营造文化环境，实现文化的繁荣发展。

著名学者罗兰·罗伯逊在 1980 年论及全球化问题时，就有意识地采用了文化视角："我试图在少数于 20 世纪 70 年代后期 80 年代初期一直在讨论现代世界形成的社会学家的经济研究方法之外，提出一种文化选择方案。我特别关注文化问题，这不应当被解释为完全信奉文化因素的首要地位，尽管我的确相信：归根到底，文化维度是人类状况的各种维度中最重要的维度"①。文化的特殊性与普遍性使文化自身具备扩张性与融合性，世界交往的发展为文化交流提供了条件，并且文化交往成为世界交往的重要内容。文化作为社会实践过程中形成的稳定的理论共识，其发展存在着一定规律。文化的特殊性要求民族文化的发展离不开全球文化的世界交往，民族文化只有吸收借鉴其他民族的文化特性才能实现快速的发展。同时，文化排他性、稳定性的特点又会使民族文化在一定程度上保持自身的独特性，实现对本民族文化的坚守。文化这种特殊性与普遍性的特征是世界文化交往、融合的基础，同时也是世界文化多向性的必然结果。

在全世界命运与共、息息相关的大背景下，人类命运共同体文化构建不仅能够为人类命运共同体营造文化环境，而且符合我国的文化战略要求。世界各国的文化实践都离不开全球社会现实的文化整体价值认同，全球文化的发展都离不开文化价值共识的制约，价值共识的形成为人类命运共同体文化的形成提供了基础，这就要求在全球文化整合的过程中，要充分运用当今世界已经达成的文化共识，形成和谐的文化环境。文化环境的和谐是人类命运共同体文化建构的理想追求，"推进人类各种文明交流交融、互学互鉴，是让世界变得更加美丽、各国人民生活得更加美好的必由之路"②。人类命运共同体文化建构不仅是在 21 世纪全球化时代对马克思主义中国化的智识彰显和人类思想的精华浓缩，也是在世界大变局的转折时代反思内陆文明与海洋文明、东方文明与西方文明关系的过程。人类命运共同体文化构建摒弃文化霸权，通过文明交流互鉴构建多样、平等和包容的人类文明新形式。它在反思"零和博弈"思维、阐明

---

① ［英］罗兰·罗伯逊. 全球化——社会理论和全球文化 ［M］. 梁光严，译. 上海：上海人民出版社，2000.

② 习近平. 论坚持推动构建人类命运共同体 ［M］. 北京：中央文献出版社，2018：160.

"和而不同，和实生物"精神，提倡全人类共同价值的同时，也是对各个文明历史意蕴的重新发现，从而形成整体的多元文明的共振效应。在对自我文明的体认中，依据"不同历史和国情，不同民族和习俗，孕育了不同文明，使世界更加丰富多彩"① 的世界观，阐明每一种文明不仅有其存在的历史必然性和理解世界的适当性，其自觉的发展道路和革新的社会制度更为解决世界共识性问题提供了智慧。在对不同文明关系的认知中，不是以对立狭隘的态度作非此即彼的二元对立理解，而是秉持兼收并蓄的态度作共生共存理解，将对他者文明的汲取视为自身文明存在和发展的条件。在对人类文明进步的探索中，从丝绸之路、东学西渐和西学东渐的文明交流史出发，表明文化的内在创造力不是囿于同一文化圈层，唯有以关系世界的视域为条件，在开放对话、求同存异的历史环境中才能被激活和释放。从文化构建的角度探索人类命运共同体的构建，能够在打破意识形态藩篱的基础上为人类命运共同体营造文化环境，能够在契合中国特色社会主义文化的基础上推进我国文化战略，能够在着眼人类文明的基础上形成适应全人类价值观念和思维逻辑的文明图景。

世界正经历百年未有之大变局，世界文化发展与意识形态日趋复杂，文化差异导致的国家间摩擦冲突频繁发生，新的文化共识正在逐渐形成。根据世界人民的共同愿望与未来发展方向，习近平总书记继承中华优秀传统文化，汲取"和"文化的智慧和"天下整体观"的理念，提出了构建人类命运共同体。在人类命运共同体构建中，文化构建起着基础性作用，为人类命运共同体提供现实环境。从文化角度构建人类命运共同体，在处理中国及周边国家文化发展过程中起到了重要作用，为人类命运共同体创造了文化环境。新时代，人类命运共同体文化构建是现实环境的需要，是国家文化的需要，也是世界文化繁荣发展的需要。

（二）推进全人类共同价值的传播和弘扬

世界各国的文化虽然因为民族、地域等因素的差异而各具特色，但和平、发展、公平、正义、民主、自由的全人类的共同价值是相同的，这就为人类命运共同体的建设提供了价值认同基础，为人类命运共同体文化构建提供了方向。群体是认同产生的来源，也是认同构建的核心维度。群体的边界不是由客观在场的个体所决定的，即并非个体的集合就是一个群体，而是心理层面对群体的范畴化感知，而且，即便独自一人，心理上有群体"在场"，就会感觉处在群体之中。社会认同路径的"核心信条是：归属于某个群体（无论它的规模和分布如何）在很大程度上是一种心理状态（psychological state），这种状态与个体茕茕孑立时的心理状态截然不同。归属于一个群体就会

① 习近平谈治国理政（第2卷）[M]．北京：外文出版社，2017：544．

获得一种社会认同（social identity），或者说是一种共享的/集体的表征（representation），它关乎的是'你是谁'，'你应该怎样行事才是恰当的'。与社会认同相关联的心理过程会生成明显的'群体'（groupy）行为，例如，群体内部的团结，对群体规范的遵从，以及对外群的歧视。"① 世界各国文化的交流互动是生成人类命运共同体理念的基础和前提，也是对于人类命运共同体理念产生社会认同的实践过程。文化的全球互动进程为人类命运共同体建设营造了文化环境，在形成文化认同的基础上，共同构建人类命运共同体。人类命运共同体文化构建能够使世界各国在尊重彼此差异的基础上增进交流与合作，形成认同与共识，以世界各国文化为底色，在"求同存异"中生成"人类命运共同体"文化。

从文化视角构建人类命运共同体是传播和弘扬全人类共同价值的过程，也是将"和平、发展、公平、正义、民主、自由"的全人类共同价值运用于人类社会发展的过程。文化构建体现了文化视域下构建人类命运共同体的时代价值，强调了人类"命运与共""息息相关"的价值立场，表达了不同文化和谐共生、共同发展的文化主张，保证了世界人民的共同解放与发展。人类命运共同体是全人类共同价值的承载，在人类命运共同体文化传播和弘扬过程中，要求尊重各民族的独特文化，追求各民族的共同价值，人类命运共同体文化同样承认、尊重不同种族的文化，追求各个国家的共同价值。人类命运共同体的价值核心是全人类共同价值，"追求和确立一定的人类共同价值，是各个民族、国家、地区相互接近、相互协作、构建人类命运共同体的前提和基础"②。人类命运共同体文化是人类共同价值的载体，"人类共同价值的生成离不开文化交往，文化联通是人类共同价值生成的文化基础"③。全人类共同价值必然要以获得世界绝大多数国家和人民的认可为文化基础，在不同文化的交流碰撞中形成。传播和弘扬人类社会共同文化价值，在推动中国发展、推动世界进步方面发挥着积极的作用，当前已经获得了绝大多数国家和人民的认可，必然为推动人类命运共同体文化构建提供着价值基础。人类社会共同文化价值符合人类命运共同体构建过程中我国的文化战略，是我们必须弘扬和传承的法宝，对人类命运共同体文化构建具有十分重要的作用。

文化的扬弃与超越决定着建构人类命运共同体的根本立场。从文化的基本表征来看，构建人类命运共同体能够打破对抗排斥局面而走向真正的合作共赢。当今世界，文化间的对抗排斥存在于现实之中，影响着人类社会的发展。西方中心主义、保护主

---

① ［澳］迈克尔·A.豪格，［英］多米尼克·阿布拉姆斯. 社会认同过程［M］. 高明华，译. 北京：中国人民大学出版社，2011：4.

② 孙伟平."人类共同价值"与"人类命运共同体"［J］. 湖北大学学报（哲学社会科学版），2017（6）：6-9，168.

③ 张三元，彭欿格. 论人类共同价值生成的三维基础［J］. 宁夏社会科学，2019（3）：32-38.

义文化、殖民侵略文化等皆潜藏于文化对抗排斥的过程中，世界各文化的动态交互、不同文明之间的习俗差异、价值观念的不同等，导致了交往过程中的碰撞与摩擦，甚至造成对抗与冲突，种种表现归根到底是文化间价值观念的不同。及时打破这种局面，需要世界各文化文明在人类命运共同体的建构中，扬弃对抗排斥的内在纠葛，凸显合作共赢的指引，在文化互通中化干戈为玉帛。

从文化的发展路向来看，构建人类命运共同体将扭转被资本主义文化支配的人类文化困局。人类命运共同体所倡导的文化是对文化独断论、文化优越论、文化等级主义等的摒弃与消解，反对西方国家的文化霸权，反对"普世价值"理论，力倡所有文化放下偏见与分歧，以合作共赢迈向共同发展。人类命运共同体本身蕴含共商、共建、共享、共担、共荣的新发展理念和理想，坚持各文化文明共存共荣，一损俱损、一荣俱荣的相互依赖关系。作为构建人类命运共同体的基本原则，合作共赢并非以文化的同质化为前提，反而是以差异共生为客观准备。习近平总书记强调："每种文明都有其独特魅力和深厚底蕴，都是人类的精神瑰宝"[1]。我们并不主张让人们以某种文化为范式，而是扎根于本民族文化的具体情况，既发展自身又坚守人类共同利益，这不同于西方国家强者逻辑的惯性表达，而是真正以责任共担、安全与共、文明互鉴、共同治理为现实保障。因而，作为人类命运共同体构建的内在体现与外在原则，全人类共同价值的认同，是打破对抗排斥的基础前提，是人类命运共同体的基本文化态度与立场的现实表达。

文化对于构建人类命运共同体，不仅在底色、逻辑与立场的观念层面呈现了人类命运共同体构建的基本样貌，而且在动态的发展延伸中为构建人类命运共同体营造有利的文化环境。在人类命运共同体构建过程中，传播和弘扬人类社会共同文化价值，是我国文化战略的实践样态、现实样态与实现样态，将文化视域下建构人类命运共同体的图景清晰地描绘出来，是引导人类携手共建命运共同体的美好愿景，也是实现中国特色社会主义文化战略的现实指南。

二、有利于建立公平合理的全球文化治理体系与机制

党的十九届五中全会提出到 2035 年建成社会主义文化强国的伟大目标，明确了要增强我国整体文化实力和竞争力。这既是一个重大的理论命题，又是一个亟待拓展的实践领域，需要我们从经济、政治、文化、社会、生态五位一体和谐发展的战略全局上把握这一重大任务。中国共产党根据中国国情走出了一条具有中国特色的社会主义

---

[1]　习近平. 论坚持推动构建人类命运共同体 [M]. 北京：中央文献出版社，2018：421.

文化建设之路，不断丰富文化实践成果，借鉴各国的有益经验，形成了具有中国特色和时代特质的文化思想。伴随世界多极化、经济全球化、社会信息化、文化多样化的深入发展，国际力量对比也发生着新的变化，世界正处于百年未有之大变局当中。在这个大变局下，世界各国围绕意识形态、民族精神、国家形象的文化斗争日趋激烈，原有的文化秩序被打破，世界文化格局迎来深度调整时期。文化秩序的变化，从根本上说明了全球治理体系的大变革。"一国独霸""几方共治"的治理模式已经不能适应世界发展的要求。人类命运共同体的提出为全球治理提供了全新的思路，以这一理念为基础的文化建设顺应了世界人民的文化需要，推动了世界文化的发展，全新的文化治理结构与机制正在形成。

（一）坚持和践行科学的文化发展理念

文化的交流、融合、生成离不开文化的交流环境。良好的文化交流环境既能很好地保护不同文化的文化特质，又能形成新的文化理念。同时，良好的文化交流环境能够不断吸引不同民族的文化进行交流互鉴，形成一个不断扩大的文化系统。文化交流环境并不是指文化交流主体的客观空间环境，而是文化交流主体依据某一交往原则而建立起的主观文化交往条件。开放、包容、平等的文化交流环境能够提高文化主体的参与积极性，对新的文化理念生成起到加速、融通、创新的积极作用。反之，封闭、狭隘、非平等的文化交流环境会打消文化主体参与的积极性，加剧文化异质性的产生，阻碍新的文化理念的生成。

人类命运共同体的精神意涵决定了文化交流环境需要具备开放性、包容性、平等性特质，人类命运共同体观念的形成同样需要开放、包容、平等的文化交流环境作支撑。人类命运共同体理念是在良好文化交流环境下形成的科学的文化理念，它跨越了意识形态和民族之间的界限，将全世界人民纳入共同范围内，旨在推动世界的发展。人类命运共同体要求形成科学的文化建设理念，要求世界各国共同成为共同体文化的谋划者、制定者和建设者。人类命运共同体在文化维度所要建设的文化理念是希望世界各国主动参与到人类命运共同体的文化交流融汇中，积极与其他文明进行对话，共商文化的建设问题。包容的文化交流环境有利于减少文化交流中的冲突和摩擦，在尊重彼此文化差异、保存各自文化特质的基础上形成具有共性的人类命运共同体文化。平等的文化交流环境有利于保证人类命运共同体文化的公共性和全球代表性。人类命运共同体文化是各个国家平等交流对话的结果，是中华文化顺应时代发展要求的结果，也是世界更加公平合理的文化治理结构形成的过程。

亨廷顿指出："每一个文明都把自己视为世界中心，并把自己的历史当作人类历史主要的戏剧性场面来撰写。与其他文明相比较，西方可能更是如此。然而，这种单一文明的观点在多文明的世界里日益不相关和无用。"① 长期的以自我为中心很可能会造成偏见。"西方中心论"主张的文化同一性原则阻碍不同国家间平等交流对话，不利于人类命运共同体文化的形成。"文明冲突论""文明优越论"是与打造人类命运共同体背道而驰的。"在资本主义占统治地位的世界格局下，文化帝国主义和霸权主义一直没有消失殆尽，反而在某些时候呈现出更加强势的态势。"② 例如，巴西、委内瑞拉、阿根廷等大部分拉丁美洲国家在 20 世纪 80 年代被迫接受美国的"贝克计划"，新的经济政策破坏了原有经济的平衡，原有工业模式的破坏导致资本外逃、工厂停产、失业剧增、社会混乱。新自由主义模式下的经济政策，过分依赖市场的自我调节能力，削弱了政府的宏观调控能力，进一步影响了原有经济的正常发展，严重破坏了拉丁美洲国家长久的经济发展，致使绝大多数拉丁美洲国家至今没能避开"中等收入陷阱"。"履不必同，期于适足；治不必同，期于利民。"③ 不同国家有其特殊的国情，每个国家的不同时期同样有其特殊的历史条件，共用同一种发展模式必然是行不通的。"物之不齐，物之情也。"④ 每个国家特定的自然条件、文化背景、历史遭遇决定了实行同一种社会制度是不可能实现的。人类命运共同体思想蕴含中华优秀传统文化中的"和"文化，强调和而不同，是世界文明交流对话的有益借鉴。"和羹之美，在于合异"⑤，构建人类命运共同体正是追求"美美与共"，持续推进文化多样性。当今世界，文化交往愈发频繁，文化冲突方兴未艾，"文化和文化认同形成了冷战后世界上的结合、分裂和冲突模式"⑥。如何在不同文化之间找到桥梁成为国家交往过程中文化交流的焦点。历史和现实都已充分证明，通过文化霸权的方式推动文化发展，只会加剧文化被输入国的抵抗，导致摩擦的产生。同时，证明了用一种文明替代另一种文明是不科学的，只会给世界的和平增加不和谐的因素。中国构建的人类命运共同体，秉持"和而不同"的文化发展理念，始终坚持在"求同存异"中促进"人类命运共同体"文化的生成。一方面，我国主张在立足各国本国国情的基础上，在平等交流的前提下，形成科学的文化发展理念；另一方面，在科学文化发展理念的基础上，尊重差异、兼收并蓄、共同进步，使"人类命运共同体"文化在秉持多样性中实现统一。

① 塞缪尔·亨廷顿. 文明的冲突与世界秩序的重建［M］. 周琪，等译. 北京：新华出版社，2009：33.

② 张继龙. 人类命运共同体视角下文化自信构建的辩证考察［J］. 湖湘论坛，2017（5）：10 - 16.

③ 魏源全集（第 12 册）［M］. 长沙：岳麓书社，2004：49.

④ 孟子（卷五）［M］. 北京：北方文艺出版社，2019：104.

⑤ 三国志（第 1 册）［M］. 北京：中华书局，1959：297.

⑥ 塞缪尔·亨廷顿. 文明的冲突与世界秩序的重建［M］. 周琪，等译. 北京：新华出版社，2009：4.

（二）建设和完善和谐的文化交流机制

人类文明发展的历史，也是不同文明相互交流的历史。正是不同文明之间的交流互鉴，才使人类文明克服不同挑战，实现共同发展，形成丰富多彩、精彩纷呈的文明发展长河。习近平总书记在北京举行的"一带一路"国际合作高峰论坛开幕式上的演讲指出："古丝绸之路不仅是一条通商易货之道，更是一条知识交流之路。沿着古丝绸之路，中国将丝绸、瓷器、漆器、铁器传到西方，也为中国带来了胡椒、亚麻、香料、葡萄、石榴。沿着古丝绸之路，佛教、伊斯兰教及阿拉伯的天文、历法、医药传入中国，中国的四大发明、养蚕技术也由此传向世界。更为重要的是，商品和知识交流带来了观念创新。例如，佛教源自印度，在中国发扬光大，在东南亚得到传承。儒家文化起源中国，受到欧洲莱布尼茨、伏尔泰等思想家的推崇。这是交流的魅力、互鉴的成果。"[①] 文化交流和文明对话是达成人类命运共识的必由之路。文化共识指的是文化主体在某一认识上的共契与认同。构建人类命运共同体就是在共同发展、普遍安全、生态环境等问题上，联合不同民族、种族、国家的人民达成"命运相连、休戚与共"的共识。交流是达成共识的前提。任何两个民族的文化之间都存在"同质性"或"异质性"的关系，不同的民族在文化价值观念、风俗习惯、语言文字和宗教信仰等方面存在差异性。只有通过交流沟通，共话人类命运共同体，才能达成共识。完善的世界文化交流机制有助于化解不同国家因文化差异导致的共同体建设的意见分歧，就目前世界文化交流机制的现状看，需要从交流主体、交流平台和交流话语三个方面进行加强。

第一，提高发展中国家文化对外传播力。文化的对外传播力是国家对外文化输出和取得话语权的一种能力，是主动参与世界文化交流，保证自身文化诉求的基础。文化对外传播力的大小不仅取决于文化本身力量的强弱，还取决于经济、军事、科技的实力强弱。长期以来，西方发达国家借助经济、军事等硬实力，不断推行本民族的文化，借助科技手段打压发展中国家本土文化，长期占领着国际话语的制高点，形成了文化传播力西强东弱、北强南弱的局面。即使美国已失掉国家形象和国家信用，但通过描绘美国流行文化最热门的词汇来看，好莱坞在国外享有前所未有的成功，美国大众文化的风采已然超越了美国正式外交政策机构。"与大多数国家不同，美国的形象不仅在于美国的身份和所作所为，还在于如何通过遍及全球的大众文化，也就是好莱坞电影、流行音乐、视频网站以及电视节目等向世界展示自我。历史上没有哪个帝国，不管是罗马帝国、大英帝国、西班牙帝国抑或奥斯曼土耳其帝国，能像美国这样，拥

---

① 习近平. 论坚持推动构建人类命运共同体 [M]. 北京：中央文献出版社，2018：431.

有能跨越世界、塑造形象并且向世人展示其生活方式的强大媒体。"① 因此，发展中国家应该努力提升本国文化对外传播力，努力打造本民族文化特色，积极有为地参与国家间文化交流，与其他民族文化产生共情；努力改善通信、传播技术、文化载体、文化产业等文化发展和传播的"硬件"设施，避免在国际事务对话上失声。

第二，搭建多层次、多领域的文化交流平台。多层次、多领域的国际文化交流平台能够有利于促进不同文化间的交流，增进不同文化间的理解，形成统一的意识。搭建文化平台是近年来世界各国争相推进的项目，很多国家尽管为此投入了很多，但在预期效果方面往往不尽如人意，主要原因在于所搭建的文化交流平台过于扁平化与单一化，使得文化交流无法深入，同时，交流领域的单一化使文化交流成果无法实现产业化，严重影响了交流的效果。中国在构建人类命运共同体过程中致力于搭建多层次多领域的文化交流平台，在解决贫困、生态破坏、遗产保护等领域发挥了重要作用。

构建人类命运共同体是中国为全世界人民搭建合作平台的理念指引和实践努力，本着共商、共建、共享的思想，人类命运共同体是全世界人民共同搭建的合作平台。中国倡导的"一带一路"是中国与沿线国家共同搭建的平台，文化交流是"一带一路"建设的重要内容。中国积极参与亚洲文明大会、举办领导人峰会，目的在于搭建更多层次的交流平台，形成共同的文化共识，形成统一的建设步骤。同时，开启多领域的合作平台，有效解决包括全球经济治理、核安全、国际难民、人权等有关人类命运共同体构建的重大问题，有效开展教育、体育、旅游、卫生等方面的世界性合作，致力于解决好民生问题。人类命运共同体的形成更多地取决于世界人民对彼此文化的理解程度，以及对人类命运共同体文化的认同程度。中国正在致力于与全世界各国人民一同树立命运共同体意识，积极开展智力共同体、健康共同体等建设，在科学、教育、卫生、民间交往等各领域开展合作，启动各类共同体文化年、旅游年、艺术节、影视桥、语言桥、夏令营等合作项目，使各国人民往来频繁，在交流中拉近心与心的距离，增加文化认同。

第三，加强文化交流话语体系建设。习近平总书记多次指出，构建人类命运共同体要以文明交流超越文明隔阂，以文明互鉴超越文明冲突，以文明共存超越文明优越，推动各国相互理解、相互尊重、相互信任。各国相互理解、相互尊重、相互信任的程度取决于国家间在文化交流时的话语表现。良好的话语表现能够促进文化间交流，避免国际交流过程中的失语现象产生。加强文化交流话语体系建设是形成和谐的文化交流机制的重要内容，是文化间顺畅交流的保证。"话语"是沟通人与人的心灵、把文化交流主体联结起来的最直接的纽带。无论国家大小，和谐的文化交流是促进发展、

---

① ［美］奈森·嘉戴尔斯，迈克·麦德沃. 全球媒体时代的软实力之争——伊拉克战争之后的美国形象［M］. 何明智，译. 北京：中信出版社，2010：13 – 14.

加强合作的基础，是维持世界和谐稳定的前提，事关构建人类命运共同体的成败。因此，构建人类命运共同体需要因地制宜地建构一套科学的文化交流话语体系，增进国家间的理解，促进相互间的信任。

人类命运共同体是各国共建、共享、共治的大舞台。生活于同一个地球村的世界各国人民都是人类命运共同体建设的主体，都有同等表达构建命运共同体的想法与诉求的权力。推动构建人类命运共同体，不仅要推动各国经济共同发展，而且要促进人类文化共同繁荣，尤其是提高国家的对外传播力。只有这样，才能保证世界文化的充分交流和平等对话，才能保证生成的人类命运共同体观念是全世界人民共同认识的结晶，才能表达全世界人民共同的利益诉求。发达国家和部分有实力的发展中国家对落后国家的文化对外传播进行援助，是实现世界文化充分交流、平等对话的有效途径。无论在国际性的重大会议还是在区域性论坛上，都应该牢固树立命运共同体意识，认清"一荣俱荣、一损俱损"的连带效应，在追求本国利益时兼顾他国利益，在寻求自身发展时兼顾别国发展，互帮互助、同舟共济。世界各国应该建设文化基础设施，加大网络通信、电视光纤、移动互联等文化传播基础设施建设，尤其是落后国家更要积极投身到人类命运共同体建设之中，搭乘中国快速发展的便车，努力实现本国的快速发展。让世界听得到边缘国家更多的呼声、想法和诉求，让落后国家同等条件地享受现代文明，让世界真正成为一个同呼吸、共命运的联合体，始终是人类命运共同体建设的价值诉求。

（三）构建和发展科学的文化治理体系

千百年来，不同国家、不同民族的文化创造，成就了丰富多彩的人类精神世界。文化是一种社会交流及社会传递，通过特定的途径，被社会成员共同获得。这种获得共同文化的特定途径，其实就是文化得以交流和传递的制度。文化的存在只有被认同和学习时才具有意义，而被认同和学习的实现，必须依靠一套与之相关的制度规则。从这个角度来看，文化与制度就具有了统一性。当制度体现为规则时，它必然反映了文化的精神、文化的价值、文化的观念。而当文化体现为规则时，它必然采取一种风俗、一种习惯、一种制度的形式。在某种意义上，没有文化精神和文化价值的制度是不存在的，没有制度秩序和制度规则或制度规范的文化也是不存在的。对于这一点，著名的文化人类学家马林诺斯基的态度则更为直截了当，他在进行人类文化行为分析的时候认为"制度乃是文化分析的真正单元"①。文化不仅因为制度而生存，而衍生，

---

① ［英］B. 马林诺斯基. 科学的文化理论 ［M］. 黄建波，等译. 北京：中央民族大学出版社，1999：65.

而发展，而且也需要运用制度进行治理和规范。正是因为文化体现着一个国家和民族独特的历史记忆和情怀，所以我们就不能按照一般性的经济社会管理方式去进行文化治理，而要在把握人类文明演进规律的基础上进行有效治理，以科学的治理体系治理文化。

第一，分类治理，尊重文化多样性。人类文明既有共性又有差异，文化治理的前提是尊重差异。文化产品不同于一般性工业产品，它代表一个国家和人民的人文精神，反映这个国家的意识形态，体现整个民族的共同追求。所以，文化治理要分而治之，将不同国家的文化特质挖掘出来，通过分类将世界上繁杂的文化进行分组，针对不同大类的文化特性进行治理，这就避免了因一套标准而造成的"水土不服"的问题。但我们需要注意的是，分类治理是为了最终实现大融合，所以我们进行的分类不是将同质的文化进行现实的绑定，更不是对个别文化区别对待，而是在秉持平等相待的基础上，促进文化的融合与发展，形成科学的文化体系。

第二，包容性治理，促进不同文化的互学互鉴。文化的魅力在于其自身的独特性，不同文化所代表的是不同的民族，世界各个民族是平等的，因此文化同样是平等的。不同民族的文化在交流过程中互学互鉴，为文化多样性发展提供了基础。任何国家、民族的文化都不可能成为整个人类唯一的"标准品"，文化治理的包容性就是尊重世界各民族文化，平等看待其他民族文化，学习借鉴其他民族文化，尤其是学习其他文化的独特之处，将本民族文化融入世界文化，发挥本民族文化的独特魅力，创造性地融合其他文化，实现文化百花齐放的盛况。国家主席习近平2014年在联合国教科文组织总部的演讲中指出："中国人在两千多年前就认识到了'物之不齐，物之情也'的道理。推动文明交流互鉴，可以丰富人类文明的色彩，让各国人民享受更富内涵的精神生活、开创更有选择的未来。"①

第三，科学治理，推进全球文化治理的现代转变。科学的文化治理体系能够推动科学文化的产生，科学的文化是推动人类社会向前发展的精神动力。文化的科学性决定了文化的先进性，先进文化能够推动人类社会发展，而落后文化阻碍人类社会发展，文化的先进与落后随着时间的推移而不断变化，因此，每个民族的文化应该随着国家的变化而不断调整。对于全球文化的全局治理而言，需要我们坚持用科学的态度与方法对待不同国家、不同时期的文化，坚持科学、理性的思维方式包容对待不同文化。

国家主席习近平在2017年联合国日内瓦总部的演讲中指明了国家间文明交流的方向，国家之间要建构对话不对抗、结伴不结盟的伙伴关系。建立公平合理的全球文化治理结构与机制是文化间交流的重要保障，也是推动构建人类命运共同体的有利举措。"只要坚持沟通、真诚相处，'修昔底德陷阱'就可以避免。大国对小国要平等相待，

---

① 习近平. 论坚持推动构建人类命运共同体［M］. 北京：中央文献出版社，2018：77.

不搞唯我独尊、强买强卖的霸道"①，这既是推进构建互利共赢、平等相待的人类命运共同体的必然要求，也是构建人类命运共同体文化交流话语体系的目标追求。大国与小国进行文化交流时必须改变以往大国的权威形象，在话语体系中加入带有"生死相依、命运与共"共同体特色的柔性因素，杜绝和避免对本国文化过分夸大与妄自尊大的宣传，以免使边缘国家产生新文化殖民主义和霸权主义的错觉，进而使人类命运共同体得不到真正的认可。因此，"各国要树立命运共同体意识，真正在竞争中合作，在合作中共赢"②。大国间要改变以往相互敌对、相互猜忌、相互指责的话语风格，化敌为友，以诚相待，以信相处，共同担负起"构建人类命运共同体"的大国责任和使命。

三、有利于推进不同文明之间的平等交流

伴随"东升西降"趋势的延续，国际文明格局也开始呈现加速变化的态势，多极文明并存的方向日益清晰，促使国际文化格局更加区域化、群体化发展，部分国家正在组成变动的、针对具体问题的联盟和区域组织。伴随着经济全球化的发展，世界各国的交往普遍加深，文明间的交流碰撞不断深入，形成世界各国普遍认同的文化价值体系成为世界交往的必然结果。文化的独立性、排他性等特点使各国文化体系具有相对独立性，而文化的扩张性、融合性等特点又是文化发展的内在要求，这就为人类命运共同体文化构建提供了理论基础与实践要求。在文化构建的过程中既要充分尊重文明的独特性，又要探究文明间共性形成共同的价值认同，为文明间的交流合作提供保障。所以，人类命运共同体文化构建的方向必然是多元文化的融合。在文化交流过程中将本国文化置于世界文化的潮流中，在碰撞融合中形成文化融合，既保持自身的独立性，又吸收其他文化的精华，为本国文化发展提供动力。要推动中华优秀传统文化创造性转化、创新性发展，继承革命文化，发展社会主义先进文化，不忘本来、吸收外来、面向未来，这揭示了人类命运共同体文化构建的主体方向，指明了中国特色社会主义文化的前行之路，也为世界文化的大繁荣大发展提出了有益指导。

跨文化交流是世界各国相互沟通和了解的桥梁，也是连接不同文明之间的纽带。人类命运共同体文化的构建有利于促进跨文化交流，有利于夯实构建人类命运共同体的实践基础，推动构建人类命运共同体的理念传播，拓展构建人类命运共同体的人文

---

① 习近平谈治国理政（第 2 卷）［M］. 北京：外文出版社，2017：541.

② 韩庆祥. 为解决人类发展问题贡献"中国理论"——习近平"人类命运共同体"思想［J］.东岳论丛，2017（11）：5 - 10.

内涵。全球范围内不同文化、不同文明之间的冲突与碰撞，是引发诸多民族矛盾、族群纠葛、区域纠纷的重要因素之一。在当前推动构建人类命运共同体的时代背景下，积极推动跨文化交流，具有十分重要的现实意义。

（一）促进不同文明之间互动交流

文明多样性是由于全球自然环境差异、各地经济发展方式多样以及文化本身所具有的民族性差异所形成的，是人类文明文化生成、发展的客观结果。当今世界在推进跨文化交流过程中面临着一些问题与挑战。一方面，世界各国经济社会发展程度、发展阶段的不同导致跨文化交流的不平等的现象产生，经济落后导致的文化弱势屡见不鲜，弱势文化在跨文化交流过程中经受的冲击，阻碍了文化的交流，并且在一定程度上弱化了世界文明与文化的多样性，多元文化局面受到破坏。"马太效应"在跨文化传播过程中愈加明显，文化发展不平衡的现象更加突出。另一方面，文化交流表现形式的差异在跨文化传播过程中不断被放大，理念认知、表达方式的差异被格式化、固定化，形成了文明冲突的固定思维，严重违背了跨文化交流的目的与宗旨。"当今世界正面临百年未有之大变局。各国是走向冲突还是繁荣，历史是走向倒退还是进步，很大程度上取决于我们如何看待和处理不同文明之间的差异。"① 人类命运共同体的文化构建正是在努力解决跨文化交流过程中面临的问题与挑战，通过共同参与实现文化的融合与发展，打破固有观念，在充分交流的基础上尊重差异寻求合作，推动跨文化交流，构建人类命运共同体。

跨文化交流能够帮助不同民族求同存异，在更好理解自身文化的基础上增加对其他文化的理解，培育不同文化间相互包容的精神特质。能够促进不同文化背景的民众相互来往，消除偏见和误解。"国之交在于民相亲"，当前，科技的进步和信息化时代的到来，使各国民众文化交流日益频繁，文化价值理念的差异性逐渐显现，消除文化偏见和误解，实现文化融合成为不同民族交流合作的前提。跨文化交流不仅能够通过文化互通寻求理念共识，更能够为国家间交流合作提供平台，实现和平合作、互利共赢。

2000 多年前，中国古代先哲写道："若以水济水，谁能食之？若琴瑟之专壹，谁能听之。"② 人类文明的多样性是世界的基本特征。习近平总书记在多个场合强调文化多样性对文化发展的重要价值。2019 年 5 月 15 日，在亚洲文明对话大会主旨演讲中，

---

① 加深文明交融互鉴 共同应对全球挑战——来自中法文明对话的声音 [N]. 光明日报，2019 – 10 – 31.

② 左传译注 [M]. 李梦生，撰. 上海：上海古籍出版社，2004：1105.

国家主席习近平指出："一切生命有机体都需要新陈代谢，否则生命就会停止。文明也是一样，如果长期自我封闭，必将走向衰落。交流互鉴是文明发展的本质要求。只有同其他文明交流互鉴、取长补短，才能保持旺盛生命活力。文明交流互鉴应该是对等的、平等的，应该是多元的、多向的，而不应该是强制的、强迫的，不应该是单一的、单向的。"① 交流互鉴方能创造更美好的生活。文化是文明的表现形式，文明的影响力通过文化的影响力展现出来。优秀的文明必定是善于交流的，并且是与时俱进的。文明的发展和进步需要从历史上文明间的交流中总结与反思，需要在当下文化样态中汲取营养，因此，交流互鉴是文明进步的原始动力。2014 年 3 月 27 日，国家主席习近平在联合国日内瓦总部的演讲中提出："文明如水，润物无声。我们应该推动不同文明相互尊重、和谐共处，让文明交流互鉴成为增进各国人民友谊的桥梁、推动人类社会进步的动力、维护世界和平的纽带。"② 交流能够增加理解、加强合作，也能应对困难、实现发展。

　　文明在传播中生成，在传播中发展，拓展性是文明的基本属性。文明总是以一种独立性与排他性的样态呈现在其发展过程中，但文明发展的原始动力是吸收与融合，因此，霸权主义只能实现一时的发展，文明的延续与发展最终只能靠交流融合。文明通过传播展现自身的同时获得了比较与反思，通过交流源源不断地获得新的营养，所以，传播是文明的基本属性。就如同不存在不交往的人一样，不存在不交往的文明。文明传播的精神内核是交流互鉴。习近平总书记指出，"文化是一个国家、一个民族的灵魂"，文明交流互鉴，是推动人类文明进步和世界和平发展的重要动力。在文化对话交流的实践中，不拘泥于意识形态、社会制度之争，超越发展模式之辩，以文明交流超越文明隔阂，以文明互鉴超越文明冲突，以文明共存超越文明优越，在人类文明价值体系中承续、光大、创新中华文化，进而化解西方中心论的单一认知框架。2014 年 9 月 24 日，习近平总书记在纪念孔子诞辰 2565 周年国际学术研讨会暨国际儒学联合会第五届会员大会开幕会上讲话指出："对人类社会创造的各种文明，无论是古代的中华文明、希腊文明、罗马文明、埃及文明、两河文明、印度文明等，还是现在的亚洲文明、非洲文明、欧洲文明、美洲文明、大洋洲文明等，我们都应该采取学习借鉴的态度，都应该积极吸纳其中的有益成分，使人类创造的一切文明中的优秀文化基因与当代文化相适应、与现代社会相协调，把跨越时空、超越国度、富有永恒魅力、具有当代价值的优秀文化精神弘扬起来。"③ 文明间的交流也要考虑主体性，以我为主，兼收并蓄。交流以互鉴为导向，增强交流的自觉性、主动性与方向性，也就是

① 习近平谈治国理政（第 3 卷）[M]. 北京：外文出版社，2020：469 – 470.
② 习近平. 论坚持推动构建人类命运共同体 [M]. 北京：中央文献出版社，2018：81.
③ 习近平. 论坚持推动构建人类命运共同体 [M]. 北京：中央文献出版社，2018：162.

要欣赏与吸收其他文明的优秀方面，并结合自身的社会的实践，汲取其中具有"跨越时空、超越国度、富有永恒魅力、具有当代价值的优秀文化精神"。在此过程中，"进行文明相互学习借鉴，要坚持从本国本民族实际出发，坚持取长补短、择善而从，讲求兼收并蓄，但兼收并蓄不是囫囵吞枣、莫衷一是，而是要去粗取精、去伪存真"①。说到底是要注意创造性转化、创新性发展，把其精髓化为我体，为我所用，同时，我们也要继续创新发展，把创新发展后的文明成果奉献给世界。

构建人类命运共同体首先就是要实现文明间的跨文化交流，跨文化交流能够使不同文明体通过沟通交流实现"共商、共建、共享"。习近平总书记提出的"人类命运共同体"是对天下体系理念的重新阐释与创新性发展，跨文化交流不是文化内容的减法，更不是文明整体的除法，而是文化内容的加法，文明整体的乘法，是世界文化量和质的双重飞跃，是世界文化发展的必然结果。"一带一路"倡议是中国联合沿线国家共同打造人类命运共同体的一次伟大尝试，倡议本身不仅是商业贸易的合作发展，更是为世界提供了一个交流合作的平台，倡议所体现出的开放性、对话性、包容性为文明发展注入新的活力，倡议所倡导的道路联通、贸易畅通、资金融通、政策沟通、民心相通，为地区可持续发展提供动力。在全球政治经济格局动荡的当下，原有格局不断被打破，新的全球治理体系呼之欲出的情况下，如何实现世界的稳定发展成为当今世界的重大难题，"五通"为人类社会可持续发展提供了思想源泉。人类命运共同体的实现不仅要在基础设施、金融贸易等方面不断努力，还要在文化构建方面持续推进，实现文明间的沟通交流，文化间的融合发展，民族间的团结合作，实现世界的繁荣发展。

（二）凝聚人类社会的文化共识

在跨文化交流中，准确把握人类文化共识是构建人类命运共同体的前提，准确把握人类文化共识的基础是准确把握文化共识的基本要义。文化共识就是不同文化主体在价值层面达成的认同，文化共识是在不同文化的差异性与同一性基础上形成的，因此，准确把握文化共识要从文化的差异性与同一性两个维度探究。文化的差异性是构建人类命运共同体文化的现实条件，也是跨文化传播面临的挑战，但这不影响文化共识的形成。构建人类命运共同体就是以中国与世界其他国家的文化差异性为前提，也是中外文化形态求同存异的过程，在相互尊重彼此文化形态的独特性和特殊性前提下，寻求双方在文化理念上所特有的、有共同价值的文化理念，将具有全人类共同价值的文化元素组合在一起，形成文化共识。这种文化共识最大程度保证了不同文化主体的

---

① 习近平. 论坚持推动构建人类命运共同体 [M]. 北京：中央文献出版社，2018：162.

参与度，也最大程度保证了文化共识的丰富性与完整性，对于应对不同民族的现实问题具有重要意义。不同文化的同一性是构建人类命运共同体的现实基础，也是跨文化传播得以进行的重要保证，是文化共识形成的基础。不同文化形态作为人类文明的发展成果，具有可通约的、普遍意义上的价值元素，因此，不同文化之间具有一部分共有的文化价值取向，共同的文化价值取向为人类文化共识的形成提供了基础保障，为不同文化形态之间形成可共享共识的文化价值创造了空间。

人类命运共同体构建文化共识的基础是全人类的共同价值，"和平、发展、公平、正义、民主、自由，是全人类的共同价值，也是联合国的崇高目标"①。从文化视域构建人类命运共同体就是在跨文化交流的基础上形成文化共识，为世界各国发展提供良好的文化环境的保障。文化共识涉及各国的领土主权问题、政党政权问题、文化传统问题、生态环境问题等，因此，在达成文化共识的过程中，必须以尊重彼此为前提，以对话协商为途径，以共同发展为目的，逐渐达成文化共识，推动人类命运共同体向前发展。人类命运共同体构建文化共识的价值取向包含但不限于以下内容。

第一，持久和平。人类自诞生之日起从未停止对和平的追求，尽管在人类延续的长河中时刻伴随着战争，但是这更加触发了人类对持久和平的渴望。放眼当今世界，民族宗教矛盾和边界领土争端导致的局部冲突时有发生，霸权主义与强权政治主导下的政治冲突愈演愈烈，恐怖主义笼罩下的恐怖环境愈加危险，使战火笼罩下的人民极度渴望和平，使得和平地区的人民更加珍惜和平。第二次世界大战以后，世界在较长一段时间经历了一段总体和平的时期，绝大多数国家抓住了这段宝贵的和平时期，实现了国家的快速发展，人民群众的生存环境得到了持续改善。但全球内的局部战争一刻也没有停止，传统安全与非传统安全威胁持续升温并对各种文化形态造成巨大压力，持久和平成为世界人民和国际社会公认的价值理念。

第二，共享发展。发展关乎人类的生存质量问题，是人类社会向前推进的内在要求。人类社会在历史的演进中取得了巨大的成就，为人类社会打下了坚实的基础，但人类对生活质量的标准不断提高，对发展的速度提出了全新的要求，因此，如何又好又快发展成为当今世界的重要课题。在全球大融合背景下，如何紧跟时代潮流，如何借鉴发展迅猛的国家的经验成为各国不断探究的问题。跨文化交流目的就是摒弃差异，探究共识，借鉴经验，加快发展。共同发展是各国的共同目标，共享发展是世界各国的迫切要求，在东西方发展不均衡，南北地区差距巨大的前提下，如何摒弃偏见，加强合作、共享发展成为当今世界的时代问题。从文化视角下构建人类命运共同体，目的就是促进世界各国进行跨文化交流，在交流的基础上达成文化共识，实现共同发展。

---

① 习近平. 携手构建合作共赢新伙伴 同心打造人类命运共同体——在第七十届联合国大会一般性辩论时的讲话 [N]. 人民日报，2015 - 09 - 29.

对一些经济复苏乏力、发展后劲不足的文化形态，先进文化主导的产业必须本着公平公正的原则与其合作，带动落后文化地区的发展，共享发展成果，杜绝少数国家推行的单边主义、排他主义和贸易保护主义等价值倾向，主张发展成果能够更大范围地惠及不同文化形态的人们，增强发展的普惠性。

第三，公平正义。公平正义的价值取向是确保不同民族不同国家和平共处、共同发展的基本保障，公平强调对不同国家不同民族在地位、机会、权利等方面的充分尊重，坚持世界各国主权平等，各个国家均具有参与国际事务、享受公平待遇的权力。正义是基于不同国家由于发展能力的差异而作出的责任考量，主张坚持正确的"义利观"，各国在谋求自身发展的过程中必须保证他国利益不受侵害，要符合人类发展的道德要求。达成公平正义的文化共识就是要强调整体利益，强调责任与担当，强调社会道义。公平正义是人类社会共有的普遍价值理念，只有坚持公平正义的价值取向，才能建立真正美好的和谐世界。

第四，绿色生态。人类社会从自然社会中分离出来，受自然社会的影响，因此，整个人类社会的发展状态受到自然界的制约。绿色生态理念伴随人类社会发展的整个过程。在生产力低下的时期，人类的生存问题主要来自自然界，而现在生态问题作为"非传统安全"问题，日益成为世界不得不重视的问题，绿色生态文化成为人类社会倡导和呼吁的共同价值。"全球化既给人类带来了共图社会经济发展、共享科技文化资源的福音，也给人类带来了一系列全球性问题：环境恶化，生态破坏，人口爆炸，资源枯竭，核战威胁，武装冲突，国际恐怖，跨国犯罪，贫富悬殊，社会矛盾，民族隔阂，宗教仇恨，毒品泛滥，科技滥用，如此等等，严重地威胁着人类的健康生存和社会的全面进步。"[①] 人类共处一个地球，不同文化群体的人们共处一个家园。人类生产实践活动对自然环境的破坏正日益威胁着人类的生存，全球性环保运动的不断扩展，使得绿色生态理念已成为世界各国的共同价值共识。

（三）维护人类文明的多样性发展

对于人类文明的格局，人们能够形成一个基本的共识，那就是在我们同一个地球上，历史上出现了或当前存在着多种文明体。一些思想家根据不同文明的基本特征对于世界文明的类型进行了划分。按美国历史学家卡罗尔·奎格利的划分，存世的文明有5种。他在1961年《文明的演变：历史分析导论》中认为，历史上大的文明先后出现过16个。在西方，从克里特文明产生了古典文明，而后者又产生东正教文明、西方文明和伊斯兰文明三大文明，这一点与汤因比的观点一样；但是在东方，他认为从华

---

① 沈晓阳. 正义论经纬 [M]. 北京：人民出版社，2007：141.

夏文明中产生出了中华文明和日本文明。他没有将印度文明视为一个单独的文明。另一位美国历史学家马修·梅尔科（Matthew Melko）也认为日本文明是一个单独的文明，但不认为东正教文明是一个单独的文明；他在 1969 年的《文明的本质》一书中总共列举了 12 种文明，其中有 7 种是已消失的文明，即美索不达米亚文明、埃及文明、克里特文明、古希腊罗马文明、拜占庭文明、中美洲文明和安第斯文明，另外 5 种文明延续至今，即中华文明、日本文明、印度文明、伊斯兰文明和西方文明。美国史学家麦克尼尔（William Hardy McNeill）的《西方的兴起》一书之中，涉及的文明种类有：美索不达米亚文明、苏美尔文明、赫梯文明、米诺斯文明、印度（河）文明、尼罗河（埃及）文明、中东文明、中国文明、希腊文明等①。巴格比的《文化与历史：文明比较研究导论》认为人类社会存在着 9 种文明，分别是埃及文明、巴比伦文明、中国文明、印度文明、古典文明（古希腊文明和古罗马文明）、秘鲁文明、中美文明、西欧文明和近东文明②。德国历史学家斯宾格勒（Oswald Spengler）在其《西方的没落》（*The Decline of the West*）一书中以文明存在的悠久性把世界文明划分为 8 个类型：埃及、巴比伦、印度、中国、希腊－罗马、阿拉伯、西方和墨西哥文明，此外还有尚未完全形成的俄罗斯文明③。

西方著名历史学家汤因比（Arnold Joseph Toynbee）在其巨著《历史研究》（*A Study of History*）中，把世界历史上的文明分为 20 多类："一、发展充分的文明：A. 独立的文明：（a）与其他文明没有亲缘关系的文明：中美洲文明、安第斯文明；（b）不从属于其他文明的文明：苏美尔－阿卡德文明、埃及文明、爱琴文明、印度河文明、中国文明；（c）从属于其他文明的文明：叙利亚文明，从属于苏美尔－阿卡德文明、埃及文明、爱琴文明和赫梯文明；希腊文明，从属于爱琴文明；印度文明，从属于印度河文明；非洲文明，起初从属于埃及文明，之后从属于伊斯兰文明，再后从属于西方文明；东正教文明、西方文明、伊斯兰文明从属于叙利亚文明和希腊文明。B. 卫星文明：密西西比文明，中美洲文明的卫星文明；'西南部'的文明，中美洲文明的卫星文明；北安第斯文明，安第斯文明的卫星文明；南安第斯文明，安第斯文明的卫星文明；（原文注）埃拉米文明，苏美尔－阿卡德文明的卫星文明、赫梯文明，苏美尔－阿卡德文明的卫星文明、（原文注）乌拉尔图文明，苏美尔－阿卡德文明的卫星文明、伊朗文明，先是苏美尔－阿卡德文明，后是叙利亚文明的卫星文明、（原文注）麦罗埃文明，埃及文明的卫星文明、朝鲜文明、日本文明、越南文明（中国文明的卫星文

① ［美］威廉·麦克尼尔. 西方的兴起：人类共同体史［M］. 孙岳，陈志坚，于展，等译. 北京：中信出版社，2015.

② ［美］菲利普·巴格比. 文化与历史：文明比较研究导论［M］. 夏克，李天纲，陈江岗，译. 北京：商务印书馆，2018：184－186.

③ ［德］斯宾格勒. 西方的没落［M］. 齐世荣，译. 北京：群言出版社，2014.

明）、（原文注）意大利文明、东南亚文明，先是印度文明的卫星文明，后在印度尼西亚和马来西亚出现伊斯兰文明的卫星文明、俄罗斯文明，先是东正教文明，后为西方文明的卫星文明、邻近欧亚与亚非大草原地带的各土著游牧文明。二、失落的文明：最初的叙利亚文明，为埃及文明所取代；基督教聂斯脱利（景教）文明，为伊斯兰文明所取代；基督教一性论文明，为伊斯兰文明所取代；远西基督教文明，为西方文明所取代；斯堪的纳维亚文明，为西方文明所取代；中世纪西方城市文明，为近代西方文明所取代。"①

"文明冲突论"（the clash of civilizations）的创始人、美国著名学者塞缪尔·亨廷顿（Samuel Huntington）在《文明的冲突与世界秩序的重建》一书中指出：当代主要的文明有8个，即中华文明、日本文明、印度文明、伊斯兰文明、东正教文明、西方文明、拉丁美洲文明、非洲文明（可能存在的）②。季羡林认为，"据我个人的分法，纷纭复杂的文化，根据其共同之点可分为四个体系：中国文化体系，印度文化体系，阿拉伯伊斯兰文化体系，自古希腊、罗马一直到今天欧美的文化体系。再扩而大之，全人类文化又可以分为两大文化体系：前三者共同组成东方文化体系，后一者为西方文化体系。人类并没有创造出第三个大文化体系。"③ 由汝信主编，中国社会科学出版社出版的《世界文明大系》按照不同的标准，把世界文明划分为11种不同的谱系。

这些文明对世界格局产生了并将继续产生着深远影响。通过文明的发展历史来看，没有一种文明具有天生的优越性，没有一种文明具有天生的居高临下的姿态和资格。不同文明都有自身出现、存在和发展的权利，都从不同的方面对于整个人类文明作出过自己的贡献。人类文明发展历史和事实再一次证明，世界文明具有鲜明的丰富性和复杂性，而这些是客观存在的事实，这也是文明之间交流互鉴的动力。

文明间的跨文化传播旨在加强沟通交流、互学互鉴，不是寻求最优文明或者寻找"普世文明"，跨文化传播的目的是实现文明的多样性发展。第一，文明多样性是世界的基本特征。文明间跨文化交流的前提是文化的差异性，跨文化交流能够从文化的差异性中发现先进文化，借鉴学习不同文明的先进内容，促进自身发展的同时实现文明的多样性发展。习近平总书记指出："每一种文明都扎根于自己的生存土壤，凝聚着一个国家、一个民族的非凡智慧和精神追求，都有自己存在的价值。人类只有肤色语言之别，文明只有姹紫嫣红之别，但绝无高低优劣之分。认为自己的人种和文明高人一等，执意改造甚至取代其他文明，在认识上是愚蠢的，在做法上是灾难性的！如果

① ［英］汤因比. 历史研究［M］. 刘北成，郭小凌，译. 上海：上海人民出版社，2005：52 – 53.
② 塞缪尔·亨廷顿. 文明的冲突与世界秩序的重建［M］. 周琪，等译. 北京：新华出版社，2009：24 – 26.
③ 季羡林. 东方文化集成总序［A］. // 孙承熙. 阿拉伯伊斯兰文化史纲［M］. 北京：昆仑出版社，2001：11 – 12.

人类文明变得只有一个色调、一个模式了，那这个世界就太单调了，也太无趣了！我们应该秉持平等和尊重，摒弃傲慢和偏见，加深对自身文明和其他文明差异性的认知，推动不同文明交流对话、和谐共生。"① 人类在其发展过程中，创造和发展了五彩缤纷的文明，"从茹毛饮血到田园农耕，从工业革命到信息社会，构成了波澜壮阔的文明图谱，书写了激荡人心的文明华章"②。不同国家和民族的文化都有其自身的特殊性，这是由自身国家和民族的历史条件和现实条件决定的，并且对推动本民族发展作出过巨大贡献，因此都有其存在的合理性与必然性，任何国家和民族都没有权力去否定其他民族的文化。不论是欧洲文明、亚洲文明还是非洲文明，都是其特殊的历史和国情、特殊的地域和环境所孕育的不同文明，都对整个世界文化的多样性发展作出了巨大贡献。

第二，文明因多样而有交流互鉴的价值。世界万事万物都不是一成不变的，正是因为不同事物存在着差异性，才会有如此灿烂多彩的世界。世界因为文明的多样性而绚烂多姿，文明因为交流而融合发展，不同国家与民族的文化都各具特色，都有值得学习与借鉴的内容，不同制度、道路的多样性文化为世界文化的发展和人类社会进步提供了强大动力。习近平总书记指出："我们应该维护各国各民族文明多样性，加强相互交流、相互学习、相互借鉴，而不应该相互隔膜、相互排斥、相互取代，这样世界文明之园才能万紫千红、生机盎然。"③

文明的多样性体现在不同文明各自的历史性上和现实性上，不同文明得以长期共存是因为文明间的交流从未停止，不同文明在借鉴融合中得以共同发展。互联网时代的到来为文化传播与文化交流提供了更加便捷的路径，不同文化的独特性得到了更加充分的展现，同时也逐渐渗透到世界各国和各民族，对当地原有的文明产生了不同程度的影响，使得文化的融合更加迅速，不同文化的价值得到了更好地展现。我们要清晰地认识到不同国家和民族的文明都有着自己的特色和长处，都在根据自身国情延续自身的文明发展道路，那种"唯我优越"的文明根本不存在，因此，试图进行文化霸权的行为是行不通的。正因为人类文明具有多样性，才具有了交流借鉴的价值，从文化视角构建人类命运共同体就是要使不同文明在互相包容、和谐的状态下和平相处，在抑制、管控分歧的条件下解决冲突和危机，共同创造全人类的全新文明。

四、有利于实现全球性文化问题的有效解决

随着现代文明的不断推进，一种新的全球化——文化全球化正在逼近，其突出特

---

①　习近平谈治国理政（第3卷）[M]. 北京：外文出版社，2020：468-469.

②　习近平. 论坚持推动构建人类命运共同体 [M]. 北京：中央文献出版社，2018：76.

③　习近平. 论坚持推动构建人类命运共同体 [M]. 北京：中央文献出版社，2018：161.

点就是使不同的文化脉系相互理解、交流甚至融合，形成一种人类共同的文化。人类共同文化发展的过程也是探索世界文化发展走向，解决全球文化问题的过程，在交流互鉴的过程中增加实践选择的过程，为全球文化发展提供了文化给养。但发展的过程中也潜存着各民族不同文化价值之间的对立与冲突，因此要正确认识不同文化的时代价值，不断探索文化建设的实践选择，消灭文化扩张与文化侵略，促进民族文化意识的觉醒，推进全球文化和谐发展。

（一）通过人类命运共同体意识共同解决全球性文化危机问题

世界百年未有之大变局下，三大全球文化危机集中爆发：一是全球文化虚无主义危机，既体现于国家治理层面的信仰信念信心衰竭，也体现于全球治理层面的"普世"文明公信力衰退；二是全球文化激进主义危机，既体现于社会治理层面的民粹主义社会革命，也体现于政党治理层面的畸形化政党革命；三是全球文化保守主义危机，既体现于创造性转化层面的蜗步难移，也体现于创新性发展层面的缓慢进程。

当前，全球文化虚无主义危机、全球文化激进主义危机、全球文化保守主义危机三大全球文化危机集中爆发，给世界文化发展带来巨大挑战。全球新冠疫情暴发以后，全球文化危机所带来的危害迅速蔓延，各国之间各自为政，缺乏沟通交流，没能在关键时期形成有效的联防联控。疫情后期，错误解读中国给予世界的援助，部分国家拒绝中国疫苗，给本国人民带来了沉痛的灾难。凡此种种皆是因为文化差异与文化危机导致的问题，西方部分政党刻意渲染文化危机，否定历史文化，固守落后文化，导致了文化危机的加剧。新冠疫情不仅是一次全球公共卫生治理危机，更是一次涉及全球共同体之全球治理、国家共同体之国家治理、社会共同体之社会治理、政治共同体之政党治理、民族共同体之民族治理的系统性危机，而这一系统性危机的根源恰恰是以自由、平等、博爱为核心的世界资本主义现代文明。放纵的自由导致虚无主义盛行，高傲的救世主情怀导致激进主义蔓延，强烈的优越感使他们无法睁眼看世界导致文化保守主义的产生。在后疫情时期，资本主义独领风骚的旧时代将淡出历史，强起来的社会主义中国引领文明互鉴、包容发展、共同进步的新觉醒时代将加速到来。2020年9月22日，国家主席习近平在第75届联合国大会一般性辩论上指出，"人类需要一场自我革命"[①]。新觉醒时代必将是全球科技再革命、全球思想再启蒙、全球信仰再创造、全球文艺再复兴的时代。人类正在共创一个充满更多发展可能性的新文明纪元。新时代中国特色社会主义文化的强基铸魂范式破解文化虚无主义危机，强党强国范式

---

① 习近平. 携手构建合作共赢新伙伴　同心打造人类命运共同体——在第七十五届联合国大会一般性辩论上的讲话 [N]. 人民日报，2020 - 09 - 23.

破解文化激进主义危机，文明互鉴范式破解文化保守主义危机，三大范式将推进文化危机的历史性突破。

　　全球文化问题具有普遍性和整体性特征，要求我们对问题的把握不能局限于单个地区与单个民族的文化问题，要从世界文化的整体性上进行系统分析，从不同民族与国家的文化视角研究本身固有的行为规范和价值准则，从全球范围和全人类根本利益角度去思考全球文化问题，形成与之相适合的人类新的文化价值共识，缓和民族、国家之间、人与自然之间的矛盾，把人类现代文明建设推向新的阶段。构建人类命运共同体的文化价值共识，就是不同国家和民族应该培育和形成共同的价值理念和认识，能够符合整个人类的生存发展需要。新的文化价值共识能够超越社会制度和意识形态的分歧，从整个人类的视角审视和考察现实，以系统的角度解决自身发展与共同发展的问题，形成符合人类整体和根本利益要求的文化价值观。因此，新的文化价值共识需要通过各民族文化价值观的调整来形成。时至今日，人类已经在众多全球问题上达成共识，在和平观、可持续发展观、生态环境意识、人口意识等方面取得了共同的认可，这为新的文化价值共识的形成奠定了坚实基础。然而，文化差异性的存在给新的文化价值共识的形成带来了众多阻碍，尤其是西方发达国家因为存在认知偏见对东方文化极力排斥，并且试图通过经济、军事等手段实现文化霸权主义，严重危害文明间的文化交流，加重了落后国家对本民族文化存续的危机感，加剧了文化保守主义的危害。尽管目前新的文化价值共识在形成过程中存在种种困难，但它符合人类的根本利益，对解决当今世界问题具有迫切的现实需要，因此越来越被世界人民所认可。构建人类命运共同体文化的过程也是形成新的文化共识的过程，通过多维文化资源形成新的文化共识的目的就是解决全球性文化危机问题，所以，随着人类的不断发展，构建人类命运共同体必然会成为指导人类解决全球性问题的科学观念，成为实现民族、国家之间及人类与自然之间和谐相处、推动现代文明前进的精神要素和文化动力。

（二）正确发挥不同国家文化的时代价值

　　推动人类命运共同体文化构建对于解决全球性文化问题具有重要的时代价值，全球化中世界市场的一体化与多样性的矛盾，在文化领域表现得更加深刻，随着全球化的推进，文化多样性保护进入人们视野，学者们呼吁要重视文化多样性的重要意义，各个国家在全球化过程中也对文化领域进行了重新定义，目的就是充分保障文化的多样性发展。联合国教科文组织的《世界文化报告——文化、创新与市场》阐述了文化多元的七大根据："第一，文化多元性作为人类精神创造性的一种表达，它本身就具有价值。第二，它为平等、人权和自决权原则所要求。第三，类似于生物的多样性，文化多元性可以帮助人类适应世界有限的环境资源。在这一背景下多元性与可持续性相连。第四，文化多元性是反对政治和经济的依赖与压迫的需要。第五，从美学上讲，文化多元性呈现一种不同文化的系列，令人愉悦。第六，文化多元性启迪人们的思想。第七，文化多元性可以储存好的和有用的做事方法，储存这方面的知识和经验。"① 联合国报告中所列举的这七项关于文化多样性的重要性，比较全面综合地反映了世界上已经或者正在进行的文化多样性研究的共同理论成果。文化作为一个民族存立于世的灵魂，对民族发展起到了决定性作用，是一个民族持续发展的根本力量。不同的民族具有不同的气质，这种气质是由本民族文化特有元素决定的，每一种元素的形成与存续是由本民族的历史发展现实决定的，对本民族的未来发展具有不可替代的现实意义。在文化发展的历史长河中，每一种文化都是在民族内部自然形成，在外部交往中获得启发，在借鉴融合中得到发展，不同文化间的交流碰撞，是民族文化得到创新与发展的根本动力。因此，文化的多样性在未来文化的发展过程中具有重要的意义，文化的活水就是其他民族文化的不同元素，学习和借鉴其他文化才能使本民族文化具有生命力。

客观存在的多元文化形态总是多样化、多层次性的，这是不同文化主体的生存环境、生活方式、意识形态和文化传统决定的，多元文化的交流能打破自身文化界限，不同文化元素的碰撞能够创新出更加先进的文化。共处同一时代、共存于同一世界文化体系中的各种文化，不可避免地会影响到其他民族的文化，正是在这种相互影响中形成了一个时代的文化样态，这种时代性的文化样态表现在各个民族中时会体现出差异性与同一性，同一性使得时代文化在文化主体中得以存在，差异性使得时代文化丰富多彩。全球化加速了时代文化的形成与变化，世界交往的频繁加速了文化的交流与碰撞，不同文化类型的交往范围和深度不断扩大，时代文化已然成为现今人类生活中不容忽视的内容。现代科技的运用加速了各种文化的融合，但文化多样性所展现的时代价值愈发突出，多样性文化充实和丰富着人的精神世界。所以，文化的多样性是人类生存的实际需要，也是文化自身发展的现实需要。

马克思指出："大工业通过普遍的竞争迫使所有个人的全部精力处于高度紧张状态。它尽可能地消灭意识形态、宗教、道德等，而在它无法做到这一点的地方，它就把它们变成赤裸裸的谎言。它首次开创了世界历史，因为它使每个文明国家以及这些国家中的每一个人的需要的满足都依赖于整个世界，因为它消灭了各国以往自然形成的闭关自守的状态。它使自然科学从属于资本，并使分工丧失了自己自然形成的性质的最后一点假象。它把自然形成的性质一概消灭掉（只要在劳动的范围内有可能做到这一点），它还把所有自然形成的关系变成货币的关系。"② 全球化的到来打破了原有

---

① 联合国教科文组织. 世界文化报告（1998）[M]. 北京：北京大学出版社，2000：122.
② 马克思恩格斯选集（第1卷）[M]. 北京：人民出版社，2012：194.

封闭的状态，各国资源共同进入同一个世界市场，文化作为特殊的物品也毫不例外的进入其中，各种文化展开了碰撞与交流，对世界的发展起到了助推作用。文化的互利互惠作用在这个时代展现出来，每个民族的文化财富都被世界各国所共同分享，并发展成为一种双赢的文化发展模式，在这里不同的文化类型都能合理地存在，使得世界文化的宝库无论是内涵还是形式都精彩纷呈，不断得到充实和丰富。构建人类命运共同体文化就是鼓励多元文化间交流，理性、科学地分析不同文化间差异和冲突，保证多元文化健康、良性发展。要充分发挥多元文化的时代价值就要肯定不同文化类型存在的合理性，尊重异质文化的存在，保障弱势文化的存续与发展，发展成果公平分享。

不同文化所蕴含的独特的文化价值都是这种文化得以生存的基础，并不存在绝对优势的文化，更不存在适用所有国家发展的"普世文化"，后现代性理论的出现，解构了世界上各类"中心论"，高扬了存在的合法性，加之世界的联系日趋紧密，这也打破了多元文化的发展桎梏。从 1924 年霍勒斯·卡伦提出"文化多元论"到今天，多元文化的发展经历了一个漫长的过程，从最初在 20 世纪后期的民权运动中用来解决移民国家中的民族争端，后来加拿大首先把"多元文化"作为政治纲领，以鼓励形成新的丰富多彩的社会文化，之后这一文化政策也被包括澳大利亚等国采纳。联合国在 1995 年提出了多元文化主义的原则，明确了不同文化间的关系。这种多元文化主义原则的核心是，各民族平等的享有文化发展权，不同文化类型一律平等。随后又在 2001 年通过了著名的《世界文化多样性宣言》，指出了文化多样性的地位、意义和面对多元文化的态度问题。《世界文化多样性宣言》指出，生物多样性是生物界存在的前提条件，而文化的多样性也是世界文化发展保持平衡和发展的重要前提。没有多种文化类型的存在，无法产生交流和融合，就无法谈及所谓的文化创新，世界的文明史将会是死水一潭，世界文化将会失去发展动力。因此，必须保证文化的多样性和文化类型的差异性，充分保证文化的交流，形成文化持续发展的稳定和睦局面。

（三）提供全球文化共同发展的实践选择

人类命运共同体是时代的产物，构建人类命运共同体文化是构建人类命运共同体的重要内容，世界人民只有充分理解和认同共同体文化，才能支持人类命运共同体构建，才能化为集体行为而发挥实践效力，为人类社会发展作出积极贡献。构建人类命运共同体文化为世界文化发展提供了一个契机，也为世界文化建设提供了实践选择。

第一，构建人类命运共同体文化能够破除原有文化制度壁垒。一直以来，由于社会制度、意识形态、宗教信仰的差异，世界各民族文化在交流过程中经常性发生摩擦与冲突，原有国际社会形成的文化制度多是西方国家主导形成的，有利于资本主义国家利用市场优势、技术优势推行西方文化，导致很多国家敌视文化交流，文化的全球性交流面临着诸多挑战，文化的流动还主要局限于单一的国家和文化形态内部，世界范围内文化的充分交流困难重重。文化制度的调整能够对不同文化形态之间的隔阂和冲突产生调和作用，文化制度作为文化空间内的一种运行规则能够规范文化主体的行为，避免因文化主体的主观意愿而破坏文化交流的基本准则，伤害其他文化主体利益。同时，文化主体可以利用文化制度加强与其他文化主体沟通，激发不同文化群体对其他文化形态的观照和比较，为形成文化共识创造条件。构建人类命运共同体文化就是要形成文化共识、制定文化制度，要努力消除不同意识形态之间的制度障碍，加强顶层设计和制度安排，在达成文化共识的基础上，从点对点交流向点对面、面对面拓展，更好地实现交流互鉴，成为最终凝聚起人类命运共同体构建的文化共识，提供文化建设实践选择的不竭动力。

第二，构建人类命运共同体文化能够持续拓展多边对话。不同文化形态之间如果无法形成必要的文化理解，就会加剧全球文化层面的内耗，引发不同文化形态之间的紧张关系，破坏不同文化形态中的交流和谐。文化是人类生产生活实践在精神层面的体现，展示了人类的实践创造。尽管不同文化形态之间发展方向是自主的，但是交流对话后的文化通常具有相似的发展方向。构建人类命运共同体文化就是要探索相对正确的发展方向，努力联合各个民族文化进行多边对话，从整体性视域推动文化发展。在跨文化交流中开展多边文化对话，能够在一定程度上消除文化误解、文化隔阂和文化冲突，确立和而不同的文化立场，秉持兼容并蓄的文化态度，最大限度地规避不同文化形态之间的冲突与矛盾，寻求人类整体利益的最大化实现。开展多边文化对话的过程也是构建人类命运共同体文化的过程，"要跟上时代前进步伐，就不能身体已进入 21 世纪，而脑袋还停留在冷战思维、零和博弈的旧时代"①，因此，构建人类命运共同体文化要符合时代要求，搁置在社会制度和意识形态之间的不同意见，开展大型国际文化交流活动，促成不同文化形态之间的文化理解。通过构建人类命运共同体文化为不同民族文化提供对话、协商、合作的契机，更快更多地达成必要的文化理解，在更大范围上凝聚人类命运共同体构建的文化共识。

第三，构建人类命运共同体文化能够在文化共建中实现共赢。文化共建就是以共同利益获得文化共识，以文化共识削减构建阻力。当前，人类命运共同体建构还处于初期阶段，建设的各方面还处于探索阶段，但文化建设已经走到了整体建设的前面，很多问题和挑战已经显现，解决好文化建设问题成为人类命运共同体整体建设的重要内容。文化建设在整个人类社会发展过程中从未停止，形成一定的文化共识也是世界各民族一直以来的目标，但由于文化发展的速度有所不同，优先发展的文化在一定程度上打乱了原有的发展格局，文化的平衡局面被打破，因此需要各民族共同努力，实

---

① 习近平．习近平谈治国理政（第 1 卷）［M］．北京：外文出版社，2018：354.

现共建共赢的和谐的文化局面。我们所倡导的人类命运共同体文化是一种以中国特色社会主义文化为基础，融合世界其他先进文化的包容性文化，同时，中国人类命运共同体文化不同于西方国家一直倡导的完全自由的文化，更不推行"普世价值观"，而是着眼大局，旨在引领世界文化发展的先进文化。发达国家主张西方中心主义，希望通过少数国家统领全局，因此霸权主义文化盛行。但世界文化的困局不是缺少具有领导性的文化，而是如何将世界不同文化聚集到一起，形成百花齐放、百家争鸣的文化大发展局面。西方文化形态的自我优越感严重影响了与其他民族文化进行平等交流，潜在地排斥其他文化形态，使各种文化形态之间失去了平等对话的机会和平台。构建人类命运共同体文化目的在于实现不同文化形态之间合作共赢、利益共享，这为世界各民族文化建设提供了实践选择，既避免了强势文化对弱势文化的挤压，又利用了优质文化资源对落后文化的赋能与推进，为不同文化确立了正确的定位。

五、有利于贡献全球文化发展的中国智慧和中国方案

人类命运共同体文化构建是我国新时代推进人类命运共同体建设的重要内容，是应对当前全球化困境、构建全球公平正义新秩序的必然选择，具有重要的历史与现实意义。推动人类命运共同体文化构建有利于我国文化强国战略的实施，有利于我国抵制西方文化冲击，推动中华文化向世界输出；有利于提高中华文化的国际认同，重构世界文化体系；有利于实现人类命运共同体文化的世界引领作用，推动人类文化发展，实现真正的共同体。推动构建人类命运共同体文化是中华优秀传统文化与中国特色社会主义文化的当代运用，是实现我国文化强国战略的应有之义，也是世界文化发展的必然选择。

2020 年 10 月，党的十九届五中全会通过了《中共中央关于制定国民经济和社会发展第十四个五年规划和二〇三五年远景目标的建议》，就"十四五"时期"繁荣发展文化事业和文化产业，提高国家文化软实力"作出了系统阐述，明确要求"以讲好中国故事为着力点，创新推进国际传播，加强对外文化交流和多层次文明对话""到2035 年建成文化强国"。[①] 人类命运共同体文化构建是中华文化同世界文化交流互鉴主题，是文化强国战略的关键一招。在文化强国建设过程中，我们要自觉抵御西方文化冲击，在开放中发现危机，在危机中育先机。同时，还要不断提高中华文化的国际认同，加强国际交流，在对话和交流中展现中华文化魅力。最后，要实现人类命运共同

---

① 中共中央关于制定国民经济和社会发展第十四个五年规划和二〇三五年远景目标的建议[N]. 人民日报，2020 – 11 – 04.

体文化的世界引领作用，以海纳百川的宽广胸怀和积极态度引领世界文化发展。

（一）抵御西方文化对世界文化的冲击

人类命运共同体文化不同于传统的西方文明观，它既不认同文明有中心和边缘之分，也不认为文明发展模式的单一性，批判和超越了"文明中心论"和"制度模式单一论"，是具有划时代意义的现代文化。

第一，人类命运共同体文化批判和超越了"文明中心论"。人类社会进入近代以来，国际话语权基本上一直掌握在西方国家手中。西方社会在世界上占据意识形态领域主导地位，享有国际话语权，与其强大的综合国力、军事力量、经济体量、科技水平等有着紧密的关系，谁在世界拥有的实力越大，谁在世界上享有的权力就越大，谁的声音就越大，谁的价值观和意识形态就更加容易形成"主流"价值观和"主流"话语。同时，西方国家运用文化对外战略，把自身的话语优势固定化、绝对化、神圣化，运用话语权和传播体系，把美国的、西方的思想"普世化"，将西方制度贴上所谓"先进"的标签，排斥、拒绝、抑制发展中国家的声音和话语主张。西方国家热衷于强调西方文化的中心地位，把非西方文明当作边缘文明，这种对不同文明进行的主客二分的做法，损害了非西方文明的应有地位，导致了文明间的对抗。西方国家宣扬"文明中心论"，夸大西方文明的优越性，放大非西方文明的缺陷，目的就是实行文化殖民主义。黑格尔曾认为《论语》所讲的只是常识道德，"这种常识道德我们在哪里都找得到，在哪一个民族里都找得到，可能还要好些，这是毫无出色之点的东西"[①]。"文明中心论"无视文明间的平等性，用粗浅的方法简单划分世界文明，并且天真地想要用自己的文明取代其他文明，这种愚昧的想法必然给世界其他文明的发展带来伤害。当前，中东地区的动乱仍在持续，持续的打压与报复使文明间走向仇视与敌对，破坏了文明间的和平与交流。可见，世界范围内斗争的形势正在呈现新的迹象，在世界百年未有之大变局的时代，在国际格局深度调整的过程中，国际社会不仅正在进行一场实力的竞争，权力的较量，而且也还有一场解释权的斗争正在展开。

人类命运共同体文化批判"文明中心论"，认为世界文明没有中心与边缘之分，坚决抵制文化殖民主义，始终帮助弱势文明抵御西方文明。在对待中东地区问题时，中国始终强调和平解决矛盾冲突，反对以美国为首的西方国家插手中东事务，避免冲突升级造成更大范围的动乱。人类命运共同体文化强调文明交流要平等、包容、和谐，

---

① ［德］黑格尔. 哲学史讲演录（第 1 卷）［M］. 贺麟，王太庆，译. 北京：商务印书馆，1959：119.

不同文明没有地位、好坏的差别，每一种文明都有它自身存在的价值与合理性，世界上并不存在具有绝对优越性的文明。"认为自己的人种和文明高人一等，执意改造甚至取代其他文明，在认识上是愚蠢的，在做法上是灾难性的！"① 要自觉抵御西方文化冲击，保证本民族文化的存续与发展。

第二，人类命运共同体文化是对"制度模式单一论"的批判与超越。近代以来，资本主义国家一直致力于推广资本主义的社会制度和发展模式，他们认为资本主义制度是人类社会的最高阶段，把西方文明作为文明的最高形式，把自由民主制度看作最科学的制度形式，认为人类社会的发展史是"以自由民主制度为方向的人类普遍史"②。在约瑟夫·奈看来："早在1989年柏林墙倒塌之前，电视、电影早就'穿墙而过'影响了一大批人。如果没有西方流行文化经年累月传递的那些影像，没有他们'搞破坏'，光凭锤子和压路机是难以推倒柏林墙的。"③ 在"救世主"情怀的指引下，西方国家片面地认为自己的制度模式具有"普世性"，排斥、诋毁其他制度模式，并强行推广西方制度模式在其他国家的适用，这导致了这一制度在引进国"水土不服"的现象，使得南美洲地区、南亚地区及世界其他地区难以实现社会稳定、经济发展。在美国的怂恿与威胁下，众多发展中国家纷纷采用资本主义制度模式，照搬西方社会制度和发展模式，最终的结果是俄罗斯的"休克疗法"惨淡收场，拉丁美洲国家落入"中等收入陷阱"，南亚地区卷起金融危机，中亚地区更加动荡。这些现实无疑说明"制度模式单一论"是错误的，就如同世间并不存在包治百病的灵丹妙药一样，并不存在适合所有国情的制度模式。人类命运共同体文化构建不是要形成一种超越所有文化的文化样态，而是形成一种文化发展制度模式，通过有效的文化发展模式推动世界文化的繁荣与发展。

（二）提高中华文化的国际影响力和软实力

认同不是单向度的自我理解和自我欣赏，它源于社会存在的"他者"，是建立在双向关系和群体范畴之上的。社会认同是个体知晓他属于特定的社会群体，而且他所获得的群体资格会赋予其某种情感和价值意义。社会群体是指两个或更多的群体，这些人有共享的社会认同，或者换句话说，他们感知到他们这些人属于同一个社会范畴。"认同，尤其是社会认同，和群体是不可分割的，之所以这样说，是因为某人对于'我是谁'的概念或定义（即某人的认同）在很大程度上是由自我描述构成的，而自

① 习近平谈治国理政（第3卷）[M].北京：外文出版社，2020：468.
② [美]弗朗西斯·福山.历史的终结及最后之人 [M].黄胜强，等译.北京：中国社会科学出版社，2003：54.
③ [美]约瑟夫·奈.软实力 [M].马娟娟，译.北京：中信出版社，2013：67.

我描述是与某人所归属的群体的特质联系在一起的。"① 认同形成的过程是我者与他者交往过程中形成主体性认识的过程，因为文化具有相异性，所以认同是相对的。文化认同是"人类对于文化的倾向性共识与认可。由于人类存在于不同的文化体系中，因而人类的文化认同也因文化差异而不同，文化认同也因此表现为对其文化的归属意识。"② 在文化认同的形成过程中，文化主体会根据自身的文化特性与他者文化进行碰撞，在碰撞中审视和思考他者文化的特性，选择性地接受先进的、相似的文化内容，形成一定的文化认同。文化认同形成以后，当不同文化交流时会形成一定程度的亲近感和归属感。文化归属感的确立能够促进对他者文化的了解，减少文化对抗现象的产生。因此，文化在软实力构成中处于核心地位，没有文化高度的软实力是没有优势的，因为它站位低，不会产生道德和正义的影响力。没有文化深度的软实力是经受不住挑战的，它在人们的认同体系中没有根基和深厚的基础。没有文化广度的软实力是没有传播和影响空间的，不会产生广泛的反响。没有文化开放的软实力是自我封闭的，无法实现其世界性。在全球化时代，不同的国家与民族在文化交流过程中都在试图寻找文化共性形成文化认同，为其他方面的交往获得文化基础。由于现实社会环境的变化以及现实语境的不断变化，使得文化认同的程度也在不断变化，所以，加强文化交流变得尤为重要。

党的十九大报告中指出，各国人民要"同心协力，构建人类命运共同体，建设持久和平、普遍安全、共同繁荣、开放包容、清洁美丽的世界"③。这是彰显中华文化魅力、提高中华文化的国际认同的关键一招。中华文化向来以天下为己任，着眼于全人类的幸福，中国始终致力于解决关乎全人类的全球性问题，致力于推动整个人类社会的和平与发展，在推动全人类共同发展的思想上获得了世界人民的认同。"一带一路"倡议是构建人类命运共同体的具体实践，倡议本身正是中华传统文化的生动体现，新时代人类命运共同体思想的提出同样是中国特色社会主义文化的当代体现。推动构建人类命运共同体文化的过程也是推进中华文化获得国际认同的过程，必须在充分认识世界文化的基础上谋篇布局。"一带一路"倡议不仅是谋求中国自身发展，更是注重世界各国的共同发展，"一带一路"是一条共同发展之路。因此，在推进中华文化认同的工作中，始终坚持"和平、合作、发展、共赢"的理念，以中华文化中"和而不同"的仁爱思想指导工作。

提高中华文化的国际认同，实施我国文化强国战略都必须符合时代要求和文化发

---

①　[澳]迈克尔·A. 豪格，[英]多米尼克·阿布拉姆斯. 社会认同过程 [M]. 高明华，译. 北京：中国人民大学出版社，2011：9-10.

②　郑晓云. 文化认同论 [M]. 北京：中国社会科学出版社，1992：8.

③　习近平. 决胜全面建成小康社会 夺取新时代中国特色社会主义伟大胜利——在中国共产党第十九次全国代表大会上的报告 [N]. 人民日报，2017-10-28.

展趋势，全球化的时代大背景要求文化必须具备包容的特点，所要实现的文化的全球化是一种多极均衡、文化多元共生、各民族和谐共处的全球化。以中华文化为基础所要构建的人类命运共同体文化，符合时代和文化发展的要求。中华文化尊重文化差异，在文化交往过程中始终遵循平等相待、和平共处的原则，人类命运共同体理念提出以后，中华文化的魅力再一次彰显在世人面前，"一带一路"实施过程中，中华文化的包容性获得了沿线国家的高度赞誉，极好地推进了中华文化在世界的传播，为文化强国战略作出了巨大贡献。只有具体国家具体差异具体分析，有针对性地选择交流方式和策略，才能保证中华文化融入的畅通和实效。只有"开放包容""互学互鉴"才能植根历史、面向未来，只有立足中国、朝向世界才能实现文化强国的目标。

（三）实现人类命运共同体理念的文化引领作用

构建人类共识文明、解决人类和世界所面临的种种问题，需要有科学的思想作为指导，马克思主义作为科学的理论体系需要为当今世界问题作出回应。马克思主义在中国不断发展，为各国解决当今时代问题提供了理论选择。以"共识""共同性"为基本原则的人类命运共同体成为当代中国马克思主义最好的出场形态，不仅继承和弘扬了马克思主义的共同体理论，而且还实现了对西方理论的多方面超越。人类命运共同体文化作为中华文化在世界文化交流的话语表达，在整体性、系统性、认可程度等方面实现了引领作用，成功地表达出了人类命运共同体文化的博大与仁爱情怀。中华文化赋予了人类命运共同体所具有的文化特性，使得人类命运共同体成为一种以文化的形态表现出来的当代中国马克思主义新形态。这样，中国在走向世界并引领世界的进程中便具有与之相适应的文化价值。

一个有思想的民族才能有不断前行的力量，一个有价值的文化才能引领世界。人类命运共同体文化的价值在于能够促进世界文化发展，推动人类社会进步。人类命运共同体文化摒弃文化偏见，搭建文化交往平台，尊重文化多样性，推动文化间交流，为世界文化繁荣发展作出了积极贡献。同时，人类命运共同体文化的意义在于实现整个世界的繁荣与发展，实现人类的自由与解放，因此具有引领世界的作用。汉唐宋时期中华文化曾长期影响世界引领世界，其原因不仅在于汉唐时期中国政治、经济、军事等方面的强大，更重要的是文化本身的科学性与价值性得到世界各国的普遍认可，中华文化对 16～18 世纪的欧洲产生了极大的影响，促进了欧洲启蒙运动，引发了欧洲社会政治经济文化结构的巨大变革。近代以来，中华文化的影响力在一定程度上受经济、政治、军事方面的影响，逐渐失去了引领世界的地位，但中华文化的魅力丝毫没有被掩盖，整个世界仍在不断地学习中华文化，尤其是马克思主义进入中国以后，中华文化的影响力再一次得到提升，成为世界最具影响力的文化之一。

　　习近平依据当前人类和世界面临的问题，提出构建人类命运共同体，全面阐述了打造人类命运共同体的主要内涵，并使其价值和意义得到世界普遍认同，这是中华文化在当今时代的集中展现，也是中国根据人类文明走向作出的中国判断。人类命运共同体"强调共同体本位，而不是个人本位和国家本位；强调你中有我、我中有你，一荣俱荣、一损俱损"①，是对西方文明中强调西方中心论及由此形成的"自我"与"他者"、"主体"与"客体"的"主客二分"的现代化理论的超越。同时，人类命运共同体强调"要顺应全球化带来的利益相互交融的趋势，推动人类走向共同发展、协调发展、均衡发展和普惠发展，确立共享美好未来的利益支点，构建多样化的现代化道路"，是对西方"以资本扩张为中心、以国家为本位和以西方中心主义为特征"②的现代化道路的超越。人类命运共同体"强调超越时空束缚，以整体意识、全球思维和人类观念，对现有制度体系进行改革，推动现有国际体系和国际秩序向着公正合理的方向发展"③，是对西方现有政治经济制度体系及由这一制度体系引发的问题衍生出来的新制度的超越，因为本质上西方现有政治经济制度体系所维护的是西方发达国家的利益。正是中华优秀传统文化来源，赋予了人类命运共同体所具有的中华文化特性。它的贡献不仅有利于当前人类和世界面临问题的解决，而且有利于中华优秀传统文化在世界的传播，有利于世界对中国的了解，有利于发挥中华文化对世界文化的引领作用。

---

　　①②③　赵可金. 人类命运共同体思想的丰富内涵与理论价值［J］. 前线，2017（5）：28－31.

第五章
构建人类命运共同体进程中全球文化的发展态势

世界百年未有之大变局的生成，不是一个纯粹主观的论断，而是具有全面深刻的社会历史依据，具有辩证客观的世界现实基础。世界百年未有之大变局是由全球经济格局、政治格局、科技格局和文化格局等共同演进形成的历史性结果，是百年来世界格局变化的前沿态势。其中，当前世界文化格局也在发生着深刻的调整，世界范围内各大文化力量的对比也在发生着重大变化，新兴国家不仅在经济、政治上的话语权不断增强，而且在文化上的影响力也不断提升，文化在世界百年未有之大变局的形成和发展中发挥着重要作用，成为世界百年未有之大变局的重要变量。构建人类命运共同体需要从文化方面进行研究和实践，注重文化维度的实践和条件，是因为当今时代文化对于世界百年未有之大变局产生着日益重要的影响，形成了日益广泛而复杂的客观效果。只有深入分析文化在当前构建人类命运共同体进程中的表现和作用，才能准确把握构建人类命运共同体进程文化战略的科学依据，才能制定正确的文化战略体系和实施举措，从而更好推进人类命运共同体的构建。

一、构建人类命运共同体面临的全球文化发展形势

当今社会飞速发展，国际格局加速演变，习近平总书记对当今世界格局进行全面、严谨、深入的分析之后作出当今世界处于"百年未有之大变局"的重大战略研判。"世界百年未有之大变局"体现在政治、经济、文化、社会、军事等方方面面，在这一国际背景下，中国文化发展之路受到政治、经济、社会、军事等方面的影响，充满了机遇与挑战。对大变局的分析和把握对今后国家、社会的发展具有重要意义。

（一）构建人类命运共同体面临的世界百年未有之大变局

1. 世界百年未有之大变局的出场

有史以来，中国与世界的关系就处于共存和演变的过程中。早在夏商周时期，中国是一个中心的概念，就是以黄河中游地区为中心的区域。在那个时代，我们对周边的地区也有一个划分。那个划分一开始是不明显的，也没有专门的概念。但是到了春秋战国时期处于地区中心的人对周边地区的认识更加明确，而这个周边地区也不断发

生内涵和外延的改变。这个时期中国和域外的沟通，并不是和外国的沟通，而只是同我们的周边的沟通。当然有的情况下，这种联系会比较远，先秦时期同南亚、中亚地区、西亚地区的交往也在零星地发生。早期的交流主要是以物质的为主，主要是物种的、自然产物的、工具器用的传播等，同时还有精神文化层面的交流包括宗教的传播。再加上民族迁徙的进程，这时候的传播与交流推进了中国和周边地区的交流，也影响着中华文明的发生发展。到后来中华文明日益鼎盛，对周边地区的影响不断增强，在世界范围内的影响也不断扩大。不过，到明朝后期，中华文明发展出现式微的迹象，到清朝时期中华文明基本上走上了封闭衰落的轨迹。直到鸦片战争一声炮响，中国被迫打开国门，逐渐成为一个半殖民地半封建社会，中国仁人志士开始探索民族解放、国家独立的道路。

自中国共产党成立之日起，中国革命便有了主心骨，中国共产党带领全党全国各族人民艰苦奋斗，推翻了"三座大山"，赢得了民族独立，建立了新中国，进行社会主义改造并取得了改革开放和社会主义现代化建设的伟大成就。如今，中国特色社会主义进入了新时代。

进入 21 世纪之后，"东升西降"的趋势愈加明显且这种趋势的发展越来越快，尤其是中国的崛起速度令世界震惊，中国已经成为维护世界和平、促进世界稳定发展的重要力量。在这种大背景之下，习近平总书记提出了"世界百年未有之大变局"的论断。2017 年 12 月 28 日，习近平总书记在驻外使节工作会议上明确提出："放眼世界，我们面对的是百年未有之大变局。新世纪以来一大批新兴市场国家和发展中国家快速发展，世界多极化加速发展，国际格局日趋均衡，国际潮流大势不可逆转。"[①] 这是中央首次明确指出"百年未有之大变局"。在 2018 年 6 月 22 日至 23 日召开的中央外事工作会议上，习近平总书记又进一步指出："当前，我国处于近代以来最好的发展时期，世界处于百年未有之大变局，两者同步交织、相互激荡。"[②] 2018 年 9 月 3 日，在 2018 年中非合作论坛北京峰会开幕式上的主旨讲话中，国家主席习近平指出："当今世界正在经历百年未有之大变局。世界多极化、经济全球化、社会信息化、文化多样化深入发展，全球治理体系和国际秩序变革加速推进，新兴市场国家和发展中国家快速崛起，国际力量对比更趋均衡，世界各国人民的命运从未像今天这样紧紧相连。"[③] 这是我国第一次在国际场合讲到世界百年未有之大变局。在此之后，习近平总书记又在多次讲话中提到了"百年未有之大变局"。2020 年 10 月，党的十九届五中全会指出，世界百年未有之大变局，绝不是一时一事、一域一国之变，而是世界之变、时代

①　习近平谈治国理政（第 3 卷）［M］. 北京：外文出版社，2020：421.

②　习近平谈治国理政（第 3 卷）［M］. 北京：外文出版社，2020：428.

③　中共中央党史和文献研究院. 十九大以来重要文献选编（上）［M］. 北京：中央文献出版社，2019：640.

之变、历史之变。

辩证唯物主义认为，世界事物都是相互联系的，也是不断发展变化的，我们应该用联系的观点、发展的观点看待问题，看待我们的国情，看待我们的世界。整个世界处于普遍联系之中，一切社会历史条件都处于不断运动、变化发展的状态，世界百年未有之大变局就是世界格局和不同的力量的特征及其相互关系，不断地从量的积累达到质的飞跃并产生新的量变的过程和结果。在"百年未有之大变局"中的"百年"并不是只代表时间的一百年，而是特指由西方资本主义强国主导的国际秩序距今已经持续了一百多年。在世界百年未有之大变局中，国际主导力量的对比态势正在发生变化，"东升西降"的演变加速，西方国家出现发展动力不足和衰退的趋势；国际新旧秩序正在切换，旧的规则在失效，新的规则在酝酿创新的过程中，西方国家开始反对自己制订的规则体系，出现了"西方反对西方"的现象；新冠疫情对于各国发展乃至对于国际形势的影响日趋深远，国际治理体系受到挑战，治理危机深化；全球化进程遭遇逆流，单边主义、民粹主义、保守主义在西方国家抬头；科技革命与产业变革不断升级，全球科技重心正在转移，新兴力量国家和发展中国家的经济科技实力正在提升。"百年未有之大变局"是习近平总书记站在新的历史起点上对世界局势的准确把握，是中国共产党人将马克思主义与中国实际、世界实际有机结合的最新判断，是马克思主义中国化的最新论断，是中国面向世界、面向未来、主动应变的基本出发点。这一论断准确把握了近百年来国际环境发生的深刻转变，特别是国际力量对比格局新变化、全球治理体系和国际秩序变革新趋势的本质特征，对深入认识新时代中国现代化建设面临的国际环境，为在新形势下中国作出战略规划和调整具有重要指导意义。

世界百年未有之大变局既为人类命运共同体的构建提出了迫切要求，也为人类命运共同体的构建提供了必要条件，是中国面对百年未有之大变局提出的中国方案，也得到越来越多国家的认同和支持。历史的发展有其自身的规律，在不同的时代以不同的形式展现出来，但是无论以何种形式表现出来，其背后的内在规律都是任何事情无法改变的。"百年未有之大变局"中最大的变量就是以中国为代表的新兴国家逐渐崛起以及西方国家逐渐衰落的这种力量对比的转换。当今世界的主题依旧是和平与发展，但是由西方主导的世界格局仍未改变，国际环境错综复杂，全球气候变暖、贸易保护主义和单边主义抬头、俄乌战争造成国际局势前景不明、西方发达国家对新兴国家进行围堵的新冷战思维等一系列动荡因素给世界的和平与发展以及中国的发展带来挑战，这些事实一再证明了"百年未有之大变局"的正确性和准确性。回看过去一百年的时间，在中国共产党的领导下，中国实现了从任人宰割的境遇到赢得民族独立再到逐步走向世界舞台中央的伟大飞跃，中华民族的伟大复兴是不可逆转的历史潮流，是不可阻挡的历史大势和自然法则。中国日益走近世界舞台中央，在推动世界格局、政治转型、塑造世界政治经济新秩序等方面，正在发挥重要作用，这种作用是历史上前所未有的。只有正确把握世界发展大势，才能为中国正确应对世界错综复杂的变化提供正确的指导，才能为中国国内的改革提供正确的改革指引，才能为人类事业的发展提供中国智慧。

2. 百年未有之大变局对中国的内在意蕴

百年未有之大变局是一个充满不确定因素的时代，中国的复兴之路在这种大背景下充满了挑战。世界百年未有之大变局最大的变量，就是中国与世界关系的变化。改革开放初期，中国与世界的关系主要体现为中国对于西方国家主导的世界体系的单向度依赖关系，今天，"我国日益走近世界舞台中央，成为国际社会公认的世界和平的建设者、全球发展的贡献者、国际秩序的维护者!"① 大道不孤，天下一家。中国共产党不但坚守为中国人民谋幸福、为中华民族谋复兴的初心和使命，而且也把为全人类作贡献作为自己的重要责任，积极倡导和践行人类命运共同体理念，在世界百年未有之大变局中贡献中国智慧和中国方案。

除了面对严峻的挑战之外，中国面对更多的是机遇。中国是世界上为数不多的社会主义国家且是最大的社会主义国家，这体现在制度、理论、价值等方方面面，中国的崛起对改变世界格局有举足轻重的作用。当前中国的社会主义将过去的优良传统和现代化相结合发展出适合自身国情的政治制度、经济制度、文化制度。在中国特色社会主义制度下，中国充分吸取国外的先进技术，努力保持社会公平正义，积极参与国际竞争，融入世界潮流。在国际交往中，中国倡导多边主义，反对单边主义，强调合作共赢，在彼此尊重的前提下走出了一条适合自己的新型大国复兴之路，这条道路给人类的和平发展提供了借鉴。在世界发展充满不确定性的今天，中国已经成为当今世界格局中十分重要的因素。中国有超过14亿人口，经济总量位居世界第二位，并与美国第一的位置逐渐缩小差距，能够容纳越来越大的经济市场。中国五千年的传统文化与时代相结合形成了中国特色社会主义文化，而如今，中国文化已经在全球广泛传播，尤其是2022年中国成功举办冬奥会，以中国文化为元素的开、闭幕式以及各种纪念品深受各国人民喜爱。在疫情肆虐的国际局势下，中国能够顺利举办世界级大型活动彰显了中国的组织能力，这无疑会让世界更加清醒地认识中国，从而提升中国的国际地位和国际话语权。

（二）世界百年未有之大变局的时代特征

1. 世界经济中心正在发生转移

过去一百多年北大西洋经济圈长期占据着世界经济重心的位置，该经济圈的沿岸

---

① 王炳林，湛风涛. 坚定中国特色社会主义道路自信［J］. 思想理论教育导刊，2019（9）：11－16.

西方发达国家也因此长期把持着世界经济的话语权。资本主义固有的基本矛盾使西方资本主义国家摆脱不了经济危机的循环，尤其是进入到 21 世纪之后，西方资本主义国家在金融危机的打击下出现经济发展动力不足、复苏困难的局面。作为最大的发展中国家，中国始终将自身发展置于人类发展的坐标系，以自身发展为世界发展创造新机遇。在过去的 10 年里，中国经济总量占全球比重由 2012 年的 11.3% 提升到 2022 年的 18% 左右，对世界经济增长的年平均贡献率超过 30%，始终是世界经济稳定增长的重要动力源。"今日之中国，是全球第一货物贸易大国、140 多个国家和地区的主要贸易伙伴，吸引外资和对外投资居世界前列，为各国提供了更多市场机遇、投资机遇、增长机遇。"① 中国、俄罗斯、印度、巴西等发展中国家经济发展不断加速，实力逐渐增强，世界经济重心也逐渐由大西洋向太平洋转移，东方国家经济比重稳步提升。"2020 年，全球三大经济板块位次发生重要变化，东亚板块经济体量超过 25 万亿美元，排第一；北美板块超过 23.5 万亿美元，居第二；欧洲板块约 18 万亿美元。东亚经济板块最活跃，年均增长率保持在 5% 左右。"② 许多发展中国家积极融入全球化的大潮，把握发展机遇，在世界经济发展中的地位和作用逐渐凸显，"新兴市场国家和发展中国家对全球经济增长的贡献率已经达到 80%"③，成为世界经济发展的重要支柱。力量对比的新变化必然要求国际格局的新调整，因此，推动原有全球治理体系变革的呼声越来越大。2021 年 4 月发布的《世界经济展望》显示，2021 年世界经济增长率最高的是来自亚洲新兴市场和发展中经济体④。伴随国际经济力量版图的此消彼长，西方国家妄图永远独霸世界的美梦逐渐走向破灭，构建更加公平合理的国际秩序成为全世界人民的共同愿望，这为构建人类命运共同体注入了重要的力量。

改革开放以来中国和世界其他国家经历了两种关系。第一个关系就是改革开放初期，中国对于世界其他国家的依赖关系。那时，中国和世界其他国家的关系印证了"中心—边缘"的结构关系，表现为生产力落后、处于世界边缘的中国，对于西方发达国家主导的世界中心的单向度的依赖，可以说当时的依赖包含了科学技术的依赖、经济的依赖、游戏规则的依赖、话语权的依赖等各个方面。第二个关系就是随着我国不断发展强大，中国和世界其他国家进入双向度的互动关系。中国的发展离不开世界其他国家，世界其他国家的发展离不开中国。世界其他国家为中国开放创造了条件和环境，中国为世界其他国家发展提供了发展机遇。中国作为第二大经济体，对亚洲经济和世界经济发挥的强大带动和辐射力量将更加显著。发展中国家虽然在短期内赶超

① 中国将始终是世界发展的重要机遇 [N]. 人民日报，2023 - 10 - 30.

② 陈曙光. 世界大变局与人类的未来 [J]. 求索，2021 (6)：13 - 20.

③ 习近平谈治国理政（第 2 卷）[M]. 北京：外文出版社，2017：479.

④ World Economic Outlook：Managing Divergent Recoveries（2021APR），International Monetary Fund，April，2021.

发达国家仍有许多困难和挑战，但是世界经济呈现出"东升西降"的格局。一方面，我们国家在高新技术、产业竞争力、规则的制定权话语权等方面还没有取得根本性优势，西方国家遏制中国的战略长期不会发生根本性变化；另一方面，中国的发展给世界带来重大机遇，近年来持续成为世界经济增长最大的贡献者，成为不少发展中国家选择搭乘的快车，同时也正在为世界贡献着中国智慧和中国方案。中国和世界其他国家形成了"中国离不开世界，世界离不开中国"的互动格局。

美国依靠美元霸权体系建立起世界上最发达的经济，成为世界上最大的经济体。长期以来，美国印发大量美元，依此掠夺全球各国的财富，成为世界经济的"寄生虫"。进入到21世纪之后，美国经济逐渐力不从心，尤其是2008年金融危机之后，美国的经济结构进一步恶化，出现由盛转衰的趋势，以中国为代表的发展中国家与西方发达国家之间的差距逐渐缩小。推动构建人类命运共同体并不只是谋求一个国家或少数国家的发展，而是主张各个经济体之间要摒弃单边主义、消除贸易壁垒，推动实现相互合作和共同发展。但在这种趋势下，以美国为首的西方国家采取逆全球化等措施与新兴市场国家脱钩，转嫁危机，以达到维护旧世界经济体系的目的，在俄乌战争爆发之后，美国对俄罗斯的制裁也包含着维护美元霸权体系、强迫全球资本流回美国的因素。然而，长期以来，国际舞台上活跃的贸易保护主义严重阻碍着世界经济的繁荣和发展。特别是疫情暴发后，各国为稳定自身的经济发展，采取了大量的贸易保护主义措施，掀起了新一轮贸易保护主义的"热潮"，给共同体的构建带来巨大的阻碍。因此，在百年未有之大变局的背景下，世界经济面临着不稳定、不确定、不可控的局面。

2. 国际政治格局正在深刻调整

长期以来，西方发达国家占据着国际政治格局的话语权，随着以中国为代表的发展中国家在经济上逐渐崛起，在国际政治中的话语权也逐步提高，西方发达国家的主导权正逐步减弱。"新兴市场国家和发展中国家快速发展，国际影响力不断增强，在国际事务中发挥着越来越重要的作用。新形势下，强权政治、冷战思维、零和博弈那一套已经行不通了，各国平等参与国际事务、协商对话解决分歧的多边主义成为国际社会的共识。"[①] 当今世界，经过多年的国际政治格局演变，世界多极化深入发展，虽然和平与发展仍是时代的主题，但是不可控因素越来越多，而政治分裂已经上升成为世界和平的重要威胁。近些年，不仅西方国家内部分裂严重，种族、宗教等矛盾导致国内长期动荡，国与国之间也出现政治分裂，例如，中美贸易战、英国脱欧、俄乌战争等一系列国际事件都影响和改变着国际格局。此外，一些国际组织的功能逐渐弱化，例如，长期以来，美国及其盟友跳过联合国对其他国家采取军事行动，使部分弱小的

---

① 杨洁勉. 构建人类命运共同体是人间正道 [N]. 人民日报，2020 - 07 - 09.

发展中国家陷入灾难之中；美国无视世界贸易组织规则，利用政治力量干涉经贸领域，与中国大打贸易战；特朗普担任总统期间，美国相继退出各种国际组织和国际协议，奉行单边主义，长期以来形成的国际协调机制已无法正常工作。

党的十八大以来，我国与世界其他国家的关系已经进入了崭新的发展时期。以西方价值观为主要取向的"西方中心论"已经难以为继，盛行一时的新自由主义意识形态影响趋于式微，西方治理理念、体系和模式的各种弊端积重难返，越来越难以适应新的国际形势和时代潮流。以习近平同志为核心的党中央提出了许多有利于促进世界和平与人类进步的新倡议，得到了世界各国和国际社会的广泛认同，为人类共同发展进步提供了中国智慧和中国方案。"我国发展同外部世界的交融性、关联性、互动性不断增强，正日益走近世界舞台中央。"① 中国对待世界的立场、方式和原则，充分体现了科学社会主义的根本要求和立场，构成了习近平新时代中国特色社会主义思想的重要内容，"为科学社会主义当中蕴含的世界主义与民族主义的相互关系问题提供了新的解决方案"②。习近平新时代中国特色社会主义思想在继续坚持和平发展道路的基础上，着力构建人类命运共同体，大力推进以合作共赢为核心的新型国际关系，促进全球治理体系变革。我国国际影响力、感召力、塑造力进一步提高，构建人类命运共同体的主张得到了联合国和越来越多国家的认同，为世界和平与发展作出新的重大贡献。

3. 国际科技格局正在持续演变

创新是人类社会发展的灵魂，科学技术的发展改变了人类的生活，科技的广泛应用极大提升了人类的社会生产力。作为 21 世纪人类发展的重要推动力量，科学技术水平在国家的综合国力中占有非常重要的地位，国家之间的博弈在一定程度上就是科技之间的博弈。以物联网、人工智能、区块链等为代表的科技正逐步渗透到各国的政治、经济、文化等各领域。"2019 年，全球数字经济规模达到 31.8 万亿美元，占 GDP 比重 41.5%。在发达国家，这一数字已达 51.3%。2019 年，数字经济对中国经济增长贡献率为 67.7%。未来数字技术有望对经济增长发挥更大的促进作用。"③ 但是，我们应当看到在这种发展趋势下，各国科技实力排名中，美国长期占居首位，基于这种科技实力，美国给国际政治带来极大的不稳定因素。因此，在未来掌握科技主动权是我国迎接外部挑战的基础。

在西方发达国家占据科技主导力量的同时，应当看到以中国为代表的新兴国家在

---

① 秦宣. 深刻把握中国特色社会主义进入新时代的依据 [J]. 求是, 2018 (3)：17 – 19.

② 吴畏, 石敬琳. 全球化时代的科学社会主义最新成果——习近平新时代中国特色社会主义思想的历史性贡献 [J]. 思想教育研究, 2018 (5)：13 – 17.

③ 李晓华. 激发数字经济的增长潜能 [N]. 人民日报, 2021 – 08 – 30.

经济崛起的基础上，科技实力也正在崛起。以中国为例，中国是 5G 技术的典型代表者，且在 6G 技术中也处于世界前列地位；以人工智能为核心的新一轮的产业革命中，中国已经处于世界领先地位；中国的航天技术从无到有，再到世界领先，这都表明中国的科技水平正在逐步与美国缩小差距，在部分领域对科技的应用已经远超西方发达国家。以新冠疫情席卷世界为例，中国利用互联网、生物技术等高科技坚持"动态清零"政策，成功打赢了多轮新冠疫情防控战，反观西方发达国家深陷新冠疫情泥沼，大量民众在新冠疫情中失去生命。事实证明，发展中国家正逐步打破西方发达国家的科技垄断，逐渐掌握科技主动权改变世界政治格局。

4. 国际治理格局正在深度重构

2020 年新冠疫情在全球大肆传播，全球经济严重衰退，绝大部分国家都卷入到新冠疫情之中，各行各业都受到严重冲击，世界政治经济重构明显加快且更加趋于动荡。自新冠病毒发现以来，中国不仅较早控制住新冠疫情，而且始终坚持"动态清零"的措施，对病毒严防死守，把人民的生命放在第一位，始终维护广大人民的利益，在这场没有硝烟的"战争"中经受住了考验，经济在全球范围内率先恢复增长。反观西方发达国家，相继陷入其一直强调的"自由"和新冠疫情的泥沼中，有的国家上至国家元首，下到普通民众在这场新冠疫情中感染新冠病毒，甚至失去生命，国家经济遭受重创。一场病毒疫情让西方所推崇的"普世价值"展现出其脆弱不堪和虚伪的一面，被资本控制的西方国家的治理理念和抗疫措施最根本的目的是服务于背后的财团。而社会主义制度则优先保护了人民的生命，并充分展示了其制度的优越性。

在新冠疫情防控中，各国经济、政治、文化等方面的实力展现在世人面前，国家之间发展的不平衡在新冠疫情面前体现出来，加剧了部分国家之间的矛盾。西方发达国家在面对抗击新冠疫情失败的事实面前，不仅不积极采取措施防控疫情发展，反而大打政治牌，将中国污名化，极力抹黑中国推卸责任，造成国际舆论动荡，这不仅不利于全球新冠疫情防控、经济恢复和文化交流，还会把国与国推向全面对立的边缘。中国之治与西方之乱形成鲜明的对比。通过对东西方国家面对新冠疫情的态度和一系列举措进行比较，可以明显看出中国的制度和治理理念更加先进，更加符合中国人民乃至世界人民的需求。

习近平总书记在党的十九大报告中指出："中国共产党是为中国人民谋幸福的政党，也是为人类进步事业而奋斗的政党。中国共产党始终把为人类作出新的更大的贡献作为自己的使命。"① 发展本国经济、提高人民生活水平，是世界各国普遍面临的历史重任。尤其是广大发展中国家，期望通过出台改革措施，维护国家安定，保持自身

---

① 习近平. 决胜全面建成小康社会 夺取新时代中国特色社会主义伟大胜利——在中国共产党第十九次全国代表大会上的报告［N］. 人民日报，2017 – 10 – 28.

独立，加快经济发展，我国的成功经验为这些国家和民族提供了不同于西方模式的全新借鉴。"中国特色社会主义不再是局限于本国的事业，而是作为 21 世纪世界社会主义最为重要、最有作为的组成部分，发挥着重要影响、作出原创性贡献的伟大事业，是为人类对更好社会制度的探索提供全新选择、贡献中国方案的伟大事业。"① 在新发展阶段，中国和世界的关系将会更多地体现中国对世界的贡献（或供给）关系。这将是全面建成社会主义现代化国家、实现中华民族伟大复兴的新发展阶段以及未来的历史中，中国与世界关系的应然内涵。习近平总书记指出："解决好民族性问题，就有更强能力去解决世界性问题；把中国实践总结好，就有更强能力为解决世界性问题提供思路和办法。这是由特殊性到普遍性的发展规律。"② 我国当下实践发展和理论创新深刻表明，习近平新时代中国特色社会主义思想指导我国改革发展取得的巨大成功，不仅能够实现人民幸福、国家强盛、民族复兴，而且能够为世界各国发展和人类文明进步带来新启示、提供新方案、创造新经验，从而为应对全球挑战、解决人类问题提供全新选择。

纵观历史与现实的演变，我们可以发现，在新发展阶段，社会主义中国与世界的关系已经从吸收和借鉴人类优秀文明成果，进入了贡献力量、积极构建的新的发展时期。"中国特色社会主义正成为 21 世纪科学社会主义发展的旗帜，成为振兴世界社会主义的中流砥柱。"③ 习近平新时代中国特色社会主义思想，具有鲜明的时代品质和宽广的世界视野，它关注世界和平与发展，关注人类前途与未来，注重从全球视野审视世界和中国，蕴含开放的品格，展现互利的胸襟，充分体现了中国特色社会主义的世界意义达到了新的高度，也表明科学社会主义对于世界的影响达到了更高的水平。正如英国剑桥大学的马丁·雅克所讲："中国提供了一种'新的可能'，这就是摒弃丛林法则、不搞强权独霸、超越零和博弈，开辟一条合作共赢、共建共享的文明发展新道路。这是前无古人的伟大创举，也是改变世界的伟大创造。"④

二、构建人类命运共同体进程中全球文化发展态势的鲜明特征

当今世界处于百年未有之大变局中，国际政治、经济、文化等各方面进入大变革大调整时期。文化的加速交流共通必然引发文化的相互碰撞，引领文化观念的整合与

① 姜辉. 新时代中国特色社会主义在世界社会主义发展史上的重大意义 [J]. 国外理论动态，2017 (11): 1 - 3.

② 习近平. 在哲学社会科学工作座谈会上的讲话 [N]. 人民日报，2016 - 05 - 19.

③ 蒲国良. 新时代中国特色社会主义的世界意义 [J]. 理论与改革，2018 (2): 11 - 18.

④ 中国奋斗，带给世界的精神财富 [N]. 人民日报，2018 - 03 - 07.

重构，而各国面临的文化发展问题也更加复杂多样。分析当前全球文化发展的新特征并挖掘其背后的特点，对我国深刻把握全球文化发展规律，更好应对未来全球文化变动发展具有重要意义。

（一）全球文化中心开始向东方转移

世界文化中心是伴随着国际力量消长变化所形成并转移的。根据马克思关于物质与意识的决定与被决定关系来看，文化格局的演变以国家的政治、经济、军事等综合实力为依托。近代全球文化中心从东方转向欧洲，欧洲成了世界文化的中心，这离不开欧洲资产阶级工业革命所释放的巨大效能的作用。基辛格在《论中国》中指出："中国不仅在人口和疆土上远远超过欧洲诸国，而且直到产业革命前，仍远比它们富饶。……数百年来，中国一直是世界上生产率最高的经济体和人口最密集的贸易地区。……过去的 2000 年里，有 1800 年中国在世界国内生产总值中所占的比例都要超过任何一个欧洲国家。直至 1820 年，中国在世界国内生产总值的比例仍大于 30%，超过了西欧、东欧和美国国内生产总值的总值。中国活力和繁华令近代初期接触过中国的西方观察家瞠目。"[①] 这种在发达农业经济下所诞生的农业文明影响了周边国家，甚至对欧洲产生了一定的有益借鉴。但这种文化中心的地位随着欧洲资产阶级工业革命的爆发而改变，欧洲工业革命释放出巨大能量深刻地改变了世界文化的格局和发展。正如马克思所说："资产阶级在它的不到一百年的阶级统治中所创造的生产力，比过去一切世代创造的全部生产力还要多，还要大。"[②] 世界的经济、政治，尤其是文化格局开始向欧洲大陆倾斜。进入 20 世纪历经两次世界大战之后，欧洲社会遭受到了严重冲击，美国凭借自身优势取代欧洲成为国际体系的霸权国家，强大的经济实力、军事实力和国际话语权为美国文化提供了良好的发展与传播环境，使其成为新的世界文化中心。自 16 世纪至 21 世纪世界主要国家及其力量源泉如表 5-1 所示。

表 5-1　　　　　　　　　　　1500～2000 年世界主要国家及其力量源泉

时期	国家	主要力量源泉
16 世纪	西班牙	黄金、殖民贸易、雇佣军、王朝联系
17 世纪	荷兰	贸易、资本市场、海军
18 世纪	法国	人口、农业、公共管理、军队、文化（软实力）

① ［美］基辛格. 论中国 ［M］. 胡利平，等译. 北京：中信出版社，2012：8.
② 马克思恩格斯文集（第 2 卷）［M］. 北京：人民出版社，2009：36.

续表

时期	国家	主要力量源泉
19 世纪	英国	工业、政治凝聚力、金融和借贷、海军、自由主义规范（软实力）、岛国位置（易于防卫）
20 世纪	美国	经济规模、科学技术领导地位、位置、军事力量和结盟、全球化文化和自由主义的国际制度（软实力）
21 世纪	美国	技术领导地位、军事和经济规模、软实力、跨国通讯枢纽

资料来源：［美］约瑟夫·奈. 美国霸权的困惑：为什么美国不能独断专行［M］. 郑志国，何向东，等译. 北京：世界知识出版社，2002：14.

在冷战期间，西方国家特别注重运用文化和舆论的方式，攻击苏联阵营的社会主义制度，分解社会主义国家民众对苏联东欧共产党的拥护和支持，在思想上侵蚀社会主义意识形态的根基。"冷战战略尽管错误百出，却巧妙地运用了将强制性硬实力与笼络人心的软实力相结合的思想。柏林墙最终轰然坍塌，不是被炮弹摧毁，而是毁在那些对共产主义失去信心的人一手炮制的'铁锤和推土机'之下。"①

然而，进入 21 世纪以后，世界并没有进入一个美国和西方主导天下的单极格局当中——无论是在政治方面还是在经济上，甚至在文化方面，西方的优势正在受到新兴国家乃至很多发展中国家的抵制和反抗。尽管美国的媒体集团，包括好莱坞在内的这一人类文明史上最大的形象制造者，曾经支配着形象、偶像和全球信息流动，但今天美国的优势已日趋式微。经济的繁荣和科技的普及赋予了世界各国讲述自己故事、将自己的神话搬上传播平台的能力。"现代传播媒介的迅速发展不仅给西方文化也给非西方文化的传播创造了有利条件。大容量、高速度、高密度的信息传播，使各种文化的信息资源最大限度地得到展示和共享。当网络、卫星等信息传播工具清楚地将全球各种文化及其最新进展展示在世人面前时，人类拥有了前所未有的了解、比较、引进和学习其他文化的优越条件。一些原来鲜为人知、不受重视的文化也有机会与主流文化竞争。因此，在信息高速公路上，在人们的跨文化传播中，并不总是强势文化影响弱势文化，弱势文化对强势文化也具有一定的影响力。"② 电子科技革命是在全球信息流动民主化和传播平台多样化发展下兴起的，不仅包括电视和电脑，还包括手机视频。文化的传播，日趋成为一种双向大道。

进入 21 世纪后的第二个十年以来，全球国家力量、国际格局以及发展模式再一次

---

① ［美］奈森·嘉戴尔斯，迈克·麦德沃. 全球媒体时代的软实力之争——伊拉克战争之后的美国形象［M］. 何明智，译. 北京：中信出版社，2010.

② 赵刚，肖欢. 国家软实力：超越经济和军事的第三种力量［M］. 北京：新世界出版社，2010：32 - 33.

发生了深刻的变化和调整。"当前，世界百年未有之大变局加速演进，新一轮科技革命和产业变革深入发展，国际力量对比深刻调整，我国发展面临新的战略机遇。"[①] 在这个世界百年未有之大变局中，中国作为一个大国，作为当今世界力量格局中的重要组成部分，中国的任何发展和变化都会给这个世界带来变化。这就使得中国任何一个领域的发展战略，都不可避免地同构成世界力量格局的其他战略及其主体构成事实上的关系，只不过这种关系有的情况之下是一种协调关系，有的情况之下是一种冲突关系。当前世界经济、科技格局的深度调整，也在深刻改变着全球文化战略竞争格局。国家文化也在这样的大历史条件下开始新一轮的大分化、大改组和重新集结。而这种变化调整使得世界文化格局和文化中心逐渐向东方倾斜，新兴大国对于西方文化和思想一统天下格局的挑战不断勃兴，并开始取得初始阶段的效果。"全球范围内文化软实力的优势领域正在不断转移，从美英等西方大国向以巴西、俄罗斯、印度、中国、南非等金砖国家为代表的新兴经济体转移，从政府直接掌握资源的模式向非政府的企业、组织、社区和个人共同创造和参与的模式转移，从拥有传统意义上的文化传播优势的国家和集团向更具有创新活力、更善于掌握新媒体、新业态和新技术的国家和集团转移。"[②] 作为前所未有的崛起中的大国，中国在推动世界经济科技格局发生深刻调整的过程中，也在推进全球文化中心转移的过程当中发挥着重要的作用。在百年未有之大变局下，中国的发展模式创造出了中国奇迹，使得其他国家看到了奇迹背后的文化与意识形态作用，随之将自身的注意力转移到对中华文化和中国所坚持的社会主义意识形态上来。首先，中国文化中鲜明而独特的"和合"思想，提倡互利互惠的价值追求，讲究平衡、主张"己所不欲勿施于人"的行为准则，获得了越来越多国家的肯定，不仅使得中国从最初的国际规则参与者变成制定者，而且使得世界文化中心向中华文化转移。其次，随着金融危机、西亚北非政局、乌克兰问题的出现，西方在解决这些问题上疲于奔命，西方的文化价值普遍"失灵"，而中国在依靠文化根基和社会主义核心价值观指引下，提出了一系列解决世界性难题的方式和方法，无论是成功应对疫情的中国经验，还是解决困扰人类生存的贫困难题，无一不彰显了中国文化的智慧和精髓。最后，中国的经济、科技的发展和国际地位的提高为中国文化凸显提供了有利契机。近年来，中国经济迈入高质量发展阶段，科技转型加速，强化关键核心技术研发，在数字技术领域跻身世界前列，成为新一轮科技革命和产业变革的主要参与者和推动者。在科技创新的支撑下，中国的综合实力与国际话语权不断提高，逐步走向世界舞台的中央。正是如此，在全球经济、政治以及科技都在发生调整变化的情况下，全球文化中心逐渐发生转移，文化格局也正在经历"东升西降"。

---

① 习近平．新时代新征程中国共产党的使命任务［J］．求是，2024（13）．
② 花建．文化软实力——全球化背景下的强国之道［M］．上海：上海人民出版社，2013：32.

新兴国家文化力量的提升，推进形成东西文化格局力量交错的态势。在全球范围内，西强我弱的国际文化格局虽未根本改变但有所松动，中国声音和中国话语传播策略更加主动全面，国际传播能力不断提升，在国际文化格局中也交叉着"东升西降"的趋势。在文化格局呈现出"东升西降"的趋势之下，西方发达国家必定会对发展中国家，尤其是对中国这样最大的发展中国家和意识形态与之对立的最大的社会主义国家加大制裁和围堵，以试图保证西方倡导的那套已经黯然失色的价值体系能够继续维持统治地位。所以，中国文化的对外传播受到西方国家的警惕。令人不解的是，在多国陷入新冠疫情无暇他顾时，是率先控制新冠疫情的中国积极对他国抗疫施予援手，但就连这样的报道，也被美国媒体渲染成中国外交宣传的一部分。2021 年 5 月 9 日，《纽约时报》发表了一篇题为《当新冠来袭时，中国准备讲述自己的故事》的文章说："随着新冠疫情开始蔓延，中国动用了自己在世界上的媒体渠道，通过国家媒体散播对华正面报道的种子"，"在新媒体的推动下，中国尽可能地把自己的外交行动用最好的方式呈现出来。""与其说这是一个曝光的秘密阴谋，不如说是全球权力正在转移的证据。"①

近年来，美国政府不止一次宣扬中国是美国的最大竞争对手和主要威胁，而这种表述的背后不仅是政治、经济、军事的考量，还包括以意识形态为重要内容的不同文化形态的较量。习近平总书记指出："各种敌对势力绝不会让我们顺顺利利实现中华民族伟大复兴，这就是为什么我们要郑重提醒全党必须准备进行具有许多新的历史特点的伟大斗争的一个原因。这场斗争既包括硬实力的斗争，也包括软实力的较量。"②随着中国硬实力和软实力的不断崛起，国际话语权的逐步增加，尤其是中美之间的实力差距逐渐缩小，中西之间文化价值体系的竞争必定会更加白热化并成为各种竞争中的核心议题。

（二）全球文化多样化持续增强

1. 多样性是文化发展的重要资源

文化历史的发展进程表明，随着文化形态的发展演进，文化多样性不断增强，成为文化发展的基本趋势，到如今，文化多样化是世界的基本特征。习近平总书记指出："文明具有多样性，就如同自然界物种的多样性一样，一同构成我们这个星球的生命本源。"③ 维护文化多样性是全球文化健康发展、良性互动的重要前提。联合国先后通

---

① 《纽约时报》：中国想打造一套抗衡 BBC 和 CNN 的方案 ［EB/OL］. 中华网，2021 – 05 – 10.
② 习近平. 论党的宣传思想工作 ［M］. 北京：中央文献出版社，2020：120.
③ 习近平谈治国理政（第 2 卷）［M］. 北京：外文出版社，2017：464.

过了《保护世界文化和自然遗产公约》《保护非物质文化遗产公约》《保护和促进文化表现形式多样性公约》，并于 2001 年 11 月通过《世界文化多样性宣言》，为各国制定多样化文化发展政策提供了法律依据。文化多样化的归宿并非是文化分极化，而是在全球化的统一体之中达成多种文化的和谐共生，构成稳定的文化生态，其所谋求的是文明互鉴、平等沟通、多元共存、融合创新。丰富的文化内容、良性的互动传播、平等的对话交流将极大地促进全球文化大繁荣，为全球经济体制、政治体制、文化思潮、社会发展提供了更多的可能性。

文化多样化是人类文明进步的重要动力。文化形成于不同的历史时期和社会环境中，具有不同的区域特色、历史传统、时代特点及表现形式。正如毛泽东所说："一定的文化（当作观念形态的文化）是一定社会的政治和经济的反映，又给予伟大影响和作用于一定社会的政治和经济。"① 随着西方强势文化的逐渐式微，一些新兴国家从全球文化边缘走向中心，发展中国家的崛起使文化发展更加多元化。2018 年 11 月，国家主席习近平在亚太经合组织工商领导人峰会上的主旨演讲指出："我们共同居住在同一个星球上，这个星球有 200 多个国家和地区、2500 多个民族、70 多亿人口，搞清一色是不可能的。这种差异不应该成为交流的障碍，更不能成为对抗的理由。不同文明、制度、道路的多样性及交流互鉴可以为人类社会进步提供强大动力。我们应该少一点傲慢和偏见、多一些尊重和包容，拥抱世界的丰富多样，努力做到求同存异、取长补短，谋求和谐共处、合作共赢。"② 全球化的发展使各国家、各区域间的经济、政治、文化等各方面交往更加频繁，不同文化的交流、对话不断深化。政治交流、经济交往、外交对话等都会产生文化的相互传播。世界文化因丰富而多彩，因碰撞而创新。对各国家而言，文化交往既通过别国文化丰富、创新本国文化，又推进本国文化的对外传播，提升本国文化的影响力和生命力。文化的生产与再生产在这种交往中产生，文化活力也在互动中进一步迸发。

2. 逆全球化为文化多样化带来挑战

近年来，国际局势不断震荡，美国等西方国家掀起逆全球化浪潮。逆全球化的内涵较为复杂，目前暂未有统一明确的概念界定，主要指与经济全球化相背、国际合作和相互依赖逐渐消减的全球性趋势。其目的是通过遏制全球化趋势，解构当前政治格局和文化体制，重建实现自己利益最大化的全球体系。

全球化是社会发展的客观规律。《共产党宣言》中指出："资产阶级，由于开拓了世界市场，使一切国家的生产和消费都成为世界性的了。……过去那种地方的和民族的自给自足和闭关自守状态，被各民族的各方面的互相往来和各方面的互相依赖所代

---

① 　毛泽东选集（第 2 卷）［M］. 北京：人民出版社，1991：663 - 664.
② 　习近平谈治国理政（第 3 卷），北京：外文出版社，2020：457 - 458.

替了。"① 全球化在一定程度上助推了西方文化霸权的发展，也在一定程度上推动了狭隘的民族文化观的兴起，但是全球文化体系是由众多单个的文化组合起来构成的，这其中包含着人类社会长期发展形成的价值体系，包含着众多不同的地方文化和民族个性。因此，尽管西方国家兴起逆全球化的思潮，由开拓世界市场带来的世界性交往的客观趋势仍是不可逆的。但是，这种倾向为全球文化多样化乃至全球文化体系带来了不断蔓延的负面效应。

逆全球化使全球文化多样化发展进程出现停滞甚至倒退。逆全球化本身就带有"逆转"或"倒退"的含义，全球化发展使文化多样化程度逐渐加深，各国文化交流逐步深入，已然形成多种文化相互渗透、交织的局面。西方国家对全球化的遏制必然会加大国际隔阂，抑制国家间相互依存的状况，阻碍文化的跨区域传播，导致全球文化区域化、分离化，不同文化之间难以相互理解、借鉴，错误的文化思潮也无法在全球文化交往中得以纠正。其结果就是既有的文化合作机制遭到破坏，全球文化逐渐疏离，失去交融的各国文化从和谐共生的多元化走向各自为营的多极化局面。

逆全球化思潮增加了全球文化多样化趋势下世界混乱的局面，干扰了人类社会的全球化进程。一些西方国家为遏制全球化采取系列举措，如美国的"贸易保护政策"、英国"脱欧"等，这些行为增加了未来国际发展的不确定性，由此引发的贸易收缩、经济失衡、文化失序致使贫困、冲突等问题进一步恶化，民粹主义、种族主义、极端主义等社会思潮不断抬头，将会使各国家在意识形态领域失去内在一致性，观念分歧不断扩大，在国际共同问题上难以达成共识，国家文化安全问题更加复杂。新兴国家以及发展中国家由于在经济、政治以及技术上的劣势地位，在逆全球化冲击下，面临着国际话语权下降，国家文化发展难以推进等困境。

3. 我国是文化多样化的倡导者和践行者

随着经济全球化的发展，世界各国联系日益紧密，客观存在的不同文化相互碰撞。一方面，加深了全球文化交流与交融，文化活力得以激发；另一方面，逆全球化、文化趋同化等思潮纷纷出现，阻碍了文化多样化发展进程。习近平总书记指出："文明因多样而交流，因交流而互鉴，因互鉴而发展。"② 我国作为新兴大国主动担当作为，积极为文化多样化发展贡献力量。

从国内来看，我国大力发展文化产业，不断形成新的文化创作群体使文化生产主体更加多元。推动中国传统文化创造性转化、创新性发展，进一步丰富与发展中国特色社会主义文化。加大文化遗产、人文古迹以及传统节日的保护力度，拓展文化传播平台，促进文化跨界交流与合作，不断满足人民的多种精神需求。广泛吸收世界优秀

---

① 马克思恩格斯选集（第1卷）[M]. 北京：人民出版社，2012：404.
② 习近平谈治国理政（第3卷）[M]. 北京：外文出版社，2020：468.

文明成果，促进中华文化多样化发展。从国际上看，我国进一步深化对外开放，先后加入《非物质文化遗产保护公约》和《保护和促进文化表现形式多样性公约》，并认真履行两个公约的义务。积极开展对外贸易合作，加强与其他国家的文化交流，从开展"一带一路"到打造"人类命运共同体"，从亚投行到亚洲文明对话大会，以各种形式参与到全球文化多样性保护与推进之中。

我国不赞成"文明冲突"和"历史终结"，反对文化霸权主义，主张全球文化和谐统一，推进国际文化交往深入发展。需要注意的是，我国在国际文化交往中强调有差别的统一，这种统一绝非趋同。正因为不同文化有其独有的民族传统和文化特性才得以存在，而当这种特性被同化消失时，独立文化也将不复存在。因此文化趋同化意味着弱势文化难以发声甚至消亡。在经济全球化的发展下，全球文化出现趋同倾向显现，西方部分国家推行文化全球化，大肆宣扬其社会价值观和意识形态，意在推进西方文化进一步扩散传播，建立以西方文化为主流文化的全球文化生态，这种"文化全球化"本质上是"文化趋西方化"。我国坚持同世界各国人民和各国政党开展对话和交流合作，为世界的和平安宁、共同发展、文明交流互鉴作贡献。

（三）网络化趋势助推全球文化变革

1. 文化传播空间在网络中得到延伸

网络化发展下文化传播时空更加自由。传统的文化传播主要依靠新闻报刊、传统媒体网站、出版书籍等形式，尽管传播立场坚定、主题鲜明、内容集中，但是不可避免地存在着传播速度慢、传播范围窄、传播受众固定等不足。网络化发展为文化传播提供了强大的技术依托，改变了传统文化传播方式，成为更受各国依赖的文化交流途径。从时间上看，互联网的即时性使全球文化迅速通过网络平台呈现出来，快速的信息交互使文化创造周期更短，文化内容更迭更快，全球文化发展活力被进一步激发。从空间上看，与传统的文化传播不同，互联网传播打破了有形的国土边界划分，文化的跨国传播更加便捷，传播成本更低，相应的文化传播积极性和主动性明显提高，各民族文化都在网络中得到极大限度的自由传播，为国家文化发展和意识形态传播提供了有利契机。文化的网络化传播也促使文化资源再次分配。部分地区教育资源紧缺、师资条件差，网络的跨区域传播和资源共享有效延伸优秀师资和教学资源的作用范围，促进跨国教育发展，缩小国际教育资源鸿沟。全球化的发展使世界越来越成为一个整体，而网络化加深了国家间的相互影响与依赖，加强了不同文化间的对话、交流与合作，加剧了意识形态之间的相互碰撞与交锋，推进全球文化多样化深度发展。

网络化发展下文化传播空间无限延伸。技术创新的无止境决定了网络空间的无限性，网络为文化传播提供了广阔的线上平台，但科技的发展仍不满足于此。2021 年，基于互联网技术基础上的"元宇宙"概念突然爆红，成为当下最火的概念之一。关于元宇宙概念的具体界定尚未明确，但在 5G、区块链、虚拟现实（VR）、增强现实（AR）、人工智能（AI）等前沿技术的融合应用基础上，可以认为元宇宙是对互联网的迭代升级。元宇宙将会为人们提供一个定制化的网络空间，成为人们的虚拟生活场域，其应用场景不仅包括远程办公、新型文创、数字社交、在线教育、在线医疗、金融科技等领域，也将在智慧城市、智能制造、产业互联、供应链管理等领域中发挥重要作用，为全球文化传播提供全新的、全面的虚拟空间。当然，元宇宙目前还处于相对早期阶段，在未来或许能为全球文化传播与发展提供巨大价值。

传播时空的延伸为各国文化发展提供了更多的机遇。当前，网络化使世界文化加速交流融合，各国加紧数字网络建设，抢占信息化时代发展先机与文化和意识形态传播高地，充分利用网络化优势，使互联网这个最大变量变成事业发展的最大增量。

2. 新兴国家文化在网络中得到发展机遇

文化没有优劣之别，但却有强势与弱势之分，主要通过对一种文化的吸引力、传播力、认同度、先进性、独立性等方面的考量作为评判标准。一般来说强势文化具有强大的经济实力、科技创新力、综合国力等作为支撑，而弱势文化的支撑基础则较差。在客观条件的限制下，弱势文化在传统的文化传播环境中发展更加艰难，许多弱势文化、边缘文化、小范围的地方性语言及文化传统等面临着消亡的困境。当人们的关注点更多地停留在占据传播优势的强势文化上，并主动理解、认同并传播强势文化时，边缘文化及弱势文化的存在空间被进一步压缩，逐渐为人们所忽视。在大变局背景下，全球意识形态传播较为复杂，在各国加紧的文化和意识形态输出下，网络化发展使缺乏经济、政治支撑的弱势文化与边缘文化有了更多的发声机会。

互联网为文化的共享和发展提供开放无限的交往平台，为未得到广泛关注的弱势文化、边缘文化、新兴文化提供生长土壤。互联网作为承载内容的技术平台，其使用范围覆盖全球却不存在明确的国家边界，对使用主体而言具有平等性和开放性，文化的网络传播效果很大程度上取决于文化内容的吸引力。在网络传播中，弱势文化的网络传播不受国土边界的限制，其传播形式和内容成为影响传播成效的关键因素，缩小了与强势文化的起点差距，极大地扩展了弱势文化、区域性文化的传播范围和发展空间，互联网成为弱势文化追平甚至反超强势文化的重要手段。

网络化传播给弱势文化的发展提供了更多的可能性。网络技术的多样性为弱势文化传播提供了更便捷灵活的传播途径，基于网络的各种传播平台层出不穷，FaceBook、TikTok、微信、论坛、视频网站等成为信息获取与交互的首选途径。一方面，这些平台准入门槛低、使用主体多、覆盖范围广，极大降低了弱势文化传播的资金成本和技术成本；另一方面，文化内容的视频形式、图像形式传播打破了文化传播的语言壁垒，扩大了其传播受众，提升了传播效果，同时也为弱势文化提供了吸收借鉴先进文化的机会，进一步激发弱势文化的发展活力与内在生命力。

3. 互联网环境下文化安全问题更难应对

文化安全是国家非传统安全，是国家安全领域新兴出现的安全问题。1951年加拿大《皇家科学、艺术、教育委员会报告》强调："文化安全和国防安全同等重要，二者不可分割。"[①] 1992年联合国开发计划署在《人类发展报告》中，把文化安全首次列为人类社会享有的一项基本权利。文化安全是国家安全的重要组成部分，任何一个国家的繁荣稳定都离不开牢固的国家文化边界和强烈的国民文化认同，守护文化边界是维护文化安全的根本所在。文化安全与经济安全、政治安全、军事安全等的特征不同，具有很强的软性特征、多维度取向、宽领域影响。有学者指出，文化安全可以分为文化显安全和文化隐安全。"如果说，文化显安全是指带有社会物质层面特点的文化体制、文化机制、文化产业及贸易、文化权利及保护、文化技术等的平安及保全状态的话，那么，文化隐安全是指带有生活价值及社会精神层面特点的文化价值系统方面的平安及保全状态，这包括情感、思想、理智、想象、幻想等的平安及保全。前者更多地是有形的和可见的，后者则更多的是无形的和不易见到的。"[②]

在互联网环境下，我国面临的文化显安全问题更加突出，而文化隐安全的形势也更加严峻。英国剑桥大学心理测试学中心的研究报告得出结论：仅使用公开的Facebook的"赞"（like）信息，也能瞬时生成极为详尽的用户心理、人口特征资料，包括种族、性格、智商分数、幸福感、药物使用、性取向、政治观点和宗教信仰的有效的个人统计信息。互联网背景下，技术发展失衡与文化边界失守为文化安全带来更大的挑战。在网络的环境中，国际文化传播的聚合与分化同时增速，在全媒体条件下，因互联网与信息技术的高度发达，国际传播聚合与分化主要表现为快速聚合增强作用和快速分化消退作用。在互联网与信息技术高度发达的环境下，其快速爆炸的聚合速度相当快，人们可以通过各种途径快速获取信息并进行评论与分享，这就会使得该信息瞬间在全国甚至世界范围内传播，不同渠道的多家媒体同时报道，热度爆棚，但是热点问题的消退也会在很短的时间内完成，文化安全的复杂性日益增强。

网络技术加剧全球文化博弈。依托互联网平台传播的文化，受信息技术发展以及经济实力强弱的制约，在网络传播中的优劣差距逐步拉大。经济实力强、网络技术先进的国家，在传播中具有更大的主动权，文化传播成效更加显著，反之亦然。这就导

---

① 张建英. 文化安全战略研究 [M]. 北京：国防大学出版社，2011：17.
② 王一川. 论文化隐安全 [A].//贾磊磊. 构建文化江山——中国国家文化安全研究 [C]. 北京：中国广播电视出版社，2015：13.

致一些国家文化"引进来"与"走出去"不平衡,"引进来"的内容不受控制而无法选择性接受,"走出去"的内容受技术制约而面临传播阻碍,国家文化的影响力受到双重压制,文化安全问题难以保障。美国作为互联网的诞生地,在互联网发展与运用中始终处于有利位置,而且运用网络的作用维护自身霸权地位,遏制其他国家的发展,在网络空间推行霸权主义。2019 年 9 月,美国联合其他 26 个国家针对中国和俄罗斯发表《关于在网络空间促进负责任的国家行为的联合声明》,声称要让"背道而行"的国家在网络空间承担不利后果;2020 年 8 月,美国开展所谓"清洁网络计划",试图在电信设备、移动通信、数字平台和云存储方面"去中国化";2021 年 7 月,美国联合日本、欧盟、英国和加拿大发表所谓声明,无端指责中国雇佣黑客对美国企业进行网络攻击。2021 年 12 月,美国在所谓"领导人民主峰会"上提议成立"未来互联网联盟",推行美国标准主导的网络准入和排他规则,实际上是建设以美国标准为中心的互联网新规则,并提到"不可靠供应商""价值观"等表述。这种行为是破坏国际公义和全球民主的行为,"是以美国利益最大化为中心的霸权主义在网络空间的延伸"[1],破坏了互联网的公共性和开放性,将网络由互联合作平台转变为科技博弈工具,这体现了美国利用技术优势分裂互联网,实现网络技术霸权的企图,加剧了基于互联网之上的政治与意识形态博弈。网络霸权主义的本质是数字殖民主义,目标是实现霸权国家及联盟的利益最大化。网络霸权主义者倡导"自由开放"的网络空间,是为其在全球攫取财富、输出意识形态及进行网络攻击提供便利。它们打着"人权""自由""开放""安全"等旗号,将自身利益或小集团利益凌驾于其他国家利益之上,无视或否认其他国家或地区的主权利益和发展诉求,这在本质上是霸权主义国家在数字化时代推行的新型殖民主义,是在网络自由的幻象中推行的奴役政策。

网络的高度开放性使文化边界易受侵犯。边界一般指地理空间中区分不同国家或主权地区的界限,除此之外,文化与思想观念等无形空间同样存在边界。文化边界是对不同文化生活方式和价值选择的划分,当文化边界失守,异己文化入侵,文化安全也无从谈起,因此,守护文化边界是保障文化安全的重要一环。网络化发展使文化安全防护陷入网络无边界和文化有边界的矛盾之中。全球文化在网络中自由传播,各种思想倾向与价值观念杂糅并存,正向内容与不良信息共同生长,意识形态碰撞加剧,互联网空间成为虚无主义、个人主义、享乐主义等意识形态的滋生的温床,文化边界的守护面临更大的挑战。再加之西方以其在网络中的传播优势,宣扬维护自身利益的价值观念,挤压文化弱势国家的网络话语空间,使网络空间的文化生存环境更加复杂,文化边界难以守护。美国曾发布针对颠覆他国政权的《十条诫令》,其中第二条提到:

---

① 董彪. 反对网络霸权 构建网络空间命运共同体 [N]. 光明日报,2022 - 01 - 28.

"一定要尽一切可能，做好传播工作，包括电影、书籍、电视、无线电波……和新式的宗教传播。只要他们向往我们的衣、食、住、行、娱乐和教育的方式，就是成功的一半。"① 而互联网的开放性为美国的传播工作和颠覆企图提供了更便利的条件。因此，在互联网边界模糊、全球文化杂糅的局面下，文化边界应愈加明晰。守护文化边界、保护文化主权、防止技术霸权，是世界各国在大变局中保持自身文化独立性、推进自身文化发展、保障自身文化安全的共同选择。

（四）全球文化产业竞争更加激烈

1. 文化产业竞争具有双重价值

文化产业具有双重属性，一种是作为经济的产业属性，另一种是作为文化的意识形态属性。随着经济文化一体化日益加深，经济文化化和文化经济化特征愈加显著，文化产业的竞争价值也体现在经济和意识形态两个方面。

文化产业是刺激消费需求、激发市场潜力的重要动力，为国家经济增长提供强大的动能，对文化强国建设具有巨大价值，是当前各国开展文化竞争的重要领域。当前，在许多国家，文化产业已成为国民经济支柱产业。中国文旅部 2021 年文化和旅游发展统计公报显示，"2021 年末，全国通过统计直报系统报送的文化市场经营单位 19.10 万家，从业人员 151.14 万人，营业收入 13689.17 亿元，营业利润 1636.55 亿元"②。文化产业已经成为中国宏观经济中新的增长点。此外，经济全球化开拓了文化产业的国际市场，为许多国家带来发展机遇。一些国家利用其国家政策推动与经济实力支持，通过政治、文化、技术等手段，在全球开拓文化市场，设立跨国公司，收获巨大的文化消费群体和文化产业收益。当时美国的文化产业在美国经济产业中就已经占据了很高的位置。由此可见，文化产业健康发展是保证国民经济增长的重要一环。

文化产业及其带来的文化消费是国家间进行意识形态渗透的重要途径。德国人约瑟夫·乔菲对美国的硬实力和软实力情况进行阐述，说："美国向其他国家展示的不单是强大的硬实力——最先进的枪炮、舰船和飞机，还有其无孔不入的软实力——哈佛、好莱坞、麦当劳和微软"③。美国的文化产业遍布全球，迪士尼、华纳兄弟、环球影业等影视公司生产了大量的影视产品，而电影中含有大量的个人英雄主义、消费主

---

① 美国中情局对华的十条诫令 [J]. 党政论坛，2001（9）：25.
② 中华人民共和国文化和旅游部 2021 年文化和旅游发展统计公报 [EB/OL]. 文化与旅游部网站，2011 - 06 - 29.
③ Josef Joffe. soft Power Politics，Time Europe，2000，vol. 155，No. 23，June 12，p. 32.

义、性自由等西方元素情节，好莱坞电影的热映，在收获巨大票房收益的同时，无形中向世界各国观众灌输了西方意识形态。这种通过娱乐形式输出意识形态的手段隐蔽性很强，但其中的价值观取向却十分强烈。例如，漫威系列电影《钢铁侠》，向人们展示了一个普通人化身钢铁侠，以一个义务警察的身份维护世界和平的故事，看似正能量的电影内涵中却透露出十分明显的个人英雄主义倾向及暴力倾向。除此之外，在影视产品的基础上，衍生出大量的周边产品，各种 IP 的文创产品层出不穷。文创产品是思想文化同物质产品相结合的产物，带有强烈的意识形态属性，但在消费主义的影响下，人们往往忽略文创产品的文化内涵，淡化其意识形态属性，将物质产品作为消费的目的，从而被动接收其蕴含的文化观念。有形的文化产业和文化产品，附带无形的意识形态和价值观念，成为意识形态渗透的"障眼法"，使文化产业竞争暗流涌动。因此，文化产业的竞争实际上是文化软实力的竞争与意识形态的较量。

2. 全球文化产业竞争现状

世界各国对全球文化产业领域的发展十分重视，激烈的竞争主要通过文化产业竞争力和文化产业政策两个方面体现出来。从全球文化产业数据来看，美国文化产业竞争力依然强劲。文化产业竞争力的大小，体现了文化内容向经济收益转化能力的强弱，文化经济竞争力是判断文化产业竞争的重要指标，也是国家整体竞争力的重要组成部分，提升文化产业竞争力的最终目的是提高国家竞争力。全球文化竞争力形成了三个核心区域：以美国为核心的北美地区；以英国、法国、德国为核心的西欧地区；以中国、日本、新加坡、韩国为核心的东亚地区。"从文化竞争力总体指标来看，美国文化竞争力位居全球之首，表现出超强的竞争优势。美国文化竞争力指数为 75.65，居全球第一位，遥遥领先于其他国家和地区，说明美国在文化方面具有较强的影响力，几乎渗透到世界每一个角落。"[①] 美国强大的文化竞争力主要表现为，第一，拥有世界性的强势文化。第二，文化产业力压全球。第三，美国大众文化影响全球。由此说明，美国在文化经济竞争方面占有绝对优势。在东亚地区，除了中国之外，日本、新加坡和韩国也进入前 20 名，在文化竞争力方面具有比较突出的表现。各国文化竞争力排名情况如图 5 - 1 所示。

美国强大的文化产业竞争力背后离不开夯实的经济基础支撑与积极的政策支持。美国在其经济实力的支撑下，在各国开设跨国公司，形成国际文化产业链。美国传统文化产业好莱坞就占据全球电影市场一半以上的份额，成为全球电影产业的集聚中心。

---

① 张祥建，徐晋，李向民，等. 终极竞争力：全球文化竞争力的评价与分析 [J]. 贵州大学学报（社会科学版），2020（2）：53 - 71.

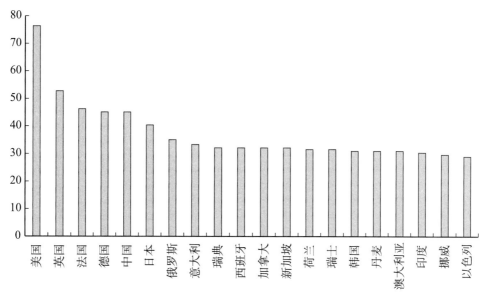

图 5 - 1　各国文化竞争力指数（前 20 名）

资料来源：张祥建，徐晋，李向民，等 . 终极竞争力：全球文化竞争力的评价与分析 ［J］. 贵州大学学报（社会科学版），2020（2）：53 - 71.

从全球文化产业政策来看，文化产业的发展是提高文化竞争力的重要一步，世界各国都加紧文化产业建设，制定契合本国文化特色、适合自身发展的"文化立国战略"，以此推动国家文化产业的发展。全球文化产业竞争力最强的地区首先是以美国为核心的北美地区。美国将文化产业作为外交政策的一部分，其文化发展环境较为宽松，没有设立专门的文化管理部门，极大地保护言论自由和产业自由，并通过立法鼓励文化产业多方投资，为文化产业的发展和文化产品的对外输出提供保障。其次是以英国、法国、德国为代表的欧洲地区。德国将文化作为国家综合国力的重要组成部分，注重文化产业对社会和经济发展的贡献。出版业、影视业、表演业、会展业是德国文化产业发展中的重要组成部分，给德国创造了大量的就业岗位，带来了巨大的经济收益。此外，德国的城市里随处都可以见到文化设施和文化古迹，这不仅熏陶了德国民众的艺术气息，提升公民的整体素质，还让德国成为世界上著名的旅游国家，助推文化产业的升级和发展。最后是以日本、中国、韩国为代表的东亚地区。日本于 1996 年提出《21 世纪文化立国方案》，从此"文化立国"的正式文件诞生。在此推动下，日本的文化产业跻身为全国的第二大产业，有力支撑了"动漫王国"的称号。通过部分国家对文化产业的政策支持可以看出，各国仍在加紧通过文化政策推动文化产业的发展，以期在全球文化产业竞争中占据更有利的位置。

3. 全球文化产业发展新趋势

新一轮信息革命浪潮下，全球文化产业数字化转型升级。当前，世界进入新的信息化时代，5G、大数据、全联网、人工智能、人机互动等新一代信息技术向文化产业广泛渗透，数字化转型为全球文化产业带来新的发展前景。数字化文化产业线上线下融合研发与营销，使文化产业在百年未有之大变局与新冠疫情带来的双重冲击下，依然平稳发展。文化产业的数字化转型不仅针对原有传统文化产业的数字化升级，也包括在数字化转型下通过文化产业同消费、旅游、科技、金融等多领域融合发展产生新型文化产业，发展新型文化企业、文化业态、文化消费模式，带动形成新的经济增长点。美国最早开始布局数字化转型，发布《联邦大数据研发战略计划》《国家人工智能研究和发展战略计划》等，中国在"十四五"规划中明确部署"实施文化产业数字化战略"，英国发布的《英国数字战略》《产业战略：人工智能领域行动》，德国联邦政府推出的《数字化战略2025》，欧盟出台的《产业数字化新规划》等。各国先后发布产业数字化转型战略和行动计划，在工业革命4.0时代，抢占数字化先机。

科技创新是各国竞争的关键领域，高新科技不仅是文化产业发展的助推器，也是文化产业化的关键要素，除推进文化产业融合与数字化发展外，各国不断扩大研发支出与科技经费投入规模，以科技创新拉动文化产业发展。"从国际比较看，我国R&D投入继续呈现大体量、高增长特点。从投入规模看，我国R&D经费总量稳居世界第二。从增长速度看，2016～2021年，我国R&D经费年均增长12.3%，明显高于美国（7.8%）、日本（1%）、德国（3.5%）和韩国（7.6%）等发达国家2016～2020年的增速。从投入强度看，我国2021年2.44%的水平在世界主要国家中排名第13位，超过法国（2.35%）、荷兰（2.29%）等创新型国家。"[①] 提高科技创新水平，强化未来核心竞争力是世界各国的共同选择。

信息爆炸时代，人们的文化需求呈现出个性化、多样化、品质化、国际化等特征，针对这一需求，全球文化产业体现出更加注重内容创新的趋势。知识产权（IP）是发展文化产业的前提，文化产业的本质是内容产业、知识产业，作为文化产业核心的优质内容和智力创新通过版权体现出来并得以保障。当前，各国鼓励文化创造，保护专利权、商标权、著作权，重视以原创版权为主的内容产业发展。"2021年，专利国际申请量增长0.9%，达到277500件，创历史新高。亚洲是专利国际申请的最大来源地，占2021年申请总量的54.1%，2011年该占比为38.5%。""2021年，在国际专利体系（PCT）全球领先的申请人中，中国以69540件申请量和同比增长0.9%的成绩，仍居PCT最大用户地位，紧随其后的是美国、日本、韩国和德国。亚洲占据全部PCT申请活动的大部分，这一成绩也反映了过去20年亚洲崛起为全球创新活动引擎的成长轨迹。"[②]

---

① 中国研发经费投入连续6年保持两位数增长［N］.人民日报（海外版），2022－09－01.
② 世界知识产权组织：2021年全球创新活动和知识产权申请服务量创新高［EB/OL］.中国经济网，2022－02－11.

脱身于知识产权中的"IP"概念近来十分火热，从知识财产衍生到影视、游戏、漫画等许多方面，形成了庞大的产业链，创造了更高的产业价值。一些热门 IP 拥有的粉丝量众多，有巨大的市场潜力。

（五）文化霸权主义依然存在

1. 文化霸权主义的源起分析

文化本身并不能够等同于软实力，也不能够自然地实现软实力的价值，关键是要看文化的属性，要看实现文化目标的方式与相应文化对象文化权力和文化需要是否相适应的关系。

文化软实力是由多个要素相互关联形成的有机概念，是一个相互依托、相互影响、相互制约的动态作用的过程，特别是如果一个国家的文化软实力中缺少了认同性，那么它的实际吸引力和凝聚力就会受到很大的限制。正如美国学者约瑟夫·奈在演讲中所感慨的："一些人在评估文化软实力时只看到文化产品的载体，而忽略了它所产生的文化认同性的实际效果，一个人可能会喝可口可乐、穿牛仔裤，但他仍旧对美国持反对的态度。所以，文化影响力能否产生软实力，取决于它是否能让一个国家更有吸引力。吸引力，意味着让别人对你的国家产生好感，这和提供一些产品让别人吃好、喝好是完全不同的两码事。"① 可见，软实力作为服务于西方文化霸权的工具，也存在着不足和内在缺陷。西方文化霸权是一种思想价值统治行为，是西方资本主义国家对外扩张的战略手段，是殖民主义的一种表现形式。在大变局背景下，世界格局深刻调整，新兴市场国家和发展中国家群体性崛起，为世界多极化进程注入新动力，使世界力量分布更为均衡。尽管如此，西方霸权行径仍未减退，美国等西方国家依仗自己经济上的强势地位和科技的进步和强势话语权对其他国家持续实施文化侵略，在互联网的发展和数学技术的支撑下加紧扩张，文化霸权更加防不胜防，为全球文化安全带来严峻挑战。

文化霸权主义由来已久，较早并较为深刻地对其进行分析研究的，主要是西方马克思主义学者葛兰西的文化霸权理论。葛兰西在其《狱中札记》中将国家的领导权划分为政治领导权与意识形态领导权两个层面，指出"国家＝政治社会＋市民社会"，只有将这两个层面相结合，才能获得整个国家的领导权。这一划分突出了意识形态领导权在革命中的重要性。葛兰西认为，资产阶级已经不再单纯依靠暴力和压迫等强制方式来统治人民，而是运用意识形态的传播使人民自觉、自愿认同统治阶级，以取得

---

① 季桂保，田晓玲. 约瑟夫·奈：请不要误解和滥用"软实力"［N］. 文汇报，2010－12－07.

阶级统治权。这一思想对西方资本主义的文化殖民手段作出深刻剖析，为我们认识并防范资本主义文化霸权提供了理论基础。

文化霸权主义产生的现实基础主要包括冷战后的国际背景以及美国与生俱来的民族优越感。冷战后，苏联解体打破了两大阵营对峙的局面，世界格局呈现出一超多强的多极化倾向，以美国为首的西方发达资本主义国家为维护其霸权地位，将文化侵略的矛头指向中国等不断壮大的发展中国家，企图通过各种途径推行自己的价值体系，全面输出西方政治经济模式和意识形态观念。而在冷战时期，西方国家对东欧国家成功实施"和平演变"战略，长达十年之久的和平演变成为苏联解体的重要因素，这坚定了美国对意识形态渗透和文化侵略手段的推进。除此之外，美国具有极强的民族优越感，他们自称"上帝选民"和"天定命运"，以唯我独尊的姿态向世界各国输出自己的文化与价值观念，履行自己"救世主"的使命。因此，他们在对外交往过程中表现出的孤立主义、扩张主义、霸权行径就被赋予了合法性。

文化是更根本、更持久、更深沉的力量，当前全球竞争加剧，文化领域的明争暗斗也愈加激烈。在西方文化仍处于强势地位的今天，警惕文化霸权主义，保证文化独立自强，是在百年未有之大变局之中立于不败之地的关键。

2. 文化霸权主义的现实弊端

文化霸权主义是资本主义妄图在全球范围内实现其意识形态控制权的现实体现，严重阻碍世界和平交流与全球文化多样化发展，甚至威胁国家安全，具有极大的现实弊端。

首先，推行文化霸权主义的结果指向文化一元化。不同国家、民族在形成与发展中有其特定的社会历史条件与文化发展特点，因此，其推崇的价值观念也各不相同。西方资本主义国家所谓的"普世价值"，看似是跨越民族、种族和国界的适合世界各国的普遍真理，实则推崇的是资本主义视域下的"自由、平等与博爱"，是基于西方资本主义立场之上，利好资本主义利益的狭隘价值观。正如马克思所说："因为每一个企图取代旧统治阶级的新阶级，为了达到自己的目的不得不把自己的利益说成是社会全体成员的共同利益，就是说，这在观念上的表达就是：赋予自己的思想以普遍性的形式，把它们描绘成唯一合乎理性的、有普遍意义的思想。"[1] 对于其他文化采取"同化"而非"包容并蓄"的态度，忽略了国家特点与民族特色，企图使意识形态单一化、价值"普世化"、文化西方化，使资本主义文化成为唯一的思想引领，这是逆文化多样化发展潮流的。

其次，西方资本主义文化具有虚伪、欺骗和侵略的劣根性。资本主义通过暴力掠夺、残杀等方式实现自己的原始积累，"当资本来到人间，每一个毛孔都滴着肮脏的

---

① 马克思恩格斯选集（第1卷）[M]．北京：人民出版社，2012：180．

血", "它迫使一切民族——如果它们不想灭亡的话——采用资产阶级的生产方式；它迫使它们在自己那里推行所谓的文明，即变成资产者。一句话，它按照自己的面貌为自己创造出一个世界。"① 这揭示出资本主义友善面目下的侵略本性。资本主义向世界输送的"自由、民主"等价值观，在资本主义社会内部都难以成立。在资本主义社会，统治者给工人阶级的福利和自由，只是哄骗工人阶级和人民大众更好地为资产阶级服务、甘愿受阶级统治的工具。而个人主义、消费主义、历史虚无主义在西方社会大行其道，同样暴露了西方资本主义文化的劣根性。资本主义价值观的渗透从内部削弱国家力量，瓦解国民的精神与意识，将导致严重的不良后果。

最后，文化霸权主义严重威胁其他国家的国家安全。文化霸权主义是霸权主义在文化领域的表现，既具有政治侵略属性也具有文化侵略属性。文化霸权主义的最终目的，是通过对其他国家进行价值观和意识形态渗透等文化侵略手段来实现国家政权的颠覆。"敌对势力要搞乱一个社会、颠覆一个政权，往往总是先从意识形态领域打开突破口，先从搞乱人们思想下手。"② 在西方国家实施"软实力""巧实力"的过程中发挥了非常现实、有效的作用。西方学者总是喜欢用西方的经济学、政治学、法学、社会学等学科的理论、概念、话语体系来裁剪中国实践，对"中国奇迹"作"西式解释"，有的甚至把西方的民主理论、经济理论、人权理论作为意识形态工具，攻击我国的社会主义制度。当资本主义意识形态大肆渗透，国家原有意识形态被削弱甚至颠覆时，国家的内部核心力量随之瓦解，资本主义国家得以不战而屈人之兵，达到同化及解构他人意识形态而巩固自身统治政权的目的，这对其他国家来说是致命的威胁。

3. 文化霸权主义的当代表现

文化霸权主义并没有伴随着人们的批判和抵制而消亡，正相反，与以往相比，其意图更为明显、企图更加强烈，且手段更加多样、隐蔽、难以防范。在大变局中，随着全球现代化进程的发展，文化霸权行径除传统手段外，也呈现出一些新的表现形式。

强化语言优势，制造话语危机。语言是思想文化的表达媒介，不同思维模式和文化环境下的语言表达方式不尽相同，言语交流中潜含的价值观念也各有差异，语言的流通度、接受度和使用度决定着文化的传播范围和影响力量。英语是世界上使用范围最广的语言，是"准世界语"，具备国际话语的"特权性标识"。英语的广泛使用和传播，自然也就传播了英语国家的文化和价值观，给他们带来巨大的文化、政治和经济利益。一种语言形成霸权后，就意味着以这种语言为母语的国家和民族，将很容易地拥有信息霸权或文化霸权，并有利于提高和实现政治话语权。除日常使用外，在网络

---

① 马克思恩格斯选集（第1卷）[M]. 北京：人民出版社，2012：404.
② 中共中央文献研究室. 十六大以来重要文献选编（中）[M]. 北京：中央文献出版社，2006：318.

及软件源代码中英语的使用率也占绝大多数，西方英语母语国家对英语语言的推广和非英语母语国家对英语的学习，为英、美等西方国家的文化与意识形态传播拓宽了渠道。除此之外，丛林法则同样适用于文化领域。在学术语言体系中，西方的学术词汇、术语、概念的创造和界定能力也居于领先地位，许多国家使用西方的概念、西方的表达、西方的词句和格式，而缺少本国文化的特色与内涵，也正因如此，在国际议题设置上、热点引导和舆论传播上，西方具有先天优势，文化发展中国家被动落入"中等文化陷阱"。

大搞"颜色革命"，推行西方价值观认同。"颜色革命"是资本主义国家通过深度文化渗透，改变人的政治文化观念，使人们对资本主义宣称的民主、自由等"普世价值"和资本主义政治立场产生认同感，在政治立场上出现亲资、亲美的倾向。马克思指出："如果从观念上来考察，那么一定的意识形式的解体足以使整个时代覆灭。"[1]"颜色革命"是西方推行文化霸权主义颠覆他国意识形态，以维护自己政治利益的惯用手法。格鲁吉亚的"玫瑰革命"、乌克兰的"橙色革命"、吉尔吉斯斯坦的"黄色革命"等无不是西方刻意谋划挑起的且最终都是以民众的暴动和政权的颠覆为结果。当前国际博弈加剧，美国等西方国家仍在大肆输出文化，为制造"颜色革命"创造契机，守好意识形态阵地，防止西方国家恶意挑拨、分化，仍是文化弱势国家面临的重要任务。

利用技术优势，实施数字文化霸权。技术力量失衡是文化霸权主义得以存在的根本原因之一，西方在其数字化技术优势的支持下，使文化霸权主义的实行路径更为便捷、隐蔽、广泛、深入。数字化发展以科技作为硬性依托，文化霸权通过数字化技术渗透到网络媒体、社交平台、文化产业等各方面，技术力量对比失衡，导致一些国家无力抵抗数字文化输入，遭受资本主义文化的严重冲击。在数字社交媒体中，美国凭借其网络霸权地位向弱势国家灌输其生活方式和价值观念，达到文化渗透的目的，并利用他国热点事件操控网络舆论导向，大肆传播不实内容，污化、歪曲他国形象，引导社会舆论向自己倾斜，在去中心化的数字网络媒体中，重塑自我中心地位，实现其文化霸权统治。

三、构建人类命运共同体进程中我国文化的发展态势

文化的力量，不仅是一个民族生命力、创造力、影响力和凝聚力的决定性要素，也越来越成为综合国力的国际竞争力的重要组成部分，更是世界各国综合国力中最根

---

① 马克思恩格斯文集（第8卷）[M]. 北京：人民出版社，2009：170.

本、最持久、最难复制替代和模仿的核心力量。文化对于一个国家综合国力的影响作用日益增强。全球文化发展呈现出复杂的态势对我国文化建设和文化安全提出巨大挑战，在构建人类命运共同体的进程中，我国文化也正在发生着积极变化，体现出强有力的文化力量，把握了大变局的契机，牢固维护我国文化安全，开创我国文化发展新境界，并对当今世界产生着积极的影响。

（一）以马克思主义为指导，展现科学社会主义的时代活力

"在改革开放以后，随着经济基础的变化，意识形态领域呈现一元主导和多元并存的局面。一元主导，是指马克思主义仍居指导地位；多元并存，是指马克思主义、非马克思主义以及反马克思主义在这个领域同时存在。"① 特别是到了当前改革开放的攻坚阶段，社会思想文化领域也出现了更大程度上的多样化态势，因此，我们要深刻地注意到，在"后冷战"时期，国际竞争较量的方式和着力点已经发生了转移，国内思想和政治斗争的形势呈现出新的历史特点。在这种背景下，当前非马克思主义思潮、反马克思主义思潮的表现形态和影响方式已经发生了巨大变化，根本性的表现就是由明目张胆、堂而皇之地反马克思主义的显性叙事，转向了暗度陈仓、潜移默化的隐性叙事。这种崭新方式或针对我国社会存在的某一个问题宣扬自身的优势和特色，以片面的理论基础来争取人们的认同，或通过偷换概念、掩人耳目的方式来蛊惑人心，达到"西化""分化"的企图，或利用情景化、信息化载体在大众文化语境中传播颠覆性主题的作品，进而分解人们对于主流意识形态的信仰，破坏全国各族人民在政治立场和战略目标方面的凝聚力。

筑牢意识形态防线具有极端重要性。意识形态防线是保障我国文化与意识形态不受侵犯的安全底线。意识形态具有阶级性，其作为观念的上层建筑，体现的是统治阶级的利益和要求，当国家的意识形态防线被突破，社会意识形态纷杂呈现，主流意识形态同统治阶级的利益相悖，将会引发严重的社会危机。20 世纪后期，苏联共产党全盘否定斯大林，使苏联的主流意识形态受到极大的怀疑和动摇，造成苏联民众意识形态混乱，最终导致苏联解体的历史悲剧。历史经验反复证明，一个国家的思想失守，将导致亡党亡国的严重后果。因此，筑牢意识形态防线，守好社会主义意识形态阵地，是我国文化发展的前提。我国是人民民主专政的社会主义国家，社会主义意识形态作为我国的主流意识形态体现的是广大人民群众的利益，必须牢牢掌握意识形态工作领导权，始终坚持马克思主义在意识形态领域的指导地位，不断增强社会主义意识形态

---

① 赵曜. 关于繁荣发展哲学社会科学的若干思考 [J]. 中国浦东干部学院学报，2016（6）：13-17.

的吸引力、凝聚力和号召力，保障我国文化始终坚持正确发展方向。进入新时代以来，"我们确立和坚持马克思主义在意识形态领域指导地位的根本制度，新时代党的创新理论深入人心，社会主义核心价值观广泛传播，中华优秀传统文化得到创造性转化、创新性发展，文化事业日益繁荣，网络生态持续向好，意识形态领域形势发生全局性、根本性转变"①。

马克思主义在意识形态领域的指导地位得到了进一步巩固。当前，物质社会快速发展，全面改革进一步深化，社会转型不断推进，国外加紧对我国进行意识形态渗透，历史虚无主义、个人主义、消费主义等各种非马克思主义思潮不断兴起，我国意识形态建设面临更大的挑战。在此背景下，我国进一步巩固马克思主义在意识形态领域的指导地位，对各种非主流意识形态进行抵制、否定与批判，始终维护马克思主义的主导权和话语权，保障人民的思想不受歪曲理论的侵蚀。党的十九届四中全会提出"坚持马克思主义在意识形态领域指导地位的根本制度"，第一次将坚持马克思主义在意识形态领域的指导地位作为一项根本制度而提出，进一步强调了保证主流意识形态主导地位的极端重要性。需要注意的是，"实行百花齐放、百家争鸣的方针，并不会削弱马克思主义在思想界的领导地位，相反地正是会加强它的这种地位"②。必须把握好意识形态领域中"一元"与"多元"的辩证关系，以"一元"指导引领"多元"发展，以"多元"发展丰富"一元"指导，既弘扬社会主旋律，保障我国文化安全，又赋予了文化发展新活力，使我国文化的先进性得以保障。

马克思主义中国化时代化理论成果的指导作用进一步得到彰显。马克思主义理论不是教条，而是行动指南，必须随着实践的变化而发展。马克思主义自传入中国起，就开始了随中国实际国情而不断发展的过程。在我国以马克思主义为指导，就是以马克思列宁主义、毛泽东思想、邓小平理论、"三个代表"重要思想、科学发展观、习近平新时代中国特色社会主义思想为指导，就是以马克思主义的立场、观点和方法解决我国社会实践中存在的问题，就是以马克思主义为出发点，在对马克思主义的理论运用中实现其理论创新。"实践没有止境，理论创新也没有止境。不断谱写马克思主义中国化时代化新篇章，是当代中国共产党人的庄严历史责任。"③百年未有之大变局下，国内外社会局势发生了巨大变化，数字网络的发展、高新科技的进步、深化改革的推进、国际格局的演变使中国特色社会主义建设面临的问题更加复杂，在此形势下，我们继续坚持马克思主义中国化时代化，并不断取得马克思主义中国化时代化的最新理论成果，解决我国社会实践中的新情况、新问题，再以实践中产生的新发现、

---

①③　习近平. 高举中国特色社会主义伟大旗帜　为全面建设社会主义现代化国家而团结奋斗——在中国共产党第二十次全国代表大会上的报告 [N]. 人民日报，2022-10-26.

②　毛泽东文集（第7卷）[M]. 北京：人民出版社，1999：232.

新论断推进马克思主义中国化时代化，实现实践——认识——再实践——再认识的无穷循环，不断推动马克思主义与时俱进，筑牢意识形态防线，建设和发展中国特色社会主义事业。

党的二十大报告指出："马克思主义是我们立党立国、兴党兴国的根本指导思想。实践告诉我们，中国共产党为什么能，中国特色社会主义为什么好，归根到底是马克思主义行，是中国化时代化的马克思主义行。拥有马克思主义科学理论指导是我们党坚定信仰信念、把握历史主动的根本所在。"① 正是我们在坚持马克思主义指导地位的基础上，我们在新时代取得了历史性成就，发生历史性变革。"科学社会主义在二十一世纪的中国焕发出新的蓬勃生机，中国式现代化为人类实现现代化提供了新的选择，中国共产党和中国人民为解决人类面临的共同问题提供更多更好的中国智慧、中国方案、中国力量，为人类和平与发展崇高事业作出新的更大的贡献！"② 世界正经历百年未有之大变局，国际格局深刻调整，国内外形势复杂多变，人民思想多元多样，意识形态领域交锋更加激烈。构建人类命运共同体，是中国面对世界百年未有之大变局提出的中国话语，但它并不是中国对外提出并推进的意识形态话语，也不主张用社会主义制度和运动去推进构建人类命运共同体。但是，构建人类命运共同体必然体现中国的话语生态系统和话语生态环境，中国在推进构建人类命运共同体的进程中，要具备明确清楚的政治立场，要坚持内外有别的原则，深刻认识我国意识形态问题的极端重要性，坚持好和巩固好马克思主义在意识形态领域的指导地位，筑牢社会主义意识形态思想防线，彰显中国特色社会主义的优越性，保障中华文化在时代的洪流中屹立不倒。构建人类命运共同体并不是倡导世界各国都坚持马克思主义，坚持社会主义道路和制度，但马克思主义必将为构建人类命运共同体提供强大的思想能量，提供端正的价值立场，马克思主义在当今世界展现出来的时代活力，也必将为构建人类命运共同体提供示范引领作用，为世界各国参与构建人类命运共同体提供动力。

（二）以东升西降为契机，提高中国国际话语权

加强对外传播工作，塑造良好的舆论环境，在国际上提高中国的话语权，在现实的国内和对外工作中发挥了重要作用。毛泽东在延安时指出："笔杆子跟枪杆子结合起来，那末，事情就好办了。"③ 艾森豪威尔也指出"一美元的外宣费用等于五美元的国防费用"，并在他任总统期间建立了美国新闻署，提出"美国之音"要越过国境，

---

①② 习近平. 高举中国特色社会主义伟大旗帜　为全面建设社会主义现代化国家而团结奋斗——在中国共产党第二十次全国代表大会上的报告［N］. 人民日报，2022 - 10 - 26.
③ 毛泽东文集（第 2 卷）［M］. 北京：人民出版社，1993：257.

越过海洋，穿过铁幕和石墙，"同共产主义进行斗争"①。对外传播战略作为各国政治、外交、经济、贸易的重要战略，在历史上和现实上都发挥过重要作用。提升中国文化吸引力是传播中国声音的首要前提。我们必须从国家利益的大局出发，从构建人类命运共同体的实际需要出发，高度重视对外传播战略的独特作用。

"自塑"中国形象是传播中国声音的必然旨归。话语作为人们言说思想意识的表达形式，是具有生存力量的语言，正如海德格尔所表述的"语言，凭借存在物的首次命名，才指明了存在物源于其存在并到达其存在"②，长期以来，西方国家无视世界文化多元化发展的现实，极力宣扬自身虚伪的价值体系，鼓吹资本主义制度，将自己"神圣化"；相反，在面对中国时，他们热衷于将中国"妖魔化"，认为非资本主义的制度是邪恶的。中国形象长期遭受"他塑"的毒害，这种歧视中国、丑化中国人的趋势在近些年愈演愈烈，中国人民深有体会。面对西方舆论的恶意丑化和无理指责，中国需要构建自己的舆论话语体系，以斗争谋取主动，以鲜明的旗帜来反抗文化霸权以及其他各种文化分裂势力的压迫。习近平总书记在中共中央政治局第三十次集体学习中指出："必须加强顶层设计和研究布局，构建具有鲜明中国特色的战略传播体系，着力提高国际传播影响力、中华文化感召力、中国形象亲和力、中国话语说服力、国际舆论引导力。"③ 中国文化博大精深，这是未来中国"自塑"形象的根基。未来，我们要不断创造和丰富中国故事，传播中国文化、中国理论，以多样生动的形式向世界展示我国的民族精神和社会凝聚力，用无数鲜明的中国事实回击西方国家对中国的负面舆论和奇谈怪论，对西方国家的恶意扭曲进行有力回击。

传播中国价值是传播中国声音的精神内核。尽管目前世界文化呈现出多元化的格局，但由于社会制度、政治生态、发展模式的不同，国家之间意识形态、价值观之间的较量一直不断。中国价值是以社会主义核心价值观为根本导向，以发展社会主义先进文化、倡导国家关系民主化、构建人类命运共同体为目标的价值理念体系，主要包括马克思主义思想旗帜引领下形成的社会主义核心价值体系、社会主义核心价值观、中华优秀传统文化的价值观、党的精神谱系中体现的民族意志与价值追求等。世界百年未有之大变局以西方国家主导的"西方中心主义"逐步没落、东方文明逐步兴起为基本趋势，是世界力量对比反转的态势，应借此契机全面深刻理解百年未有之大变局，科学把握新的挑战和机遇，立足此次大变局背景，将中华文化的崛起融入其中，提升中华文化在世界文化格局改变中的地位和影响力，以推进中国声音对外传播。

人类命运共同体作为新时代背景下全球治理的"中国方案"，虽然是依据时代形

---

① 李慎明. 当代中国特色社会主义面临的机遇与挑战 [J]. 毛泽东思想研究, 2014 (3).

② [德] 海德格尔. 诗·语言·思 [M]. 彭富春, 译. 北京：文化艺术出版社, 1991: 6.

③ 习近平在中共中央政治局第三十次集体学习时强调 加强和改进国际传播工作展示真实立体全面的中国 [N]. 人民日报, 2021 - 06 - 02.

势而提出的话语内容，有着较大的创新性，但其本身在概念支撑、逻辑结构等方面仍存在着进一步完善的空间。国际传播本身已经不仅仅是媒体的事情。媒体固然是国际传播中的重要主体，但其实媒体的作用更多体现在技术层面，它的背后需要思想、理论、话语的支撑，而思想、理论、话语才是我们目前人类命运共同体理念中需要进一步充实和完善的。长期以来，中国话语内容大部分是紧跟着西方，套用西方理论建构本土现实问题，在西方的话语体系下研究中国问题，缺少自己的学术话语体系，中国话语、中国思想在全球的学术影响力有限，在国际学术界的声音几乎难以听到，或者即使有时能听到，也是寥寥无几，这与当前中国的国际地位极不相称。目前中国整个人文社会科学研究在国际上发声都比较微弱。与西方国家智库相比，目前中国智库数量不少，但具有国际影响力的不多，内容生产方面缺乏引领性概念和源发性观点。中国价值的传播对我国文化软实力强弱、国际影响力大小、国际形象好坏、国际话语权强弱等具有重要意义。中国在抗击疫情中以极高的政治站位、广阔的国际视野、深远的历史眼光作出正确有效决策，尽快遏制国内疫情，并积极为国际社会提供援助，极大地推进了中国声音的国际传播。当今世界处于百年未有之大变局之中，全球格局面临着大变动、大调整，我国的综合实力不断提升，已经成为世界上第二大经济体。然而，在政治话语权以及文化传播力和影响力等方面，我国与西方国家仍存在差距。因此，在对外传播中，以中国价值为精神引领，不断廓清中国价值的内涵、创新价值传播路径，提升国际话语权，向世界展示真实、立体、全面的中国。

（三）以科技创新为手段，赋能文化创造性转化和创新性发展

创新是保持中华文化生命力的源泉，结合新的时代特点不断继承与发展传统文化，是实现传统文化当代价值的必要前提。中华优秀传统文化是中华民族生生不息的丰厚滋养，为我国坚定文化自信、发展中国特色社会主义先进文化、建设文化强国提供坚实根基。习近平总书记在 2013 年中央政治局就提高国家文化软实力进行的集体学习会上首次提出"努力实现中华传统美德的创造性转化、创新性发展"，此后在多个场合反复提及。这一重要思想相继写入党的十九大报告、《中共中央关于党的百年奋斗重大成就和历史经验的决议》、党的二十大报告等党的重要文献中，体现了"创造性转化、创新性发展"的重要地位，为中华文化的发展指明了方向。在大变局中，科学技术成为文化发展的重要变量，我国作为世界上最大的发展中国家和世界第二大经济体，在新一轮科技革命中具有独特优势，应把握科技发展的契机，多种途径助力文化"双创"，保证传统文化与时俱进，使传统文化在新的时代背景下焕发生机。

以数字技术的进步，推进中国文化守正创新。守正是文化创新的前提，不忘本来，才能开辟未来。五千年的传统文化是中华民族的精神命脉，在通过数字化手段推进传

统文化创造性转化、创新性发展时，应首先把握传统文化的精神内核，坚守中华文化立场，牢牢守住传统文化的"根"。创新即将传统文化与当代文化相交融，赋予传统文化新的时代特点与多元表达方式，将数字技术服务于传统内容、传统文化内核作为文化创新的底线，以科技引领传统文化向新、传统文化引领科技向善，使传统文化在数字化呈现与传播的过程中实现转化与发展，开辟传统文化新的发展空间。互联网的深度普及和应用程序的开发拓宽了传统文化的传播渠道，自制图片、表情包、短视频使传统文化时代化、生活化、大众化，国家博物馆、每日故宫等 App 给人们提供了全面、详尽、便捷的文物与文化知识展示平台，将神秘的文物与生僻知识以现代化表达方式带入大众视野，纪录片、影视节目和动画作品等通过当代艺术手段将传统文化故事呈现出来，赋予传统文化以新的时代内涵与当代形态。特别是在网络、全媒体的环境下，国际文化传播主体与客体的边界不再清晰，出现消解的迹象。网络新媒体颠覆了传统媒体的传者与受者的严格区分，受众从被动的信息接收者转变为主动的信息收集者甚至是生产者，传播模式也由单向传播转变为双向甚至多向传播。在全媒体语境下，受传者不仅突破了时空的壁垒，还使"人人都有麦克风"成了可能，国际文化传播主客体的边界逐渐消解。

以多元技术的发展，催发中国文化创新热潮。特别是在当前的文化交流条件下，国际文化传播渠道与方式更广泛。在全媒体时代，互联网以及信息技术高度发达，信息传播方式逐渐变得更广泛，传播渠道也日渐多元，国际传播不再局限于报纸、广播电视等传统媒介进行传播。"随着移动智能设备的发展，全球社交网络用户持续增长。市场数据统计门户（Statista）的数据显示，截至 2021 年 1 月，全球社交媒体用户已超过 42 亿人，占全球人口的 1/3，其中又以西欧和北欧用户的渗透率最高。Facebook（27.4 亿人）、YouTube（2.291 亿人）、WhatsApp（20 亿人）、Facebook Messenger（13 亿人）、Instagram（12.21 亿人）、微信（12.13 亿人）、抖音（6.89 亿人）为全球用户规模排名前列的社交媒体平台。其中，'Instagram'是最流行的照片分享社交网站，'Facebook'是最流行的内容分享网站，'You Tube'在美国是'Z 世代'和'千禧一代'网络用户最多的社交媒体平台。"[①] 随着科技文化相融互促逐步深入，AR、VR、5G、网络直播等数字技术为中国文化"双创"提供了新动能。我们应进一步推动现代技术对传统文化加以改造，促使传统文化以多元形式走出书斋，"让收藏在博物馆里的文物、陈列在广阔大地上的遗产、书写在古籍里的文字都活起来"[②]。如故宫博物院和凤凰卫视联合创制的互动艺术展演《清明上河图 3.0》，使《清明上河图》从传统

---

① 张志安，李辉. 平台社会语境下中国网络国际传播的战略和路径［J］. 青年探索，2021（4）：15 – 27.

② 习近平. 论坚持推动构建人类命运共同体［M］. 北京：中央文献出版社，2018：83.

书画转变为 3D 虚拟场景，以更加鲜活生动的方式呈现出来，观众可以置身其中并进行互动，极大地缩短了人民与传统文化的距离，扩大传统文化受众群体，激发人们的学习兴趣与创作热情，提高传统文化在新时代的吸引力与影响力，推动传统文化的转化与发展。2021 年，包括故宫博物院、中国国家博物馆、中国美术馆、敦煌研究院、中国公众科学素质促进联合体等 16 家科技文化场馆和科学文化领域的社会组织联合成立的中国科技文化场馆联合体，旨在全社会营造融合发展、开放共享的科技文化生态，进一步拓宽传统文化创造性转化和创新性发展平台，提高跨界科技研发水平，助力科技与文化强国建设。

（四）以开放包容为原则，坚定中国的文化自信

中国优秀传统文化、红色革命文化、社会主义先进文化纵贯 5000 多年的中华民族史、100 多年的中国共产党党史、70 多年的新中国史、40 多年的改革开放史，构成了中华民族发展中最基本最深沉的力量，是我国文化自信的"本"和"源"。文化自信关乎国运兴衰。习近平总书记曾经指出："一个国家、一个民族的强盛，总是以文化兴盛为支撑的，中华民族伟大复兴需要以中华文化发展繁荣为条件。"[①] 只有坚定文化自信，在对外交流借鉴中不断推进中华文化科学化、时代化、大众化，才能不断进步、不断创新、不断超越，创造中华文明发展新局面。在百年未有之大变局下，世界局势更加动荡，社会发展尤为复杂，应尊重世界文明多样性，以文明交流超越文明隔阂、文明互鉴超越文明冲突、文明共存超越文明优越，以开放的姿态在新时代文化交锋中坚定文化自信。

开放包容是树立文化自信的必要前提。我国自古以来主张与世界文明积极交流互鉴，中华民族的文化发展史证明，只有开放交流、互学互鉴，才能保障中华文明永葆生机。唐朝时期，玄奘取经、鉴真东渡以及丝绸之路的繁荣，使中国与外邦在食物、器具、思想文化等物质文明与精神文明方面相互传播，极大促进了中外文化交流，造就了我国大唐时期的文化鼎盛面貌。然而，清王朝的闭关锁国让人们陷入天下文明"唯我独尊"的自我陶醉之中，使中华文明发展严重受挫。鸦片战争后，中国国门被迫打开，各种思想汹涌而至，国民一度陷入对中国传统文化的自我怀疑之中。先进的知识分子以审慎的态度甄别借鉴，借外来文明之力推动中华文明进步，正如毛泽东所言："我们必须继承一切优秀的文学艺术遗产，批判地吸收其中一切有益的东西，作

[①]　中共中央文献研究室．习近平关于社会主义文化建设论述摘编［M］．北京：中央文献出版社，2017：3 - 4.

为我们从此时此地的人民生活中的文学艺术原料创造作品时候的借鉴。"① 中华文明在不断开放的大门中走上复兴之路。党的十一届三中全会后，邓小平深刻地认识到："关起门来，故步自封，夜郎自大，是发达不起来的。"② 随着改革开放的顺利进行，我国文化的对外交流也进一步加深。党的十八大以来，习近平总书记积极倡导构建人类命运共同体、建设"一带一路"、打造交流合作平台，立足本土，放眼全球，不断拓展文明交流的途径，以开放的国际视野推动中华文化建设，以平等尊重、开放包容的姿态同世界文明共同进步，为我国文化自信提供了十足的底气与坚定的力量。当前，在文化多元化的基础之上，我国文化的发展和传播处在重要的历史机遇期，进一步深化开放，在博采众长中传播中国文化和中国声音，对我国在新时代坚定文化自信具有重要价值。

开放包容是坚定文化自信的内在需要。一方面，"每个民族同另一个民族相比都具有某种优点"③，文化自信应建立在中华文化同其他文化互学互鉴、取长补短的基础之上，积极吸收借鉴一切先进文明，求同存异，以各美其美，美人之美，美美与共，天下大同的原则，推动中华文化在交流中进步、在互鉴中发展，坚定地屹立于世界文明之林；另一方面，在同世界文明交流借鉴的过程中必然会遇到不科学的、落后的、封建的文化，而这些同样是推进中华文化发展的重要内容，因为有比较才能鉴别，正如毛泽东所说："放香花的同时，也必然会有毒草放出来。这并不可怕，在一定条件下还有益。"④ 应以辩证的态度对待负面文化，而不是简单地对其全面抵制与否定，否则容易导致知己而不知彼，从而陷入盲目自信的泥潭。只有敢于斗争、主动亮剑，对中外交流中的负面内容进行科学批判与理论解构，先破而后立，才能在克服负面内容的同时，体现中华文化的先进性与科学性，从根本上坚定文化自信。

（五）以人民性为导向，增强我国文化的认同性

文化认同是最深层次的认同，是民族团结的根脉，文化认同问题解决了，对伟大祖国、对中华民族、对中国特色社会主义道路的认同才能巩固，社会凝聚力和向心力才能得以保证。习近平总书记在论及人类命运共同体的社会和民意基础时指出："关系亲不亲，关键在民心。"⑤ 我国文化发展以人民为中心，满足人的精神文化需求，提高人的幸福感、获得感、安全感，是增强文化认同的必要条件，也是中国特色社会主

---

① 毛泽东选集（第3卷）[M].北京：人民出版社，1991：860.
② 邓小平文选（第2卷）[M].北京：人民出版社，1994：132.
③ 马克思恩格斯文集（第1卷）[M].北京：人民出版社，2009：354.
④ 毛泽东文集（第7卷）[M].北京：人民出版社，1999：195.
⑤ 习近平.论坚持推动构建人类命运共同体[M].北京：中央文献出版社，2018：67.

义文化建设的价值旨归，必将对于构建人类命运共同体产生积极影响。

中国共产党领导的社会主义文化，具有为人民服务的政治属性和实现人的自由而全面发展的价值属性，在双重属性的价值引导下中国文化走过了百年建设历程。毛泽东在延安文艺座谈会上提出"文艺为什么人服务"和"如何服务"的问题，指出"我们的文学艺术都是为人民大众的，首先是为工农兵的，为工农兵而创作，为工农兵所利用的"[①]，明确了文化的服务对象与建设立场，为中国新文化建设指明方向。改革开放后，邓小平在毛泽东文艺思想的基础上作出补充，进一步指出"我们的文艺属于人民"[②]。党的十八大以来，中国特色社会主义文化建设取得了巨大的成就，尽管文化建设的使命和任务发生改变，但"社会主义文艺是人民的文艺，必须坚持以人民为中心的创作导向，在深入生活、扎根人民中进行无愧于时代的文艺创造"[③]。百年来，"人民"作为一条红线贯穿中国文化建设的各个时期，时刻发挥着其重要导向作用。新时代，在文化强国的目标指引下，应当对文化建设的"人民性"作出更加生动的诠释。

在文化建设中坚持人民性，应首先明确文化建设的主体。其一，人民是历史的创造者，也是文化建设的力量源泉，在社会主义文化建设中，人民同时承担文化的创造者和接收者两个角色，人民的需求是推动文化发展的主要力量。我国人民基本的物质文化需求已得到满足，在此基础上，符合时代要求的精神文化产品成为文化生产的主要内容。增强人民的文化认同，应牢牢坚持文化建设的人民主体地位，顺应时代潮流，创造满足人民个性化、多样化需求的文化产品，加大高质量文化供给力度，激发全民参与文化建设的热情，形成文化与人民良性互动的和谐局面。其二，马克思主义文化观的最终价值目标是实现人自由而全面的发展。文化一旦被生产出来，即被赋予了塑造人的功能，先进文化与落后文化的作用结果是截然相反的。推动社会主义文化发展，主要目的是以先进文化丰富人民的精神世界，提高全民族的科学文化素质和思想境界水平，最终实现人的全面发展。

在文化建设中坚持人民性，应加快构建现代公共文化服务体系。构建现代公共文化体系，为人民提供多样的公共文化服务，是保障人民群众基本文化权益的主要途径。政府应继续加大财政投入力度，不断完善公共文化服务设施网络，建设公益性博物馆、图书馆、美术馆、活动中心等公共文化空间，并利用现有文化阵地开展群众文化活动，为群众提供基本的公共文化服务。实施"戏曲进乡村""舞台艺术送基层""农村公益电影放映"等惠民工程，实施非遗扶贫就业工坊等文化惠民项目，推进城乡文化资源互联互通，缩小城乡公共文化服务差距，最大程度地保障人民的文化权益。以人民需

① 毛泽东选集（第3卷）［M］. 北京：人民出版社，1991：863.
② 邓小平文选（第2卷）［M］. 北京：人民出版社，1994：209.
③ 习近平谈治国理政（第3卷）［M］. 北京：外文出版社，2020：34.

求为导向，利用数字化技术，构建数字资源库、"互联网＋"公共服务平台，为人们提供更便捷高效、精准全面的零门槛公共文化服务体系，提高人民的满意度和获得感，努力打通公共文化服务"最后一公里"。

通过坚持人民性推进我国文化建设，可以进一步提高我国文化的凝聚力，增强人们对于我国文化的认同感，有力抵制西方国家的文化渗透和政治分化，更好地捍卫我国的文化安全和社会安全，保障我国的经济快速增长和社会长期稳定。同时，国际社会对于人类命运共同体理念的认同，同样与对于我国文化的认同程度密切相关。我国文化发展坚持以人民为中心的发展思想，着力满足人民日益增长的精神文化生活需要，从文化维度维护和增强最广大人民的根本利益，在构建人类命运共同体的进程中具有示范和引领的作用。我国文化的人民性，在国际社会体现了我国文化制度的优越性，在百舸争流的多元文化竞争中体现了我国文化发展的道义立场，在文化全球化的舞台上，更加鲜明地体现我国文化建设的实践宗旨、发展原则和根本目标，可以在世界范围内进一步增强我国文化和话语的吸引力和凝聚力，提高中国文化主张的道义立场和境界，为构建人类命运共同体创造良好的文化环境。

第六章
构建人类命运共同体进程中全球文化领域存在的主要问题

　　文化是一个国家、一个民族的灵魂。文化是一个民族的血脉，是构筑民族精神的基石。面对百年未有之大变局，很多历史的、现实的问题需要解决，以往的发展路径所存在的问题逐渐暴露，而全球化的潮流又不可逆转，因此亟须新的理念推动世界进一步发展。随着全球化的持续推进，各国间的文化交流更加频繁深入，文化建设为构建人类命运共同体作出了巨大贡献，但也面临诸多共同挑战。其中，构建人类命运共同体面临的文化困境归根到底是不同文明之间文化差异导致的认同困境，全球范围内不同文化、不同文明之间固有的差异为文化交流、文明对话造成了诸多障碍。东西方国家文化传播技术资源分布不均衡、文化贸易秩序的失衡、文明冲突、强权政治的干预造成了当今世界文化西强东弱的局面。西方资本主义国家奉行文化霸权主义，到处推行自己的思想、观念、生活方式，企图建立一个西方一元化的世界。与此同时，国家之间因为生存环境、生活方式、宗教信仰等的差异造成了价值观的认同困境和共同价值的缺失，造成新理念、新思想很难在世界范围内形成共识，这严重影响了文明之间的沟通与交流，阻碍了人类命运共同体的文化构建。中国提出的人类命运共同体理念寻求建立一个多元文化共存、百花齐放的世界，这与西方资本主义国家试图建立的西方一元化的世界完全不同，必然引起西方资本主义国家的抵制，这成为构建人类命运共同体在文化领域存在的主要问题。

一、不同文明之间存在固有的文化差异

　　人类命运共同体的构建，必然以相互沟通和理解为前提，而理解与沟通的基础是能够读懂对方。真正困难的在于客观现实，那就是人类文化在长期发展中形成了独特的历史内涵，不同民族和国家形成了不同的民族发展道路。不同的民族因生存环境、发展经历、历史沉淀的不同具有不同的习俗与信仰，也因语言特点、生活习惯、理想信念的不同具有不同的价值追求，所产生的文化具有不可替代的个性特征。正因如此才形成了如此绚丽的世界文化，世界上不同的文化都有其存在的意义和价值，文化之间的差异为文化的发展提供了原始动力，为文化的创新提供了基础。世界各民族在历史进程中形成了相对稳定的生活习惯和思维模式，这种稳定的生活习惯和思维方式蕴含着本民族的文化形态和价值观念，这种差异成为区分不同民族的重要标准。历史传统、宗教习俗、价值观念的差异，成为阻碍和疏离各族群普遍交往的力量，文化本身固有的身份异质的特征，是人类命运共同体文化建构的内在挑战。

（一）不同文明之间始终难以逾越文化差异的藩篱

文化的差别最初都是来自对自然世界认识的差异。钱穆曾讲道："各地文化精神之不同，究其根源，最先还是由于自然环境之区别，而影响其生活方式。再由生活方式影响到文化精神。人类文化，由源头处看，大别不外三型：一游牧文化，二农耕文化，三商业文化。游牧文化发源在高寒的草原地带，农耕文化发源在河流灌溉的平原，商业文化发源在滨海地带以及近海之岛屿。"① 他从人类生存环境总结了世界文化的原发性差异，也正是由于生存环境造成的文化差异，阻碍着人类向着更加统一融合的生存方式推进。有人认为，人类命运共同体"在短期内根本无法实现，是典型的'乌托邦'理念"②。这一观点正是因为他们看到了拥有不同文化的人群，因为生活习性的不同，无法适应统一的生活方式。同时，也有很多人看到了不同文明之间的交流学习，已经成为世界走向融合的动力。如"希腊学习埃及、罗马学习希腊、阿拉伯学习罗马、中世纪的欧洲学习阿拉伯、文艺复兴时期的欧洲学习东罗马帝国。"③ 这种相互学习的过程能够促进人们生活习惯的改变，能够推动文化的融合，使不同族群间的价值体系和文明形态获得理解和认同。然而，在文明冲突加剧的今天，在对人类命运共同体文化建构的过程中，不同文化之间更多的是交锋的一面，文化差异所造成的认同危机、交流障碍正在形成一道难以逾越的藩篱，如何寻找到解决文化差异的突破口成为文化领域构建人类命运共同体的关键问题。

文化差异是世界多元文化共存背景下的基本样态。例如，梁漱溟在《东西文化及其哲学》中指出："西方文化以意欲向前要求为根本精神，中国文化以意欲自为调和、持中为根本精神，印度文化以意欲反身向后要求为其根本精神。"④ 实际上，不论何种阐释与划分，文化差异已是不争的客观事实。人类文明多样性是世界的基本特征，也是人类进步的源泉。"世界上有二百多个国家和地区、二千五百多个民族、多种宗教。不同历史和国情，不同民族和习俗，孕育了不同文明，使世界更加丰富多彩"⑤。"跨文化交流是来自不同文化体系的个人及组织、国家等社会群体之间的活动。文化决定人的观念，观念决定人的行为，不同的宗教、哲学、价值观念决定了一个群体和个人

---

① 钱穆. 中国文化史导论 [M]. 北京：商务印书馆，1994：4.
② 钟慧容. 构建人类命运共同体的三个基本问题辨析 [J]. 福建论坛，2019 (9)：22-29.
③ [英] 罗素. 中国问题 [M]. 秦悦，译. 上海：学林出版社，1996：146.
④ 梁漱溟. 东西文化及其哲学 [M]. 北京：商务印书馆，2010：68-69.
⑤ 习近平外交演讲集（第2卷）[M]. 北京：中央文献出版社，2022：22.

的思维习惯和行为方式，当它同另一种文化（包括价值观念、审美情趣、思维方式等）相遇时，一般总是按照自己的阅读习惯和思维模式去接受、理解和阐释另一种文化。文化差异固然不是导致文化冲突的必然因素，然而大量在不同文化间发生的文化'误读'（misunderstand）则成为全球文化交流中的重要障碍。"① 承认文化差异，认识到文化差异是如何解构构建人类命运共同体的文化纽带的，是如何推动着不同文化之间的冲突与碰撞的，然后思考如何避免其阻隔世界不同文化之间的相互理解才是我们必须解决的问题。

"在全球交往格局中，每一种文化都有可能与自己异质的文化产生抵触，从而发生程度不同的矛盾和冲突。"② 其背后的运转逻辑就在于，人类在自我生存的文化环境中，已经形成了自身熟悉的、习惯化了的思想观念、价值认识，持有相对固定化了的文化见解，"使得这一文化对异质文化十分'敏感'，导致双方在直接沟通和交往中催生出彼此拒斥、互不适应的问题，从而产生对抗和冲突"③。这不仅与建构人类命运共同体的文化要求相背离，还加深着人们对不同文化相互理解的难度、达成文化与价值共识的困难，使建构人类命运共同体的文化认同基石难以保障。另外，对相异文化天然的排斥感，无形之中增加了人们接受人类命运共同体的难度。人类命运共同体是着眼于新时代全球治理、构建新型国际关系和国际新秩序的中国方案。近年来我国在赢得国际社会的广泛认可过程中，也面对着诸多批评与质疑的声音，"中国威胁论""中华文化殖民论"等甚嚣尘上。缘于世界各国迥异的文化背景、先天的文化认知差异与隔离心态，人们只能在更多交流对话、了解与理解的过程中，认可与接受人类命运共同体理念。

（二）不同文明之间存在文化认同困境

世界各国各民族在认知自身文化的过程中，都是形成和坚持一种"族性立场"，这种"族性立场"会自然产生"我是谁""你是谁""他是谁"的追问和判断，从而形成"本族文化""异族文化"的对立态度和立场。这种国家和民族文化"族性立场"的自我认定，会产生两种情形。一个就是民族守成主义，总是经自我优越的感觉去认知自身文化，也会以居高临下的立场去看待世界其他文化，而在多元文化对比的

---

① 花建. 文化软实力——全球化背景下的强国之道［M］. 上海：上海人民出版社，2013：238.

② 种海峰. 时代性与民族性：全球交往格局中的文化冲突问题研究［M］. 北京：中国社会科学出版社，2011：24.

③ 杨章文. 文化互通：新时代"人类命运共同体"的实践逻辑［J］. 理论月刊，2018（11）：18－25.

过程中，又认为自己的文化是最好的，轻视甚至拒绝其他国家的文化，不愿意欣赏和接受其他国家的文化。另一个就是文化霸权主义或文化帝国主义，否认其他民族文化存在的权力和正常发展的资格，坚持唯我独尊的一元化文化倾向，采取硬性和软性的手段和策略去消解、倾轧其他国家的文化。在国家文化安全领域，"本族文化""异族文化"或对立或协调的关系，从根本上是一个文化认同问题。

文化认同是一个过程，也是文化交流融合的结果。但是文化的交流融合并不必然产生文化认同。"一个群体的或社会的文化是人们作为该群体或社会成员所具有的一批信仰、习俗、思想和价值观，以及物质制品、物品和工具。"① 人们在跨文化交流的过程当中之所以不会自然的产生文化认同，是因为每一个群体民族国家的文化都有自身内在的深刻的不同之处，也就是文化本身之间存在着深层次的界限。所以，文化认同是需要构建的。由于在文化体系当中，核心价值观是最为关键的部分，所以，文化认同的核心是价值认同和价值观认同。"文化认同在一定意义上是可以选择的，即选择特定的文化理念、思维模式和行为规范。这些文化理念、思维模式和行为规范，都体现着一定的价值取向和价值观，所以，文化认同的核心就是价值认同和价值观认同。"② 核心价值观之间的差异程度及其关系，是影响文化认同的关键所在，因为"核心价值观承载着一种精神追求，有什么样的价值观，就有什么样的文化立场、文化取向、文化理念、文化选择"③。文化认同的困境在于文化的稳定性，不同的文化是在不同的社会环境和长期的历史进程中形成的，其蕴含的价值理念具有相对的稳定性，文化一旦形成很难改变，这就给文化认同造成了很大的困难。但文化内部的很多内容具有相似性，例如，生活环境相似、发展状况相似的群体的文化认同度就比较高，或者同源同根的民族之间很容易获得文化认同，这是因为他们的文化中具有较多的相似内容，人们对同质文化容易表现出理解和支持，相互间文化认同相对容易。然而，世界上的民族很少具有相似的生存环境和发展经历，因此，文化之间普遍存在较低的认同度，对其他民族的文化通常持有抵制或者排斥情绪，人们习惯于以本民族的文化标准，如价值观、思维方式、行为模式去评判其他文化，因此对异质文化有较深的偏见和误解，造成文化认同困境。

构建人类命运共同体要求的是不同文明集团之间，通过文化交流消除偏见和误解，从深处形成文化认同。构建人类命运共同体不是消除别人的价值观，更不是消灭其他民族的文化，而是在相互尊重、相互理解彼此价值观的基础上，形成共同的价值共识。从文化方面构建人类命运共同体不是形成文化霸权，而是允许不同文化的存在、承认

①　［英］约翰·汤普森. 意识形态与现代文化［M］. 高铦，等译. 南京：译林出版社，2019：139.

②　欧阳永忠. 道德心理和谐及其教育研究［M］. 北京：人民出版社，2014：140.

③　陈悦. 坚守文化根本坚定文化自信［N］. 中国纪检监察报，2020－06－04.

异质文化的价值，在求同存异的基础上，形成和谐共生的状态。构建人类命运共同体寻求的是在保持各民族文化基因存续的基础上促进各种文化之间的认同，在文化认同的基础上形成有利于共同发展的文化价值观，推动世界文化的繁荣与发展。构建人类命运共同体的过程中，形成文化认同是解决异质文化差异、化解文化隔阂、实现文化创新的前提和基础，文化认同困扰是其他问题产生的根源，如国家间各种历史遗留问题、世界局势的混乱、信任赤字、种族歧视等问题等皆源自文化认同困境。但是，"作为一种心理活动和价值体认，文化认同并非一成不变，也不是一朝一夕就能形成的。社会不断发展变化，人们的思想千差万别，文化认同需要不断调适"①。我们只有在开放的文化语境中，在跨文化交往的框架下，着眼于客观文化认同基础、主观文化认同要求，不断寻求文化认同之策，才能有效应对文化认同危机，有效解决构建人类命运共同体过程中的文化问题。

（三）不同文明之间缺乏交流导致信任赤字

在当今时代，世界文明秩序仍然是一个排他性的、故步自封的体系，仍然不是由多种文明共同组成的真正意义上的开放性的世界体系，信任赤字严重阻碍了文明间交流互鉴。文明间的交流、理解、接纳与构建人类命运共同体相辅相成，互为表里。文化间的交流、理解是构建人类命运共同体的前提与基础，构建人类命运共同体在文化领域最终所要达到的状态就是不同文明相互包容接纳，文化交流是人类命运共同体文化构建的必由之路。

新型世界文明秩序的建立离不开以平等性、包容性为基础的文明对话，这种文明对话正是人类命运共同体文化构建不可或缺的重要环节。然而，当今文化信任赤字充斥整个世界，整体表现为话语体系的扭曲和交流的缺失。针对世界文化主张，最具影响力的是对抗式话语和同化式话语。主张对抗式话语代表人物是塞缪尔·亨廷顿，他认为对立与冲突不可避免，认为文化间差距巨大，这种差距会造成文化的进一步割裂，且每种文化皆具有自身优势心理，如基督教文化与儒家文化之间迥异且不可调和。秉持对抗式话语的学者看到了文化的多样性，却未能正视多样性。他们视中国等其他国家为敌，视意识形态不同的国家为祸患，认为缺乏文化信任最终将导致国家之间发生战争。"北京共识"的首倡者乔舒亚·库珀·雷默指出："西方世界的人们对中国的理解并不充分，最大的问题在于他们不仅仅不理解中国，而且还不信任中国，这才是真正的问题所在，因为信任是国际事务中非常重要的元素。对于中国来说，获得更多的信任可能是国家安全面临的最重要挑战。"而且，中国人对自身国家的认知同国际社

---

① 刘同舫. 在增进文化认同中坚定文化自信 [N]. 人民日报，2018 – 04 – 25.

会对中国的想象依然存在很大差距，对此，雷默认为："这的确是一个普遍现象，几乎每个国家都存在自我认知和他人认知并不一致的现象。在对美国进行研究时，我也发现了这种情况，说明这不仅仅是发生在中国身上的特殊现象。但是，自我认知与他人认知之间的差异，在中国身上显得特别明显。我们的调研也涉及其他国家的国家形象问题；在每个国家几乎都存在自我认知和他人认知殊异的情况下，这种殊异在中国身上似乎特别明显，世界对中国的看法非常不同于中国人的自我认知。这的确是一个重要的问题。"①

对抗式话语将文化置于二元对立的思维下，只是注重从理论上论证文化分歧的危害，并未在社会历史的实践中考察文化交流与借鉴的可能性与可行性。同化式话语相较于对抗式话语表现得更加柔和，但它同样没有跳出对立思维，目的是维护西方国家的话语霸权，他们割裂文化个性与共性间的关联，夸大强势文化的作用，以美国的资本主义价值尺度衡量他国文化发展的事实，将违背历史唯物主义的机械观点加以鼓吹，以达到文化霸权主义的目的。与对抗式话语不同的是，同化式话语部分肯定了国家之间的文化交流和相互依赖，鼓励文化交流融合，肯定强势文化对弱势文化的改变，将利于自身发展的文化通过外交、贸易等手段，潜移默化地输入到其他国家，同化、改变其他民族文化。尽管同化式话语宣传赢得他人尊重，主张给予不同国家文化部分尊重，承认文化和平共处的可能性，但究其实质，同化式话语秉持的文化霸权原则与唯我独尊的傲慢心理并未改变，这种带有偏见的交流，非但不能改变文化间的冲突，还加深了文化间的信任赤字，使人类命运共同体文化构建的公平公正原则被误解和排斥。

相对于理论层面的文化话语，国家和民间层面的人文交流实践亟待加强。目前，国家之间的文化贸易活动越来越频繁，然而文化贸易却主要掌握在少数发达国家，发展中国家的文化产品很难打进发达国家的市场，国家层面的文化交流出现一边倒的局面。"如果地球剩余的57亿人口因为'中国屋'的不断扩大而感到受挤压，我们不应该为此而感到惊讶。许多人将对中国的快速增长感到不满。"② 美好的愿望不能掩盖严峻的现实。人类命运共同体明明是告别近代、走出西方的理念，却面临国内外传统思维的挑战。很多国外学者和个别国内学者习惯于运用西方现代概念话语框架解读中国，"不对称"话语成为构建人类命运共同体的思维障碍，原因是双方在宇宙观、认知方法、思想方式、价值观和语言结构上存在着较大差异。西方国家叙述的是"两个世界""天人为二"，它是超然绝对主义与个体独立二元主义的叙事话语，中华传统思想文化讲的是"一多不分"，也即"一个世界""天人合一"。一般的小国认为，自己的安全都管不了，还怎么参与构建人类命运共同体？世界大国认为，人类命运共同体的目标是否是在稀释我的权力，挑战我原有的国际地位？中等强国则担心，参与构建人类命运共同体是不是要我脱离美国联盟体系，让我们在中美博弈中被迫站队？人类命运共同体面临着复杂的国际认同形势。受新冠疫情影响，国际文化交流、学术交流难以进行，国家间的合作被搁置，文化交流逐渐被边缘化。同时，世界范围内民间交往缺乏常态化，广泛而直接的各种民间交流形式可以作为国家间正式交往的有益补充，有利于各国人民彼此了解，深化互信与合作。为加强文化交流与合作，很多民间组织会自发组织对外活动，尽管这些活动大多是临时性或者一次性的，缺乏系统的规划和合理的安排，但对世界文化交流也作出了巨大贡献。随着新冠疫情的暴发和政治斗争的不断加剧，民间文化交流变得更难实现，这些都严重制约着人类命运共同体的推广和构建。

二、文化传播的技术性资源分布不均衡

随着科学技术的发展，全球政治、经济、文化逐渐形成一体化的格局，世界大文化背景也正在日益形成。在这一过程中，跨文化传播起着重要的作用。由于跨文化传播是一项复杂而又系统的工程，科学技术在其中发挥着重要作用，因此技术问题成为影响文化构建的重要因素。文化传播是构建人类命运共同体的重要内容，也是文化持续发展的重要条件，但是目前技术性资源分布格局的不均衡、文化传播技术的严重压制、全球"数字鸿沟""信息鸿沟"的问题，造成全球各个国家之间文化传播的不对等。由于这种不平等性的存在，使构建人类命运共同体过程中文化方面存在着文化霸权的现象，严重阻碍了世界文化的均衡发展。

（一）发达国家主导技术性资源优势影响全球舆论

当前，互联网技术的快速发展成为影响国际交流的重要因素，科学技术作为一把双刃剑，一方面加速了国际之间的交流，另一方面限制了发展中国家交流的权力。人类社会作为一个共同体，共同推进世界发展是其内在的规定，但发达国家利用技术性资源分布格局影响全球舆论，制约发展中国家文化交流发展，使发展中国家主权、安全以及世界文化的繁荣发展面临新的挑战。网络技术的运用以及网络交往程度的深化，将网络体系中的不公正、网络环境的不安全、网络意识形态领域的不和谐等问题十分突出地展现了出来，加重了构建人类命运共同体的难度。

网络体系不公正制约发展中国家参与全球文化交流。首先，在互联网空间中，西

方国家凭借在网络技术上的优势地位，垄断全球互联网资源，主导网络议题的设置以及网络话语权的阐释，导致网络体系的公正性得不到彰显和发扬。"初创者往往是标准的创立者和信息系统结构的设计者，该系统的路径依赖发展反映了初创者的优势所在。"① 互联网技术起源于西方国家。"西方国家在互联网传播方面拥有绝对的话语权，互联网的根服务器都放置在西方国家，其中 1 个主根服务器和 9 个辅根服务器放置于美国，其余 3 个辅根服务器分别放置在英国、瑞典和日本。"② 根服务器被称为互联网运行的"中枢神经"，谁控制了根服务器，谁就控制了互联网，进而可以对现实的世界进行操控。2003 年伊拉克战争期间，在美国的授意下，互联网名称与数字地址分配机构终止了对伊拉克顶级域名的申请和解析工作，最终导致伊拉克境内所有以"iq"为后缀的网站从互联网上蒸发，这个国家在虚拟的世界中被美国彻底"消灭"，全球舆论出现一边倒的状况。在网络空间治理上，一些西方发达资本主义国家采取双重标准，以大欺小、恃强凌弱，极力打压和排斥其他网络主体平等参与网络活动的权利，致使大部分发展中国家的网络正当权益得不到保障、网络声音得不到传达。新冠疫情暴发以后，2020 年美国利用互联网优势在全球范围渲染中国"罪行"，将疫情暴发的原因归结于中国，甚至恶意诋毁中国形象，试图通过舆论压力制裁中国，拖延中国的发展。尽管中国在世界范围内作了大量的解释说明，并将大量的证据转发给了世界各大媒体，但这些信息最终绝大多数没有呈现在世人面前。"未来世界政治的魔方将控制在信息强权的人手里，他们会使用手中所掌握的网络控制权、信息发布权，利用英语这种强大的语言文化优势，达到暴力与金钱无法征服的目的。"③ 一些西方发达资本主义国家利用网络空间管理模式中秩序不合理、规则不健全等漏洞，采取网络监听以及策划"颜色革命"等手段，以期达到颠覆他国政权、获得更大利益之目的。"美国滥用自身互联网和通信技术领先优势，是名副其实的黑客帝国、窃听帝国、窃密帝国。从'棱镜门''怒角计划''星风计划'，再到'电幕行动''蜂巢'平台和量子攻击系统，美国通过数字监控侵犯本国公民的通信和言论自由，并在全球范围大搞网络攻击、窃听窃密。斯诺登曝光的美国'特等舱'项目显示，美国在其近 100 个驻外使领馆内暗自安装监听设备，对驻在国进行窃密。"④ 美国一直宣称"互联网自由"，"并将其作为网络安全战略的优先目标之一"。但美国所宣传的"互联网自由"是以其在网

---

① Robert O. Keohane and Joseph Snye Jt: Power and Interdependence in the Information Age, Foreign Affairs, September/October, 1998: 5.

② 任成金，潘娜娜. 西方文化输出及其对我国文化自信的影响 [J]. 马克思主义研究，2018 (2)：114 - 123.

③ [美] 阿尔文·托夫勒. 权力的转移 [M]. 吴迎春，傅凌，译. 北京：中信出版社，2006：105.

④ 林子涵. 美国网络霸权就是这么赤裸裸 [N]. 人民日报（海外版），2021 - 07 - 29 (6).

络空间中的绝对主导地位为前提的，本质上仍是一种不折不扣的网络霸权主义。控制着网络核心技术的美国利用网络霸权肆意妄为地监听别国消息，严重地践踏了别国的信息主权，导致网络空间秩序不合理进一步深化。西方霸权主义严重损害了发展中国家的权利，使发展中国家的话语权严重缺失，经济发展受制于西方发达国家，文化宣传受控于西方发达国家，正义的主张得不到伸张，各个方面明显处于被动局面。

其次，发达国家利用技术性资源分布格局优势诋毁发展中国家的政治、经济、文化、社会、生态现实。"'软实力'竞争是在文化、信息全球化格局中，通过占有和使用一定的软资源来实现的，而这些软资源又是与一个国家经济、科技的实力密切相关。从全球信息分布的格局来宏观分析，网络文化全球化的背后隐藏着西方技术文化中心主义的思想，显示了'文化全球化＝文化西方化＝文化美国化'的线性换算关系或替换逻辑。"① 2004 年，针对美国保守主义者实行的"单边主义"遭受批评和反对，美国国际声望和影响力日益下降的现实，美国安全与和平研究所苏珊娜·诺索尔在《外交》杂志上发表《巧实力》文章，从自由主义的角度正式提出"巧实力"概念，认为美国的单边行动并不总是最有效的手段，只有通过诸如联盟、国际制度、审慎的外交以及理想主义观念的手段，把其他国家纳入实现美国目标的过程中，才能确保和扩大美国的利益。文章指出："必须实行这样一种外交策略，不仅能有效地反击恐怖主义，而且能走得更远，通过灵巧地运用各种力量，在一个稳定的盟友、机构和框架中增进美国的利益。"② 面对美国自身软实力战略出现的薄弱环节，2006 年美国前副国务卿理查德·阿米蒂奇和约瑟夫·奈在美国战略与国际问题研究中心成立"巧实力"委员会，认为美国应该重新反思如何才能成为"聪明"的国家，并于 2007 年 11 月 6 日推出其研究成果《巧实力报告》。巧实力理论是对美国软实力理论的延续和超越，是结合硬实力和软实力之所长，超越"胡萝卜加大棒"的政策，从提供全球公共产品到实现公共的善的转变。巧实力报告中，对巧实力的定义是"既不是硬实力也不是软实力，它是两者巧妙的结合。巧实力是要运用硬实力和软实力，发展一种相互协调的战略、资源库和工具箱来达到美国的目的"③。2009 年，在美国众议院外交事务委员会的听证会上，希拉里·克林顿首次提及"巧实力"："我们必须使用被称之为巧权力的东西，在各种国际局势下，运用一切我们所能使用的手段——外交、经济、军事、政治、法律和文化——选择适当的手段，或者是多种手段的结合。在使用巧权力时，外交将是我们对外政策的首选。"④ 这表明了对巧实力的认同，并把它作为当时美国政府的外交方针。

①　洪晓楠. 提高国家文化软实力的哲学研究 [M]. 北京：人民出版社，2013：139－140.
②　Suzannel Nossel, Smart Power, Foreign Affairs, 2004, 83 (2).
③　Richard L. Armitage and Joseph S. Nye：CSIS Commission on Smart Power, 2007：7.
④　Hendrik Hertzberg, Smart Power, New Yorker, 2009, 84 (46)：24.

在体现美国优势和道义"制高点"的过程中，美国充分发挥自身硬实力的"优越性"，同时运用文化、舆论的工具诋毁发展中国家，从而巩固自身的国家形象，提高自身的话语权。舆论打压向来是西方发达国家制约发展中国家文化推行的手段，发展中国家进行文化交流过程中时常碰壁的原因在于文化直接的差异所造成的误解，这种误解很多时候都是西方发达国家刻意捏造和诋毁的结果。近年来世界各国开始重视全球生态环境问题，西方发达国家将环境污染的大部分责任推卸给发展中国家，利用强有力的传媒集团渲染发展中国家环境污染罪行，鼓吹自己为环境污染治理作出的贡献。发展中国家的声音得不到传播，所做的贡献得不到宣传，种种行为皆是因为技术性资源分布不均的原因。我们应该清楚的是，当前世界的环境污染主要是历史因素导致的。以欧美为代表的早期现代化国家以牺牲环境为代价，换取经济发展。这些发达国家对当今全球环境问题应该负主要责任。部分西方国家罔顾事实，将全球污染的责任强加给相对落后的发展中国家，这是不能接受的。在推进人类命运共同体建设的进程中，发达国家对中国的舆论打压一路相随，利用新的传媒手段扭曲中国文化，渲染中国威胁论。中国参与国际活动本着互惠互利原则，用自己的行动积极践行新的发展理念。但部分西方国家用冷战思维来考量中国的对外活动，开动宣传机器大肆批评报道，诋毁中国形象，以期达到迟滞中国对外交往的目的。纵观近几年的国际新闻报道，西方发达国家从未停止对中国的舆论打压。部分发达国家诬蔑中国同广大发展中国家正常的交往为"殖民扩张"，将中国对外投资进行资源开发视为对其他国家的资源掠夺，将中国与其他国家的文化交流视为"文化殖民主义"。这种片面的观点体现了西方国家理念的狭隘性。部分西方国家不仅没有反思自己的所作所为，反而利用技术资源分布优势诋毁、污蔑他国，以期阻碍他国发展，这种行为严重影响了世界的共同发展，阻碍了人类命运共同体的构建。中国需要高度重视这些舆论，并采用合理的措施积极化解，树立良好的国际形象。中国的实际行动是对这些国际舆论打压的最好回应，坚持合作共赢，深化彼此理解，让世界人民看到一个开放包容的中国。

（二）发展中国家文化传播技术受到严重遏制

美国拥有全球传播的制度标准，同时具有高新技术的加持，发展中国家文化传播技术被严重压制，世界文化交流难以公平进行。"互联网是全球传播的技术基础，美国在推动互联网走向全球的过程中，'美国标准'也被推向全球，包括互联网行业利益标准，公众利益标准以及特殊条件下的国家利益标准。"① 当前全球互联网的域名解析、计算机通信等领域的规范，均出自美国。美国在制订各种标准的同时，

---

① 王靖华. 美国互联网管制的三个标准 [J]. 当代传播，2008（3）：51–54.

还对文化传播的技术设置了专利壁垒和技术壁垒，使得发展中国家难以实现技术突破。

"人们选择、消费信息时往往采取就近原则，即选择最便捷的语言编码体系、最迅捷的信息通道以及最亲和的信息文化。互联网虽然是一个融合多种语言、文化信息的大一统平台，但任何一个大众信息消费群体，往往首先选择自己局域网内的民族语言信息，只有本国或本民族的信息格局不能满足其信息需求，才会转而寻求外域信息。受众的既成习惯使得网络中的信息消费并非实现彻底的开放化。"① 分析这种现象时，美国当代法哲学家、芝加哥大学法学院的凯斯·桑斯坦提出了网络中的"协同过滤现象"（collaborative filtering），即网站通过信息的同类搜索和网址链接，在提供方便的同时导致了信息"窄化"。以美国为首的西方发达国家将各种文化传播技术制度化、法律化，通过出台政策、法规来垄断文化传播技术，以确保其文化传播技术在全球保持竞争力和领导力。例如，2011 年 7 月美国国防部出台了《网络空间行动战略》，这一战略强调了美国网络技术的合法地位和统治地位，并将其他国家攻击美国网络的行为视为战争行为；2022 年 1 月美国众议院推出《2022 年美国创造制造业机会和技术卓越与经济实力法》，这一法规的出台旨在确保美国未来在高精尖科技方面的领导地位，通过设立"美国芯片基金""限制技术出口"等政策确保美国在半导体生产制造领域的绝对优势。政策、法规的出台在规范世界传播技术的同时也阻碍了欠发达国家技术的发展，使很多技术无法在现实的应用中得到提升，其本质是保护发达国家已取得的领先地位和既得利益，确保西方发达国家在文化传播领域所保持的领先地位，拉大与其他国家之间的差距。

塞缪尔·亨廷顿指出："历史上，语言在世界上的分布反映了世界权力的分配。使用得最广泛的语言——英语、汉语普通话、西班牙语、法语、阿拉伯语和俄语，都是或曾是帝国的语言，这些帝国曾积极促进其他民族使用它们的语言。权力分配的变化产生了语言使用的变化。"② 以美国为代表的西方发达国家凭借在文化传播技术方面的优势，主导并制定了很多基础标准，例如，将英语作为程序代码的标准语言，将英语作为国际文化传播的通用语言，不仅加强了英语在世界范围内的传播，而且语言上的障碍在一定程度上阻碍了非英语国家的技术发展，在很大程度上阻碍了广大发展中国家文化传播技术的发展。"根据专门开展 Web 技术调查的网站 W3Techs 2020 年的调研报告，互联网中近 60% 的内容使用英语，而汉语内容仅占 1.3%。"③ 基础语言标准的制定从根本上控制了信息源问题，语言本身就是文化的重要内容，是文化传播的工

---

① 洪晓楠．提高国家文化软实力的哲学研究 [M]．北京：人民出版社，2013：143．

② [美] 塞缪尔·亨廷顿．文明的冲突与世界秩序的重建 [M]．周琪，等译．北京：新华出版社，2009：41－42．

③ 高金萍．元宇宙与全球传播秩序的重构 [J]．学术界，2022（2）：80－87．

具和载体，能够将一个国家的文化和价值观潜移默化地输送到其他国家。以美国为代表的部分西方国家利用语言优势诋毁、污蔑新兴发展中国家的文化，强化其原有的刻板印象、兜售其污名化信息、引导国际舆论导向，极力构建了一个符合美国利益的"全球舆论环境"。

此外，发达国家还通过专利壁垒和技术壁垒压制发展中国家文化传播技术的发展。专利壁垒是指技术拥有者利用专利制度控制技术的传播，从而达到垄断技术，谋取高额利润的措施。发达国家利用专利壁垒压制发展中国家文化传播技术发展主要表现在两个方面：一是设置文化传播屏障，二是设置专利地雷。设置文化传播屏障就是以保护发明者利益的名义阻碍文化传播技术推广和共享，从而最终阻碍文化传播技术的进一步发展。发达国家通常因为技术本身的先进程度优于发展中国家，所以在文化传播专利数量方面远胜于发展中国家，导致很多发展中国家研究出相应技术后无法使用，阻碍了落后国家研究文化传播技术的连贯性。所谓设置专利地雷是指专利拥有人利用世界各国专利制度的差异，诱使专利意识淡薄的企业落入侵权陷阱的恶用专利权的行为，通过自身的技术优势来垄断文化市场。技术壁垒一直以来都是发达国家保持自身先进性的拙劣手段，技术壁垒正以一种超乎想象的力量阻挡着弱势国家进入国际文化市场。技术壁垒在国际文化传播中所起的作用越来越大，因技术壁垒引起的文化之间的摩擦也越来越多，技术壁垒严重影响了发展中国家文化传播的效果，成为制约发展中国家文化传播技术发展的阻碍。

麦克卢汉提出"媒介即按摩"的观点，认为媒介改变人，其影响使人麻木，是阈下的、无意识的、不知不觉的。他说："一切媒介对我们的影响都是完全彻底的。媒介影响的穿透力极强，无所不在，在个人、政治、经济、审美、心理、道德、伦理和社会各方面都产生影响，我们的一切方面无不被触及、被影响、被改变。媒介即按摩。不了解作为环境的媒介，对任何社会文化变革的了解都是不可能的。"① 任何媒介既是人的延伸，也是人的"自我截除"。自我截除不容许自我认识；媒介报复人，使人麻木无知。"媒介即按摩"的观点能够充分解释西方国家的文化传播战略及其西化战略的政治动机和理论依据。但由于世界经济政治文化发展的不平衡，合理、公平、公正的国际文化传播新秩序还远未建立。随着科学技术的飞速发展，国际文化传播的竞争愈演愈烈。技术不仅成为国际竞争的锐利武器，而且成为各国提升文化传播能力的重要方面。因此，控制技术的国际市场化传播的渠道，使本国在技术的国际市场化传播活动中处于有利地位，是各国寻求平衡的尚方宝剑。

---

① ［加］马歇尔·麦克卢汉. 媒介即按摩：麦克卢汉媒介效应一览［M］. 何道宽，译. 北京：机械工业出版社，2016：译者序Ⅵ.

（三）全球"数字鸿沟""信息鸿沟"问题仍然突出

现实中，信息鸿沟即是数字鸿沟。数字鸿沟是信息富有者和信息贫困者之间的信息鸿沟，判断这个鸿沟又以电脑拥有和联网率为主要标志。无论是国内还是国际，由于信息鸿沟的客观存在，信息贫困者在信息方面将会变得更加贫困，信息作为文化的载体，其贫困必然影响文化的传播与发展。当今世界，全球经济进入一个以知识和文化资源为核心生产要素的"知识经济""文化经济"和"数字网络经济"的新时代。数字技术的应用和互联网的普及，带来文化创新和传播领域的重大革命。一方面，发达国家为迎接信息时代的来临，正大规模地推进文化资源的网络化、信息化和数字化。但由于科学技术的落后，发展中国家缺乏对本国文化资源的有效保护，只有依赖于国际资本和技术提高自身文化的现代化信息化水平。另一方面，随着当前数字技术和网络技术的发展，文化与科技紧密结合，文化产品的内容和形式极大丰富，文化生产、文化传播和文化消费模式发生重大变化。现阶段，发展中国家的文化产业自主创新能力仍然比较低，自主知识产权的产品匮乏，文化创意产业还处于初步阶段，文化市场知识产权保护水平与文化产业的快速发展不相适应，与国际文化产业发展的新形势不相适应。

文化作为构建人类命运共同体的重要内容，需要信息的共享。但是，"数字鸿沟""信息鸿沟"的客观存在阻碍了信息的交流和共享，也就阻碍了文化的交流和发展。为了消除"数字鸿沟""信息鸿沟"，各国必须发展信息技术，尤其是发展中国家，以缩短与发达国家之间的差距。中国实施的"宽带中国"战略，2020年实现了宽带网络的全覆盖，打通了网络基础设施"最后一公里"，让全国人用上了互联网。目前，中国的5G技术已经实现了全球领先，并且超过100万座基站已经建成，成为全球信息建设的重要参与者。中国愿同各方一道，加大资金投入，加强技术支持，共同推动全球信息技术发展，让更多发展中国家和人民共享互联网带来的发展机遇。这不仅能够有力地遏制信息鸿沟的扩大趋势，而且也是有利于消除这种鸿沟的危害。

文化传播技术的进步使不同的文化同时走进人的生活，技术改变了人们的生活，增加了人与文化之间的黏性，成为影响人类生活的重要因素。技术因素在文化传播方面的影响已经凸显，"技术决定论"证明了技术的放大功能，已经成为一种强大的生产力。技术资源分配的不均衡导致了"数字鸿沟"的产生，"数字鸿沟"给不同文化群体造成了诸多不便，这种不便造成了误解与偏见，于是文明冲突愈演愈烈。不同群体数字化技术及分享信息资源方面的差异，造成了不同群体因信息落差而引起知识分隔，知识分隔的结果正是文化差异形成的过程。近年来，"数字鸿沟"已逐渐渗透到社会、经济、文化、外交等各个领域，成为冷战后的新"隔离"现象，不论是从利益共存的角度，还是从文化繁荣的现实来讲，这种"隔离"都阻碍了人类的共同发展。"数字鸿沟"已经超越技术范畴，成为一种社会现象，"数字鸿沟"所导致的主观体验差异成为造成文化传播内容误读的重要原因。不同社会、文化集团的成员具有不同形态的文化样态，同时具有不同的文化传播形式，所要表达的内容也不尽相同，"数字鸿沟"的存在也决定了不同民族文化必然存在误读和误解，也决定了不同文化的前途和命运。"数字鸿沟"反映出了国际间文化观念和认知的差别，加深了文化差异与社会不平等，也加剧了潜在的文化冲突，并对文化传承乃至世界文化格局形成势不可挡的冲击。在信息数量急速增加的今天，人与人之间、民族与民族之间的距离逐渐被拉大，不同文化直接获得全面了解和认可的难度在增大，尽管技术的加持推动了文化的交流和融合，但也扩大了"数字鸿沟"的产生。一些学者认为文化传播技术形成了"虚拟殖民主义"（cyber colonialism），认为文化传播将技术作为压迫的工具，后发展国家正在被迫接受西方的知识和技术，文化传播技术并非完全中立，技术本身包含着设计者的理念、知识和偏好，文化传播技术体现着设计者自身和国家的文化结构、体系和样态。

三、全球文化贸易秩序存在不合理的事实与规则

文化贸易是全球贸易的重要组成部分，随着全球化进程的加快，文化贸易在全球贸易中的占比不断提高，文化贸易中的文化属性更加明显，国家的软实力对文化贸易的影响愈加显现。伴随文化贸易重要性的突显，世界各国对文化贸易愈发重视，对文化贸易的干预愈发强烈。联合国教科文组织对文化产品进行了较为细致的分类，文化遗产类、出版物类、表演艺术和音乐类、视听艺术类和视觉艺术类属于核心文化产品，而用以支持核心文化产品生产与创造销售的辅助材料、设备和服务则属于相关文化产品。不难看出，核心文化产品文化属性较为明显，对人所产生的影响更为具体和明显，因此也成为世界各国主要关注的对象。经济全球化的深入在一定程度上造成了文化思潮的激荡，主要原因在于文化产品对社会思潮具有较大的影响，文化贸易作为文化交流的重要内容，对国家的文化安全产生了一定影响。文化贸易与其他贸易相似，都是社会生产力发展到一定程度后形成的贸易活动，但文化贸易所输出、输入的不仅是文化产品和文化服务，还具有很强的意识形态特征，因此很多国家实施了"文化例外"的贸易政策。但因为文化贸易通常涉及货物贸易、服务贸易和知识产权贸易，具有很高的附加值，所以被很多发达国家所青睐，于是便有了不公平的贸易秩序和贸易规则。西方发达国家通过文化贸易向欠发达国家提供信息和思想观念、价值和生活方式，借助经济和传播优势进行商业开发，经由创意和技术转化为文化产品或服务，以贸易方

式获取经济效益和传播思想观念。西方发达国家看到了文化贸易的意识形态属性，不断地向外输出文化产品，同时极力抵制文化产品的输入，为了实现这一目标，掌握贸易规则制定权成为西方国家手中的王牌，发达国家还利用经济、军事优势，主导贸易规则，导致文化贸易逆差不断扩大，文化贸易格局呈现出"一超多强"的稳定局势，严重影响人类命运共同体的构建。

（一）发达国家主导文化贸易游戏规则

全球化推动经济发展的同时也促进了文化的交流融合，文化贸易成为影响世界文化新格局变化的重要变量，引起世界各国的普遍重视。西方发达国家借助贸易优势加紧了文化入侵的步伐，通过制定和影响贸易规则，不断地向发展中国家输入文化产品，将本国的文化形态、文化体制潜移默化地输入文化产品进口国，影响了发展中国家自身文化的发展。国际社会中文化强国与文化弱国的存在是不争的事实，国际文化贸易导致文化产品跨国流动，文化强国在文化贸易中占有优势地位，必然导致文化产品从文化强国流向文化弱国，文化产品中所蕴含的文化也会潜移默化地渗透进文化弱国民众的生活之中，在一定程度上实现了文化入侵。不仅如此，发达国家为了更大规模地进行文化输出，在文化贸易中实施贸易捆绑政策，将具有强烈意识形态的文化产品捆绑到贸易活动中，强迫发展中国家接受其文化产品，体现出了文化贸易极大的不公平性。在国际文化贸易过程中，由于贸易双方各国文化产业发展水平不同，以及国际文化贸易的规则偏向、竞争优势、贸易地位的差异，西方贸易大国、文化强国的文化贸易日渐强势，而发展中国家则是处于被动接受、被文化渗透的现实之中。

随着国际文化贸易的发展，文化贸易成为国际贸易的重要组成部分，大国之间文化贸易的竞争日趋激烈，全球文化贸易规则作为影响文化贸易活动的重要方面，成为大国展开激烈竞争和博弈的重要内容。由于文化的特殊性，目前针对国际文化贸易的具有全球约束力的文化贸易规则框架尚未形成，传统国际贸易规则在文化贸易过程中普遍不具备约束力，导致文化贸易秩序混乱，贸易摩擦加剧，因此，迫切需要一种全新的、公平的、具有普遍约束力的文化贸易规则来促进文化贸易的发展。西方发达国家文化贸易发展较早，对于文化贸易内涵的诠释、文化贸易发展战略以及文化贸易规则的制定领先于广大发展中国家。"美国在将其国内规则国际化的过程中，以'3T'（TPP、TTIP、TISA）协议为主要抓手，辅以区域和双边贸易协议，多位一体推动数字贸易美式规则体系在全球范围内的构建。"[①] 美国在文化数字产业、电影娱乐产业、文化服务产业等文化贸易领域具有普遍优势，为了方便本国文化产品的出口，积极推行

---

① 李钢，张琦. 对我国发展数字贸易的思考 [J]. 国际经济合作，2020（1）：56－65.

跨境自由流动为核心的贸易自由化规则，扩大了发展中国家的文化贸易逆差，对广大发展中国家的文化发展带来了巨大阻碍。欧洲文化贸易发展相对落后于美国，在国际文化贸易中与美国利益诉求不同，欧盟主要通过双边自贸协定寻求文化贸易合作，通过文化贸易合作扩大文化影响力，在全球文化贸易规则制定及治理体系中具有一定的话语权。而广大发展中国家因为文化产业发展的落后和文化贸易的弱势，出于国家文化安全的考虑普遍实施文化贸易保护主义政策，不仅阻碍了经济贸易的发展，而且阻断了文化交流的机会，导致发展中国家在国际文化贸易规则的制定中失去了发言权。文化产品国际贸易规则的不公平，导致国际文化贸易出现了"一边倒"的局势，发达国家成为文化产品的主要出口国，发展中国家成为文化产品的文化进口国。有统计数据显示，"当前文化产品主要出口国为美日等少数发达国家，而亚非拉地区的多数发展中国家是文化产品的主要进口国"[①]。为了应对文化贸易逆差的问题，广大发展中国家不得不在文化贸易活动中设置限制条件，还在服务贸易领域设置了形式更加隐蔽的限制性条件，例如，要求服务的当地成分、文化服务的特许经营权等限制条件。因此，文化贸易规则越来越复杂而隐蔽，文化贸易活动的限制条件越来越多，严重影响了世界文化贸易的发展。

中国的文化贸易的优势体现在跨境电商、消费互联网等领域，伴随中国高新技术的飞速发展，中国的国际文化贸易取得了一定的成绩。但是，在国际文化产业市场准入、互联网监管、文化数据存储等方面还有一定欠缺。在商务部、国家发展改革委联合发布的《外商投资 2020 版负面清单》中，对信息传输、软件及通信服务、文体娱乐等文化领域依然有较多的投资限制。由此而言，中国在国际文化贸易领域尚未形成完善的制度体系，中国主张的文化贸易规则也难以被发达国家所接受，从而使得中国在全球文化贸易规则制定、贸易治理体系建设中缺少话语权，这对中国文化贸易高质量发展带来一定的挑战。构建人类命运共同体是一个系统工程，在文化方面，国家提出了文化强国战略，强调文化自信，这就要求中国文化必须"走出去"，文化强国不仅仅要求文化产品、文化贸易的发展，同时更是对文化贸易规则制订提出了很高的要求。

（二）发展中国家文化贸易逆差问题突出

贸易逆差问题一直以来都是世界各国普遍关注的问题，随着文化贸易的发展，文化贸易逆差问题成为现阶段各国最为重视的贸易问题。广大发展中国家产生文化贸易

---

① 陈柏福. 我国文化产业"走出去"发展研究：基于文化产品和服务的国际贸易视角 ［M］. 厦门：厦门大学出版社，2014：34 - 35.

逆差的原因有很多，但最根本的问题是本国文化产业发展程度低的缘故，发展中国家由于经济基础本身的问题导致文化产业生产力不足，本国文化产品无法满足本国民众需求，为解决民众文化需求问题必须进口大量的文化产品，而本国的文化贸易出口又很少，导致了文化贸易逆差的出现。文化产业本身又需要相对较长的时间进行发展，因此，发展中国家在相当长的一段时间里很难完成局势逆转，加之发达国家掌握贸易规则制定权，并设置了很多贸易壁垒和技术壁垒，发展中国家很难在短期内实现超越。随着经济的不断发展，文化产业在各国经济发展中的地位越来越重要，文化产业已成为很多发达国家的重要支柱产业，因此在文化产业方面的投入不断扩大，在文化贸易方面的扶持不断深化。近年来，西方发达国家文化产业在其 GDP 中所占的比重通常高于 20%，美国则更是高达 25%，而发展中国家的文化产业在其 GDP 中所占的比重通常低于 10%，中国作为全球第二大经济体，"2020 年全国文化及相关产业增加值为44945 亿元，比上年增长 1.3%（未扣除价格因素），占国内生产总值（GDP）的比重为 4.43%"[①]。发展中国家与发达国家之间文化产业化程度的巨大差异，直接导致了文化贸易逆差的产生。广大发展中国家的文化产业化程度不高的原因在于文化产业基础差、对文化资源的开发和运作落后，发展中国家文化产业起步普遍较晚，很多国家把"文化"当作"事业"而不是"产业"，缺乏基础的认知，对文化资源的开发利用仅仅依靠国家推动，严重限制了文化产业的发展速度。很多发展中国家的文化产业大多还处于经济发展的初级阶段，文化产业生产规模小，资源分散、条块分割严重，竞争力低下。同时，文化市场尚未形成，文化产业发展缺乏市场指导，文化产品缺乏竞争力，缺少有实力参与国际文化市场竞争的文化产业集团。更加值得注意的是，广大发展中国家文化产业的文化产品、推广渠道缺乏创新，文化产品缺乏鲜明的特色，缺乏知名的品牌，这些都是制约发展中国家文化贸易发展的瓶颈，不利于发展中国家文化产业的发展。

第一，广大发展中国家缺乏对文化的重视，对文化贸易认识肤浅。由于对文化的不重视，认为文化就是文化，做生意就是做生意，想不到去卖文化，因而忽略了文化产业的发展。反观发达国家，它们非常重视保护自己的文化元素和文化产品，竭力发展文化产业，并且将文化贸易看作文化输出的重要途径，不断拉大与发展中国家文化贸易的差距。发达国家不断挖掘自身文化的同时，开发利用他国文化，不仅丰富了自身文化，还便于向文化所属国输出文化产品。例如，美国将中国的《花木兰》拍成了电影；日本将中国的《三国演义》开发成网络游戏软件，它们再将文化产品输入到中国，获得了巨大收益。发达国家利用先进的理念、科学技术、资金支持对广大发展中

---

① 2020 年全国文化及相关产业增加值占 GDP 比重为 4.43% ［EB/OL］. 国家统计局网站，2021 - 12 - 29.

国家的文化进行开发，形成了更具创新性的文化产品，不仅获得了巨大的经济收益，同时打击了发展中国家文化开发的积极性，降低了对本国文化的认同感。第二，广大发展中国家缺少能够占领国际市场的文化产品，尤其是知名品牌，缺乏现代文化新产品、高质量文化产品和文化精品，无法"走出国门"。广大发展中国家文化产业发展较晚，产业发展理念相对落后，加上资金支持力度不足，导致优质文化产品较少，在国际市场缺乏竞争力。目前，国际文化市场已经形成了很多具有影响力的文化品牌，这些文化品牌几乎都为发达国家所有，新兴的文化品牌很难与这些大品牌相抗衡，因此，在未来很长一段时间，文化贸易逆差还会持续扩大。第三，广大发展中国家缺乏有效的国际营销策略，文化产品传播方式落后于发达国家，文化产品的传播仍停留在传统技术基础上，运用高新技术创新不够，与发达国家存在较大差距。约瑟夫·奈（Joseph S. Nye）曾指出，在当今世界，信息不是稀缺的，稀缺的是注意力，尽管新华社和中国中央电视台努力将其打造成 CNN 和 BBC 的竞争对手，但其脆弱的宣传在国际上几乎没有受众①。发达国家在文化商业运作过程中高度重视营销，并且形成了一整套营销策略。好莱坞在世界范围内的成功，很大程度上要归功于市场营销，它们在剧目制作上控制成本，但在宣传推广方面却不遗余力。发达国家庞大的资金支持为文化产品营销提供了强有力的保证，拉大了与发展中国家文化产品的差距，导致发展中国家的文化产品很难"走出去"。第四，广大发展中国家缺乏政策规范，政策支持不仅能够为文化产业发展提供方向，而且能够有效避免文化产品和服务出口的无序竞争。广大发展中国家的文化产品同质化较为严重，避免其无序竞争是获得文化收益的有效手段，为后期文化开发奠定了基础。很多发达国家的文化产品运营商利用这些无序竞争，把发展中国家艺术产品的价位压低到难以置信的程度，导致发展中国家的文化贸易无利可图，不仅打消了发展中国家文化贸易的积极性，还丢失了本民族的文化认同感。

构建人类命运共同体需要在文化方面消除文化贸易争端，让广大发展中国家成为世界文化产品的参与者和创造者，形成世界各国文化共同发展的良性互动局面。随着国际文化贸易进口量和出口量的不断扩大，国际文化贸易争端时有发生，进出口文化产品的种类多样、品种丰富，争端影响的范围越来越宽泛，主要原因在于发展中国家对文化安全的顾虑。广大发展中国家认识到文化产业化重要性的同时，也看到了贸易逆差的不断扩大，必然对国家文化安全有所顾虑，"文化例外"的现象层出不穷，文化贸易争端随之产生。贸易逆差的扩大不利于广大发展中国家的文化发展，也不利于人类命运共同体的构建，如何摆脱目前的文化贸易困境，成为摆在广大发展中国家面

---

① Joseph S. Nye, What China and Russia Don't Get About Soft Power, Foreign policy, 2013, 29 (10).

前的重要问题。

（三）改变现有国际文化贸易格局难度较大

目前广大发展中国家在跨文化实践中表现出的"文化软实力"的相对弱势，直接导致了文化贸易的弱势。"文化软实力"是一个国家文化综合实力的集中表现，文化贸易强弱是评判一个国家"文化软实力"强弱的重要指标。"文化软实力"不等于文化，但它不仅同价值、意识形态等文化资源的丰富性相关，也表现为文化的传播力、影响力。尽管目前国际文化贸易规则尚未确立，但"西强东弱""北强南弱"的文化贸易格局基本形成，受"文化软实力"的综合影响，这种格局在未来一段时间将很难改变。从历史上看，唐宋时期中国的文化辉煌于世，中国的文化贸易世界领先，形成了丝绸之路、海上贸易，东方文化贸易主导着世界的文化贸易。第一次工业革命以后，欧洲借助先进的机器设备，文化产品的生产能力得到大幅提升，世界文化贸易开始向欧洲倾斜，文化贸易格局发生变化。随着世界大战的爆发，美国借助强大的经济实力、军事实力，建立了海上霸权，美国成为世界的第一大贸易强国，逐渐控制了世界文化贸易。而如今，世界整体处于和平状态，西方发达国家占据主导优势，发展中国家很难与发达国家进行贸易抗衡，因此很难改变目前的文化贸易格局。

一方面，由于西方长期掌握着"文化霸权"，借助经济、军事优势不断地压制发展中国家的文化产业发展，同时鼓吹宣传自己文化的先进性，不断地向发展中国家进行文化渗透，对发展中国家文化产业发展造成了一定的影响。发展中国家因为在阐释技巧、传播力度方面处于弱势地位，导致价值观念的国际知晓率和认同度很低，文化产品得不到认可，文化服务得不到理解，文化贸易得不到提升，因此很难打破目前的文化贸易格局。另一方面，西方发达国家主导着文化贸易规则，极力打压发展中国家的文化贸易活动，尤其像中国这样经济发展迅速、与其存在意识形态差异的国家。导致中国的文化贸易受到严重影响，构建人类命运共同体步伐减缓。人类命运共同体内含的共商、共建、共享的原则和理念，表现在文化方面就是打破现有文化贸易格局，给予广大发展中国家更多发展机会，形成更加公平、更加合理的文化贸易格局。人类命运共同体理念在经济合作方面获得了普遍共识，各国之间的经济合作越来越普遍，为推动世界经济发展作出了巨大贡献。但是，文化产品作为特殊的商品，因其具有意识形态属性，被世界各国格外注意。很多国家提出"文化例外"的要求，导致世界文化贸易长时间被压制，出于国家文化安全的顾虑，目前世界文化贸易仍以原有的少数发达国家为主要文化产品出口国，新的文化产品很难得到各国的认可。针对新兴的发展中国家，发达国家为了保护自身的利益，遏制新兴国家文化贸易发展，对新兴国家提出的正确主张通过诋毁、错误解读等手段阻碍其被认同。

发展国际文化贸易，是扩大中国文化的软实力、增强中国话语国际认同效果的重要载体。只有通过广阔的世界市场网络，才能够让中国文化、中国话语走进五湖四海，千家万户。当前，我国对外文化贸易虽然不断发展，取得较大的成绩，但是还难以在全球形成模式化的优势。要想打破现有的文化贸易格局必须具备强大的经济实力、文化本身还必须具备科学性与合理性、具有一定影响力的国家才能做到，放眼世界具备如此条件的国家屈指可数，而且绝大多数为西方发达国家，但是显然他们不愿意破坏现有的文化贸易格局，不愿意破坏它们现有的既得利益。中国向来渴望构建公平的文化贸易秩序，希望帮助更多的落后国家实现政治、经济、文化的独立，希望人类获得共同的发展。但是，目前中国还无法彻底打破现有的文化贸易格局。第一，尽管中国的 GDP 目前位居世界第二，但文化产品占比太少，文化产品贸易还处在初级阶段。中国的国际文化贸易发展较晚，国际知名的文化企业还很少，对国际文化产品消费的影响力还不足。文化宣传不足，文化宣传理念落后，宣传技术有待加强。第二，国家之间思维的差异和价值的隔阂，影响了文化产品的贸易发展，中国的文化产品无法做到百分之百的符合接受国人民群众的要求，文化产品出现了"水土不服"的现象。国家之间缺乏基本信任，受西方国家"中国威胁论""新殖民主义"言论的影响，很多发展中国家从国家文化安全的角度思考中国的文化输出，担心中国文化产品冲击本国文化市场，限制中国文化产品的出口，导致中国文化产品不仅很难打入发达国家文化市场，而且也受到发展中国家不同程度的抵制，导致构建人类命运共同体在文化方面也受到诸多阻力。

中国从文化层面构建人类命运共同体的使命包括打破现有国际文化贸易格局，推动广大发展中国家文化发展并形成一定的文化贸易规模。然而，西方发达国家的竭力打压，加上广大发展中国家的不理解和不支持，导致中国对外文化贸易发展不够，没有形成很好的带动效应，广大发展中国家几乎仍处于一盘散沙的状态。同时，中国文化产品在国际文化贸易中的占比较少，对国际文化贸易的发展方向把握不够准确，在国际贸易中没有发言权，无法形成具有影响力的文化贸易新体系。要打破现有的国际文化贸易格局，靠某一个发展中国家实现很难完成，因此，必须寻找具有共同价值共识且能够包容各种文化的新的文化形式，在各个国家普遍认同的情况下，实现国际文化贸易秩序的重构。尽管打破现有的国际文化贸易体系十分困难，但人类命运共同体思想的推广为解决这一问题找到了切入点和突破口，这同样需要广大发展中国家的共同努力。

四、全球化进程中文明的冲突更加强烈

冷战最初是基于世界范围内"两种社会制度""两种意识形态"的较量，此时文

明冲突主要体现在两大阵营所带来的价值观冲突。随着全球化进程的推进，文明之间的冲突所涉及的方面越来越广泛，对抗的程度越来越强烈。在世界百年未有之大变局的当前，和平发展大势不可逆转，文明之间的交流本应越来越顺畅，然而，出于国家文化安全的考虑，不同文明之间原本逐渐建立起来的理解与信任变得越发脆弱，尤其是新冠疫情暴发以后，诋毁、甩锅等现象层出不穷，不同文明之间的交流出现了前所未有的困难。

实现全人类共同价值、构建人类命运共同体是中国面对当今世界难题所提出的中国方案，也是解决"文明冲突"的最优办法。一直以来，西方文明对自身价值的实现赋予绝对的优先性，忽视或践踏其他民族的利益，甚至以牺牲其他文明利益来实现自身利益。同时，西方文明将其他文明视为威胁，不断加深文明冲突逻辑，不断实施文化扩张和文化集团化的对外战略，导致国际文化关系越发混乱，文化共同发展的理念受到严重挑战。西方国家主张的文明冲突论强调文明的异质性，忽视了文明间的同质性，他们没有认识到任何一种文明都不是独存于世界的，其产生和演进与其周边相邻的文明之间有着千丝万缕的联系。构建人类命运共同体需要不同文明中的集团和国家在创造和实现价值的过程中，承认普遍性、尊重差异性，这是全球化进程发展至今对全球各文明所提出的要求，尤其是西方发达国家，但是，通过构建人类命运共同体所遇到的阻力不难发现，改变西方固守的文明冲突逻辑所要走的路还很长。

（一）国际社会文明冲突逻辑依然存在

对于世界文化交流的态势而言，殖民主义是全球文化交流的一个分水岭。在殖民主义之前，不同地区和国家的文化基于需要或特定的利益诉求，彼此进行一种交换，这种文化交流互动——除了特定的战争时期外——基本上是文化与文化之间相对平等的交流关系。自从人类进入了殖民主义时代，非西方国家被裹挟进西方国家的殖民主义浪潮中，西方国家通过殖民手段将西方文化全球化，同时对非西方地区的文化形成了倾轧之势，这时的全球文化交流是一种非正常的、不平常、不自愿的交流形态，西方列强的文化对外战略也成为服务于西方殖民战略的一部分，西方与非西方的关系形成了军事殖民、政治殖民、文化殖民相互叠加的状态。非西方国家和地区的文化在这种状态中自然也就失去了与西方文化平等交流的资格、权力和尊严，失去了自身自主生存与发展的能力和生态空间——无论是内部还是外部。一方面，西方国家殖民体系的建立，剥夺了其他国家的主权，自然包括文化发展的主权，非西方国家的文化体系和生态遭到严重破坏，文化发展权力随着国家主权和独立政治权力的丧失也就同时失去了基本的条件；另一方面，西方推进殖民化的进程，也是西方政治、西方文化、西方道德、西方话语甚至西方风格、西方气派逐步实现合理化合法化的过程，逐渐内化于非西方国家民众内心世界道义标准的过程。在这个过程中，非西方国家的文化自尊会被西方国家强暴摧残，随后形成一个对自己文化深度怀疑、自怜自卑、妄自菲薄的文化心理。这种文化认知的内在秩序必然催生对于西方文化的盲目迷信和崇拜的文化审美取向，西方文化在这个过程中也就逐渐登上了道义的制高点。西方文化就是现代文化，就是先进文化，就是高雅文化的潜意识在其他国家开始形成。在全球文化体系中，就形成了对于原来平等文化关系的颠覆，从而在全球文化领域构成了一种新的高低关系、优劣关系。

经过几百年的演进，世界历史发展到今天，殖民主义时代形成的文化秩序由于人类社会惯性原则，不可能随着殖民主义的消失而日益淡出人类历史舞台。当前，中国与世界的关系进入了一个新阶段，同时也变得更加复杂。美国毫不掩饰地将中国称为战略竞争对手，将中国描述成国际关系的破坏者和国际秩序的挑战者，最大限度地牵制中国与世界其他国家的深度交往。中国与美国的竞争点，已经不仅体现在经济和科技为核心的综合国力的竞争上，而且体现在社会制度的选择、价值观体系的影响力以及意识形态领域的较量上。随着全球化进程不断发展，多极化趋势日益深化，其他国家文化自主权力不断增强，在日益克服对西方文化的膜拜之外文化自觉的意识开始苏醒。在世界百年未有之大变局背景下，"东升西降"的态势不断演进，新兴发展中国家和东方国家的话语权不断提高，文化发展的自主性不断增强。东西方国家的文化进入了一个激烈竞争的时期，进入了持续博弈的时期。

当今世界，文化的多样化持续推进，世界各国的文化交往愈发频繁，各个国家出于文化安全的考虑，对外来文化普遍保持谨慎的态度，文化之间的摩擦时有发生，尤其是东西方文化冲突已成为常态。"文化和文化认同（它在最广泛的层面上是文明认同）形成了冷战后世界上的结合、分裂和冲突模式。"① 不同文化间建立怎样的文化交往关系决定着是以合作还是对抗为世界的主旋律，广大发展中国家作为文化的输入国，普遍持有保守的态度，有选择性地接受发达国家输出的文化，而发达国家作为文化输出国，普遍持有开放合作的态度，希望文化输入国更多接受外来的"先进"文化。但是，由于很多发达国家在文化输出的过程中同样受到外来文化的冲击，因此很多西方发达国家对文化交流的态度也十分保守，如法国推行的"文化例外政策"。因此，国际文化交流整体呈现出保守、谨慎的态势，这就为文明对抗思想提供了现实土壤，导致文化冲突现象也越来越严重，严重影响了人类命运共同体的构建。

---

① ［美］塞缪尔·亨廷顿. 文明的冲突与世界秩序的重建［M］. 周琪，等译. 北京：新华出版社，2009：4.

（二）西方国家实施文化扩张和文化集团化对外战略

20世纪中叶以来，某些西方国家借助自身的经济实力与科技手段，形成了向全球的文化扩张态势。概言之，一是凭借意识形态的"优越性"，占领文化建设的制高点。二是以科技优势和人才培养体系为支撑扩大文化优势。三是借助经济贸易优势，输出文化产品。文化安全之所以复杂多变，既是因为西方国家采取了多方面的、系统性的文化渗透和颠覆策略，而且也在多领域多维度对于对标国家产生影响。"文化安全的特殊之处在于其具有多重的'安全指涉对象'（referent object of security），就以国家文化安全来说，也有着很多不同层次的安全问题。在精神价值层次上的信仰安全是国家文化安全的核心，在社会规制层次上的制度安全是国家文化安全的中心，在形象符号层次上的话语安全是国家文化安全的重心，在行为规范层次上的习俗安全是文化安全的重要内容，在物质器具层次上的文物及物化成果安全是国家文化安全的基本内容。"①

随着通信和信息技术的出现，全球化促进了世界各地文化价值观的交流，通过跨国公司和国际市场，文化全球化加速了各国在全球经济中的一体化，然而全球化浪潮下的变革使人们担心文化变得同质化。麦当劳、百事可乐、好莱坞等现象，对文化认同和文化多样化的丧失产生的潜在影响，受到威胁最大的是发展中国家的弱势文化，因全球化而导致的文化脆弱性将危及每一种文化认同，但发展中国家尤其面临危险风险。"文化帝国主义"作为一个理论概念兴起于20世纪60年代，它是文化扩张和文化集团化的产物，是一种通过文化手段实现的新型殖民形式。文化扩张和文化集团化的目的是实现文化霸权，是第二次世界大战以后硬实力对抗受到抵制后新的形式。部分西方国家利用意识形态的"优越性"、经济贸易的优势、先进的科学技术的加持，大力拓展和占领世界文化市场，以一种隐蔽性的但更具欺骗性的方式企图延续帝国主义在经济上和政治上的全球统治。部分西方国家依恃其强大的政治、经济、科技、文化实力，在国际上实施"单边主义文化战略"，不断向他国进行文化渗透和文化侵略，对世界各国文化安全构成了极大威胁。当今世界一直有着对中国的不良声调，对于中国的发展和战略"标签化"，如国强必霸、中国威胁论、中国政府控制媒体的陈词滥调，对我国外部环境构成了影响。

2020年12月14日，美国党派主义与意识形态研究中心（the Center for the Study of Partisanship and Ideology）主席、美国智库"防务重点"（defense priorities）研究员理

① 佘潇枫. 文化安全困境及其超越——兼论"保合太和"安全范式的创生与传承 [A].//贾磊磊. 构建文化江山——中国国家文化安全研究 [C]. 北京：中国广播电视出版社，2015：29.

查德·哈纳尼亚（Richard Hanania）在美国"钯金杂志"网站上，发表了题为《中国的真正威胁在于其对美国主流意识形态的威胁》的评论文章，指出："中国对美国真正的威胁并不是在军事层面，也不是在地缘政治层面，而是在意识形态层面。中国正不断取得成功，即便中国所取得的成功不会损害美国社会的繁荣与安全，一个成功的中国还是会对美国的政治集团（political establishment）、美国国家力量存在的合理性（how it justifies its own power）以及美国对自身在世界上的角色定位构成重大威胁。"文章谈到，美国反华鹰派不谋而合地指出："北京给我们制造的麻烦并不在于他意图主导世界，而是在于他可能会妨碍美国以一种单极霸权的方式去主导世界。"① 基于长期以来对于中国的偏见认知，以 BBC 为代表的英国主流媒体为对华施加国际舆论压力，频繁发布涉华虚假新闻，致使中国驻英使馆发言人先后向 7 家英国主流媒体共计十余次致"驳斥函"。在诸如网络安全、人权、抗疫等问题上，西方媒体采取了双重标准和实用主义立场。需要强调的是，在当今社会中，"文化帝国主义"是一种"活着的"和"未被终结的"理论，迄今仍处于"未成的状态"。在经济全球化深入扩展以及信息技术革命大发展的情况下，西方国家文化扩张的方式有了新的变化，探究其背后的逻辑能够有力回击对人类命运共同体文化构建的质疑，找到更好的文化发展道路。

部分西方发达国家利用现代传播手段，源源不断地向外输出其文化产品，占有海外市场。同时，制造低级趣味的后现代主义娱乐产品，满足不发达国家人们的消费心理需求，占有国际文化市场。西方发达国家文化扩张的方式由最初的政治强行推广变为全方位的文化渗透，内容更加大众化、娱乐化，形式更加具有科技性与现代性，方式更加隐蔽更加综合。

一是西方国家凭借意识形态的"优越性"，占领文化建设的制高点。意识形态是文化的核心，是世界观、人生观、价值观的综合体现。鉴于意识形态在人们的思想、价值观和政治取向等方面的决定性地位，占领意识形态制高点成为文化争夺的重中之重。因此，部分西方国家通过向国外输出意识形态实施文化扩张，并通过意识形态斗争打压其他国家文化发展。如冷战后美国以胜利者的姿态宣扬美国式的"自由""民主""人权"及其优越性，通过意识形态斗争，打击、演变、分化、瓦解与自身不同的文化样态，将"普世价值"塑造成压倒一切的文化形态，文化扩张形成的文化霸权成为世界文化发展的最大威胁。文化扩张的目的是在世界范围内推行美国的政治制度、价值观念和生活方式，用文化传播掩盖意识形态扩张，淡化文化扩张的意识形态色彩，维护了自身意识形态安全。文化扩张和文化集团化推动发达国家所主张的民主、自由、

---

① 理查德·哈纳尼亚. 中国的真正威胁在于其对美国主流意识形态的威胁［EB/OL］. 观察者网，2021-02-23.

人权向外扩散与传播，阻碍了文化之间的自由发展和平等交流，使弱势文化得不到发展的空间，影响了文化的多样化发展。

二是西方国家以科技优势和人才培养体系为支撑为其文化扩张提供了有力条件。在现代社会，科技产品与社会生活紧密地联系在一起，网络、计算机、电子通信等，已经融为社会生活的一部分。以互联网为例，互联网的广泛应用，加速了信息在全球的飞速流动，便利了人们的社会生活。他们充分利用科技上的绝对优势，掌握了用科技传递文化的主动权，将消费主义、享乐主义等价值观念融入高科技产品，在冲击发展中国家民族文化的同时，造成了民族文化资源被掠夺。科技的创新发展离不开人才的培养，先进的人才培养体系为西方国家文化扩张提供了智力支持。如美国依托先进的教育体系，不仅为美国带来了各方面的人才，也为美国带来了宣传美国文化，移植美国文化的机会。布热津斯基曾经指出："美国已经成为那些寻求高等教育者的圣地，有近五十万的外国学生涌向美国，其中很多卓有才干的学生永不再回故国。在世界各大洲几乎每一个国家的内阁中都能找到美国大学的毕业生。"① 美国凭借科技优势和人才培养体系向世界各地输送人才和本国文化，为宣传美国文化、扩张美国文化、强化美国文化提供了便利条件。

三是西方国家借助经济贸易优势，输出文化产品。西方发达国家通过文化产业将文化理念与贸易和技术结合在一起形成文化产品，运用经济手段将本国文化"销往"世界各地。如美国的麦当劳、肯德基、可口可乐、美国之音、CNN、美式英语、好莱坞、微软、苹果等，这些无一不贴着美国标签。它们承载着美国的价值观念、生活方式走向世界各地，既给美国带来了巨额的经济利益，又宣扬了美国的价值观、生活方式等文化内容。美国在世界上推进的"可口可乐化""麦当劳化"策略，体现了一个本质性的道理，一个人形成的口味并不是一个简单的生理习性，它既反映一个国家、一个民族、一个地域的历史由来、饮食环境、民间礼仪，而且还反映一个人的旨趣偏好、审美特性甚至文化倾向。"从我们吃第一口食物开始，父母不光赋予了我们天性，也就是给了我们遗传基因；同时他们也在培养我们的习性，从广义上说，就是为我们提供了饮食环境，包括烹饪、家庭动力关系、宗教、餐具、餐桌礼仪等。"② 因此，饮食既可以满足生理需求，又体现文化满足、符合消费等功能。也就是说，饮食作为一种具象的表意工具，也具有文化认同的意蕴，人们可以通过对于饮食的通感体验，体验对于饮食生活中所连带的情感经验与心理经验。我们应该认识到实际上，所有的产品都或多或少包裹着一个国家、一个民族的文化，经济贸易本身也是文化交流的过程，

---

① ［美］兹比格涅夫·布热津斯基. 大棋局：美国的首要地位及其地缘战略［M］. 中国国际问题研究所，译. 上海：上海世纪出版集团，2007：22.

② ［英］比·威尔逊. 第一口：饮食习惯的真相［M］. 唐海娇，译. 北京：三联书店，2019：28.

一个国家经济贸易发达，也会带动文化的对外传播。文化内容的多元化注定了文化传播硬性因素的多元化，不同文明之间文化传播的困难同样受到多种因素的制约，但总体上国家文化传播的实力与国家的综合实力相一致，并且文化传播的规律与贸易流通的方向相一致。文化传播一般是由势能高的文化向势能低的文化传播，强势文化在文化传播中具有控制权，使弱势文化被边缘化甚至失语，造成文化传播的不公平。但是，每一个民族的文化都有其优越性的一面，正如马克思、恩格斯指出的那样："古往今来每个民族都在某些方面优越于其他民族。"① 构建人类命运共同体正是看到了不同文化的共同点，旨在对抗文化扩张，实现文化的共同发展。

（三）国际文化关系没有形成和而不同、共进共赢的态势

文化是在一个国家历史中积累形成的，它通过传统和习俗来反映其自身特征，不仅塑造思想观念，而且影响行为方式和思维方式。文化影响理论的产生和发展，同时又反映当地的特点，具有民族和地域特征。国际文化关系是由不同的文化所建立起来的联系，由于文化的差异导致了国际文化关系的复杂性。目前，国际文化关系呈现出两种形态，一是对抗状态，二是融合态势。西方发达国家普遍实施有选择的对抗，即对同质文化采用合作输出的方式，对异质文化进行坚决抵制和打压，如美国与欧洲国家文化合作的同时，坚决抵制中国文化。由此人们一直努力寻找其他的方式和方法来平衡西方文化对本土文化的冲击，使其免于落入西方主流文化的控制和压制之下，避免所谓的西方化或美国化。新兴国家普遍选择合作的态度进行文化交流，新兴国家需要借助文化交流的契机同其他国家寻找更多的合作机会，如新加坡积极参加世界各地区的文化交流活动，主动接受其他国家的文化产品，同时输出本国的文化产品。但是，值得注意的是，目前国际文化关系十分脆弱，文明冲突理论仍然深深影响着各国文化的发展，和而不同、共进共赢的文化形态尚未建立，国际文化关系的建设还有很长的路要走。

尽管积极构建"合作共赢"的新型国际文化关系是当今世界迫切需要的状态，但是各国出于国家文化安全的维度考虑，对文化的输入普遍保持谨慎的态度。当前国际文化关系呈现出了三个新的特点。一是国际文化交流更加注重竞争性，这在文化产业的发展上体现得尤为突出，各国文化产业在努力保持其国内文化市场主体地位的同时，都积极扩大在国际文化市场的份额，文化产品的竞争力成为其公平参与国际文化交流的关键，也是构建其文化关系的有力保障。二是国际文化交流更加注重技术性，世界各国高度重视运用高科技改进和强化宣传手段，特别是通过运用现代通信技术不断提

---

① 马克思恩格斯全集（第2卷）[M]. 北京：人民出版社，1957：194.

高以互联网为代表的现代传媒的科技含量，使其具有更加强大的影响力和传播力，以此保证其在文化关系中处于主导地位。三是国际文化交流更加注重融合性，当今世界文化与经济、政治相互交融，国际文化交流已不仅仅是文化活动，同时也渗透着经济和政治，体现了当今国际文化交流的全方位特点。国际文化关系所体现出的新的特点反映了时代变化对文化环境提出的新要求，世界文化发展需要和而不同、共进共赢的环境，但是目前还没有完全实现，这也体现出了构建人类命运共同体的现实必要性。

世界文化是在共生关系中发展的，是在互相依存、互相依赖的矛盾对立统一中发展的，既是"和而不同"的存在形式，又是"共进共赢"的发展过程。人类命运共同体是不同于以往国际体系的一种新型国际社会结构，其建构需要新的观念和思想进行指引。"新的结构是由完全不同的观念构成的。"[①]"人类命运共同体"主张构建的国际社会是一个"生死相依、休戚与共"的命运共同体，所要形成的是和而不同、共进共赢的国际文化关系。世界各国文化都为本民族的和平与发展作出过贡献，都有其特殊的使命与意义，都应该获得发展，不能因为国家经济的落后、政治的动荡而被消灭。尽管世界各国都有过兵戎相向的时期，但当今世界和平是主旋律，民族的发展、文化的传承是我们的责任和使命，如何确保民族文化代代相传，将文明的光芒洒向世界成为我们为之奋斗的目标，以此需要我们携手共进、生死相依、患难与共。时代的变化需要我们转变以往的思维和行为习惯，将竞争变成合作、争霸变成互助、对抗变成对话，形成相互依存、相互扶持、共同发展的局面，用新文化代替以斗争、强权、独占为特征的国际体系旧文化，指引各国作出符合人类命运共同体本质要求的行动，推动人类命运共同体的构建。构建人类命运共同体需要有与之相应的文化作为支撑，和而不同、共进共赢的文化理念是保证世界不同文明间交流互动的保障。习近平总书记在2015年博鳌论坛上特别强调文明间的交流互鉴是人类命运共同体形成的必由之路，指出迈向命运共同体必须坚持不同文明兼容并蓄、交流互鉴。交流促进融合，融合产生进步，不同文明只有交往时，"初始行为通过互应机制会使互动中的双方产生并加强一些观念，并开始共同拥有这些观念，于是便产生文化"[②]。促进不同历史、不同国情、不同风土人情的国家之间的交流和互动是生成"人类命运共同体"文化的基本要求。只有这样，才能协调各个国家关于人类命运共同体的认识差异，凝聚命运共同体建设在核心理念、基本原则、路径选择等方面的全球共识，让世界人民以此为依据共同建立人类文明新社会。

---

① 亚历山大·温特. 国际政治的社会理论 [M]. 秦亚青，译. 上海：上海人民出版社，2014：22.

② 周怡. 解读社会文化与结构的路径 [M]. 北京：社会科学文献出版社，2004：14.

文化交流的环境、交流的目的、交流的方法同样存在很多问题，和而不同、共进共赢的交流理念没有在多数国家形成认同。加速推进文明之间的交流互动需要在多个方面获得改善，以营造良好的文化交流环境为基础，以形成科学的文化交流机制为抓手，以实现世界不同文化的繁荣发展为目标，着力形成主体多元、内容全面、开放包容、地位平等的文明交流新格局，从文化层面为构建人类命运共同体提供丰厚的沃土。

五、西方国家强权政治影响全球文化活动的目标和取向

西方发达国家通过强权政治和传播优势鼓吹资本主义文化的先进性，目的是为殖民扩张寻求虚伪的合理性，实现对整个世界的全面控制，这种通过强权政治进行的文化渗透破坏了人类命运共同体在文化方面建构的进程和效果。西方发达国家通过标榜西方价值观念的"现实性"与文化的"优越性"，强调"西方的取向即世界各民族共同的前进方向"[①]，将现代化等同于西方化，现代文明等同于西方文明，试图构建一个以西方国家文明为蓝本的统一的文化世界，而这正是文化霸权主义的表现。西方发达国家标榜自己文化"优越性"，排斥和贬抑其他民族文化的思想，是一元文明的价值取向，是对其他文明自身文化价值的否定，这与以多元文明为核心价值取向，肯定全部文化主体价值的人类命运共同体相背离。西方发达国家在政治上的霸权主义形成了固有的思维逻辑，将西方看作世界的中心，文化作为其内在的固有属性理所当然地凌驾于世界其他文化之上，将非西方国家的文化看作是西方国家文化的枝叶，汤因比将其比喻为河流与支流或内陆河的关系。斯宾格勒则指出："所有的历史事件皆从它那里获得其真实的光，其重要性也依据它的角度而获得判定。"[②] 这种"中心主义"的思维模式不仅不利于各种文明的和谐共处，更阻碍着文化之间交流的互通互鉴，打破了建构人类命运共同体多样文化彼此合作、共同进步的美好愿景。西方国家把全球化作为"西方化"的平台，形成了文化或传播帝国主义现象，忽视和压制发展中国家发展文化的自主权利，发展中国家则始终处于边缘化地位，这也导致了人类命运共同体的传播被歪曲、黑化与拦截。总之，西方发达国家的强权政治影响全球文化活动的目标和取向，企图以特殊取代普遍，以中心排斥外围的文化扩张，在深层次的文化结构上阻碍了人类命运共同体的建构。

---

① 陈立柱. 西方中心主义的初步反省 [J]. 史学理论研究, 2005（2）: 54－67.
② ［德］奥斯瓦尔德·斯宾格勒. 西方的没落（第1卷）［M］. 吴琼, 译. 上海: 三联书店, 2006: 15－16.

（一）西方国家把文化全球化作为"西方化"的平台

随着全球化进程的加速推进，全球化已经不仅局限于经济范围内，文化全球化也已经成为全球化进程加快下的一种必然趋势。文化全球化虽是全球化的一个重要维度，是全球文化发展的客观趋势，却不是一个世界各国文化平等参与的过程，而是受到了西方国家的主导和支配。一直到今天，西方国家仍然具有根深蒂固的西方中心主义观念，认为西方的文化价值观念和政治经济制度，是人类最先进、最文明的价值和制度。因此，整个人类文明和世界各国都应该以之为标、向之看齐。在西方资本主义发达国家主导下，形成了文化"一边倒"的趋势，西方国家把全球化作为"西方化"的平台，通过制定和解释国际规则，实现了文化传播的绝对优势。在文化全球化的过程中，西方发达国家通过强权政治，在文化方面实现向外扩张的同时，旨在通过文化完成对思想的控制，最终实现其霸权主义的目的。

全球化最初起源于西方发达国家，目的是向落后地区兜售过剩的生产力，真正实现快速发展是在近代资本主义崛起以后，尤其是美国成为全球霸主以后极力推动全球化。随着全球化的推进，各国之间的联系不再仅局限于商品贸易，于是西方国家开始在政治、文化等领域制定全球化规则。"放眼世界历史，'照猫画虎'的事儿并不少。很长一段时间，西方发达国家所走过的道路，被认为是现代化的唯一途径，成为发展中国家纷纷效仿的对象。可惜，简单的移植，非但没有让这些国家成功走向现代化，反而带来党争纷起、战祸不断、社会动荡。"① 西方发达国家借助强大的经济实力和科技手段向广大发展中国家输出文化产品，并将西方国家的价值理念和生活方式强行注入发展中国家，目的在于发展中国家逐渐接受西方文化，在整个世界形成以西方国家文化为唯一标准的文化形态，最终实现统一全世界的目的。西方国家把全球化作为"西方化"的平台，将西方发达国家文化语境带入非西方国家，并取得了一定的地位，造成了发展中国家价值观念的混乱、民族文化的凋零，给非西方国家自身文化带来了巨大的挑战，一方面不利于非西方国家文化的独立发展，另一方面破坏了世界文化的多样性发展。

西方发达国家对广大发展中国家不仅借助各种优势推行西方文化，还制定了一系列不平衡政策。他们在不断地为全球化制定游戏规则，通过制定的规则影响全球化进程，实现其称霸世界的构想。我们知道全球化不是"西方化"，不是发达国家向发展中国家倾销商品、文化的平台，更不是发达国家霸凌发展中国家、伤害发展中国家的工具，而是不同国家和民族相互借鉴、共同发展的历史进程和潮流。发达国家主张的

① 陈颖. 破除"输入""输出"模式迷思［N］. 人民日报，2017－12－19.

"西方化"严重伤害了广大发展中国家的根本利益，最终导致自身利益也无法长期得到满足和增长，很多人认识到了全球化对发展中国家的伤害，看到了发达国家将全球化作为西方国家同化其他民族、国家的平台，通过强权政治将全球化作为工具，没有消除发达国家与发展中国家之间的差距，更没有改变发展中国家在全球化进程中的弱势地位。

过去很长一段时间，全球化是在美国的控制之下，其凭借经济的优势、高新技术的加持、政治强硬的手腕、信息的垄断主导着全球化的进程，此时的全球化实际上是美国领导下的全球化。美国领导下的全球化把全球化作为"西方化"的平台，不断地将美国的影视、书籍、服装、餐饮等文化资料、生活方式推向世界各国，全面推行自己的价值观念和文化模式，实现了从推动全球化向借助全球化的转变。西方国家通过现代信息技术和计算机网络，积极推行自己的文化模式、价值观念和生活方式，已经将全球化变为实现"西方化"的平台，西方发达国家已经实现了利用全球化实现霸权的目的。全球化的深入和世界局势的变化改变了西方发达国家谋取世界霸权的方式，西方发达国家不再单纯的通过政治霸权统治世界，而是通过文化渗透、主导全球化游戏规则等方式辅之其达成目的。西方发达国家的侵略往往披着伪善的面孔，通过经济援助、合作建设、金融贷款等方式进行文化渗透和经济掠夺，但其统治世界的目的与野心不可能被遮蔽，在对发展中国家进行经济援助时，往往迫使对方接受其不公平的文化条约。如美国电影出口协会首任主席曾宣称："美国出口的影片在输出国上映时间要占 60% 以上，如果哪个国家胆敢压缩，我就会提请该国财长要小心。"① 这种霸权主义的行为暴露了其本性，给全球化蒙上了阴影，但全球化的进程不可逆转，全球化不会因霸权主义的存在而终止，全球化可能会使民族身份变得模糊，但永远不会消解民族的独特性。

西方国家把全球化作为"西方化"平台在文化层面的手段主要通过垄断国际文化标准和文化标准的制定权来实现，诺贝尔奖、奥斯卡奖、戛纳电影奖等诸多国际文化大奖的标准往往都掌握在少数西方发达国家手中，标准通用语言的确立、文化贸易的规则、文化传播技术专利权的制定等文化标准的制定权往往也掌握在少数西方发达国家手中。非西方国家要想赢得国际文化大奖，想要进行文化贸易、技术革新都必须遵循其意志，这些所谓的国际标准，其内在的逻辑是将非西方国家的文化产品带入西方国家文化所限定的评判标准之中，是变相消除地域个性、民族特色，去多元化的手段。文化全球化进程中，文化标准一直以来都是根本性的重大问题，哪个国家的文化接近文化标准，在文化交往中就越具有发言权和主动权，因此世界各国都在争夺文化标准的制定权。文化标准制定权是国际文化交流以及意识形态碰撞中的核心权力，拥有了

---

① 孙维学. 美国文化 [M]. 北京：文化艺术出版社，2004：89.

这项权力也就拥有了推开世界文化大门的钥匙，也就站在了世界文化的正中央。拥有了文化标准制定权就能够直接约束其他国家文化发展的方向，获得文化交往的绝对权力，掌握评判其他国家文化的权力，成为控制世界文化的执行者。中国文化的国际化之路就体现出了没有文化标准制定权的发展劣势，在改革开放以后中国文化开始走向世界，尽管中国文化积极参与国际间文化交流，谋求国际参与和外向发展，也取得了不少成就，但这些成就在很大程度上是以对西方文化标准的被动迎合为代价换取的。一些在国外获奖的文学作品、影视作品丢弃了民族文化的特性，刻意迎合西方国家文化的审美和评判标准，而那些真实反映当代中国发展进步的文化作品则罕见其获奖，这正是文化标准所带来的弊端和影响，它消磨了民族文化的特性，影响了世界文化的绚烂与多彩。

在全球化背景下，西方文化的霸权主义变得更加隐蔽，以往通过宣传宗教自由来强行输入西方文化、利用政治手段打压发展中国家本土文化发展、借助高新技术大力宣传西方生活方式的时期已经过去，文化霸权主义者开始借助更加柔性的方式进行文化渗透。文化产品的软渗透、生活方式的微展示、科学技术的理念植入，将西方文化呈现在世界面前，起到了很好的文化宣传效果，但其统一世界文化的最终目的没有变，尽管方式更加隐蔽，但实现文化霸权的目标、获得更多利益的根本目的没有变。

（二）西方国家霸权主义破坏了公平合理的文化环境

文化的发展一直以来都备受国家的关注，尤其是全球化加速发展的过程中，文化安全问题成为每个国家安全问题的重要内容。文化与政治的联系一直是十分密切，政治的稳定需要文化的滋养，文化的发展离不开政治的护航，政治和文化始终在相互影响着彼此。政治稳定作为一个国家的基本要求，对一个国家的文化环境通常作出一些要求，要求一个国家的文化环境必须能够起到维护政治稳定的作用，能够促进经济的发展，形成向上的社会风貌。因此，政治对文化环境的生成起着至关重要的作用。发达国家为维护本国利益，在文化方面通常采取一些利己的文化形态，比如保护主义文化、殖民文化等。

保护主义文化是一种以贸易保护主义、投资保护主义等经济手段，违逆全球化发展进程的文化形态。保护主义文化的形成主要是受到霸权主义的影响，一方面，发达国家为了维护本国的既得利益，控制新兴国家文化的输入；另一方面，发展中国家出于文化安全的考虑，抵制发达国家的文化产品输入国内，保护主义文化已经成为当今时代文化发展之路的"绊脚石"。保护主义文化逆全球化的时代表征与人类命运共同体理念背道而驰，其对多边文化贸易抵制的目的是发展本国的文化产业化、维护本国的文化市场。习近平在联合国日内瓦总部的演讲中强调："经济全球化是历史大势，促成了贸易大繁荣、投资大便利、人员大流动、技术大发展。"① 尽管目前的文化全球化存在一些客观问题，但仍是当今世界文化发展的主要趋势，而强权政治在阻碍文化全球化的众多因素中也是最大的障碍。就文化自由贸易的发展而言，保护主义文化只关注本国利益但枉顾其他国家发展利益，在文化贸易过程中设置贸易壁垒和文化排斥，对其他国家的文化产品恶意打压和诋毁，阻碍了文化自由贸易的发展，是对人类整体利益的消解，对世界共同发展的抵抗。在保护主义文化的推动下，占有文化贸易优势的西方发达国家通过增加贸易关税、设置贸易壁垒、恶意文化产品竞争等手段阻拦其他国家文化产品的输入，通过制定贸易规则形成垄断的文化贸易市场，通过语言、货币、技术等方式获得文化贸易的控制权，阻碍发展中国家文化发展的同时，也阻碍了世界文化市场的充分发展，从近期看损害了发展中国家的权益，从长远来看也损害了自己的利益。经典的国际经济学理论表明，"一个高度开放、公平竞争和富有效率的世界市场是现代国家经济增长的充分、必要条件，贸易自由化、投资便利化是生产要素或资源实现优化配置的内在要求"②。保护主义文化逆时代发展潮流而动，是从文化层面对建构人类命运共同体时代发展之势的抵抗，对全人类共同利益整体向前推动的破坏。

殖民文化是强权政治追求世界霸权的新手段，是影响发展中国家文化发展的主要因素，也是影响建构人类命运共同体的巨大文化阻碍。一方面，当今世界霸权主义思想依然盛行，殖民侵略的思想依然存在，西方国家的霸权主义影响着世界的文化样态。在当前文明隔阂、文明冲突、文明优越等片面和错误的论调甚嚣尘上，一些国家以此为话题掩饰和转移问题的关键点，他们选择性地忽视了世界和平要依赖不同文明间的对话交流、沟通联系和相互理解。"西方文明对世界的总体霸权局面依然没有太大的改观，西方世界仍然在整体上统治着整个世界的发展局势和基本格局。"③ 西方发达资本主义国家通过殖民侵略获得利益的历史，形成了"优胜劣汰""弱肉强食"的行为逻辑，而长此以往，这种思维方式和行为习惯难以摒弃，至今影响到西方国家对外战略的取向和方式。以美国为例，美国作为文化霸权的主要推手，大肆输出西方资本主义意识形态，企图使全球价值观"美国化"，其背后除贪欲的霸权逻辑外，还存在着强烈的危机感，因此，美国通过不断推行文化渗透扩大资本主义意识形态阵营，提升西方价值观的国际认同，以维持自己霸权地位。这种文化不仅影响世界的政治局势，还威胁着其他国家文化的发展。尽管西方国家也认识到了和平发展、合作共赢是当今世界发展的最好方法，但公平的竞争必然影响到发达国家原有的利益和地位，这是发

① 习近平谈治国理政（第 2 卷）［M］. 北京：外文出版社，2017：543.

② 赵玲，黄建忠，蒙英华. 关于高质量开放若干问题的理论思考［J］. 南开学报（哲学社会科学版），2018（5）：11 - 17.

③ 马广利. 文化霸权：后殖民批评策略［M］. 北京：光明日报出版社，2011：9.

达国家最不愿看到的结果，为了长期获得这种超额利益，殖民侵略成为西方发达国家的卑劣手段。人类命运共同体思想的积极主张，正是对殖民侵略文化的宣战，对霸权主义的对抗，所要达到的就是扭转这种霸权主义的文化形态，从思想上扭转局面，帮助发展中国家文化发展的同时，推动世界文化走向繁荣、走向未来。

另一方面，广大发展中国家普遍遭受过西方国家的殖民侵略，在长期的被殖民统治过程中形成了文化上的过度依赖，尽管现在政治上获得了独立，但思想上仍然受殖民统治的影响，无法获得文化上的独立。一个国家不仅要有足够的物质力量——军事实力保卫其疆土安全，而且还要有足够的精神力量——文化实力保障其文化精神领土的神圣性。思想文化上的枷锁成为阻碍发展中国家文化发展的严重桎梏，发展中国家在思想上受到殖民文化的浸淫，形成了文化上的依赖，持续影响着未来文化的发展。例如，很多曾经被英国殖民过的国家，在获得独立以后，仍然将英国女王封为国家的精神领袖。这种对西方文明的依赖，深刻影响着他们的思想观念与价值立场。"殖民文化的可怕处并不在于历史发生当时强势文化因素对本地文化的注入，而在于它对本地文化潜移默化的改造，以及因此而造就的奴隶意识。"[①] 很多发展中国家在长期的被统治过程中消磨掉了本民族的主体意识，深陷于被"奴化"的思想旋涡之中而不知，在思想上缺乏主观判断力和思想反抗意识，对发达国家提出的不公平主张没有辨别力，缺乏客观公正的价值立场。对本民族的文化缺乏价值认同，不能正视本民族文化的合理性，对新的更加科学的文化主张缺乏判断力，导致人类命运共同体的主张得不到支持和回应，对世界文化的共同发展缺乏信心。可见，强权政治所带来的殖民主义文化对当今世界甚至是未来都是巨大的危害，是建构人类命运共同体需要从思维深处根除的顽瘴痼疾，亦是建构人类命运共同体所必须战胜的艰难挑战。

文化天然地拥有一种改变人们精神世界和文化行为、进而改变现存一切文化关系和文化秩序的能力。强权政治形成了"文化霸权主义"，"文化霸权主义"阻碍了文化全球化，营造公平的文化环境不仅是一个抽象的理论问题，同时也是一个国家文化发展的现实问题。

（三）西方国家的强权政治阻碍世界文化的自由发展

文化映射着一个社会的历史、语言和价值遵循，是意识形态的基础和前提。意识形态作为政治统治的重要理论工具，是一个国家保持正常运转的重要手段。因此，政治是影响文化发展的重要因素。葛兰西根据政治、文化概念与特性提出了文化霸权主

---

① 王华. 世界近代史背景下的殖民文化问题 [J]. 清华大学学报（哲学社会科学版），2008
(5)：151 - 157.

义，即文化强大的国家会主导其他国家的文化走向。由于文化不会独立存在，文化的强大通常依靠政治的强大作为支撑，文化霸权主义也为政治的霸权提供帮助。西方中心论奉行"一元论""主客二分"的哲学思维，即西方世界是"主"、非西方世界是"客"，西方世界是"我族"、非西方世界是"异类"，西方世界是"先生"、非西方世界是"学生"。它标榜西方价值的普世性和西方道路的唯一性，认为西方文明是人类真正的文明，西方标准就是世界标准，非西方世界应向西方世界看齐。法国驻美国前外交官弗雷德里克·马特尔揭示了美国的文化战略以及隐藏其后的政治竞争，提出："世界文化大战已经爆发。这是一场各个国家通过传媒进行的旨在谋取信息控制权的战争：在电视领域，为谋取音像、电视连续剧和脱口秀节目'形式'的支配地位而战；在文化领域，为占领电影、音乐和图书的新市场而战；最终，这还是一场通过互联网而展开的全球内容贸易的战争。这场为软实力而发动的战争却表现出力量的极度不均衡。这场战争主要是那些占据主导地位的国家之间为确保各自的地位而开启的战争，这些国家虽然为数不多，但却占有全球绝大部分的贸易份额；再者，这场战争还是占据主导地位的国家与新兴国家之间的征服之战，旨在确保对那些文化产品与文化服务产量极低甚至没有的国家民众实施影像与梦想的控制；同时，这场战争也是通过文化与信息的传播来赢取新的地区影响力而展开的战争。"① 当前，世界话语结构呈现出"中心—边缘"的分化，发达国家在全球构建了主导性的话语体系，广大发展中国家处于话语权的缺失状态。

强权政治生成了文化霸权主义，文化霸权主义阻碍着世界文化的自由发展。在长期由西方主导的世界国际政治经济格局中，世界安全问题的认知、判断和处理方式都沾染着浓郁的西方政治色彩，把西方国家是否安全作为世界安全的主要标准，其实质是一种零和博弈、你输我赢的形而上学思维。西方国家秉持着狭隘安全观和利己安全观，在疫情、气候、核武器等事关全人类安全的问题上，以我为主，只是追求西方国家自身的安全，不承认不正视其他国家的安全问题。2018 年，在由中国社会科学杂志社对外传播中心举办的国际传播论坛上，有专家指出，2017 年 9 月，美国司法部要求"今日俄罗斯"电视台在美开设的公司注册为"外国代理人"。所谓外国代理人，是指接受外国力量的委托和资助，并为其从事某种政治活动的组织和人员。为避免承担刑事责任，"今日俄罗斯"电视台美国频道于去年 11 月在美国司法部登记为"外国代理人"。美国把这把火也烧到了中国。2017 年 11 月，美中经济安全审查委员会向美国国会提交报告，报告声称中国国有媒体在美国参与"间谍与政治宣传"活动，呼吁国会要求其在美国的工作人员注册为"外国代理人"。2017 年 3 月，又有三名美国共和党

---

① ［法］弗雷德里克·马特尔. 主流：谁将打赢全球文化战争［M］. 刘成富，等译. 北京：商务印书馆，2012：366.

议员提议要求将在美孔子学院列为"外国代理人"。如果中国在美国的媒体、孔子学院等机构真的被迫注册为"外国代理人",对这些机构的公信力会产生很大影响。这就是当前中国对外传播面临的外部环境,形势很复杂①。西方国家这种"文化中心主义"总是千方百计用自身文明去改造、去同化、去压制"他者"文明,否认多元文明共同发展的权利,否认不同文明平等对话的可能性,违背了人类文明演进的历史规律,也违背了历史发展的大势,也为构建人类命运共同体制造了文化壁垒。

当今世界封闭、隔绝状态被打破,全球化潮流不可逆转。"由于一切生产工具的迅速改进,由于交通的极其便利,把一切民族甚至最野蛮的民族都卷到文明中来了。"② 然而,在此过程中,各民族的文化地位处于不平等状态。西方资本主义国家通过强权政治主宰着其他国家文化,在世界范围内获得了文化的绝对优势地位,而相对落后的发展中国家的文化逐渐消亡。在强权政治的推动下,发达国家的文化传播演化为带有侵略扩张性质的文化霸权主义,其最终目的不仅仅是扩张国土面积、掠夺他国财富那么简单,"而是在潜移默化的渗透中征服人心,以此改变国家关系与国家地位"③。足以可见,文化霸权主义就是西方资本主义国家推行全面西化的过程,是霸权主义在文化层面的缩影。西方国家忽视文化多样性的作用,忽视不同民族各自的价值追求,试图使各民族完全丧失自身特色。但是,不同民族的文化特性不可能完全被取代,也没有权力去取代其他民族的文化,所以,文化对抗越发严重,文明冲突越发明显。世界文化不可能终结于一种文化,也不应该终结于一种文化。强权无法获得持久的认同,共同发展才是时代的主旋律,世界文化必将由不同文化共同构成一个多元文化统一体。西方部分国家忽视文化平等多样的本质属性,将自身文化视为标准,认定其他国家,特别是坚守社会主义意识形态的国家应当仿效西方的"普世价值观",应盲目认同西方自由民主的价值尺度。在此错误思想指导下,西方不遗余力地将文化价值对外输出,试图将文化立场不一致的国家纳入自身文化体制之内。然而,在非西方国家文明中,完全认同西方国家文化价值的人很少,大部分非西方国家的人民对本民族的文化更有认同感,而对西方国家所主导的文化或是怀疑或是强烈反对。

基于对民族文化生存发展和世界文化大繁荣所需环境的考虑,习近平总书记多次强调世界人民应该坚决抵制文化霸权主义,让世界各族文化在平等的环境下共同发展。由于我国同西方国家意识形态的不同,让西方国家格外担心社会主义国家的威胁,对社会主义国家的文化,尤其是中华文化格外的抵制。究其原因是因为西方国家对中国文化缺乏深刻了解,是因为对世界话语权重心转移导致西方国家利益损失的担忧。为

———————————

① 国际传播研究中的中国话语建构——2018 年国际传播论坛对话纪实 [N]. 中国社会科学报,2018 - 09 - 27.

② 马克思恩格斯选集(第 1 卷)[M]. 北京:人民出版社,2012:404.

③ [美] 汉斯·摩根索. 国际纵横策论 [M]. 卢明华,等译. 上海:上海译文出版社,1995:90.

了实现霸权主义，西方国家不仅通过强权政治干预广大发展中国家文化发展，还通过文化产业、教育交流等方式加大力度对中国等发展中国家进行文化渗透，严重威胁中国等发展中国家自身主流文化的生存空间，给各个国家文化安全带来极大隐患，对世界文化多样性带来威胁。平等的政治地位能够促进世界各民族之间相互了解，有利于使世界紧密团结在一起，共同应对全球性挑战。平等的文化地位能够加强不同文化之间的交流，形成文化共识，促进文化的自由发展。伴随着中外之间的经贸往来，中国对外文化交流取得长足进展，中华文化逐渐被外界所熟知。但是，人类命运共同体文化的推广仍存在很多阻碍。西方国家的强权政治阻碍人类命运共同体文化在其他国家的传播。西方发达国家利用中华文化和其他民族文化之间的差异制造文化摩擦。西方发达国家凭借西方文化在世界范围内认同度高的优势，将中华文化树立成与西方文化相对立的文化，不断强调中华文化的"差异性"和"落后性"，给中华文化的对外传播带来了巨大阻碍。

强权政治主张"西方中心论"，在文化方面致力于形成西方文化的同一性，阻碍不同国家文化间平等交流，阻碍"人类命运共同体"文化的形成。强权政治影响下的"文明冲突论""文明优越论"所打压的不仅是中国所主张的"人类命运共同体"，而且严重阻碍了世界其他民族文化之间的交流与发展。"在资本主义占统治地位的世界格局下，文化帝国主义和霸权主义一直没有消失殆尽，反而在某些时候呈现出更加强势的态势。"[1] 西方资本主义国家以"西方中心论"为逻辑起点，贬低、歧视非西方文明，通过各种传播渠道和手段向非资本主义国家渗透他们的生活方式、价值观念、意识形态、宗教信仰，逼迫"非西方世界"向"西方世界"看齐，导致非西方国家的文化发展道路不能独立自主地进行选择，阻碍了文化的自由发展。强权政治形成的文化霸权主义，忽视了不同国家其特定的自然地理条件、人情精神风貌、文化传统、历史遭遇，强行灌输西方文化，恶意抵制非西方文化，严重违背人类文明多样性的本质特征，背离人类命运共同体共商共建共享的基本原则。

六、全人类共同价值和道德规范未得到全面遵守

在西方国家冷战思维、文化霸权、文明冲突论的错误引导下，世界文化正在向"无序化"方向蔓延，文化"熵变"愈发严重，文化认同逐渐弱化，文化交流愈发困难，形成共同的文化价值认同成为世界文化交流发展的当务之急。人们在生产、生活

---

① 张继龙. 人类命运共同体视角下文化自信构建的辩证考察 [J]. 湖湘论坛, 2017 (5): 10－16.

中总会产生各种共同诉求，而这就决定了全人类共同价值的存在具有历史必然性。所谓"全人类共同价值"，就是基于人类主体视角的对于价值关系类型、价值重要性等级、价值数量衡量等问题的共识性认知、态度和行为。全人类共同价值并不是杰出人物的主观创造物，而是一个客观的历史必然结果，其形成主要包括两大路径。一是为适应人类社会内部治理和外部交往的生存需要所催生的共同性价值；二是为适应人类社会交往范围不断扩大而形成的共同性价值。这两大路径一方面反映了全人类共同价值本身的复杂性，另一方面体现了人作为主体在共同价值形成过程中的主导作用。由于全人类共同价值形成过程中受家庭、民族、宗教、国家、地域影响，所以全人类共同价值的内容十分复杂。同时，人类共同体价值的形成是人适应生存和发展的产物，因此人作为主体在其形成过程中起着主导作用。伴随着世界多极化的发展，西方国家无法实现维护价值共同体、增进彼此认同、合作追求共同价值的目标，导致全人类共同价值和道德规范未得到全面遵守。随着全球化进程的不断推进、信息技术革命的不断深入、国际政治经济与文化合作的不断扩展，世界不同地区、民族、国家、信仰、文化的价值主体拥有越来越丰富的共同资讯、共同议题、共同感知，由此带来了越来越多元化外表下的共同利益或关切，"全人类共同价值"就是在这种背景下被中国提出。一方面，经济社会发展与文化交往在全球范围内拓展，使得"全人类共同价值"有了更为坚实的形成与展示条件；另一方面，不同国家、地域和文化之间的价值观差异，也可能会引致前所未有的张力或冲突。从最一般意义上说"共同价值"是相应范围内的"共同体"得以生成与发展的前提基础。一方面，全人类共同价值是生成或构建共同体的价值观基础，是不同价值主体形成联系、联动乃至联合的观念性前提，没有共同的价值认知，也就没有成员间的彼此认同，共同体就会显得向心力不足、凝聚力不强，继而无法达到稳固坚定的状态；另一方面，共同体的存在或构建也会反作用于共同价值，一个拥有丰富合作经验、稳定秩序规范、深厚文化传承的共同体，会通过内部交往的建构与整合，不断强化成员间共同价值的生成与深化，使得成员间相互理解信任，继而潜移默化地产生共同价值，形成新的默契与合作关系，甚至"造就按新的方式生活和交往的共同体"①。可以说"全人类共同价值"与"构建人类命运共同体"之间就是这样一种辩证互动关系。然而，人类社会对共同价值存在的认知偏见、价值遵循和行为准则的缺失、文化无序和价值失范导致了文明之间的信任赤字，进而影响着人类命运共同体的构建。

（一）国际社会对于全人类共同价值还没有形成正确认知

全人类共同价值不仅体现了人类价值追求的共性，还对世界不同文化提出了一定

---

① 陆树程．价值哲学和共同体研究［M］．苏州：苏州大学出版社，2019：284．

的要求，体现在处理自我与他者文化的差异与文化偏见时，要实现双向平等的对话和价值的调适。在文化交流的过程中，对他者文化的理解通常会受到本我文化的价值观的影响，对他者文化形成印象判定和文化距离控制，由此造成文化偏见。因此，为了减少这种因为文化距离而带来的认知偏差，需要降低跨文化传播中的文化折扣和文化焦虑。在跨文化传播过程中，受到语言、认知、传播介质、信息解读等多方面影响，文化信息最终的表达内容会出现损失，文化表达效果出现减弱的现象，这种现象就是文化折扣现象。由于不同国家的文化差异的存在，国家所追求的价值也有所不同，在跨文化交流过程中文化折扣现象的存在导致了价值追求的认知偏见加重，全人类共同价值的调适变得更加困难。文化焦虑是在跨文化传播中人们在陌生文化情境下因他者文化的模糊性而产生的文化焦虑，文化焦虑产生的根源还是对未知事物的恐惧，因此，降低文化焦虑最直接有效的方法是全面呈现自身文化特点，减少文化内容的不确定性和模糊性，通过加强文明对话、文化交流减缓彼此焦虑。降低文化折扣和文化焦虑也是避免认知偏见的直接手段，当我们对交流的对象有着更多的认知和了解，在情感上有所认同时，文化折扣和文化焦虑会自然而然降低，对彼此文化价值的偏见也会减少，这有利于形成人类社会的共同价值。形成人类社会的共同价值首先要建立跨文化传播者与诠释者之间的信任，通过传播者与诠释者增加不同文明之间的跨文化对话，然后将他者文化价值呈现给受众群体。由此可见，形成人类社会的共同价值需要彼此信任的文化传播者与诠释者，他们在平等交流的基础上，实现不同文化传统、不同文明的跨文化理解，从而建构兼顾自身和他者的全人类共同价值。

不能回避的是，全人类共同价值因地缘政治、文化差异和价值认知等的不同，在认知方面不可避免地存在不同程度的偏见与误读，并由此造成文化交流障碍与心理情感隔阂。即使在现代传播手段和渠道更加多元的今天，这种隔阂依然存在，例如，在推进构建人类命运共同体的过程中，国际上除了赞赏肯定的声音之外，不免也有质疑、误读曲解之声，将其歪曲为"新殖民主义"，认为中国在谋求势力范围、进行文化霸权、文化入侵等。美国国家亚洲研究局高级研究员娜黛热·罗兰（Nadège Rolland）认为，中国通过"命运共同体""一带一路""全球伙伴关系"等外交方式提升其在发展中国家（global south）的领导力和影响力，在一定程度上消除了西方在此范围所支持的自由、民主价值理念。由此看来，虽然很多国家都已熟知人类命运共同体概念，但除联合国等国际组织和与中国友好的发展中国家之外，许多发达国家并不认可人类命运共同体是一个可行全球治理方案，或者说，其并不在意人类命运共同体在实然层面能否解决当代错综复杂的全球问题。西方国家不少学者和政治人物仍然抹黑中国，认为中国推动构建人类命运共同体是一种"地缘政治战略"，意图使人类命运共同体理念落入"中国中心论"的话语陷阱之中。究其原因，西方国家对人类命运共同体保持漠视态度，其根源在于人类命运共同体理念对西方国家已经形成的、并在全球处于主导地位的话语体系形成冲击，涉及发达国家对于世界秩序和游戏规则的主导权，影响到西方国家原有的、现有的利益格局。当前，很多西方国家通过标榜自己所主张的科学、自由、民主来彰显自身文化的优越性，同时对他国文化内涵和价值进行贬斥，并且对不接受西方文化的国家的文化发展道路进行指责，其背后蕴含着对他国文化价值的认知偏见。西方部分国家将自身价值伪装成"普世价值"，贬低他国文化价值，干涉他国文化发展道路，将所谓的"真理"建立在对其他国家文化理解不深入的基础之上的，特别针对广大发展中国家，这是对发展中国家文化认知偏见的表现，也是对全人类共同价值的认知偏见。

当前，世界各国出于国家文化安全的考虑参与文化交流的积极性普遍降低，即使世界贸易的发展已经如此繁荣，文化产品作为特殊的产品仍然被很多国家所限制，究其原因还是对外来文化的认知偏见所导致的。尽管文化是意识形态的基础和前提，文化对国家的政治稳定具有重要影响，但绝大部分的文化产品是不具有意识形态属性的，对国家的政治稳定也没有影响，文化自身具有隐蔽性的特点给文化披上了神秘的面纱，也导致了对文化的认知上的偏见。中华文化一直以来都是一种追求"天下大同"的"和"文化，价值取向更是追求"天人合一""和谐共生"，这与世界绝大多数国家的价值追求是一致的，习近平总书记更是将"和平、发展、公平、正义、民主、自由"概括为全人类的共同价值，这也是人类命运共同体的追求。尽管中华文化的价值追求如此符合世界人民的发展要求，但仍然被一些国家误读、误解，否定人类命运共同体理念的价值，阻碍其发展。这缘于"共同价值"在现代西方国家公共生活领域中的长期缺位，部分西方国家长期的霸权主义理念对全人类共同价值难以理解和认同。国家之间的利益冲突阻碍了文化的交流，各国根据利益需求形成了复杂的文化格局，全人类共同价值被更小的集团所分解，公共价值基础上的凝聚价值共识遭遇重大难题。对此麦金泰尔曾指出："现代把每个人的生活分割成多种片段，每个片段都有它自己的准则和行为模式。"① 因此，对全人类共同价值的重塑还有很长的路要走，人类命运共同体的构建也还有很多挑战。

（二）人类社会没有形成共同的价值遵循和行为准则

和平赤字、发展赤字、治理赤字、信任赤字是摆在全人类面前的严峻挑战，应对人类面临的共同问题必须有共同的价值理念做指导，通过自觉的价值遵循和行为准则逐步化解危机。全人类共同价值的提出对"人类实现什么样的发展，如何发展"的重

① ［美］麦金太尔. 德性之后［M］. 龚群，戴杨毅，等译. 北京：中国社会科学出版社，1995：257.

大课题作了历史性回答，旨在通过促使人们树立"和平、发展、公平、正义、民主、自由"的价值理念，引领人类共同面对全球性挑战，打造人类命运共同体，促进世界各国共同实现繁荣和进步。因而，"习近平全人类共同价值思想的提出，是人类发展史上一场深刻的价值变革和精神解放"①。全人类共同价值的提出，一方面是对抗西方以自我为中心的价值遵循；另一方面是对中华文化价值遵循的凝练和总结。当前世界各国各民族相互依存、共生发展的态势日趋明显，人类面临的共同问题必须共同解决，在这一点上国际社会已经普遍达成共识。然而，部分西方发达国家依然秉持"零和博弈"的思维，将本国利益凌驾于世界利益之上，损害他国利益，无视他国的价值需求，将自己的价值观作为唯一标准、"普世价值"。这种以自我为中心的价值观严重损害了全人类共同价值的形成，给人类命运共同体的建立带来了严峻挑战。全人类共同价值的提出，对西方国家"价值标准"的对抗起到了很好的效果，将一种更加科学的价值理念呈现在世界面前。同时，全人类共同价值是对中华文化价值遵循的凝练和总结，全人类共同价值的提出就是承认人类社会存在共同利益和共同问题，同时，尊重不同国家的差异，在平等互利的基础上，推动全球治理向着更为公正的方向发展。对宣扬中华文化的文化价值，推动中华文化"走出去"，具有重要的现实意义。

遗憾的是当今世界还没有确立一个共同的价值取向，世界各国还没有形成自觉价值遵循和行为准则并反映在行为上，人类社会没有依据人类共同利益而行动。西方国家推崇的"普世价值"在意识形态领域、经济贸易领域、国际话语权等方面占据着很大的优势，而中华文化所强调的全人类共同价值在国际社会还没有引起强烈的反响，这就要求我们首先在价值观领域占领道德制高点，守住道义的制高点、国家安全的制高点，呼吁世界各国共同形成自觉价值遵循和行为准则。目前，尽管中国积极地向国际社会传播中国价值观，通过探讨全人类共同进步的议题寻求参与国际事务的突破口，来争取获得更多国家和民众对中国文化的认同，但取得的效果仍十分不理想。共同的价值遵循和行为准则迟迟不能形成的另一方面原因是中国文化的价值话语体系还没有形成，全人类共同价值是中国建立自己价值话语系统、建构全世界价值遵循和行为准则的重要一步，但仍处于起步阶段，要化解某些西方国家对中国在价值观上的攻击，破解他们在价值观上的语言表达优势还有很长的路要走。

全人类共同价值的提出符合人类历史发展的规律，是人类文明在继承前人文化积淀的基础上形成的价值遵循和行为准则。不同民族、种族间从来都不是完全隔绝的，民族间文化交流融合，互相借鉴吸收先进的文明成果一直以来都是世界文化发展的原动力。在全球化时代，各国都处于地球村之中，全球治理中许多问题需要国际合作，

---

① 张国启. 论习近平全人类共同价值思想的话语特质及其意义 [J]. 学术论坛，2018（3）：9 – 15.

共同应对，因而，形成共同的价值理念、行为的共同准则很有必要。例如，在巴黎气候变化大会上，针对气候变化、提升经济绿色水平、人类可持续发展的问题各国展开了商讨，并形成了一整套解决方案。这说明达成价值共识是解决当今世界难题的好办法，是应对未来各种危机的好的选择。

（三）文化无序和价值失范影响人类命运共同体的构建秩序

当今世界的文化无序和价值失范主要体现在世界发展缺乏文化和价值的支撑，主导性文化和价值缺失，难以维护世界文化秩序混乱无序的状态。在文化平衡的状态下，世界各种文化具有明确的文化秩序，共同构建人的精神价值世界，并以文化的方式规定价值目标和价值标准。文化平衡状态不仅能够为世界文化繁荣提供生成基础，而且能够通过共同的价值标准为各国提供行为规范和行为准则，实现各国的发展目标。然而，当世界文化分化、价值断裂，文化的对立和冲突导致文化无序和严重的文化失衡，西方文化借助自身优势快速发展的同时，极力打压发展中国家文化的发展，对发展中国家提出的思想和主张进行诋毁和抨击，严重影响了世界文化的均衡发展。面对当前世界百年未有之大变局，西方世界焦虑情绪普遍增强，"西方的缺失"这个表述反映了弥漫在西方内部的一种焦虑情绪，担心自己在急剧变化的世界格局中失去主导地位，担心西方主导的世界体系被"修正"等。即使西方国家竭力维系统一立场，但也正在生成不同的理念和利益取向，西方保守主义、民粹主义呼声不断提高，国家信用和规范信用正在透支。在这个背景下，西方国家对中国的矛盾情绪更加浓重，在西方的民主理念和"普世价值"纷纷跌落神坛的背景下，中国之治效果显著，使西方对中国政治制度产生了不安和恐惧。这种情绪会随着中国治理效果的持续显现，以及国际话语权和国际影响力的上升不断加深。

在百年未有之大变局的今天，西方发达国家文化的规范作用逐渐被消解，新的主导性文化价值规范尚未完全建立，世界文化格局正在发生变革。在文化格局变化过程中文化之间的冲突不可避免，不同文化之间的信任不断降低、对话不断减少，导致难以形成统一的价值共识，无法形成约束各国的普遍的行为准则，文化无序和价值失范进一步加深。西方文化主导下的世界文化局势正在向无序的方向发展，人类共同追求的价值没有在不同国家形成内心深处的认同，无法将共同的价值追求转化为自觉行为。领导权的丧失使世界文化无序和价值失范的问题得不到很好的解决，国家之间缺乏标准和价值参考来协调各方利益，影响了整个世界的和谐构建。

解决文化无序和价值失范的问题首先要认清产生这种问题的原因，当今世界文化霸权主义的存在造成了文化格局的混乱，新的价值遵循尚未确立同样加剧了文化局势的混乱。不同民族、国家、地区文化价值观形成各有不同，国家追求的核心利益各有差异，霸权主义的存在加剧了文化的对抗，加剧了文化的无序状态。西方发达国家以自我为中心的价值导向侵害了他国的核心利益，尤其是广大发展中国家的发展受到挤压和排斥，消解各国对共同价值的认可。人类命运共同体理念的提出旨在解决文化无序和价值失范对世界的影响。正如习近平总书记所言："为了构建人类命运共同体，我们应该锲而不舍、驰而不息进行努力，不能因现实复杂而放弃梦想，也不能因理想遥远而放弃追求。"① 通过确立全人类共同价值和道德规范来规范全人类的行为，用优秀的文明成果表达人类对美好生活的向往。人类命运共同体对世界文化大繁荣、大发展的诉求，顺应了世界人民对美好生活的共同追求。人类命运共同体所倡导的文化价值有利于世界各国摒弃对抗性思维，以全人类的共同价值为指导，形成和谐有序的文化状态。尽管目前依然面临着巨大挑战，但我们对人类命运共同体文化构建发展前景永远期待。

---

① 习近平谈治国理政（第 3 卷）［M］. 北京：外文出版社，2020：436.

第七章
人类命运共同体理念对外传播中文化折扣的
形成逻辑与应对

尽管文化的互动、交流、矛盾和冲突是全球化进程的重要体现，构成了全球化的重要组成部分，但在文化全球化的舞台上，文化折扣是一个不容忽视的客观文化现象，在跨文化传播和交流的境遇中产生着，存在着，并负向地影响着文化传播和交流的实际效果。文化折扣现象是一种文化产品在跨文化传播与体验中，其艺术价值和经济效益都会降低的客观事实，它深刻地揭示了一个文化产品在本国取得巨大的成功后有可能在外国遭遇失败的原因。全面深入地分析文化折扣的影响因素，是降低文化折扣、更好推进文化对外传播、提高文化国际竞争力的基础性工作。无论是从人类命运共同体理念对外传播的角度来看，还是从构建人类命运共同体文化战略的角度来看，文化折扣在跨文化传播的过程中发挥着复杂的影响。文化折扣的发生受到多方面因素的影响，具有自身的内在逻辑体系，主要包括文化环境差异、语言障碍、文化需求结构不对称、国际层面挑战、话语主体单一、话语主题不可通约、话语平台边缘化、话语方式刻板等方面。我们需要全面掌握文化折扣发生的内在逻辑，深入分析文化折扣存在的诸多现实问题，遵循文化传播的客观规律，才能在推进人类命运共同体理念的对外传播中，在构建人类命运共同体的文化战略中达到更好的效果。

一、文化折扣的理论渊源和现实指向

文化折扣（cultural discount）起初是一个经济术语，又译为"文化贴现"，最早提出这一概念的是德国的希尔曼·埃格伯特（Seelmann – Eggbert），"意指少数派语言和文化版图，这些少数派语言和文化版图应该得到更多的关注，以保护其文化特性"[①]。而"贴现"一词是金融业的专业术语，指的是"拿没有到期的票据到银行兑现或做支付手段，并由银行扣除从交付日至到期止这段时间内的利息"[②]。1988 年，加拿大学者霍斯金斯（Colin Hoskins）和米卢斯（Mirus）在《美国主导电视节目国际市场的原

---

① 闫玉刚."文化折扣"与中国对外文化贸易的产品策略 [J]. 现代经济探讨，2008（2）：52 – 55，65.

② 中国社会科学院语言研究所词典编辑室编. 现代汉语词典 [M]. 北京：商务印书馆，2001：1255.

因》一文中首次将"文化折扣"概念运用于影视节目贸易的研究。这两位学者对文化折扣的界定，成为后来人们分析文化折扣内涵的主要依据。随后，考林·霍斯金斯、斯图亚特·历克法蒂耶、亚当·费恩在《全球电视和电影：产业经济学导论》一书中指出："扎根于一种文化的特定的电视节目、电影或录像，在国内市场很具吸引力，因为国内市场的观众拥有相同的常识和生活方式；但在其他地方其吸引力就会减退，因为那儿的观众很难认同这种风格、价值观、信仰、历史、神话、社会制度、自然环境和行为模式。"① 它所关注的现象是在跨文化传播进程中客观存在的现象，特别是在跨语言的文化传播中，文化折扣问题更为明显。该书是较早系统研究文化折扣的重要文献，是后来文化折扣研究的学术依据，并开拓了文化折扣研究的领域和空间。从此之后，文化折扣这一理论被广泛地运用到跨文化传播、国际文化贸易等领域的研究中，运用到电影、电视、纪录片、武术、动画、戏剧、网络和数字作品等多种出口文化产品的理论分析和实践研究中。

在我国，最早对"文化折扣"进行研究的是郭镇之，他在 2002 年《全球化、电视市场与文化引进——兼析 CCTV 引进节目的栏目设置及文化定位》一文中，首次在国内提到"文化折扣"，并在注释部分对于"文化折扣"的概念进行了简要阐释。胡正荣在 2003 年《结构·组织·供应链·制度安排（上）——对当前西方媒介产业的经济学分析》一文中，介绍了考林·霍斯金斯、斯图亚特·历克法蒂耶、亚当·费恩的"文化折扣"观点。"通常情况下，电视节目、电影与录像带都面临这种来自价值观、信念、社会制度、行为方式、生活方式、语言等带来的产品价值的降低，即文化折扣。文化折扣随着内容类型的不同而有所不同，这就是为什么媒介产品，特别是视听产品贸易主要集中在某些类别产品上的原因，如动作剧，而情景喜剧就不好出口。因此，有时是出口节目类型，而不是出口节目本身。文化折扣影响到受众的接受、产品市场效益的实现等。"② 目前，文化折扣这一概念和理论也较多运用于我国文化产业和国际文化贸易的研究中。

国内外学术界对于文化折扣的研究表明，文化折扣实际上指的是一种文化产品对于比较熟悉这种文化的受众有着很大的吸引力，而对于不熟悉此种文化的受众的吸引力则大大降低。文化折扣的概念旨在提醒人们在考量文化产品经济价值的同时也要必须考虑到文化差异因素。文化折扣解决的最核心问题，就是一种文化产品在国内获得了巨大成功，但在国外市场却没有获得反响和赞誉。由此可见，文化折扣是在跨文化传播和交流中发挥着负面效应，是决定一种文化对外影响力、软实力和竞争力的重要

　　① ［加］考林·霍斯金斯，斯图亚特·迈克法蒂耶，亚当·费恩. 全球电视和电影：产业经济学导论 ［M］. 刘丰海，张慧宇，译. 北京：新华出版社，2004：45.
　　② 胡正荣. 结构·组织·供应链·制度安排（上）——对当前西方媒介产业的经济学分析 ［J］. 现代传播，2003（5）：77 - 82.

变量，对于文化折扣的发生逻辑需要开展深入研究和全面分析。

文化折扣是文化跨际传播过程中实际发生的、存在的一种客观现象，它不会被消灭，只能被降低。研究文化折扣形成的内在逻辑，需要注重研究文化折扣产生的动态过程和整体条件。发生学是研究发生的学说，着重研究一个现象、事物和问题发生发展的过程和机理，它是把事物的发生看作一个过程进行研究，进而构建发生过程中不同要素、条件发挥的作用及其相互关系。"在唯物史观中，'发生'这一范畴本身的内涵比形式逻辑所要求的要丰富得多、复杂得多。"①它的根本要求就是坚持历史和逻辑的统一、科学和事实的统一、过程和条件的统一，深入探究现象发生的根本动因和原发过程，最终发生事物外在表现的深层次事理。发生学的重要价值在于避免学术研究和问题研究过程中的先验主义、表象依据和脱离实际的抽象思辨倾向。

当前，我们身处"一个全球的世界性社会"，在文化多元化背景下，各国之间无论和平共处、互助互利，抑或冲突与对抗，"交流互鉴"是处理文化差异的基本途径。习近平总书记提出的人类命运共同体理念，是从全人类的根本利益出发，为人类社会的未来发展提出的"中国方案"。但是，我国在国际话语权方面始终未能获得与本国国际地位相称的话语地位，从而使得在对外传播方面存在着较为突出的文化折扣现象。文化折扣的客观属性，在于它的发生不是纯粹主观选择的结果，而是各种客观条件共同作用的结果。从推进人类命运共同体理念对外传播的过程中，深入分析文化折扣产生的内在逻辑，科学探索降低文化折扣的有效思路，对于实现跨文化传播和交流中的文化价值，促进我国文化有效对外传播、增强人类命运共同体理念的国际认同具有重要的理论意义和实践意义。

二、人类命运共同体理念对外传播中文化折扣形成的内在逻辑

文化折扣并不只是文化在跨国家、跨民族、跨种族传播交流过程中形成的主观感受，而且也是一个客观发生的现象，是各种要素、条件、环境相互作用的结果，同时也是随着各种要素、条件、环境不断变化而不断变化的过程，具有客观现实性和动态过程性。文化折扣的内在逻辑具有总体性、结构性和复杂性，从总体层次和结构上可以分为宏观环境因素、产品特性因素和认知立场因素，每一个层次和结构内部又由相应的具体因素有机组成。文化折扣是文化跨界传播的客观现象，因此，在人类命运共

① ［苏］巴尔格. 历史学的范畴和方法 ［M］. 莫润先，陈桂荣，译. 北京：华夏出版社，1989：129.

同体理念对外传播的过程中，要注重分析文化折扣的形成因素和影响因素，研究文化折扣的生成过程，从而为构建人类命运共同体的过程中降低文化折扣提供科学的依据。

（一）宏观环境因素

人类命运共同体理念对外传播中会出现文化折扣，往往首先是来自不同国家和民族所处的宏观环境。一个国家或民族能否接受人类命运共同体理念，从根本上需要与之相适应的文化生态系统和文化生态环境。

1. 社会文化环境的根本差异是文化折扣发生的宏观环境

文化的多样性始终伴随着人类文明的进化和发展过程，到今天表现得更为突出和鲜明。文化全球化不但没有导致文化的单一化，反而为文化的多样性提供了更加宽广的舞台空间和更加强劲的发展动力。尽管西方文化在多元文化竞争中占有主导优势，但当前人类文化仍然是一个百花齐放的"大花园"，各种民族文化共同展现着自己的风格、魅力和特色。尽管不同文化的交流与交往更加便利和广泛，但不同文化之间的区隔与堕距、竞争与冲突，仍然是全球化进程中我们不得不面对的现实，是人类命运共同体理念对外传播必须克服的障碍。

不同文化之间的巨大差异，是构建人类命运共同体进程中产生文化折扣的重要背景与缘由。拉扎斯菲尔德提出的政治既有倾向、利昂·费斯廷格提出的认知不协调理论都表明："媒介报道主要是强化而非改变受众的既有认知，受众倾向于有选择性地接触与自己的既有态度相一致的信息。"[1] 如果受众和文化产品之间的文化差异存在着严重的差别和鸿沟，受众在接受异质文化产品的时候，"首先会有一种文化隔阂和心理距离，这种心理距离是长期的地理、语言、文化和生活习惯差异形成的，也是一种心理防御机制在自动起作用"[2]。这种情况下，观众对于这种产品的兴趣、理解能力以及这种产品对于受众的影响效果等都会大打折扣。对于一个国家的观众来说，观看外国的电视节目、电影的人毕竟占少数，更多的人感觉同类的、质量相同的本国产品更有亲近感。针对这一现象，美国学者斯特劳哈尔 1991 年在《大众传播批判研究》上发表了论文《超越媒介帝国主义：不对称的相互依赖与文化接近》，首次提出了文化接近性概念，它指的是受众更倾向于接受与自己文化比较接近的产品，说明文化距离对于文化跨际传播的效果具有重要的影响。

---

① 苏林森. 美国人眼中的东方巨龙：涉华新闻关注与美国人对中国的认知、态度的关系 [J]. 国际新闻界，2018（5）：98－111.

② 何建平，赵毅岗. 中西方纪录片的"文化折扣"现象研究 [J]. 现代传播（中国传媒大学学报），2007（3）：100－104.

受众对人类命运共同体的兴趣、理解和领会，总是首先取决于自己的文化背景，在现实中，受众自己的文化属性，就构成了跨文化交流、消费、体验和认知的一道"过滤门"。因此，受众对于外来文化的接受不是先天性的习惯，相反地，受众更多的情况下是运用先入为主的文化心理，习惯于遵循投射原理，用自己的文化标准和价值标准去认识和评价外来文化。受众主观世界中本土文化结构和环境，与外来产品文化的可接近性、可嵌入性，就决定了文化折扣的概率与程度。相反，就中国文化与欧美文化而言，属于不同的文化环境和文化类型，存在着全面的差异性。因为中国文化和西方文化在价值观、社会关系、社会礼仪、社会习俗等方面都有着鲜明的差异。

人类命运共同体不是一个简单的纯粹的共同体，也不同于西方国家提出的相似的共同体概念，人类命运共同体体现着深邃的中国文化与中国价值观，体现着中国人的思维方式，在理念内涵方面具有不同的思想基础。自然存在的文化差异会造成人类命运共同体理念在西方遭受到巨大的文化折扣。美国人类学家爱德华·T.霍尔提出了"高语境"与"低语境"的文化概念。将中国、日本这些未将信息高度编码的国家认定为高语境国家，而将大量的信息置于清晰的编码之中的美国与北欧国家认定为低语境国家。"在人际交往上，我国习惯性地借助共有的'语境'进行交流，在思考问题与表达感情、传递信息方面，喜好用间接、含蓄、隐晦的思维与言语方式，较为内向，不擅长自我表现。低语境文化的社会成员在交往中不依赖交际语境，借助直接的、清晰的符号编码将信息明白直接地表达出来。因此，西方国家喜好用坦率直白的方式进行沟通，较为外向，热衷于自我表现。因此，高语境的中国文化对西方国家来说是比较难以理解、把握的。因其直接外向，低语境文化国家比高语境文化国家在跨文化传播过程中可能占有更大优势，因此我国高语境文化造成的含蓄思维、言语模式是人类命运共同体理念对外传播必须考虑的因素。"① 不同语境的国家对文化和信息的表达程度不同，这种高低文化语境的差异还会造成跨文化传播的误读和折扣。

以中国为代表的东方国家掌握着一定的历史文化，构建出特有的语境，彼此之间的交际主要依赖于语境，逐渐形成含蓄内敛、点到为止、引而不发的习惯。中国是高语境文化的国家，对于类似美国这样的低语境文化以及其他高语境国家的受众而言，中国影像中所设置的特定语境不易被理解，由此产生了文化折扣的现象。"中西方价值观的巨大差异和西方'主流文化'对市场的垄断，严重阻碍了中国核心价值观理论及其图书的输出，尤其是在欧美和众多原西方殖民地国家。"② 如今，人类命运共同体

---

① 李欢欢，韦湘燕，杭晓娟. 人类命运共同体理念对外传播的不足与应对 [J]. 沈阳工业大学学报（社会科学版），2022（3）：237 - 241.

② 罗小卫，张兵一. 图书版权输出现状分析与思考 [J]. 出版广角，2014（Z1）：24 - 29.

理念的对外传播仍然面临着繁重的任务，特别是在西方国家还没有得到广泛的认同，在与西方国际话语竞争的过程中还没有处于优势地位。很多现象和事实表明，西方人对中国文化的认识存在着深刻的心理隔阂，在一定程度上也存在着傲慢偏见和刻板印象，因此，不容易培养对中国文化、中国话语的理解和欣赏，必然影响我国人类命运共同体理念对外传播的实际效果。

2. 不同语言的障碍是文化折扣发生的直接条件

语言对于文化折扣的产生具有直接的影响。在文字类和语言类文化产品的跨境传播中，文化折扣表现得最为明显。法国人要对从加拿大魁北克进口的节目和电影进行配音，使它成为巴黎腔的法语。在美国北部的电影院中播映的英国电影《Riff Raff》需要一个配有字幕的版本，因为影片中含有大量的英国和爱尔兰的地方口音和少数民族的口音。难怪许多讲英语的加拿大观众在看电视连续剧《Spender》时，由于他们在理解英格兰东北部的泰恩塞德人口音上有困难，他们只好从字幕中获得帮助（我们猜想这也适用于英格兰南部的一些观众）。英国讽刺木偶剧《Spitting Image》销往荷兰的例子给我们提供了一个关于文化贴现的有趣案例。节目制片人约翰·劳埃德（John Lloyd）评述到："在荷兰，人们用一个荷兰木偶来介绍该剧。问题出在字幕太多，根本无法看清任何木偶人。木偶剧中不但在下方打着对话，而且，在屏幕上方也有：'这是内务秘书长，他相当于内务部长。'"① 显然，荷兰的观众将很难理解这样一个节目的内涵。到底这些木偶人代表的是谁呢？他们在英国的政界扮演着什么样的角色？与他们对应的荷兰的政要是谁？木偶剧上方的字幕试图提供这样的语境，但却给观众带来了新的问题。

不同语言就有不同的发音和书写方式，很多语言之间客观上无法实现自然交流和理解。如果对于另一种语言一无所知，也就根本无法领会另一种语言作品的思想和主题。"语言既是个体表达自身思想的重要工具，也是群体之间沟通和交流的重要渠道，更是国家软实力传播的重要载体。在当今的国际社会中，英语、法语、德语等是国际交流的主要用语，同时也是世界各国对外文化交流的重要媒介。汉语的使用人数虽然居世界首位，但其在国际社会中的普及程度还无法与英语相抗衡。英语是国际社会中使用范围最为广泛的语言，包括中国在内的许多国家都在本国教育体系中将英语作为首选的外语。"② 我国在传递人类命运共同体理念时受到很多阻碍，甚至其他国家对于我们倡导"各国和平发展、合作共赢"的理解都不够全面。不同语言之间的翻译工作

---

① ［加］考林·霍斯金斯，斯图亚特·迈克法蒂耶，亚当·费恩. 全球电视和电影：产业经济学导论［M］. 刘丰海，张慧宇，译. 北京：新华出版社，2004：45 – 46.

② 张骥. 中国文化走向世界策略研究：基于文化软实力建设的视角［M］. 北京：中国社会科学出版社，2019：212.

就显得非常重要，但即使如此，翻译本身也无法解决不同语言的鸿沟，翻译过来的字幕和对口型的声音就会增加文字理解的复杂性和难度，进而导致文化折扣的产生。而没有文字翻译和声音翻译的作品对于另一种语言的人来说更是一头雾水，不知所云。不同性质和特征的语言对于观众的理解、接受和选择，有着至关重要的影响，这里存在着一个基本的定位，就是便利性吸引观众，复杂性驱赶观众。例如，中国的"龙"英文翻译为"dragon"，而"dragon"在英文中是"凶恶的猛兽"。中国的"龙"代表着多元一体的美好形象，是中华民族的图腾，但由于语言翻译不可能实现完全的对应性，所以英语国家会把中国的"龙"理解成邪恶的动物，甚至会影响对我们国家形象和民族形象的认同。"目前我国学界有建议把汉语中的'龙'翻译成英语中原本没有之'Loong'一词者，也有认为可翻译为'Long'者。"① 一般地讲，由于世界上讲英语的国家最多，所以英语的文化产品在走向世界各地时，相比其他语言的产品会面临较少的文化折扣。全球强大的文化集团会注重做好语言的翻译工作，使用更多的语言来传播自己的节目和文化，来吸收更多的世界观众。

语言是人类进行交流的基本工具，也是文化产品对外传播最重要的工具，语言的差异直接影响着跨文化交流的实际效果。所以我们国家对外传播人类命运共同体理念，面对的是诸多语言共存的世界，需要特别考虑语言在接受人类命运共同体理念的重要影响，也应该充分认识人类命运共同体理念对外翻译的重要任务，特别是对于世界主要语言，我们需要全面、系统地说清楚人类命运共同体的基本内涵、真实目的、内在关系，克服语言在人类命运共同体理念对外传播中的现实障碍，降低文化折扣的影响。

3. 本国文化市场规模的限制是文化折扣发生的影响因素

因为文化贴现降低了节目的吸引力，很少有观众观看外国的电视节目、电影或录像，更多的人愿意收看同类的、质量相同的本国产品。因此，外国的播映商/发行人获得的价值（潜在收入）就会减少。霍斯金斯、米卢斯（1988）把这种外国电视节目或电影在价值上减少的百分比叫作"文化贴现"。一个特定的进口电视节目或电影的文化贴现可以用以下公式计算：

（国内相应产品的价值–进口价值）/国内相应产品的价值②

通过这个公式我们发现，一个文化产品出现的文化折扣和它在国内文化市场的规模成反比，尽管有时会出现个别的反例，本来在本国没有形成较大的市场影响，却在

---

① 师存勋. 论"龙"之西译与"dragon"之汉译策略 [J]. 宁夏社会科学，2017（1）：236 – 241.

② ［加］考林·霍斯金斯，斯图亚特·迈克法蒂耶，亚当·费恩. 全球电视和电影：产业经济学导论 [M]. 刘丰海，张慧宇，译. 北京：新华出版社，2004：47.

国外赢得了更多市场收入。但在一般情况下，在国内拥有强大的市场和轰动效应，就会更加自然地扩大这种文化产品在国外市场的影响力，并形成在国外的竞争优势。假定所有节目生产者的成本相同，所有国家的文化折扣度相同，那么，拥有较大国内市场的国家就会主导国际文化贸易，这也是美国和其他发达国家为什么在全球文化贸易中处于领先位置、具有主导能力的原因之一。根据文化折扣的形成原理，人们很容易得到这样的结论，那就是拥有较大本土市场的国家的文化产业更容易具有较大的对外竞争优势。

我们发现，对于一种文化产品而言，拥有很大的国内文化市场且能产生较大影响的文化产品，才能在国外产生很大影响。"共同消费特性是解释为什么存在着如此大的一个贸易量的一把钥匙。由于这个特性，必然产生以下两者间的巨大差异：一个是为额外市场提供视听产品所用的很低的增加成本，这个成本是对已有影片/电视节目/录像的复制和发行所需的费用；另一个是该产品在外国市场中给播映商/发行商产生的价值（潜在收入），这和该产品的'母本'所需的高额生产成本相关联。因此，订立一个对出口商和进口商具有吸引力的贸易价格有很大的空间，因为对出口商来说，价格要高于供应成本，对于进口商来说，它要低于目标市场的潜在总收入。但是当文化贴现非常显著时，它会减少在国外市场的潜在总收入，因此阻碍了贸易。"① 从一般性的规律来看，在国内具有巨大市场规模的文化产品，一般会降低"为额外市场提供视听产品所用的很低的增加成本"，也会因为这种国内巨大影响力产生的对外辐射力，从而促进增加"该产品在外国市场中给播映商/发行商产生的价值（潜在收入）"。因此，这会减少文化价值的折扣。文化折扣原理告诉人们，国内市场不能决定国外市场，但在国内市场形成的巨大规模效应、品牌效应，必然成为这种产品在全球文化市场占有一席之地的基础条件，这是"蝴蝶效应"在全球文化舞台上的印证和展现。尽管有的文化产品在国内市场中默默无闻，无人问津，却能够在国外文化市场中名噪一时，但这种情况毕竟凤毛麟角。

同理，对于人类命运共同体理念在国内和国际的传播来讲，如果在国内拥有很大的文化传播范围，在国内得到广泛的认同，具有很大的影响力，就更容易在国外产生较大的反响，同样也就更容易凭借足够的经济实力和对外传播战略资源，采取更加果断和坚定的措施把人类命运共同体理念推向国外。因为，人类命运共同体理念的国内认同与国际认同是一个相互协调、内外互动的问题，或者说，人类命运共同体理念的国内认同是国际认同的根本前提。既然国内反响和影响的大小是影响文化折扣的重要因素，那么在一般情况下，增强人类命运共同体强大的国内共识优势，提升

---

① ［加］考林·霍斯金斯，斯图亚特·迈克法蒂耶，亚当·费恩. 全球电视和电影：产业经济学导论［M］. 刘丰海，张慧宇，译. 北京：新华出版社，2004：47.

人类命运共同体理念对外传播的势能，是提高人类命运共同体理念全球影响力、减少人类命运共同体理念的文化折扣的一个重要因素。也就是说，人类命运共同体理念面临的并不只是一个国际认同的问题，在国内培育人类命运共同体理念，推进我国社会对于人类命运共同体形成整体性的共同的正确认识，是推进构建人类命运共同体的重要条件，也必将为构建人类命运共同体提供充分的主体力量和良好的思想环境。

4. 需求结构性不对称是文化折扣发生的重要原因

文化和信息的精确传播是信息传递和传播的理想境界，但一般来说，信息粗传递是信息传播的常态。"所谓信息粗传递，是指由于信息发送者与接收者具有不同的知识结构，进而导致信息不能精确传递的情况。人们有时也将信息粗传递称为信息粗交流。在国际文化贸易中，文化折扣的产生就与信息粗传递有关。当存在信息粗交流时，信息的接受者对信息的认知就产生了粗糙性，这种粗糙性就是文化折扣的本质。"[①] 鸦片战争以后，欧洲人面对中国如此庞大的市场欣喜不已，他们发现中国家庭中基本上没有钢琴，即使百分之一的中国家庭购买钢琴的话，对于西欧人来讲这个市场也是史无前例的。于是他们把大批钢琴从西欧运到了中国，等着在中国大发横财，但是结果却让他们大失所望，钢琴摆在商场中无人问津，能够出售的寥寥无几。中国喜欢的乐器仍然是自己的锣鼓、唢呐和二胡。欧洲人运到中国的刀叉餐具也遭遇了完全相同的情况。这说明，不同国家和民族的文化需求层次不同、需求特色不同、需求结构不同，往往会造成较大的文化折扣。文化的需求具有很强的复杂性和差异性，它因消费者的国家、民族、文化信仰、阶级阶层、成长年代、经济收入的不同而不同。文化需求对文化折扣的影响是复杂的，是多向度的。人类命运共同体理念对外传播过程中存在较大的信息粗交流，从而产生传播过程中的文化折扣。这种文化折扣也来自信息转换和传递过程中发生的信息粗交流。

从纵向的角度而言，生活在传统社会的人们对于外来的现代文化、后现代文化具有天然的抵触情绪，一个后现代的文化先锋更多情况下对于传统文化会不屑一顾。从横向的角度而言，不同文化版块、不同文化阶层、不同文化身份的人会有不同的文化需求。国内观众和国外观众对电视剧的文化需求存在着很强的差异性，因此，许多在国内热映的电视剧在国外无法找到忠诚观众。我国类似的电视剧也得不到西方国家观众的理解和喜欢。不同国家观众需求的不一致，使得中国影视产品在欧美市场的文化折扣很高。

我国提出的人类命运共同体理念，对于国外民众来说同样也有一个文化需求和理

---

① 昝廷全，昝小娜. 信息粗传递及其传播学意义［J］. 现代传播（中国传媒大学学报），2017（4）：137 – 139.

论需求问题。有的国家和民族历史上就过着"小国寡民"的生活，没有强烈的"世界""天下"的意识，就无法理解人类命运共同体的世界视野和天下情怀。有的国家和民族现在处于国际社会的优势地位，能够靠"赢者能吃一切"的规则保证自身的根本利益，只是担心人类命运共同体会冲击自身国家的利益和地位，自然也就会对人类命运共同体理念产生抵触情绪。有的国家和民族面对自身竞争优势衰落的境况，企图拉拢自己的"小圈子"，谋求自己主导的区域化，对于人类命运共同体的合作共赢理念没有兴趣。因此，基于以上不同的需求，对于人类命运共同体理念会形成不同的文化折扣现象。

5. 国际社会的各种挑战是文化折扣发生的外部因素

国际上，首先，来自西方发达国家的蓄意抹黑行为。党的十八大以来，习近平总书记着眼于人类历史发展潮流和中国自身发展需要，创造性地提出了人类命运共同体理念，为人类社会的未来发展提供了理想的路径指南。但人类命运共同体理念仍旧不被国际社会，尤其是以美国为代表的西方发达国家所认可，从而在国际社会上使我国的对外传播理念遭受巨大的文化折扣。为维护保全原有国家利益的传统国际秩序，在全球范围内推行霸权统治和强权政治，持续遏制中国崛起，西方发达国家在国际社会中大肆传播"中国威胁论"，宣称以人类命运共同体、"一带一路"为代表的一系列国际战略，是社会主义中国在 21 世纪寻求国际霸权的方式和手段。此外，以美国为代表的西方国家更是在冷战思维的驱动下，主动将中国视为自身的竞争对手。美国政治学家格雷厄姆·艾利森借用古希腊历史学家修昔底德编纂的历史书《伯罗奔尼撒战争史》关于伯罗奔尼撒战争的论述，创造了"修昔底德陷阱"（thucydides trap）概念，意欲概括新兴大国与守成大国之间因利益之争而爆发冲突和战争的宿命逻辑。艾利森于 2012 年和 2013 年就在《金融时报》和《纽约时报》发表论文阐释"修昔底德陷阱"。而后，"修昔底德陷阱"在中美关系论文中的使用频度越来越高。到了 2017 年 5 月，艾利森出版《注定开战：美国和中国能否逃脱修昔底德陷阱?》（*Destined for War：Can America and China Escape Thucydides's Trap*）一书，详尽阐述了他的观点。在西方传统国际关系理论中，"修昔底德陷阱"实际上是新兴大国与守成大国之间的"强国必霸—争霸必战—两败必衰"的学术推论或者说是学术猜想，体现的是二元对立的思维模式和零和博弈的保守观念。"他们利用自身的话语优势，在国际社会中大肆抹黑人类命运共同体的理念及其实践，宣称'一带一路'的国际倡议是 21 世纪的'殖民主义'，新兴大国与守成大国之间的'修昔底德陷阱'将不可避免，妄图以此来遏制中国的发展，消解人类命运共同体的国际认同。"[①]

其次，我国也面临着发展中国家的质疑。一方面，周边邻国质疑人类命运共同体

---

① 陈鑫."人类命运共同体"国际传播的困境与出路 [J]. 宁夏社会科学，2018 (5)：70 - 75.

是否具有霸权性。中国在亚欧大陆的最东侧，有着数量众多的邻国。面对中国综合国力的不断增长，以印度为代表的部分邻国在传统"国强必霸"思维定式的影响下，对中国的人类命运共同体、"一带一路"等国际倡议质疑。另一方面，部分国家质疑中国经济是否具有稳定性。受 2008 年金融危机以及疫情常态化的影响，中国乃至全球的经济都日渐萎靡，整个世界都处于一种低速的增长之中。"面对世界金融危机，面对中国经济动荡，再加上西方国家的'中国崩溃论'，使得部分国家开始对中国的经济发展质疑，担心中国经济能否保持稳定增长，质疑人类命运共同体、'一带一路'能否稳步推进，甚至开始猜忌自身对中国经济是否具有过度依赖性，并最终担心它们在其中的机遇与利益。"① 这些都会产生中国对外传播的文化折扣。

（二）话语和产品的特性因素

人类命运共同体理念的对外传播效果，与使用的话语密切相关，特别是与话语主体的复合性、话语主题的通约性、话语平台的全面性、话语方式的自洽性密切相关。

1. 话语主体单一性是文化折扣发生的观念因素

冷战结束前，这种话语主体主要是指官方的主权国家，它们共同构成了那一时期的国际社会。随着苏联解体，全球范围内的民族独立运动不断兴起，整个世界都朝着多极化的方向不断迈进，在此背景下，政府间及非政府间的各类组织与机构如雨后春笋般纷纷涌现，它们在全球的不同领域，发表着不同的声音与观点，并逐渐成为国际话语主体的重要组成部分。"21 世纪以来，随着第三次科技革命的日益兴起，互联网技术正在从根本上改变着人们的生产方式、生活方式。在此背景下，操控着微博、微信的每个个体都是一个信息发布者，他们针对全球范围内的各类事件，不断提出自己的观点及表达自己的看法，并日益成为最新的国际话语主体。这些新兴话语主体的出现，不仅丰富着国际话语的主体结构，同时也强化着自身所属国家的话语权。"② 自从党的十八大提出人类命运共同体理念以来，我国关于人类命运共同体的话语主体主要来自官方，其他各类话语主体的形式并未得到充分发挥，而占绝大多数的普通民众并没有起到在国际上发声的作用。人类命运共同体理念对外传播绝大多数是以主席外交、主场外交、党刊党报等官方话语主体为主，话语施行者比较单一。对于各种国际组织、民间团体以及国内组织、民间团体等话语主体，目前尚未做到充分利用。这些不同领域的国际组织，尤其是国内外的民间团体及个人具有贴合实际、贴合普通民众的巨大

————————

①②　陈鑫. "人类命运共同体" 国际传播的困境与出路 [J]. 宁夏社会科学，2018（5）：70－75.

优势，更易被世界人民所接受，往往能达到意料之外的话语效果。因此，在全球范围内的国际话语权争夺战中，仅凭借单一的话语主体不仅无法有效在国际社会中表达本国的理念和维护本国的利益，而且会使本国在激烈的国际竞争中逐渐丧失原有的话语权优势，大大降低文化对外传播的实际效果。

2. 话语主题不可通约性是文化折扣发生的客观条件

世界文化本身就是一个文化的万花筒。霍夫斯泰德认为，文化是具有相同教育和生活经验环境中的人们共同的心理程序，各个国家或区域的这种心理程序互有差异。针对世界上各地区人们因为文化不同而形成的差异，他提出了文化差异的四个维度，即个人主义与集体主义、权力距离、不确定性规避、刚柔性。霍夫斯泰德这一观点是对于全球文化差异的一个侧写。在全球文化的交流、互动与竞争中，文化产品中文化区隔性较小的内容，就容易被异国观众接受，文化折扣会较小。文化历史越悠久，文化主题越深邃越独特，对受众的欣赏和理解能力的要求也就越高。文化区隔性较大的作品，如宗教、历史、道德以及涉及不同民族立场和意识形态的内容，异国观众不容易理解其中的深层意义，甚至存在着截然对立的立场和态度，就对于这种文化的内容产生误解和抵制，文化折扣就会更大。在文化折扣理论的视域下，"越是民族的，越是世界的"这种观念在特定的环境中受到了质疑和挑战。因此，人类命运共同体理念在全球多元文化的冲击下，对外传播的进程就会更加艰难和缓慢。

面对全球纷繁复杂的多元文化诉求，一种文化、话语得到更多文化主体认同的程度就决定了它在世界上的影响力和吸引力。在跨文化传播中，人们面对文化差异追求的最高境界，就是寻找不同文化体系之间的最大公约数。大多数的好莱坞电影中体现着自由、勇敢、平等、人性、生态和科技异化等全球共同关注的主题，由于这些主题和思想体现了不同文化主体的共同兴趣、立场以及大家都能够接受的情节和叙事倾向性，所以这类电影很容易在不同文化观众的内心世界产生共鸣。《功夫熊猫》《阿凡达》《少年派的奇幻漂流》等著名电影，也是紧紧抓住了人们自信之心、好奇之心、奋进之心，给人们带来了能够共同接受和享受的心理体验。中国纪录片《舌尖上的中国》在海外市场也受到追捧，销售到75个国家和地区，其中包括美国和欧洲一些主要国家，销售单价甚至超过热播电视剧，成为纪录片业界海外发行领域的里程碑。其中重要的原因之一就是这部纪录片以餐饮文化为主题，跨越了不同文化理解上的鸿沟。由此可见，文化产品的制作方、传播方作为"发送"方，要特别关注文化消费者作为"接受"方的特点、态度和文化选择取向。英国安东尼·帕伦斯爵士（Anthony Parons）曾指出："如果你十分熟悉别国的语言、文学，如果你了解和喜爱其国家、城市、艺术、人民，在其他因素相同或接近相同的情况下，你会本能地买她生产的产品，而不是买你不了解和喜欢的国家的产品；当认为她做得对时，你会积极地支持她，当她犯错误时，你会赞成尽量避免给予她过度的处罚。"①

　　文化贴现的程度因不同的产品类型而各异。这一点解释了为什么该产业的贸易集中在少数几个产品类型上。影视作品中的动作片、战争片、科幻片、奇幻片、自然地理片、灾难片，遇到的文化折扣就偏低，因为这类文化产品往往强调对视听奇观的表现，而对于故事情节就是一个粗略的、大概的表述，相应的人物台词往往不多，看懂故事也无须太多的背景知识和思辨技能。尤其是动作片，它克服了文化（包括语言）的羁绊，相对来说没有受到损害。动作片是电视节目中交易最多的节目类型。与此一致的是动作片在影院中的流行。在所有的文化产品类型中，动作类文化产品是文化折扣最少的类型。"动作，是最具世界性和人类共通性的肢体语言。"② 喜剧《憨豆先生》、动画片《猫和老鼠》等非语言节目畅销世界，完全依赖于动作来表达情节，而不是单靠语言，这是降低文化折扣、赢得更多人喜欢的重要技巧。在电影领域，中国文化产品最早在商业上取得成功的就是动作类电影。《卧虎藏龙》能够成为获奥斯卡最佳外语片奖项的首部华语片，原因之一就是中国武侠剧在国外市场上拥有较低的文化折扣。而相反地，"信息类节目，比如全国的、地区的和当地的新闻和公共事务节目，总是文化特色较浓，因此，容易产生较大的文化贴现。这和查普曼的发现是一致的。他发现在被调查的西欧的电视频道中，新闻节目的负指数最高。同样，收看美国电视台的加拿大人当中很少有人收看美国新闻网或地方台的新闻。"③ 同样，系列幽默剧出口的情况却不佳，因为各国对于幽默的品位不同，语言的微妙之处在翻译过程中也会丧失。

　　因此，包括人类命运共同体在内的中国话语，在对外传播的过程中，要充分考虑主题的通约性，用大家能够理解的内容构建对外叙事体系。同时要考虑承载人类命运共同体理念的话语类型，提高便利性，减少附加性，运用大家比较熟悉的方式和文化类型，提高人类命运共同体理念的对外传播效果。

3. 话语平台边缘化是文化折扣发生的现实因素

　　我国主流的话语平台在国内令人信服，极具影响力。但在国际上与西方国家特别是美国的主流话语平台相比尚不够强大。一方面，与美国相比，我国网络信息传播相比美国比较被动。从互联网的历史发展看，美国具有得天独厚的优势，是互联网技术最主要的发源地。全球范围内共有 13 台根服务器，美国一个国家就掌握了主根服务器和 9 个辅根服务器，奠定了其互联网主导地位。美国享有互联网管理权、规则制

---

①　Mitchell J. M. International Cultural Relations. London：Allen & Unwin Ltd，1986：19 - 20.

②　闫玉刚 . "文化折扣"与中国对外文化贸易的产品策略 [J]. 现代经济探讨，2008（2）：52 - 55，65.

③　［加］考林·霍斯金斯，斯图亚特·迈克法蒂耶，亚当·费恩 . 全球电视和电影：产业经济学导论 [M]. 刘丰海，张慧宇，译 . 北京：新华出版社，2004：48.

定权及信息发布权等，牢牢把握着互联网话语权，而我国在相关领域的话语权仍有待提升。

另一方面，西方近代以来，尤其是第三次科技革命以来，形成了一整套强大而稳固的话语平台，并在此基础上，牢牢掌握着国际社会信息传播的主导权。据统计，"西方四大主流通讯社——美联社、合众国际社、路透社、法新社每天的新闻发稿量占据整个世界新闻发稿量的 4/5。传播于世界各地的新闻，90% 以上由美国等西方发达国家垄断"①。正是具有话语平台这种绝对优势，以美国为代表的西方国家才逐步掌控了世界的新闻舆论，把持了世界的传媒市场，形成了维护自身利益的"信息霸权"。反观我国在国际话语平台方面，与西方主流媒体相比存在着明显的发展短板。经过了几十年的发展和建设，以中央电视台、新华社、人民日报等为代表的中国主流媒体，虽然具备了一定的话语传播能力，但与西方主流媒体在全球传播能力上还存在着较大差距。"在信息覆盖面、装备技术性、人员分配率等方面，中国的主流媒体与西方更是有着较大差距。可以说，传播媒介上的不足正日益成为我国话语平台上的短板。在国际话语权竞争激烈的今天，话语平台上的短板更将严重制约着中国声音的传播，影响着人类命运共同体的现实构建。"②

4. 话语方式的有限性是文化折扣发生的行为条件

话语方式指话语主体为了表达自身的话语内容而采用的各类表达方式，其中包括最常见的语言符号，也包括其他各类的非语言方式。话语方式的合适与否，不仅影响着一国的国际话语权，更关乎一国的国际影响力。我国在国际话语表达方式上存在着一些问题，严重制约着国际受众对人类命运共同体的理解与接受。一方面，中国传统的叙事思维依旧顽固。长期以来，中华民族在中华文化的滋养下，形成了委婉、感性的性格特征。也正因为如此，中国人民在话语表达上往往采用一种先讲道理、再叙事实的话语风格。例如，对于一个国际问题，中国在报道过程中往往以逻辑演绎的方式进行话语传播，习惯性地先摆理论与道理，这对有些受众来说显得尤为不妥，甚至会激发他们的逆反心理。正如霍夫兰认为的那样：传播者的说服意图和动机越明确，受众就越容易抗拒说服信息。因此，中国这种宣传意味较浓的话语方式，不仅不能为西方受众所轻易接受，反而会影响到预期的话语效果。另一方面，过度拘泥于国内话语体系。语言的差异是阻碍中国话语走向世界的主要障碍之一。中国能否跨越中西方的语言障碍，将在很大程度上影响着自身的话语传播。在现实的话语表述中，我国过度拘泥于国内的话语体系，对于国内所特有的文本、表述风格未能予以有效的话语转换。

---

① 梁凯音. 中国拓展国际话语权的思考 [J]. 中共中央党校学报，2009（3）：109 – 112.
② 陈鑫. "人类命运共同体"国际传播的困境与出路 [J]. 宁夏社会科学，2018（9）：70 – 75.

譬如，我们国内经常提到的"小康社会""一带一路"等具有浓厚中国特色的话语体系，对于西方受众来说，就较难理解。在此背景下，如若我们仍旧拘泥于国内的话语体系，未能有效跨越语言障碍，实现话语表达方式的完美转换，那么中国在国际社会中的文化传播效果将大打折扣。

（三）认知立场因素

不同国家和民族的认知立场，会直接影响我国人类命运共同体理念的对外效果和情形，它是人类命运共同体理念形成文化折扣的重要变量，在中国话语对外传播的过程中具有重要影响。

1. 文化定势与刻板印象是文化折扣发生的预设条件

在跨文化交流中，文化定势作为人们对其他特定种族、国家、文化的固定的刻板印象，常常成为文化传播的障碍。

赛义德《东方主义》一书的绪论着重指出："东方几乎是被欧洲人凭空创造出来的，自古以来就代表着罗曼司、异国情调、美丽的风景、难忘的回忆、非凡的经历。"[1] 有的东方人也不假思索地接受了西方人想象中的东方印象，把"西优东劣"的观念自然而然地置于自身的思维模式之中，表现了民族自卑性、崇洋媚外等"西化"意识。文化定势分正面的文化定势和负面的文化定势，大部分西方人对于亚非拉地区形成了负面的文化定势，所以发展中国家的文化向发达国家传播属于"逆流而上"，困难重重。而很多东方人对于西方文明形成了正面的文化定势，所以西方文明向发展中国家传播属于"顺流而下"，水到渠成。

一部分西方人对于中国文化形成的文化定势，对于中国人形成的刻板印象，成为中国文化走向世界、走向西方社会的文化壁垒，这种文化定势影响着西方人对于中国文化的正确认识和客观评价。西方人认为中国文化不会有什么现代价值和艺术品位，中国人不可能创造出高水平、高质量的文化品牌和文化作品来，这样的西方人一直固守着西方中心论，拒绝以平等的态度看待中国和其他国家的文化，拒绝以正常的心态看待文化的多样性和差异性。"差异反感度倾向高的消费者则难以形成对外域文化产品或服务的价值认知，表现为文化折扣。"[2] 西方人对于中国文化及至东方文化的虚无主义态度，成为我国人类命运共同体理念在西方社会传播的桎梏，也会使人类命运共同体的时代价值大打折扣。人类命运共同体理念恐难在这些国家落地，

---

① ［美］爱德华·W. 赛义德. 东方学 [M]. 王宇根，译. 北京：三联书店，2019：1.

② 李光明，王蒙蒙. 文化折扣还是文化增值？——文化多元倾向的多维效应分析 [J]. 郑州轻工业学院学报（社会科学版），2018（4）：65–72.

西方对其负面认知在未来很长时间内不会发生改变，除非中美竞争关系发生重大调整变化。

2. 文化场域的权力干预是文化折扣发生的实践因素

事物或现象的发生离不开环境。文化折扣的发生也是和文化矛盾、较量和冲突的环境密切相关。法国社会学家皮埃尔·布尔迪厄提出了"场域"这个重要概念。场域为经济、宗教、文化、社会等各种形式资本的竞争提供了场所，是一个充满权力争斗的系统。于是，从场域的概念中可以窥探社会各种行动者之间竞争作用力的角逐。放大到全球来看，文化全球化的舞台也是一个巨大的文化场域，世界的文化中心与文化边缘也在演绎着复杂的关系，围绕不同的价值观、动机和利益开展着角力和斗争。亨廷顿指出："文化全球化既不是一种简单的重大承诺，也非是一种简单的巨大威胁，而是一种文化层面上的多元化的挑战：原先被认为是不成问题的传统如今陷入崩溃，信念、价值观和生活方式上出现了多种选择。"①

平心而论，文化的交流与传播不可能是一个完全自然和纯粹的过程，而是受到了国家政治经济实力和国家权力的强烈干预与支配。"发生学还充分认识到历史现象的主体所具有的主观能动性。"② 具体到今天的全球场域中，"话语的权力'总是'与物质也就是资本主义全球秩序的经济权力连属，二者不可分离"③。全球不平衡的政治经济格局在很大程度上影响着文化格局的结构和演变趋势。经济权力及其在全球的影响，必然体现文化权力在全球的影响力，又借助文化权力得以保障和维护。这也正是美国学者约瑟夫·奈提出"软实力"理论的国家动机。他指出："软实力和硬实力密切相关，都是通过影响他人行为，进而达到自己目的的能力。二者的区别在于其行为的性质，以及资源的有形程度。控制力，即改变他人行为的能力，以强迫或利诱作为手段；同化力指的是影响并塑造他人意愿的能力，依赖的是文化和价值的吸引力，或者通过操纵议程令人知难而退的能力。控制力和同化力之间涵盖了多种行为：从强迫到经济诱惑，从设置议程到纯粹吸引。软实力资源与同化力密切相关，控制力资源则通常与强势行为相关联，但上述联系并非无懈可击。"④ 约瑟夫·奈用表 7 - 1 列示了两种实力之间的关系⑤。

① ［美］彼得·伯杰. 引言 ［A］.//塞缪尔·亨廷顿，彼得·伯杰主编. 全球化的文化动力：当今世界的文化多样性 ［C］. 康敬贻，林振熙，柯雄，译. 北京：新华出版社，2004：14.

② 吴月刚，张岳嵩，刘达. 发生学视角下的极端民族主义研究 ［J］. 贵州民族研究，2017（11）：18 - 22.

③ ［英］汤林森. 文化帝国主义 ［M］. 冯建三，译. 上海：上海人民出版社，1999：33.

④ ［美］约瑟夫·奈. 软实力 ［M］. 马娟娟，译. 北京：中信出版社，2013：11.

⑤ ［美］约瑟夫·奈. 软实力 ［M］. 马娟娟，译. 北京：中信出版社，2013：12.

表7-1　　　　　　　　　　　　　　　实力

	硬实力		软实力	
行为分部	命令 ←————	胁迫　诱导	议程设置　吸引 ————→	同化
潜在资源		武力　交易 制裁　贿赂	制度　价值观 文化 政策	

"国际政治中，软实力大部分来自一个国家或组织的文化中所体现出来的价值观、国内管理和政策所提供的范例，以及其处理外部关系的方式。虽然对政府而言，有时候驾驭和运用软实力有一定难度，但这丝毫不能削弱软实力的重要性。"[①] 由于政治经济资本分布的不平等，处于不同国家的文化贸易的双方，在文化场域内所具备的文化权力是不一样的，所拥有的文化实力也是不平等的，也就造成了强势文化和弱势文化国家在对外文化传播能力和效果方面的巨大差异。这就决定了两国文化产品在对方市场上遭遇到的文化折扣各有不同。在本质上，文化产品参与国际竞争，不是纯粹的产品竞争，而是需要所属国家各种要素进行"赋权"。

按照福柯的理论，话语即权力。人们在接受某种知识/话语的同时也使自己处于某种权力关系之中，也就成为这种话语权力的支配对象。换言之，话语的生产者和传播者在使用权力，话语的接受者在服从权力。在当今世界的文化格局中，西方文化占据主导地位，是主流文化，并且仍在不断增强控制权。在强有力的国家权力的支配下，再辅助以西方国家在世界体系中形成的政治、经济权力体系，西方文化向边缘地区传播就会顺风顺水。而发展中国家在对外文化传播方面缺少足够权力支配，在国际社会上也缺乏相应的话语权和推动力，向西方国家传播自身文化就犹如逆水行舟。尽管部分发展中国家和地区会对席卷天下的西方文化采取一定的抵制措施，增加了西方文化对外输出过程中的折扣。可见，由于当前西方国家仍然是世界游戏规则的主要制订者、主导者，实施着强有力的文化对外战略，具有较强的话语权，导致我国的人类命运共同体理念必然受到西方国家的抑制和反对，使人类命运共同体理念在国际社会遭受较大的文化折扣。

3. 国家和民族立场的差异是文化折扣发生的立场条件

信息的被传送不等于被接受。编码和解码是信息传播过程中两个相互依存的环节，从解码的效果上看可以分为"等值解读""增值解读""减值解读"和"异值解读"等多种情况。也就是说，客观文本（即编码）与受众解读（即解码）之间不是机械对应的关系，而是存在着不对称性。而解码与编码的关系究竟是一致性还是对立性、协

---

① ［美］约瑟夫·奈. 软实力［M］. 马娟娟，译. 北京：中信出版社，2013：12.

调性还是冲突性，与文化受众的国家立场和民族情感具有密切的关系。对于同一部电影来说，具有不同国家和民族立场的观众在对于电影的解读、评价和态度方面会出现各种差异。造成这一现象的内在原因是，电影文本传达的文化内涵和倾向，与观众的自我身份产生了强烈的偏离，甚至是激烈的冲突，不但没有实现沟通和理解，反而造成情绪和态度上截然对抗。可见，对于跨文化交流而言，"等值解读"和"增值解读"自然是较为理想的状态，但在现实中，这两种状态的发生基本上属于小概率事件。事实上，"减值解读"和"异值解读"等文化折扣现象的发生倒是较为普遍。这种差异可能来源于观众政治上、意识形态上的对立，涉及阶级、国家、宗教、民族等各方面的对立。对此，英国学者戴维·莫利指出："虽然讯息可以有不止一种的解读方式，但是'没有可以效法的规则使读者能够按照讯息构造者的意图来对讯息进行倾向性或主控式（dominant）解读'，尽管如此，倾向性解读仍然是主导讯息构造的决定因素，从制作这一环节开始，'编码'这一过程对传播的后续环节发挥了'多重决定'（over-determining）的作用，但它并没有成为一个完全被事先决定的封闭过程。"①

　　文化与民族国家不具有对应性，同一种文化可能分布在不同的国家，同一个国家有可能存在多种文化。但是一个国家范围内的文化往往具有相应的国家属性。"受传者会依据自己的需要、态度和价值观对信息进行选择性的接触、理解和记忆；而社会关系与人际影响，以及所处群体的规范和压力等环境因素，对受传者是否改变态度和行为具有制约作用。"② 2017 年《战狼 2》的票房达到 8.70 亿美元，在全球电影票房排行榜上居于第 6 位。但票房收入基本上是国内票房，"在北美的票房只有 300 万美元左右"③。造成这种文化折扣的根本原因在于，影片的故事情节、战斗场景及其主题，直接反映了近年来中国日益崛起的宏观背景，反映了中国军力海外投放能力和运作效率不断强大的事实。在国内巨大的票房数据当中，不仅反映影片轰轰烈烈的战争情况和视听效果，而且也体现着中国观众对于国家强大的情感支持与印证。这种主题和元素表征自然不会引发北美观众的兴趣、认同和欣赏。由此可见，文化折扣的大小与受众解读出来的国家民族立场密切相关。外来文化作品与输入国受众的国家民族立场相协调，文化折扣则会小，外来文化作品违背了输入国受众的国家和民族立场，就会遭遇巨大的文化折扣。

　　与文化跨界交流遇到的文化折扣相同，人类命运共同体理念在对外传播过程中遇到的文化折扣，也必然和不同国家、集团、民族的立场密切相关。"应当看到，不同

　　① ［英］戴维·莫利. 电视、受众与文化研究 ［M］. 史安斌，译. 北京：新华出版社，2005：60.

　　② 李凤翔，罗教讲. 计算社会科学视角：媒体传播效果的计算机模拟研究 ［J］. 学术论坛，2018（4）：15 - 27.

　　③ 卢泽华. 借网出海 打破"文化折扣"［N］. 人民日报（海外版），2018 - 01 - 19.

国家的文化差异常常会导致认知的不同，一些地区保守主义和孤立主义盛行，对构建人类命运共同体还存在这样那样的顾虑。有的认为，国与国之间的关系，利益是永恒的，友好是暂时的；有的认为，各国之间的冲突和矛盾只能靠实力说话、靠实力较量、靠国力决定；有的认为，即使某些国家达成了默契和一致的解决方案，也难以让所有国家自觉自愿地信守执行；还有的认为，许多国家之间在历史交往中积累的深层次民族矛盾和利益冲突，一时难以缓和化解。凡此种种表明，要成就构建人类命运共同体伟业，还有很长的路要走。"① 在立场上和人类命运共同体较为接近的国家，就会产生较小的文化折扣，在立场上与人类命运共同体理念对立的国家，就会产生较大的文化折扣。

三、人类命运共同体理念对外传播中降低文化折扣的实践理路

文化折扣是一种文化走出国门客观存在的现象。对于文化折扣现象，一方面，我们不能忽视它的存在，不能否定它的影响，从而犯目空一切、掩耳盗铃的错误；另一方面，我们也要清楚地认识到人们不可能全部消灭和解除文化折扣问题。在人类命运共同体理念对外传播的过程中，降低人类命运共同体理念的文化折扣，需要从文化折扣发生的源头着手，正确认识文化折扣发生的条件、过程和原理，全面分析影响文化折扣的各种因素，深入研究各种因素发挥作用的方式、取向、途径和不同效果，探索降低文化折扣的客观规律，发现不同文化的和谐交流、平等互动和共同繁荣的实践方式。

（一）坚持求同存异的态度，注重文化和信息的可接近性

多元文化的交流互动和矛盾冲突，构成了当前全球文化最为宏大的鲜明特征。对于文明的冲突，我们要实事求是地去看待，既不能断然否定，也不能随声附和，关键是要实现审视主体和判断立场的转换。面对纷繁复杂的文化差异和冲突，需要采取求同存异的态度，找到并充分利用更多的文化共同点、共鸣点，进而减少文化折扣的程度。美国动画片《花木兰》《功夫熊猫》系列，就在中国引发更大的市场反响，获得较多的票房收入，因为这些作品的内容直接取自于中国的历史故事和文化符号。同样，美国电影《2012》描绘了中国人制造方舟的情节，《变形金刚4》也嵌入了较多的中国人物和场景，这都成为吸引中国电影观众眼球、增强中国电影观众消费兴趣的亮点。因为这些文化产品及其元素与中国文化、历史、观念有更多的共性，容易得到中国观

---

① 盛玉雷. 路要去走才能开辟通途 [N]. 人民日报，2017 - 12 - 18.

众的认可。

同理，在我国推进人类命运共同体理念对外传播的过程中，要注重发挥文化的可接近性，人类命运共同体话语要想得到国际社会更广认同，需要借助国外受众熟悉的元素，再有机融入中国文化和艺术的内容及样式，以此来降低中国文化"走出去"过程中的文化折扣。这需要我们科学地推进人类命运共同体理念的"球土化"战略，坚持全球化思维和开放式视野，依据不同的传播对象进行本土化表达，善于运用不同国家的文化题材和素材，实施博采众长的"鸡尾酒"策略，创造多元包容的人类命运共同体理念载体，让更多受众在人类命运共同体的叙事中找到"自我印象"，拉近对于人类命运共同体理念的心理距离，减少文化折扣。

（二）准确划分受众群体的语言属性，提升翻译和交流的自洽度

人类语言的多样性与复杂性，使得国际传播和跨语言交流面临诸多困难，语言差异是文化折扣产生的重要因素。翻译是解决不同语言交流的基本手段。尽管翻译的理想境界是要达到"信、达、雅"，但使用不同语言的人们并不能实现语言之间完全彻底地交流、理解和领会，很多情况下会因为翻译的不准确而造成文化上的误读、误解。在人类命运共同体理念对外传播的过程中，科学处理语言差异问题是降低文化折扣的重要方式。要划分目标市场的语言情况，为不同语言区域提供多元的语言供给。我国动画片《喜羊羊与灰太狼》借道迪士尼进军海外文化市场，为了增强国外观众观赏的便利性，降低文化折扣，这部动画片的播放语言包括了英语等10多种不同的语言，单是在印度便采用3种方言版本，大大简化了异国观众观赏节目的复杂性和难度，从而引起外国观众的更大兴趣。

为此，我国推进人类命运共同体的全球传播，一方面，需要特别注重传播受众评议的特点，为不同语言的国家和民族提供人类命运共同体的语言方式，实现语言的精准供给；另一方面，要提高语言翻译的文化自洽度，在提高人类命运共同体对外传播效果的过程中，实现本土语言和目标语言的准确对应。不仅要翻译成准确的对方语言，而且还需要加强对于对方文化、历史的研究，要深刻体现对方的历史传统、价值观念和真实态度与人类命运共同体的同频共振，在国际传播文化产品输出中达到更为理想的效果。

（三）准确把握目标市场的文化需求，形成富有针对性的文化供给

知己知彼，百战不殆。要想提高我国文化的影响力和美誉度，就需要提供对方能够接受的东西，满足对方的兴趣和爱好。只有打动对方，才能掌握对方，这是增强我

国文化软实力的一个重要机理。对于目标市场的充分了解，是企业取胜的前提。对于文化企业而言，就需要准确把握目标市场的文化特点、消费者的文化需求倾向，要整体上认识这个国家的文化环境、文化政策和文化战略导向，更要正确判断这个国家文化领域的前沿动态和消费者的文化增长点。对外传播文化虽然很多情况下面对的是大众文化的宏观形态和消费潮流，但恰恰需要确立"分众化""小众化"的发展策略，做到精确测量、宏观把握、细分市场，通过有的放矢的传播路径达到"走出去"而且"走进去"的传播效果。

在推进人类命运共同体国际认同的实践中，不但要推进人类命运共同体理念"走出去"，而且还要实现"走进去"。要实现这一目标，我们需要做到知己知彼，需要充分地了解对方的文化基调，了解对方对于人类命运共同体的认识基础，然后才能知道如何恰当地描写和表达人类命运共同体理念，才能知道如何把人类命运共同体理念，运用对方接受的题材和方式呈现出来。而且，对外传播人类命运共同体理念，并不是直观呈现和形式上的传播，而要在这个过程中增加角色、人物、元素、场景的多元性、跨界性和辐射性，让更多国家和民族的受众在人类命运共同体理念的传播与接受过程中，感受到自己熟悉的文化符号、人物角色和地理标志，从而进一步增强人类命运共同体理念和观众之间的亲和力，使人类命运共同体理念能够得到受众的喜欢和共鸣。

（四）鲜明体现文化主题和内容的时代性，增强文化通约性

在全球化的文化背景下，一种文化和理念要想畅销世界，就需要与时代接轨，与世界同步，就需要具有接近人类文化共性的内容和观念，从而使自身更容易被认同。现实中，好莱坞的导演倾向于寻找能够超越文化、地理、民族、性别、年龄、语言等外在条件的情节，表述人类最普通最共性的艺术情感需求，这能使他们的作品能够最大限度地为广大观众所接受。"好莱坞电影之所以能强烈吸引美国观众并进而风靡世界，首先是因为它们从一开始进行构思策划的时候，就定位于尽可能吸引最大多数的观众，即'观众市场的最大化'，也就是票房收入的最大化。这类观众就是年龄相对较轻的、有一定消费能力、愿意上影院看电影的广大普通观众。要达到这一终极目标，好莱坞电影只能极力寻求表现那些能够跨文化、跨种族、跨年龄、跨教育背景、跨阶级背景甚至跨国界、跨语言的基本价值观念和文艺元素，也就是要寻求不同文化、不同国家、不同语言的观众都能理解、都能接受的最低电影元素。有美国学者称之为美国资本主义电影产业追求的'最低公分母取向'（lowest common denominator orientation）。"①

---

① 明安香. 美国：超级传媒帝国［M］. 北京：社会科学文献出版社，2005：265.

人类命运共同体理念在对外传播的过程中，一方面，可以增强不同国家和民族的全人类共同价值取向，在人类命运共同体理念的内容和载体中体现道德、梦想和人文精神的共同追求和思想诉求，"要关注不同文化间的共同特征和跨文化的人类普遍情感"①，回归人的真实情感体验，通过对于共性话语、共同价值的塑造，在不同文化体系之间塑造相融相通的精神主题，在不同国家和立场的群体中更好地赢得共鸣。另一方面，文化产品可以通过时代化路径，摆脱对于自身国家历史素材过分依赖，不做文化的"啃老族"，开拓面向未来的文化开发思路和战略，"选取生活中各国受众普遍喜爱和认同的休闲、生活方式，找到文化的叠合性"②，能够更好地降低文化折扣。文化产品把握好时代趋势、阐发好时代主题、解决好时代矛盾、运用好时代方式，开发好当下和未来态势促进多元文化融合。

（五）尊重文化目标市场的文化特点，充分利用文化的地缘性属性

在全球文化市场当中，其中有一部分是与自身文化为同一种文化渊源的市场，它属于文化亲缘性市场。对于我国而言，历史上深受儒家文化影响的大陆周边地区，都是我国的文化亲缘性市场，与中华文化有着天然亲和力，从人种、语言、地缘上具有对中国文化的亲近感。中国的文化产品在这些地区遭受的文化折扣程度较低。相比欧美文化而言，中国文化产品更容易在东亚产生较大的影响力，其中因为东亚国家文化与中国文化同宗同源或者受到了中国文化的深刻影响。例如，《熊出没之夺宝熊兵》在国内上映之后，向海外传播时首先选择了韩国和土耳其这样在文化和地缘上有亲缘性的市场。上映首周便拿下土耳其同档期动画电影的票房头名，在韩国市场的票房收入也相当可观。

同时，传播人类命运共同体理念，要注重分析文化的"差序格局"。要充分利用文化可接近性进行人类命运共同体理念的对外传播，最大限度地达到良好的传播效果。在人类命运共同体传播地区和国家的选择上，不应该盲目传播，不应该大水漫灌，漫无目的，而应该先考虑在文化上或地域上有亲缘性的市场。在我国推进人类命运共同体理念对外传播的过程中，需要根据文化的亲缘性制订有先有后的对外传播次序，坚持重点和普及相结合的原则，首先着重面对与我国文化具有接近性或亲缘性的亚洲文化圈，之后再循序渐进地将文化产品推向欧美、非洲等国家，实现我国文化由近及远的传播。

---

① 赵朝霞. 跨文化交流中中国影视文化逆差现象分析 [J]. 河北学刊，2012（1）：248 - 250.

② 韦蔚笑，武洁，贺艺斌. 基于降低"文化贴现"的山西文化产业对外输出研究 [J]. 山西高等学校社会科学学报，2017（6）：20 - 23.

（六）发挥高新科技的优势，运用科学力量增强文化对外传播效果

当前，文化科技化和科技文化化的进程日趋深化，形成了文化科技一体化趋势，高新科技在文化产品中得到广泛运用。"在文化事业和文化产业领域，共性技术、服务技术、装备技术、管理技术、传播技术、体验技术、征信技术、保护技术、管控技术等不一而足，没有技术已经寸步难行。内容产业中，内容的生成、传播和消费也更加依赖技术，互联网文化产业、数字文化产业是文化科技的直接诠释。随着这些技术在文化领域的广泛而深入的应用，文化又反向影响技术的变革，使之成为一个独特范畴，都是 Cul – Tech。"① 新型文化业态迅猛发展，层出不穷，是文化科技一体化的客观结果。高新科技的表述方式和传播方式能够有效地降低文化折扣。好莱坞电影之所以在全球领先，形成强大的竞争力，是与高新科技手段和元素的充分运用密切相关的。好莱坞电影特别是大片吸引全球观众的卖点就是不惜工本、不失时机、淋漓尽致地运用各种最新技术，不断创造出震撼观众心灵的视觉场景和特技效果。从黑白电影到彩色电影，从无声到有声到多声道数码环绕声，从普通银幕到宽荧幕、环绕银幕，从替身演员、模型场景到动画特技、电脑特技，……好莱坞始终都走在前头。开辟人类电影 3D 元年的《阿凡达》影片风靡全球，席卷全球票房，深刻印证了高新科技的魅力。李安凭借导演《少年派的奇幻漂流》，获得了第 85 届奥斯卡金像奖最佳导演奖，也是这部影片美轮美奂的 3D 设计效果深得人们喜欢。《流浪地球》是我国以太空为背景的科幻大片，最终在国内国外都得到了票房和口碑的双丰收，也是得益于这部电影成功运用了虚拟技术和数字技术，塑造了富有吸引力的视觉情景。

传播一个国家的国际话语，如传播人类命运共同体理念，不能够像讲解数学和物理知识那样，用没有情感、不产生歧义的词语说公式的表述，而是要实现话语主题的转换，要善于运用文学、音乐、图片、动漫、视频等符号系统表达情感立场和共识，用有根据的、生动的语言和形象表达自己的对外话语。人类命运共同体理念对外传播的过程中，我们不仅需要打造人类命运共同体的理论形态、实践形态，而且需要打造人类命运共同体的文化形态、技术形态和喜闻乐见的艺术形态。人类命运共同体的文化内涵需要技术和艺术塑造。英国学者戴维·莫利和凯文·罗宾斯说过："我们都主要依据媒介形成了对非本地的人、物、事的认识，而且'事件'离我们自己的直接经验越远，我们就越依赖媒介形象来得到全部认识。"② 高水平的技术表达可以减低语

---

① 金巍. Cul – Tech：描绘文化产业未来图景［N］. 中国文化报，2016 – 06 – 11.

② ［英］戴维·莫利，凯文·罗宾斯. 认同的空间：全球媒介、电子世界景观与文化边界［M］. 司艳，译. 南京：南京大学出版社，2001：181.

言、价值观、国家立场等各种因素导致的文化折扣，增强人们对于人类命运共同体理念的正确理解，提高人们对于人类命运共同体理念的认同度。对外传播人类命运共同体理念，要充分发挥人工智能、数字作品、网络作品的技术优势，通过数据挖掘、筛选汇总、深度整合、可视呈现来进行技术塑造，从而更加精确地塑造和传播人类命运共同体理念。同时，还可以利用技术手段构建面向全球的文化传播体系，借助新兴媒介与传播方式开辟文化交流互鉴的新路径，消除文化传播的技术壁垒，在一定程度上改善国际传播中的文化折扣问题，有效提高人类命运共同体理念对外传播的实效性。

第八章
构建人类命运共同体进程中全人类共同价值的时代意义与生成逻辑

2015 年，习近平在第 70 届联合国大会一般性辩论时的讲话中指出："和平、发展、公平、正义、民主、自由，是全人类的共同价值。"① 全人类共同价值是构建人类命运共同体的基本话语，它正在得到越来越多的国家的响应和认同，成为不同国家和民族共同接受和遵循的价值话语。多种宏观要素和社会历史条件有机统一，共同作用，形成了全人类共同价值的生成逻辑及其内在维度。全人类共同价值是当今人类社会实践深度融合的价值反映，是各个国家共同利益不断增强的价值共识，是当今时代各国应对共同挑战的价值立场，是国际社会反对西方"普世价值"的价值诉求，是不同国家自觉进行价值互鉴的价值结果，是各个国家构建全球价值格局的价值愿景。只有深刻理解全人类共同价值的生成逻辑及其内在关系，才能真正把握全人类共同价值的科学内涵和正确取向。

全人类共同价值正在成为我国学术界日益升温的重要热点课题，也正在得到越来越多的国家的响应和认同。全人类共同价值不仅是中国面对世界倡导的重要话语，而且也日益转化成为国际社会话语体系的重要组成部分，正在发挥着充分的引领作用，在人类价值格局中呈现着强有力的上升态势。作为中国重要的思想贡献和话语贡献，全人类共同价值不是主观臆想的产物，而是具有充分的生成条件和生成逻辑，反映的是当前人类社会的客观态势，也体现了不同国家和民族在价值观上普遍的方向性主张，是一个自然的合乎规律的过程，也是自觉的合乎目的的过程。明确厘清全人类共同价值的生成逻辑，深入把握全人类共同价值生成逻辑的多方面维度，为我们科学理解全人类共同价值的精神实质提供了根本依据，为我们科学树立全人类共同价值的立场和态度提供了客观前提，为我们科学确立全人类共同价值的实践导向提供了基本准则。

一、全人类共同价值对人类命运共同体的时代意义

构建人类命运共同体是合规律性与合目的性的统一。人类命运共同体的合规律性是指人类命运共同体理念是对人类社会客观现实和发展趋势的充分反映，是对当今国

---

① 习近平. 携手构建合作共赢新伙伴 同心打造人类命运共同体——在第七十届联合国大会一般性辩论时的讲话 [N]. 人民日报，2015 – 09 – 29.

际社会存在和运行规律、本质及其走向的深刻揭示。人类命运共同体的合目的性是指人类命运共同体理念包含着当今人类追求共同发展、和平发展的价值目的，也包含着世界各国所必须遵循的共同的价值观和交往准则。习近平总书记指出："我们应该大力弘扬和平、发展、公平、正义、民主、自由的全人类共同价值，共同为建设一个更加美好的世界提供正确理念指引。和平与发展是我们的共同事业，公平正义是我们的共同理想，民主自由是我们的共同追求。"① 全人类共同价值是马克思主义哲学基本观点在新的时代背景和历史条件下的理论创新，也是世界各国携手构建人类命运共同体建设更美好世界的价值指引。在 2021 年庆祝中国共产党成立 100 周年大会上的讲话中，习近平总书记鲜明指出："中国共产党将继续同一切爱好和平的国家和人民一道，弘扬和平、发展、公平、正义、民主、自由的全人类共同价值"②。2021 年 7 月 6 日，在中国共产党与世界政党领导人峰会发表的主旨讲话中，习近平总书记又发出了"做全人类共同价值的倡导者"③ 的伟大号召。面对世界范围内思想文化交流交融交锋形势下价值观较量日趋激烈的新态势，弘扬全人类共同价值具有重要现实意义和深远历史意义。

价值观在学理上指关于价值的理论、知识、学说体系，就像物质观、时空观、历史观等一样，但严格地讲，它是指社会主体对周围的客观事物（包括人、事、物）的意义、重要性的总评价和总看法。它一方面表现为价值取向、价值追求，凝结为一定的价值目标；另一方面表现为价值尺度和准则，成为人们判断事物有无价值及价值大小的评价标准。和平、发展、公平、正义、民主、自由、富强、文明、和谐、平等、公正、法治、爱国、敬业、诚信、友善等价值观，无一不是能够给人类带来利益、好处或意义的具有客观性的事物，是人、群体的实践活动所造就的良好状态。它们不仅深刻表达了世界各国人民求和平、求安全、求发展、求公平、求正义、求民主、求自由等共同愿景，也体现了中国人民和中华民族对这些价值观的基本取向，还是中国社会个人发展和国家发展的理想目标。

第一，全人类共同价值是世界各国构建人类命运共同体的价值基础，为人类命运共同体的构建提供价值圭臬。全球化时代，"世界人民的普遍交往，促进了人类文明的交流互鉴与共同进步，把人类凝聚成一个相互依存的'命运共同体'"④。世界各国已经从追求自身利益向实现共同利益转变，从而催生出了世界各国通过携手构建人类命运共同体以实现和维护共同利益的普遍愿望和必然趋势。然而，人类命运共同体的

① 习近平谈治国理政（第 4 卷）[M]. 北京：外文出版社，2022：475.

② 习近平. 在庆祝中国共产党成立 100 周年大会上的讲话 [M]. 北京：人民出版社，2021：16.

③ 习近平. 加强政党合作 共谋人民幸福 [N]. 人民日报，2021 - 07 - 07.

④ 李包庚. 世界普遍交往中的人类命运共同体 [J]. 中国社会科学，2020（4）：4 - 26，204.

构建在现实实践中却遇到了来自文化多样化、价值多元化的困扰。构建人类命运共同体本身就蕴含世界各国至少要在价值观念、奋斗目标、实践路径等方面达成一致，而其中最重要的就是价值观念的共通性。习近平总书记所倡导构建的"人类命运共同体"，既不是无关国家经济发展水平、综合国力等因素的"共同体"，也不是妄图强制捆绑世界各国发展进程的"共同体"。人类命运共同体理念所强调的是国家间、民族间的平等关系，强调世界各国人民亲如一家，同舟共济，携手并进，共同应对未来世界发展所带来的诸多挑战。为此构建人类命运共同体要求世界各国要把"发展是第一要务"铭记于心，坚持合作共赢、互通互鉴，共享发展成果。人类命运共同体理念从根本上与西方"普世价值观"相区别，它凭借"和平、发展、公平、正义、民主、自由"组成的全人类共同价值，为国际社会所认可和赞扬。因此，人类命运共同体理念是马克思主义基本原理同当代中国社会发展的实际情况相结合的产物，它不仅是马克思主义中国化时代化的新时代理论成果，更是对马克思"共同体"思想的成功延续，同时它还扎根于中华优秀传统文化，彰显着丰富的"中国智慧"。

习近平总书记立足世界各国推动构建人类命运共同体的语境和现实提出"和平、发展、公平、正义、民主、自由"的全人类共同价值，其终极目标就是要为人类命运共同体的顺利构建提供根本性价值支撑。不是人类命运共同体决定着全人类共同价值的合法性，而是有全人类共同价值这一合法性普遍价值的客观存在，倒逼世界各国为了追求彼此的共同利益，实现在世界层面具有广泛性的共同价值，必须齐心协力构建人类命运共同体。人类命运共同体在本质上之所以是真实的共同体，是因为人类命运共同体有着高度的理论自觉和行动自觉，始终将维护世界各国的共同利益，实现全人类共同价值作为自己的使命和任务。人类命运共同体理念主张世界各国集体参与、共同构建和共同受益，也就是携手创造、权责共担、优势互补和利益共享。然而，达到这一目标需要全人类共同价值作为价值约束，进而将世界各国的思维和行动框定在合理的区间内运行。换言之，全人类共同价值作为一种国家与国家之间达成的广泛契约，它可以最大限度消除隔阂，凝聚力量，增强世界各国在构建人类命运共同体中的认同感、归属感。

第二，全人类共同价值是世界各国构建人类命运共同体的共同话语，为构建人类命运共同体提供了融通中外的新概念新范畴新表述。全人类共同价值回应了人类命运共同体推进国际传播能力建设、创新对外传播方式、加强话语体系建设的重要要求，有助于中国在国际舞台讲好中国故事，传播好中国声音，增强在国际上的话语权。价值观的引导力、整合力、凝聚力、号召力是文化软实力的核心。价值观念在一定社会的文化中是起中轴作用的，文化的影响力首先是价值观念的影响力；世界上各种文化之争本质上是价值观念之争，也是人心之争、意识形态之争，因此要打好价值观念之争这场硬仗。要提高中国在国际上的影响力，从价值观建设来讲，一方面要对内加强社会主义核心价值观的培育和践行，对外积极宣传中国特色价值观，致力于讲好中国故事、彰显中国精神、凸显中国力量，构筑价值防线；另一方面则是必须提倡和奉行为全人类共同认可的价值观。唯有如此，才能更好地推动中华文明与其他文明之间的交流互鉴、融合共进，才能彼此更好地相互理解、相互认同、相互支持，提高中国的文化软实力和对外影响力。如今，中国已经稳居世界第二大经济体，综合国力显著增强，同时，为世界的和平与发展作出了重大贡献。在统筹世界百年未有之大变局以及中华民族伟大复兴战略全局的紧要关头，必须将中国国内经济社会发展伟大成就和为促进世界和平与发展而作出的重大贡献转化为国际话语优势，不断增强在国际上的话语权。站在历史发展的新时期，中国需要将构建人类命运共同体、共建"一带一路"作为桥梁纽带，用引领全球治理的生动实践推进全人类共同价值的广泛传播，以全人类共同价值作为话语铺垫逐步构建具有中国特色的话语体系，积极为自身的和平与发展争取良好的国际环境，不断为世界的和平与发展贡献中国智慧和方案。

第三，全人类共同价值是构建人类命运共同体的伦理基础，为全球治理和人类社会的和谐健康发展提供了重要的价值支撑。不同文明和谐相处，交流互鉴，构建人类命运共同体，其前提是要寻求和提升全人类共同价值。在日益全球化的今天，世界各种文明要求同存异，相互包容，扩大共识，加强"心心相通"。当代世界特别需要大力弘扬全人类共同价值，加强价值整合，把全世界的各个民族、各个国家、各种力量凝聚起来，形成赖以维系的精神纽带和共同的思想基础。当前，对于世界各国共同面临的全球性问题，其复杂性和严峻性导致任何一个国家都无法独自解决，也没有哪一个国家可以独善其身。在发展机遇与困难挑战并存的现实面前，走出困境的关键就在于世界各国携起手来以全人类共同价值为价值导向积极变革全球治理体系。全人类共同价值是凝聚人心、汇聚民力的强大精神动力，它顺应了世界历史发展的大势和规律，具有深厚的历史底蕴和坚实的现实基础，具有强大的现实合理性和生命力，具有强大的道义力量。它所昭示的前进方向契合了中国人民和世界人民的美好愿景，对于人类实现和平发展、平等发展、消除贫困、弥合分歧等都具有强大的推动作用、整合作用、激励作用和导向作用。

人类命运共同体理念想要表达的是全人类共同价值的理想追求，这其中不仅包含国家之间、人类之间的交往，自然界与人类社会生产之间的联系也同样被纳入这一"共同体"之中。人类命运共同体理念所传达出的是我中有你、你中有我、共生共享、荣辱与共的精神，这一理念深切表达了对世界各国及各地区民族与文化的尊重。它坚持以全人类共同价值追求作为基点，因此人类命运共同体揭示了人类社会发展的价值准则，是一个系统且开放的"共同体"，其目的就是将每个国家和民族的命运化为整体，将人民对美好生活的向往变成现实。人类命运共同体理念所反映出的价值追求包含着"和平发展""全球治理"和"民生幸福"三个方面，代表着新型全球化的发展方向。其基本内涵包括构建国际社会新秩序的"政治共同体"、平等和谐的"经济共同体"、尊重多样性的"文明共同体"，实现稳定发展的"安全共同体"、可持续发展的"生态共同体"。因此，在当今时代世界各国"只有'命运与共''共建共享'，才能实现'共生共荣'"①。

二、构建人类命运共同体进程中全人类共同价值的生成逻辑

全人类共同价值是推动构建人类命运共同体设定和确立的文化前提。作为全球治理及国际社会交往发展的新理念与新方案，人类命运共同体理念得到了国际社会的广泛认可、赞同和支持，在联合国的多项决议和文件中出现了"人类命运共同体"的概念。这一现象表明，由中国倡议的人类命运共同体理念正在成为国际社会的新共识。全人类共同价值是命运共同体的深层文化结构，推动构建人类命运共同体需要在全球形成价值共识和伦理共识。全人类共同价值作为当代价值观念，既来自人类的实践，又指导人类的实践。一方面，全人类共同价值将构建人类命运共同体作为自身从理论走向现实的根本路径，成为世界各国构建人类命运共同体的价值基础；另一方面，世界各国构建人类命运共同体将全人类共同价值作为行动的追求，它又是世界各国构建人类命运共同体的价值目标。构建以合作共赢为核心目标的新型国际关系，打造人类命运共同体，旨在建立平等相待、互商互谅的伙伴关系，营造公道正义、共建共享的安全格局，谋求开放创新、包容互惠的发展前景，促进和而不同、兼收并蓄的文明交流，构筑尊崇自然、绿色发展的生态体系。人类命运共同体的这些努力目标和方向正体现了全人类共同价值的本质要求。

打造和构建人类命运共同体要有共同利益基础，还要有全人类共同价值为基础。在某种意义上，共同价值比共同利益更重要。各个国家在世界市场经济发展进程中必定会形成"你中有我、我中有你"的利益交汇点和利益共同体，这是打造和构建人类命运共同体所必需的基石，没有共同利益不可能形成命运共同体，但是，如果只有利益交换或共同利益，这样的共同体还是不牢靠的。习近平提出"全人类的共同价值"为打造和构建人类命运共同体奠定了"共同利益"和"共同价值"两块基石。从自然特性上说，人类命运共同体是一个供给人类生存的自然共同体；从社会特性上说，命运共同体又是一个各民族各国家团结合作的文化共同体。在价值维度上，人类命运共同体内的各个成员国应拥有共同价值观和基于价值观的伦理认同，各个成员国之间能够进行包括政治、经济和文化等多领域直接的交往互动，并表现出彼此关怀的互惠共

① 宋才发. 人类命运共同体本质解析及全球化治理探讨 [J]. 党政研究，2019（3）：54－64.

享和利他主义态度。它们蕴含了世界各个民族和各个国家在共同利益、共同需求和共同发展等领域的公共愿景，是全球化时代重构国际社会互动规则和交往秩序的伦理遵循，代表了未来人类命运共同体发展的伦理愿景。

（一）共同生存的维度：全人类共同价值是当今人类社会实践深度融合的价值反映

辩证唯物主义原理告诉我们，意识来源于物质，是对于物质的反映，同时意识又具有独立性，它与物质的关系又不是孤立的、机械的关系。价值作为意识的范畴，是客观物质和世界万物及其功效在主观精神世界的能动反映。全人类共同价值从根本上来讲，是人类实践的产物，是人类共同交往的产物，是人类价值交流互动的产物。全人类共同价值是各国价值"最大公约数"，但这个最大公约数不是对于静止的、孤立的价值进行提炼的结果，而是不同文化和民族相互交往、共同实践的结果。"在马克思看来，每个人都在通过自己的活动创造出社会联系，同时他们也只能在一定的社会联系之中进行活动。我们不能把个人的活动理解为孤立个人的活动，而是社会个人的活动。或者说，社会只能是众多个人共同活动的产物。在这里，既不存在对于个人的原子式理解，也不存在对社会的先验理解，而是个人通过其活动不断创造出与他人的联系，创造出一个共同体。因此、马克思对个人的理解是和社会纽带联系一起的，这种研究为其从个人的本质走向共同体奠定了基础。"① 因此，在相互隔离的传统世界中，尽管各民族和国家乃至于不同的人，也具有彼此相近或相同的价值和价值观，但由于缺少共同的认知机会和生存生活方式，世界上存在的只有不同民族和国家价值的共性部分，即不同的价值体系中抽取出来的共性价值内容，由于缺少联系和实践层面的有机统一，所以这种重叠性的价值无法转化成真正意义上的全人类共同价值。

后来，"过去那种地方的和民族的自给自足和闭关自守状态，被各民族的各方面的互相往来和各方面的互相依赖所代替了"②。全球化以来，人类社会越来越紧密地联系在一起。社会主义产生以后，也面临着如何与资本主义共处的问题。1921 年，建国不久的苏联经历了多次战争，经济实力十分薄弱。在此条件下，列宁指出："社会主义共和国不同世界发生联系是不能生存下去的，在目前情况下应当把自己的生存同资本主义的关系联系起来"③。为此，他认为社会主义和资本主义国家开展经济往来是自身存续下去的必要条件。列宁意识到，在全球化时代，不管是社会主义或是资本主义

---

① 刘海江．马克思实践共同体思想研究［M］．北京：中国社会科学出版社，2016：18 – 19.
② 马克思恩格斯文集（第 2 卷）［M］．北京：人民出版社，2009：35.
③ 列宁专题文集·论社会主义［M］．北京：人民出版社，2009：387.

国家，如果脱离了相互联系，那必然会有"落在别国后面的危险"①。正是因为形成这些思想观念，列宁才创造性地实施了"新经济政策"，缓解了社会主义新生政权面临的重大困难，增加了社会主义制度的活力，特别是为社会主义国家如何与资本主义国家发展关系创立了典范和榜样。

人类每一个民族和国家的历史都进入世界历史的范畴，全人类共同价值的形成具备了必要条件。人类全球的交往和实践，为全人类共同价值的生成提供着生态系统和条件。只不过，人类历史进入世界历史以来大部分阶段，全人类的交流、交往和实践方式是以单向度的形式进行的，是在不对称、不平衡的状态下进行的。如果说全球化进程肇始于新大陆的发现的话，那么迄今为止的全球化的历史，更多的时间是西方国家主宰和推进的全球化历史。我们看到的事实是，这种条件下生成的全人类共同价值并不是世界不同价值主体自主参与、平等协商、共同实践的结果，而是西方国家推进之下的单向价值传播的过程，这个过程中传播的价值就是我们所关注的"普世价值"。共同价值是全球化进程以来人类社会价值共性方面的应然形态，"普世价值"是西方主导全球交往和生产方式之下全人类共同价值的特殊形态，反映的是大国单向度主导世界的客观事实，是共同价值在优胜劣汰、赢者通吃、丛林法则的特定逻辑体系下形成的实然形态。实践和交往方式决定了价值存在和运行的方式。所以"普世价值"也就必须代表西方价值的扩张与拓展。

那么西方国家主导全球秩序、推进西方价值全球化的战略会永远持续下去吗？对此马克思给出了明确的答案，他指出："人们按照自己的物质生产率建立相应的社会关系，正是这些人又按照自己的社会关系创造了相应的原理、观念和范畴。所以，这些观念、范畴也同它们所表现的关系一样，不是永恒的。它们是历史的、暂时的产物。生产力的增长、社会关系的破坏、观念的形成都是不断运动的，只有运动的抽象即'不死的死'才是停滞不动的。"② 人类社会浩浩荡荡，进步是人类社会发展的主旋律。今天，全球化的实践方式和交往方式正在发生深刻变化，我们的世界处于百年未有之大变局。抗美援朝胜利后，彭德怀在《关于中国人民志愿军抗美援朝工作的报告》中指出："西方侵略者几百年来只要在东方一个海岸上架起几尊大炮就可霸占一个国家的时代一去不复返了。"那么今天，世界历史发展的新变化表明，几个西方国家自诩为人类的灯塔和旗帜，几百年来为其他国家制订价值准则、行动准则的时代已经一去不复返了。某几个国家和集团主导全球事务和游戏规则的时代正在逐渐淡出历史舞台。法国总统马克龙在2019年8月使节会议讲话中，提出西方霸权可能正在终结的结论。他认为："由于西方处理危机的失误，特别是美国近年来错误的选择，建立在西方霸

---

① 列宁全集（第43卷）[M]. 北京：人民出版社，1987：295.
② 马克思恩格斯选集（第1卷）[M]. 北京：人民出版社，2012：222.

权基础之上的国际秩序，美国领导的地缘政治态势已发生深刻变化。"①

全人类共同价值具备科学性或恰当性，是因为它在本质上不是主观性的，不是来自个体的、孤立的、先验的体会，也不是上帝或神的绝对力量先天赋予人类的集体无意识，它的本质上是客观性的，它来自人类社会共同的社会实践，体现着人类生存与发展的客观需要。全人类共同价值的世界观基础"是辩证唯物主义与历史唯物主义"②。尽管在当前世界出现了区域化的趋势不断彰显，不同的国家提出了不同的区域发展战略和规划，但任何一个区域化组织不可能摆脱全球化进程孤立存在，不可能是一个纯粹封闭、不与外界进行能量交换的组织体。不同国家和民族平等交往的实践方式正在瓦解西方价值一统天下的客观基础，全人类共同价值已经不可能以某几个国家或集团的价值主张而呈现，它就像光芒四射、喷薄而出的一轮朝阳，正在以本真的面貌、平等的法则、高尚的道义成为普遍认同的价值话语。

人类从彼此隔离、封闭的状态已经走向融合，不同国家和民族差异性、独立性不断彰显，人类在交融和共同实践中拥有了更多的共同属性。因此，全人类共同价值的提出和形成，契合了人类历史不断融合发展的趋势，体现了价值形成的正常逻辑，遵循了从差异到共性、从具体到抽象的认识理路。全人类共同价值是当今时代的晴雨表，是平等与不平等、正义与非正义之间张力趋向的风向标，它深刻反映着国际格局的变迁、大国地位的演变，鲜明印证世界不平等秩序中的人心向背，直接体现了人们对于公平合理的全球化秩序的向往和期待。当前，中国推进的人类命运共同体得到更多国家的响应，中国提出的"一带一路"倡议也得到更多国家的参与，这些都为全人类共同价值的形成和凝练提供了深刻而生动的实践根源，也会使全人类共同价值深入人心。合作共赢的中国话语正在得到广大国家的响应，人类命运共同体得到更高的认同。全人类共同价值正在凝练、培育，并成为更多国家和民族的价值遵循，因为它是当今时代人类价值的最新生命，展现着当今世界的最新风貌。

（二）共同利益的维度：全人类共同价值是各个国家共同利益不断增强的价值共识

人类命运共同体理念的提出，也必然会招致西方资本主义国家的强烈反对，这种反对出现的原因是复杂的，既包括历史原因，也包括政治原因。而想要解决或避免这种冲突，不仅应该看到这其中蕴含的文化和价值观念，还包括最根本的原因即利益

①　孙海潮. 法国总统马克龙提出西方霸权终结论［N］. 北京日报，2019－09－18.
②　鲁品越，王永章. 从"普世价值"到"共同价值"：国际话语权的历史转换——兼论两种经济全球化［J］. 马克思主义研究，2017（10）：86－94，160.

关系问题。从意大利哲学家尼可罗·马基雅维利的"君主论"和英国学者托马斯·霍布斯的"自然状态"理论，再到汉斯·摩根索的"权力界定利益论"、塞缪尔·亨廷顿的"文明冲突论"，都深刻体现了西方文化对权力和利益的思想观念和价值主张。

价值是主体对于客体的实践关系，是客体对于主体的意义，反映的是客体有用性与主体需求的对应性。利益是人类各种需求的核心要素，是人们价值判断、价值选择的根本立场和依据。因此，利益是价值的最大变量。恩格斯指出："在社会历史领域内进行活动的，是具有意识的、经过思虑或凭激情行动的、追求某种目的的人；任何事情的发生都不是没有自觉的意图，没有预期的目的的。"① 主体总是根据自身的主体尺度进行价值选择和价值评价，总是根据自己的利益取向、根据客体满足自身利益的程度，确定客体对于自身的利益关系和价值。在构建人类命运共同体的过程中，首先要确立全人类的价值主体地位，而不是西方主体，也不是某一个国家的单一主体。但是全人类主体对于人类命运共同体的构建并不否认、不排斥主权国家的主体作用，甚至在本然含义上包括主权国家主体。也就是说，全人类和主权国家实际上都是构建人类命运共同体的主体。在当前，主权国家是构建人类命运共同体的基础主体，在构建人类命运共同体时，必须充分尊重主权国家的发展利益，尊重他们的主体地位，使之发挥主体作用，把人类命运共同体的主体价值优先放在主权国家身上，人类命运共同体才有更深厚的根基。因此，在构建人类命运共同体时，不能割裂主权国家主体与全人类主体的联系，二者是辩证统一的。全人类共同价值必然反映人类共同的需求和主观取向，共同需求来自共同利益。共同需求为共同价值的形成提供了前提条件，使共同价值成为可能，共同利益为共同价值提供了客观基础，使共同价值成为现实。

我们越来越认识到，各国安全和发展的形势，正在面临着传统安全和非传统安全的威胁。一般意义上来讲，传统安全问题和非传统安全问题在历史性的数轴上存在着区别。传统安全问题在人类历史中出现较早，非传统安全是当前出现的影响安全问题的新因素新问题。但两者的区别不仅仅在于出现的历时性顺序上，而且表现为两种安全问题不同的主客体关系在内涵方面的特殊性，表现为两种安全问题主客体关系在边界方面的特殊性。传统安全问题的主体和客体都是比较清晰的，非传统安全问题的主体和客体很多情况下并不明确。而传统安全问题的边界比较清晰，非传统安全问题的边界大多比较模糊。非传统安全作为一个新事物呈现在各国发展的道路上，它的影响也具有鲜明的跨界性、区域性，甚至是全球性。一个国家与另一个国家、一个区域与另一个区域，乃至于全球所面临的非传统安全问题，往往具有同一性、同质性。整个

---

① 马克思恩格斯选集（第4卷）[M]. 北京：人民出版社，2012：253.

世界进入了一个"一荣俱荣、一损俱损"的生存态势之中。非传统安全的袭来，告诉人们深刻的道理，没有一个国家在非传统安全面前可以独善其身，各个国家和民族面临的挑战呈现出同频共振的特征。

另外，全球化进程中人们交往和利益的获取途径，出现了零和博弈和非零和博弈两种方式。而零和博弈是自由主义主导之下的游戏规则，是在市场机制发挥绝对作用的机制下形成的行为方式。在零和博弈的关系中，人与人之间、国家与国家之间追求的是自身利益的至上性，遵守的是优胜劣汰、此消彼长的丛林法则。霸权主义、强权政治、单边主义是零和博弈逻辑衍生的直接产物，当今出现的"某国优先""某国再次伟大"等论调，就是零和博弈思维方式产生的极端主张。这种主张和规则，冲击着世界各国正当利益的实现，也必然受到人们的质疑和抵制。

《易传·乾文言》写道："利者，义之和也。"[①] 习近平总书记指出："坚持互利共赢，破解发展赤字。经济全球化是推动世界经济增长的引擎。当前，逆全球化思潮正在发酵，保护主义的负面效应日益显现，收入分配不平等、发展空间不平衡已成为全球经济治理面临的最突出问题。我们要坚持创新驱动，打造富有活力的增长模式；坚持协同联动，打造开放共赢的合作模式；坚持公平包容，打造平衡普惠的发展模式，让世界各国人民共享经济全球化发展成果。"[②] 要得到利益，就要讲求与道义的协调、中和与统一。我国倡导的和平共处、共同发展、合作共赢的理念，得到了越来越多国家和民族的认同和支持，体现了当今世界你中有我、我中有你的现实状况，是遵循人类社会时代潮流的正义主张，是对于自身利益至上、赢者通吃一切等片面理念的全面纠正。非零和博弈是实现共同发展的崭新途径，也是当今全球化进程中人们可以实现的利益获取方式。回答人类有没有共同价值这一问题的关键在于明确人类有没有共同利益。在共建"一带一路"过程中，"机会和成果属于世界，中国不打地缘博弈小算盘，不搞封闭排他小圈子，不做凌驾于人的强买强卖"[③]。中国关于"一带一路"、构建人类命运共同体的倡议，体现了全人类共同价值的内在要求，是全人类共同价值在实践中的具体落实。非零和博弈使各国的共同利益得到增强，也必然形成全人类共同价值，使全人类共同价值从理想变成现实，不再是无源之水，无本之木。今天的全人类共同价值有了源泉，有了根本，这个源泉和根本就是不同国家可以实现、正在实现并已经实现的共同利益。以非零和博弈为准则的合作共赢理念，是人类社会不断融合产生的科学共识，是通过利益共享实现利益增进的实践准则，必然得到更多国家的认同。

①　周易义疏 [M]. 邓秉元，撰. 上海：上海古籍出版社，2011：438.

②　习近平谈治国理政（第3卷）[M]. 北京：外文出版社，2020：461－462.

③　习近平. 开放共创繁荣 创新引领未来——在博鳌亚洲论坛2018年年会开幕式上的主旨演讲 [N]. 人民日报，2018－04－11.

全人类共同价值包含的和平、发展、公平、正义、民主、自由等价值理念，不是简单的主观理念和价值诉求，而是站在人类的高度申明了世界性的利益关怀，是实现共同利益、促进共同发展的时代呼声。"要把中国人民的利益同世界各国人民的共同利益结合起来，全方位地扩大各方利益的汇合点，同一切相关国家和地区建立并发展不同领域、不同层次、不同内涵的利益共同体，推动实现中国和世界各国的共同和平发展。"① 因此，全人类共同价值构成了人类社会实现共同利益的价值圭臬，从整体上表达了人类实现共同利益的理念探寻和美好追求，从价值和思想层面为对应性制度设计和实践方式提供了根本依据。

在推进全人类共同价值对外传播的过程中，在增强人类命运共同体理念国际认同的过程中，世界各地不同国家和民族都有着共同的一个诉求和基点，那就是利益。每一个拥有不同肤色、不同信仰的群体，在全球一体化的进程当中，都会共同拥有一个基本的共识，那就是对于本位利益的保障和满足。马克思的人的需要理论是以历史唯物主义为基础，对需要的本质、性质、产生、内容、作用进行深入阐释而形成的理论体系与基本观点。马克思在《神圣家族》中指出："感性的特性和自尊、享乐和正确理解的个人利益，是全部道德的基础。"② 马克思以历史唯物主义的立场来理解人的需要。马克思人的需要理论不仅是对人的本质认识的深化和人的内在属性的深层阐释，而且是人类命运共同体思想的内在基础。当这一种共同体的理念无法保障具体的利益时，这些利益主体就会质疑、抵制这一种理念。

我们国家有着文化包容的传统，更多地倾向于以文"化"人的智慧，但是如果这种智慧失去了物质和利益的关联性和促进性，那么这种文化的教化和陶冶、多元文化的相互竞争和影响说法会失去内在的支撑。推动构建人类命运共同体对破除西方价值观念中"利益至上""零和博弈"的论调具有积极的作用。自工业革命以来，资本主义持续发展的基础决定了其对国际话语权的长期掌控，西方的价值观念被包装成"普世价值"推而广之。长久以来，弱肉强食、零和博弈、资本为王的思想观念占据着意识形态的主流，强国霸权、文明冲突、修昔底德陷阱等观点学说大有市场。推动构建人类命运共同体的实践展现了与西方截然不同的价值观念：反对强国霸权，反对霸权秩序下强国对弱国的掠夺，反对以利为核心的行为准则；主张国无大小强弱，一律平等，注重国际正义，主张维护民族国家的核心利益并致力于推动各国和全球共同利益的实现，反对狭隘的民族利己主义以及罔顾国家核心利益的孤立主义。人类命运共同体理念在于扭转世界经济发展的不平衡性，在于缓解因发展不平衡而对国际社会的平稳造成的消极影响，在于建立国际新秩序，构建一个共同发展共同繁荣的人类社会，

---

① 郑必坚. 在和平发展中构建利益共同体 [N]. 人民日报，2013 – 03 – 17.
② 马克思恩格斯文集（第 1 卷）[M]. 北京：人民出版社，2009：333.

致力于改变现行世界秩序中不合理的规则，致力于推进人类社会公平正义国际新秩序的实现。

（三）共同应对的维度：全人类共同价值是当今时代各国应对共同挑战的价值立场

价值从根本上是具有特定属性的客体对于主体需要的功能与意义，彰显的是功能与需要之间的关系。需要是价值的主体条件。全人类共同价值回应了当前时代面临的共同挑战，体现了人类共同面对现实挑战的重大需要。

人类文明发展进步的过程是人类认识世界、改造世界的能力不断提升的过程，也是人类认识世界、改造世界的成果不断积聚的过程。人类文明不断发展进步的潮流不可逆转，但并不是说人类面临的挑战在减少或减弱。人类社会的进步发展与人类面对的挑战威胁，并不是一个此消彼长的同一过程。人类发展到今天，可以说到了前所未有的水平，但人类面临的各种挑战并没有减少，甚至在有的领域还会出现增加的情况。可以说，人类处于文明不断进步、挑战同时不断增强的悖论过程中。问题是时代的呼声，挑战是时代的警钟。文明与挑战相互交织，相互角力，形成了社会波浪式前进、螺旋式上升的发展路径。人类文明就是不断地在回应挑战、解决挑战的进程中不断发展的，这也是文明本身发展进步的机制。当前，人类面临的全球性问题数量之多、规模之大、程度之深也前所未有。在自然领域，人类面临着全球气候变暖、疾病蔓延、资源短缺、生态失衡等全球性问题。在社会领域，人类面临着饥饿与贫困、恐怖主义、武器扩散、局部战争、跨国犯罪等诸多全球性挑战。"蝴蝶效应"本身就是指个别现象在全球更大范围内产生更大影响和冲击的现象，这种效应在全球化的进程中，在世界成为一个"地球村"的背景下，借助全球化的交往方式、网络化数字化的传播方式得到更大程度地放大，实现更大程度的升级和叠加。而且，随着人类社会的差异性不断增强，社会的变化速度日益加速，各个主体互动关系的直接性更加显现，新问题新挑战的产生更加出其不意，这就导致"黑天鹅"事件层出不穷，"灰犀牛"事件也不断积聚。

目前，国际社会仍然存在着以大压小、以强凌弱、以富欺贫等不合理的现象。有的国家坚持狭隘的国家主义，坚持自己国家利益至上，面对国际规则大搞单边主义，只要不符合自身国家利益就动辄违背国家信用，退出国际组织或撕毁协议。有的强国还在奉行冷战思维、对抗思维、零和思维、结盟思维，追求我赢你输、赢者通吃的局面和战略目标，竭力反对其他国家自主探索发展道路和模式的权力，无法容忍其他国家发展强大的事实，在世界上推行弱肉强食的丛林法则、穷兵黩武的霸道做法。这成为世界各国面临的最大挑战。"没有哪个国家能够独自应对人类面临的各种挑战，也没有哪个国家能够退回到自我封闭的孤岛。"① 在这样的背景上，广大发展中国家仍然在国际话语领域"失声"，在国家实力竞争领域"失利"，在国际规则决策领域"失踪"。这从根本上反映了当前国际社会的制度设计和游戏规则的重大缺陷。有的国家出现"颜色革命"、街头政治、政权更迭的问题，背后也体现大国和大国集团干涉别国内政、侵犯别国主权的不合理问题。有的国家自主选择社会制度和发展道路的权力没有得到尊重和维护。当今世界面临的全球性挑战和全球性问题，"充分说明由西方发达国家主导的全球治理缺少价值共识及基本遵循，同时也证明西方新自由主义和个人主义生态价值观存在严重的伦理悖论"②。

"积力之所举，则无不胜也；众智之所为，则无不成也。"③ 应对全球性问题和全球性挑战，需要各个国家和民族形成共同的行动，而共同的行动来自共同的价值认同、价值立场和价值目标。这也就成为全人类共同价值得以生成的重要条件。面对全球性问题和挑战，人类共同价值应运而生，它既是客观社会条件的产物，也是人类针对全球性问题和全球性挑战进行价值选择的结果。列宁指出："人的意识不仅反映客观世界，而且创造客观世界。"④ 全人类共同价值不仅反映当前客观世界，而且也重在改造和创造客观世界，它为回击和解决全球性问题和挑战提供了科学的坚定的思想利器。全人类共同价值有利于推进人类社会形成共同的行动计划，采取共同的解决方案，一起加强和改善全球治理状况，共同构建平等协商、互利共赢的人类命运共同体，一起实现全世界的和平、稳定、繁荣与发展。习近平呼吁各国"构建以合作共赢为核心的新型国际关系，打造人类命运共同体"⑤。构建人类命运共同体是各国越来越认同的共同目标，是抵御各种挑战的共同选择，而全人类共同价值则是构建人类命运共同体的价值目标，也是构建人类命运共同体的价值支撑，为人们回应和解决各种挑战提供了价值资源，对于形成团结一致、齐心协力的局面提供可以协调的价值立场。

全人类共同价值是世界各国变革全球治理体系的价值导向。当前，对于世界各国共同面临的全球性问题，其复杂性和严峻性导致任何一个国家都无法独自解决，也没有哪一个国家可以独善其身。打造人类命运共同体，是着眼于整个人类的文明进步而不是某一部分人的文明进步，是以和平、发展、合作、共赢的理念来超越不同国家、民族和宗教之间的隔阂、纷争和冲突，强调彼此之间要弘义融利、风雨同舟、命运共

---

① 习近平. 决胜全面建成小康社会 夺取新时代中国特色社会主义伟大胜利——在中国共产党第十九次全国代表大会上的报告 [N]. 人民日报, 2017 - 10 - 28.

② 耿步健, 沈丹丹. 论全球治理的中国方案及其价值基础 [J]. 江苏大学学报（社会科学报）, 2019（1）：13 - 18, 27.

③ 周易义疏 [M]. 邓秉元, 撰. 上海：上海古籍出版社, 2011：438.

④ 列宁全集（第55卷）[M]. 北京：人民出版社, 1990：182.

⑤ 习近平外交演讲集（第1卷）[M]. 北京：中央文献出版社, 2022：287.

担。在发展机遇与困难挑战并存的现实面前，走出困境的关键就在于世界各国携起手来以全人类共同价值为价值导向积极变革全球治理体系。全人类共同价值无论在理论上，还是在实践中，都主张通过共商、共建、共享等途径实现合作共赢的目标。在全球化向纵深发展的今天，任何"关起门来搞建设""各家自扫门前雪"等行为都是逆潮流而动，并不能达到全球治理的目的，只会给全球治理的高效开展设置障碍。世界各国唯有努力践行全人类共同价值，积极变革全球治理体系才是通往人类社会共同发展、共同进步、共同繁荣的康庄大道。总的来说，由西方国家主导的以追求西方利益为终点的国际秩序，推动以转嫁国内矛盾为终点的全球治理已经陷入陈腐，重构以实现全人类共同价值为价值追求的新型全球治理体系已经迫在眉睫。

（四）共同批判的维度：全人类共同价值是国际社会反对西方"普世价值"的价值诉求

西方推进的"普世价值"脱胎于西方国家的文化体系，既反映了西方宗教思想的主张和教义，又反映西方启蒙运动以来形成的资产阶级人性观和社会观。从西方进入中世纪后，宗教神学成为西方意识形态的根本，宗教的"普世主义"观念开始盛行，认为它"具有普遍适应性，教会的建立将不受文化、种族和社会阶层差异的限制，而且各民族各地方教会共同组成普世合一的教会"[①]。西方宗教认为"教会之外无救恩"[②]，主张普遍的人性论，认为人是抽象的人，可以超越文化、种族、阶层、社会条件和国家等具体的差异性。

文艺复兴、宗教改革之后，宗教在社会的统治秩序虽然被瓦解，但西方的这种人性假设却在启蒙运动以来的西方文化中得以传承下来。这种抽象的人性论认为，人性是抽象的，不是具体的，认为人性具有普遍性，与社会发展阶段无关，与社会制度和社会关系无关，不会随着社会历史条件的变化而变化。马克思深刻地指出资产阶级抽象人性论的根本错误，即"在他们看来，这种个人不是历史的结果，而是历史的起点。因为按照他们关于人性的观念，这种合乎自然的个人并不是从历史中产生的，而是由自然造成的"[③]。"普世价值"是由人的自然属性出发来确立自己的立场和主张。而事实上，人性是具体的，人的本质属性是社会属性。对此，马克思主义对人的本质进行了科学论断，认为人是历史的、现实的人。"任何人都处在一定的、不受他们任意支配的物质生活条件之中，都受到某一生产力发展阶段以及与该生产力阶段相适应

① 陈建明. 基督教普世主义及其矛盾 [J]. 世界宗教研究, 2004 (2)：8 - 17, 15.
② [美] 沃尔克. 基督教会史 [M]. 孙善玲, 等译. 北京：中国社会科学出版社, 1991：83.
③ 马克思恩格斯选集（第2卷）[M]. 北京：人民出版社, 2012：684.

的交往的制约。因此，任何现实的人都是一定历史阶段的人。"① 人性是与社会历史条件紧密联系在一起的范畴，人性与社会之间存在着本质性联系，没有脱离社会环境和历史条件的人性。

西方国家从这种抽象的人性论出发，将"普世价值"定义为"从全人类共同的利益出发，只要出于良知与理性，为所有或几乎所有人认同的价值"②。西方主导之下的"普世价值"，在表面上看似实现了人类价值的共同性，体现了人类社会的价值共识，但实质上是西方价值的化身，是把西方价值包装、美化成所谓的"普世价值"，在世界上进行推广和传播。正如马克思所说："每一个企图取代旧统治阶级的新阶级，为了达到自己的目的不得不把自己的利益说成是社会全体成员的共同利益，就是说，这在观念上的表达就是：赋予自己的思想以普遍性的形式，把它们描绘成唯一合乎理性的、有普遍意义的思想。"③ "普世价值"体现的并不是不同国家和民族对于价值共同性的认同，而是追求和构建西方价值一统天下的价值体系，建立西方价值主宰的单一的全球文化格局。这种单极化的过程就是全球文化和价值的西方化，同样也是西方文化和价值的全球化，在动机和结果上都表现为对于其他民族国家文化和价值的倾轧。正如塞缪尔·亨廷顿所讲："普世文明的概念是西方文明的独特产物。19 世纪，'白人的责任'的思想有助于为西方扩大对非西方社会的政治经济统治作辩护。20 世纪末，普世文明的概念有功于为西方对其他社会的文化统治和那些社会模仿西方的实践和体制的需要作辩护。普世主义是西方对付非西方社会的意识形态。……普世文明的思想在其他文明中几乎得不到支持。非西方把西方视为普遍的东西视为西方的。西方人宣布为有益的全球一体化先兆的东西，如世界范围媒体的扩散，却被非西方人宣布为邪恶的西方帝国主义。非西方人若是把世界看作是单一的，他们就感到它是一个威胁。"④

"天下非一人之天下也，天下之天下也。"⑤ "普世价值"的根本错误，一方面表现在它违背人性的具体性、实践性和发展性，否认了人性与社会的联系，进而否定人类价值的差异性，严重违背人类社会不同价值多元并存的事实。另一方面表现在它不承认其他民族价值的合理性和独立性，排斥非西方国家在价值层面、话语层面发声的权力，最终维护西方国家继续对全球事务进行主导的局面。世界的全球化和一体化进程不断深入，但人类文明不可能成为单一文明，人类文化不可能成为单一文化，人类价

①　马克思恩格斯全集（第 4 卷）[M]. 北京：人民出版社，1960：174.

②　唐利如.《普世价值》的理性解读 [J]. 红旗文稿，2014（9）：25 - 27.

③　马克思恩格斯选集（第 1 卷）[M]. 北京：人民出版社，2012：180.

④　[美] 塞缪尔·亨廷顿. 文明的冲突与世界秩序的重建 [M]. 周琪，等译. 北京：新华出版社，2009：45.

⑤　杨树达. 论语疏证 [M]. 上海：上海古籍出版社，2013：510.

值不可能成为单一价值。人类共同实践交往不断增强，与多样文明、文化和价值共同展现，是全球化历史的两个方面，将有机统一于人类历史发展的进程中。西方国家推进"普世价值"，旨在实现西方价值的全球化，在整个人类价值体系中实现主导权和领导权，构建西方价值主宰的全球价值体系，最终从根本上保证西方国家对于世界的领导，通过树立西方价值的"示范""引领"作用，保证自身利益的全球化。

尽管"普世价值"的争论日渐平淡，但是人类社会面对的"普世价值"作为一个问题和挑战始终没有得到根本性地解决。因为至今为止，西方对于"普世价值"的认知和态度没有变，通过"普世价值"推进西方价值全球化的企图没有变，有时在具体做法和方式上还会变异。因此，"普世价值"仍然是当前人类价值生态系统中最大的破坏性因素，破坏着价值生态系统中其他民族价值的生存权利和空间，破坏着价值生态系统中的多样性和结构性。

全人类共同价值的生成，是对于西方"普世价值"的纠正和超越，是对于西方价值全球化进程的拨乱反正，表明了广大国家对于西方"普世价值"的严正立场。"人类只有肤色语言之别，文明只有姹紫嫣红之别，但绝无高低优劣之分。认为自己的人种和文明高人一等，执意改造甚至取代其他文明，在认识上是愚蠢的，在做法上是灾难性的！"① 全人类共同价值不是单一价值的代名词，其目的也不是构建某种单一价值主导的思想体系和文化格局，这是多元价值并存的基础上共同认同的价值观念和价值内涵。全人类共同价值反对在世界上建立"普世价值"，主张在尊重价值多样性的基础上，尊重代表人类优秀文明成果的共同价值。全人类共同价值的主张，不仅体现中国在价值主张方面要与人类社会的价值内涵和立场具有共同性，而且也是对于当今全球文化冲突、价值矛盾的形势作出的判断。

全人类共同价值反对"普世价值"，因为"普世价值"的内涵是西方价值，全人类共同价值的内涵是不同国家和民族的共同价值。"普世价值"的目标是建立单极文化价值体系，全人类共同价值的目标是构建多元一体的文化价值体系，是差异性和同一性的统一，是多样化和总体性的统一，是具体性和抽象性的统一，是自主性和自觉性的统一。全人类共同价值是对于"普世价值"的超越和根本性革命。全人类共同价值超越了价值普遍主义与特殊主义的对立，超越了文化绝对主义与相对主义的对立，体现了真理绝对性和相对性的辩证统一和有机结合，是对于西方国家主张的"普世价值"的革命。在这里，我们需要注意一个问题，就是西方国家宣扬的"普世价值"包含着民主、自由等内容，全人类共同价值也包含着民主、自由等主张。我们要深刻地认识到，"普世价值"中的民主自由与全人类共同价值的民主自由具有不同的现实语

---

① 习近平. 深化文明交流互鉴 共建亚洲命运共同体——在亚洲文明对话大会开幕式上的主旨演讲 [N]. 人民日报，2019 - 05 - 16.

境、制度背景、本质内涵和实践主张，不能从字面意思上理解这两种民主自由的含义。

同样，我们还要认识到，中国尊重和提倡的全人类共同价值与西方推广的"普世价值"是完全不同性质和目的的两件事情。中国提供的全人类共同价值坚持的是求同存异的立场，构建的是多元并存基础上的全人类共同价值。全人类共同价值作为中国的重要话语，其目的绝不是在全球推进中国价值，更不是用中国价值去否定或超越其他民族的价值。在全人类共同价值的语境中，中国价值和其他民族的价值一样，只是全人类共同价值中相互平等的组成部分。

与"普世"诉诸先验律令这一逻辑概念不同的是，"共同"是现实的政治概念。政治是一个通过协商和对话作出决定的生活领域，因此"共同"植根于人类的生活经验，人们在经验中发现和选择了"共同"，例如，各种人群共同体就是人类自身的发现和选择。"共同"的外延是不断扩展的，正如儒家所倡导的仁爱伦理的扩展，由血缘亲情关系推向朋友关系再推向普天下的所有人。建立在"共同"之上的价值，就是为生活在不同共同体之中的人们所分享的那些价值，它们是人类多元价值的组成部分，同时又体现着一定范围的普遍适用性。对这些带有普遍适用性的共同价值，尽管在不同的文化环境或经济社会发展环境下也许会有不同的理解和实践，但由于它们内在地蕴含了人类基本的道德追求和道德理想，因此，它们对人类社会构建合理的伦理秩序和良善的道德生活是普遍有益的。在共同价值之前加上"全人类"的定语，意在表明这些共同价值覆盖面的广泛性，即它们具有最大范围的适用性。全人类共同价值不同于西方社会所推崇的所谓"普世价值"，它尊重各个文明形态的文化个性，而"普世价值"则把西方发达国家的价值观个性解释为整个人类文明和价值观共性，试图替代或取消其他文明形态在价值观上的个性。全人类共同价值主张不同文化和文明形态的包容并蓄，反对把某种文化和文明形态或某种价值观说成全人类的"普世价值"，反对排斥或贬低其他文化和文明形态。在全人类共同价值面前，每个国家和民族都是平等的主体，都有着自主行动的权利。推动构建人类命运共同体，就必须有上述的这些共同价值作为伦理基础和文化支撑，不同国家和民族都在这些共同价值的指导下建设符合基本人权要求的政治制度和经济发展模式，从而培育有助于道德权利自由伸张和发展的生活方式。

众所周知，西方模式的现代化是以西方文明中心论为依托，以弱肉强食的生存法则和扩张性的世界体系为导引的。《共产党宣言》在描述资产阶级所开创的世界体系，或称西方化的全球化时，既肯定了它在发展生产力方面作出的巨大贡献，也一针见血地指出了它的本质："正像它使农村从属于城市一样，它使未开化和半开化的国家从属于文明的国家，使农民的民族从属于资产阶级的民族，使东方从属于西方。"[①] 四个

---

① 马克思恩格斯选集（第 1 卷）[M]. 北京：人民出版社，2012：405.

"从属于"勾勒出了西方中心论导向下的现代化与全球化的依附本质。伴随发展中国家的发展，一些后发现代化国家呈现出后来居上的趋势，西方中心论导向下的现代化与全球化的依附性逐渐减弱。在经济全球化深入发展、社会信息化不断强化的时代，逆全球化不是明智之举，世界需要一种新型的全球化模式。作为我国参与全球治理的重要方式，构建人类命运共同体正在勾勒一种新型的全球化模式，其核心价值理念就是多元、包容、平等与互惠。

（五）共同互鉴的维度：全人类共同价值是不同国家自觉进行价值互鉴的价值结果

价值是主体与客体双向度的"功能—认同"关系，既从客观性层次体现了客体对于满足主体需求的有用性，又从主观性层面体现了主体对于客体有用性的评价、认同和接受的态度，体现了主体对于客体赞同还是反对、认同还是批判、包容还是排斥的倾向性。全人类共同价值是世界各国对于"价值的价值"判断。当今世界，全球化不断深入，世界范围内的交往实践不断增强，为不同国家和民族的价值互鉴提供了充分条件。全球化的进程不仅是世界民族和国家在"地球村"平台上共同实践的过程，而且是不同文明作为主体力量参与全球交流、交往、互动的过程，这种过程进而推进了不同价值之间广泛而深入的互通互鉴。

纵观人类历史，不同文化通过与其他文化的交流和互通，发展了自己的文化特色，从而保持了自己的活力。正确的文化传播，不仅消减互不信任和猜疑而避免产生争端，而且会使国家之间相互尊重，相互学习。不尊重、贬低和排他性的群体阻碍了其中每一种文化的发展。开放是世界历史形成的基本条件，也是当今世界的基本特征，开放机制是不同文明发展繁荣的科学路径。开放对于不同文明发展的重要意义在于它为不同文化和文明的发展提供了相互学习、吸收借鉴的平台和机遇。"我们要树立平等、互鉴、对话、包容的文明观，以文明交流超越文明隔阂，以文明互鉴超越文明冲突，以文明共存超越文明优越。"[①] 全球化进程以来，人们就一直面对一个需要在基础层面解决的哲学问题，即人类价值"一"与"多"的关系。全人类共同价值的提出，就很好地回答了这个根本性的问题。全人类共同价值作为"一"的存在形态，并不否定和排斥人类社会存在的"多"的价值存在形态，体现了"一"对于"多"的包容和超越。尽管人类社会由不同国家和民族构成，人们本身又有不同的种族、肤色、信仰、地位、阶级、身份、知识、能力，但是人类确实存在着共同价值，这种共同价值体现

---

① 习近平.弘扬"上海精神"构建命运共同体——在上海合作组织成员国元首理事会第十八次会议上的讲话［N］.人民日报，2018－06－11.

着人们的共同道德、共同利益和共同需要。一方面，全人类共同价值凝结了不同国家和民族具有科学性道义性的价值共识和价值重叠内容；另一方面，全人类共同价值又对于不同国家和民族的价值进行了超越，形成了具体民族价值不具备的更高意义的价值主张。

在当今，西方文化保守主义思潮甚嚣尘上，西方文明优越论依旧弥漫，有的国家"救世主"的文化情结仍然根深蒂固，拒绝承认不同文明在地位和权利上平等的事实，甚至执意用"文明冲突"的思维方式和战略解决国际矛盾和国际问题。这些都成为不同国家价值互鉴的根本障碍。但是，"青山遮不住，毕竟东流去"。没有一种人是先天性的优等人，没有一种文化和价值是一种先验预设的高人一等的文化和价值。文化孤立和保守的取向、文化霸权主义行径，无法阻止全人类共同价值的形成和丰富发展。价值互鉴就是全人类共同价值得以形成的基本机制，是全人类共同价值得以形成的实践活动。价值互鉴并不是人类社会自然形成的现象，而是不同国家在文化自觉和价值自觉基础上形成的理性选择。在当今全球化的舞台上，价值互鉴不仅成为不同文化和价值互动交流的客观事实，而且成为文明主体在价值自觉基础上作出的理性抉择，成为全球领域共同的文化方式。

习近平总书记指出："一切生命有机体都需要新陈代谢，否则生命就会停止。文明也是一样，如果长期自我封闭，必将走向衰落。交流互鉴是文明发展的本质要求。只有同其他文明交流互鉴、取长补短，才能保持旺盛生命活力。文明交流互鉴应该是对等的、平等的，应该是多元的、多向的，而不应该是强制的、强迫的，不应该是单一的、单向的。"① 价值互鉴的过程，克服了文化相对主义、文化部落主义的对立与分隔，也克服了文化绝对主义的单极化的傲慢与偏见，体现了全球文化生态系统中多种文化单元的能量交换过程。因为文化相对主义否认人类文化发展具有普遍法则或普遍规律，否认在各民族的文化系统中存在着普遍适用的、绝对的价值尺度。文化相对主义学派的奠基人、美国人类学家博厄斯（Franz Boas）认为："任何一种文化都有不同于其他文化的独特之处，都有其存在的价值和尊严。因而，不同民族文化之间没有普遍的绝对的衡量标准，一切评价标准都是相对的。"② 在世界范围内弘扬全人类共同价值，也是超越文化相对主义的过程及结果。全人类共同价值的形成不是某一个大国或大国集团强行推进的过程，而是具有共同价值认同的世界各国价值沟通、价值协调和价值谈判的过程，是在主权自主、文化自主的基础上形成的共同的价值体系。因此，中国提出的全人类共同价值"反映的是不同个体、民族、国家之间的共性，不是某个

---

① 习近平. 深化文明交流互鉴 共建亚洲命运共同体——在亚洲文明对话大会开幕式上的主旨演讲 [N]. 人民日报，2019 - 05 - 16.

② [美] 弗朗兹·博厄斯. 人类学与现代生活 [M]. 刘莎，等译. 北京：华夏出版社，1999：131.

地域特殊价值的人为提升，不能产生于任何人的主观设计，而是人类在认识和改造世界的过程中、在各民族文化交流和融合的过程中自然形成的"①。"和羹之美，在于合异。"② 在全球化的境遇中，面对纷繁复杂的文化价值格局，人们需要正确处理民族文化价值与其他文化价值的关系，既要看到不同文化间的共同性、可通性、普遍性，又要看到不同文化的差异性、独立性、特殊性。这是文化交流交往交融的"辩证法"。文化价值的共性和个性、普遍性与特殊性是相互统一而不是相互对立的关系，是一个硬币的两个方面。

"万物并育而不相害，道并行而不相悖。"③ 人类命运共同体理念的文化价值观蕴含着"和而不同"的文明观。文明因生长的自然环境、历史背景和民族传统全然不同而各具差异性。这种差异性，既包括了文明由于生长的地域不同而产生的横向差异性，也包括了文明因为历史发展趋势不一而形成的纵向差异性，横向、纵向的差异性共同构成了文明的多样性。"无论是历史悠久的中华文明、希腊文明、罗马文明、埃及文明、两河文明、印度文明等，还是地域广阔的亚洲文明、非洲文明、欧洲文明、美洲文明、大洋洲文明等，都既属于某个地区、某个国家和某个民族，又属于整个世界和全人类；都既是由某个国家和某个民族为主体创造的，又是整个世界和全人类共同的文明成果。"④ 对待不同事物要秉持开放包容的态度，承认多样性的存在，不同事物之间才能和谐共存。不同的历史和国情孕育了每个国家和民族不同的文明样态，文明样态的多样性既是世界的基本特征，更是人类进步的内源性动力。

人类命运共同体理念的倡议与实践，基于"和而不同"的文化包容，体现的是对不同的发展主体及其发展方式的尊重与认同。构建人类命运共同体，涉及儒家文明、基督教文明、伊斯兰文明等多种文明形态，不同的文明形态形成了不同的文化传统、风俗习惯和语言表达，自然而然也会出现"无序因素"。例如，信仰不同、习俗不同、观念不同，这些在不同程度上影响了不同国家和地区间的政治互信、经贸合作和文化交流。将无序状态转化为有序状态，需要通过正视不同和差异推进系统要素的"涨落"，推动各个国家和地区互惠互利、合作共赢，为实现世界系统的整体优化互补提供生长点和契合处。为此，应从尊重这些差异和不同着眼逐步使之演变为求同存异乃至求同聚异，通过加强经贸合作、人文交流、政治互信等一个个"涨落"，优化、实现不同国家政治、经济、文化等要素的兼容并蓄。承认文化多元，才能规避文化冲突，才能建立起"守望相助"的情感基础；承认发展的多样性，才能激发每个国家探索符

① 项久雨. 莫把共同价值与"普世价值"混为一谈 [N]. 人民日报，2016 - 03 - 30.

② 三国志集解 [M]. 陈寿，撰. 上海：上海古籍出版社，2021：975.

③ 礼记译注 [M]. 杨天宇，撰. 上海：上海古籍出版社，2004：710.

④ 中央党校中国特色社会主义理论体系研究中心. 文明交流互鉴是打造人类命运共同体的重要途径——深入学习习近平总书记关于文明交流互鉴的重要论述 [J]. 求是，2016 (11)：59 - 61.

合本国国情的发展道路的积极性。我国在推动世界发展新趋势的过程中，倡导在相互平等的基础上交流互鉴，支持鼓励每一个国家自主探索发展道路，而非千篇一律、机械照搬别国成功的模式。人类命运共同体是一个多元、平等、包容、互惠的"真正"共存的共同体，是人类文明新形态的发展平台，也是打开世界文明治理新发展的新方式。

（六）共同目标的维度：全人类共同价值是各个国家构建全球价值格局的价值愿景

习近平总书记指出："世界的前途命运必须由各国共同掌握。"① 全人类共同价值体现了以中国为代表的广大国家的价值共识，体现这种国家既独立自主又合作共赢的根本立场，顺应了当今时代发展的趋势，体现了共商共享的发展理念。"不同文明凝聚着不同民族的智慧和贡献，没有高低之别，更无优劣之分。文明之间要对话，不要排斥；要交流，不要取代。人类历史就是一幅不同文明相互交流、互鉴、融合的宏伟画卷。我们要尊重各种文明，平等相待，互学互鉴，兼收并蓄，推动人类文明实现创造性发展。"②

在世界上，更多的国家认识到，坚持全人类共同价值不是用一国的价值或某一种价值模式去同化和切割其他价值，去主导其他国家和民族的头脑，不是通过"格式化"的方式消灭"他者"价值，来树立单极价值的权威和地位。"话语不是单纯的语言和文本，而是一种具有历史、社会和制度独特性的陈述、术语、范畴和信仰之结构，……话语系统涉及一系列边界，它规定什么可以说，什么不可以说。"③ 坚持全人类共同价值体现了求同存异的主张，反映了正确处理统一性和差异性的政策立场，反映了共性和个性辩证统一的关系，既要看到各国价值主张的共同之处，更要注意各个民族价值的独特性和特殊性，既不能良莠不分，混淆是非，又不是目空一切，否定文化的差异性和多样性。一方面，全人类共同价值是人类社会价值范畴的基本事实，是在人类深入交流交往过程中形成的价值共性和价值共识，体现了人类不同民族和国家在价值层面的最大公约数。另一方面，全人类共同价值是各国在人类价值塑造过程中的一种构建结果，是不同民族和国家在价值层面的主观诉求和实践理性的共性集合体。因此，全人类共同价值既是人类社会的价值事实，又是不同国家和民族共同的价

①　习近平外交演讲集（第1卷）[M].北京：中央文献出版社，2022：287.
②　习近平.携手构建合作共赢新伙伴 同心打造人类命运共同体——在第七十届联合国大会一般性辩论时的讲话 [N].人民日报，2015－09－29.
③　郑乐平.超越现代主义和后现代主义：论新的社会理论空间之建构 [M].上海：上海教育出版社，2003：63－64.

值愿景和立场。

"'人类命运共同体'的提出充分彰显了新时代中国特色社会主义的全球治理智慧。"① 人类命运共同体不是削弱国家主体和主权的国际组织，不是要建成一个层级分工的治理架构，而是不同国家乃至所有国家和民族共同生存、共同发展、共同合作的实践关系的状态。全人类共同价值是构建人类命运共同体的价值观基础。坚持全人类共同价值体现了主体性和客体性辩证统一的关系，全人类共同价值既不是消灭他者，也不是消灭自我价值的主体性，体现的是共同价值的融合，为构建人类命运共同体提供了价值支撑。共同价值所形成的不仅是各国各民族共同接受和运用的概念，而且是各国各民族能够共同践行的根本遵循。"人类命运共同体构建的价值逻辑基础在于普遍性与特殊性价值之和谐性的正向张力。"② 在全人类共同价值的引领下，不仅实现中国话语的时代性和世界性，而且使中国价值与其他民族价值相得益彰，相辅相成，浑然一体，达到"各美其美，美人之美，美美与共，天下大同"的境界，共同奏响时代的主旋律，共同推进人类命运共同体的形成和发展。

中国尊重和弘扬全人类共同价值，与西方宣扬推进"普世价值"在实质上存在着根本区别。这种根本区别表现在中国尊重和弘扬全人类共同价值，不是对于中国价值的"包装"，不是为借机传播中国价值，谋求中国利益，实现中国主导，而是反映人类真正的价值主张，体现人类价值层次的共同的价值主张。中国尊重和弘扬全人类共同价值，体现了我国开放包容的文化政策，代表了中国占据人类道义制高点的愿景。它是中国作为大国身份的表征，是中国作为负责任大国的价值旗帜。中国的天下观不是征服世界，中国提供的全人类共同价值不是中国价值的对外扩张，其实质不是具体的中国价值，其目的也不是借用全人类共同价值实现中国价值的影响力和主导力。中国尊重全人类共同价值不是从"小我"作出的决定，而是体现了"大我"的视野和担当，是站在全人类的角度对于价值和意义的追寻。

"仁者，以天地万物为一体。"③ 我们不应该仅仅把全人类共同价值作为中国自己的话语，实际上它是包括中国在内的广大国家共同认同和倡导的价值主张。中国作为大国，必然要克服"失语症"，需要面向世界提出价值层面的话语主张，要回应世界各国在价值层面话语的呼声，要凝结世界各国在价值层面共同的主张和诉求。文明交流互鉴，是推动人类文明进步和世界和平发展的重要动力。世界大国的话语就不能自说自话，就不能封锁自闭，也不能孤芳自赏，而是应该体现充分的开放性，体现人类社会和世界的共同性。共同性是大国话语的鲜明特征。所以我们要正确处理坚持独立

① 郑云天. 论新时代中国特色社会主义的国际大局观 [J]. 理论与改革, 2018 (6): 86-94.
② 邵发军. 人类命运共同体建构的价值逻辑及价值位阶问题研究 [J]. 理论月刊, 2020 (1): 42-49.
③ 王阳明. 传习录 [M]. 郑州: 中州古籍出版社, 2008: 104.

自主的基本立场与弘扬全人类共同价值的关系，要深刻地认识独立自主与全人类共同价值不是纯粹对立的关系，而是对立统一的关系。不能用独立自主来否认天下的关联性和共同性，排斥人类价值层面的共同性。共同价值并不是要求人类在价值主张和国家立场上绝对统一，在话语主张上千篇一律，而是在尊重民族和文化差异性的基础上，增强对文化间的认同，对于价值交往和价值实践结果的认同，对于人类优秀价值共识的认同。这种思维方式和实践取向反映了天下共生、开放包容与独立自主的辩证统一关系。

构建人类命运共同体要以公共价值为导向。要想实现人类本质的真正复归，就要在社会中去寻找根源，诉诸"真正的共同体"，也只有在"真正的共同体"中人们才能够享受到社会所存在的共享、共有等真正的公共性价值，才能实现人们之间的全面交往，实现人、社会和自然三者之间矛盾的真正和解。在马克思的理论视域中，社会的发展始终是与人类命运紧密绑定在一起的，追求人的彻底解放，实现人的全面发展，是贯穿于马克思一生所追求的理想社会的奋斗信仰。这种奋斗信仰的存在也势必会影响马克思在社会发展领域中从现实的社会人出发，关注人在不同类型的社会中的现实生活状况以及客观发展前景，以探讨社会发展的内在规律，揭露社会中存在的种种不合理的制度体制，批判资本主义虚假面纱下的剥削掠夺的阶级本质，为全世界无产阶级提供科学的、客观的理论方案，为全人类的解放指明科学的奋斗路径。

在全球化深入发展的大背景下，人类生活在地球村中，世界各国之间的交往必然诉诸公共性的价值诉求。人类命运共同体理念正是因为符合"全人类的共同价值"，凝聚了不同国家对当前发展以及未来前景的共识性目标，是为了全人类谋求美好未来的科学方案。因此，打造人类命运共同体要从现实的人、现实的社会、现实的世界出发，积极寻求现实世界中出现的不同现实问题的解决方法，使各国人民在共同体中展现出公共诉求上的共识性，让世界各国在合作中实现共赢，让各国人民在共同体中实现对美好生活的追求。人类命运共同体中我们可能看到的是国与国之间的交流与合作，其实在共同体中处于最基础、最本质的主体是生活在地球上的每一个个体的现实的人类，在共同体中，享受到最终的发展成果的也一定是各国人民，我们要为人类的发展而发展，不断创造出新的活动方案，打造新的社会关系，当人的发展程度越高，社会发展的进程也就越快。在人类命运共同体中，各个参与国都可以搭乘世界发展的顺风车，每个参与国都会在其中实现科学性的社会发展。

第九章
构建人类命运共同体的文化理念

推动构建人类命运共同体，是习近平外交思想的核心和精髓，是党的十八大以来我国对外战略的基本统领和根本依托。"理者，物之固然，事之所以然也。"① 构建人类命运共同体不仅是经济、政治、外交等方面的事业，而且具有深刻而科学的文化理念。文化理念是人类命运共同体的精神源泉，决定着人类命运共同体的战略举措和发展程度。人类命运共同体的文化理念来源于当前世界发展的前沿态势又超越于现实，具有深厚的现实背景。它坚持了马克思主义原理和精神，发展了中国优秀传统文化的精髓，运用了当代中国共产党的文化思想，形成了全面丰富的核心要义。构建人类命运共同体，不仅要明确文化理念的科学性和正当性，还要在实践中践行文化理念，把人类命运共同体的文化理念发扬光大，推进人类命运共同体迈向更高水平。

习近平总书记构建人类命运共同体的思想，坚持正确的价值立场处理中国与世界的关系，从理论到实践形成了中国对外战略的宏观架构，对于解决事关人类前途命运的重大问题提供了中国方案，为人类社会发展进步明确了宏伟目标和合作方略。构建人类命运共同体正在成为我国处理双边多边关系、中国与世界关系的核心话语。构建人类命运共同体是一项系统性工程，涉及经济、政治、文化、社会、生态文明等多个层面，其中，文化理念决定着人类命运共同体的价值追求和根本关注，决定着不同国家和民族对于人类命运共同体的认同和支持程度，决定着构建人类命运共同体各项举措的性质和方向，在构建人类命运共同体的伟大实践中具有非常重要的意义。

一、人类命运共同体文化理念的现实依据

社会存在和社会意识的辩证关系，决定了人类命运共同体文化理念的产生条件和功能属性。人类命运共同体的文化理念源自当前构建人类命运共同体的世界境遇，同时必然反映当前人类社会的整体态势与发展方向，反映全球文化互动和冲突的客观情形。

---

① 王夫之. 张子正蒙注 [M]. 北京：中华书局，1975：168.

（一）全球化浪潮迅猛发展，人类的文化共识日益增强

有史以来，人类的活动范围不断扩大，交往、交流与合作的空间不断扩展。这是人类文明进步的重要标志。今天，国与国之间紧密联系，人类命运休戚相关，"环球同此凉热"，构建人类命运共同体遵循和体现了当今世界历史和全球化的发展趋势。当前在一定范围内，个别国家或区域出现了逆全球化和反全球化的问题，特别是在发达国家表现得更为突出。"这一现象充分暴露了西方资本主义国家意识形态的疲软和民主制度下的沉疴旧疾。"① 尽管如此，全球化进程不可逆转地达到了前所未有的程度，表明全球化是不以人的意志为转移的客观趋势，是任何别有用心的势力阻止和破坏不了的客观进程。习近平总书记在纪念马克思诞辰 200 周年大会上的讲话中指出："今天，人类交往的世界性比过去任何时候都更深入、更广泛，各国相互联系和彼此依存比过去任何时候都更频繁、更紧密。一体化的世界就在那儿，谁拒绝这个世界，这个世界也会拒绝他。万物并育而不相害，道并行而不相悖。我们要站在世界历史的高度审视当今世界发展趋势和面临的重大问题，坚持和平发展道路，坚持独立自主的和平外交政策，坚持互利共赢的开放战略，不断拓展同世界各国的合作，积极参与全球治理，在更多领域、更高层面上实现合作共赢、共同发展，不依附别人、更不掠夺别人，同各国人民一道努力构建人类命运共同体，把世界建设得更加美好。"② 在这个背景下，全球文化已经不再反映原有相互隔离状态的文化总貌，而是正在成为一个独立的、具有特定内涵的范畴，指的是全球化进程带来的整体统一的文化形态。

（二）互动交流日益深化，各国各民族的主体意识逐渐彰显

正如马克思恩格斯指出："各民族的精神产品成了公共的财产。民族的片面性和局限性日益成为不可能，于是由许多种民族的和地方的文学形成了一种世界的文学。"③ 这种"世界历史"理论在国际社会中逐步发展为一种共生性的关系，这种国际关系主要表现为以经济全球化为依托从而加强区域之间、国别之间的联系；以文化为载体的各民族之间的文明也逐步趋向主体化发展。民族主体意识增强后，便形成了具有国际共识的文化基础，这便是人类命运共同体的精神生产过程区别于传统地缘政治塑造的独特性文明的鲜明特征，它构建的是具有全球性和谐发展的精神。

---

① 李雪 . "人类命运共同体"的理想性与现实性 [J]. 探索，2017（5）：105 – 109.

② 中共中央党史和文献研究院 . 十九大以来重要文献选编（上）[M]. 北京：中央文献出版社，2019：432

③ 马克思恩格斯文集（第 2 卷）[M]. 北京：人民出版社，2009：35.

需要特别说明的是，全球化进程带来的文化共识和文化共性，绝不是今天和未来全球文化发展的单向度态势，因为全球化的过程也伴随着文化主体间性不断增强的趋势，各文化身份多元多样，同样亦是全球文化面貌的鲜明特征。可以说，文化全球化进程是文化的共同性增强和差异性彰显的辩证统一过程，两个趋向不同的进程相互交织，共同展现。法国哲学家卢梭指出："原始人只生活在他自己的世界中，而文明人一直生活在自己的世界之外。"① 在日益深化的文化全球化进程中，面对越来越多的对立主体的"他者"文化，各个文化主体的"自我"意识也得到了进一步激发，不同的国家意识、民族立场、政治身份在全球化舞台上得到展现。

（三）国际社会的结构性差距客观存在，文化不均衡性更加显著

每一个以国家为基础的社会乃至整个人类社会，本身就是一个结构体。全球化进程并没有把人类社会的原来结构扁平化，也没有消解不同力量的相互张力与矛盾。"未来世界的冲突将是全球信息经济中丰富的文化流动与资源的匮乏之间的冲突，这是因为更自由的贸易、科技的普及以及媒介遍及全球的触角已将不同的价值观统统塞进一个共同的公共广场。……只有在这样一个世界，纽约 CNN 的一名批评家因将中国人称为'暴民'并将他们出口的产品称为'垃圾'，而遭到北京一名中学教师的起诉。只有在这样一个世界，梵蒂冈才会使出浑身解数攻击电影《达·芬奇密码》，让观众相信通俗小说怎可与永恒的真理同日而语。"② 因此，世界上仍然存在着结构性和制度性的不平等问题。"中心—边缘"体系并没有根本消除，单极力量图谋世界政治经济权力的现象仍然突出。全球文化信息流量与流向不对称问题仍然严重，最鲜明的表现就是西方国家处于"文化顺差"地位，同时发展中国家处于"文化逆差"地位。当前全球文化贸易秩序存在着不合理的方面。发达国家奉行"丛林法则"，导致国际文化贸易严重失衡，广大发展中国家面临的文化逆差问题突出。西方发达国家控制着世界文化信息流动的权力，极少数文化信息媒体集团形成了严重的垄断问题，成为文化生态不均衡发展的主要因素。不同国家和地区文化传播的技术性资源分布不均衡，发达国家向全球进行新闻、文化、媒介传播，影响全球舆论，全球"数字鸿沟""信息鸿沟"问题仍然突出。

文化生态的均衡发展必然离不开文明多样性的发展，泯灭多种文明的结果只能是人类文明的湮灭。真诚和坦然是推进人类命运共同体文化战略的强大动力，傲慢和偏

---

① ［法］卢梭. 论人类不平等的起源［M］. 高修娟，译. 上海：上海三联书店，2009：78.
② ［美］奈森·嘉戴尔斯，迈克·麦德沃. 全球媒体时代的软实力之争——伊拉克战争之后的美国形象［M］. 何明智，译. 北京：中信出版社，2010：2.

见是推进人类命运共同体文化战略的巨大阻碍。人类命运共同体的文化理念关键在于以何种态度处置民族、地域和世界的张力。"文明冲突论"虽然承认文明间的差异，却在宰制与征服的态度中，建构起一套发展道路、社会制度和宗教信仰优劣分明、互不包容的价值体系和认知范式。不同的社会制度、不同的发展模式、不同的价值理念在世界发展中存在一定的沟壑。

（四）全球性问题日益突出，文化互鉴日益得到广泛认同

在全球化视域中，人类社会的开放状态不是指一种静止或无为的状态，而是充满物质、能量、信息交换的动态存在形式。在能量交换与转化失衡的条件下，全球性问题由此产生并更加明显，其影响范围和程度也日益扩大。两极格局终结后，亨廷顿的"文明冲突论"、福山的"历史终结论"等思想铺天盖地而来，无疑是"西方中心论"思想的延续，在这种固有的思想下，全球性的问题日益突出，"蝴蝶效应"更加显著，各国之间、各民族之间相互依存的程度前所未有。全球性问题对于国家和个人都构成了严峻挑战，构建人类命运共同体成为解决全球性问题与挑战的正确选择。"独学而无友，则孤陋而寡闻。对人类社会创造的各种文明，无论是古代的中华文明、希腊文明、罗马文明、埃及文明、两河文明、印度文明等，还是现在的亚洲文明、非洲文明、欧洲文明、美洲文明、大洋洲文明等，我们都应该采取学习借鉴的态度，都应该积极吸纳其中的有益成分，使人类创造的一切文明中的优秀文化基因与当代文化相适应、与现代社会相协调，把跨越时空、超越国度、富有永恒魅力、具有当代价值的优秀文化精神弘扬起来。进行文明相互学习借鉴，要坚持从本国本民族实际出发，坚持取长补短、择善而从，讲求兼收并蓄，但兼收并蓄不是囫囵吞枣、莫衷一是，而是要去粗取精、去伪存真。"① 现在来看，没有一种文明，没有一种方案能够单独解决和应对一系列的全球性问题。面对世界上的共同难题和共同挑战，人们应更加主动和自觉地了解其他文化资源，在认识和了解"他者"文化的实践关系中，增强"自我"文化的意识，形成更加科学全面的文化自觉。文化互鉴，学习和借鉴人类优秀文明成果，充分利用全球化的发展红利，成为人们进行文化自省和文化自觉得出来的科学态度。

在全球性问题突出的新时代，中国人民立足世界的发展趋势与存在的主要矛盾，从实践出发为世界提供一种解决问题的新型价值观——人类命运共同体。在其发展理念中，正是综合了辩证唯物主义与历史唯物主义，对于世界中的主次矛盾进行清晰划分，从人的本质的角度出发为促进全世界人的发展奠定基础，从价值观角度出发重新为世界文明提供交流互鉴与携手并进的机会。

---

① 习近平. 论坚持推动构建人类命运共同体［M］. 北京：中央文献出版社，2018：162.

（五）人类的共同利益不断增大，共同的价值取向正在形成

全球化进程中，人们按照一定的规则进行着经济、政治、社会层面的交流互动，非零和博弈得到广泛认同，在一定程度上必然形成了"你中有我""我中有你"的共同利益。"共同体"一词的英文 community，是由拉丁文前缀"com"（一起、共同之意）和伊特鲁亚语单词"munis"（承担之意）组成，本身就意味着具有共同的意愿和行为。只有合作共赢才能办大事、办好事、办长久之事。习近平总书记指出："要摒弃零和游戏、你输我赢的旧思维，树立双赢、共赢的新理念，在追求自身利益时兼顾他方利益，在寻求自身发展时促进共同发展。合作共赢的理念不仅适用于经济领域，也适用于政治、安全、文化等广泛领域；不仅适用于地区国家之间，也适用于同域外国家开展合作。"[①] 我们倡导的，合作共赢理念必将推进地区和世界范围内共同利益的形成。一定范围共同利益的形成线性地决定着一定范围共同价值的形成。全球化的现实必然带来全球化的思想。全人类共同价值是各国文化共识之魂。在全球化的进程中，全人类的共同价值由原始独立的状态，走向整合和凝聚。全球化在经济、技术、信息的互动交流必然带来人们行为的"体制化"，一定的规范、规则和制度在更大的范围内得到共同认同和遵守，共同的行为准则和价值上升有机嵌入不同的民族文化形态。构建人类命运共同体本身就意味着人们可以而且需要尊重全人类共同价值，这一事实和主张又以不牺牲异质文化的独立性为基础。

新时代以来，我国处于"两个大局"的生存发展环境中，面对外部环境全球化、经济机制市场化、生产信息数字化等相互叠加的时代背景，世界发展趋势不断对抗旧的国际关系。虽然治理赤字、发展赤字等局部冲突会对抗整体态势，但是和平与发展的时代主题不可或缺，全人类共同追求的和平与发展是各个国家进步的前提、公平与正义是追求的价值理想、民主与自由是推进国际关系的追求。随着全球利益共同体的逐步形成，人类命运共同体通过发展共同价值，把握和校准未来世界的发展方向，凝聚各国精神。

二、人类命运共同体文化理念的核心要义

日益深化的全球化进程中，在日益复杂的全球网络关系中，跨越不同的宗教信仰、国家利益、地理界限、政治诉求构建人类命运共同体，有一项基础性的工作需要持续

---

① 习近平. 论坚持推动构建人类命运共同体 [M]. 北京：中央文献出版社，2018：207.

深入的推进和解决，那就是人类命运共同体的意义和情感的生产与认同。"共同体能够保持结合，恰恰在于相互之间的、共同的、有约束力的思想信念作为一个共同体自己的意志，它就是把人作为一个整体的成员团结在一起的特殊的社会力量和感情。"[①]对于人类命运共同体文化理念、时代意义的认知是推进构建人类命运共同体的重要前提。人类命运共同体的文化理念意义重大，是人类命运共同体的精神源泉，在很大程度上决定着构建人类命运共同体的目标定位、战略内容、行为举措。我国构建人类命运共同体坚持着正确的文化理念，是对于马克思主义文化理论的坚持与创新，对于中国优秀传统文化的创造性转化、创新性发展，对于中国共产党文化思想的践行与运用。从人类命运共同体思想的整体内容和问题来看，我国人类命运共同体的文化理念尊重了各国人民的利益和主张，反映了中国和世界的良性关系，具有很强的科学性、正当性，经得起历史的检验。

（一）人类命运共同体坚持天下为公、万物一体的文化理念

中华文明的至高理想是"大道之行也，天下为公"[②]。中国文化拥有"以天下为天下"的实践意识，也培育出了"以天下为己任"的责任意识，强调"天下一家"的共存秩序。实现这样一种崇高的社会理想，一直都是中华文明不懈的精神目标。习近平总书记指出："和平、发展、公平、正义、民主、自由，是全人类的共同价值。"[③] 中国尊重和弘扬的全人类共同价值，在根本主张上完全不同于西方国家的"单极文化"和"普世价值"，反对民主输出和价值观外交，"是在认同基本原则的前提下求同存异，尊重各国独立性、共同参与的前提下互商互谅达成一致"[④]。构建人类命运共同体，要认清"普世价值"与全人类共同价值的本质区别。"普世价值"宣扬的是西方价值的普世性，全人类共同价值强调的是人类社会共同拥有的价值理念。

2018 年全国政协十三届一次会议新闻发布会上，有媒体提问西方近期舆论称中国利用文化传播通过"锐实力"在西方搞渗透，大会新闻发言人引用美国黑人民权运动领袖马丁·路德·金说过这段话："人们之所以相互敌视，是因为相互害怕；之所以相互害怕，是因为相互不了解；之所以相互不了解，是因为相互不能沟通；之所以相

---

① ［德］斐迪南·滕尼斯. 共同体与社会：纯粹社会学的基本概念［M］. 林容远，译. 北京：北京大学出版社，2010：58.

② 礼记译解［M］. 王文锦，译解，北京：中华书局，2016：298.

③ 习近平. 携手构建合作共赢新伙伴 同心打造人类命运共同体——在第七十届联合国大会一般性辩论时的讲话［N］. 人民日报，2015 - 09 - 29.

④ 钱仕英，齐鹏飞. 人类命运共同体理念的中国传统文化意蕴和时代价值［J］. 云南省社会主义学院学报，2018（1）：95 - 100.

互不能沟通，是因为彼此隔阂。"① 在当今世界各国尤其是大国之间，应该努力促进和而不同、兼收并蓄的文明交流，构建以合作共赢为核心的新型国际关系，齐心协力打造人类命运共同体，而不是以对抗的思维来制造藩篱，彼此隔阂，猜忌诋毁。一直到今天，全人类共同价值还仍然没有转变成国际社会主体的自觉价值遵循和行为准则，文化无序和价值失范问题影响着人类命运共同体的构建秩序。对外开放既是实现人类命运共同体文化理念的战略性机遇，也是我国文化发展面临的重大挑战。当今国际社会仍然存在着霸权主义和强权政治，西方国家企图把全球化变成西方主导的全球化，变成某一个国家或集团的全球化。特别是当前美国又出现了单边保护主义、贸易霸凌主义的倾向。"霸权主义是人类之祸，是构建'人类命运共同体'最大的文化障碍和政治障碍。"② 这从根本上体现了西方中心主义的立场，体现了西方国家对于其他国家、民族和文化的"傲慢与偏见"，体现了西方国家弱肉强食的逻辑规则和追求"国大必霸"的战略动机。

我国提出人类命运共同体的主张，体现了中华文明追求天人合一和世界和平的"天下"理想，辩证和谐、融合、共生的整体观，体现了人类命运共同体的理想境界。中国不同于西方文明中的"主客体分离"的"二元论"，而是具有"天下为公""万邦和谐"的宏观理念，尊崇"民为同胞，物为同类"，运用非对象性思维看待世界，坚持对立统一、动态转化的理念，主张多元兼顾，平衡协调，反对个体至上的片面取向，这与人类命运共同体对世界的主张完全一致。"人类命运共同体与政治多极、文明多样、经济多元、主权平等、民族独立、个性自由互为表里，是人类共性和个性辩证统一的理论，是中国文化天人合一宇宙观、协和万邦国际观、和而不同社会观、人心和善道德观的必然结论。"③ 中国与西方国家在世界交往方面的理念和方式不同。中国主张对外部世界的包容、融合和尊重，西方国家与世界交往的方式是占有、侵略和控制。构建人类命运共同体以整体性的全球视野，倡导包容性文化治理，进一步增进国际社会文化认同、凝聚共识、深化合作，反对单极文化一统天下的"文化殖民"，抵制超越一切文化主体的"普世"文明和文化霸权。维护共同性，增强共同性，是构建人类命运共同体的重要前提，也是我国天下大同、对立统一文化理念对于人类命运共同体提供的重要支撑。

---

① 2018全国两会记者会实录 [M]. 北京：人民出版社，2018：291.

② 郎毅怀. "人类命运共同体"的价值体系及其视野下的文化批判（下）[J]. 吉林师范大学学报（人文社会科学版），2018（6）：69－78.

③ 当代中国与世界研究院，法国桥智库. 文化交流与互鉴：构建人类命运共同体 [M]. 北京：朝华出版社，2020：100.

（二）人类命运共同体坚持多元共存、平等相待的文化理念

"夫物之不齐，物之情也。"① 多样性是人类社会的本然特征，是人类文明不断进步的重要条件，也是当前人类文化格局的鲜明态势。当今世界仍然存在着不同的国家利益、不同的宗教信仰、不同的意识形态以及不同的社会制度的分歧和对立。多样文化交流互动与矛盾冲突并存，构成了当前全球文化最宏大的景观特征。

现实中，全球文化存在着"可口可乐化""麦当劳化"的倾向，有些国家奉行强烈的西方中心主义，主张西方文化优势论，竭力构建西方单一文化一统天下的文化格局，用西方文化去倾轧甚至消灭世界上的其他文化。西方文化就像"文化压路机"，把世界文化和民族文化的多样化轧得粉碎，对于其他国家和民族文化的独立性造成了严重的冲击。这违背了文化多样化发展的规律，破坏了全球多样性共存的文化生态，也影响了其他国家文化的生存权与发展权。"世界潮流，浩浩荡荡，顺之则昌，逆之则亡。要跟上时代前进步伐，就不能身体已进入 21 世纪，而脑袋还停留在过去，停留在殖民扩张的旧时代里，停留在冷战思维、零和博弈的老框框内。"② 维护文化主权就是维护一个国家公民最大的文化利益，而这种文化利益就是在文化上确认"我是谁"的根本文化认同。人类之间当然需要不断的文化和文明的交流，这是人类社会的生命活力之所在。尊重人类社会文明多样性和多元文化共存是国际社会的基本共识，恪守和遵循这一根本原则是联合国宪章所规定的共同行为规范。而所有这一切都是建筑在对国家文化主权的确认基础上的。"在可以预见的将来，不会有普世文明，有的只是一个包容不同文明的世界，而其中的每一个文明都得学会与其他文明共存。"③ 因此，解决全球文化出现的问题，需要坚持协同性文化治理，反对不同民族文化的歧视和偏见，反对强势文明同化或消灭其他文明，反对构建单极文化格局。

中国文化早就主张"万物并育而不相害，道并行而不相悖"，坚持不同文化兼容并蓄、多元互融、互补共进。国有大小，力有强弱，成有先后。但只有承认"文明无高下"才能做到"平等相待"，只有强而不凌弱、大而不垄断，才可能迈向命运共同体。这是我国主张共同发展、人类命运共同体的哲学理路。中国文化强调"有容乃大"的平等秩序，中国共产党提出"百花齐放"的文化方针，体现了人类命运共同体的中和理性和尊重多样化的文化态度。"世界上没有两片完全相同的树叶，也没有完全相同的历史文化和社会制度。各国历史文化和社会制度各有千秋，没有高低优劣之

① 孟子译注 ［M］. 金良年，撰. 上海：上海古籍出版社，2004：114.
② 习近平谈治国理政（第 1 卷）［M］. 北京：外文出版社，2018：273.
③ 云德. 全球化语境中的文化选择 ［M］. 北京：人民文学出版社，2008：10.

分，关键在于是否符合本国国情，能否获得人民拥护和支持，能否带来政治稳定、社会进步、民生改善，能否为人类进步事业作出贡献。各国历史文化和社会制度差异自古就存在，是人类文明的内在属性。没有多样性，就没有人类文明。多样性是客观现实，将长期存在。差异并不可怕，可怕的是傲慢、偏见、仇视，可怕的是想把人类文明分为三六九等，可怕的是把自己的历史文化和社会制度强加给他人。各国应该在相互尊重、求同存异基础上实现和平共处，促进各国交流互鉴，为人类文明发展进步注入动力。"① 人类命运共同体文化不同于发展中国家过分强调文化地方性而无视人类共同价值的文化相对主义、文化部落主义，也不同于西方发达国家无视文化地方性、个性而试图把自己的特殊性普遍化的文化霸权主义、文化绝对主义，而是强调不同文化相互交织、多元共在。在构建人类命运共同体的过程中，中国坚持不同国家、民族的思想文化地位平等，各有千秋，没有高低、优劣、贵贱之分。联合国大厦三楼大厅有一幅用马赛克镶嵌而成的彩色大型壁画，壁画主题叫"黄金法则"：Do unto others, as you would have them do unto you（你不想人家那样对待，你也不要那样对待别人），这一黄金法则体现了中国文化"己所不欲，勿施于人"的重要精神。尽管中国是世界上第一个提出构建人类命运共同体的国家，但中国不主张人类命运共同体由中国一个国家来主导，去构建，中国不是借助构建人类命运共同体推行"圈子文化"，谋求势力范围，而是针对时代重大问题、面向所有国家和民族提出的重大倡议，是国际关系民主化主张的真实反映。

（三）人类命运共同体坚持和平共处、和而不同的文化理念

文化是人类生产生活实践在精神层面的体现，展示了人类的实践创造。不同文化形态之间发展方向是自主的，发展机会是均等的，因而尊重不同文化形态之间的差异性，是凝聚文化共识的重要前提。显然，尊重不同文化形态之间的差异性，内含着包容文化多样性的基本旨趣和价值立场。习近平总书记指出："中华民族历来是爱好和平的民族。中华文化崇尚和谐，中国'和'文化源远流长，蕴含着天人合一的宇宙观、协和万邦的国际观、和而不同的社会观、人心和善的道德观。在五千多年的文明发展中，中华民族一直追求和传承着和平、和睦、和谐的坚定理念。以和为贵，与人为善，己所不欲、勿施于人等理念在中国代代相传，深深植根于中国人的精神中，深深体现在中国人的行为上。"②

在后冷战时代，全球化进程中文明的冲突更加强烈。塞缪尔·亨廷顿从现代世界

---

① 习近平谈治国理政（第 4 卷）［M］. 北京：外文出版社，2022：460.
② 习近平. 论坚持推动构建人类命运共同体［M］. 北京：中央文献出版社，2018：106 - 107.

文化冲突或文明冲突的视角入手，阐述了民族国家间文化交往过程中的文化异质化思想。亨廷顿在多元文化共存的基础上，提出了著名的"文明冲突"的范式，并用以理解全球化时代的文化交往问题。"民族国家仍然是世界事务中的主要因素。它们的行为像过去一样受对权力和财富的追求的影响，但也受文化偏好、文化共性和文化差异的影响。对国家最重要的分类不再是冷战中的三个集团，而是世界上的七八个主要文明。非西方社会，特别是东亚社会，正在发展自己的经济财富，创造提高军事力量和政治影响力的基础。随着权力和自信心的增长，非西方社会越来越伸张自己的文化价值，并拒绝那些由西方'强加'给它们的文化价值。""在这个新世界中，区域政治是种族的政治，全球政治是文明的政治。文明的冲突取代了超级大国的竞争。在这个新的世界里，最普遍的、重要的和危险的冲突不是社会阶级之间、富人和穷人之间，或其他以经济来划分的集团之间的冲突，而是属于不同文化实体的人民之间的冲突。"① 亨廷顿认为，冷战结束后，中华文明和伊斯兰文明等"非西方文明"将联合起来反对以美国为首的西方文明，最终将引至全球性的战争。亨廷顿的"文明冲突"思想，反映了处于全球化时代的世界文化所具有的矛盾性和冲突性的特征，也充分体现了民族国家文化存在特殊性和异质性的客观事实。从这种意义上说，亨廷顿的"文明冲突"思想无疑对我们研究和探讨全球化时代的文化交往问题具有重要的启迪意义。"文明冲突论"尽管在文明关系中能够找到一定事实论据，但它是带有西方色彩的一种主张，是戴有西方人有色眼镜得出的带有偏见倾向的论调。它不仅是对于不同文明之间发生对抗和冲突的事实描述，而且是一种富有强烈政治主观色彩的思维方式，是少数国家维护自身强势地位和"领导"地位的战略取向。习近平总书记指出："在教科文组织总部大楼前的石碑上，用多种语言镌刻着这样一句话：'战争起源于人之思想，故务需于人之思想中筑起保卫和平之屏障。'只要世界人民在心灵中坚定了和平理念、扬起了和平风帆，就能形成防止和反对战争的强大力量。"② 我们对于世界文明关系的分析，不应该服膺于亨廷顿"文明冲突论"的逻辑思路，简单化地判断"文明之间是否存在冲突"，或单纯地分析"文明冲突论"到底有没有道理。科学对待"文明冲突论"的前提，就是需要确定客观的主体立场，即要把当前全球文明冲突的事实关系与西方"文明冲突论"的潜意识区分开来。

因此，对于文明的冲突，我们要实事求是地去看待，既不能断然否定，也不能随声附和，关键是要实现审视主体和判断立场的转换。对此我们要进一步确定以我为主的审视角度，以我们的国家和民族为立场确定观察问题的方式，通过学术自觉增强学

① 塞缪尔·亨廷顿. 文明的冲突与世界秩序的重建［M］. 周琪，等译. 北京：新华出版社，2009：5－6.

② 习近平. 论坚持推动构建人类命运共同体［M］. 北京：中央文献出版社，2018：75.

术自信。当前，文明冲突的逻辑得到了一定的印证，但并不是亨廷顿所讲八大文明之间的冲突，更不是中华文明与伊斯兰文明联手对于西方基督文明的冲突，而是有的国家和集团以政治和文化战争的方式制造着、强化着文明的冲突。这是"命运与共、唇齿相依"的安全新局面。"当今世界，没有一个国家能实现脱离世界安全的自身安全，也没有建立在其他国家不安全基础上的安全。"①

"和羹之美，在于合异。"② 中国文化主张讲信修睦、以德服人、以德治世，成为人类命运共同体的道德追求。中国文化强调"修文德，来远人""以德行仁，不以力称霸"的思想。2014 年 3 月，国家主席习近平在联合国教科文组织总部发表演讲指出："中国人早就懂得了'和而不同'的道理。生活在二千五百年前的中国史学家左丘明在《左传》中记录了齐国上大夫晏子关于'和'的一段话：'和如羹焉，水、火、醯、醢、盐、梅，以烹鱼肉。''声亦如味，一气，二体，三类，四物，五声，六律，七音，八风，九歌，以相成也。''若以水济水，谁能食之？若琴瑟之专一，谁能听之？'"③ 国家主席习近平进一步指出："世界上有二百多个国家和地区，二千五百多个民族和多种宗教。如果只有一种生活方式，只有一种语言，只有一种音乐，只有一种服饰，那是不可想象的。"④ 中国文化蕴含着"以和为贵""有容乃大"的古典智慧，体现了人类命运共同体和平至上的价值准则。"协和万邦""亲仁善邻""贵和尚中""和衷共济"是中国文化的重要主张。"和"的思想是中华文化的基本要素。

中华文化和而不同的精神追求在构建人类命运共同体的理念中得到鲜明体现，表达了中国追求和平发展、共同发展的立场与态度。无论是各个民族国家还是各类国际组织，其在意识形态、利益诉求、行动原则、发展程度等方面都极具特殊性。但特殊性中总是包含着普遍性，即不同行动主体在追求其特殊性利益的同时，共同的生存环境、面对的共同问题以及作为社会性存在的共同属性，又使得其达成共识乃至采取共同行动成为可能。人类命运共同体理念从人类整体利益出发，"化意识形态、政治制度、发展阶段之异"⑤，就是倡导社会制度、意识形态和发展程度各异的社会民族国家，在保存其差异、特殊的前提下，通过沟通对话、协同合作，化解分歧，共赢发展。即人类命运共同体理念强调的共同、普遍、一般，并不是归并同化、整体划一，相反，其以行动主体的特殊、差异为前提，求"合"但不排"异"，是存异基础上的求同，即和而不同。也就是，构建人类命运共同体本身就意味着要正确处理"一"和"多"

① 国纪平. 为世界许诺一个更好的未来——论迈向人类命运共同体 [N]. 人民日报，2015 - 05 - 18.

② 三国志集解 [M]. 上海：上海古籍出版社，2021：975.

③ 习近平谈治国理政（第 1 卷）[M]. 北京：外文出版社，2018：261 - 262.

④ 习近平. 论坚持推动构建人类命运共同体 [M]. 北京：中央文献出版社，2018：80 - 81.

⑤ 习近平会见德国社民党主席、副总理加布里尔 [N]. 人民日报，2015 - 07 - 16.

的关系，既不能用人类命运共同体的"一"替代国家主体的"多"，也不能用主权国家和其他主体的"多"而否认人类命运共同体的"一"，形成人类命运共同体和构建主体之间和而不同、有机整体的关系。

中国正在推动构建人类命运共同体，并不是一个各国追求经济利益的共同体，而是具有深厚而高尚的道义根本和理想，印证了中国文化以德治世的主张。"推动构建人类命运共同体，不是以一种制度代替另一种制度，不是以一种文明代替另一种文明，而是不同社会制度、不同意识形态、不同历史文化、不同发展水平的国家在国际事务中利益共生、权利共享、责任共担，形成共建美好世界的最大公约数。"① 我国积极倡导并构建人类命运共同体，秉持尊重文明的多样性的基本立场，充分肯定各种文明的价值，把和而不同作为处理不同文化关系的基本准则，保证不同文明协同发展。中国文化历来主张"万物并育而不相害，道并行而不相悖"。面对世界日益增强的多样性、差异性，面对世界范围的政治较量、经济遏制、军事冲突、文化交锋，我国始终坚持和平共处、和而不同的文化理念。"如果奉行你输我赢、赢者通吃的老一套逻辑，如果采取尔虞我诈、以邻为壑的老一套办法，结果必然是封上了别人的门，也堵上了自己的路。"② 因此，构建人类命运共同体要消减"文明冲突"的动机和思维，克服冷战思维，以文明的方式恰当及时化解矛盾、协调关系，反对社会达尔文主义的丛林规则，破除极端化思维，兼顾各方意愿，善于妥协平衡，提倡多元融洽，体现了和而不同的中国文化理念。

（四）人类命运共同体坚持兼收并蓄、交流互鉴的文化理念

人类文明发展的客观规律深刻地告诉我们，文明往往在交流互动中得到生存、发展和繁荣，又往往在封闭僵化中走向衰落、凋敝和消亡。文明或文化在不同地域、不同群体之间传播，始终处于动态的演变进程中。这种传播可以跨越行政边界（国界），也可以跨越种族—民族—族群边界。许多国家在历史上或近代都曾从其他文明吸取文化营养，所以我们不应把不同的文明看作截然不同、彼此对立的部分，它们之间相互渗透、彼此影响。"文明是多彩的，人类文明因多样才有交流互鉴的价值。阳光有七种颜色，世界也是多彩的。一个国家和民族的文明是一个国家和民族的集体记忆。人类在漫长的历史长河中，创造和发展了多姿多彩的文明。从茹毛饮血到田园农耕，从工业革命到信息社会，构成了波澜壮阔的文明图谱，书写了激荡人心的文明华章。"③

---

① 习近平谈治国理政（第 4 卷）［M］. 北京：外文出版社，2022：475.
② 习近平谈治国理政（第 3 卷）［M］. 北京：外文出版社，2020：434.
③ 习近平 . 论坚持推动构建人类命运共同体［M］. 北京：中央文献出版社，2018：76 - 77.

从世界文化发展的历史规律来看，开放机制是不同文明发展进步的客观机制。人类文明因丰富多彩才有交流互鉴的前提，人类文明因平等互利才有交流互鉴的价值，人类文明因包容开放才有交流互鉴的动力。人类命运共同体是一个有大爱、有大智慧的理念。但是，它并不是一个实然的存在，就在那儿，不需要努力奋斗与争取。恰恰相反，人类命运共同体有一定的建构性，不同文明的个体与共同体，悉心滋养它、呵护它，它才会存在，它的存在才会越来越真实，人类才会结成真正同呼吸、共命运的共同体。历史上任何一个民族取得的文明成果，都是人类文明的瑰宝，而只有交流互鉴才能使文明得到新陈代谢，推陈出新，永续发展。当今的世界是开放的世界，拒绝这个世界的国家和民族就会被这个世界所拒绝。2008 年世界金融危机以来，西方国家保守主义思潮回潮并不断泛滥，力求保持自身对国际事务的领导权和控制权，不惜明火执仗、明目张胆地违反国际法则，透支自己国家的国际信用，肆意挑战贸易自由体系和多边主义。全球化舞台上开放状态受到了一定的干扰和阻隔。

与狭窄极端的文化部落主义、文化割据主义一样，高傲自大、目空一切的文化中心主义没有出路。不同文明之间既然具有相似性和共同性，这就需要各文明体的进一步认同和了解，才能实现更大空间上的相互认知。在人类命运共同体理念影响之后，我国提出的"一带一路"倡议为文化交流提供了好的平台，积极主动地参与文化交流，努力成为文化融合的主动方，成为近年来我国实施的文化策略。人类命运共同体的文化战略正是注重不同文化形态之间的协同发展，避免前现代化阶段出现的不同文化形态之间的恶性竞争和倾轧，而是要充分利用不同文化形态之间的资源禀赋来谋划世界各国的互补性发展。在博鳌亚洲论坛 2018 年年会开幕式上，国家主席习近平郑重指出："中国开放的大门不会关闭，只会越开越大！"[①] 这充分表明了在全球化进程出现"逆流"的背景下中国坚定开放的决心，以及和各国一道共同捍卫自由贸易体系的立场。文明交流互鉴，是增进各国人民友谊的桥梁、推动人类社会进步的动力、维护世界和平的纽带、打造人类命运共同体的重要思想基础。习近平深刻地指出："文明因多样而交流，因交流而互鉴，因互鉴而发展。我们要加强世界上不同国家、不同民族、不同文化的交流互鉴，夯实共建亚洲命运共同体、人类命运共同体的人文基础。"[②] 各种文化要为人类优秀文明成果作出贡献，培育和增强人类优秀文明成果。同时也要坚持开放战略和学习借鉴的态度，使人类创造的优秀文化与当代文化相适应、与现代社会相协调，推动人类汇聚智慧和携手应对共同面临的各种挑战。在构建人类命运共同体进程中，坚持文明交流互鉴、文化多元共存，反对"文化冲突"理论和

---

① 习近平. 开放共创繁荣 创新引领未来——在博鳌亚洲论坛 2018 年年会开幕式上的主旨演讲 [N]. 人民日报，2018 - 04 - 11.

② 习近平谈治国理政（第 3 卷）[M]. 北京：外文出版社，2020：468.

"文化部落主义"等主张，展现了中国负责任、有担当的大国形象，为各国各民族文化共同发展选择了一条坦途正道，为达成人类命运共同体理念共识提供了重要的思想主张和实践机制。

（五）人类命运共同体坚持合作共赢、共享发展的文化理念

人类命运共同体理念能不能得到国际社会其他国家和民族的支持和认同，能不能转化成为国际社会的共识，不仅要看它是否符合这个国家的国家利益，而且要看是否符合更多国家或者全人类的共同利益，是否能够促进国际社会公共利益的产生和增长。"大厦之成，非一木之材也；大海之阔，非一流之归也。""一花独放不是春，百花齐放春满园。""独行快，众行远。""金字塔是一块块石头垒成的。"习近平总书记在多个场合引用这些富有哲理的文句，表达合作共赢的理念，构建人类命运共同体非一时之功能成，亦非以一己之力能至，需要各国各民族共同付出长期艰苦的努力。构建人类命运共同体既不仅服务于中国战略和中国利益，也不仅局限于中国视野，而是着眼于整个人类社会的未来发展方向。"人类命运共同体是人与自然、人与人之间相互依存、互利共荣、协同发展的共同体格局，……推动整个世界格局的变革，即由对抗分裂、弱肉强食的博弈格局转向共生共荣、互利共赢的命运共同体格局。"① 建立以合作共赢为核心的新型国际关系，是中国顺应时代要求，为实现各国和各国人民共享平等尊严，共享发展成果，共享安全保障而提出的蓝图，它与构建人类命运共同体的思想一脉相承，互为补充，都承载着中国对建设美好世界的崇高理想和不懈追求。人类命运共同体理念倡导交互主体间对话但不对抗，即不同性质、不同发展程度、不同历史文化、不同价值观念的国家不应采取盲目排外和冷战思维进行外交，而应坚持"政策沟通、设施联通、贸易畅通、资金融通、民心相通"的五通交互，在差异中谋合作，在合作中实现共赢。

近年来，全球化进程出现了新的趋向和特征，就是区域化发展逐渐兴起和拓展。目前不少国家提出了各自的跨国跨境区域发展思路，俄罗斯提出"欧亚经济联盟"，东盟提出"互联互通总体规划"，蒙古国提出"草原之路"并进而提升为"发展之路"，哈萨克斯坦提出"光明之路"，土耳其提出"中间走廊"，欧盟提出"容克计划"，英国提出"英格兰北方经济中心"，越南提出"两廊一圈"，柬埔寨提出"四角"战略，沙特阿拉伯提出"2030 愿景"，波兰提出"琥珀之路"等。我们要深刻认识到，全球化和区域化既不是完全重叠、没有差异的关系，也不是截然对立、互不相容的关系，这取决于我们对于全球化和区域化的态度和立场。"我们要努力建设一个

---

① 李包庚. 世界普遍交往中的人类命运共同体 [J]. 中国社会科学，2020 (4)：4 - 26，204.

远离封闭、开放包容的世界。中国有句古话：万物并育而不相害，道并行而不相悖。文明的繁盛、人类的进步，离不开求同存异、开放包容，离不开文明交流、互学互鉴。历史呼唤着人类文明同放异彩，不同文明应该和谐共生、相得益彰，共同为人类发展提供精神力量。我们应该坚持世界是丰富多彩的、文明是多样的理念，让人类创造的各种文明交相辉映，编织出斑斓绚丽的图画，共同消除现实生活中的文化壁垒，共同抵制妨碍人类心灵互动的观念纰缪，共同打破阻碍人类交往的精神隔阂，让各种文明和谐共存，让人人享有文化滋养。"① 对此，我们要清醒理性地认识人类命运共同体，要正确处理"一"和"多"的关系、"异"和"同"的关系、整体和部分的关系、全体和个体的关系。作为构建人类命运共同体的重要载体，我国提出的"一带一路"倡议，不是另起炉灶，推倒重来，而是实现战略对接、优势互补。所以，构建人类命运共同体并不是消灭区域化组织和战略，不是削减主权国家的利益和地位，而是在差异性的基础上，在尊重国家主权的基础上，在协调区域组织和战略的基础上，寻求更大的思想共识和利益共识，形成更多的具有共同性的实践战略，各方通过政策和战略对接，实现"一加一大于二"的效果。

　　面对中国"一带一路"倡议得到更多响应，亚洲基础设施投资银行取得良好进展，中国在区域组织和国际组织中的地位和话语权不断提高。有西方学者写道："如果西方与世界的关系体现为侵略与征服，那么中国与世界的关系显示为对最高等级地位的超乎想象的执着心态""中国的强大也将迫使世界上的其他国家默默按照中国的方式行事"。于是，国际上一些人担心中国会再次通过朝贡制度来重建"天下秩序"，把古老的朝贡制度发展成为一个现代版本。"显然，这是对人类命运共同体理念的曲解，是对中国积极承担国际责任、促进国际发展合作的歪曲。"② 个别西方人认为，中国构建人类命运共同体是谋取大国地位，是在搞自己的"圈子"和"山头"，来对抗西方国家。这种先入为主的观点是在中国和平发展、西方发展动力不足的背景下"中国威胁论"的变异，具有强烈的冷战思维和意识形态动机。"中国威胁论"由来已久，到当前又甚嚣尘上，竟然冠冕堂皇地把中国描绘成"新帝国主义列强""修正主义国家"，提出中美即将"新冷战"等论调。"中国威胁论"之所以层出不穷，不断翻新，是因为它体现了西方国家一以贯之的思维方式和战略立场。这一论调是西方国家在国际社会维护自身领导地位的政治需要，是通过制造假想敌增强自身话语权的重要手段，同时也是在国际舆论上打压中国、遏制中国发展、破坏中国外部环境的重要方式。

　　马克思恩格斯认为："只有在共同体中，个人才能获得全面发展其才能的手段，

---

①　习近平谈治国理政（第 3 卷）［M］．北京：外文出版社，2020：434.

②　杨永红．防止对人类命运共同体理念的曲解［N］．人民日报，2018 - 02 - 23.

也就是说，只有在共同体中才可能有个人自由。"① 构建人类命运共同体是马克思主义共同体思想的运用和发展，具有科学的属性和正确的价值取向。我们不是片面追求"一国独大"，也不是追求西方国家主导的势力范围，而是推进世界各国共享发展，反对技术垄断和互联网霸权，反对世界文化权力由一国或几国主导的不合理现象。"独行快、众行远。"我们积极推进"一带一路"与其他国家区域发展战略的相通相融，而不是反对其他国家的区域发展战略。习近平总书记指出："一个国家要谋求自身发展，必须也让别人发展；要谋求自身安全，必须也让别人安全；要谋求自身过得好，必须也让别人过得好。"② 到目前，"一带一路"已经成为东牵亚太经济圈，西接欧洲经济圈，穿越非洲，环链欧亚，全世界跨度最长、最具潜力的合作带，是迄今为止世界上人口规模最大的互利共赢命运共同体。"合作共赢是新型国际关系理念的核心内容，也具有鲜明时代特征和中国特色。合作是途径，以合作取代对抗；共赢是目标，以共赢取代独占。"③ 构建人类命运共同体坚持的就是开放包容、共享成果的非零和思路，需要差异互补、共生共济、和谐共荣。不但让世界各国搭乘中国经济发展的快车，而且让世界各国搭乘中国文化发展的快车。"推动构建人类命运共同体，不是倡导每个国家必须遵循统一的价值标准，不是推进一种或少数文明的单方主张，也不是谋求在全球范围内建设统一的行为体，更不是一种制度替代另一种制度、一种文明替代另一种文明，而是主张不同社会制度、不同意识形态、不同历史文明、不同发展水平的国家，在国际活动中目标一致、利益共生、权利共享、责任共担，从而促进人类社会整体发展。"④ 在国际文化关系中摒弃零和游戏、你输我赢的旧思维，坚持互联互通，共建共享，确立双赢、多赢、共赢的新理念，开辟国与国之间携手共进、共同发展的新时代，在不同文明和文化发展方面作出自己的贡献。

（六）人类命运共同体坚持文化自觉、美美与共的文化理念

西方国家把全球化作为"西方化"的平台，形成了文化帝国主义现象，其他国家发展文化的自主权利受到忽视和压制。强权政治影响全球文化活动的目标和取向。权力概念历来是国际政治最重要的概念之一，也是各派学说思考的起点。在国际政治学领域，权力的基本含义是一种"控制"。在它产生的国际形势和理论初衷来看，约瑟夫·奈提出的软实力理论属于国际政治理论，是避免美国衰落的理论工具，也是增强别人认同的控制方式。这种"控制"的含义，引起了人文学科学者的批评。他们认

---

① 马克思恩格斯选集（第1卷）[M]. 北京：人民出版社，2012：199.
② 习近平. 在捍卫国家主权基础上维护地区稳定 [N]. 人民日报，2012-07-08.
③ 陈岳，蒲俜. 构建人类命运共同体 [M]. 北京：中国人民大学出版社，2017：36.
④ 国务院新闻办公室. 新时代的中国与世界 [N]. 人民日报，2019-09-28.

为，约瑟夫·奈主张软实力与硬实力的软硬兼施，终究只是从国际政治的立场出发，是作为美国世界战略理论而构建的东西，只是为了试图维护和增强美国世界霸权的政治理论。美国哈佛大学东亚系的杜维明说："我基本上不接受'软实力'的观念，或者说我对'软实力'的观念很敏感。什么原因呢？因为 Soft Power 是哈佛肯尼迪政府学院的院长约瑟夫·奈提出的，我跟他还蛮熟的。他提出这个观点基本上是考虑美国如何能够在国际上维持其超级大国地位，除了军事、政治、经济以外，还要有文化。而这个文化力量，就是软实力。软实力观念提出来以后，欧洲、日本和东南亚各方面都有种受到威胁的感觉。现在中国经济也起来了，政治也起来了，现在还有一种力量没发挥，来发挥我们的软实力。这种提法容易为中国威胁论制造者提供借口。我不同意软实力的观点，我认为有另外一种观点，现在应该是时机成熟了——一种真正核心价值的平等互惠对话。"①

关于"软实力"的研究，不同学科背景的学者从不同的视角作了大量的分析，这些分析构成了文化软实力的学术渊源。首先，软实力思想的初期探讨阶段。主要代表人物及观点有：美国政治学家丹尼斯·朗（Dennis H. Wrong），朗在分析政治权力的形式时，把政治权力划分为武力、操纵、说服和权威四种形式。说服形式是指政治权力主体以特定的理论、方案实现与政治权力客体的思想和心理的沟通，进而贯彻自己的意图。另外，英国著名的现实主义学者卡尔（E. H. Carr）在其著作《20 年危机（1919 – 1939）：国际关系研究导论》中也把国际权力划分为三种类型：军事权、经济权和话语权（舆论控制权）。美国政治学家彼得·巴克莱奇（Peter Bachrach）和摩尔顿·拜拉茨（Morton Baratz）在美国的《政治学评论》（*Political Science Review*）杂志上发表的《权力的两张面孔》中，提出了权力的"第二张面孔"（Second Face of Power）的思想，紧接着又在同一本杂志上发表了《决定与非决定：一种分析框架》，对权力的属性与同化（cooptive）问题进行了分析。现实主义国际政治理论大师汉斯·摩根索在其著作《国际纵横策论：争强权，求和平》中也明确指出："文化帝国主义的东西，是最巧妙的，并且如果它能单独取得成功，也是最成功的帝国主义政策，它的目的，不是征服国土，也不是控制经济生活，而是征服和控制人心，以此手段而改变两国的强权关系。""文化帝国主义在现代所起的典型作用，是辅助其他方法。它软化敌人，为军事征服或经济渗透做准备。"② 文化常常隐身于政治、军事力量的背后，为国家"硬实力"起着呐喊助威的作用。"如果一个政府的外交政策对它的人民的知识信念和道德价值观念有吸引力，而其对手却没能成功地选定具有这种吸引力的目标，

---

① 杨伯溆，徐泓. 平台魅力与舞台诱惑——中国互联网传播中的行动者 [M]. 北京：中国社会科学出版社，2011：3.

② ［美］汉斯·摩根索. 国际纵横策论 [M]. 卢明华，等译. 上海：上海译文出版社，1995：90.

或者没能成功地使其选择的目标显得具有这种吸引力，那么，这个政府便会取得一种超越其对手的无法估量的优势。"① 一种意识形态是一种武器，它可以提高国民士气，并随之增强国家实力，且正是在这样做的过程中，它会瓦解对手的士气。

话语权体现的是一种吸引力，所以约瑟夫·奈把通过吸引和说服获得更优结果的能力概括为"软实力"（又译为软力量、软权力），认为"软实力资源"主要包括"文化吸引力、意识形态和国际机构"。1999 年，约瑟夫·奈在《软实力的挑战》（*The Challenge of Soft Power*）一文中对其作出了较为完整、系统的定义："软实力是一个国家的文化与意识形态吸引力，它通过吸引力而非强制力获得理想的结果，它能够让其他人信服地跟随你或让他们遵循你所制定的行为标准或制度，以按照你的设想行事。软实力在很大程度上依赖信息的说服力。如果一个国家可以使它的立场在其他人眼里具有吸引力，并且鼓励其他国家依照寻求共存的方式加强界定它们利益的国际制度，那么，它无须扩展那些传统的经济和军事实力。"② 在这个复杂的定义中，其核心的语义是吸引力：软实力就是指国家对外的吸引力。2004 年 3 月，约瑟夫·奈在《软力量——世界政坛成功之道》（Soft Power – The Means to Success in World Politics）中对"软实力"予以了再定义，其简略表述是："软力量是通过吸引而非强迫或收买的手段来达己所愿的能力。它源于一个国家的文化、政治观念和政策的吸引力。如果我国的政策在他人看来是合理的，我们的软力量就自然得以增强。"③ 由此可见，软实力是一种对于其他国家的影响力，但它不是军事、经贸和援助产生的影响力，而是通过相关资源实现的对于其他国家产生的自愿的影响力，体现为一个国家使得其他国家以其预期目标为目标时的同化权力。那么软实力通过什么样的资源实现自己的目标？约瑟夫·奈也对此进行了阐发。他指出："国家的软力量主要来自三种资源：文化（在能对他国产生吸引力的地方起作用）、政治价值观（当它在海内外都能真正实现这些价值时）及外交政策（当政策被视为具有合法性及道德威信时）。"④

"橘生淮南则为橘，生于淮北则为枳。"⑤ 一种理论既有它的流动性、传播性，也有它的演变性和发展性。软实力理论诞生以来不断的演化，变迁，已经呈现出多样化的理论形态。今天，软实力已经不单单是少数强国运用国家实力来进行开发、生产、

---

① ［美］汉斯·摩根索.国家间政治［M］.徐昕，郝望，李保平，译.北京：北京大学出版社，2006：126.

② Joseph Nye, The Challenge of Soft Power, Time, February 22, 1999, p. 21.

③ ［美］约瑟夫·奈.软力量——世界政坛成功之道［M］.吴晓辉，钱程，译.北京：东方出版社，2005：前言 2.

④ ［美］约瑟夫·奈.软力量——世界政坛成功之道［M］.吴晓辉，钱程，译.北京：东方出版社，2005：11.

⑤ 陆机.陆机集校笺（典藏版）［M］.杨明，校笺.上海：上海古籍出版社，2020：263.

传播和垄断的过程，也不单单是少数国家为了维护自身霸权地位而实施的一种工具和战略，它已经是世界上不同国家、组织和团体，根据自己的文化提炼核心价值观念，推广自身的认知和思想从而赢得国际认同、改进国家形象、增强国家吸引力和软实力的战略资源。软实力理论在中国形成了独立的理论谱系。中国软实力在国家层面更多强调的是国家文化软实力，在性质上与美国截然不同，它体现的是独立自主、和平共处的对外关系原则，是在相互尊重、相互信任基础上注重提升文化软实力，是我国文化自觉在对外文化交流进程中的客观反映，完全不同于美国谋求和维持绝对领导地位的逻辑。我国学者乐黛云认为："由此可见，美国所谓以文化吸引力为核心的软实力理论所关注的，并不是不同文化之间的相互吸引、共同发展，而是对其他文化打压、征服、吞并，以维护其单边统治的文化霸权。具有悠久历史的中国文化当然应大大发展自己的文化吸引力，使之成为推动全球多元文化发展的动力之一。由于目的不同，建构文化吸引力的方式和途径也有所不同。"[①]

即使如此，西方国家对于我国文化软实力也具有主观的偏见和歧视，国外学者们普遍更注重中国软实力提高对国际格局及各国发展可能造成的后果或影响。2006 年，约瑟夫·奈在《华尔街日报》撰文《中国软实力的崛起》。同年 5 月 18 日，艾斯特·潘在《外交》杂志上发表了一篇题为《中国的软诱惑》的文章，列举出许多中国软实力崛起的例子："今天，你的孩子穿中国服装，玩中国玩具。不难想象，他们在不远的将来会听中国的流行音乐，喜欢上中国的电影"[②]。在经济方面，这篇文章称，中国的民间储蓄超过了美国和欧洲的总和。中国与亚洲国家的贸易关系发展迅猛，已取代美国成为韩日最大贸易伙伴。该文表示，在外交方面，特别值得注意的是，作为联合国安理会常任理事国，中国正"影响许多国家的命运"。由此，美国学者得出结论，中国文化的影响在世界上对美形成"咄咄逼人之势"，而且"中国软实力的上升是以美国软实力的下降为代价的"。《中国的软诱惑》的作者艾斯特·潘甚至危言耸听地说："随着美国国际地位的丧失，中国正在试图予以取代。"[③] 美国学者约书亚·库尔兰齐克（2014）则在《魅力攻势：中国的软实力如何改变世界》一书中详细梳理了中国软实力如何对亚洲乃至整个世界发展产生的影响，从奈到库尔兰齐克，美国学术界开始关注于研究中国软实力的发展，不少人甚至表示了担忧，成为一种新的"中国威胁论"式论调。

在这种社会心理背景下，"锐实力"概念由此提出。2017 年 11 月 16 日，美国智库国家民主基金会（National Endowment for Democracy）的克里斯托弗·沃克尔（Christopher Walker）和杰西卡·路德维西（Jessica Ludwig）在《外交事务》（Foreign

---

①②　乐黛云. 小议文化对话与文化吸引力 [J]. 中国比较文学，2009（3）：138 – 140.

③　世界评说中国软实力 [EB/OL]. 中国经济网，2006 – 06 – 05.

Affairs）上刊发评论文章题为《锐实力的意义：威权国家如何投射影响力》（*The Meaning of Sharp Power*：*How Authoritarian States Project Influence*），第一次提出了"锐实力"概念。作者首先区分了"锐实力"（sharp power）和"软实力"（soft power）的不同，在他们看来，西方人被自己熟悉的概念限制了想象力，看待中国和俄罗斯的时候总还是依赖"软实力"的框架，而中俄两国的手段不是"软实力"，恰恰是借此概念为掩护，利用民主制度的开放和西方人的认知惯性，从而以"锐实力"不断扩张国际舆论影响力。文章指控中国和俄罗斯利用文化和传播手段，创造对自身意识形态及国际形象有利的舆论氛围，同时削弱西方民主制度的威信。由此可见，西方人把自身扩大影响力和吸引力的能力称为"软实力"（soft power）和"巧实力"（smart power），却把中国对外文化交流的能力称为"锐实力"（sharp power）。

2017 年 12 月 5 日，美国国家民主基金会发表了一份长达 156 页的题为《锐实力：日益增长的威权影响力》的研究报告，进一步阐述了"锐实力"。报告指出，"锐实力"就是中俄两国花费巨资以分化、干扰与操纵等所谓的非常规手段，在国际上推展文化活动、学术与教育计划、投放媒体广告等，以影响和塑造全球舆论和认知。该报告认为中国和俄罗斯明智地采取了软实力的某些形式而非本质，所追求的目标可以更好地理解为"锐实力"。2017 年 12 月 16 日，英国《经济学人》杂志发表《锐实力：中国影响的新形态》《如何应对中国的锐实力》，文章把中国在全球范围内影响力的显著增长视为中国行使"锐实力"的直接表现，并据此提出西方国家应对中国"锐实力"增长的有效对策，如利用自身的价值观来让中国的"锐实力"变"钝"。[①]

"软实力"之父约瑟夫·奈（Joseph S. Nye）2018 年 1 月也分别在《外交事务》和《辛迪加》（Project Syndicate）发文，用"软实力"标记西方，用"锐实力"标记中国和俄罗斯。奈认为"那些对中国的锐实力和信息战作出回应的民主国家要小心，避免过度反应"，"最佳的防御措施就是加以曝光，而这也是民主国家的优势所在。"随着美国国家民主基金会 2017 年底发布报告《锐实力：日益增长的威权主义影响》，"锐实力"开始在西方思想舆论界被热炒。这份 150 多页的报告指责中国和俄罗斯通过"拉拢""操纵"和"分散注意力"等手段，对拉丁美洲和东欧一些新兴民主国家的媒体、学术界、文化界和智库发起了一场精心策划的"信息战"，将中国和俄罗斯的正常公共外交活动比作攻击西方民主价值观的"刀尖"和"针尖"。由此可见，面对中国对外影响力的不断扩大，西方别有用心的学者无法接受中国软实力的提升，带着"有色眼镜"看待中国发展。"这是某些带有偏见的西方学者和媒体对中国正常的国际交流合作进行歪曲炒作而炮制的新名词，他们利用这个概念对中国近年来为提升

---

① 秦龙．戳穿"锐实力"背后的话语霸权［N］．光明日报，2019 - 09 - 20.

国家形象和国际影响力所做的各种努力横加指责。"① 正如美国历史学家理查德·霍夫斯达特在其经典著作《美国政治中的偏执风格》中指出的那样，当美国面临内忧外患的时候，一些社会群体就会臆想出"一个庞大而邪恶的、试图削弱和破坏既有社会生活方式的阴谋"②。对中国充满敌意的"锐实力"概念，反映了一些美国政治精英的偏执，其本质是针对中国的阴谋论。

当今世界，200 多个国家和地区、2500 多个民族共同存在于同一个地球之上，每个国家，每个民族都拥有自己独特的价值观念和文化传统。"一花独放不是春，百花齐放春满园。"2014 年 9 月，习近平总书记在纪念孔子诞辰 2565 周年国际学术研讨会暨国际儒学联合会第 5 届会员大会开幕会上的讲话中指出："丰富多彩的人类文明都有自己存在的价值。要理性处理本国文明与其他文明的差异，认识到每一个国家和民族的文明都是独特的，坚持求同存异、取长补短，不攻击、不贬损其他文明。不要看到别人的文明与自己的文明有不同，就感到不顺眼，就要千方百计去改造、去同化，甚至企图以自己的文明取而代之。历史反复证明，任何想用强制手段来解决文明差异的做法都不会成功，反而会给世界文明带来灾难。"③ 构建人类命运共同体要以文化自觉的理性正确认识全球化条件下不同文明的关系，不是通过消灭个体文明形成"大一统"的文明，而是要在文明关系层面构建一个和而不同、兼收并蓄的文明共同体。文化自觉让我们深刻铭记历史的教训，文化自信让我们厘清中华民族的"根"与"魂"，文化自为能够让我们将优秀中华文化与社会紧密结合，创造性地提出科学理论实践并为我所用，为世界谋福祉。

矛盾无处不在，矛盾无时不在，矛盾是人类社会不可避免的一部分。然而，无法解决的矛盾将不可避免地导致混乱、争端、分裂甚至国家之间的战争。作为协调的手段，每一个相互矛盾的因素实际上都可以转化成一种积极的聚合，这种转化只能通过相互尊重、对话和协调来实现。"如果没有'他者'的存在以及对'他者'的认同，那么所谓的文化多元性就成了无源之水、无本之木。"④ 不同文明之间的共同性与差异性的关系，集中表现为文化全球化与文化本土化的关系，全球化并不是要削弱本土化，本土化也不是要拒绝和抵制全球化。构建人类命运共同体深化了马克思对于资本主义交往方式、特别是资本主义文明交往方式的批判，反对旧的殖民行径在当前文明关系中的强行推进，反对强势欺凌的文化霸权主义，反对颠覆文化主权的文化殖民主义。构建人类命运共同体需要科学地坚持自由的理念，运用马克思主义集体与个体、"多"

---

① 史安斌. 透析所谓"锐实力"［N］. 人民日报，2018 - 03 - 26.

② "锐实力"背后的霸权逻辑和双重标准——访北京外国语大学英语学院教授谢韬［N］. 中国社会科学报，2018 - 04 - 24.

③ 习近平. 论坚持推动构建人类命运共同体［M］. 北京：中央文献出版社，2018：161.

④ 周大鸣. 文化多元性与全球化背景下的他者认同［J］. 学术研究，2012 (6)：33 - 37.

与"一"的科学原则，推动文化的跨区域联动与共同繁荣，增强中国文化的竞争力和软实力，并形成世界各国文化百花齐放、共同繁荣的局面。构建人类命运共同体从根本上符合马克思关于未来社会理想的伟大设想，两者在方向上、逻辑上具有很大的共同性。构建人类命运共同体为通往未来社会理想打开了一扇现实之门。因此，在人类命运共同体中，个体文明的自由发展是一切文明的自由发展的条件。

第十章
构建人类命运共同体进程中我国文化战略的主体内容

"战略"最早是伴随着人类社会的军事实践而产生的。"战略"一词虽发源于西方，但"战略"这一观念我国古代就已存在。"中国古代将其称为庙算、谋、猷、谋略、韬略、方略、兵略等，而最初'战'与'略'是分别使用的，'战'指战斗、交战和战争；'略'指筹略、策略、谋划等。"① 1777 年，法国人梅齐乐在其著作《战争理论》一书中首次使用"战略"一词，并将其定义为"作战指导"。由此可见，"战略"的观念是随着人类社会的军事实践产生的，与军事理论密切相关。随着时间的演进，战略一词的内涵也发生了变化，它的外延也向其他领域进行拓展，出现了经济战略、文化战略、科学战略、社会发展战略、区域发展战略、行业发展战略等一系列新兴战略领域，其中文化对外战略也是战略领域的前沿空间。当今，战略的实践意义不断提升，人们对于战略意义的认识不断深化，对于各领域战略体系的构建不断完善，形成了日益深刻的战略自觉。

科学的文化理念为人类命运共同体提供了正确的理论依据和充分的精神滋养，既为我们构建人类命运共同体明确了立场和宗旨，也回击了对于构建人类命运共同体的各种曲解和误解。我们构建人类命运共同体的文化战略体系，需要改革实践思路，拓展科学方法，把人类命运共同体的文化理念落到实处。我国文化战略的主体内容，决定了我国文化建设的重点内容和文化发展的主要方向。新时代以来，习近平总书记就我国文化发展与世界文明发展提出了一系列指导与倡议，对我国参与世界文明交流对话、推动文化发展、建构国际形象、提升文化话语权提出新的要求，为推进世界文明多样化与繁荣发展提出合理化建议。在人类命运共同体视域下，我国文化战略立足中华优秀传统文化根脉，以求同存异的原则同世界各国广泛交流，以开放包容的胸怀吸收借鉴一切优秀文明成果，以命运与共的理念与世界各国共谋进步，不断推动人类文明大发展、大繁荣。

一、自主开放的文化外交战略

当前我们的外交工作，不仅包括政治外交、经济外交、军事外交，而且包括文化

---

① 冯之浚，等. 战略研究与中国发展 [M]. 北京：中共中央党校出版社，2002：1.

外交。文化外交旨在推动不同国家相互理解尊重，促进各国文化共同繁荣。我们要推进自主、开放、包容的文化外交活动，拓展共商共建共享的文化工作机制。新时代的文化外交应立足于大变局的时代背景上，着眼于人的自由全面发展，致力于推进多元文化互鉴交流，国家之间增信释疑，以独立自主、和平开放的姿态积极推动文化外交，不断强化命运共同体的文化纽带作用，与世界各国共同维护世界长久和平与共同发展。

（一）文化外交是国家外交的新兴层面

1. 文化外交的缘起：推进国际关系的"第三外交"

文化外交是国家外交的新兴方式，体现了外交工作外延的拓展和外交体系的进一步创新。"文化外交主要是指以政府为行为主体的，以文化传播、交流与沟通为内容的对外文化交流活动，是主权国家利用文化手段达到特定政治目的或对外战略意图的一种外交活动。"[①] 通常而言，文化外交是以文化交流为内容的国际交往活动，当前各国政府推行文化外交主要包括签订国际文化交流官方协定，缔结文化条约，举办大型文化活动，召集或参与国际或地区文化会议，组建或参加国际文化组织，推进文化代表团互访，举行对外文化演出与文物展览，提供文化咨询服务等。文化外交作为国家意志的体现，具有不可剥离的政治属性。文化外交是国家外交的新兴层面，主权国家可以利用文化手段达到特定政治目的或实现某种对外战略，这既是政府对外的新兴领域，也是公共外交的重要活动。在现代国际关系中，文化外交发挥着政治、经济和军事等对外交往手段难以起到的作用，相对于国际文化交流而言，文化外交具有更高的政治站位、更全的要素布局和更细的实践规划。约瑟夫·奈认为构成国家"软实力"的三个核心要素之一便是文化，所以在当今，利用文化提高国家综合国力及国际地位的举措和思路已经较常见。20 世纪初，随着国际战争与革命的进行，世界格局不断演变，国际利益重构，一些国家通过外交手段寻找政治联盟。最早开展文化外交的西方国家将其作为价值观输出的手段，通过文化外交推介本国文化与思想观念，实现文化输出和文化外宣，以提升西方意识形态话语权，维护其国家利益。文化作为国家"软权力"，以其灵活性、隐蔽性和非强制性等特点逐渐成为各国开展对外交往、维护国家利益、改善国际形象的重要手段。20 世纪 20 年代，英国、法国、美国等西方国家率先将文化作为外交手段。自此之后，文化外交成为国际交往的重要方式，许多欧洲国家把对外文化关系视为国家对外政策的"第三支柱"，习惯上把文化外交称为政治外交、经济外交之后的"第三外交"[②]。冷战后，两极格局解体，单极多元的国际格局

---

① 李智. 文化外交——一种传播学的解读 [M]. 北京：北京大学出版社，2005：24.

② 宋才发. 党的文化外交对完善全球治理的贡献 [J]. 学习论坛，2021 (5)：21－29.

形成，世界朝向多元化趋势发展，资本在世界范围的快速流通使各国联系日益紧密，文化产品和文化内容的全球性流动随之加强，国家实力的不平衡必然导致文化交流的不平等，各国文化观念上的碰撞交锋逐渐显现，"文明冲突论""文明优越论"掀起世界范围内不同思潮的交锋，文化在综合国力竞争中的地位日益凸显，文化外交逐渐成为国家战略的重要方面。

推动对外文化与教育交流是扩大本国文化影响力的重要手段，也是保障国家文化安全的积极措施之一。很多国家在驻外使馆、领事馆设立文化处、文化中心等文化机构，举办国际"文化年""文化节"和各种国际学术论坛，组织艺术展览、文艺表演、民俗展示等活动，注重开展丰富多样的政府与民间的文化交流活动，使文化外交成为经济、政治之后的第三大外交形式。美国一直将文化教育交流作为对外文化关系的核心之一。1938年，美国在国务院下设立"文化关系处"，负责对外文化交流事务，并在世界各地成立文化教育交流机构。1946年，杜鲁门总统签署了富布莱特协议，资助对外教育和文化交流项目；1948年，美国国务院建立"国际教育交流处"，负责管理和协调教育和文化计划；1953年，美国成立"美国新闻署"，建立庞大的传媒网络，支持美国的外交政策，开展国际教育、文化交流以及广播资讯传播活动，推广美国的价值观和文化、宣传美国的对外政策和意识形态。该机构于1999年并入美国国务院。英国外交部成立公共机构，积极开展与他国的文化外交，通过发展文化教育交流扩大自身的国际影响力，对外文化传播和交流构成了英国外交部的重要任务之一。法国、德国也一直把文化外交作为外交体系的重要组成部分。综上可见，面对日益激烈的国际文化竞争，世界主要发达国家采取积极措施捍卫本国的文化权利和文化特质，将文化安全纳入到整个国家发展战略之中，根据自身文化理念形成具有本国特色的治国之道，拓展本国文化的传播范围，增强国际竞争力。

在构建人类命运共同体的进程中，我们要发挥文化外交的作用，营造人类命运共同体的软性环境。中国作为历史悠久的文明古国，文化外交活动是当前我国外交重要的发展策略。我国要使本国优秀文化在获得更多认知的前提下赢得世界各国、各民族的更多认同，从而有效抵制异质文化的侵蚀与进攻，维护国家的文化安全，守护国家与民族的精神家园。我国需要通过文化外交缓和当代不同文明的冲突，促进和而不同、兼收并蓄的文明交流。进入新时代后，我国文化活动方式不断转变，在国内不断加大对文化事业的扶持，推动文化产业的发展，在国际上经常进行以经济、政治、外交活动等为载体的文化交流活动。新时代背景下，百年未有之大变局赋予文化外交以新的时代内涵，科技创新发展为文化外交带来更多开展方式，人类命运共同体的构建为文化外交提供了更广阔的平台。同时，文化外交也为当代国际关系缓和、国家形象提升、国家安全保障、世界文化交流起到重要的推动作用，是当前以及未来构建人类命运共同体进程中不可或缺的国际战略举措。

2. 文化外交的重要价值：为人类命运共同体创造和平与发展的环境

文化是一个抽象、广泛的概念，一般来说文化指包括语言、制度、意识、思想、风俗等物质文明与精神文明在内的集合体。外交即由主权国家的国家元首、政府首脑和外交部门以和平方式进行的对外交往活动，各国通过外交实施国家对外政策、维护双边多边关系稳定和谐、扩大国际影响力。对文化外交进行概念上的解构分析可以对文化外交之应然作出简要探究。首先，文化外交的主体内容是文化，其本质是文化载体之上的观念交往。国家间的经贸往来尽管大大加深了国际交流合作，但不足以构建互知、互信、互通的友好国际关系，思想交流、价值共鸣、文化融合是促进民心相通的本质所在。因此，在全球化的必然趋势下，深入促进国家合作交流、推动构建人类命运共同体是文化外交的应有之义。其次，文化外交的行为主体是主权国家，没有政府干预的文化交往只是一种文化关系（cultural relations），而"文化外交"的研究范畴只局限于当服务于一国政府的正式外交官尝试塑造并引导文化的自然流动以促进国家利益的情况。因此，应将文化外交同社会各界的国际文化交流区分开来，使文化外交在保证主权国家平等、主权不受侵犯的前提下进行，以增进国家互信、深化互联互通、缓和国际关系、巩固国际友谊，实现文化外交战略安排。最后，文化外交的本质是"对外交往"，意味着和平而非暴力的、双向互动而非单向输出的本质属性。由于文化内容难以详细界定和具体阐述，长久以来文化被放在对外交往中相对弱势地位，然而苏联解体、"玫瑰花革命"等"颜色革命"事件使作为观念载体的文化力量被重新审视，各国文化外交的战略部署开始具有更为浓厚的政治意味。西方国家的文化外交往往以文化同化为目的，具有强烈的侵略性，而文化外交本身并非侵略手段，而是交往手段。尽管各国文化外交的目标不尽相同，其内容之应然难以界定，但可以明确的是，国家不应把文化外交作为霸权实施的手段，推行自我价值"普世化"，而应该尊重文明多样性，在文化外交中求同存异，平等交流对话，进一步促进多元文化发展。

（二）推进中国特色大国文化外交

1. 坚持独立自主、和平开放的文化外交原则

我国的文化外交不仅是一种外交方式，更是一种外交理念在文化领域的具体体现。我国始终坚持独立自主的外交原则，坚持走和平发展道路的外交理念，坚持对外开放的基本国策，这是在特定的历史背景下形成并不断坚持的符合实际国情、有利于国家发展、顺应时代潮流的中国特色文化外交理念。

独立自主是中国共产党百年探索的历史经验。鸦片战争后，在帝国主义的压迫剥削下，独立自主成为中国人民最大的夙愿。在不断探索斗争与经验总结中，党带领人民推翻"三座大山"，走出一条马克思主义指导的、结合我国实际的中国革命道路和社会主义建设道路，建立了真正独立自主的新中国。中国共产党是具有强大文化自觉的马克思主义政党，历来重视文化对国家、社会及人民的重要作用，主张提升国家文化自觉，积极开展文化外交。我国从新中国成立初期就坚持"结伴而不结盟"，主张在保持自身独立性的前提下与世界各国和平发展、合作共赢。建国伊始，毛泽东就深刻认识到文化对于新中国建设的必要性，并庄严宣告："全国同胞们，中华人民共和国现已宣告成立，中国人民业已有了自己的中央政府。这个政府……将领导全国人民克服一切困难，进行大规模的经济建设和文化建设，扫除旧中国所留下来的贫困和愚昧，逐步地改善人民的物质生活和提高人民的文化生活。"① 同时也指出要敢于承认"近代文化，外国比我们高"，主张积极学习国外优秀文化。周恩来曾在亚非会议上指出："我们相互之间的文化交流应该尊重各国民族文化的发展，而不抹杀任何一国的特长和优点，以便互相学习和观摩。"② 后来，我国通过"乒乓外交""熊猫外交"等文化外交活动积极推动中国国际关系进展，使中国国际关系得到极大改善。改革开放后，邓小平也主张："我国古代的和外国的文艺作品、表演艺术中一切进步的和优秀的东西，都应当借鉴和学习。"③

和平开放是顺应世界文化发展大势的必然选择。和平的发展环境为各国提供了稳定的文化交流与发展环境。我国主张在文化外交中与各国文化平等交流，避免零和博弈思维，不强行推销国家文化与价值观念，不走"国强必霸"之路。开放的发展环境为各国打开了广阔的文化交流空间与平台。我国主张广泛开展文化外交，积极吸收一切人类文明优秀成果，避免夜郎自大，不走"自我封闭"之路。新时代以来，我国以和平的发展理念进一步深化对外开放，人类命运共同体的构建加强了我国同世界各国的交流，"一带一路"倡议打开了我国文化外交新局面。习近平总书记指出："我国对外工作要坚持以新时代中国特色社会主义外交思想为指导，统筹国内国际两个大局，牢牢把握服务民族复兴、促进人类进步这条主线，推动构建人类命运共同体……努力开创中国特色大国外交新局面。"④ 党的十九届四中全会审议通过的《中共中央关于坚持和完善中国特色社会主义制度、推进国家治理体系和治理能力现代化若干重大问题的决定》中指出"坚持和完善独立自主的和平外交政策，推动构建人类命运共同体"。人类命运共同体在国际范围中的建构有赖于中国化马克思主义的进一步创新来提供理论动力，需要全面展示面向世界的文化自信，增强我国在国际社会中的软实力，从而

① 毛泽东文集（第5卷）[M]．北京：人民出版社，1996：348．
② 周恩来选集（下卷）[M]．北京：人民出版社，1984：151．
③ 邓小平文选（第2卷）[M]．北京：人民出版社，1994：210．
④ 习近平谈治国理政（第3卷）[M]．北京：外文出版社，2020：426．

为构建公正公平的国际政治经济新秩序提供历史智慧和思想力量。在当今和平与发展的时代主题下，以史为鉴，进一步坚定文化自信，始终保持中华民族特色和文化特点，不断提高我国文化软实力，在人类命运共同体的构建中加深中国对外文化交往，以独立自主的姿态走近世界文化舞台的中央。

2017 年 12 月 1 日，习近平总书记在中国共产党与世界政党高层对话会上指出："中国共产党是为中国人民谋幸福的党，也是为人类进步事业而奋斗的党。中国共产党是世界上最大的政党。我说过，大就要有大的样子。中国共产党所做的一切，就是为中国人民谋幸福、为中华民族谋复兴、为人类谋和平与发展。我们要把自己的事情做好，这本身就是对构建人类命运共同体的贡献。我们也要通过推动中国发展给世界创造更多机遇，通过深化自身实践探索人类社会发展规律并同世界各国分享。我们不'输入'外国模式，也不'输出'中国模式，不会要求别国'复制'中国的做法。"①中国共产党为世界和平与发展不断贡献中国方案和中国力量，自觉扛起为人类谋进步的历史重任。面向未来，在构建人类命运共同体的实践中，我们要充分发挥文化外交的主动性，高质量推进"一带一路"建设，深化国际文化项目合作，以先进文化建设引领正确的价值方向，通过文化方式积极提供国际救援，展现我国为人类谋福祉的大国担当，通过文化外交为构建人类命运共同体创造文化条件，为全球治理贡献中国力量。

2. 完善文化外交的行动部署

文化外交既是国家文化建设的战略构成，又是外交领域的重要部署，必将对于构建人类命运共同体创造不可或缺的条件。文化外交规划应立足于文化总体战略部署与外交工作安排的双重体系，找准文化外交角色定位，确定文化外交重点领域及内容，力图提高文化软实力、提升国际话语权、加强国际交流、建构国家形象、合理规划部署，协调推进文化外交工作，使其成为推动世界人民"命运与共"的重要力量。

根据国际形势的变化及时调整文化外交规划。当前，百年未有之大变局加速演进，国内外形势不断变化，国际局势演变难以预测。针对目前文化外交格局的发展需要，西方文明的衰落正是资本主义制度弊端性的体现，我们要坚持开放、共享的文化外交活动，发展和谐的文化孕育环境。在此背景下，我国积极推动构建人类命运共同体，贯彻落实"一带一路"倡议，强化深入国际交流合作，文化外交取得良好进展。然而，国际上霸权主义持续存在，冷战思维与民粹主义抬头，英国脱欧、俄乌冲突等一系列国际事件使文化外交仍面临着前所未有的机遇与挑战。我国始终坚持"大国是关键，周边是首要，发展中国家是基础，多边是重要舞台"的外交布局，重点把握"一

---

① 习近平谈治国理政（第 3 卷）[M]. 北京：外文出版社，2020：436.

带一路"沿线国家,同时面向世界各国,以"亲、诚、惠、容"的理念,与其他国家深化合作,提升双边多边人文交流,在国际关系全局中准确把握我国的角色定位,根据国际形势变化及时调整外交规划与战略部署,在风云变幻的国际局势中始终保持战略定力,保障文化外交的顺利开展。

配合经济外交、政治外交、军事外交统筹协调文化外交的工作布局。文化外交相较于其他外交方式来说具有灵活性、和平性,是相对柔和的外交方式,汉斯·摩根索认为:"较之军事,经济等因素,如果运用得当,文化将能征服人们的头脑,产生持久的、更稳定的战略效果。"① 要充分利用文化外交的和平性,使其配合国家总体外交布局,服从国家对外战略全局,保持与我国文化建设目标相一致,同其他外交领域相互配合、相互推动、互为补充,消除"中国威胁论""中国崩溃论"等西方舆论的不良影响,实现中国与世界"共赢"的目标。

当今,"一带一路"倡议实践助推沿线国家经济的发展,积极地向外传播优秀的中华文化,提高了我国文化软实力和民族文化的竞争力。与此同时,越来越多的国际会议与国际活动由中国承办,国外来华人数呈逐年递增趋势,从而更好地推动了国家间文化交流与合作。由此可见,利用好中外往来的平台对中国文化传播起到重要作用。除此之外,加快建构中国政治话语体系是新时代增强我国国家软实力的要求之一。近年来中国外交部等部门面对西方的挑衅与抹黑,能够用优秀传统文化的古典诗词给予回应,这不仅有利于澄清事实还能够传播中国文化,在新时代中国除了需要解决自身发展问题外还要澄清污名。在政治活动中,中国充分利用自身的制度优势、组织优势,在参与的国内外会议以及外国主流媒体中发声,传播更加文明、更加和谐、更加开放的中国形象。正如中拉文化外交源远流长,近些年在高层引领下,中拉推动文明互鉴、民心相通,除了在政治上相互合作外,在人文交流方面也取得巨大成就。创办孔子学院与孔子课堂,举办拉丁美洲国家公务员公共行政管理研修班,对于中拉之间政治交流与文化互鉴具有重要作用。

当前,人类命运共同体的构建使国家间相互依存的程度加深,国家建设的开放性加强。我国要始终保持文化自觉,积极开展文化外交,完善海外文化中心的总布局,科学发挥孔子学院的作用,满足世界人民的多样文化需求,缓和加深国际关系,展现中国大国担当,推进我国"朋友圈"持续扩大,国际形象不断完善,国际话语权进一步提高。构建人类命运共同体,不但为我国实现"第二个"百年奋斗目标、全面实现中华民族伟大复兴营造更加有利的国际环境,而且为周边地区和国际社会的和平发展提供正确的方案。

---

① [美] 汉斯·摩根索. 国际纵横策论 [M]. 卢明华,等译. 上海:上海译文出版社,1995:90.

二、不同文化的对话与交流战略

随着历史向世界历史的转变，各国在经济、政治、文化、生态等各方面依存程度不断加深，世界越来越成为一个整体，不同文明交流与碰撞日益频繁。由于一个国家的文化战略选择的任何变动都会给其他国家、地区乃至世界的文化战略格局带来更大的变动，因此任何一个国家的文化战略选择，尤其是大国文化战略的发展走向，都会深刻影响其他国家的文化战略利益，这在地区文化战略竞争和大国文化战略竞争中表现得尤为明显。可见一个国家的文化对外战略具有鲜明的外部性，一个国家文化战略的"外部性就是一个国家的文化战略与其他国家乃至世界的文化战略关系"①。如何应对不同文化差异导致的认知冲突，维护世界和平发展，如何保障文明交流对话渠道畅通，确保与不同文化国家交流对话的有效性，实现与世界文明平等交流与共同进步，是我国实施对外文化交流与对话战略应首先解决的重要问题。

（一）推进建立不同文化之间的对话和交流机制

文化多样性日益成为世界文化鲜明的时代特征，世界各国、各民族通过多边开放交流、交往和交融，创造出了绚丽多彩的文明和文化，充分发挥出了人类社会向前发展的巨大能量。同时历史和现实证明，闭关自守的态度和做法会使文化的多样性日益丧失，伤害甚至毁灭人类文明文化的发展活力。当今的世界是开放的世界，任何一个国家和民族不可能在封闭的情况生存发展。我国推进构建人类命运共同体，需要正确认识全球文化多样性的特征和趋势，推进不同文化的对话与交流，这对于增强构建人类命运共同体的文化共识具有重要意义。

1. 政府和民间共同推进人文交流常态化

推进构建人类命运共同体，要积极开展文化对话战略，推进不同文化形态之间的对话和沟通，这种异域文化形态的对话和沟通，彰显了文化协商的意图，而协商的结果则是实现不同文化形态之间的价值认同和文化共识，最终为凝聚人类命运共同体意识创造良好条件。要推进平等参与的对话与交流战略，构建和谐融洽、共同互动的文化秩序，必须重新审视中国的文化资源，从中提炼出能够言说自身的本土概念和理论范畴，形成独树一帜的中国文化话语体系。精心构建对外话语体系，增强对外话语的创造力、感召力、公信力，增强我国在人类命运共同体的文化构建中的制度性话语权。

---

① 胡惠林. 国家文化治理：中国文化产业发展战略论［M］. 上海：上海人民出版社，2012：11.

我们要推进建立区域文化、全球文化对话和交流的机制，采取开放包容的态度，对话交流，达到相互沟通、相互学习、相互理解的目的，增进各国人民之间的相互理解和信任，有助于各国睦邻友好、政治互信。"让自己理解他人"和"让他人理解自己"是两个相互依托、不可或缺的方面，这不仅是在形式上的变化和要求，更是国家之间相互沟通、相互理解、相互尊重、彼此合作的前提和基础，也是人类命运共同体构建的重要保障。文化交流和文明对话是达成人类命运共同体的必由之路。不同文化之间缺乏交流，就会产生隔阂，必然会影响文化实体的政治、经济和社会往来，只有增进相互交流和相互了解，才能形成文化认同，化解文化矛盾。即在文化差异存在的前提下，相互尊重、相互理解、相互包容，积极进行交流和互动，寻找彼此之间文化的最大公约数，以增进彼此的文化认同，才能真正构建文化包容的人类命运共同体。人文交流是推进国家间民心相通、消除文化隔阂与误读、凝聚人心与力量的重要方式。文明间的交流互动是生成人类命运共同体理念最有效的途径。人类需要通过交流对话找寻不同文明间共同的文化因子，谋求价值观的共同点，找到人类命运共同体的文化共性基础，通过对话交流，在保存各自特性的基础上生成一种具有世界代表性的文化，把全人类牢固地维系在命运共同体中。

世界文明格局是由各个国家多样的文化特征和民族风格构成的，共同形成了丰富多彩的特征。构建人类命运共同体是对文化全球化的一种思想理念和方案设计，是打破各民族文化和价值观隔阂、冲突的中国方案，是人类文化多元共生发展的路径选择。世界文化层次和维度的多元化是构建人类命运共同体的重要前提和客观条件。党的十八大以来，我国将人文交流作为大国外交的三大支柱之一，积极主动促进中外人文交流，不断推进"一带一路"建设，构建人类命运共同体，开展博鳌亚洲论坛、亚洲文明交流大会、文明交流互鉴对话会、举办冬奥会等，为中外深化人文交流合作、共谋文化发展进步提供便捷化平台。2017年中共中央通过《关于加强和改进中外人文交流工作的若干意见》，针对加强和改进中外人文交流工作制定专门文件，在坚强的制度保障下，我国大力建设中外人文交流机制。从官方层面来看，我国政府从战略高度推进中外人文交流。迄今为止，我国已与多国签署双边文化和旅游合作文件，在近50个国家设有海外中国文化中心，通过与"一带一路"沿线国家签署双边文化、旅游合作文件，建立了中国—东盟、中国—中东欧、中俄蒙等一系列双、多边文化旅游合作机制，加强区域内部合作与协同发展，举办"中俄文化年""中法文化年"等中外文化节，推动中外人文交流常态化发展。从民间层面看，民间机构和文化团体、跨境旅游、留学生等为中外文化交流贡献了积极力量。各文化机构也积极举办中国国际民间艺术节等文化交流活动，并推进线上传媒渠道创新交流方式，极大地推动了国际文化交流合作与共同发展。

2. 平等包容，完善文化对话长效化机制

近代以来，随着历史向世界历史转变发展，东方文化与西方文化相遇，国内外关于东西文化问题便争论不休，"文明冲突论""文明优越论"等思潮又为东西文明涂上相互对立、对抗的底色。近些年来，某些资本主义国家主张"文化霸权主义"，企图借助传媒手段向世界灌输他们的思维方式与政治理念，并采用各种特殊的方式阻碍中国文化的正常传播。在文化霸权的背后是一种亟待解决的国际文明发展不平衡的问题，更暴露了西方资本主义国家大肆宣扬的资产阶级意识形态观点，体现的是利用文化之间的差异性推行霸权主义并为其背后的资本主义利益集团服务的政治意图。我们要改变某些西方资本主义国家对传统中国的刻板印象，便要主动发声促进文明的交流与合作，中国举办的亚洲文明对话大会便是通过平等交流对话的方式搭建亚洲以及世界各国文明的交流与对话机制。中国的发展是和平的，中国的文化也是和谐的，所以，一切关于中国"文化扩张""文化渗透"的说法都是与事实相悖的。习近平总书记指出："信任是国际关系中最好的黏合剂。当前，国际竞争摩擦呈上升之势，地缘博弈色彩明显加重，国际社会信任和合作受到侵蚀。我们要把互尊互信挺在前头，把对话协商利用起来，坚持求同存异、聚同化异，通过坦诚深入的对话沟通，增进战略互信，减少相互猜疑。要坚持正确义利观，以义为先、义利兼顾，构建命运与共的全球伙伴关系。要加强不同文明交流对话，加深相互理解和彼此认同，让各国人民相知相亲、互信互敬。"[1] 回顾世界文明辉煌史可以发现，文明并非互相对立存在，且无高低优劣之分，多样性正是人类文明的魅力所在，不同文明对话是人类文明发展的活力源泉，以包容之心推进多样文明对话交流是不同文化相互理解的关键，对话与理解为构建人类命运共同体提供坚强基石。习近平总书记在亚洲文明对话大会开幕式上指出："我们应该秉持平等和尊重，摒弃傲慢和偏见，加深对自身文明和其他文明差异性的认知，推动不同文明交流对话、和谐共生。"[2] 平等包容是中华优秀传统文化的核心内容，我国始终主张"美美与共，和而不同"的文明观，从全人类共同利益出发，与不同文明在平等对话、求同存异、取长补短中共同发展，通过平等对话解决文化争端、增进国际和平，避免因文化误读引起国家政治冲突，共同寻求正确的文化发展道路，构建平等、和谐、有序的国际文化秩序。

激发内生动力，建立文明对话长效机制。全球化进程使各国依存程度日益加深，疫情等全球性突发事件加速全球文化与观念的交流与碰撞，各种新问题新情况层出不穷，这对建立持久有效的文明对话机制推进世界文化对话与合作提出更高的要求。"理想的共同体应该实现参与、互动和共享，而机械化的大众媒介工业使权力集中和

---

① 习近平谈治国理政（第 3 卷）[M]. 北京：外文出版社，2020：461.
② 习近平谈治国理政（第 3 卷）[M]. 北京：外文出版社，2020：468 - 469.

思想垄断达到顶峰，一味追求地域上的传输、覆盖和控制，摧毁了共同体中思想观念、情感体验的共享与传承。"① 我国在构建人类命运共同体的进程中，要抵制西方国家自上而下的文化传播战略，反对西方国家的中心主义和价值优越感，坚持平等、包容、和谐的对话理念，广泛深入地开展不同文明、不同文化的对话与交流。我国对外文化对话机制以政府作为主要抓手，以民间作为重要抓手，积极建立金砖机制、中欧高级别人文交流对话机制、开展国际文化合作论坛、举办国际文化活动、中外学术交流会议等，推进中外文明对话取得良好成效。在当前数字化发展背景下，文化呈现形式与对话方式增多，充分开拓文化对话新路径，并将其纳入常态化对外交往轨道，保障我国同世界各国通过对话凝聚共识，携手共建人类命运共同体。

除此之外，文化产品作为文化与价值观念的重要载体，能够极大地推动跨文化传播与交流，并带来相应的经济利益。实现共同利益是推动国际合作的强劲动力，因此，以文化产品为依托，推动文化市场化，大力发展跨国文化产业，寻求国际合作共赢，对激发文化对话内生动力、保障文明对话长期良好推进具有显著效果。

（二）提高文化对话交流战略的针对性和有效性

1. 针对不同国家实施区别化文化交流对话战略

对外传播人类命运共同体理念一个非常重要的前提，就是成功地争取他者的理解认同和支持，最重要的目标就是国内外在构建人类命运共同体问题上形成共识和凝聚。加拿大大众传播理论家马歇尔·麦克卢汉曾将"媒介即信息"戏称为"媒介即按摩"，即，媒介形式会作用于人类的感官，对人类的诸种感官形成不同程度的倚赖和偏向，而人体的各个感官系统又与不同空间形式相对应，因而传播媒介可以和人类的感知方式，即不同的空间形式画等号。因此，人类命运共同体理念的对外传播，不是自我欣赏，而是一种"涉他"行为，其效应体现在不同对象的接受和认同度，在深层次上表现为一种对对方认同偏好的影响，对目标受众心灵的熏陶和引领。

文化因地理条件、历史渊源、民族风俗各具特点而呈现出多样性，文化多样性在文化交流对话过程中体现为文化接受差异。人类命运共同体的行动主体不只包含国家、联合国等国际性组织、跨国公司等市场主体，还包括非政府组织、媒体组织、人民群众等。虽然行动主体多元多样，但差异背后有共同的属性，即各类型主体包括国际组织、非政府组织、跨国公司等都以国家为依托，都离不开主权国家的根本性规范。正因为国家在人类命运共同体构建中有着举足轻重的地位和作用，所以，人类命运共同

① 肖珺.跨文化虚拟共同体：连接、信任与认同 [M].北京：社会科学文献出版社，2016：172.

体理念强调国家与国家间的合作、国家与国际组织的协作、国家与市场主体的互动等，作为全球治理的切实行动主体。要充分考虑国家文化差异，根据民众接受特点、国家经济文化发展水平、双边政治关系现状等因素，实施区别化的文化传播战略部署和策略安排，更大程度上引起两国价值共鸣、增进文化互信、降低文化折扣、加深交流程度，有效提升跨国文化对话交流效果。要善于用通俗易懂的方式，把人类命运共同体思想文化层面的内容进行交流沟通，扩大世界各国在人类命运共同体理念方面的交叠共识，提升对于人类命运共同体意识的理解程度。要认识到国际民众对人类命运共同体理解程度和期待的差异性，了解国际受众不同类型的精神需求，充分考虑国际受众在国家、民族、年龄、政治、经济、信仰、文化等各个方面的不同特点，以及这些特点在不同时期的不同表现，从而使中国推出的人类命运共同体意识具有现实针对性，更容易在更大的范围和程度上被接受。不仅要对于目标受众进行充分研究，还要加强对于人类命运共同体理念的感染力、说服力、吸引力的塑造和改进。

要着力加强对外的"宣传工作、公共外交、民间外交、人文交流，巩固和扩大我国同周边国家关系长远发展的社会和民意基础。关系亲不亲，关键在民心。要全方位推进人文交流，深入开展旅游、科教、地方合作等友好交往，广交朋友，广结善缘"①。目前，我国正在稳步推进区别化对外文化交流计划，以更具针对性和实效性的方式推进对外文化交流对话。亚洲是七大洲中面积最大、人口最多的一个洲，"亚洲各国山水相连、人文相亲，有着相似的历史境遇、相同的梦想追求"②。共处亚洲的各个国家具有天然的文化相近性，如中日韩在大众行为习惯上具有相似性，中印在宗教与哲学方面具有相通性，正是这种相近性成为亚洲国家凝聚共识、协作互信的精神纽带。我国积极推动亚洲文明相互影响借鉴，建立亚洲文明对话大会、博鳌亚洲论坛等交流合作平台，构建亚洲命运共同体，加强亚洲国家互信、互通、互助，为人类命运共同体的构建提供坚实的人文基础。

"一带一路"是跨越地域、文明、种族与国家的文化交流之路，也是构建人类命运共同体的重要实践举措。目前我国依托"一带一路"面向沿线国家建立起"中国—东盟"、中阿、中欧等伙伴关系，针对不同国情民情实施不同的文化交流对话策略，积极回应沿线国家和地区的现实需求，助力中外文化高质量对话交流。面向发展较为落后的国家，通过在当地发展文化产业、资助文化作品互译等途径给予其文化援助，加深伙伴关系，提升战略互信，彰显我国"负责任大国"形象。面向欧洲发达国家，以创新创意为主，加强学术交流与文化项目对接，通过经贸往来加深文化合作，在对话交流中推进中国文化与时俱进、固本创新，在双向互动中实现优势互补、思想互通，

---

① 习近平．论坚持推动构建人类命运共同体［M］．北京：中央文献出版社，2018：67.
② 习近平谈治国理政（第 3 卷）［M］．北京：外文出版社，2020：467.

发展国家间共同价值，夯实人类命运共同体的共同价值基础。

2. 加强全方位、多层次、宽领域文明交流对话

2014 年，国家主席习近平在德国科尔伯基金会的演讲中指出，面对中国的块头不断长大，有些人开始担心，也有一些人总是戴着有色眼镜看中国，认为中国发展起来了必然是一种"威胁"，甚至把中国描绘成一个可怕的"墨菲斯托"①，似乎哪一天中国就要摄取世界的灵魂。尽管这种论调像天方夜谭一样，但遗憾的是，一些人却乐此不疲。这只能再次证明了一条真理：偏见往往最难消除。对此，国家主席习近平指出："纵观人类历史，把人们隔离开来的往往不是千山万水，不是大海深壑，而是人们相互认知上的隔膜。莱布尼茨说，唯有相互交流我们各自的才能，才能共同点燃我们的智慧之灯。""中华民族是爱好和平的民族。一个民族最深沉的精神追求，一定要在其薪火相传的民族精神中来进行基因测序。有着 5000 多年历史的中华文明，始终崇尚和平，和平、和睦、和谐的追求深深植根于中华民族的精神世界之中，深深溶化在中国人民的血脉之中。中国自古就提出了'国虽大，好战必亡'的箴言。'以和为贵'、'和而不同'、'化干戈为玉帛'、'国泰民安'、'睦邻友邦'、'天下太平'、'天下大同'等理念世代相传。中国历史上曾经长期是世界上最强大的国家之一，但没有留下殖民和侵略他国的记录。我们坚持走和平发展道路，是对几千年来中华民族热爱和平的文化传统的继承和发扬。"②

文明交流对话是文明永葆活力的动力源泉。党的十八大以来，习近平总书记多次提到文化交流与文明对话的重要性，并着力推进"一带一路"建设、构建人类命运共同体等促进世界范围内文化互鉴、民心相通。"十四五"规划中明确要求"以讲好中国故事为着力点，创新推进国际传播，加强对外文化交流和多层次文明对话"③，对未来推动国际文化交流对话走实、走深、走远提出新的要求。"一切生命有机体都需要新陈代谢，否则生命就会停止。文明也是一样，如果长期自我封闭，必将走向衰落。交流互鉴是文明发展的本质要求。只有同其他文明交流互鉴、取长补短，才能保持旺盛生命活力。文明交流互鉴应该是对等的、平等的，应该是多元的、多向的，而不应该是强制的、强迫的，不应该是单一的、单向的。我们应该以海纳百川的宽广胸怀打破文化交往的壁垒，以兼收并蓄的态度汲取其他文明的养分，促进亚洲文明在交流互

---

① 歌德作品《浮士德》中的魔鬼。"墨菲斯托"是"墨菲斯托费勒斯"（Mephistopheles）的简称，最早出现在有关浮士德的民间故事中，据学者考证，它的来源可能有两种，一是来源于古希伯来文，原义为"破坏者""骗子"；一是源于希腊文，义为"不爱光的人""不爱浮士德的人"。

② 习近平谈治国理政（第 1 卷）［M］. 北京：外文出版社，2018：265.

③ 中共中央关于制定国民经济和社会发展第十四个五年规划和二〇三五年远景目标的建议［N］. 人民日报，2020－11－04.

鉴中共同前进。"① 坚持文化交流互鉴，也要形成一个理性的实践标准，不能良莠不分，对于交流互鉴的文化内涵和内容，要看这种文化的内涵、表现是否符合人类进步的历史发展趋势，是否有利于提升人类文明的程度，是否有利于克服落后文化的羁绊，是否有利于增进人民的物质和精神福祉。

文明交流对话以不同文化在世界范围内的互鉴互融、交流共进为内容，以各国家、各阶级、各阶层、各领域人民平等对话、开放交流为原则，旨在推进构建新型国际关系，建设一个文明多样、和谐共生的人类命运共同体。2018 年 9 月 3 日，国家主席习近平在 2018 年中非合作论坛北京峰会开幕式上的讲话中指出："实施人文交流行动。中国决定设立中国非洲研究院，同非方深化文明互鉴，打造中非联合研究交流计划增强版，实施 50 个文体旅游项目，支持非洲国家加入丝绸之路国际剧院、博物馆、艺术节等联盟；打造中非媒体合作网络；继续推动中非互设文化中心；支持非洲符合条件的教育机构申办孔子学院；支持更多非洲国家成为中国公民组团出境旅游目的地。"② 这为我们打造新时代人类命运共同体，开展人文交流提供了典范和思路。我国应主动作为，以"合和"的传统文化理念为指导，坚持同各国对话交流，从双边主义向多边主义合作发展，搭建多层次对话平台，畅通中外文明对话渠道，竭力打破文化壁垒，加强全方位、多层次、宽领域文明交流对话，提升中外文明对话的有效性，努力推动中外人文交流行稳致远。不断完善文明对话机制，在机制框架下进一步挖掘与其他国家在教育、文化、产业、旅游、体育等领域的合作空间，创新 5G、大数据、VR 等现代传播与交互手段，发挥民间组织、学生、青年团体、科研人员等各界力量，在与世界文明的互动交流中不断发展中国特色社会主义文化，以中国之力为全人类文明发展作出贡献。

（三）构建各国共同参与的国际文化交流格局

习近平总书记指出："今日之中国，不仅是中国之中国，而且是亚洲之中国、世界之中国。未来之中国，必将以更加开放的姿态拥抱世界、以更有活力的文明成就贡献世界。"③ 以文化交流对话凝聚价值共识，共同应对全球挑战。在构建人类命运共同体的进程中，中国优秀传统文化具有重要价值，针对当代人类面临的共同性时代问题提供了充分的思想营养。中华文化本身具有独特优势，集中体现了若干核心理念方面，这些理念包括："天人之学—天人和谐的探索精神，道法自然—顺应自然的辩证法则，

---

① 习近平谈治国理政（第 3 卷）[M]. 北京：外文出版社，2020：469 – 470.
② 习近平外交演讲集（第 2 卷）[M]. 北京：中央文献出版社，2022：141.
③ 习近平谈治国理政（第 3 卷）[M]. 北京：外文出版社，2020：471.

居安思危—安而不忘危的忧患意识，自强不息—生生不息的奋斗精神，诚实守信—进德修业的立身之本，厚德载物—做人做事的根本原则，以民为本—中国古代政治的根本原则，仁者爱人—实现社会和谐的基本出发点，尊师重道—传道授业解惑的教育理念，和而不同—博采众长的会通精神，日新月异—与时偕行的革新精神，天下大同—指向未来的理想之光。"① 在人类发展的历史长流中，形成不同的文明体系，分别具有自身独特的价值，并在交流互鉴的实践中形成了人类文明新形态。

在当今时代，文明交流对话是构建人类命运共同体的和谐稳定器与内在推动力。百年未有之大变局背景下，世纪疫情、俄乌冲突、英国脱欧等一系列国际事件带来了巨大的全球性影响，使全球文化与价值差异更为凸显，国际环境稳定性降低，文化交流对话的重要性也进一步显现。不同的文化中凝结着各自的价值观，价值观的差异通过行为表现与语言表达呈现出来，不同价值观对同一行为表现的解读也各不相同，有效的文化交流与对话缺位会引起不必要的误解与怀疑，某些国际问题就是不同文化国家缺乏有效对话与交流引起的，这种现象在政治制度和社会制度不同的国家尤为明显。当前抗疫、公共卫生、气候变化、地区安全治理等全球性问题日益突出，成为亟须世界各国协力共同应对解决的重要问题，因此，要加强文化交流对话，避免误读其他国家行动规划与战略部署，努力培育互利共赢的全球价值共识，共同应对全球性挑战，构建和谐美丽的未来世界。

以文化交流对话提升文化互信，共同谋求未来发展。发展是人类社会永恒的主题，在当前，贫困、疫情、战争等社会现实问题与"和平赤字""发展赤字""信任赤字""治理赤字"相互交织，全球发展进程遭受严重冲击。近代西方殖民主义和资本主义出于自身目的，将世界划分为文明和非文明、欧洲和非欧洲、现代和传统等二元模式，造成了"文明对立""文明优劣"等错误思潮，加剧了不同文化间的沟通壁垒。信息化、网络化、数字化技术迅速发展，加速了文化的交流与传播，在此之下，文化的交流碰撞就更为显而易见。

"积力之所举，则无不胜也；众智之所为，则无不成也。"② 因此，加强各国文化交流对话，提升各国相互理解与信任，降低文化隔阂，达到价值上的共鸣、文化上的互信、思想上的共识是各国加深合作、消除误解，实现全人类利益、谋求世界共同发展的必然选择。文化交流对话同时也是对全球化的深入推进，"中国开放的大门永远不会关上，只会越开越大"，"一带一路"倡议、亚洲命运共同体、人类命运共同体等就是中国与各国共享机遇、共谋发展的全球性战略，中国参与国际事务、谋求自身发

---

① 张岂之．"打造人类命运共同体"与中华优秀传统文化［J］．山东省社会主义学院学报，2017（1）：9-13．

② 杨树达．淮南子证闻［M］．上海：上海古籍出版社，2013：82．

展都秉持和平、共赢的原则，绝不会走霸权主义道路。然而，"一带一路"倡议等战略部署却被某些国家曲解为"中国威胁"，这显然是对中国发展理念不了解、对中国价值观念有偏见。由此可见，全球共同发展的顺利推进，离不开国家间的共同价值理念与双、多边价值互信作为精神支撑。加强不同文化交流对话，减少不确定性，提高相互认同感，是推动国际社会达成和平合作、互利共赢的价值共识，也是凝聚全球力量，共同谱写人类文明新篇章的应有之义。

三、全球文化治理战略

全球文化治理战略是全球治理的重要组成部分，也是国家文化治理全球化和中国文化对外传播、中国化马克思主义对外传播的重要途径。全球文化治理能力是国家治理体系和治理能力的直接体现，中国积极参与到全球文化治理中，将从根本上使我国在新一轮的国家制度与战略能力竞争中占据主动地位，检验和提升中国的国家治理体系，推动中国治理体系和治理能力现代化。此外，全球文化治理战略的发展能进一步传播中国价值理念，加强世界文化交流融合，助力推动人类命运共同体的构建。

（一）充分发挥全球文化治理主体和机制的作用

1. 发挥全球文化治理主体的作用

人类命运共同体是利益共同体和责任共同体的有机统一，各国不应只看到前者而忽视后者。"全球治理理论的核心观点是，由于全球化导致国际行为主体多元化，全球性问题的解决成为一个由政府、政府间组织、非政府组织、跨国公司的共同参与和互动的过程，这一过程的重要途径是强化国际规范和国际机制，以形成一个具有机制约束力和道德约束力的、能够解决全球问题的'全球机制'。"① 人类命运共同体能否形成，将取决于世界各国在这个问题上的利益和责任两者是否能够实现最大限度上的平衡。面对牵一发而动全身的世界不平等问题和不合理现象，必须不断增强共同体意识，依靠多元化的主体构建复合型的全球治理制度，是人类生存发展的必然选择。面对全球治理危机，需要各国通过平等协商和友好合作的方式化解危机，转危为安，充分体现天下一家、人类一体的价值追求。全球文化治理是全球治理在文化方面的运用，体现治理主体的责任和义务，其目的在于促进各国人民之间相互了解与信任，并在这种了解和信任基础上建立更加广泛的合作。全球文化治理的内容丰富，且治理主体多

---

① 曲星. 人类命运共同体的价值观基础 [J]，求是，2013（4）：53-55.

样。不仅包括各主权国家和政府，同时需要民间主体的广泛参与和全球人民的共同努力。随着我国综合国力的日益提高，在国际上的文化话语权比重不断提升，未来在推进全球文化治理的进程中，发挥我国在全球文化治理中的主体作用至关重要，是我国在推进自身全球文化治理战略过程中的关键部分。

中国应当不断发挥自身作为全球文化参与者和治理者的大国优势，依托五千多年的深厚历史文化底蕴，不断提升自身在全球治理政策制定过程中的话语权、决策权和影响力，为全球文化治理发挥强大的主体作用。从主体的角度出发，我国可以从以下两个方面着手。第一，我国应当坚持维护全球文化治理体系，并为全球文化治理提出中国方案。西方参与全球治理以资本为主导，体现出较强的逐利性，在资本主义制度缺陷的影响下，存在着许多不公平现象，社会制度对立和不同文明差异被扩大，"文明冲突"的论调一再流行，严重破坏了全球文化治理的和谐局面。习近平总书记指出："现行国际秩序并不完美，但只要它以规则为基础，以公平为导向，以共赢为目标，就不能随意被舍弃，更容不得推倒重来。"① 基于提高全球文化治理能力与水平的现实需要，各国之间要形成共同的文化默契，推进全球文化治理现代化。要综合"文化治理"与"治理文化"的治理理念，从局部文化的治理到构建文化治理的世界体系，将文化与世界各国的政治、经济、生态等相联系，协同提升文化作为上层建筑指引社会发展的作用。因此，我国在坚持维护现有全球治理体系的基础上，提出了"共商共建共享"的全球治理理念，以"中国之治"推动完善全球治理体系。第二，充分发挥我国参与全球文化治理主体的积极性。社会主体是全球文化治理战略中的重要参与者，全球文化治理不仅需要国家作为牵头者来推动，还需要民间百姓、社会组织等主体的深度参与。以孔子学院为例，其推动了中国文化的"走出去"战略，是社会主体深度参与全球文化治理战略的典型代表。孔子学院不仅为全球文化治理提供了中国方案，还为增强中国特色社会主义制度的制度优势和中华文化的文化自信找到了一条新的发展道路，也为我国推进全球文化治理走出了一条新路。

2. 以中国理念引导国际文化交往规则

自古以来，中国都坚持文化平等多样，主张积极与世界各国交流，引导国际文化交往相互尊重、共同发展。例如，明朝郑和下西洋就是典型的代表，其彰显了中国的对外交往理念与西方有着本质的不同。我国在社会主义制度下强调平等尊重，主张百花齐放、和谐共生，是"文明和谐"的践行者。我国坚持和平平等、互惠互利的对外交往理念，坚持多边主义交往。而西方国家的对外交往是伴随着战争和杀戮发展起来的，其长期人为地设置西方和东方的对立，对其他文明存在严重偏见，西方文化是建立在以输出意识形态、推翻他国政权为基础的霸权文化交往之上。

---

① 习近平谈治国理政（第3卷）[M]. 北京：外文出版社，2020：447.

中国应在国际文化交往过程中坚定"四个自信"，坚持正确的义利导向，弘扬中国优秀文化治理理念，在国际文化交往过程中始终秉持公平正义的原则，以中国优秀传统文化理念推动全球文化治理体系现代化。当前，世界上部分国家对中国还存在一些误读，尤其是在西方主导文化话语权的背景之下，西方国家透过有色眼镜来观察和解读中国政策，经常给中国贴上"非人道"的标签，渲染中国威胁论。而习近平总书记提出的"人类命运共同体"就是对扭曲化中国标签和中国形象的有力反驳。人类命运共同体所蕴含的价值，如和平、发展、公平、正义、民主、自由，也是全人类共同的价值追求。人类命运共同体的理念是将中国与其他国家和民族的义利相统一，主张各国在平等尊重的前提下积极融入到国际文化交往当中，尊重差异，理解个性。因此，我国应更加积极地创造和融入到以人类共同生存和发展为基础的议题当中，推动中华文化走向世界，讲清中国的思维方式，讲清中国的价值观，不断增强中国在国际文化交往过程中的话语权，从而打破西方长期以来主导的以"普世价值"为基础的虚伪的价值体系。

（二）增强我国制定和引领国际文化规则的能力

1. 为国际文化规则提供中国智慧

自从威斯特伐利亚体系形成后，世界依旧是以西方资本主义国家为主导。第二次世界大战结束后，以美国为代表的西方国家一直占据着制定国际文化规则的主导地位，对其文化及价值体系之外的国家和民族实行长期打压，并不惜采取发动战争、颠覆政权的方式让"不听话"国家跟随自己的发展道路。西方国家主导的这套文化体系在发展过程中给世界政治生态和文化生态都带来了深重的灾难，尤其是广大发展中国家长期作为西方发达国家的殖民地，长期的剥削使这些国家处于较为落后的状态。依据当前国际情势判断，短时间内逆全球化趋势不会减缓，伴随着这一变局，非西方国家以及某些西方国家的文化治理策略都不得不作出调整，以审慎应对种种紧张关系、把握各自的发展时机。在构建人类命运共同体的进程中，非西方国家由于在全球局势中处于劣势地位，普遍受到文化安全挑战。面对主导全球文化的西方文化，文化也出现较多"同质化"的产品，并且这种现象也产生了服从西方文化的国际文化秩序，尤其是西方国家凭借资本与市场的优势，造就全球文化不平等的格局。所以根据现状，在构建人类命运共同体的进程中，要妥善应对权力结构和相互依存态势的变动，保持各民族自身文化的影响力和同源性，确保各国的意识形态安全及文化安全已成为共同诉求。

随着东升西降的趋势越发明显以及中国综合国力的稳步提升，国际上越来越多的人愿意主动了解中国文化，为中国文化走向世界、向世界文化强国的发展转变提供了机会和动力。中国具有深厚的文化底蕴，以"和"文化为特征的优秀价值理念已经注入中华民族发展的血液当中，对人类追求共同发展提供了思想指引，有利于人类之间的相互理解与交流。21世纪以来，中国严格遵守国际规则，认真履行承诺，成为文化全球化以及全球文化治理的坚定支持者、积极参与者以及重要贡献者。要制定具有国际通识的法制体制。"在今后漫长的中国文化复兴的道路上，'中国文化走出去'战略所遭遇到的不仅仅是好莱坞式的文化产品市场的巨大挑战，更为重要的是文化产品市场背后所蕴藏的整体性的国际文化战略竞争的制度性挑战。"① 文化对外传播过程中难免会遇到不同程度的障碍，从当地的市场环境到文化生态的氛围，都是不同于本土文化的生长环境，制定具有通识性的法律法规有利于规范文化传播途径。在刚刚过去的20年间，中国不断地从一开始的遵守对接国际文化规则向主动参与并制定规则的角色进行转变，为国际文化治理的法治化、市场化以及维护文化多元机制的发展作出了重要的贡献。

当前世界形势复杂，人类在环境保护、消除贫困、共同防疫等问题上面临着严重的挑战，然而，由于不同国家和民族之间的价值体系不同而产生冲突的现象却时有发生。习近平总书记提出的"人类命运共同体"和"人类文明新形态"以"和"文化为特征的中华优秀传统文化为基础，提倡"和谐发展、天下大同"的交往理念，对于如何平衡国家之间的利益避免走向对抗发出了中国声音，提出了中国方案，贡献了中国智慧。未来，中国会继续依托自身悠久的历史文化，从人类未来共同发展的角度出发为国际文化规则的制定贡献中国智慧，散发中国光芒。

2. 提升中国对国际文化规则的引领能力

围绕构建人类命运共同体所形成的文化对外战略，绝不是仅仅针对中国人类命运共同体的愿景、国家实力、对外传播能力所构建出来的战略体系，而是要具备开放视野、全球意识、时代眼光，及时把握外部环境特别是国际社会在政治经济方面的巨大变化，准确体现全球文化发展态势的前沿动态，了解和掌握不同国家文化战略的调整和影响。也就是国际文化地缘战略是随着国际地缘政治的战略而变动。提升中国在国际文化规则中的引领力需要我们对自身文化在世界上的影响进行深刻反思，既不能妄自菲薄，也不能盲目乐观。近年来，中国在国际上的政治和经济影响力逐步增强，而以政治、经济发展为基础的文化在国际上的影响力也逐步扩大，习近平总书记在众多场合提出了一系列中国主张，并得到了国际社会的广泛认可。中国的"一带一路""人类命运共同体""人类文明新形态"等理念已经成为中国文化的代表符号，并深深地刻在人类共同发展的历史长河中。要提高全球文化治理的能力和水平，形成各国共同制定文化规则的体制，建设公正合理的国际文化新秩序，充分发挥全球文化治理主体和机制的作用。在人类命运共同体建设中，要高度重视中国文化智慧与文化方案的运

---

① 胡惠林. 国家文化治理：中国文化产业发展战略论 [M]. 上海：上海人民出版社，2012：40.

用和贡献，提高我国在联合国教科文组织等国际文化组织中的发言权和话语权，拓展在国际文化组织中的制度性话语权，增强我国科学制定和引领国际文化规则的能力。要对于人类面对的全球性文化问题提供文化滋养和实践选择，通过多维文化资源共同解决全球性文化危机问题，正确认识不同文化的时代价值，引领世界文化未来发展的正确方向。

提升中国文化在国际文化规则中的引领力，要明确宗旨、突出重点、有所选择。首先，中国文化有五千年的历史，我们要清楚地认识到应当输出哪些中国文化。中国武术、中医、中国美食、书法等都是中国文化中的精髓，是中华优秀传统文化的精神标识，是未来中国对外文化输出的重要内容。文化的影响不能单纯用量化的指标去考量，而是要注重"软实力"质的要求，全球文化治理中要避免由于过度追求文化输出所产生的利益而忽视文化本身，要避免文化的过渡圈层所造成的新的阶层隔阂，避免文化量的输出而不注重文化质的要求。其次，注重理论、精神的传播。中国拥有悠久的哲学历史，正如习近平总书记在哲学社会科学工作座谈会上指出的："我们不仅要让世界知道'舌尖上的中国'，还要让世界知道'学术中的中国''理论中的中国''哲学社会科学中的中国'，让世界知道'发展中的中国''开放中的中国''为人类文明作贡献的中国'。"① 只有推进中国价值观、中国哲学、中国化的马克思主义等精神和理论的传播，讲好中国故事和中国共产党故事，让世界充分了解中国的过去、现在和未来发展规划，才能正确地认识中国，才能树立和谐文明的中国形象。最后，中国应当始终坚持提升综合国力。文化兴则国运兴，文化强则民族强。相反，如果文化没有政治、经济等方面强大的综合国力来作为支撑便很难传播久远。通过历史的考察，我们可以清晰地看到综合国力对于文化传播的重要意义。例如，唐代时期，如果不出现盛世的局面，那唐朝文化便很难传播到其他国家；"日不落"的大英帝国，正是由于其当时发达的经济和航海技术，才能不断地拓展殖民地，使英文在全球范围内传播。当今中国文化之所以在世界范围内广泛传播，同样基于中国综合国力的日益提高，在国际上发挥越来越重要的作用。因此，中国应坚持发展经济，以持续增长的综合国力为中国文化引领力提供支撑。

四、世界公共文化产品的供给战略

全球公共文化产品供给战略是我国从战略高度关于公共文化产品对外供给的顶层设计，是国家文化战略的重要内容。伴随着中国的崛起和实力的增强，国际社会要求中国提供更多公共产品的呼声越来越高。我国作为世界秩序的维护者、公共产品的提

---

① 习近平谈治国理政（第2卷）[M].北京：外文出版社，2017：340.

供者、国际秩序的维护者、全球发展的贡献者，要推进公共文化产品的供给战略，积极提供公共产品以及全球性文化产品，构建以人类共同文化问题为基准的文化创新机制，为构建人类命运共同体作出中国贡献。同时又要注意跨越"金德尔伯格陷阱"，以切实行动向着构建人类命运共同体的正确方向勇毅前行。

（一）以解决全球性问题为基准提供我国的公共文化产品

1. 向国际社会提供中国价值导向的理念性公共产品

中国向世界作出自己的贡献，不仅体现在经济、科技、生态以及促进和平发展等方面，而且体现要向世界提供更多高质量的文化产品、资源和服务。在推动中国文化"走出去"的同时，要充分利用国内国外两种文化资源、国内国外两种文化市场，不断为满足世界各国文化需求提供中国的公共文化服务，增强我国对于全球公共文化产品和服务的供给能力，为创造人类优秀文明成果作出中国贡献。促进各国文化发展要坚持问题意识，把人类面临的共同的文化挑战与问题作为根本，推进文化理念、思想和实践方式的创新。曼瑟尔·奥尔森在《集体行动的逻辑》中提到公共产品即"集团中任何个人消费都不妨碍同时被其他人消费的物品"[1]，这体现了公共产品的非竞争性、非排他性特点。理念性公共产品主要体现在精神价值方面，其价值在于为国际社会提供发展原则性指引和价值导向性指引。我国坚持弘扬全人类共同价值，以跨越文化、种族、制度、价值观、发展水平的国际视野，以求同存异、公平公正、开放包容的交往理念，与世界各国互利合作、共享共赢，在全人类共同价值理念的主导下，我国向国际社会提供了一系列公共产品，提出了全球理念和全球倡议，包括"一带一路"倡议，人类命运共同体理念，共同富裕理念、全球发展倡议等，为国际体系稳定和全球化进程推进作出了巨大的中国贡献。

我国向国际社会提供公共文化产品以全人类利益为出发点，契合国际文化发展需求，突出互惠性，且不具有任何附加条件，是真正关注人类命运与地球未来，为推进国际公共产品公平分配贡献中国力量、为应对全球性危机提供中国方案、为国际社会共同发展作出中国贡献的具体行动。例如，"一带一路"倡议欢迎沿线各国搭乘中国的便车，以极大的开放性和包容性与各国互惠合作，体现了其作为公共产品的非排他性；共同富裕理念和全球发展倡议顺应了全球化发展趋势，聚焦发展这个根本性问题，推动实现全人类幸福和公平、有效、协同的全球发展，体现了其作为公共产品的非竞争性。我国通过一系列倡议扩大对外开放，加深与世界各国的联系，以包容共进的胸

---

① ［美］曼瑟尔·奥尔森. 集体行动的逻辑 ［M］. 陈郁，郭宇峰，李崇新，译. 上海：上海三联书店、上海人民出版社，1996：13.

怀超越"文明冲突"，反制逆全球化，向世界展示了负责任中国的时代担当。

2. 积极推进我国对外文化援助事业

对外援助是中国特色大国外交事业的基本内容，新中国成立 70 多年来，随着综合实力与国际地位不断提升，我国从曾经的被援助国成为对外援助大国，从国家层面的政府援助到企业、社会组织多层次援助，从文化援助到经济、卫生等多领域援助，从周边国家到"一带一路"沿线国家、落后国家援助，向国际社会积极贡献自己的力量，为有需要的国家提供全方位援助。

对外文化援助包括文化物资援助、文化场馆设施援建、人员技术援助、考古修缮援助等，是中国与世界各国互利共赢的有效途径。一方面，对外文化援助推动了中国价值的国际传播。通过向受援国提供承载着中国文化与价值理念的图书、音像资料等文化产品和文化设备，以及强烈认同中国核心价值观的文化专业人员，能有效传播中国价值，提高受援国对中国的认识和了解，并对打破"中国威胁论"，展现中国和平发展、互利共赢的发展理念以及"文化大国"和"负责任大国"的国家形象具有重要的推动作用。例如，"亚洲文化遗产保护行动"是中国为更好传承世界文明的双边合作行动，通过参与文化遗产全球公共文化产品供给，构筑"文化价值链"，展现中国作为文化大国的担当。另一方面，对外文化援助推动了人类命运共同体的构建。对外文化援助具有公共外交和人文交流的双重属性，因而通过对外文化援助能够增进文化交流，增强双边多边互信伙伴关系，加深国家间民心相通，加固命运共同体的精神纽带，推动双方互利共赢和共同发展，促进世界文化产品平衡供应，维护全球战略平衡，为各国发展营造稳定良好的国际环境。

（二）为构建人类命运共同体提升我国文化产品供给能力

1. 推进我国文化产品创新

文化产品是国家文化意识的载体，蕴含着鲜明的观念底色与深厚的文化内涵，体现了国家的精神风貌与创新能力。文化产品的国际供给能力与供给内容是对国家文化发展理念、国家文化发展水平、文化产业发展状况以及国家综合实力的具体呈现。向全球供给文化产品是展现我国经济实力、传播我国文化与价值理念、提高我国文化软实力与国际话语权、塑造我国"负责任大国"形象的前沿载体。然而，"当前我国文化产品在国际市场上的出口竞争力与影响力相对较弱，出口持续期总体上与发达国家存在较大差距"[①]。针对我国文化在当今全球的形势，我们"要立足中国大地，讲好中

---

① 许坚，张文秋. 国际文化交流平台与中国文化产品出口——基于全球 1356 所孔子学院的数据 [J]. 文化产业研究，2019 (4)：202 – 220.

国故事，以更为深邃的视野、更为博大的胸怀、更为自信的态度，择取最能代表中国变革和中国精神的题材，进行艺术表现，塑造更多为世界所认知的中华文化形象，努力展示一个生动立体的中国，为推动构建人类命运共同体谱写新篇章"①。我国应契合国际需求，紧跟时代发展潮流，着力提高文化产品质量、推动文化产品创新，不断提升中国文化产品的全球竞争力、吸引力和影响力，进一步推动中国文化"走出去"，使中国价值在国际社会得到更广泛传播和认同。

调整供给策略，提供契合构建人类命运共同体需求的文化产品和文化服务供给。文化市场需求决定着国际文化产品的生产与消费，国际文化产品的供给面向世界各国，与国内文化产品的消费群体相比，受众特征十分复杂，需求更为多样。因此，基于对不同国家和地区民族文化差异的考量，应及时调整我国文化产品供给策略，创新文化产品及文化服务内容，提高文化产品对外供给的针对性，推进文化产品国际化、本土化，使承载我们价值观的文化产品在国际社会更广泛流通。依托文化产业的经济功能，促进我国文化产品出口，推动文化产品从"送出去"变为"卖出去"，实现海外民众由被动接受到主动寻求的转变，提高我国文化的认同感与吸引力。

紧跟时代发展，以数字技术赋能文化产品创新。人类命运共同体理念不是一个单纯的理论概念，而且还是自身的实践形态和载体形态，而高新科技产品和文化创意产品也是人类命运共同体理念的前沿呈现方式。文化产品的生命力在于创新，文化产品的质量在于其内容与创意，在 VR、AR、大数据、人工智能的广泛应用和快速发展潮流下，数字技术成为文化产品创新发展新动能，文化产品的质量在数字技术赋能下不断提升。一方面，数字技术的引入使文化内容突破传统的表现形式与生产形式，文化产品生产者的创新创造能力得以提升，全球消费者的个性化、差异化需求能够进一步得到满足，提高了我国优质文化产品的供给能力。另一方面，数字文化产品的消费和流通突破了时间与空间的限制，降低流通成本，缩短生产周期，减少生产和流通的中间环节，使文化产品的呈现样态、生产消费模式、流通渠道发生转变，加速我国文化产品在全球范围的流通，以优质文化产品增强中国文化认同，助力全球文化高质量发展。

2. 完善我国文化产品的全球供给机制

建立国家间长效合作机制，为文化产品的全球供给提供制度依托。近年来，我国以增进文明交流互鉴、推动构建人类命运共同体为目标，积极与世界各国建立合作机制，推动中外经贸往来，为中外人文交流合作提供了稳定的制度框架，是深化中外合作、凝聚中外价值共识的制度依托。以"一带一路"为例，"一带一路"以经济交往为基础，人文交流为纽带，通过与沿线国家建立政府间的文化产业合作对话机制，加

---

① 习近平谈治国理政（第 4 卷）［M］．北京：外文出版社，2022：326.

深世界人文交流，加固双、多边文化产业合作，加强文化产品对外输出，实现更高水平对外开放。创建维护世界文化交流与文明发展平台的交流机制，使得中国在全球文化治理中发挥更大作用，与此同时，对于全球文化产品的供给也是中国提高国际话语权的方式之一。近年来，随着我国孔子学院在其他国家的设立、"一带一路"倡议的实施以及2022年北京冬奥会的隆重召开，我国优秀传统文化走向世界迎来了时代契机和平台。尤其在冬奥会中，从开幕式的"迎客松"到闭幕式的"折柳情"，以及冬奥吉祥物"冰墩墩"与"雪容融"，更值得瞩目的是冬奥会的云顶滑雪场赛道充分运用了长城文化的理念，体现出"国韵冬奥"对世界文化产品的供给。这些文创产品是中国为世界提供公共文化产品的一次典型案例，不仅能推动地区文化IP的影响力，还能在世界文化产业的发展中提供借鉴。所以无论是政府官方层面与民间文化的"引进来"还是"走出去"，都是不断加强创建文化国际传播的创新机制，向世界贡献的中国方案与中国经验，为构建人类命运共同体的文化创新机制提供借鉴。这不仅扩大我国文化产品在国际市场的流通范围，推动对外贸易创新发展，同时也是推动构建人类命运共同体的具体实践。

完善政策法规，为文化产品全球供给提供体制保障。在"一带一路"倡议及中外友好合作的推动下，我国文化产品出口快速增长，出口结构不断优化，极大地带动了对外文化贸易发展。然而在"百年变局"和"世纪疫情"的双重影响下，我国面临的国内国际发展环境日趋复杂，数字化发展加剧了文化产业的竞争，我国文化产品的制度短板日益显现，文化产品的全球性供给面临新的挑战。因此，应着力完善文化产品全球供给体制，竭力融入新的全球文化贸易浪潮中。一方面，打造国家文化品牌，进一步提升中国文化产品的海外影响力。文化品牌能够提高国家文化产业竞争力，美国的漫威、迪士尼等是文化品牌获利的典型代表，我国应优化文化产品研发与海外推广，树立品牌意识，建设有中国民族特色的文化品牌，并将其打造成为极具竞争力的国际品牌，推动带有中国文化符号的文化产品和文化品牌走出国门，走向世界。另一方面，完善文化产品全球性供给的制度规定。文化产品的供给需要双方国家建立双边贸易机制、制定文化产品进出口的法律法规，然而，我国贸易协定中缺少针对文化产品和服务的条例，以及关于海外文化人才优惠待遇、文化领域公共投资等规定。因此，应逐步完善对外供给文化产品的法律法规，加快文化产品输出基础设施的建设，鼓励文化产品的供给主体积极参与到政策决策中，并建立双边贸易长效机制，保护供给体系的稳定性，打破国际贸易壁垒，保证文化产品供给渠道畅通，使我国真正发挥出一个大国应尽的责任。

文化产品的全球性供给推动了文化在全球范围内的流动传播，通过完善我国文化产品的全球供给机制，进一步推进全球文化产品供给战略，加强世界文化交流，降低文化隔阂，减小发达国家和落后国家间的文化差距，助力构建中国与世界深化合作、共谋发展的人类命运共同体。

五、对外文化话语权战略

在构建人类命运共同体的过程中，我们需要对于人类命运共同体实现中国话语向国际社会共同话语的转变。为此，我们需要积极推进对外文化话语权战略，科学推进人类命运共同体理念的国际认同，让更多国家和民族接收、接受人类命运共同体理念，正确理解和认识人类命运共同体理念。

（一）创新人类命运共同体话语的内容和表达方式

中国共产党始终高度重视文化建设，并将国家文化软实力作为综合国力中的重要组成部分。因此，在构建人类命运共同体的过程中，需要我们将文化软实力的提升作为基点，拓宽话语渠道，创新文化领域的话语内容和表达方式，努力实现中国话语体系的进一步调整与完善。

1. 创新话语内容

米歇尔·福柯认为："话语意味着一个社会团体依据某些成规将其意义传播于社会之中，以此确立其社会地位，并为其他团体所认识的过程。"① 由此，福柯提出"话语即权力"的观点。在当前我国的哲学社会科学领域，有的学者也习惯于运用西方学术话语体系并用其解释中国问题，照抄照搬西方话语评价中国发展的成就，提供中国改革的方案，盲目迷信西方话语，不相信、不坚持我国自身的话语体系和话语标准。这种情况和问题严重阻碍了我国哲学社会科学话语体系的构建，并在一定程度上影响了中国哲学社会科学话语的价值实现。对此我们要有清晰的认识，西方思想体系、学术体系、话语体系也不是任何时候都能解决西方问题的"万能钥匙"，特别是在当前，西方社会的发展遇到诸多困境，以原有资本主义制度为根基的西方思想体系也显现出力不从心的疲软态势。在这种背景下，"美国优先"的主张、西方保守主义、西方民粹主义等思潮才甚嚣尘上。

我们要以中国历史和现实国情为基础，观照时代发展的未来方向与趋势，针对人类命运共同体的国际认同和实践构建，不断推进学术体系、话语体系的建设和创新，并以人类命运共同体为维度丰富中国特色哲学社会科学的研究框架和研究成果。只有构建具有自身特质的学术体系、话语体系，在哲学社会科学领域形成中国主张、中国

---

① 王治河. 福柯 [M]. 长沙：湖南教育出版社，1999：159.

道路、中国权力，构建人类命运共同体的实践才能形成实现价值的有力载体，才能实现学术思想上的独立自主、卓著自强。一方面，要坚持我国哲学社会科学的话语自信。话语自信是道路自信、理论自信、制度自信和文化自信在哲学社会科学话语领域的反映和延伸。"面对西方学术话语霸权的干扰和影响，我们必须增强政治敏锐性和理论鉴别力，在建构我国哲学社会科学话语体系时，对西方学术话语绝不能趋之若鹜，而是既要秉持存疑和警醒态度，积极进行批评鉴别，又必须坚持独立思考与平等对话的态度，大力发扬独立自主精神。"① 如果我们在研究中形成"以洋为尊""以洋为美""唯洋是从"的风气，跟在西方话语体系和标准后面亦步亦趋、东施效颦，热衷于"去历史化""去中国化""去主流化"那一套做法，我们就无法独立自主地开展研究，更不可能培育出中国特色、中国风格、中国气派的成果来，更不可能为人类命运共同体提供明确的话语支撑。

另一方面，要着力推进学术体系、话语体系的不断创新。创新是哲学社会科学繁荣发展的规律，也是哲学社会科学繁荣发展的根本途径。西方学者总是喜欢用西方的经济学、政治学、法学、社会学等学科的理论、概念、话语体系来裁剪中国实践，对"中国奇迹"作"西式解释"，有的甚至把西方的民主理论、经济理论、人权理论作为意识形态工具，攻击我国的社会主义制度。西方的这种逻辑在人类命运共同体问题也有体现，他们认为我国倡导建立的人类命运共同体是为了用社会主义同化全球，是为了拉拢自己的"小圈子"，是为了挑战西方国家战略提供的另一套对冲战略。由此可见，我国针对人类命运共同体独立自主地确立自己的学术体系、话语体系尤为重要。

人类命运共同体理念是中国共产党在新时代中国特色社会主义事业发展过程中，将全人类的共同利益作为出发点，并扎根于中华"和合"思想而诞生的，它也无疑是解决当前世界性难题的"中国方案"。但人类命运共同体理念在对外传播过程中，实际上正在遭遇来自西方媒体的阻挠。针对这一现状，中国就要主动进行国际议题的设置，发挥中国在国际会议以及官方论坛上的重要作用等，以此来发挥中国话语在对外信息传播中的实力，从而为人类命运共同体的成功构建赢得国际认同。

2. 拓宽话语渠道

构建人类命运共同体话语的对外表达和对外传播，离不开全面的传播布局和话语渠道，只有具有多元广泛的话语渠道，才能在对外传播人类命运共同体话语的过程中取得良好效果。当前，对外传播的主要依靠力量有报纸、广播、电视、杂志、图书、网络、新媒体等媒介，还包含电影、音乐、戏剧、绘画、舞蹈等艺术形式。传统媒体在过去的运用过程中，因其网络辐射面积较小，信息整合与传播速度较慢，多数的舆

---

① 邓纯东. 努力构建以马克思主义为指导的哲学社会科学话语体系 [J]. 马克思主义研究，2014（6）：9 - 14，159.

论传播主动性归于西方媒体，这也是西方国家长时间把控话语权的重要原因之一，国际社会中的舆论排他性也由此形成。因此，发展中国家在面临他国文化或信息攻击时，通常处于劣势且十分被动，甚至不由自主地陷入困境。随着信息网络科技的日新月异，新媒体已经逐渐取代传统媒体，成为人们生活的主流媒介。新媒体在实现对外传播过程中，首先传播的主体由机构转向了群体，这在一定程度上打破了新闻只能由新闻机构发布的局限性，这样使得新闻的来源、种类、内容以及传播效果等逐渐趋于多元化。新兴媒体的出现将网络通信技术实现普及，以往信息传播速度和效率的影响因素明显减少。尤其是依托于新媒体所特有的信息交流互动性特征，信息传播与交流甚至逐步具备了以往未有的针对性。同时，新媒体的诞生也促使全球范围内的对外传播方式发生改变。在官方媒体、传统媒体仍旧担任传播主体的同时，各类组织机构甚至是个人都有资格成为信息传播主体，信息渠道的多元化特征日益显著。

因此，我们对外传播人类命运共同体话语的过程是，要完善传播渠道的多元化，善于学习和总结国外媒体的成功经验，借鉴他国媒体在运营中的先进手段以便我们能够尽早在国际舆论中取得一席之地。除了提升学习借鉴的能力之外，我们还要时刻关注自身媒体在国外的发展情况。我们要充分动员海外同胞，积极发挥海外同胞的力量，使他们成为传播中国文化和中国话语、宣传中国形象的使者。虽然中国媒体与"推特""脸书"等国外社交媒体相对比仍具有较大差距，但随着中国文化软实力与信息技术的不断提升和发展，在新兴媒体发展方面具有的发展潜力不可估量。因此，当前构建人类命运共同体，实现人类命运共同体理念的对外良性传播，需要我们抓住机遇，积极利用多种社交媒体并借助新兴媒体的发展优势。

3. 完善话语方式

不同国家之间由于生活方式、民族文化，地理条件等多种因素存在着诸多差异，造成价值观念与行为习惯的不同。中国提出的人类命运共同体理念目的在于实现人类社会的和谐，但由于国家之间固有差异的存在，使这一理念的对外传播过程正在遭受重重阻碍。因而就需要各国在对外传播的过程中进行有效合理沟通，扩大交流接触面与接触机会，增进国与国之间的理解。对外传播顾名思义就是获得受众国的认同和响应，以便展开合作交流。那么在这一过程中，尤其要把握受众国主流受众人群的接受习惯，充分尊重国外受众兴趣点和接受方式，实现好话语对接。在信息化时代的今天，世界各国之间的政治经济联系日益密切、频繁，文化交往不断增加。各国对文化传播越来越重视，语言作为文化载体的作用越来越凸显出来，向国外推广本国语言已成为文化传播的重要手段。许多国家甚至已经把推广语言传播文化列入了国家战略，变成了一项重要的政府行为。在对外传播人类命运共同体话语的过程中，对外传播面对的受众的特殊性，就决定了传播国的媒体不能只是从自身传播意图和语言习惯出发来决定传播的内容和方式，要改变"套路"、官话的方式，要去模板化，要充分考虑对象国受众的语言习惯，使得传播话语更加人性化、体现差异性。爱泼斯坦曾写道："如果我们过度美化自己，而当人家来了之后发现并不是那么一回事，自然今后对我们的报道半信半疑！但是那些受西方传媒影响，以为中国一片黑暗的人，他们来中国后回去却说，比他们说的好得多。"① 在传播过程中要"喜""忧"参差，变"以正面宣传为主"的理念为"以正面效果为主"，要把握好"成就"与"问题"新闻报道比例，坚持真实性，尽可能地能引起受众共鸣，这是提高传播效果的一个重要方面。

另外，还要进行必要的受众分析，不同国家、不同文化所塑造出来的受众差异很大。此外，不同受众自身的文化水平以及职业特点都显示了他们的习惯和认可的差异。习近平总书记指出："我们要把握国际传播领域移动化、社交化、可视化的趋势，在构建对外传播话语体系上下功夫，在乐于接受和易于理解上下功夫，让更多国外受众听得懂、听得进、听得明白，不断提升对外传播效果。现在，国际上理性客观看待中国的人越来越多，为中国点赞的人也越来越多。我们走的是正路、行的是大道，这是主流媒体的历史机遇，必须增强底气、鼓起士气，坚持不懈讲好中国故事，形成同我国综合国力相适应的国际话语权。"② 因此，对受众要进行差异处理，关注受众的接受度，摆脱各种话语体系的束缚，要将中国故事以受众喜闻乐见、易于读懂的方式进行讲述。总之，就是要实现中国内容的国际表达。

（二）增强人类命运共同体话语的传播效果

在近年来我国对外传播的积极推动下，我国提出的人类命运共同体理念已经在国际公共舆论界传播开来，形成了较大的影响力。但在此过程中，有的国家或学者对于人类命运共同体的质疑或反对也从未消退。因此，在接下来的很长一段时间里，人类命运共同体的成功构建还需要将这一理念在国际社会中进一步推广，并不断提高我国对外传播能力，这也是提升我国国际话语权的关键举措。

1. 增强人类命运共同体话语的引导力

随着综合国力的不断增强，中国在国际社会的地位也逐步提升，面对日益频繁的对外交流，提升中国国际话语权与话语能力也需要进一步跟进。西方发达国家在话语权方面的主导和优势由来已久。在这一现实情况之下，成功构建人类命运共同体，并在国际社会获得信息传播中形成我们自身主导的引导力，是十分艰难的。尤其与"美国声音"之间的摩擦与碰撞，致使两国观点展开激烈交锋。人类命运共同体的构建是对整个人类社会的普惠，因此中国当前应该迎难而上，敢于且善于对外发出"中国声

① 爱泼斯坦. 我为新中国而无比自豪 [N]. 人民日报, 1995 - 04 - 20.
② 习近平谈治国理政（第3卷）[M]. 北京：外文出版社, 2020：319 - 320.

音"。中国应大胆提出"中国观点",这不仅事关"人类命运共同体"在国际社会关注度的提升,更重要的是事关人类共同利益的实现。对此,中国应当高度重视国际议题的内容策划,尤其是在重要国际场合的热点议题方面。对于专题性的国际议题,我们要着重把握针对性和指向性,尤其是在关于和平与发展等相关的国际议题方面,要牢牢把握重要节点,关注事件发展以此来凸显中国智慧,彰显大国形象。

目前,中国已经成功地设置了许多热点议题,为人类命运共同体理念的国际性传播提供了良好的传播途径与有利的传播氛围,如在金砖国家领导人会晤上,围绕携手合作共同发展的热点议题,来传播人类命运共同体的和平发展与合作共赢的基本理念;在博鳌亚洲论坛的主场外交平台上,设置革新、责任、合作热点议题,来阐释牢固树立人类命运共同体意识这一基本理念,为变革创新提供动力、维护和平提供保障、推进合作提供途径、开放包容提供空间,共创亚洲命运共同体的美好未来;在二十国集团领导人峰会上,设置了共同维护和发展开放性世界经济,从创新发展、联动增长、融合利益上传播了人类命运共同体提出的全球经济治理与合作共赢的基本理念;在"一带一路"国际合作高峰论坛设置合作共赢的议题,积极传播人类命运共同体建设一个"远离封闭、开放包容的世界"的基本理念等。

2. 增强人类命运共同体话语的感召力

当今世界各项事业发展总体趋于稳定,全球化程度日益加深。但由于利益的驱使加之新冠疫情为世界各国造成的消极影响和巨大损失,多种不稳定因素或极端主义依然盛行,世界各国在国际交往过程中依然存在风险与阻碍。面对如此的国际局势,习近平总书记向世界提出构建"人类命运共同体"的伟大构想。他鼓励各国各民族的人们团结一致,用全新且能够健康运作的世界经济政治秩序来取代旧的世界经济政治秩序。自中国特色社会主义发展进入新时代以来,习近平总书记作为党和国家的领袖全力推进元首外交。他高瞻远瞩,精心布局,将人类命运共同体理念置于元首外交之中,并在考察他国特有情况的基础上,设计并生成具有适配性和指向性的对外传播策略清单。正是凭借着中国共产党的精准判断能力和科学分析能力,为人类命运共同体理念的国际传播进一步注入感召力。

合作共赢是人类命运共同体一直以来的核心倡议。因此,在当今复杂多变的国际环境中,人类命运共同体理念中的思想精髓也顺势成为全球治理所需要的全球性公共产品。正是基于对人类命运共同体的这份情怀与坚守,当代中国才会竭尽全力谋划事关人类未来共同利益与命运的热点议题;正是通过高品位、系列化的世界发展与共同复兴的议题设置,助推了世界各国公平公正的经济政治文化及其民间的多位阶的交往交流,从而更好地推动国际社会对人类命运共同体理念客观全面的了解与理解,进而达成国际性价值共识,不断地在多个层面上推进全球治理体系的改革与发展,构造一个科学、理性、和谐、务实的国际舆论氛围,增强了人类命运共同体思想国际性话语的温度、深度、广度，增强了对外话语的感召力。

3. 增强人类命运共同体话语的传播力

网络通信技术的日新月异，使信息在互联网的传播下，其广泛程度大幅提升，因此新兴媒体不可避免地成为信息传播的重要载体。现如今世界各国新媒体逐步取代传统媒体已经成为必然趋势。正因如此中国应尽早抢占先机，发展和创新新媒体网络技术，在进行人类命运共同体理念的对外传播过程中抓住时代契机。

为此，中国需要做好十足准备，全方位打通全球合作传播通道，建设国际社会中的主流媒介或网络平台。同时中国还需全力打造具有本国特色的全球性媒体或网络平台，通过技术手段强化人类命运共同体理念的对外传播效果，从而提升中国信息和中华文化在国际社会中的影响力。在这一过程中，中国共产党要时刻具备大局意识，凭借着敏锐的外交洞察能力和特有的外交智慧，精准分析国际社会信息传播规律和新媒体信息传播技术的发展变化规律，促使中国共产党在将分析成果与人类命运共同体理念的对外传播进行有机结合的过程中，在对外传播过程中达到感性与理性的良性结合，推动人类命运共同体理念在国际社会中能够生成新媒体专属表达方式。

因此，中国现阶段应该将目光投向新媒体传播方式所具备的即时性与互动性等特征，尤其是在国际话语传播中所展现出的颠覆性。这些特征也正在驱使着中国在对外传播中尽快掌握融媒体全球性话语传播的优势，尽早在构建人类命运共同体这一问题上，能够实现中国话语体系与话语权新突破，使和平与发展的口号以及具有中国特色的倡议和呼声通过新媒体在世界范围内广为流传，从而使构建人类命运共同体的美好愿望在全球的媒体版图中获得一席之地。

4. 完善人类命运共同体话语的塑造力

人类命运共同体理念的对外传播，要依靠生动具体的故事和话语，而传播好人类命运共同体的故事和话语，取决于所采取的叙事策略。话语方式的科学与否，将在很大程度上影响一个国家的国际话语效力。话语内容要注意分寸，宣传中国的成绩，不要把话说得过满，要留有余地；不要说得过于绝对，要实事求是地评价中国，也要实事求是地宣传人类命运共同体。我们对外传播的目的就是把中国的真实情况告诉外国人，只有让外国人了解一个真实的中国、客观的中国，才能帮助他们走出由道听途说产生的想象，帮助他们提高抵抗"妖魔化"中国的能力。一个好的叙事策略的本质，就是运用自己创造的、带有本土化特征的方式，讲好别人能够很好理解的道理和思想，这样才能寓差异于无形、化解文化隔阂、误解和矛盾。21世纪以来，面对日趋激烈的话语竞争，我们必须打破僵化的传统思维模式，改变以往"先道理，再叙实"的叙事方式，不断在把握西方人思维特征的基础上，努力探寻为西方人所易于接受的话语方式。赵启正在《公共外交与跨文化交流》中指出："在对外传播中，要多讲中国故事——中国的发展实际、中国人的生活。如果我们要表达的核心内容是中国社会主义特色的话，它相当于是维生素 C，它本来是在苹果里的，这个'苹果'就是中国的社会现实和相关的故事。那么，与其给外国人维生素片，不如给他们原生态的苹果，即由他们去体会中国的社会主义本质，给他们消化和体会的余地。这样，讲故事的和听故事的就都会处于轻松愉快的境界中。"① 只有很好地塑造中国话语，才能避免话语表达的生硬与死板，克服文化受众的抵制和怀疑，这就需要我们对于话语内容进行方式转化，实现表现形式和思想内涵的协调统一。实现话语内容和话语方式的科学化，是对外传播好人类命运共同体理念的重要保证。

（三）提高我国在人类命运共同体构建中的制度性话语权

经济全球化所带来的国际分工与合作，丰富了国与国之间的交流内容，也深化了国家间的密切程度，由此制度性话语权的重要性也日渐凸显。在经济快速发展的国际背景下，国家话语的本来功能也发生着质的变化。从前的国家话语更多的是国家间的沟通工具，而如今国家话语已经成为国家权力意志的直接体现。制度性话语权的建构是实现国际话语权巩固提升的必然选择，因此全球各国展开了制度性话语权的争夺，以此来争取更多的国际交往主动权和领导权。

然而现如今，旧全球化固有弊端的残余依旧影响着世界经济发展，从而导致逆全球化趋势开始显露头角。逆全球化对于未来国际社会的布局将造成一定影响，但就目前来看，全球化发展趋势依然稳固。因此，中国应在制度性话语权的争夺和竞争中着重把握顶层设计环节，科学分析国际社会发展中的新变化，竭尽全力扭转中国制度性话语权长期被压制的境况，加速中国制度性话语权的建构进程。

首先，我国在国际交往中正在不断提高我国参与全球治理的能力，着力增强规则制定能力、议程设置能力、舆论宣传能力、统筹协调能力。在党的十八届五中全会上，习近平总书记提出，坚持开放发展，必须顺应我国经济深度融入世界经济的趋势，奉行互利共赢的开放战略，发展更高层次的开放型经济，积极参与全球经济治理和公共产品供给，提高我国在全球经济治理中的制度性话语权，构建广泛的利益共同体。习近平总书记多次强调要提升中国参与全球经济治理的制度性话语权。2021 年 3 月，我国发布的《中华人民共和国国民经济和社会发展第十四个五年规划和2035 年远景目标纲要》指出："加强对外文化交流和多层次文明对话，创新推进国际传播，利用网上网下，讲好中国故事，传播好中国声音，促进民心相通。开展'感知中国'、'走读中国'、'视听中国'活动，办好中国文化年（节）、旅游年（节）。建设中文传播平台，

① 赵启正. 公共外交与跨文化交流 [M]. 北京: 中国人民大学出版社, 2011: 56.

构建中国语言文化全球传播体系和国际中文教育标准体系。"①

其次，我国开始关注提升发展中国家的制度性话语权，在构建人类命运共同体进程中体现发展中国家的要求。2015 年 9 月 26 日，国家主席习近平在联合国发展峰会上发表讲话，指出："我们要争取公平的发展，让发展机会更加均等。各国都应成为全球发展的参与者、贡献者、受益者。不能一个国家发展、其他国家不发展，一部分国家发展、另一部分国家不发展。各国能力和水平有差异，在同一目标下，应该承担共同但有区别的责任。要完善全球经济治理，提高发展中国家代表性和发言权，给予各国平等参与规则制定的权利。"② 发展中国家应有权平等参与全球经济治理，并提出促进国际货币体系和国际金融监管改革的建议与举措。在 2017 年世界经济论坛开幕式上，习近平总书记指出，要赋予新兴经济体和发展中国家更多的代表性和发言权③。从习近平总书记的讲话中可以看出，为全球经济治理体系注入公正合理的驱动因素，实现新兴经济体的制度性话语权的提升是当前中国共产党所要追求的目标。中国共产党在与发展中国家的沟通协作过程中始终保持着友好团结的合作态度，坚定不移地支持发展中国家或欠发达地区在国际社会中的地位以及话语权的提升。

最后，在提升制度性话语权方面，中国始终坚持"改旧立新"。例如，倡导全球经济治理机制，对国际货币基金组织、金融监管机制等进行适当地调整与改革，破除零和博弈、你输我赢的游戏规则，体现公平公正合理的人类命运共同体理念。习近平总书记十分重视新兴经济体和发展中国家的话语权维护，并多次公开强调改革国际货币基金组织份额治理方案与解决全球治理体制中不平等问题的重要性。2016 年在杭州举办的 G20 峰会上，各成员国就提升制度性话语权问题达成一致。各成员国纷纷同意继续致力于国际金融机构份额以及治理结构的优化和改革，并进一步扩大特别提款权。除此之外，习近平总书记还指出，平等是当今世界经济发展与全球治理的基础。在平等互惠的良性氛围下，应当重点关注发展中国家或新兴经济体在国际社会中发挥的作用，并增加其发言权，以此实现世界各国在进行经济交流与合作的过程中能够实现权利、机会和规则的真正平等。

当前，中国正在努力动员和尝试协同其他新兴经济体或同盟国在全球经济治理方面建立补充性的新机制。较具有代表性的有金砖国家新开发银行、"一带一路"、亚投行等，这些组织都是中国参与或主导的国际组织或国际倡议，也是构建人类命运共同体的重要平台。就目前的结果来看，该机制在为参与国赢得制度性话语权方面具有明显成效。这些举措也进一步证明合作共赢与开放共享是正向推进全球各项事业发展的必然选

---

① 中华人民共和国国民经济和社会发展第十四个五年规划和 2035 年远景目标纲要［M］. 北京：人民出版社，2021：106.
② 习近平在联合国成立 70 周年系列峰会上的讲话［M］. 北京：人民出版社，2015：2 - 3.
③ 习近平谈治国理政（第 2 卷）［M］. 北京：外文出版社，2017：476 - 487.

择，同时也向世界证明了中国所倡导构建的人类命运共同体的科学性及其重要意义。

六、对外文化开放战略

毛泽东将人生追求和全民族、全人类的命运联系在一起，指出，中国前途命运与世界紧密相连，"然从事中国改造不着眼及于世界改造，则所改造必为狭义，必妨碍世界"①。毛泽东告诉我们一个深刻的道理，推进中国发展，解决中国问题，必须坚持世界视野。文化开放战略是推进人类命运共同体理念国际化、提高人类命运共同体理念国际认同的重要战略选择，它通过展现中华文明的影响力，对人类文明发展作出积极的贡献，在建构国际政治新秩序和经济社会发展新模式的进程中发挥应有的作用。我们既要坚持文化开放战略双向互动的维度，又要把握对外文化战略对于双边关系、世界关系的影响。中国文化战略的世界关系是中国文化对外战略制定和实施过程中最主要的外部关系，它影响和规定了中国文化对外战略的视界，以及认知世界的态度和对外立场。

（一）充分运用国内国外两个文化市场和两种文化资源

当今世界，西方文化渗透正在悄无声息地进行。面对西方文化渗透的现实情况，我们不仅不能采取自我封闭的方式断绝与其他国家的一切交流，也不能任由其他国家肆意妄为的进行文化渗透。当前我们需要顺应时代的发展，稳抓在全球化进程中的跨文化交流机遇，在构建人类命运共同体的过程中充分利用国内外文化市场和文化资源，为中国弘扬中华文化，为实现全球文化共同繁荣发挥积极作用。

1. 充分发挥国内媒体作用，提升人类命运共同体理念的影响力

在新媒体发展的助力下，人们的日常生活方式和沟通方式都发生了翻天覆地的变化。2024 年 3 月 22 日，中国互联网络信息中心（CNNIC）在北京发布第 53 次《中国互联网络发展状况统计报告》，报告显示："截至 2023 年 12 月，我国网民规模达10.92 亿人，较 2022 年 12 月新增网民 2480 万人，互联网普及率达 77.5%。相关数据显示，我国经济总体回升向好态势持续巩固，互联网在加快推进新型工业化、发展新质生产力、助力经济社会发展等方面发挥重要作用。"② 从目前的我国网民规模可以看

---

① 毛泽东年谱（1893 - 1949）（上卷）[M]．北京：中央文献出版社，2013：75.
② 第 53 次《中国互联网络发展状况统计报告》发布互联网激发经济社会向"新"力（大数据观察）[EB/OL]．中华人民共和国国家互联网信息办公室，2024 - 03 - 25.

出，我国新媒体网络技术和信息产业正在蓬勃发展，各大网络平台在信息传播过程中正在发挥着至关重要的作用。因此，这一现状也迫使我们要在对外文化传播中增强主动性，在弘扬中华文化、传播人类命运共同体理念方面不断提高新媒体的利用率。我们要做到防范风险与掌握契机相结合，依托网络传播技术增强中华文化在全球文化市场中的影响力和竞争力，从而让人类命运共同体理念更能够被世界所认可。

目前，我们要充分利用新媒体高效和便捷的优势进行文化传播，尤其是在传播与输出中要根据传播客体的特征或范围多角度进行分析，必要时进行集中宣传。部分国内负责文体工作的单位需要建立官方网络平台，例如，官方微博、微信公众号、直播号等，并设计开设学习、答疑专栏。通过借助新媒体的推广作用，官方平台能够直接与网民进行互动，而且在新媒体的信息即时性传播中，还能够实现与网民进行互动交流。同时微信、微博等网络公共平台在信息发布过程中可以用文字、图片等直观的形式进行文化传播。因此，面对庞大的用户群体，我们在文化宣传方案设计中应当适当加强娱乐效果，如有必要也可以增设奖励。通过富有趣味的宣传形式吸引更加广泛的新媒体用户参与进来，有效激发新媒体用户对于中华文化以及各类文化信息的浓厚兴趣。

2. 充分利用国外文化资源，助推人类命运共同体理念的国际传播

一是发挥华人华侨文化纽带作用。2020年12月，全球化智库（CCG）和西南财经大学发展研究院共同研究编著的《中国国际移民报告2020》发布。报告显示："进一步从输出目的国家分布看，除中国大陆迁往中国香港的227.23万人及迁往澳门的29.76万人外，2019年中国大陆输出移民前20大目的国构成无明显变化，美国以288.92万人占据榜首，其次是日本的78.48万人以及加拿大的69.15万人。"[①] 这些华人华侨从事着多个领域的多种行业，其中不乏出色人才及行业精英。华人华侨从事科技研发，创办高新技术企业等代表人物不胜枚举。因此，我们可以号召海外侨胞、华人同胞等共同参与到"一带一路"建设中来，充分发挥中国在国外隐藏的人才、商业优势。我们应当鼓励他们担任"一带一路"沿线国家的文化引领者，从而稳步推进中国对外传播工作、对外文化交流工作，为成功构建人类命运共同体注入有力的文化支撑。

二是通过创办品牌文化活动、开展文化教育助推中华文化的国际传播。"我国已在154个国家和地区建立了548所孔子学院和1193个中小学孔子课堂，学员总数达187万人。"[②] 孔子学院致力于汉语教学，为发展中外教育、中外文化等方面的交流与

①　《中国国际移民报告2020》蓝皮书发布 亚洲国际移民增速显著 [EB/OL]. 全球化智库网站，2021.

②　世界各地已有548所孔子学院 [EB/OL]. 国务院新闻办公室网站，2018 – 12 – 05.

合作，提供语言及职业技能培训，搭建中外交流合作、信息咨询服务平台，为"一带一路"建设作出了重要铺垫。除此之外，改革开放之后，中国政府加大了对外文化交流的力度。如 2007 年在俄罗斯举办的"中国年""中国文化节"活动、2010 年在意大利举办的"中国文化年"活动、2012 年在德国举办的"中国文化年"活动、2015 年在非洲 20 余个国家开展的"2015 中国文化聚焦"和南非"中国年"等系列文化活动、2019 年在全球联动举办的"中国旅游文化周"活动等，使中国形象在国际社会中有了明显改善，从而在"一带一路"建设中获得了更加强烈的认同感。当然，在积极创办各类品牌活动的同时，我们在文化的对外传播中还应该注意克服形式主义。因为对外文化交流是文化精神与文化内涵的交流，只有在精神上保持文化的纯真与本真，才能够达到文化输出的目的，才能够引领中华文化成功走向世界，实现全球文化的协同发展，最终成功推进人类命运共同体的构建。

（二）坚持"引进来"和"走出去"战略相结合

文化的力量，始终深深地熔铸于一个民族的生命力、创造力和凝聚力之中。中国因其悠久的历史和丰富的文化资源，在进行对外文化交流互鉴中具有很大优势。鲁迅在 1906 年发表的《文化偏执论》一文中提出："明哲之士，必洞达世界之大势，权衡较量，去其偏颇，得其神明，施之国中，翕合无间。外之既不后于世界之思潮，内之仍弗失固有之血脉，取今复古，别立新宗。"① 对待外来文化既要有现代的眼光和宏大的气魄，敢于正面迎接它；同时又要在保持民族文化固有血脉的基础上对它加以分析权衡，去取得当，这样才于民族文化的建设和发展有益。

新中国的成立使中华民族以独立的姿态面向世界。到了改革开放时期，综合国力与国际地位的提升呈现出协同并进之势，中国文化能够自信地向世界各国显示出它独有的魅力。新时代，随着中国外交的不断发展，世界各国已经不只满足于在经济发展或贸易往来上对中国进行了解，各国更加期望能够在人文方面对中华文化进行更加深入的了解和研究。因此，中国作出了文化"走出去"的重大决定，推动中华民族的优秀文化走进世界民族之林，在国际舞台中绽放光彩。通过文化"走出去"战略，中国文化的对外交流日渐频繁，并在国外举办了多种文化交流活动与中国文化教育活动。例如，海外孔子学院的创办，华人艺术家在海外进行文艺汇演，中国传统工艺及非物质文化遗产的世界巡回展出，以及派遣优秀学生进行对外文化与学术交流等。因此可以看出，我们的中华文化正在凭借着自身的独特魅力获得国际社会以及他国人民的认可。中华文化愿号召世界范围内的一切优秀文化，共同打造和谐稳定的国际环境，实

---

① 鲁迅全集（第 1 卷）[M]．北京：人民文学出版社，2005：57.

现人类命运共同体的成功构建。

文化作为一个国家或民族长期历史积淀所形成的一种软实力，在不同民族间的交往中具有潜移默化的特征。中华文化因其广博的胸怀与以和为贵的气度，在对外交流中总是能够以友善、谦虚的姿态开展文化互动。面对不同的外来文化，中国在坚守文化自信的同时，也始终保持着文化自觉，积极推进文化"引进来"，时刻尊重他国文化，并鼓励世界文化多样性，批判和反对某些西方发达国家进行文化渗透的企图甚至是文化取代战略。中国共产党始终重视文化建设，面对日益复杂的国际局势和快节奏的文化引进，中国始终把具体国情作为文化引进的标尺，并以辩证的态度看待外来文化，坚持以我为主为我所用，取其精华去其糟粕。中国始终坚持一切有利于加强我国社会主义建设的有益经验，一切有利于提高我国人民精神境界的文化成果，一切有利于发展我国社会主义文化事业和文化产业的管理方式。在文化交流借鉴上，杜绝照抄照搬现象，时刻将满足人民群众文化需求以及实现中华民族文化的繁荣发展作为我国文化建设的出发点和落脚点。

文化交流与碰撞在经济全球化的带动中逐渐频繁且呈现出越来越复杂的趋势。"文化产业的市场准入与反准入成为国际文化竞争和国际文化战略较量的重要领域而占据了新的外交空间。"① 面对外来文化的引进，中国一贯秉持着"和而不同"的思维，尊重文明多样性。中国在进行对外文化交往中能够以冷静客观的态度面对多种外来文化，既不恭维也不排斥，用平等友好的态度看待各民族的优秀文化。同时中国本身也持有警觉的态度，在文化引进中能够敏锐判断外来文化中不适应时代发展的部分内容，并勇于用正面手段进行劝导与改造，鼓励旧文化、旧习俗的蜕变与创新。因此，在外来文化引进中，即使需要面对西方国家不同于中国的价值观，中国也能够凭借着本身的民族性，在批判继承的同时坚持致力于打造符合时代要求的多民族文化体系。通过提出构建人类命运共同体的倡议，努力营造健康有序的世界文化生态环境。

如今，中华民族正在迎来从"站起来"、"富起来"到"强起来"的飞跃，就必须注重中国文化"走出去"与"引进来"相结合，构建文化强国的同时推动构建多元文化体系。"一带一路"倡议与坚定文化自信的耦合体现在"文化自信应依托和存在于中国的全部历史和现实中，尤其存在于中国特色社会主义的理论和实践取得的伟大成就之中"②。"一带一路"倡议是中国共产党在新时代站在本国发展利益的基础上而提出的，不仅是在形势多变的国际社会中，中华民族文化自信和民族自觉的由衷体现，更是中国共产党在文化建设中对中华文化"走出去"与外来文化"引进来"进行科学结合的重要纽带。因此，"一带一路"倡议提供的是一个包容性的平台，并不仅仅是

---

① 胡惠林. 国家文化治理：中国文化产业发展战略论 [M]. 上海：上海人民出版社，2012：17.

② 沈江平. 中国特色社会主义文化自信的四大主体建构 [J]. 东南学术，2018（1）：18－26.

单向输出自己的文化，而是"有出有进"，将我国优秀文化"输出去"，将别国和地区优秀的文化"引进来"，在对外交流的同时取长补短、互学互鉴，保持中国文化与时俱进，在人类命运共同体理念的指导下构建多元文化体系。

（三）让世界客观了解人类命运共同体的精神和价值

中国文化中蕴含着丰富的中华民族智慧，它不仅是华夏子孙引以为豪的瑰宝，同时其精神内涵对于其他国家与民族也具有一定的借鉴和学习价值。在文化的对外传播中，我们要在正确对待中华文化的基础上，在文化传播的差异中寻求认同，通过总结借鉴他国的成功经验，进而增强国际社会对中华文化的认同感。

1. 科学对待人类命运共同体理念的总体性和时代性

在全球文明多元化的今天，文化交流应当深刻把握文化本身的精髓和价值所在。尤其是在文化输出方面，更需要我们以科学的态度看待本民族文化，特别是要把握人类命运共同体理念的总体性和时代性，寻找其中能够为大多数民族群体所接受的精神特质。首先，我们要时刻将习近平新时代中国特色社会主义思想作为指导思想，站在历史发展的角度，将中华文化中的先进思想进行归类总结。不能盲目输出，要在考察受众群体的差异性后，有针对性地进行文化传播。其次，在中华文化传播载体方面，要选择恰当且具有关联性的传播载体，在素材选择方面切忌生搬硬套的强硬手段，确保中华文化的传播效果。最后，我们要高度重视文化挖掘工作。中国是一个多民族国家，加之中国幅员辽阔，不同地区的文化与资源都具有较大差别。因此，在中国文化对外传播中，更加需要我们持有辩证的态度对各民族文化进行挖掘，使中华文化对外传播更加贴合全球文化的发展需求。

2. 在人类命运共同体理念对外传播中坚持求同存异

民族性是中国优秀传统文化的鲜明特征，中国优秀传统文化的对外传播不可避免地带有鲜明的民族特色，不可避免地会与其他国家的文化产生差异。但是人类命运共同体理念与其他文化理念的差异不是冲突性的，这种差异只是中西方文化差异的一部分。例如，从哲学思维层面来说，西方的文化中理性思维占据主要地位，中国的文化中感性思维占据较高的地位，结果造成中西方读者在审视对方文化时产生误读，造成人类命运共同体理念传播中产生困难，为克服这一困难，我们必须在人类命运共同体理念对外传播过程中寻求文化认同的契合点。

3. 借鉴和吸收他国文化传播经验

西方发达国家因其工业化发展时间较早，综合国力较强，在文化方面也具有较强的优越感，因此其对外文化传播十分频繁，具有丰富的文化传播经验。当今世界，各国各民族之间的联系日益密切，无论是文化交流的广度还是深度，都在日益提升。中国作为发展中大国，在媒介运用和对外传播技术上，都需要进一步向他国进行学习和借鉴。例如，欧美国家在文学艺术等方面的优秀作品十分丰富，通过文学作品影视化等手段，为世界其他国家或民族所熟知；日韩国家凭借妆造清丽、医美技术发达等优势，通过发展娱乐文化产业将本国文化进行对外输出等。中国在对外交往中，一贯坚持独立自主的态度。因此，在文化传播方面，我们更应当在充分考虑本国情况的基础上有选择性地学习和借鉴。我们要时刻铭记中华文化所特有的精神价值，在保持中华文化的内在品质与精髓不变的前提下，赢得全球各国、各民族对中华民族的关注和认可。

4. 增强全球各国对人类命运共同体理念的认同感

第一，增强全球各国对中国人类命运共同体主张的认同感，需要我们在讲好"中国故事"的过程中时，潜移默化地提高中华文化在世界民族文化中的存在感。一方面，要求我们挖掘出中华文化中所独有的民族智慧，从传统文化入手，从不同地区、不同民族的特色入手。例如，从中国古人的励志故事或古代民族英雄事迹、成语或谚语故事、传统工艺或文艺作品的发展历程等方面中寻找具有时代意义的珍贵精神财富。另一方面，要求我们做好中国特色社会主义故事传播。我们可以从党的百年奋斗中取得的成就、党领导中华民族进行革命建设及改革的重要举措、新时代伟大复兴中国梦、人类命运共同体理念的提出等方面入手，生动形象地刻画中国特色社会主义的具体面貌，全方位宣扬中国共产党的初心与使命以及中国外交文化。第二，增强全球各国对中国人类命运共同体主张的认同感，需要我们打造具有亲和力、负责任的中国形象。树立良好的国家形象，有利于促进各国更加积极主动地了解中华文化。习近平总书记曾多次号召和欢迎各国人民了解中国历史文化，感受中华民族的文化底蕴。与此同时，中国共产党也十分重视在国际社会中的形象塑造，努力向全世界展现出负责任大国的形象。

现如今，人类命运共同体理念是中华文化精神与价值的当代载体。建构人类命运共同体也是中华文化具体内涵的实践活动。随着人类命运共同体理念与"一带一路"倡议在实践中的进一步深化，世界各国在此过程中也获得了巨大收益，更重要的是促进了不同文明之间的交流对话。中国在国际社会中所展现出的是负责任的东方大国形象，在对外交往中始终维护世界的和平与发展，这也有力地回应了某些国家对中国的误解，因此中华文化必将在海外得到更快更好的传播。

（四）增强中国文化的国际竞争力和软实力

由于全球文化产品的日趋丰富以及世界各国文化市场开放程度不断提高，国际社会中的文化竞争也日趋激烈。文化发达国家的文化产业已经积累了一定的发展经验，其产业发展自有一套成熟的发展体系，并且在国际市场上占据了有利的竞争地位，有着明显的竞争优势。而我国作为一个文化资源大国，具有良好的文化发展基础，但文化产业发展却略显滞后，文化产业体系不完整，这与我国文化大国的身份极不相称。面对这种情况，需要我们就此展开科学分析和深入研究，从中发现造成文化产业发展滞后的根本原因和影响我国文化产业发展的重要因素，有针对性地提出促进我国当前文化国际竞争力提升的有效举措，由此全面推动我国文化产业的正向发展，提高我国文化传播的能力。通过加快实现中华传统文化的现代化转变、促进中外文化更好地交流融合、不断推进文化产业的创新发展、加大文化产业人才培养力度等举措，增强中国文化的竞争力和软实力。

1. 加快实现中华优秀传统文化的现代化转变

人类命运共同体理念具有深厚的中国优秀传统文化底蕴，也是中华优秀传统文化的现代性话语。但是，人类命运共同体的对外表达不能只是运用传统文化的表述内容，更不要停留在传统文化的主张和认识水平上。首先需要我们解决的问题是如何通过实践，找到中华文化中的传统思想与现代思维的共通之处。中华传统文化是中国五千年历史发展的产物，也是中华民族长期奋斗而形成的智慧结晶。马克思主义唯物史观认为，上层建筑不断调整，使其与经济基础相适应，才能促进社会的发展。随着中国综合国力的不断增强、国际地位的日益提升，我们在感叹党和人民的伟大斗争精神的同时，也应当以中华优秀传统文化为基础，发展其内在的精神力量。我们要批判继承传统文化的内涵和思维方式，寻找其符合时代发展的内容，为当前我国社会各项事业的发展提供正确的价值导向。其次是实现中华传统文化的现代化转变需要我们站在时代发展的新特征、新现象的视域中，为传统文化的传播手段和传播内容进行改造和创新。在新媒体传播技术日新月异的今天，"互联网＋"模式俨然成为一种主流。因此我们应该把握时代的脉搏，紧跟时代发展脚步，全力打造"互联网＋传统文化"的发展模式，进一步开拓和创新传统文化传播方式。通过网络手段，使中华传统文化内容与表现形式更加生动，也更加易于大众接受。加快实现中华传统文化的现代化转变，能够为当下增强中国文化的竞争力和软实力提供基础支撑。推进中国优秀传统文化的创造性转变、创新性发展，是人类命运共同体理念对外传播的重要方式，我们要善于运用现代语言、现代方式呈现人类命运共同体的合理主张、理论内涵和价值诉求。

2. 在促进中外文化交流融合中增强中国文化的竞争力

对于外来文化，中国共产党始终坚持批判接纳的态度。1840 年鸦片战争的爆发使中国人意识到国家的衰败，并由此走上了中华民族救亡图存之路。为了能够挽回被西方工业强国欺凌践踏的局面，中国开始学习西方先进技术和制度，但在这样如火如荼的学习中，中国人并没有发现矛盾的根源，只是在一味地照搬照抄，完全忽视了中国在当时的具体国情，因此这场企图用学习来改变国家命运的斗争必然走向了失败。直到马克思主义的出现，才使中国人看到了希望。一方面是因为马克思主义思想本身具有先进性和科学性；另一方面是因为中国共产党是以中国社会的实际情况为立足点，用马克思主义理论指导中国革命建设的具体实践。在此过程中，中国共产党还将马克思主义思想与中华文化对比结合，寻找其中的共同之处，由此实现了马克思主义中国化的历史性飞跃。

因此，从新中国成立到新时代中国特色社会主义社会改革和建设的实际经验来看，中国在对外文化交流与借鉴时首先要站在友好和相互尊重的角度进行，在支持文化多样性的基础上，促进中外文化的交融，以此形成文化发展的双赢模式，并获得时代性发展。中国文化的国际竞争力就是我国文化对外传播的机遇和"快车"，只有在交流互动中提高我国文化的国际竞争力，才能使人类命运共同体理念的中国主张具有更高的文化势能，搭乘上中国文化"快车"，才能更好地得到更广范围的传播和认同。

3. 不断推进文化产业的创新发展

文化产业是世界范围内经济和文化融合发展的新形态，也代表了世界文化发展的新趋势，并在文化领域产生着越来越大的辐射力和影响力。文化产业凭借其自身的独特的优势，也成为人类命运共同体理念传播的现代载体。现如今，增强国家文化的竞争力和软实力，必须成功实现文化体制的改革，其中的关键一步就是要实现文化产业升级以及产业模式的创新。这就需要我们对具有中国特色且能够积极反映中华民族精神的传统文化进行保护和传承。同时，我们要在这个过程中推进文化与高新科技相结合，培育新型文化业态。随着新媒体技术在各领域应用的不断普及，我们对中华文化的改良和创新也迎来了新的契机。例如，将一些受众广泛且大众喜闻乐见的经典文学、文艺作品通过运用新媒体技术进行影视化、娱乐化等艺术形式或产业链的延伸，以此来增加文化艺术的市场需求进而实现文化产业的创新发展。

文化产业人才的培养是深化文化体制改革的重要一环，也是增强中国文化的竞争力和软实力重要举措。因此，实现中国优秀传统文化的世界性发展，增强中国文化的竞争力和软实力需要培养更多的文化产业人才。在文化产业人才培养方面，一是各级各类部门应做好创意人才培养统筹协调，构建并完善创意人才培养的长效机制。二是企业、学校与研究机构联合起来，推进产学研的合作教育，加强专业技术能力与实际操作能力的培养。三是政府应为文化产业人才的培养加强投入并健全法治环境。政府及有关部门应通过完善知识产权保护体系等政策，为文化产业人才培养提供优质的法治环境。

七、对外文化传播战略

"对外传播"和"对外宣传"在中文中并无大的区别，但"宣传"一词在英文中附有官方色彩和较强的主观动机，所以对外传播逐渐取代对外宣传成为常用话语，其内涵也不断革新。"我们党历来高度重视对外传播工作。党的十八大以来，我们大力推动国际传播守正创新，理顺内宣外宣体制，打造具有国际影响力的媒体集群，积极推动中华文化走出去，有效开展国际舆论引导和舆论斗争，初步构建起多主体、立体式的大外宣格局，我国国际话语权和影响力显著提升，同时也面临着新的形势和任务。"① 在构建人类命运共同体的过程中，对外传播的任务就是向世界说明中国提出构建人类命运共同体的初衷和依据，说明中国在构建人类命运共同体过程当中的作用和各项努力，让国际社会更清楚地认识构建人类命运共同体的必要性和现实性。在构建人类命运共同体的过程中，我们有必要采取更加积极主动的对外文化传播战略，推动中国理论、中国话语、中国核心价值观的对外传播，增强设置媒介议程的主导能力，建立更加民主、公平和均衡的全球传播秩序，消除信息垄断和信息鸿沟。在推进中国文化走向世界的过程中，让世界全面了解人类命运共同体的文化精神和价值取向，了解人类命运共同体的战略依据和目标，着力构建相互理解、相互信任、民心相通的共同体。

（一）传播好全人类共同价值增强人类命运共同体的国际认同

1. 以实际行动消除他国偏见践行全人类共同价值

自新中国成立以来，中国共产党十分重视与其他国家关系的建立。回顾中国共产党的外交史可以看出，中国始终将和平共处五项原则作为国际交往的行为准则。中国始终尊重他国的主权与各项决定，面对他国的求助，中国也毫不犹豫地施以援手。除此之外，中国也十分乐于同其他国家展开文化交流与互鉴，倡导各国之间共同学习和吸收不同国家和民族的文化精髓。近年来，中国在各项事业的发展中取得了诸多历史性突破，尤其是进入新时代以来，中国在国际社会中的地位显著提升。在进入高速发展阶段的同时，中国也招致了有的国家的猜忌和质疑，甚至是偏见。加之新冠疫情在全球范围内的扩散，中国凭借制度优势以及国家领导人的精准判断与施策，国内经济发展遭受的冲击与其他国家相较并不严重，因此某些西方国家产生了对中国的忌惮情

---

① 习近平谈治国理政（第 4 卷）［M］. 北京：外文出版社，2022：316.

绪。对于这些国家社会所存在的猜测或诽谤，中国坚持清者自清的态度，要在实际行动中践行全人类共同价值，高举人类命运共同体大旗，依托我国发展的生动实践，立足五千多年的中华文明，全面阐述我国的发展观、文明观、安全观、人权观、生态观、国际秩序观和全球治理观。面对这些不合理的质疑，中国始终宣扬"以和为贵"的大国精神与品质，并倡导世界各国团结一心，加快构建公平有序的国际社会新秩序，为人类命运共同体提供多维支撑。

我们要善于在对外传播过程中关注全人类的共同价值，注重时机和场合，从而增强中国的舆论引导力。国家间的信息传播，不仅要将工作重点放在国家或民族特色的宣传上，在这个过程中，信息的交流和文化互鉴也是十分重要的方面。当今时代，中国积极开展对外信息传播的目的并非意识形态侵略，更不是自负于综合国力提升。中国在对外交流过程中，除了为本国发展赢得更大空间外，还格外注重世界各国的友好关系形成以及共同发展与进步。要将传播"意图"放在首位，力争能够优先"发声"，改变在西方话语体系下的压迫状态和被动处境是当下中国在创新话语内容工作的重点任务。因此，如何实现话题议程的精妙设计，使自身的舆论引导力和塑造力能够有效发挥是中国在对外传播的过程中需要深入思考的问题。现如今，从国内外发展的现实情况来看，国家间建立友好关系的重要性更加突出，这不仅关系到国与国之间的利益与发展轨迹，更重要的是随着全球化的不断深入发展，世界已经成为一个整体，任何国家的发展变化都会影响到其他国家。为此，中国在国际交往中，多次以实际行动向世界各国表明我们不争霸、不称霸。尤其是现下中国提出构建人类命运共同体的倡议，再一次彰显了中国以实现全人类的共同利益为己任的大国胸怀。

2. 讲好全人类共同价值和人类命运共同体故事

党的十八大以来，习近平总书记号召我们要讲好中国故事、传播好中国声音，这成为新时代中国树立国际形象，提高对外传播能力的工作重心。因此，要求我们在科学选择和反复研究的基础上，寻找具有代表性的，能够充分展现出中国共产党和人民先进精神与智慧的中国好故事，并通过合理有效的手段进行对外传播。在传播中国故事的过程中，要注重讲好全人类共同价值和人类命运共同体的故事，选择真实、生动的素材，塑造引人入胜的情节，丰富和提升中国对外传播的经验和能力，从而为今后提高中国的国际话语权打下良好基础。

除此之外，发现故事的同时还需要我们能够做到讲好故事。一方面，我们要始终坚持文化自信，树立正确的对外传播的意识。在进行全人类共同价值和人类命运共同体故事的对外传播时，我们既要具备十足的底气又要怀揣从容的态度。我们要准确把握国际局势，在积极传播中国文化的过程中，时刻铭记中华文化是具有深厚历史底蕴的文化，是中华民族艰苦奋斗，不屈不挠精神的积淀。要通过中国文化的视角，坚持好中国立场和中国境界，充分结合人类全球性问题、世界融合发展趋势，讲好全人类共同价值和人类命运共同体的故事。另一方面，要求我们对传播方式及传播途径等进行精心设计，既要拓宽全人类共同价值和人类命运共同体故事对外传播的渠道，又要保证对外传播的效果。我们要加强国际传播的理论研究，掌握国际传播的规律，构建对外话语体系，提高传播艺术，要采取适应不同区域、不同国家、不同群体受众的精准传播方式，推进全人类共同价值和人类命运共同体故事的全球化表达、区域化表达、分众化表达，增强国际传播的亲和力和实效性。在这一问题上，网络为我们提供了更加广阔的传播平台和更加便利的条件，因此，我们要抓住机遇，加强对外传播的开放性和广泛性。同时也要注重技术人才的培养和舆论机制的优化，为传播好全人类共同价值和人类命运共同体故事，传播好中国声音形成助力。国家的对外交往需要良好的国家形象作为入场券，我们要不断地向国际社会传播全人类共同价值和人类命运共同体故事，这样才能有利于扭转当下国际话语格局的不公正现状，从而为全人类共同价值和人类命运共同体故事在国际舞台上的呈现增添力量。

3. 推动中国提出的全人类共同价值的对外传播

近年来，新冠疫情为人类社会带来巨大挑战。这种挑战不仅存在于公共卫生领域，更是对世界各国经济发展形成巨大冲击。在这场全球公共卫生危机中，凝聚价值共识，倡导全人类共同价值，实现人类命运共同体的真正构建就显得至关重要。唯有团结协作、携手应对，国际社会才能战胜疫情，维护人类共同家园。因此，我们要将世界的整体性作为一种普遍观念，在关乎人类生存和发展的重大问题上，应该坚持构建全人类共同价值，抛弃只为寻求自身利益发展的个体意识。中国作为国际舞台上的新兴大国，始终坚持中国传统文化中"天下大同"的价值理念，倡导合作共赢的义利观，认为人类应该构建共同价值，在相互交流、合作的过程中为实现全人类共同繁荣发展而奋斗。人类命运共同体理念的提出，作为一种全新的世界发展观念表达，已经让越来越多的国家和地区开始接受和平、发展、公平、正义、民主、自由的全人类共同价值，更增加了世界人民对于"国家好，民族好，大家才会更好"，"世界好，中国才能好；中国好，世界才更好"的国际认同感。这也为打破长期以来对中国的认识偏差、更好提升中国国际话语权奠定了基础。

（二）增强对传播媒介议程设置的主导能力

议程设置作为传播学的重要理论主张，其主题思想是大众传播具有一种为公众设置"议事日程"的功能，传播媒介的新闻报道和信息传达活动赋予各种"议题"不同程度的显著性，影响着公众对周围世界"大事"及其重要性的判断。一个国家的文化话语权是通过它在国际文化事务中的议程设置能力决定的，而不是由它的经济实力直接决定的，即我国日益强大的经济规模和实力并不会直接转化成文化竞争优势。能否在多大程度上主导国际文化战略秩序的议程设置，是集中体现一个国家文化战略的外部关系重要的衡量标准。

1. 规划媒介的议程设置是对外传播人类命运共同体理念的必要程序

在信息领域和传媒领域，推动人类命运共同体理念的国际化传播，不是一个自然而然的过程，而是需要科学引导，积极规划，特别是要加强对外文化传播的议程设置。

一是要个性化传播同时与传统主流或官方媒体进行良性结合。在进行人类命运共同体理念对外传播的进程中，要坚持主流或官方媒体的引领，同时发挥好网络、自媒体的作用，加强对海外受众群体人类命运共同体理念的熏陶，从而使海外受众群体能够更加认可人类命运共同体理念的内涵和实践主张，特别是减少对于构建人类命运共同体的误解和偏见。自媒体网络平台是当下新兴的信息传播平台，对于自媒体的信息传播要坚持正确的立场和方向。由于自媒体在网页设计、宣传手段上更加新颖独特，引人入胜，而且还具备便捷快速的特点，受众更倾向于通过自媒体获取信息资讯。因此，当下自媒体需要结合传统或官方主流媒体的正面信息，加强正面信息的报道传播人类命运共同体理念，积极引导人们对人类命运共同体的认知和认同。

二是推进全球文化良性治理及其规则完善，为人类命运共同体理念的对外传播创造良好的舆论环境。中国要加强对人类命运共同体的议题设置能力，结合全球抗击疫情、福岛核废水排放、美国加利福尼亚州大火等热点事件，主动围绕卫生健康共同体、核安全命运共同体、海洋命运共同体、网络空间命运共同体、生态命运共同体等设置议题，让更多人充分了解人类命运共同体的内涵和外延，理直气壮地向国际社会展示人类命运共同体是一个涵盖领域广泛且内容丰富的价值理念，它能够为新时代全球治理提出切实可行的中国方案。任何事物的存在都离不开规则或制度的管理和制约。麦库姆斯指出："在塑造媒介议题议程以及随后公众议题议程方面，新闻规范可能有着强烈的影响。"① 因此，在自媒体和传统媒体发展的过程中，要完善其相关规章制度，既保证了信息传播的安全性与合理性，又有助于激发自媒体工作者的工作积极性。要以法律手段规范媒体信息的发布，由于自媒体网络平台在信息发布中具有较强的自主性，因此必须建立和完善相关配套法律体系，以此引导和规范自媒体运营秩序。提高信息审核的准确度和效率。自媒体网络平台同时具备信息发布与监督信息真实性的功能。在这个过程中，我们需要充分发挥大数据分析等信息化手段和工具，引领和规范人类命运共同体相关信息的传播，第一时间发现问题，及时预警，保证我国正确声音的对外传播。

---

① ［美］马克斯韦尔·麦库姆斯. 议程设置：大众媒介与舆论［M］. 郭镇之，等译. 北京：北京大学出版社，2008：130.

2. 满足需求导向是对外传播人类命运共同体理念的重要考量

人类命运共同体理念的对外传播，并不是我国单向度传播中国主张的过程中，而且也要充分考虑传播受众的理论需求，实现传播主张和传播客体的互动、传播信息和接受需求的协调，否则，我国人类命运共同体理念的对外传播，就会成为"自言自语""自说自话"，就会出现"大水漫灌"、盲目传播的问题和弊端。

一是对外传播人类命运共同体理念，需要以受众群体的具体需求作为重要参照。人类命运共同体理念的提出，反映了人类社会的发展趋势和发展要求，具有深刻的现实意义和问题依据。要畅通信息收集渠道，完善舆情收集方式，及时准确获取受众普遍关心与人类命运共同体相关的舆论热点、敏感话语以及倾向性的问题。我们要在充分了解受众对于人类命运共同体的需求后，有重点地进行信息收集和制作，以此加强受众对信息的可接受程度。信息传播要突出针对性，例如，尽可能多地选择易于其他国家和民族接受的信息内容，尽可能体现他国受众群体的利益和呼声。

二是树立以人为本和正面引领的传播理念。在马克思主义理论中，人民是传播活动的主体，也是开展传播活动需要坚持的根本立场。马克思指出：报刊"是无处不在的耳目，是热情维护自己自由的人民精神的千呼万应的喉舌"[①]。"真正的报刊即人民报刊。"[②] 马克思指出："民众的承认是报刊得以生存的条件，没有这个条件，报刊就会无可挽救地陷入绝境。"[③] 习近平总书记提出要坚持以人民为中心的发展，指出："坚持人民性，就是要把实现好、维护好、发展好最广大人民根本利益作为出发点和落脚点，坚持以民为本、以人为本。"[④] 我国在对外传播的过程中，要善于将人类命运共同体理念和人民的利益紧密结合起来，媒体行业在对外传播时需要充分关注他国民生问题，向受众表达积极正确的观点，体现中国文化对外传播的价值基础。

3. 凝聚社会共识是对外传播人类命运共同体理念的重要基础

社会共识的形成及凝聚是开展价值导向工作的重要根基，也是人类命运共同体理念对外传播的重要基础。一是要求媒体工作者在利用新媒体进行对外信息传播时，尝试开辟社会主义核心价值观、"一带一路"倡议、人类命运共同体构建相关的栏目或板块，着重考虑融入其核心思想。二是要求海外华人学校或孔子学院的教育工作者在工作中发挥表率作用，以正确的言行为海外受众做好典范，以此形成共同践行人类命运共同体理念的良好局面。加强舆论监管是对外传播人类命运共同体理念的重要保障。三是健全舆情信息汇集和引导机制。"舆情信息汇集机制是指，针对舆情信息汇集要

---

① 马克思恩格斯全集（第6卷）[M]. 北京：人民出版社，1961：275.
② 马克思恩格斯全集（第1卷）[M]. 北京：人民出版社，1995：352.
③ 马克思恩格斯全集（第1卷）[M]. 北京：人民出版社，1995：381.
④ 习近平谈治国理政（第1卷）[M]. 北京：外文出版社，2018：154.

求以组织相关人员，构建信息收集网络，制定搜集标准，运用科学收集方法等环节为主的工作方式。"① 要明确敏感信息的收集范围，界定舆情收集的敏感词汇，在自媒体等网络平台中展开舆情收集监管工作，减少错误认识和信息流入网络平台和自媒体，不能对于诋毁人类命运共同体的言论放任自流。

（三）建立更加公平的全球传播新秩序

1. 在加强国际交流与合作中，推进建立全球传播新秩序

在全球化、信息化的背景下，国家之间的竞争很大程度上取决于对信息的占有程度，谁占有信息，谁就占有了政治、经济、军事、文化的制高点。近年来，随着现代通信技术的不断发展，大众传媒的范围也在不断扩展。尤其是国际互联网的诞生，标志着信息全球化时代的开始，从而以其迅速、便捷的特点成为大众媒体的重要部分和先进载体。发达的文化传播体系是一个国家软实力提升的重要保障，也是塑造自身形象的有效工具，同时也是表达自身话语权的先进载体。如何面对和克服信息网络所带来的弊端，如何在享受快捷、便利的信息交流同时，有正确的使用规则与管理原则来保驾护航并维护本国安全与利益，成为全世界共同面对的问题。为此，我们要推进对外文化传播战略，构建民主、公平、均衡的全球传播格局，为我国话语、为人类命运共同体的对外传播提供公平公正的环境和秩序。

首先，随着全球化发展加速，许多国际问题需要各国共同面对，交往与合作是大势所趋。信息干涉问题也不是一国所单独遇到的，即使是信息强国也面临着对付网络犯罪、消除网上"黄毒"、构筑网络"防火墙"、保护知识产权等一系列共同问题。因此，国际社会通过合作而不是冲突、协商而不是对抗、多边而不是单边共同建立新秩序是有一定基础的。其次，双赢观念已越来越被世界各国和国际社会所接受。在建立全球传播秩序过程中，也同样要确立这样的观念。互不妥协常常是两败俱伤。西方现实主义学派代表汉斯·摩根索在强调强权政治的同时，也不得不承认各国在所有对它的非重大争论问题上必须愿意妥协，不战而胜常常是双方权衡利弊后协商妥协的结果。最后，发达国家和发展中国家在建立全球传播新秩序的过程中，必然有一定的利益冲突。发展中国家必须进行适当的斗争才能求得传播新秩序。归根结底，国际政治仍然是权力政治。"发展中国家只有通过自己的斗争才能维护自己的根本利益。"② 因此，作为一个有宏大理想和长远战略的世界大国，中国需要站在人类文明和全球传播的高度去审视自身的发展战略和定位，成为建构全球传播新秩序的引领者和规划者。

---

① 王灵芝. 网络舆情引导与政府治理创新 [M]. 北京：人民出版社，2017：228.
② 蔡翠红. 信息网络与国际政治 [M]. 上海：学林出版社，2003：267.

2. 以人类命运共同体理念为导向构建全球传播新秩序

现如今，西方国家不仅掌握着全球信息生产和传播的制高点，而且占据国际话语权的道义高峰和产业技术优势。我们要加强国际沟通，打破文化壁垒。西方资本主义国家如美国文化的对外传播大多依靠跨国文化集团，日本则依靠"酷日本战略"，英国大力支持 BBC 为代表的媒体进行海外扩张。而中华文化的内涵博大精深，跨文化的国际交流容易引起国际受众群体对它以偏概全的肢解，克服由于文化自发引起的误解，解决文化传播时各国营造的文化壁垒是新时代文化传播战略必须面对的问题之一。因此，对外传播所采取的方式可以整合国内外资源，为世界各国文化的发展培育肥沃的土壤，从而促进文化的国际传播。

尤其是在信息传播技术快速革新的当下，西方发达国家依然掌握了全球信息传播平台、传播技术和内容生成的主动权，不完成新旧秩序的更迭，国家间的信息鸿沟还将不断加深。针对各个国家的对异质文化的认知隔阂问题，要树立平等、平和的心态，在承认文化存在多样性的客观性基础上，主动接受外域文化与本国文化之间的差异，尽可能地在包容国外文化差异的基础上对本国文化的传播提供条件。要打破全球传播旧秩序，为新秩序的重建夯实基础，必须以人类命运共同体理念作为理论武器，展开多维空间的拓展，并形成兼容并蓄的话语体系。人类命运共同体理念主张开放多元、强调包容互鉴、谋求创新发展，其尊重全球文明的多元多样，促进和而不同、兼容并蓄的文明交流，在这样的理念下更多小国弱国可以获得文化和信息传播的自主权。对此，传播方式本土化就需要充分了解各国对于中国文化的需求，包括文化贸易运行机制、本土文化发展潮流等，不能仅仅局限在表面的文化传递，更需要注意的是深层次的文化吸收，循序渐进地传递中华文化的信息、中华文化的灵魂，从而推进中华文化精神的传递。

中国世界观并不是空泛的，人类命运共同体理念作为一种不同于西方意识形态框架的中国主张，预示着中国的和平发展将建构起一个不同于西方中心主义的新世界主义格局。"将'人类命运共同体'作为中国国际话语内涵的核心，无疑代表着中国要在世界话语权的争夺中打破西方中心主义的话语霸权，将世界各国重新建构到一种多元、平等、互利、共赢的新世界主义格局之下，形成以交通、能源、基础设施等为先导，以经贸合作为抓手，以文化交流为支撑的跨国合作机制，达成政策沟通、设施联通、贸易畅通、资金融通、民心相通的全球协同发展模式，向世人展示新世界主义的宏伟图景。"[①] 2015 年 12 月在乌镇的第二届世界互联网大会开幕式上，习近平总书记又进一步提出网络空间命运共同体的构想，顺应了当下"全球、全民、全媒"的传播

① 邵鹏，陶陶. 新世界主义图景下的国际话语权——话语体系框架下中国国际传播的路径研究 [J]. 新疆师范大学学报（哲学社会科学版），2018（3）：105-110.

变局。他强调指出："网络空间是人类共同的活动空间，网络空间前途命运应由世界各国共同掌握。各国应该加强沟通、扩大共识、深化合作，共同构建网络空间命运共同体。"①

从国际传播到全球传播的研究转向，从西方霸权逐步瓦解的世界格局到全球传播新旧秩序的更迭，重建全球传播新秩序是一项极其庞大、复杂的系统工程。它涉及不同国家在全球政治、经济、技术格局中的竞争博弈，涉及不同媒介产业、传播主体、话语体系乃至信息内容在全球所处的地位和分量，甚至涉及每个个体的价值观、人生观和生活习惯的微观变化。因此，我们要将人类命运共同体理念作为价值遵循和导向，在尊重各国文明和文化多样性的基础上，以实现人类共同利益为目标，着力构建全球传播新秩序。

（四）消除信息垄断和信息鸿沟

在资本主义生产方式条件下，信息资源、信息产业和信息技术往往分别被垄断资本家控制，信息生产力始终无法由最广大的劳动人民占有，因此导致信息技术异化现象产生，甚至出现"信息垄断""信息鸿沟"现象。在建设信息社会进程中，消除西方发达国家和发展中国家与之间的"信息垄断""信息鸿沟"现象将是一个长期而复杂的过程。对此，中国实施了一系列数字化领域的对外项目，为推动发展中国家的数字化、缩小全球数字鸿沟作出了积极贡献。未来应进一步重视数字化，发挥数字化国际发展合作的作用和潜力，以数字化助力共建"一带一路"和推动落实"全球发展倡议"，也为消除信息垄断和信息鸿沟贡献中国力量。

第一，双边多边国际发展合作并行，将数字化纳入对外援助的重点领域，并加强与国际组织的接轨和务实合作。为进一步提升对外援助的影响力，应与时俱进，在援助领域上加强规划设计。在多边国际发展合作方面，与国际组织开展务实合作，借力国际组织提出的数字化战略和数字合作倡议，积极参与和支持相应的数字化议程和全球数字治理，并且增强政府、智库、私营部门等多元主体与国际组织合作的意识和能力。

第二，确定数字合作的优先顺序，结合中国的优势和发展经验，重点关注数字化运用、数字经济、能力建设等方面的合作。联合国秘书长公布的"数字合作路线图"呼吁，数字化应优先重视互联互通。中国在国际发展合作中本着"量力而行，尽力而为"的政策主张，以互利共赢为出发点，发挥比较优势，加强投资和商贸合作，将数字互联互通纳入"一带一路"建设。

---

① 习近平谈治国理政（第 2 卷）[M]．北京：外文出版社，2017：534.

第三，数字化的关键在于数字化运用，秉持中国国际发展合作"授人以渔，自主发展"的政策理念，应尤为重视能力建设方面的数字合作，分享传播中国经验，推广数字化运用。知识和经验分享既有助于加强发展中国家的能力建设，也符合当前国际发展合作重视知识分享和经验共享的大环境。同时，这也是讲好中国故事、分享传播中国经验的重要途径。

第四，实施"惠民"数字合作，在数字化领域的国际发展合作中，突出以人为本的理念。中国的"全球发展倡议"包括"坚持以人民为中心""坚持普惠包容"等六个"坚持"。因而，在双边多边国际发展合作中，应加强宣传中国以人民为中心的治理理念和国际发展合作观，并推广与人相关的中国标志性概念和新提法。

第五，加强数字合作风险意识、风险评估和管理，既要防范网络安全、数据安全等技术层面的风险，也要防范与数字化相关的政治、经济、社会风险。尤其是要对当地发展战略和优先议程、网络安全保障能力、法律法规、社会经济稳定、政权稳定等方面的评估，以提前预判和规避相应风险。

"物有甘苦，尝之者识；道有夷险，履之者知。"[①] 现如今，中国发起的建设"网络空间命运共同体"，是构建人类命运共同体的重要实践维度，是中国共产党和中国政府为信息时代完善全球治理提出的中国方案。消除信息垄断和信息鸿沟，打造网络空间命运共同体，本身就是构建人类命运共同体的题内应有之义，而且也将破除国与国之际的信息壁垒，特别是消除西方国家的信息垄断，促进全球信息、数据公平公正的传播与共享。中国坚持以创新、协调、绿色、开放、共享新发展理念建设信息文明，既对消除当今世界所存在的信息垄断和信息鸿沟具有借鉴价值，同时又对塑造新的经济全球化、新的全球信息社会发展方向具有深远意义。

人类命运共同体理念的对外传播战略是一项长期性与复杂性兼具的任务，要不断打造创新型的对外传播途径，开创文化传播新格局。推进人类命运共同体理念的国际认同，需要将文化外交与文化传播深入结合，正确处理文化与意识形态的关系，将文化的互补性与贴近性发展到最大程度，将文化传播工作与国内外文化建设相统一，开创开放、均衡的文化传播格局。

---

① 刘基. 刘伯温集（上册）[M]. 杭州：浙江古籍出版社，2011：258.

第十一章
构建人类命运共同体进程中我国文化战略的实施路径

在世界百年未有之大变局中，国际格局处于深刻调整之中，国际政治、经济、文化及其相互关系也正在发生着深度重组。而文化霸权主义的行径、全球文化安全等问题，深刻反映了在这一过程中的文化不平等关系，鲜明体现了在这个过程中出现的"文明的冲突"，这威胁到了一个国家和民族的文化生存与文化发展，甚至形成现实性危机而引发更广的关注。推进构建人类命运共同体的文化战略，是应对全球文化动荡、文化冲突、文化危机的重要举措。推进构建人类命运共同体的文化战略，不仅要有文化战略的主体内容，而且要有具体的实施路径。在大国力量发生重大变化的过程中，国家之间的竞争已经不仅是国家实力的角逐，而且还包括社会能力的博弈和较量。构建我国文化战略的实施路径是一项刻不容缓的战略任务，体现了构建人类命运共同体过程中我国文化发展的目标、原则与方向。在构建人类命运共同体的契机下，我们需要精准研判国内外形势，合理构建并实施我国文化对外战略的实施路径，促进中国文化对外传播，提升中华文化影响力、吸引力及国际话语权，以人类命运共同体推进文化战略实施，通过文化战略的实施传播和完善共同体理念，夯实人类命运共同体的文化基础和认知基础，在双向互动中推动世界文化发展繁荣，推进构建人类命运共同体。

一、培育分工合作的对外文化战略主体

当今世界，文化越来越成为民族凝聚力和创造力的重要源泉，越来越成为一个国家综合国力与竞争力的重要因素。新时代背景下，我国为推进社会主义文化强国建设，在构建人类命运共同体的过程中实施国家的文化战略，必须从战略研究的角度对其进行顶层设计、统筹规划，并与相关部门、科研机构和社会文化力量协同发挥作用。

（一）充分发挥相关部门、科研机构和社会文化力量的作用

1. 发挥文化传播主体多元化作用

做好对外文化传播工作，加强人类命运共同体的对外传播，在以政府机构、官方组织和专业团体为主体的基础上，应同时充分借助和依靠多元主体发挥作用。"信息和通信领域的技术革命分散了政府的权力，使得个人和团体能够在世界政治中发挥过

去只有政府才能发挥的作用。"① 我国媒体在各国形成的影响力仍然比较小，这是我国文化对外传播面临的长期存在的一个问题，很多时候媒体的外宣工作仅仅是把中文的通稿进行生硬翻译，并且是国外受众根本不关心的一些话题。在这个缺注意力而不缺信息的时代，我们应该打造短视频平台、有影响力的自媒体平台多讲述一些身边的平凡人物、生动素材，把大家都关心的日常生活中的共同认知融入人类命运共同体理念。

对外表达中国主张，传播人类命运共同体理念，不应只是外交、宣传、文化等专业部门和专业人士的事，从广义上讲应该还是政府各部门、民间组织、社会团体，以及每个中国公民的责任和义务。"我们不仅要在国际上通过外交、制定国际议题等途径宣传人类命运共同体理念，还应充分利用国内外民间组织，强调'公众外交'，坚持'多元外交'。必须摆脱单纯依靠主权国家这一话语主体的束缚，通过不断拓展传播媒介充分利用各类新兴话语主体，充分利用互联网、出版物、国际会议、国内外民间组织乃至有影响的社会人士等的传播优势，不断丰富话语主体。"② 在新时代，中国特色社会主义文化建设日益蓬勃、对外人文交流不断深化的形势下，我国新闻机构在境外设立的记者站、传媒中心、相关部门建立的文化中心、孔子学院和孔子课堂、华人华侨文艺团体、海外留学生，以及"走出去"的国有企业都负有传播中国文化的责任和使命。华人旅行社、出国旅行团队乃至华侨华人家庭，客观上同样是中国文化传播的主体，也在以不同方式、在不同范围内，传播中国文化，展示中国形象。应对其进行积极引导，进一步坚定其思想立场，提升境外主体对外传播效度。

此外，除积极组织国内文化艺术机构、民间团体和个人积极开展对外文化交流与合作外，国内对外传播机构、文化官员、海外文化主管部门和相关驻外代表机构也要加大对海外文化中心建设的支持力度，相互联合协作，寻找新的传播中华文化的有效路径。学习借鉴美国等西方发达国家以及发展中大国在世界各地开办文化传播机构的成功经验和做法，针对不同情况，因地制宜地对海外文化中心以及对外交流平台提供政策、技术、资金及人才支持，保障境外文化传播活动的顺利开展。

2. 完善对外文化战略体系，构建文化开放新格局

首先，面对综合国力竞争中"软实力"博弈日益激烈的国际形势，必须推动完善与"软实力"建构进程相匹配的对外文化战略体系，为对外传播人类命运共同体提供战略体系上的布局和保障。对外文化工作包括对外文化交流、对外文化贸易和对外文化传播，形成了"三位一体"的战略体系，在对外文化合作中，应协调推进对外文化

---

① Joseph S. , Nye Jr. The Paradox of American Power：Why the World's Only Super Power Can't Go It Alone. New York：Oxford University Press，2002：42.

② 李欢欢，韦湘燕，杭晓娟. 人类命运共同体理念对外传播的困境与应对［J］. 沈阳工业大学学报（社会科学版），2020（11）：237 - 241.

工作各领域战略。在发展规划上，应周密地计划部署，详细制定对外文化交流工作远景与近景目标，并实施工程牵引、项目带动，从点到面、由浅入深地全方位推进涉外文化工作。在工作部署上，应明确重点地区重点对象，我国各地区要根据实际选择海外文化合作伙伴国家和地区，建立长期友好的文化交流和经贸关系。

其次，健全对外文化工作保障机制，注重人才与资金投入，突出法治理念。国家应加大对外文化企业的扶持力度，出台相关政策保障对外文化组织的资金投入，广泛吸引社会各界资金来源，为对外文化战略主体提供制度保障。各部门应对既有的相关政策法规进行整合分析，并依照现实案例和实践需要查漏补缺，充分细化法律模糊点，不断推进立法工作。对于法律空白点及时补充，健全政策法规体系，并重视对外文化工作中的国家文化安全问题，加强监管进口文化产品、国际传媒、民间传播活动等，同时加强网络监管，保障我国网络文化安全，不让互联网成为"法外之地"。

最后，整合传播渠道，打破不同主体间隔阂。整合国际国内资源共享、线上线下传媒互通、官方民间力量集聚的传播格局，形成官方对话传播、民间人际传播、大众传媒传播、会议论坛传播联结交互的集合传播机制。此外，媒体平台的整合可以促进媒体运营模式的现代化，提高传播效率和影响效果。利用云网络、大数据等技术，顺应互联网大潮流，激励大众自媒体创意创新，实现媒介大融合，使文化传播无所不在，深度渗透于国内外两个场域的官方场合、学术界、新闻界及娱乐业之中，彰显出中国文化强大的传播力和渗透力，提升我国人类命运共同体理念的国际影响力。

3. 深化创新对外文化交流方式

首先，随着中国综合实力的提高，汉语的使用度和吸引力也不断提升，我国应着重积极探索对外汉语、汉字教学路径，多渠道向世界推广汉语教学，提升汉语的国际化地位，从而为国际社会了解中国话语、认识人类命运共同体理念提供语言条件。一方面，高校可与国内外有资质的民间教育机构联合承办汉学教育，运用现代信息技术实现多媒体网络教学，多平台举办汉文化语言培训，扩大中国与世界舞台的语言与文化交流。另一方面，国内大学应该增设汉语访学项目和海外汉学研究所，为国外友人提供多种形式的交流渠道，吸引国外汉学家尤其是青年汉学家参与中国文化的研究工作，使其深入中国社会，感悟中华理念，以提高中华文化的吸引力以及汉学在国际上的影响。更为重要的是，中国教育学界要加强对外汉语教学的学术研究，汉语学习对非母语者来说较为困难，通过创新教学方法、增加学习乐趣、丰富教学工具等，以因材施教的理念探索更加适合国外留学生的汉语教学法，把"中国教学方案"推向世界汉语教学，以提升中国文化的软实力。

其次，提高中国图书海外发行力度，传播中国声音，向海外更好阐释人类命运共同体理念。在遇到西方文化的排斥和阻力时，传统的中国文化的代表符号，如中国熊猫、中国功夫等不足以消解西方媒体的敌意和恶意排斥，需要把真正反映中国经济、政治、社会发展，反映五千年中华文化的底蕴，反映改革开放 40 多年伟大成就的优秀图书作品推向世界。因此，中国译介主体、出版机构和外宣部门要共同协作，自觉肩负起用作品向世界展示中国的当代使命，推动中国的图书文化进入世界人文舞台。如今，综合运用大众传媒，建构互联网空间的电子图书网络成为国际上新兴运营模式，我国应充分利用新契机，加大力度建设面向全球的电子图书资源库，并提供多语种链接网页，并辅以图书节译、摘译、编译等主题化、片段化、通俗化的信息，传递人类命运共同体主张。创建多层次立体化的电子图书阅览模式，能更有效针对读者群，如以浅显易懂的青少年语言讲述人类命运共同体的故事，更利于吸引海外青年受众了解中国故事和中国话语。

最后，借助翻译力量传播好中国声音，翻译好人类命运共同体深层含义。语言是思想的载体，精准的中国话语翻译对降低文化折扣、提升传播质量和传播深度具有重要价值，应建设多元立体化"文化话语"的传播格局，着眼于国家文化软实力的发展战略，加强翻译工作建设，加强培养中国对外话语译介与传播人才队伍，保障对外话语和专有名词翻译质量，为构筑强有力的对外话语体系精准助力，坚持"信、达、雅"的翻译原则，阐发清楚人类命运共同体的主张。同时，加强通晓国外社会与文化语境的人才培养，确保译者的翻译技能和文化素养，使中国话语体系融入当地语境，最终做到用国际化和本地化方式表达人类命运共同体的内涵，有效传播中国文化的价值内核，传播中国声音。

（二）坚持正确的文化立场处理对外文化战略的重大关系

1. 坚持和加强马克思主义的指导地位

马克思主义是保持我国文化战略的"定海神针"，只有坚持马克思主义的指导地位，才能保证我国在对外文化交流中保持自身不走样不变形。习近平总书记强调："独特的文化传统，独特的历史命运，独特的基本国情，注定了我们必然要走适合自己特点的发展道路。"① 当今世界，社会主义与资本主义两种社会制度同时存在，西方资本主义国家不断地有针对性地实施文化渗透和政治分化，大肆进行资本主义文化扩张，导致全球政治、文化乃至经济领域呈现出突出的意识形态斗争。在此背景下，应当坚定坚持马克思主义在文化建设中的指导地位，以人民群众为出发点和落脚点，认真审视对外交流中的文化交往，根据我国文化发展情况统筹规划文化战略布局，确立对外文化的战略目标和战略重点，合理设置文化战略实施优先次序，确定主攻方向，以先进的社会主义文化来抵御西方腐朽文化的渗透。只有这样，才能牢牢把握住意识

---

① 习近平谈治国理政（第 1 卷）[M]. 北京：外文出版社，2018：156.

形态领域斗争的主动权，才能在文化全球化和文明多样化的强烈碰撞下，在信息网络化、知识经济化、文化数字化的全新环境下，在纷繁复杂的国际交流中不受文化侵略，推动中华文化走向世界。

2. 正确处理好中国与世界其他国家的文化关系

在全球政治多极化、经济全球化和文化交往深入化的当代社会，文化的冲突与融合双向演进，对人类命运共同体和国家文化软实力的建设产生极为复杂的影响。近代以来的历史证明，西方发达国家的"文化霸权"在发展中国家引发了文化认同的危机，并由此产生一系列诸如苏联解体、"颜色革命"等不良连锁反应。因此，我国在对外文化发展中，必须从理论和政策层面就近代以来中华民族文化现代转型的基本命题——"中西体用"问题进行突破和创新，在中西文化碰撞和交流互鉴中界定中西方文明的差异，寻求最佳融合路径，建设中华民族自己的精神家园。同时应在实践层面上形成学习互鉴和相互交融的制度通道，形成促进中华传统文化现代转型和创新的可行路径。习近平总书记曾强调："中华文明是在中国大地上产生的文明，也是同其他文明不断交流互鉴而形成的文明。"① 因此，应以推动世界文明发展为目标，在文化强国战略中进一步深化人类命运共同体的内涵，在全球比较的视野下突破国家与制度体系局限，在中外文化交流互鉴、碰撞融合的基础上构建21世纪中华民族精神家园的价值基础。

3. 必须守住文化安全底线

文化是民族的，又是世界的。在推动构建人类命运共同体的进程中，必须保障文化安全，在促进中国文化对外传播中，必须坚守文化安全底线。随着全球一体化不断深化，国际合作的深度和广度得到不断拓展，在经济上占优势的国家，其文化往往也占据强势地位。这种与经济影响力正相关的文化影响力不仅为经济地位较弱的国家提供了学习和借鉴优秀文化的契机，同时也为其带来了文化安全问题。在信息时代，文化交流不再局限于传统的文字和语言形式，而是更加广泛地渗透在一切社会生活之中，软实力发挥的作用以及面临的挑战比以往更加突出。在此背景下，提升中国文化的影响力、增强国家软实力是符合时代发展潮流、顺应全球经济发展规律的战略选择。在这一过程中，我国要直面某些西方国家刻意制造的"中国威胁论"，认识到我国国际话语体系建设的相对不足，努力实现文化交往中的自我提升，加快话语体系的构建，让文化软实力的提升与经济硬实力的发展齐头并进，推动体现中国核心价值观念的文化元素的时代性转化，使中国表达与国际话语规范接轨，提升我国人类命运共同体的国际认可度，塑造良好国家形象。

① 习近平. 论坚持推动构建人类命运共同体 [M]. 北京：中央文献出版社，2018：78.

　　文化软实力的强弱在经济全球化背景下发挥着十分重要的作用，在推动构建人类命运共同体和实施"一带一路"倡议中，文化也占据着不可替代的地位。因此，在构建我国对外文化战略的过程中，在推进构建人类命运共同体的过程中，必须要坚持文化的顶层设计，统筹考虑文化建设的各个层次和各种要素，追根溯源、统揽全局，以理性、统筹、战略眼光与全局观念在最高层次上寻求问题的解决之道。在文化建设中也必须发挥合力，协调政府、科研院所、社会资源的共同力量，最终实现我国在对外文化交流中立于不败之地，既能保持本国本民族文化定力，又能够展现文化影响力、加强世界文化互融。

二、坚持和而不同、平等互鉴的文化交流

　　新中国成立以来，在马克思主义的科学指导与党的正确领导下，我国文化建设日益繁荣发展，我国文化软实力、中华文化影响力以及我国国际形象得到大幅提升，这离不开我国不断完善的文化政策、开放包容的文化理念、合作共赢的文化立场。人类文明是地球上每一个国家和民族共同创造的，不同文明文化只有通过交流互鉴和求同存异才能蓬勃发展。展望未来，我国应积极融入世界文化之中，坚决反对零和博弈与冷战思维，在交流互鉴中把握文化发展方向，在各国文化战略中寻求有益借鉴，不断增强构建人类命运共同体的国际认同感。

（一）坚持交流互鉴，把握正确文化发展方向

1. 交流互鉴是人类文明发展的动力

　　坚定文化自信，在人类命运共同体的建构中加深与各国文化的融合借鉴，以中华文明的繁荣发展，为人类文明进步提供稳定的外部条件与内在动力。在交流互鉴中，守正创新是中华文明繁荣稳定的重要路径。以积极开放的姿态传承与发展中国文化，既是中华文明永葆先进性、创造性的重要条件，也是推动人类文明发展，构建人类命运共同体的必然要求。一方面，坚定文化自信，坚守好中华文化之根是同世界文明互鉴融合的前提。中国是世界上唯一一个文明没有中断的国家，中国文化历经古代几千年朝代更替中文化输出与外邦交流，历经近代百年中国共产党革命斗争中西方冲击与马克思主义指导，历经全球化舞台上改革开放进程中世界文化碰撞与相互交融，都体现出极大的包容性、开放性与先进性，这是中华文明同世界其他文明交流互鉴的底气所在，是我国文化自信的重要来源。另一方面，在文明交流中吸收、借鉴其他文明的长处是中华文化得以不断继承与弘扬的保障，为我国文化创新发展提供必要条件。文

化、思维、价值观念、风俗习惯等社会意识是对当下社会存在的反映，故步自封将会导致社会意识滞后于社会存在，从而阻碍社会的发展和文明的进步。习近平总书记多次提到传统文化的创造性转化、创新性发展，其核心要义就是对中华优秀传统文化加以改造、拓展和完善，赋予其新的时代内涵与表现形式，推动传统文化时代化、现代化。

交流互鉴是文明多样性的前提，文明多样性是人类进步的不竭动力。人类文明没有高低优劣之分，每一种文明都是在历史发展中孕育而成，正是因为多样文明才有了多重思维的碰撞，新的思想理念与文化形态得以产生并不断发展变化，人类文明愈加丰富多彩。随着全球化、信息化的不断加深，全球思想交流、交锋日趋频繁，社会思潮异常活跃，"理论一经掌握群众，也会变成物质力量"①，影响、控制人们思想的文化成为国际博弈的重要武器，而文化领域作为各国思想文化和价值观念的展示舞台，却被部分国家当作逐利的角斗场。在美国等西方国家冷战思维的主导下，逆全球化思潮抬头，文化霸权主义不断推行，其通过鼓吹自我价值的优越性，宣扬"平等""自由"等以资本逻辑为内核的价值观，进行大量文化输出，在全球制造多起"颜色革命"，主张"文明冲突论"，严重妨害多元文明共存，使人类文明失去多样性和发展活力。中国积极倡导"以文明交流超越文明隔阂、以文明互鉴超越文明冲突、以文明共存超越文明优越"的文明交流理念，以求同存异、取长补短、合作共赢的胸怀，奏响人类文明的协奏曲，推进世界文化大发展大繁荣。

2. 以世界眼光把握我国文化开放发展方向

小智谋子，中智谋局，大智谋势。人类文明交流交融是历史发展的必然趋势，马克思、恩格斯在《德意志意识形态》中就已提出人类历史越来越成为世界历史的科学预测。随着全球化进程不断加深，文化战略布局早已超出国内事务范畴，必须以世界眼光统观国内外两个大局，统筹协调好国际社会的各种关系。世界眼光是指立足本国实际，着眼未来发展需要，以开放性、世界性、历史性的视野审视国内外的形势。习近平在庆祝改革开放 40 周年大会上的讲话中指出："中国的发展离不开世界，世界的繁荣也需要中国。"② 当前，世界发展呈现出新形势，全球化、数字化、信息网络化使人们联系日益密切深入，科技进步引发伦理危机、冷战思维抬头、霸权主义与强权政治依然存在，新自由主义危机与逆全球化思潮兴起。在此背景下，应把握时代发展脉搏和文化发展规律，结合我国社会发展现状，将中国文化发展置于世界发展全局之中，放眼于全人类的前途与命运，顺势而为，寻找适合我国的文化发展方向，并敢于同文化发展中出现的错误思潮作斗争，以开放的姿态实现我国文化与世界文化的良性互动、

① 马克思恩格斯选集（第1卷）[M]. 北京：人民出版社，2012：9.
② 习近平谈治国理政（第3卷）[M]. 北京：外文出版社，2020：187.

共同发展。

方向决定道路，道路决定命运。中国共产党人自觉肩负着为世界谋大同的使命，积极同世界力量携手共进，以天下大同、协和万邦的传统理念和"以人民为中心"的根本立场，推动构建人类命运共同体，实现全球文明和谐共进是我国文化建设价值旨归。中国文化的发展方向，是由我国文化发展的历史与世界文化发展的现实决定的。所谓我国文化发展的历史，就是近代以来对"中国文化向何处去"的历史选择，就是将中国文化马克思主义化的历史进程，就是中国文化在社会主义道路上的历史发展。所谓世界文化发展的现实，就是百年未有之大变局下文化博弈复杂激烈的现实背景，全球文化多元多样发展的现实趋势以及满足全人类文化需要的现实追求。我们一定要坚定中国特色社会主义文化自信，传播"你中有我、我中有你"的文化基因，注重传播内容的可人性与亲近感，以互为主体的文化间性和包容的态度对待异质文化，让他们深切感受到，中国文化中蕴含的包容精神和和平理念与西方文化中的唯我独尊和崇尚竞争完全不同，从而扭转他们因受西方影响而对人类命运共同体理念产生的误解和疑虑。在历史与现实的推动下，中国文化应秉持正确的发展理念，着眼于人类未来发展需要，站在全球化、现代化的高度审视国内外形势，形成对当前文化建设现状的理性判断，从而对未来发展作出科学的战略规划。

（二）坚定文化立场，在战略博弈中保障文化安全

1. 文化战略是维护文化安全的重要保障

随着国际斗争的演进，文化成为当前国际斗争的主要方式之一。"如果说20世纪上半叶的主流是军事竞争，20世纪下半叶的主流是经济竞争，那么，21世纪的主流则是文化竞争。"[①] 文化是立国之本，文化安全是国际文明交往的必要前提和国家文化发展的必要保障，维护文化安全是文化战略实施的首要目标。文化在现代科技发展浪潮下，更深层次地存在于一切社会生活之中，与其他安全问题息息相关。要以舆论引导、依法治网、青少年思想政治教育等文化安全保障措施确保我国政治安全，国家文化安全的重要性可见一斑。国家文化安全是一个宏大的历史课题，广泛渗透在国际间的政治交往、经济贸易、军事部署、文化交流等各个方面，隐蔽性强且影响巨大，令各个国家难以防范。文化安全的主要内容包括意识形态安全、价值观安全以及国家文化安全三个方面，各国以此为出发点，展开既进攻又防守的文化战略布局。一方面，通过战略部署发展文化产业，提升国家文化软实力与国际话语权，依托科技创新推进文化输出，加强文化渗透力与价值观吸引力，抢占国际文化战略高地。另一方面，强化民

---

① 郭建宁.中国文化强国战略［M］.北京：高等教育出版社，2012：4.

族文化的保护与开发，积极参与国际文明交流，并及时同国际社会中的异己思潮作斗争，筑牢意识形态防线，保障国家文化安全。

在人类命运共同体视域下，国家文化安全问题尤为复杂，这就需要国家宏观把握国内外局势，从整体上作出战略规划。习近平总书记指出："意识形态领域斗争依然复杂，国家安全面临新情况。"① 拓展人类命运共同体的文化空间，需要不断加强对当代各种社会思潮的认识和甄别，深刻把握各种社会思潮的特征和历史脉络，持续巩固文化阵地建设。因此，要在坚持正确立场的基础上，与各国对话交流，把握全球文化前沿发展态势，及时了解各国战略规划，从中寻找借鉴与反思，灵活调整我国文化战略部署，对保障我国文化安全、建设社会主义文化强国、稳定世界文化格局具有重要的战略意义。

2. 在与各国文化交流互动中寻求有益借鉴

在百年未有之大变局背景下，全球化程度不断加深，意识形态格局东升西降，软实力的强弱极大地影响着国际话语权与国家文化建设主动权，成为提升国际地位的主要手段，文化战略布局在国家战略全局中地位日益凸显。各国的文化战略各具特点，以文化竞争力较为强劲的美国、英国、法国、日本为例，其文化战略包括文化战略规划、发展文化产业、推行文化外交几个基本方面。

文化战略规划体现了各个国家对文化的定位高低与重视程度。1995 年，联合国教科文组织在《世界文化发展报告：我们创造性的多样性》中提出要把文化置于发展的中心位置。法国作为文化艺术遗产丰富的文艺之都，早在 1962 年就将文化列入国家发展规划的"五年计划"之中，通过国家顶层设计来推进本国的文化发展。英国在 1993 年公布题名《创造性未来》的官方文件，对英国的未来文化发展作出整体规划。2020 年英格兰艺术委员会发布了《共同创造：2020—2030 年的战略》，"期望通过文化转型和公众力量实现战略愿景"②。日本的国家发展战略经历了 20 世纪 60 年代的"军事立国"、20 世纪 70 年代"经济立国"这两个阶段，后于 1996 年公布《21 世纪文化立国方案》，正式实施"文化立国"战略，将国家发展战略的重点转向文化方面。"美国的文化发展战略渗透于他的整个国家战略和政治、外交、军事、经济和贸易政策之中。"③ 与其他国家不同，尽管美国高度重视文化发展，却没有设立专门的文化管理部门，而是通过政府扶持以及完善法律法规给予文化发展制度保障。

大力发展文化产业是各国文化战略的重点方面。美国文化产业的竞争力在国际上

---

① 习近平谈治国理政（第 3 卷）[M]. 北京：外文出版社，2020：7.

② 袁荷，徐进毅. 共同创造：2020—2030 年英国文化艺术发展战略 [J]. 美术观察，2021（4）：79－83.

③ 邓显超. 中国文化发展战略研究 [M]. 南昌：江西人民出版社，2009：37.

占绝对优势。仅美国传统文化产业好莱坞就占据全球电影市场一半以上的份额，成为全球电影产业的集聚中心。美国的文化产业由市场机制调节，通过其充足的资金支持与先进的技术手段拓展文化产业市场，向世界各地输送美国文化和价值观念，极大地提升了美国文化软实力，并为其带来巨大的经济效益。《好莱坞、五角大楼和华盛顿》一书的作者、法国防务社会学家让-皮埃尔·瓦朗坦指出："美国电影是美国国家安全霸权的重要载体之一。将国家公务员英雄人物化，把国家神圣化，把官方定义的、美国集体想象的威胁形象化……所有这一切都宣扬了这样一种观点：美国是神奇的、不可战胜的。政治、国家战略和电影业互相交织在一起，这就是美国国家权力的独特性质所在。"① 法国的文化产业在管理模式上属于政府主导型，在深厚的文化资源支持下，由政府给予文化产业充分的政策扶持与资金投入。法国政府还十分注重文化的数字化转型，2010 年法国文化部宣布，法国"文化、科学和教育内容数字化"工程正式启动，又于 2012 年开展"数字时代文化政策协调行动"，为法国文化产业发展打开了新的空间。2017 年，法国政府文化预算 100 亿欧元，占国家总预算的 1.1%。英国的文化产业以创意性为主要特征，由国家政策推动和制度保障，其资金来源除政府财政拨款外，还包括社会及私人投资。"英国 2017 年创意产业增加值突破了 1000 亿英镑，其创意产业发展速度几乎是英国总体经济增速的两倍"②，带动英国全国及各地区经济增长与出口增长。文化产业是日本的第二大支柱产业，日本同样是政府主导型发展模式，由政府制定政策统筹规划，给予文化产业以资金支持、制度与法律保障，"文化立国"战略、"酷日本"战略的重点内容就是发展文化产业。

文化外交是各国文化战略的对外交流方面，是通过国际文化交往树立国际形象、强化国家文化影响力的重要手段。美国的文化外交十分强势，其文化与价值理念渗透于影视、娱乐、新闻媒体等文化产品之中，以隐蔽渗透的方式向世界各地强行输送其价值观，维护其文化霸权地位，并利用其文化影响力实现政治意图。法国在国外建立众多的文化宣传组织机构，通过法语传播、文化艺术交流等输出法国民族文化，提高国家文化软实力。为保护其丰富的民族文化，1993 年法国提出"文化例外"原则，法国认为文化产品与一般商品不同，不能像普通商品那样完全接受市场的调控。但由于"文化例外"具有较强的"保护主义"倾向，2001 年法国政府进一步提出"文化多样性"原则，强调了对于世界文化的互动共融以及对全球文化生态的保护。20 世纪 70年代，日本发展成为世界经济大国，为构建国家形象，1973 年日本外相将"文化外交"置于日本对外政策的四大重点之一，国税厅、文化厅、文部省、外务省、观光厅

---

① 明安香. 美国：超级传媒帝国 [M]. 北京：社会科学文献出版社，2005：262.
② 张娜，田晓玮，郑宏丹. 英国文化创意产业发展路径及启示 [J]. 中国国情国力，2019(6)：71-75.

都参与到"酷日本"战略之中，协作扩大日本文化对外输出，积极开展对外文化交流活动、实施对外文化援助，以塑造良好的日本国家形象。

在构建人类命运共同体的过程中，我们面临着与西方国家的战略博弈，同时也面临着与西方国家文化战略的博弈，在与西方国家的文化战略规划、发展文化产业、推行文化外交等方面的竞争中，我们需要处理好自我发展与外部竞争、中国立场与世界观照、反对西化与吸收人类优秀文明成果的关系。在这个过程中，既要反对西方国家对于中国的文化挑战，又要坚持好中国文化立场，坚持好唯物辩证法，推进文化领域对外开放，吸收借鉴世界范围内人类优秀文明成果，从而提升我国自身文化的竞争力和影响力，提升我国对外传播人类命运共同体的能力。

三、推进我国对外文化传播的创新性发展

创新是一个民族兴旺发达的不竭动力，在构建人类命运共同体进程中我国文化势必与他国文化交流、碰撞，因此，必须不断完善与发展我国文化体制机制，推动我国文化内容与方式与时俱进，增强我国文化的国际竞争力，提高我国文化软实力，在文化交流中守住我国文化安全底线，并得到更好的发展。提升人类命运共同体理念的对外传播效果，增强人类命运共同体理念的国际认同，是推进构建人类命运共同体的重要基础，通过对外传播体系，采取科学的对外传播战略，运用恰当有效的对外传播策略，推进人类命运共同体文化和理念的对外传播，从而在国际上提高人们对于人类命运共同体的认知程度和理解程度，才能为人类命运共同体的构建创造思想和文化条件。在这个过程中，对外传播体系和战略发挥着重要作用。推进人类命运共同体文化对外传播的创新性发展，要在运营方式和运营理念上实现转变，即从"走出去"转向"走进去"，不断推进本土化，是实现文化传播者与文化受众之间语言转化和文化交流的前提，是增强内容贴近性与针对性、在西方国家产生实质性影响的可靠保障，是实现良性循环、增强人类命运共同体理念国际认同的基础。

（一）推进我国文化传播内容与方式的与时俱进

在对外文化战略实施中，文化内容理念是决定战略制定的核心，文化呈现方式是影响战略成效的关键。始终坚持中华民族传统文化是根本，中国特色社会主义先进文化是方向，提高我国文化软实力、建设社会主义文化强国是目标，不断推进我国文化的创新性发展，以世界眼光和现代视野保持我国文化先进性，既宣扬传统思想又传播当代价值，坚持传统与现代并举，虚拟与现实齐行，"向世界展示真实、立体、全面

的中国，提高国家文化软实力和中华文化影响力"①，在世界文化激荡中站稳脚跟，为人类命运共同体提供强大的文化力量。

1. 立足新时代，创新文化传播内容

法国前总统戴高乐说过，人与人之间的距离比地球和月亮间的距离还大。缩短文化上的距离，需要表达方式上的国际化和艺术化，要用国际上能够理解的方式来表达，才能够收到理想的效果。中华文化代表着中华民族独特的精神标识，是中华民族文化自信的根基所在，是展现中华文明理念的重要途径，传承与弘扬传统文化是每一位中华儿女的应尽本责。但需要注意的是，传统文化只是多维中国文化的其中一面，代表了几千年来中华民族社会实践中形成的文化内容与思想观念，展现的是传统的中国形象，对儒家文化、传统武术、传统节日等中国传统文化内容及文化元素的着重宣扬。这容易导致部分海外民众对中国产生了传统社会的刻板印象，认为当代中国文化的代表仍是中医、武术等传统文化符号，难以摆脱对传统中国的固定认知，不利于当代中国思想文化和价值理念的国际传播。

"文化不是化石，化石可以仅凭借其古老而价值不衰。文化也不是文物，可以只强调其考古价值。文化需要在发展和传播中获得持续的生命力。"② 当前我国对外传播的文化内容，既来源于中华文化发展的历史和基础，承载着中华文明发展的历史成果和民族特色，又在新的时代条件下不断地创新和发展，不断地超越过去，创造新的历史。推进我国对外文化内容的传播，要尊重我们国家、民族和文化的历史，挖掘和阐发我国优秀传统文化的精华，使中华民族最基本的文化基因与当代文化相适应、与现代社会相协调，自觉弘扬具有当代价值的中华文化精神。一方面，要坚持不忘本来，以文化自觉的意识，客观把握我国文化的历史属性和新阶段的复杂特点，在发现、品鉴、甄别、欣赏中继承吸收优秀传统文化。特别是看清现象与本质、主流与支流、正面与负面、精华与糟粕，才能更好地弘扬和传承，切忌墨守成规，盲目自大。另一方面，我们要警惕和反对文化、历史和民族领域的虚无主义，不能妄自菲薄，崇洋媚外。我们坚持文化自信，就是充分认识中华文化的灿烂成果和丰富资源，充分认识中华文化对于中华民族和世界文明的历史贡献，充分认识中华文化的世界影响和时代意义。广大哲学社会科学工作者在面对中华优秀传统文化时，要做到继承和创新相结合，"继往"与"开来"相统一，不断推陈出新、与时俱进。

建设中国特色社会主义先进文化，创新中国文化传播内容，是新时代文化战略的必要部署。习近平总书记对创新性发展的内涵作出明确界定，即"按照时代的新进步新进展，对中华优秀传统文化的内涵加以补充、拓展、完善，增强其影响力和

---

① 习近平谈治国理政（第3卷）[M]. 北京：外文出版社，2020：312.
② 叶飞霞，刘淑兰. 引领文化与文化引领 [M]. 北京：人民出版社，2012：115.

感召力"①。随着中国特色社会主义不断发展，文化传播内容也应与时俱进，坚持守正创新，以古人之规矩，开自己之生面，不囿于传统文化之中。积极吸收借鉴世界文化，在人类命运共同体的建构中创造新时代的中国文化内容，"创作生产出无愧于我们这个伟大民族、伟大时代的优秀作品"②，不断提供引领时代发展的思想滋养与精神动力，增强对于人类命运共同体的影响力和引领力，为当今世界发展面临的各种问题贡献中国理念、中国智慧和中国方案。

2. 把握新潮流，创新文化传播形式

文化传播形式可分为话语表达和内容呈现。在文化对外传播中，文化折扣现象长期存在，不断更新文化传播形式，以巧妙的表达方式和多样的呈现形式扩大传播范围、提升传播效果是当代文化对外传播的必要举措。主流媒体和官方话语是中国文化对外表达的主要方式，主流媒体以其权威性和公信力，在文化对外传播中起到把握思想方向和舆论导向的作用。然而在西方媒体的刻意渲染、误导和扭曲下，海外民众对中国官方机构和主流传播媒体存在偏见，对主流媒体的传播内容信任度较低，主流媒体语境下的文化传播成效相对有限。突破官方媒体发声，丰富我国文化的大众化表达话语体系，善用网络社交媒体、充分利用留学群体海外优势，以更具说服力、更显亲和力、更有影响力的民间大众话语，使海外民众主动信任和自觉接受中国文化，切实提高我国文化对外传播成效。

文化传播的内容呈现形式主要包括中国书目的海外译本、影视动漫、图画创作以及以技术为依托的数字化呈现等。随着我国创新科技的迅速发展，现代化手段逐渐成为对外传播的主要途径。一种理念，一种思想，一种文化，如果要成为世界范围之内大家共同认可的内容，既要反映人类共同的价值观，共同的文化需求，同时又要有鲜明的风格和特色。思想观念的传播方式要适应科技发展的要求，在当前，特别是要适应网络化、信息化、数字化的要求。我国推进人类命运共同体理念的国际化是在信息化网络全部普及的时代进行的。智能网、传感网、物联网、云计算、元宇宙技术的迅速发展和普及，使人们在建设信息化世界方面又迈出了一大步。高新科技将文字、语言、图片、图像等各种传播方式融为一体，让人际、群体、组织、大众等各种传播形态集于一身，更注重用户的交互作用，提供了一种让个人的智慧、知识、技能充分发挥的信息传播与共享新模式。

在信息化时代。一种思想和理念要想得到广泛传播，就不能只是以文字、文本的

---

① 中共中央宣传部．习近平新时代中国特色社会主义思想学习纲要［M］．北京：学习出版社，人民出版社，2019：147.

② 中共中央宣传部．习近平新时代中国特色社会主义思想三十讲［M］．北京：学习出版社，2018：204.

形式呈现，应该以数字化的形式储存、传播，其表现形式应该尽可能地实现多媒体化，与文字、声音、图像有机融合在一起，高新技术的应用改变了文化的传播样式，使其适应了信息化发展的要求。首先是要促进图书、电视、广播等传统文化形态的数字化，如数字图书、数字化出版、数字广播电视、网络广播电视、播客、移动电视、数字电影等。其次是创新创造全新的文化业态，以数字技术、互联网技术、信息通信技术为方式推进科技与文化产业传播载体相融合，不断产生新的传播形态和种类。"数字故宫"将中国传统文化传播到互联网覆盖的每一个国家，短视频扩大了中国文化传播的受众群体，游戏、影视、动漫的海外传播使海外民众更加生动全面地了解中国理念，现代化的文化呈现方式极大推进了中国文化对外传播。

除此之外，文化传播的中西融合也十分必要。以《花木兰》为例，花木兰是中国古代典型的巾帼英雄人物形象，1998 年迪士尼出品了动画版的《花木兰》，20 年后，真人版《花木兰》走上银幕，将中国故事以西方的审美眼光和创作风格呈现出来，在展现故事情节之外还传递了强烈的西方价值观念，提升了西方文化的隐性传播。在我国文化对外传播中以中西结合的视角，结合现代化手段对西方的故事原型进行中国式加工，从当代中国的文化内核出发诠释西方故事，降低文化对外传播中的折扣现象，将我国理念融入海外国家的文化表达形式之中，通过多种形式呈现给海外民众，提高海外民众对我国文化的认可度和接受度，增强中国文化的国际认同感。

（二）推进我国文化传播体制的不断创新与完善

党的十六大正式开启了文化体制改革的道路，党和国家采取一系列举措推进文化管理体制的完善且取得了优异的成绩。普通民众、企业、社会组织等社会主体也充分参与其中，为我国文化体制的创新与完善提供了经验和智慧。通过整个国家的全方位参与，建立一个由政府主导、社会参与、重心下移以及共建共享的公共文化服务体系，以文化体制的不断创新与完善推进我国文化发展。

1. 政府部门完善文化管理体制

当前，文化体制改革到了一个新的重要关头，国家应当以过去积累的经验及吸取的教训为基础，继续采取创新的发展方式推动文化体制的不断发展。

首先，政府部门要转变发展理念，完善文化管理体制。"政府实现宏观文化管理，要求政府转变职能，由传统的办文化，转变到管理、服务的职能上来，综合运用法律、行政、经济、科技等手段提高管理效能。"[①] 在文化发展过程中，政府充当着管理者的角色，这对文化的发展方向及社会主体的参与程度有直接的影响，因此在未来的文化

---

① 曹学娜. 推进文化体制机制创新 [J]. 黑龙江史志，2014 (22): 38－39.

体制完善进程中，政府应当进一步加强服务型政府建设，努力保障广大人民群众、企业及社会组织等主体参与文化建设的合法权利，完善竞争机制、开放机制和激励机制等，同时大力培养文化创新人才，激发广大社会主体的创新意识和行为，从而提升我国文化的整体竞争实力。

其次，政府部门要加强文化监管，坚决杜绝糟粕文化对社会的侵蚀。随着世界科技水平的整体提升，文化在科技的推动下不断生成新的发展模式，并以各种形式的内容呈现在大众面前。这些新的发展模式中既有积极的、正能量的内容，其中也不乏消极的、不符合法律和道德要求的内容，这就需要政府部门充分且及时的监管来阻止这些文化糟粕蔓延并在互联网中形成怪圈，从而及时制止其进一步危害我国的社会主义先进文化。

最后，提高文化开放水平。对于文化管理体制亦是如此。西方发达国家能够掌握国际话语权、能够对外输出其文化和价值体系的重要原因之一，就是在其长期历史实践中形成了完善的文化管理体制和丰富的文化管理经验。在未来我国政府部门完善文化管理体制的过程中，应进一步开放文化交流，理顺国内外宣传的机制体制，重点支持国内媒体的国际化发展。媒体宣传是我国文化"走出去"和"引进来"最重要的途径之一，且在一定程度上引导着一个国家或民族的整体舆论方向。在我国进行文化体制改革的过程当中，政府部门要转变发展理念，而这就需要工作人员在基于我国文化管理经验、技术、人才相对缺乏的国情下，学习和借鉴文化发达国家的有益经验，并将这些经验以适当的方式融入我国的文化体制改革中，达到本土化要求，形成我国的文化强项，进而再"走出去"让其他国家了解我国的文化，以达到文化开放的双向交流。

2. 激发文化主体创新活力

长期以来我国文化建设的指导思想、总体目标以及工作思路的落脚点都是以人民为中心，没有人民的广泛参与，我国文化建设不可能实现长远发展。在未来的文化机制发展和完善过程中，应贯彻执行"以人民为中心"的出发点和落脚点，这是基于对人民对美好生活需要的进一步回应。因此人民的参与对我国文化体制机制的发展和完善具有重要的推动作用。

在未来的文化发展过程中，社会主体可以从以下几个方面着手。首先，发展现代群众文化。推进群众文化发展有利于满足人民的精神需求，提升全民素质，是人民乐于主动参加的一种积极的活动形式。未来应当根据不同地方的实际情况着力打造地区性的文化特色，在增加对群众文化基础设备建设的资金投入，建设、完善有意义、有价值、有特色的文化设施的同时，人民群众应积极参加文化创作活动。"培养基层群众文艺综合素养，筛选能力突出的文化爱好者，激发人民群众参与文化工作，组织文艺活动的积极性，使群众文化工作迈向一个新台阶。"① 让人民群众在群众文化的发展中成为创新的主力。其次，企业要根植于文化市场。文化企业将自身发展根植于文化市场是文化企业的唯一出路，也是符合文化发展的内在规律、符合市场规律的行为。过去文化事业的发展依赖事业体制，部分院团习惯了派演、调演的工作方式，缺乏市场意识，在心理上抵触进入市场，忽视群众及以群众为基础的市场需求，这种状态严重影响了文化事业的进步。因此，除了私有文化企业融入市场外，国有文艺院团自身要加快体制改革，将创新、营销、资本运作等能力融入自身的发展能力中，以市场规律来激励企业自身的文化创新。最后，社会主体要充分利用互联网模式。目前，各产业纷纷改变传统思维，抓住互联网浪潮，积极探索"互联网＋"模式。在文化机制体制的改革过程中，社会主体也越来越依赖互联网的使用。文化产业互联网化是必然的趋势，广大人民群众、文化企业在参与文化创新的过程中要继续抓紧互联网大浪潮，敢于并善于"转思维、创模式、改机制、建平台"，积极引进互联网工具和技术来为自身赋能，进而激发全社会的文化创新活力，促进我国文化体制机制的改革，提升我国文化的整体竞争实力。

四、打造有国际影响力的自主文化传播平台

国际文化传播平台是文化跨国传播的现实依托。目前，我国已初步形成"陆海内外联动、东西双向互济"的开放文化格局，体现了我们主张与邻为伴而非以邻为壑、互利共赢而非零和博弈的对外文化战略思想。以中国理念打造我国自主的国际文化传播平台，进一步深化同世界各国的文化交流碰撞，加强文化互鉴，增强价值互信，避免文化误读，推动构建多样性人类文明。

（一）推进互联互通的国际文化传播平台建设

1. 依托"一带一路"合作桥梁，深入推进国际文化交流

"一带一路"是全球互联互通之路。"一带一路"倡议是中国致力于全球互利共赢、和平发展的原创性方案，是在全球化程度日益加深、世界各国越来越呈现出"牵一发而动全身"之势的时代背景下提出的，是以"共商、共建、共享"的原则、"开放包容"的胸怀与"和平发展"的理念推进人类命运共同体从理念向现实转化的伟大实践，是中国作为国际责任大国的战略举措，是世界互联互通的重要渠道。近十年来，

---

① 王晓霞. 浅谈群众文化工作的创新与思考 [J]. 文化创新比较研究，2018（19）：159，161.

"一带一路"倡议跟随新时代的脚步从点到线到面，联通陆海、横贯欧亚，覆盖"政策、设施、贸易、资金和民心"五大方面，中国的"朋友圈"越来越广，开放格局不断扩大。到 2022 年，"9 年来，149 个国家、32 个国际组织同中国签署 200 多份共建'一带一路'合作文件。共建'一带一路'成为当今世界范围最广、规模最大的国际合作平台，一大批务实合作项目加速落地，带动经济发展、惠及民生福祉"①。"一带一路"倡议提出以来，推动建立了 3000 多个合作项目②，通过政策沟通、设施联通、贸易畅通、资金融通和民心相通，构建起"六廊六路多国多港"的互联互通合作架构，形成物流、人流、资金流、技术流、信息流有机融合的联动发展效应。"一带一路"沿线 65 个国家和地区在互通合作下，发展潜力得到极大释放，形成区域和国家间的友好合作、共同发展的良好局面。在新冠疫情期间，遏制疫情传播的封锁措施导致全球贸易停滞，"一带一路"倡议仍然逆势前行，中老铁路、匈塞铁路等重大项目都取得突破性进展，为国际社会提供了切实可行的全球双边多边和平合作方案，推动"一带一路"建设日益成为国际共识。

　　"一带一路"是文明交流互鉴之路。自张骞开辟通往西域的丝绸之路后，古代中国的海外互通之路被打开，如汉代造纸术传入阿拉伯地区，又由阿拉伯地区传往欧洲各地，唐代玄奘、义净去往印度取经，将佛教与当时南亚各国的文化、生活情况传入中国等，中国与外邦在食物、器具、风俗、文化等物质文明与精神文明方面相互交易、传播，极大促进了中外贸易与文化交流。"历史上，中国陆上和海上丝绸之路贸易关系以对话和广泛的文化交流为标志。中国在西方古典时代和中世纪时期的贸易关系延伸到东南亚、中东、中亚、东非和西欧。从汉代开始，陆上和海上丝绸之路不仅在不同文明之间的经济交流中起着关键作用，而且在社会和文化价值的传播中也起着重要作用。这种关系与欧洲殖民主义形成鲜明对比，在很大程度上尊重了与中国进行贸易的国家的主权、独立性和特殊性。丝绸之路贸易并不寻求强加或发展相互依赖的殖民关系。外交辞令的表达也以双边交流的获益为特征。"③ 如今的"一带一路"倡议是对中国古代"丝路精神"的当代传承与弘扬，是中国亲、诚、惠、容的外交观和平等、互鉴、对话、包容的文明观的现实呈现，包含着经济与文化双重功能，为各国架构了贸易往来与人文交流的桥梁。其中，文化交往是关系各国能否真正实现互联互通的精神纽带。"以文明交流超越文明隔阂，文明互鉴超越文明冲突，以文明共存超越文明优越。"④ 抓住发展这个最大公约数，深化各国人文交往，推进"一带一路"的文化职

① 为世界和平与发展和人类文明进步贡献智慧和力量 ［N］. 人民日报，2022 – 10 – 09.
② 白元琪. "做大共同体利益的蛋糕" ［N］. 人民日报，2023 – 12 – 11.
③ 曹文硕. 构建世界和平文化 ［A］.// 王灵桂，赵江林. 人类命运共同体构建之路：中外联合研究报告 6（上）［C］. 北京：社会科学文献出版社，2019：42 – 43.
④ 习近平谈治国理政（第 3 卷）［M］. 北京：外文出版社，2020：46.

能建设，为国际文化互学互鉴提供更可靠的现实平台，是"一带一路"建设的价值旨归。

基于现有基础，进一步加强"一带一路"的国际文化传播能力建设。"一带一路"拓宽了中国文化对外交流传播的途径，极大地提升了我国文化的影响力，在已有成就的基础上进一步强化文化职能、继续扩大中国文化传播格局、深入推进国际文化交流是"一带一路"建设的应有之义。首先，加强"一带一路"的公共外交。"一带一路"承担着向世界展示中国形象、传播中国理念的重要责任，深入开发"一带一路"的国际文化传播能力，展示中国和平、包容、负责的国家形象，澄清某些国家将"一带一路"倡议称为"中国式马歇尔计划""中国阴谋论"等误读，实现"一带一路"建设与中国国家形象改善的良性互动，提高我国价值理念的国际认同。其次，积极寻求国家间的价值共鸣，不断扩大"一带一路"的对外文化格局。习近平总书记指出："国之交在于民相亲，民相亲在于心相通。"[1] 民心相通是最基础、最坚实、最持久的互联互通。"一带一路"沿线国家和地区的文化习俗和民族特点各有不同，要寻找与各国价值理念的契合点，不断优化对外合作模式，加强人才交流与学术往来，制定互利共赢的最优方案，吸引沿线国家积极参与合作、共谋发展，为推动世界文明繁荣发展、构建人类命运共同体发挥重要作用。

2. 建设海外文化机构，进一步增加国家文化对外交流窗口

设立对外文化机构及海外文化机构是我国文化对外传播的重要战略途径。改革开放后，经中央批准成立的第一个全国性对外文化民间团体"中国国际文化传播中心"于 1984 年正式成立，此后，在中央的支持下，中国对外文化交流协会、中国对外文化集团、国家对外文化贸易基地等纷纷成立，我国文化对外传播与交流的渠道进一步被拓宽。除此之外，中国文化中心、孔子学院等中国设立的海外文化机构规模不断扩大，进一步拓展人类命运共同体的实现路径。

孔子学院是隶属于教育部的中外合作建立的非营利性教育机构。2004 年第一个孔子学院在韩国设立，我国在全球开设孔子学院近 550 所，孔子学院的规模不断壮大。孔子学院不是汉字教育和中国文化对外传播的单向通道，而是为各国提供中文教学、汉学研究人才培养、国际中文教育交流合作以及中外文化交流互鉴的康庄大道，极具包容性与开放性。近年来，中国综合国力不断增强，国际吸引力逐渐增大，各国与中国的贸易往来日益增多，海外的汉语学习需求不断提升，国际上一度掀起"汉语热"的浪潮。孔子学院为海外民众提供了学习汉语、了解中华文化的正规渠道，除了承担汉语教学外，孔子学院也向所在国民众讲述中国的服饰、饮食、传统文化，以线上线下相结合的方式，通过优秀字画、经典纪录片、精选电影以及中国当前最热门的文化

---

① 《习近平外交演讲集》（第 2 卷）[M]. 北京：中央文献出版社，2022：33.

事件，向海外民众展示中国的现代化面貌、传播中国文化中蕴含的以"和"为贵、开放包容、天下大同的价值理念，针对当地民众需求，因材施教，制定科学的职业规划，凸显中国对外文化交流的人文情怀，对打破海外国家对中国的固有偏见、维护我国国家形象、提高我国文化话语权具有重要意义。当前，逆全球化思潮兴起，文化与意识形态领域的软实力较量日益激烈，美国等西方国家借助英语语言优势、话语优势以及传播优势占领舆论阵地，控制国际舆论走向，推行文化霸权。在此背景下，加强孔子学院建设，进一步完善孔子学院的对外文化传播职能，提升汉语的国际地位，增强我国文化软实力，以科学有效的方式促进各国文化交融，既是对西方文化渗透的有力应对，同时也为构建人类命运共同体贡献了中国力量。

海外中国文化中心是隶属于中国文化和旅游部的派驻海外官方文化机构，是双边关系进一步深化的重要标志，旨在加强中国与其他国家文化交流与合作，增进双方国家人民之间的相互了解和友谊。在国外设立文化中心的做法最早始于法国，第二次世界大战后各个大国纷纷效仿以推广本国文化，如英国的"英国文化委员会"、德国的"歌德学院"、西班牙的"塞万提斯学院"等。近年来，孔子学院因其教育内容经常被西方污名化、妖魔化，以无中生有的"罪名"被打压和制裁，严重损害了中国与孔子学院所在国的文化交流。与孔子学院不同，中国文化中心以增进中国与各国之间的友谊、促进双方的深度文化交流为主要目的，因国施策，通过常态化、不间断地举办演出与展览、组织短期培训、开展学术讲座与研讨会等文化交流活动，结合所在国文化习俗，面向社会各界人士，与当地民众进行精神与价值观层面的沟通，扩大文化交流与融合的深度与广度，为海外民众了解中国打开新窗口，提供自由、平等、开放的双边文化交流平台，促进世界文明加深理解、互鉴融合、共同发展。

在推进人类命运共同体理念对外传播的过程中，要实现传播理念的转变，即从"内外有别"向"内外协同"的转变。"内外协同"就是从国家战略高度出发，遵循文化对外传播规律，将人类命运共同体理念的国内传播与对外传播作为一个有机整体统筹运营，形成协同效应，实现协调发展。"内外有别"是传统媒体时代对外传播的战术选择，"内外协同"则是全媒体时代对外传播的战略选择。

（二）丰富覆盖全球的文化技术载体

1. 依托互联网发展，创造平等、自由、开放、包容、安全的线上文化共享平台

在信息化高速发展的世界潮流中，掌握最先进的传播技术和手段便能抢占先机、获得话语权。传播文化理念除了要有较为先进的文化产品与文化创意外，还需要拥有能够支撑的现代化传播工具。在第三次科技革命的浪潮中，互联网技术的发展为世界各国文化传播创造了条件，为全球文明连成一个整体奠定了基础。随着网络平台的发

展，"第五媒体"也逐渐占据较为重要的传播地位。"移动互联网已经成为信息传播主渠道。随着 5G、大数据、云计算、物联网、人工智能等技术不断发展，移动媒体将进入加速发展新阶段。"① 如今除了要促进第一、第二产业的科技化进程，还要将文化科技与之结合。

习近平总书记在十九届中央政治局第三十四次集体学习时的重要讲话中指出："数字经济发展速度之快、辐射范围之广、影响程度之深前所未有，正在成为重组全球要素资源、重塑全球经济结构、改变全球竞争格局的关键力量。"② 我们正在进入一个数字文明时代。在可预期的未来，以云计算、大数据、人工智能等为代表的数字技术持续发展，将有助于形成更具开放性的新型文化生态，同时也将驱动数字经济高质量、高水平发展。在 21 世纪全球化和数字化的背景下，人类命运共同体的构建也离不开科学技术的支撑。科学技术对人类命运共同体理念的对外传播，不仅表现在科学技术提供了大量的新载体、新技术、新手段、新需求，而且在于当代科学技术的蓬勃发展展示了充满活力、探索未知、超越创新、理性严谨、造福人类的科学精神，为世界范围之内的互联互通、创造各国共同性的生活和实践载体提供条件。我们要推进互联互通的文化科技平台，培育覆盖全球、各国共享的文化技术载体，要增强高新科技的自主创新能力，发展拥有自主知识产权的文化科技，特别是要发挥好新兴媒体作用，要充分利用互联网技术及其平台。高度重视未来科技如物联网的变革意义和广大前景，建设各个国家共同参与的文化科技平台，让覆盖全球的文化科技资源造福于人类，而不是造福于极少数国家。运用高新科技平台和体系，让更多国家享有科技红利和文化红利。

近些年来，我国不断发展数字文化产业项目，不仅将现代科技与文化产业融合升级，还促进了以游戏为引擎，动画渲染、网络直播、VR/AR 等为核心的文化科创企业，这些都为世界各国享受文化与科学的发展提供一定的实践经验。正如以"数字敦煌"为代表的科创成果实现了全球共享，从全球数字共享到各国研究合作，都是在文化科技载体的支持下不断发展，为世界文化的传播提供了科技支撑。

全方位推进多元渠道传播体系的升级和完善，将符合全媒体时代媒介系统运作逻辑和传播规律的移动互联网思维，深度融入国际传播的工作思路之中，建立和发展多样化媒体形态的国际传播媒体矩阵，把握国际传播媒介格局整体变迁的历史机遇。采取精准传播策略，深化多领域多层次的交流合作，推动双边多边的命运共同体建设。加强信息沟通和战略互信，推动文明对话交流，深化传统友谊，增强双方利益交合点，化解认知分歧和风险点。人民日报社、新华社、中央广播电视总台等中央媒体均在海

①　习近平谈治国理政（第 3 卷）［M］. 北京：外文出版社，2020：318.
②　习近平谈治国理政（第 4 卷）［M］. 北京：外文出版社，2022：204.

外社交网络平台开设了多语种账号，覆盖全球主要国家和地区，为文化传播技术平台的打造提供了典范。

搭建自主、安全、稳定的互联网平台，促进全球文化开放共享。"以大型互联网平台公司为主导的信息传播新型基础设施正在从技术、市场、政治和文化等多个层面，重构着全球传播的信息流动新格局、地缘政治新秩序和文化交往新生态。"① 近五年来，我国建成了全球规模最大的信息通信网络，互联网实现了跨越式发展。我国互联网发展态势持续向好。但另一方面，西方国家仍然占据着信息技术的主导优势。"2020 年 6 月，全球 42.9 亿个 IPv4 地址已分配 36.8 亿个，美国拥有约 16.1 亿个，占已分配总量 43.8%，而未分配的基本都在美国手中。美国掌握着国际互联网主根和大部分辅根域名服务器，对他国服务器 IP 地址的使用和状态实施监控极为便利。如果出现对美国利益的潜在风险，美国就可能停止该国网站的域名解析，导致网络访问瘫痪。"② 由此可见，全球数字鸿沟依然存在，开放共享的技术载体仍在探索阶段。对此，文化因不断交流交融、互学互鉴而丰富多彩，在这方面，要充分发挥互联网的重要作用和独特优势。习近平总书记指出："互联网是传播人类优秀文化、弘扬正能量的重要载体。中国愿通过互联网架设国际交流桥梁，推动世界优秀文化交流互鉴，推动各国人民情感交流、心灵沟通。"③ 努力培育平等、自由、开放、包容、安全的网络平台，缩小全球数字鸿沟，实现全球优质内容跨文化传播，增进文化互信、推动人心相通、实现命运与共，为构建人类命运共同体作出中国贡献。

互联网应用的发展为我国文化战略的实施提供了更为便捷的方式与更加广阔的空间。文化的国际交流传播在"一带一路"、海外留学、孔子学院、中国文化中心等现实路径外，同时依赖于突破时空障碍的互联网路径。互联网路径并非对传统现实路径的颠覆与替代，相反，后者是前者的存在基础，前者是后者的网络窗口和在线化延伸。2020 年以来，在新冠疫情的全球席卷浪潮下，跨国文化交流十分受限，而先进的技术载体可以打破现实条件限制，实现真正的全球海陆、内外、线上线下全方位互联互通，为世界文化交流互鉴提供了巨大便利。目前，各对外传播平台都开设了多语种官方网站作为线上窗口，如孔子学院开设线上中文课堂、惠灵顿中国文化中心通过官方社交平台分享系列微视频，向新西兰受众介绍中国非遗技艺等，实现中国互联网平台对海外民众社会生活的全面覆盖。除此之外，我国积极建设当代中国特色话语外译传播等平台，通过智能化推荐和国际化表达，向海外民众提供最贴近当地风格、最容易被接受和认可的中国文化内容，给海外民众提供了"走进中国"、了解中国的

① 姬德强. 数字平台的地缘政治：中国网络媒体全球传播的新语境与新路径 [J]. 对外传播，2020（11）：14-16.

② 林子涵. 美国网络霸权就是这么赤裸裸 [N]. 人民日报（海外版），2021-07-29（6）.

③ 习近平谈治国理政（第 2 卷）[M]. 北京：外文出版社，2017：534.

便捷渠道，为国际社会提供丰富的中国文化资源和自主、安全、稳定的互联网文化共享平台。

2. 依托技术创新，开辟自主多元的国际文化传播渠道

自主建设中国对外媒体平台，推进我国文化国际化传播。在科技革命的进步下，信息传递呈现"平台化"趋势，改变了人际交往模式与文化传播方式，使全球资源聚合，文化内容共享，传播交流更为高效、便捷、广泛。新媒体行业异军突起，使国际性传播媒体蓬勃发展，并衍生出多种跨文化传播平台，国际交流模式也加速更新。工信部指出，我国已在 2021 年建成全球最大的 5G 网络，为网络平台的开发和建设提供了坚实基础。中国的对外媒体传播渠道包括 CGTN、《中国日报》等传统渠道与 Tiktok 等新媒体渠道，通过权威的话语表达与多样化内容呈现使我国文化的国际传播取得良好的成效。但是，我们要认识到，我国文化对外传播任重而道远。"以'全球态度调查'闻名的美国皮尤研究中心多次发布有关中国形象的调查报告。2018 年（面向美国人）的一项调查结果显示，对中国持有负面印象的受访者占 47%，此后这一比例逐年上升。2019 年 12 月初发布的面向 34 国民众的调查结果显示，美国对中国持有负面印象的受访者占 60%，欧洲多个国家受访者对中国持有负面印象。2020 年 6 ~ 7 月发布的调查结果显示，对中国持有负面印象的美国受访者占 73%，达到皮尤启动该项调查以来对华负面印象的最高值。2020 年 8 月公布的一项民调结果显示，在澳大利亚、英国、加拿大、德国、荷兰等主要发达国家，对中国持有负面印象的受访者数量创历史新高。这一调查结果令人颇感遗憾。"①

有调查显示，36.1% 的国外受访者选择"本国的电视"，33.3% 的受访者选择"本国的网络"，这两大渠道成为国外受访者了解中国的主要信息渠道；排名第三的渠道是"其他国际知名的传统媒体"，提及率为 26.7%。其他了解中国信息的渠道由高到低排名为"其他国际知名的新媒体""本国的报纸杂志""中国传统媒体在本国的传播""本国的广播""中国新媒体在本国的传播"。相比而言，通过"中国传统媒体在本国的传播（如电视、广播、通讯社、报纸杂志等）"和"中国新媒体在本国的传播（如新闻网站、社交媒体等）"了解中国相关信息的受访者比例仅为 11.3% 和 8.6%，与去年调查结果相比有所下降②。部分受访者认为中国媒体的报道可信度不高、话语表达方式不地道、看不明白、节目种类少、需要付费、形式不新颖等，我国对外传播媒体平台仍具有"爆款"产品较少、覆盖广度不够等局限性。

推进我国新媒体多元化建设，为人类文明多样性提供发展平台。"在信息时代，软实力不仅依赖于文化和理念，还依赖于拥有的传播渠道，因为它对如何解释问题拥

---

① 程曼丽. 提升我国在国际传播中的话语优势［N］. 中国社会科学报，2021 - 08 - 05.
② 赵衍龙. 中国媒体的国际影响力任重而道远［EB/OL］. 环球网，2016 - 12 - 17.

有影响力。"① 美国作为互联网诞生地，在互联网技术、资源与权力上占据绝对优势。然而，美国等西方国家的文化传播具有自我本位的渗透性、同化他人的颠覆性与精致利己的政治性，不断通过网络霸权实施文化渗透、操控舆论导向等卑劣手段传播自己的价值理念，因此在西方新媒体平台中，存在着文化"西方化"而非文化多样化、文明冲突而非文明互鉴的倾向，不利于人类文明多样化。当前，新媒体与社交网络媒体是最常用的信息传播方式。因此，要注重新媒体多样发展和技术创新，打破美国网络霸权，自主建设没有政治博弈与文化偏见的文化技术载体，以多元化中国媒体讲好中国故事、传播中国价值，构建各国人民共同发展、平等交流互鉴的媒体平台，推动世界文明共存、互鉴发展。

五、通过国际合作推动我国文化对外发展战略

实施和开展科学的文化对外战略，推进构建人类命运共同体，需要我们深入考量和分析文化对外战略的外部性问题。"由于国家战略在任何意义上都是一个具有国家参照系统的战略，也就是说，都是相对于其他国家、以其他国家为战略对象的战略，因此，既有的国际文化战略秩序构成及其运动状况，以及本国在这个国际文化战略系统中所处的位置，这对于一个国家文化战略的选择、构成与发展就具有特别重要的规定性。没有这样的国际文化战略系统参照，无所谓国家文化战略。"② 自人类命运共同体提出以来，我国对外贸易持续快速发展，我国在国际贸易交往中的地位日益提高。随着经济全球化的不断发展和深化，我国对外文化贸易和投资持续扩大，中外文化交流与国际事务合作日益频繁，中国文化也逐步走向世界并让世界重新认识新时代的中国，这极大地推动了中国文化战略的发展。随着中国的综合国力不断提升，一个充满生机活力且自信的中国正在走向世界舞台中央，中国文化和价值观念也在逐步走向世界。

（一）经贸合作中推动我国文化战略发展

1. 重视经济传播渠道，以商品承载价值观

在经济全球化的时代，各国之间联系日趋紧密，经济贸易加速发展，人员流动日趋频繁，科学技术逐步升级，资源在全球范围内流动以实现有效分配，这些表现进一

---

① ［美］约瑟夫·奈. 硬权力与软权力［M］. 门洪华，译. 北京：北京大学出版社，2005：153.
② 胡惠林. 国家文化治理：中国文化产业发展战略论［M］. 上海：上海人民出版社，2012：10.

步证明任何一个国家都无法脱离世界而单独存在，而在这种紧密联系的基础上各国之间能够相互依存、同舟共济、利益交融是人类命运共同体的应有之义。文化贸易是我国文化战略发展的重要途径。"近年来，我国对外文化贸易发展取得明显成效，文化贸易规模稳步增长，结构不断优化，技术标准走出去步伐加快，有力带动文化产业提质升级，中华文化国际影响力不断提升。2021年，我国对外文化贸易总额2000.3亿美元，同比增长38.7%；其中，文化产品进出口额1558.1亿美元，增长43.4%；文化服务进出口额442.2亿美元，增长24.3%。但同时，我国对外文化贸易发展还存在一些问题和短板，文化贸易发展仍有较大的空间和潜力。"① 这些数据表明，中外国家之间的文化交流日益加深并保持良好的发展势头，形成了互通互鉴、相互依存的世界文化产业格局。商品是文化贸易中最重要的载体之一，商品的形式也成为我国文化的符号之一。商品在流通过程中不仅体现出它的使用价值，还在于商品的生产过程中融入了一种审美观念、道德精神和情感哲学，体现着一个国家或一个民族的文化内涵，以古代的"丝绸之路"为例，它不仅是以丝绸、瓷器、茶叶等商品代表的国际贸易通道，更是中外文化交流之路，通过"丝绸之路"向外邦展现出古代中国优秀的文化与强盛的实力。

中国拥有五千多年的历史文化，其中积淀了许多优秀的传统文化。在对外贸易中除了支持新兴的文化产业之外，还应当支持中华医药、中国园林、中华烹饪、中国武术等国粹走向世界，这样不仅可以让世界了解中国文化的传统风俗、价值观念和民族精神，还可以提升中国文化在国际上的影响力，进而提升中国文化软实力。通过文化的融入给消费主体带来一种精神上的满足和享受。事实证明，附加文化价值高的商品能带来更大的利润。因此，在未来的对外贸易当中，应将中国的文化深度融入到商品的设计和生产当中，增加商品的附加值，以商品整体价值的提升来推动对外贸易的发展，不断推动文化产业、商品在中国对外贸易中的比重，进而传播中国的审美价值和文化元素，逐步占据国际文化竞争中的制高点，以推动中国文化战略的发展。

2. 重视贸易主体，在国际贸易中传播中国文化

企业作为对外文化贸易中最重要的主体之一，对对外文化贸易的发展具有推动作用。2014年3月，国务院下发了《关于加快发展对外文化贸易的意见》，对未来中国发展对外贸易的基本原则、指导思想、发展目标作出了部署。其中，在基本原则中突出了企业主体和市场运作的重要地位。此外，该意见中还指出，今后将继续发布《国家文化出口重点企业目录》和《国家文化出口项目目录》，同时对国家重点鼓励的文化产品和服务出口实现增值税零税率或免税。从该意见中可以明显看出，国家对企业

---

① 商务部服贸司负责人解读《商务部等27部门关于推进对外文化贸易高质量发展的意见》[EB/OL]. 中华人民共和国商务部网站，政策解读 - 对外贸易栏目，2022 - 07 -21.

主体的重视程度进一步提高。随着中外文化交流的愈加频繁，在未来的文化发展战略中，国家应进一步扶持贸易企业特别是民营企业。民营企业以市场为导向发展生产，更容易根据市场的需求而进行变通，更贴近民间生活，更容易将各地的民间传统手艺和文化转化为商品进行生产和销售。同时，积极培育专业对口的对外文化企业，引导和鼓励各种所有制文化企业参与到文化服务和产品出口中，同时加大内容创新投入力度，打造出一批外向型骨干文化企业。除此之外，还应稳定传统优势文化商品的出口，充分利用电子商务跨境贸易、国际市场采购贸易等新兴的贸易方式，提高我国数字文化产品在国际市场中的竞争力，推动我国文化产品及文化装备制造技术标准走向国际市场。

除了大力推进企业在国际贸易中的地位和作用之外，个人的跨国流动和经贸活动作为一种国际贸易主体，是推动中国文化走向世界的重要力量，也应得到鼓励和支持。在国际交往和贸易活动中，个人之间的沟通和往来更容易体现出一个人的精神和文化素养，而这透露着个人背后国家和民族的文化和习惯，个人之间的交往也更容易以一种易于接受的形式赢得对方的理解和尊重，更容易通过个人之间的推介推广带有中国文化的商品。因此，个人的跨国流动和经贸活动也更容易让中国文化在国际上赢得尊重，站稳脚跟，这是中国文化战略中非常重要的一个环节。

3. 重视贸易形式，发展多样化文化贸易路径

理论和实践的发展、科技的升级换代推动了国际贸易形式的多样化。中国文化战略的发展离不开经济贸易的支撑，经贸联系是中国文化"走出去"的重要途径。在未来的对外文化贸易中，要大力推动发展多样化的文化贸易形式。首先，可以尝试发展文化服务外包，打造既热爱文化事业，又有经营管理能力的专业文化服务团队，这样分工明确，既能调动服务方的积极性，又能提升服务的规范性，进而提升文化产品在对外文化贸易中的竞争力，从而有利于让受众培养出一种接受并喜爱中国文化的消费习惯。其次，鼓励各类企业在境外开展文化投资合作，除了支持国企之外，要大力增加民企的项目支持，强化国内主管机关对民营文化企业的身份认同，提升政策灵活性，大力培养和引进高端人才。再次，还要建设国际营销网络，扩大境外优质文化资产规模，打造具有持续性、增长性的海外文化投资体系，设立对应的投资基金或集团，规范对外文化投资企业的投资行为，坚持"文化走出去的人才策略"，学习西方先进的管理经验，提升国内管理水平。最后，支持文化企业参加重要国际性文化交流会议或文化节展。国际性会议或文化节展是各国文化交流的重要纽带，有利于加强不同文化之间的了解、沟通和学习互鉴，从而推动中国文化更容易被世界所接受。

除以上措施之外，全国工商联于2019年11月发布的《"一带一路"沿线中国民营企业现状调查研究报告》中显示，有半数比例的出海民营企业在经营过程中存在着"中外员工之间因文化习俗方面的差异造成相处与沟通方面障碍"等问题，且三成企

业曾反映"当地员工因民族宗教、生活习惯、文化习俗方面的差异对企业正常生产活动造成影响"。在未来的企业经营过程中，应采取多样化的措施着力解决此类经营问题，例如，举办经常性员工联谊会、聘请专业人士组织多元文化学习交流会和讲座等，以促进不同文化和习惯的员工之间的了解和信任，从而让外国友人在工作和生活中了解中国文化，增强对中国文化的认同感，做到当地化的跨文化传播，提升企业在经营过程中对中国文化的时、度、效的传播。

（二）国际事务合作中推动我国文化战略发展

当前我国文化对外发展战略，要适应国际文化传播的新业态，深入推进多方主体聚力合作的探索与实践。要加强国际文化传播与各领域的深度融合，寻求国际文化传播工作的新突破，积极应对国际文化格局和态势的新特点、新变化，以多方主体聚力合作的探索与实践来推动国际文化传播新业态的形成与发展。为此，要聚焦全面提升国际传播效能，协同创新、联动发展，探索合作新模式。要为开展国际文化传播领域高层次人才联合培养工作搭建新平台，在国际文化传播人才实践实习基地建设、合作研究、联合培养博士研究生等事项推进深层次合作。积极应对国际文化与舆论领域的新态势、新特点、新变化，通过专业机构与学术机构相配合，加强国际文化生态研究和前瞻性趋势研究。

1. 在与发展中国家共同进步中传播中国话语和主张

与刚刚恢复联合国席位时不同，现在中国经济取得了跨越式发展，在过去的50年间，中国坚定不移地支持广大发展中国家的正当权益，以"和"的理念为发展中国家提供经济援助。过去，中国作为最大的发展中国家与其他发展中国家站在一起，未来，中国的这一票也永远属于发展中国家，坚持并强化公平、正确的义利观。党的十九大报告明确指出，要"秉持正确义利观和真实亲诚理念加强同发展中国家团结合作。……加大对发展中国家特别是最不发达国家援助力度，促进缩小南北发展差距"[①]。中国与广大发展中国家之间关系的发展是在互利互惠的基础之上的，正是基于类似的价值观念，中国和广大发展中国家才能紧紧抱团，在国际事务中发挥更加重要的作用。目前，大部分发展中国家在国际上处于文化劣势的状态，在此基础之上，在未来中国与发展中国家交往的同时，应当更加注重文化领域的合作，以"和而不同""休戚与共"等为代表的中国价值和文化更容易被发展中国家接受和认可。除此之外，与广大发展中国家友好交往的同时可以构建新型的发展中国家间的国际关系，并发展新时代中国援助性文化合作，让广大发展中国家乘上中国经济高速发展的便车，从而

---

① 习近平谈治国理政（第3卷），北京：外文出版社，2020：47.

带动广大发展中国家经济的发展，在合作中体现出中国精神和中国的人文情怀。

2. 与发达国家坚持战略互惠的文化理念

长期以来，西方发达国家占据着国际话语主导权，在全世界推广其价值体系，但是并不是所有国家都适用这套价值体系，有些国家在文化移植的过程中出现水土不服的情况，导致国内局势动乱，民生凋敝。中国的发展和崛起离不开与西方发达国家的交往，既有合作也存在斗争，尤其是在中华民族伟大复兴的过程中，中国文化必将与西方文化发生碰撞。

在国际交往中，合则两利，斗则俱伤。西方国家长期以来致力于通过影视作品、科技产品、广告用语、主题公园等方式向中国传播其价值观念，试图同化中国年轻人的价值观，并取得了较大的影响。在未来中国与西方的国际交往当中，不仅要在国内通过影视、音乐、服饰等载体向年轻人宣传中国的价值观及文化，而且要积极地让自己的中国"和"价值体系走向世界。将中国的文化及价值体系推向世界不是为了和其他文化争夺强势文化的地位，更不是将中国价值强加给别人，而是为了让世界更好地了解以"和"为理念的中国文化，尤其是让世界正视中国文化。让外国认识到，中国并非他们眼中"独裁""不团结""缺乏诚信和社会责任感"等印象，反而是一个积极向上、充满活力、充满友爱的国度。在国际交往和国际事务合作过程中，中国始终坚持走和平发展道路，坚持以合作谋和平、以合作促发展、以合作化争端，同世界各国一道发展，这充分体现了我国"和合"的文化理念。在中国未来推进自己的文化战略过程中，应当继续秉持中国文化理念开展国际交流与事务合作，让西方更加了解中国的外交战略，从而在循序渐进中让西方发达国家接受中国的文化本质，让中西方文化能够在国际上共同存在、共同发展。

六、提高文化产业对中国理念的对外传播能力

文化产业竞争力是国家国际竞争力的重要体现。高质量文化产业才能提供优质的文化产品，中国文化产业与文化产品才能在国际上具有更高的竞争力。以文化产业发展提高我国文化软实力，不断深化国际合作，推动我国文化产业"走出去"是全球化背景下推动文化产业发展，提升我国国家软实力的重要战略部署。

（一）增强我国文化产业提升文化软实力的重要作用

1. 持续推动文化产业高质量发展

文化是意识形态的外化，文化产业是文化的传播载体，文化产业既是对国家经济

实力的彰显，更是国家文化软实力的外显。因此，文化产业的发展需要强大的经济实力作为保障，更需要正确的思想立场与优质的文化内涵作为支撑。文化产业的高质量发展对传播中国价值、提高文化产业竞争力、提升文化软实力具有重要的推动作用。

以高新科技发展赋能文化产业创新。以网络化、智能化、数字化为代表的新一轮科技革命的发展加速了文化产业的数字化转型，文化领域衍生出许多新型业态，特别是在新冠疫情的影响下，线上文化活动与文化消费改变了传统产业模式，为人民享受文化产品提供了新方案，数字专辑、数字博物馆、数字传媒等数字产品与数字化渠道打开了文化产业新空间。经典传统文化在与现代科技的融合下，不断现代化、产业化，带动传统文化呈现方式转型升级，释放出更大的吸引力。此外，文化产业依托大数据分析，针对海外用户的需求与兴趣精准投送文化产品，高效衔接供给侧与需求侧，进一步提升文化传播质量与效率，提高文化产业的经济效益，文化产业在科技革命的浪潮中展现出强大的发展活力。习近平总书记指出："文化和科技融合，既催生了新的文化业态、延伸了文化产业链，又集聚了大量创新人才，是朝阳产业，大有前途。"① 数字时代，前沿领域核心技术的国际竞争格外激烈，文化产业的竞争力除文化内容支撑、文化创新提升外，较之以往更加依靠技术创新的作用。但在智能化技术与文化产业跨域融合中，也出现了"融合模式单一、融合领域狭窄、融合深度不够等问题"②。在未来文化产业创新中，应注重把握正确的意识形态导向，拓展技术与文化融合的领域，提高文化生产力，以开放的国际视野推动数字文化企业"走出去"，扩大文化产业市场，为文化软实力提供强劲的产业依托。

以特色文化资源扩大优质文化产品供给。文化产业具有双重属性，即意识形态属性与市场属性，其中意识形态属性是根本属性。优质文化产品可以起到塑造我国国际形象、提高我国价值观念吸引力、对中国故事作出更好阐释的重要作用。扩大优质文化产品供给，是新时代文化产业发展的应有之义。对内而言，文化产品的生产具有明确的服务对象，即最广大人民群众。"衡量文化产业发展质量和水平，最重要的不是看经济效益，而是看能不能提供更多既能满足人民文化需求、又能增强人民精神力量的文化产品。"③ 党的十九大以来，人民对美好生活的向往对高质量文化产品提出更高的需求，尽管我国文化产业发展迅速，但是，当前文化产品仍存在优质内容缺乏、价值指向模糊、表现形式陈旧、表达内容同质化甚至低俗化的表现。面向国际社会，尽管我国文化产品的传播力和影响力不断扩大，我国文化产品在国际上的份额也持续增

　　① 习近平. 在推动高质量发展上闯出新路子 谱写新时代中国特色社会主义湖南新篇章 [N]. 人民日报，2020 - 09 - 19.

　　② 杨毅，向辉，张琳. 人工智能赋能文化产业融合创新：技术实践与优化进路 [J]. 福建论坛 (人文社会科学版)，2018 (12)：66 - 73.

　　③ 习近平. 在教育文化卫生体育领域专家代表座谈会上的讲话 [N]. 人民日报，2020 - 09 - 23.

加，但是仍然缺乏具有国际影响力的中国品牌以及满足世界人民多元需求的文化产品，文化产品的原创动力不足，优秀文化资源尚未得到充分开发。挖掘我国西部地区、少数民族地区、乡村地区的地方特色文化，借数字化之势将地方文化产业化，不仅在更大程度上弘扬地方文化，同时进一步丰富文化产业的资源，创造出更多的具有中华民族独特标识的特色文化产品和国际知名品牌，为文化产业高质量发展赋能。要大力发展与其他国家的文化产业合作，助推人类命运共同体理念走实走深。文化产业应发挥中国文化走出去的主力军作用，以文化创意激发带动不同国家间的文明互鉴和交融，以产品的有效供给和价值共享拉近不同国家间人民的距离，从而使中国文化产品在人类命运共同体构建中发挥有利的导向作用。

2. 不断健全现代文化产业体系

目前，我国现代文化产业体系正在以"结构合理、门类齐全、科技含量高、富有创意、竞争力强"为特点，从"基本建立"向"健全"演变，向我国国民经济的支柱产业发展。我国现代文化产业的未来发展需要注意以下两个方面。

第一，把握好文化产业的社会效益与经济效益的关系。首先，将文化产业的社会效益放在首位。文化产品与一般的物质产品不同，文化产品中蕴含着丰富的价值理念与意识形态，具有价值传播和价值引导功能，文化产业发展应以正确的价值理念为指导，为消费者提供更多的优质产品和社会服务，自觉担当起引导良好消费风向、"以文化人"的责任。其次，文化产业的社会效益与经济效益相统一，二者相辅相成、联系紧密。文化产业高质量发展在带动文化创新和科技创新之外，对促进国民经济的发展具有重要意义。因此，未来我国文化产业应继续坚持作为我国经济的战略支柱产业的定位，提升文化产业对社会主义精神文明建设、经济产业结构优化与升级、不同产业行业融合等方面的作用，通过高质量发展来进一步满足人民群众的精神文化需要。最后，当社会效益与经济效益出现矛盾时，社会效益要优先于经济效益，这是我国的社会制度和民族文化所决定的。

第二，加快完善现代文化产业政策，推动各类文化市场主体发展壮大。如今全球文化竞争激烈，我国过去政企难分的体制难以适应新形势的发展，未来应当逐步构建政企分开、权责分明的现代文化产业，完善文化产业政策，构筑文化繁荣发展的新格局。习近平总书记强调："要推动文化产业高质量发展，健全现代文化产业体系和市场体系，推动各类文化市场主体发展壮大，培育新型文化业态和文化消费模式，以高质量文化供给增强人们的文化获得感、幸福感。"[1] 发展壮大各类文化市场主体要从扶持文化企业、扶持文化市场、扶持文化产业三个方面着手，深化"放管服"改革，不断优化营商环境，给企业松绑，鼓励各种文化市场主体公平竞争，推出具有文化特色、

---

① 习近平谈治国理政（第 3 卷）［M］. 北京：外文出版社，2020：314.

自主知识产权及较高市场占有率的文化产品。此外，还应注意对文化市场和文化内容松绑。没有公平的市场准入环境和竞争环境，现代文化产业体系升级便无从谈起，也就谈不上高质量的发展。支持文化内容的创造应当尽可能减少事前审批，以事中和事后监管来加强对文化创作内容监督，以防止糟粕文化进入市场，扰乱市场秩序。

（二）推动我国文化产业的跨区域联动与共同繁荣

1. 以多元途径增强文化产业国际竞争优势

随着我国市场经济不断发展和改革开放不断深化，国际文化产业合作成为扩大文化市场、提升文化产业竞争力的重要一环。在国际合作中，我国始终秉持着共商共建共享的原则，主张与世界各国互联互信、互利共赢，共同实现文化产业在新时代的创新发展，夯实人类命运共同体的实践基础。

弘扬中华民族精神，挖掘文化遗产资源，在国际合作中充分释放中华文化吸引力，提升我国文化产业竞争力。中华文化、中国精神与中国价值是我国文化产业的精神内核，文化产业的国际合作，一方面，国家间的经济贸易交往；另一方面，由于文化产业承担着传播中国文化、塑造中国国际形象的任务，所以，文化产业也是意识形态输出的载体。在国际合作与交往中，应始终坚定文化自信，发挥文化产业的价值传播功能，整合文化产业与文化遗产资源，在对优秀文化遗产的保护与传承之上进行创造性转化、创新性发展，以中华文化的吸引力为我国文化产业跨国发展赋能。

本土化文化产业是提升我国文化产业竞争力的又一关键要素。本土化战略旨在通过融合东道国本土特色，最大化适应全球市场。在文化产业跨国合作中实施本土化战略是消解文化隔阂、促进民心相通的有效手段。本土化战略运用到我国文化产业之中，即将其他国家的当地文化融入到我国文化产业之中，使我国文化企业尽可能贴近当地的政治环境、经济水平、市场需求、社会状况及文化特点，深度融入到当地社会之中，并且生产出具有当地文化特点的文化产品和文化内容，以推动我国文化产业的跨国发展。文化产业是内容产业，由于各国文化传统与受众特点不同，认知差异、行为差异、接受差异客观存在，通过本土化战略使中国文化产业入乡随俗，产生价值共鸣，更好地融入本土市场，是改良产业内容、提升产品接受度、提升文化产业在东道国竞争力的有效措施。

数字化文化产业成为文化产业国际合作新优势。随着全球进入数字化时代，世界主要国家和地区纷纷布局文化产业数字化转型，把握数字化发展先机，为文化产业发展开辟新天地。我国"十四五"规划中明确"实施文化产业数字化战略"目标，2020年我国集中授牌成立八个国家文化大数据区域中心，将国家文化数据库资源通过数字化媒介云输送至移动终端，并运用 VR 技术打造线上线下全沉浸式体验。其中广西承建的"国家文化大数据东盟区域中心"利用位置优势，以东盟各国为重点，辐射"一带一路"国家，依托"国家文化大数据体系——中国—东盟分平台"开展版权贸易、咨询交流等合作，并构建视听产业聚集平台，增进区域间文化交流、资源共享、产业合作。此外，文化产业的数字化转型产生的文化产业新业态，创造出更多的创意文化产品与高质量文化产品，有效提高文化产品出口贸易的国际竞争力。数字经济时代，不断深化的数字化转型必将助力我国文化产业绽放新光彩。

2. 以多重策略助推文化产业"走出去"

在 2003 年《文化部关于支持和促进文化产业发展的若干意见》首次提出后，我国文化产业"走出去"取得长足发展，文化产业出口基本呈现平稳增长的态势，但是国外市场受限、创新创意欠缺等挑战依然存在。在人类命运共同体建构中，进一步深化对外开放是推动中国文化发展的必然要求，因此必须兼顾内修与外治，让中国文化产业在国际文化市场上大放异彩。

对内而言，文化产业创新、文化科技融合、专门人才培养为文化产业"走出去"提供内生动力。文化产业创新是推动文化产业不断发展的源泉，我国始终坚持创新驱动发展战略，对于文化产业而言，创新是维持发展活力的根本要素。文化产业的创新包括创新生产主体、创新文化内容、创新产业模式、创新产业服务等，促进文化产业全方位全要素创新，营造万众创新的良好氛围，将不断为文化产业发展提供强劲动力。文化科技融合是新时代文化产业发展的加速器。高新技术的融入赋予文化产业多种发展手段，科技与文化产业的深度融合加快推进文化产业数字化转型，延伸文化产业链，提高文化产业中的科技型占比，提升文化产业国际竞争力。5G 网络、大数据的加入推进文化产业供给侧结构性改革，以市场需求为导向生产更有价值的文化产品，充分借助新型科技工具推动文化产业"走出去"。专门人才培养为文化产业发展提供内在支撑。人才是文化企业的核心竞争力之一，科技与社会的进步使文化产业呈现新的发展态势，产业管理人才、文化创意人才等高水平创新型专门人才成为文化产业进一步发展的迫切需要。培养文化产业专门人才，是推动文化产业取得长足发展的必要支撑，从而满足社会对于数字传媒与文化产业高层次复合型创新人才的需求。

对外而言，国家政策扶持、"双循环"格局保障、国际平台支撑为文化产业"走出去"提供外源动力。文化产业的发展离不开国家政策的扶持，自 2009 年《文化产业振兴规划》正式颁布以来，国家及各级政府相继出台文化产业扶持政策，通过降低文化产业市场准入门槛、支持文化产业人才培养、资金支持优秀文艺剧本、减免文化企业所得税、完善知识产权保护体系等措施，不断深化文化体制改革，健全现代文化产业体系，推动文化产业发挥国民经济支柱性产业作用。

"双循环"格局是保障文化产业发展的新动力。党的十九届五中全会明确提出要加快构建以国内大循环为主体、国内国际双循环相互促进的新发展格局，为新时代文化产业进一步深化对外开放提出新的要求。"双循环"格局强调国内大循环是基础，以国内大循环满足人民需求，提升我国文化产业的国际竞争优势。国内国际双循环是根本，以文化产业为载体深化对外开放，推动我国文化"走出去"，加强同世界各国的文化交流，充分利用国际文化资源，兼顾国际国内两个市场，畅通文化贸易渠道，以更加开放的文化产业助力我国经济持续健康发展。

构建国际平台是文化产业"走出去"的重要支撑。国际文化交流平台建设与文化产业跨区域合作对于冲破地缘屏障、打破贸易壁垒、增强战略互信、创新国际合作模式具有重要作用。"一带一路"建设拓宽了对外文化交流的途径，中国—东盟命运共同体加速中国与东盟互联互通，在国际博弈背景下，构建高水平开放平台为世界文化交流互鉴提供良好依托，也为我国文化产业"走出去"开辟了广阔道路。

七、推进全人类共同价值的对外传播和国际认同

文化是人类交往的纽带，是人类生存的共同内核，尽管全球范围内各民族文化多样，甚至差异巨大，但仍然存在着共同的价值底蕴。全人类的共同价值就是在全人类共同发展的最大公约数上得出的，也是在全球性突出问题之下对"世界怎么了，我们怎么办"的最好回答，是我们构建新型国际关系的理论导向。要推进全人类共同价值的凝聚与认同，构建人类命运共同体的共同价值基础。

（一）在国际交往中推进全人类共同价值的对外传播

1. 全人类共同价值是全体人类共同追求的价值凝结

文化是精神生活的体现，主要可以体现三个层面，从物质生活的象征到艺术文化的传递，再到共同谱写出人类共同的价值观念等最具有特质的产物。在世界发展的潮流中，走向联合越来越成为大多数国家所追求的目标，而中国为世界人民团结作出突出贡献，提出构建人类命运共同体思想。

2015 年 9 月 28 日，国家主席习近平在第 70 届联合国大会一般性辩论的讲话中第一次提出了"和平、发展、公平、正义、民主、自由，是全人类的共同价值，也是联合国的崇高目标"①。2021 年 7 月，在庆祝中国共产党成立 100 周年大会上，习近平总书记发表重要讲话时再一次向世界郑重宣告："中国共产党将继续同一切爱好和平的

---

① 习近平. 携手构建合作共赢新伙伴同心打造人类命运共同体——在第七十届联合国大会一般性辩论时的讲话 [N]. 人民日报，2015 - 09 - 29.

国家和人民一道，弘扬和平、发展、公平、正义、民主、自由的全人类共同价值。"①
"全人类共同价值"是中国特色社会主义外交思想的理论成果和发展方向，与西方的
"普世价值"不同，习近平总书记提出的"全人类共同价值"是以人类文明多样性为
基础的，是以人类的共同发展为基础的，是以人类各文明互相尊重为前提的。全人类
共同价值主张世界上各文明之间没有高低优劣之分，一切文明都是人类在发展和创造
过程中形成的成果。世界各民族之间应当在保持善意、互相尊重的基础上，从人类命
运长远发展的角度来思考人类的前途命运及各国家、民族的前途未来。

中国在同世界其他国家和民族的交往过程中，始终贯彻全人类共同价值，坚持正
确的历史观、文化观、文明观及发展观。中国的发展是世界发展的重要组成部分，中
国有责任、有能力为世界各国、各民族的交往以及人类的共同发展提出中国方案，作
出中国贡献。全人类共同价值是中华文明为人类的发展构建的人类文化的共同价值基
础，在今后中国的国际交往中，要根据时代的发展实际进一步发展和丰富全人类共同
价值理念，使之包含覆盖人类发展最大公约数，充分体现中国对人类前途命运的关心
以及对与其他各国、各民族共同发展的愿望前景。要以实现全人类共同价值为导向，
继续构建人类命运共同体，进一步推动实现你中有我、我中有你的"共商共建共赢共
享"发展模式，倡导多边主义，反对以美国为首的西方发达国家的单边主义和霸权主
义，引导国际社会向着更加合理公正的舆论发展，建设反映人类共同利益的国际新
秩序。

2. 构建多元主体参与的国际传播格局

构建更加公正合理的国际新秩序，形成新的国际传播格局是我国乃至包括其他国
家人民在内的全人类的共同心愿，符合全人类的共同利益。放眼整个人类社会，新的
国际传播格局更需要全人类的共同参与，只有全人类的共同参与才能体现出全人类的
共同利益。新时代的国际传播格局下，未来中国故事的传播也需要所有人的共同参与，
因此未来中国在国际交流中应当体现出多元主体的参与，体现出中国文化精髓，进而
积极地向世界传播中国正能量。

讲好中国故事需要全社会的广泛参与，不同的社会主体在对外交往过程中扮演着
不同的角色，会呈现出不同的方式，产生不同的效果，在国际传播中，应充分根据群
体的实际情况引导其积极对外交流，传递中国声音。要在讲好中国人的故事上下功夫，
以真实、典型的特点，展现自己的生活态度、行为理念和处事方法、精神风貌，反映
中国价值特点，讲述中国故事，传播中国声音。可以从政治、经济、文化、社会、生
态文明等方面与国外进行沟通交流，不仅为中国的对外交往提供学理上的支撑，还可
以成为积极对外交流实践的引领者。不同主体的参与，能有力地推动中国声音的传播，

---

① 习近平. 在庆祝中国共产党成立100周年大会上的讲话［N］. 人民日报，2021－07－02.

进而加强国外对中国的了解，从而更易形成新的更加公正合理的国际传播新格局。

（二）在现实契机中提升全人类共同价值的国际认同

1. 百年未有之大变局下全人类共同价值地位凸显

"全人类共同价值"是未来人类社会发展的指引，是人类对未来世界发展的向往，在百年未有之大变局下，全球局势发展前景充满不确定性，地区武装冲突、贸易战等事件不断冲击着人类现有的国际秩序，人类和平的生活向往在以美国为首的发达国家的霸权主义和强权主义下一次次破灭。在这种背景下，世界各国对西方主导的价值观念逐渐有了清醒的认识并开始思考西方发达国家的价值观念给全球带来的层出不穷的问题以及不可逆转的灾难。

在当今全球动荡持续加深的世界大背景下，习近平总书记提出的"全人类共同价值"再一次呈现在世界各国面前，中国自觉担当起国际救援的责任，向其他国家赠予医疗物资、疫苗等，并向世界各国提供了行之有效的抗击疫情方案，为世界人民提供了新的历史选择。中国的价值理念已经在国外得到了很多爱好和平人士的认可。中国自古有"贵和尚中"的传统，这一理念在今天仍然指引着中国人的处世观，而这也充分凸显了"全人类共同价值"。一种文化在发展过程中必定会与其他文化相碰撞，而优秀的文化不仅需要先进性，也需要对其他文化的包容，以包容的心态去发展完善自身文化。如今，悠久的中国文化到了重新返回世界舞台的历史时刻，中华文化"走出去"必须要科学规划对外文化交流，加强公共外交和国际传播能力建设过程中中国对全球治理核心议题的参与权、定义权及解释权等，进而对全人类共同价值进行宣传与释理，积极将该观念传播到世界各地，增加世界其他国家人民对该理念的认识和理解，从而吸引其加入到人类命运共同体的建设中。

2. 推动全人类共同价值的世界传播与认同

人类命运共同体的思想是用世界的眼光对焦中国特色社会主义道路，是在发展"民族共同体""区域共同体""国别共同体"的基础上不断扩大至全球性的人类命运共同体。虽然世界各国在发展阶段中存在发达国家与发展中国家的差距，在制度上分资本主义与社会主义的种类，在经济体制中有资本主义市场经济与社会主义市场经济的区别，但是我们要在世界发展中寻找最大公约数。这就要求我们在政治中要提倡平等与尊重，在经济中倡议互惠互利，在文明中主张交流互鉴。要反对强加给其他文明的所谓"普世价值"，同时要秉持和平、发展、公平、正义、民主、自由的全人类的共同价值，这体现了人类命运共同体的文化精髓。"要有信心和抱负，承百代之流，会当今之变，创作更多彰显中国审美旨趣、传播当代中国价值观念、反映全人类共同价值追求的优秀作品。"① 尊重和弘扬全人类的共同价值，是大国话语，是强国话语，是我国日益接近世界舞台中央、未来成为社会主义现代化强国的话语主张。通过全人类共同价值的广泛认同，改变社会达尔文主义和文化强权等不公平不合理的文化现实，才能更好地推进中国走向世界，实现中国对人类命运共同体的时代贡献。

"和而不同"自古以来就是中国文化灵魂的重要组成部分，且事实已经充分证明中国自始至终都在以自身的发展来带动世界的整体发展，从而为人类的共同发展作出了重大贡献，未来中国将进一步用实际行动来证明其自身为人类共同发展而奋斗的全人类共同价值。当然，中国仅仅有为人类共同利益奋斗的理念还远远不够，还需要将该理念向全世界进行传播，让其他国家了解中国的想法和意图。因此，在未来的发展过程中，中国要构建行之有效的对外话语体系，将中国声音高效、准确地向外界表达，提升世界人民对中国优秀传统文化及中国特色社会主义文化的认可度。而中国与西方发达国家不同，中国宣传自己的文化和主张时并没有要强加给世界的计划，其目的也并非强加给世界其他国家。通过历史可以看出，中国不是扩张主义者，而是和平的爱好者，主张在交流互鉴中加深中国与其他国家之间的相互理解，在这一过程中逐步提升中国的国际话语权，从而避免过去中国长期被西方发达国家舆论压制的状态。

开放互鉴是人类历史的优秀传统，是全人类发展的基石。历史证明，凡是铁骑踏过的地方人民生活十分困苦，凡是武力停止的地方，便呈现出一片繁荣景象。"全人类共同价值"是当代中国提出的跨越文明冲突，实现全人类和平发展的最新论断。"和平、发展、公平、正义、民主、自由"这一全人类的共同价值，"并不是凭空捏造的抽象概念，而是对人类社会长期以来的利益需求和价值诉求的高度概括"②。国家主席习近平在联合国教科文组织总部发表演讲时曾提出："历史告诉我们，只有交流互鉴，一种文明才能充满生命力。只要秉持包容精神，就不存在什么'文明冲突'，就可以实现文明和谐。"③ 多年来，在构建人类命运共同体的过程中，金砖国家之间的合作、"一带一路"的提出与发展、亚投行的成立等都表明中国一直主张文化互鉴，始终践行为全人类谋福利的价值观念。各国应当协力破除不同文明之间"不可协调"的思想误区，随着科技的发展，各国之间的联系必然更加频繁，国与国之间的前途命运也必将联系得更加紧密，不同文明之间交流互鉴、合作共赢才是文明发展的根本。在中国的实践推动下，国际交往必将会继续发扬开放互鉴的优良传统，努力构建一个开放、多元、多样的人类命运共同体。

从文化维度推进构建人类命运共同体，是人类命运共同体的重要领域，也是人类

---

① 习近平谈治国理政（第4卷），北京：外文出版社，2022：325.

② 邓勇，王凤祥．习近平关于全人类共同价值重要论述的三维阐释 [J]. 学理论，2022（2）：1－4.

③ 习近平．论坚持推动构建人类命运共同体 [M]. 北京：中央文献出版社，2018：78.

命运共同体的重要内容，克服了跨文化实践中的文化异构特质、二元对立思维和不均衡"软实力"的逆向挑战，廓清了人类命运共同体文化建构进程中的基本概念、关键问题，在实践中重视和运用文化的独特功能。在推进人类命运共同体的文化构建中，需要突出科学向度，坚持整体思维，遵循文化发展规律，与人类命运共同体整体布局建构科学联系，在推进人类命运共同体国际认同、促进各个国家和民族之间文化交流、推动世界文化共同繁荣发展方面发挥重要的实践价值与现实意义。

结　　语

　　地球是人类的摇篮。地球上的人、不同的文明，从不同的地方培育、变迁、演进，形成我们今天相互联系的全球化平台，形成了"地球村"。瞭望人类未来，是恶意竞争，兵戎相见？还是顺应潮流、同舟共济？面对两种局面，正确的选择只有一个，那就是走人类命运共同体的道路，和而不同，共同发展。我国提出构建人类命运共同体，实际上是对当今的全球人类提出一个新的发展空间，为现在和未来国家关系、民族关系乃至于人的关系的构建提供了新的曙光。构建人类命运共同体是一个伟大的设想。既有科学的一面，又有艰难的一面，既给人们带来了希望，也面临着现实的阻力。构建人类命运共同体是需要全世界不同国家和民族共同参与完成的系统性工程，它的实践维度是多方面的，需要的要素和条件也是多方面的。文化建设是构建人类命运共同体的一个重要维度、重要条件、重要要素。对于文化在构建人类命运共同体过程当中的作用，既不能盲目扩大，上升到文化决定论，又不能忽视忽略，置若罔闻，这要求我们坚持科学的实践原则和方法，正确处理好复杂的实践关系。

　　一是要处理好中国话语与世界话语的关系。构建人类命运共同体理念，源于中国，属于世界。从人类命运共同体概念提出的过程来看，它既体现了中国话语的视角和立场，又具备世界的整体意义。因此，在推进人类命运共同体理念国际化的进程当中，就要处理好中国话语向世界话语的融通与转化问题。就和"一带一路"倡议一样，人类命运共同体理念并不是中国的一个对外战略，不是以中国为中心的战略体系，而且由中国提出的、有效解决和应对全球性问题与挑战、各国积极参与构建的共同方案和目标。构建人类命运共同体，要实现话语主体的转换，或者说实现人类命运共同体话语主体从中国话语向世界话语的转换。毫无疑问，人类命运共同体是中国对于世界发展前景提出的话语，人类命运共同体的最早动力来自中国智慧和中国方案，但人类命运共同体真正的生命力在于世界各国的共同认同和共同参与。这既体现了人类命运共同体的文化理念，又体现了构建人类命运共同体的实践要求。但人类命运共同体理念不应该仅仅固定在中国立场和属性中，要面向世界，转化成为世界范围内其他主体认可、使用的话语。我们拥有人类命运共同体的话语发明权，但我们要学习善于共享人类命运共同体的话语和思想，让它成为世界话语。

　　二是要处理好不同实践维度之间的关系。人类命运共同体理念不带有任何先验性色彩，是需要人们在现实中的探索和构建的宏观目标。人类命运共同体的培育和形成是一个有机建构的过程，也是一个动态变化的过程，它最终由多个要素有机构成，也需要有多个条件共同发挥作用。构建人类命运共同体现在没有既定的，一成不变、细致入微的设计，而是一个持续探索的过程。到目前，在推进构建人类命运共同体进程中，我国已经形成了推进与不同地区（洲）、不同国家、不同领域（如网络空间、卫生健康等）的多个实践维度，也形成了多种类型、多个层次的人类命运共同体主张。因此，构建人类命运共同体本身需要与我国与不同国家之间的经济、政治、科技、军事、环境等各个方面的战略相协调，同时还要具备理念、权力、组织、治理、规则等运行架构提供充分保障。人类命运共同体最终将是各个国家的国家意志、精神实力、经济构架、政治协同等综合力量的结合体。

三是要处理好差异性与共同性的关系。人类命运共同体并不是单向度地强调共同性、一致性和统一性，也同样强调尊重和保持国家、民族和国际组织的差异性。人类命运共同体是由人类社会的共性和个性的辩证有机组成的关系。各个主体的差异性，是不同国家、民族、文化相互吸收和互鉴的根本原因，是构建人类命运共同体的条件，而不是构建人类命运共同体的阻力。构建人类命运共同体并不是否认国家、民族、国际组织等主体的作用和地位，不是削弱和取代国家的主权和地位，而是主张打破不公平不合理的国际秩序，打破不同构建主体隔阂、对立和冲突的关系，形成平等共存、合作共赢、互联互通的关系。只有各国各民族深入理解人类命运共同体理念，凝心聚力，共克时艰，才能实现建设美好世界的愿望。在推进人类命运共同体的国际传播中，我们需要用人类共同的思维讲好人类命运共同体的故事和道理，用大家能够理解、认同的方式和内容传播人类命运共同体理念，才能取得更好的效果。

四是要正确处理好文化认同和共同实践的关系。人类命运共同体是人的本质的延展，是人的一切社会关系的进一步开拓。实践是文化之母。人类命运共同体，不应该仅停留在理念、认识、思想、方案方面，只有形成共同的实践才能具备扎实的基础。构建人类命运共同体要扩展交流、协同、互动、互鉴的实践活动，增加共同体体验和印证活动，从而增加人类命运共同体的理念和意识。为此，要结合国际政治、经济、文化事件，结合人类面临的全球性问题，对于构建人类命运共同体进行议程设置，结合重大机遇增强人们对于构建人类命运共同体必要性的认知，让人们深刻认知构建人类命运共同体的重大意义，体验构建人类命运共同体对于人类社会发展的实效性。同时，要积极主动地推进全球化进程，反对逆全球化进程，反对在人类社会互联互通的进程中"开倒车"，拓展不同国家和民族共同参与、共同实践的活动。

五是要正确处理好文化认同与共同利益之间的关系。共同利益是人类命运共同体构建的主心骨。利益是人们文化认同的根本导向，是人们行为选择的根本依据。构建人类命运共同体的基础性保障，就是要增强不同区域、不同国家、不同民族的利益，特别是要增强人们之间的共同利益，体现人类命运共同体对于人们"看得见""摸得到"的真正价值。为此，我们需要坚持尽力而为、量力而行的原则，坚持权利和义务相均衡的原则，从中国基本国情和实际能力出发，为全球提供更多的公共产品和公共服务，体现中国对于人类社会的更多贡献，体现中国作为负责任大家的形象和身份，让人们看到中国参与构建人类命运共同体的实际行动。同时，我们还需要深入参与全球治理，提出并落实公平公正的全球治理体系和治理方案，提高中国智慧、中国方案、中国话语的时代贡献，反对西方国家主导的不合理的秩序和主张，推进人类社会向更美好的状况和目标前进，让人们体验到构建人类命运共同体进程中的中国力量。

六是要处理好人类命运共同体与其他国家的世界设想之间的关系。在当前世界舞台上，有的国家也提出了关于世界秩序和发展目标的方案，我们需要坚持辩证的思维方式，看待和处理不同国家的世界方案。中国提出的人类命运共同体的设想，与某些国家特别是西方国家对世界格局目标设想在本质上是相区别的。对于西方"普世价值"为基础的全球"西方化"战略，我们需要认清其政治本质和动机，坚决反对西方的霸权主义和强权政治，坚定捍卫全人类共同价值和公正合理的国际新秩序。人类命运共同体是对于马克思主义基本原理在国际社会的创造性运用，是对于中国优秀传统文化理念的创造性转化和创新性发展，它体现了历史唯物主义的基本观点，具有正确的历史立场和广泛的人类立场，具有鲜明的科学性、总体性、时代性。人类命运共同体理念完全不同于西方国家的对外战略，不是排他性的方案，包容性是构建人类命运共同体的前提条件，也是构建人类命运共同体的重要目标。正像我国的"一带一路"倡议可以和很多国家的区域发展战略进行衔接一样，人类命运共同体的构建也可以坚持包容互鉴、协同共进的原则，和人类社会中具有正义立场、平等价值、科学理念的全球方案进行接合，发现并利用与这些战略的耦合性，借助和相关战略设想的同频共振、互动协作，扩大人类命运共同体的国际影响力，增强人们对于人类命运共同体的国际认同，增加平台和渠道，扩展人类命运共同体的运行机制。

七是要正确处理好近期举措和未来目标的关系。人类命运共同体理念蕴含着我国对于推动人类共同发展、优化全球治理体系的深刻思考和远大理想。习近平总书记指出："构建人类命运共同体是一个历史过程，不可能一蹴而就，也不可能一帆风顺，需要付出长期艰苦的努力。"构建人类命运共同体的进程是一个长期的历史过程，也是一个曲折的历史过程。现实是此岸，理想是彼岸，中间隔着湍急的河流，行动就是架在河流上的桥梁。我们还不可能一下子达到人类命运共同体的理想目标，也不可能一朝一夕就构建成人类命运共同体。构建人类命运共同体需要我们设置好当前目标和长远目标、当前战略和长远战略，要根据循序渐进的原则，在摸索中形成人类命运共同体不同阶段的战略安排。对于构建人类命运共同体的目标、步骤和各阶段的举措，是不可能即时就提出和完善出来的，这个过程中必然体现"认识—实践—再认识—再实践"的过程，体现认识和实践反复推进和深化的过程。"道阻且长，行则将至；行而不辍，未来可期。"构建人类命运共同体是人类社会长期实践的过程，也是人类社会长期发展的目标，需要政治、经济、文化等各个领域协调发展创造条件，需要不同的国家、民族和国际组织坚持人类命运共同体理念协同共进、携手前进。

参 考 文 献

一、马克思主义经典著作

［1］邓小平 . 建设有中国特色的社会主义（增订本）［M］. 北京：人民出版社，1987.

［2］邓小平思想年编：1975 – 1997［M］. 北京：中央文献出版社，2011.

［3］邓小平文选（第 1 卷）［M］. 北京：人民出版社，1994.

［4］邓小平文选（第 2 卷）［M］. 北京：人民出版社，1994.

［5］邓小平文选（第 3 卷）［M］. 北京：人民出版社，1993.

［6］江泽民文选（第 1 卷）［M］. 北京：人民出版社，2006.

［7］江泽民文选（第 2 卷）［M］. 北京：人民出版社，2006.

［8］江泽民文选（第 3 卷）［M］. 北京：人民出版社，2006.

［9］胡锦涛文选（第 1 卷）［M］. 北京：人民出版社，2016.

［10］胡锦涛文选（第 2 卷）［M］. 北京：人民出版社，2016.

［11］胡锦涛文选（第 3 卷）［M］. 北京：人民出版社，2016.

［12］列宁专题文集（论社会主义）［M］. 北京：人民出版社，2009.

［13］马克思恩格斯全集（第 1 卷）［M］. 北京：人民出版社，1995.

［14］马克思恩格斯全集（第 2 卷）［M］. 北京：人民出版社，2005.

［15］马克思恩格斯全集（第 3 卷）［M］. 北京：人民出版社，2002.

［16］马克思恩格斯全集（第 4 卷）［M］. 北京：人民出版社，1958.

［17］马克思恩格斯全集（第 6 卷）［M］. 北京：人民出版社，1961.

［18］马克思恩格斯全集（第 30 卷）［M］. 北京：人民出版社，1995.

［19］马克思恩格斯全集（第 40 卷）［M］. 北京：人民出版社，1982.

［20］马克思恩格斯文集（第 1 卷）［M］. 北京：人民出版社，2009.

［21］马克思恩格斯文集（第 2 卷）［M］. 北京：人民出版社，2009.

［22］马克思恩格斯文集（第 8 卷）［M］. 北京：人民出版社，2009.

［23］马克思恩格斯选集（第 1 卷）［M］. 北京：人民出版社，2012.

［24］马克思恩格斯选集（第 2 卷）［M］. 北京：人民出版社，2012.

［25］马克思恩格斯选集（第 3 卷）［M］. 北京：人民出版社，2012.

［26］马克思恩格斯选集（第 4 卷）［M］. 北京：人民出版社，2012.

［27］毛泽东年谱（1893 – 1949）（上卷）［M］. 北京：中央文献出版社，2013.

［28］毛泽东年谱（1893 – 1949）（下卷）［M］. 北京：中央文献出版社，2013.

［29］毛泽东文集（第 2 卷）［M］. 北京：人民出版社，1993.

［30］毛泽东文集（第 5 卷）［M］. 北京：人民出版社，1996.

［31］毛泽东文集（第 7 卷）［M］. 北京：人民出版社，1999.

［32］毛泽东选集（第 1 卷）［M］. 北京：人民出版社，1991.

［33］毛泽东选集（第 2 卷）［M］. 北京：人民出版社，1991.

［34］毛泽东选集（第 3 卷）［M］. 北京：人民出版社，1991.

［35］毛泽东选集（第 4 卷）［M］. 北京：人民出版社，1991.

［36］习近平. 高举中国特色社会主义伟大旗帜　为全面建设社会主义现代化国家而团结奋斗——在中国共产党第二十次全国代表大会上的报告［N］. 人民日报，2022 – 10 – 26.

［37］习近平. 共担时代责任 共促全球发展——在世界经济论坛 2017 年年会开幕式上的主旨演讲［N］. 人民日报，2017 – 01 – 18.

［38］习近平. 弘扬"上海精神"构建命运共同体——在上海合作组织成员国元首理事会第十八次会议上的讲话［N］. 人民日报，2018 – 06 – 11.

［39］习近平. 积极树立亚洲安全观共创安全合作新局面——在亚洲相互协作与信任措施会议第四次峰会上的讲话［N］. 人民日报，2014 – 05 – 22.

［40］习近平. 加强政党合作 共谋人民幸福［N］. 人民日报，2021 – 07 – 07.

［41］习近平. 开放共创繁荣 创新引领未来——在博鳌亚洲论坛 2018 年年会开幕式上的主旨演讲［N］. 人民日报，2018 – 04 – 11.

［42］习近平. 论党的宣传思想工作［M］. 北京：中央文献出版社，2020.

［43］习近平. 论坚持推动构建人类命运共同体［M］. 北京：中央文献出版社，2018.

［44］习近平. 迈向命运共同体 开创亚洲新未来——在博鳌亚洲论坛 2015 年年会上的主旨演讲［N］. 人民日报，2015 – 03 – 29.

［45］习近平. 努力构建携手共进的命运共同体——在中国拉美和加勒比国家领导人会晤上的主旨讲话［N］. 人民日报，2014 – 07 – 19.

［46］习近平. 深化文明交流互鉴 共建亚洲命运共同体——在亚洲文明对话大会开幕式上的主旨演讲［N］. 人民日报，2019 – 05 – 16.

［47］习近平谈治国理政（第 1 卷）［M］. 北京：外文出版社，2018.

［48］习近平谈治国理政（第 2 卷）［M］. 北京：外文出版社，2017.

［49］习近平谈治国理政（第 3 卷）［M］. 北京：外文出版社，2020.

［50］习近平谈治国理政（第 4 卷）［M］．北京：外文出版社，2022．

［51］习近平．推动全球治理体制更加公正更加合理 为我国发展和世界和平创造有利条件［N］．人民日报，2015 – 10 – 14．

［52］习近平外交演讲集（第 1 卷）［M］．北京：中央文献出版社，2022．

［53］习近平外交演讲集（第 2 卷）［M］．北京：中央文献出版社，2022．

［54］习近平．携手构建合作共赢新伙伴 同心打造人类命运共同体——在第七十届联合国大会一般性辩论时的讲话［N］．人民日报，2015 – 09 – 29．

［55］习近平．携手同行现代化之路——在中国共产党与世界政党高层对话会上的主旨讲话［N］．人民日报，2023 – 03 – 16．

［56］习近平．在纪念马克思诞辰 200 周年大会上的讲话［M］．北京：人民出版社，2018．

［57］习近平．在庆祝中国共产党成立 100 周年大会上的讲话［M］．北京：人民出版社，2021．

［58］习近平在文化传承发展座谈会上强调 担负起新的文化使命 努力建设中华民族现代文明［N］．人民日报，2023 – 06 – 03．

［59］习近平．在哲学社会科学工作座谈会上的讲话［N］．人民日报，2016 – 05 – 19．

［60］中共中央党史和文献研究院．习近平关于总体国家安全观论述摘编［M］．北京：中央文献出版社，2018．

［61］中共中央文献研究室．习近平关于科技创新论述摘编［M］．北京：中央文献出版社，2016．

［62］中共中央宣传部．习近平新时代中国特色社会主义思想三十讲［M］．北京：学习出版社，2018．

［63］中共中央宣传部．习近平新时代中国特色社会主义思想学习纲要［M］．北京：学习出版社、人民出版社，2023．

［64］周恩来选集（上下卷）［M］．北京：人民出版社，1984．

二、报纸和期刊

［1］爱泼斯坦．我为新中国而无比自豪［N］．人民日报，1995 – 04 – 20．

［2］蔡拓．全球治理的反思与展望［J］．天津社会科学，2015（1）：108 – 113．

［3］蔡拓．全球主义与国家主义［J］．中国社会科学，2000（3）：16 – 27，203．

［4］车轴．人类命运共同体：近期国内外研究综述及进一步探讨［J］．理论与改革，2018（5）：175 – 188．

［5］陈立柱．西方中心主义的初步反省［J］．史学理论研究，2005（2）：54 – 67，

160.

　　［6］陈曙光．人类命运共同体何以改变世界［J］．马克思主义研究，2023（2）：49－60，107.

　　［7］陈曙光．人类命运与超国家政治共同体［J］．政治学研究，2016（6）：49－59，126.

　　［8］陈曙光．世界大变局与人类的未来［J］．求索，2021（6）：13－20.

　　［9］陈鑫．"人类命运共同体"国际传播的困境与出路［J］．宁夏社会科学，2018（5）：70－75.

　　［10］陈颖．破除"输入""输出"模式迷思［N］．人民日报，2017－12－19.

　　［11］陈钰，俞敏．从马克思"世界历史"思想到习近平"人类命运共同体"伟大构想的发展［J］．教学与研究，2023（4）：63－71.

　　［12］程曼丽．提升我国在国际传播中的话语优势［N］．中国社会科学报，2021－08－05.

　　［13］邓纯东．努力构建以马克思主义为指导的哲学社会科学话语体系［N］．中国社会科学报，2021－08－05.

　　［14］邓勇，王凤祥．习近平关于全人类共同价值重要论述的三维阐释［J］．学理论，2022（2）：1－4.

　　［15］丁立群．人类命运共同体、共同价值与人类文明新形态［J］．理论探讨，2022（3）：130－135.

　　［16］董彪．反对网络霸权　构建网络空间命运共同体［N］．光明日报，2022－01－28.

　　［17］范玉刚．中华文化中的全球治理之道［J］．人民论坛，2016（22）（上）：126－128.

　　［18］耿步健，沈丹丹．论全球治理的中国方案及其价值基础［J］．江苏大学学报（社会科学版），2019（1）：13－18，27.

　　［19］国纪平．为世界许诺一个更好的未来——论迈向人类命运共同体［N］．人民日报，2015－05－18.

　　［20］国务院新闻办公室．新时代的中国与世界［N］．人民日报，2019－09－28.

　　［21］韩庆祥．为解决人类发展问题贡献"中国理论"——习近平"人类命运共同体"思想［J］．东岳论丛，2017（11）：5－10.

　　［22］何建平，赵毅岗．中西方纪录片的"文化折扣"现象研究［J］．现代传播（中国传媒大学学报），2007（3）：100－104.

　　［23］胡博成，张平．论习近平对马克思世界历史思想的继承和发展——以建构人类命运共同体为视角的考察［J］．思想教育研究，2018（7）：8－12.

［24］胡孚琛．道学文化的综合创新及其对构建人类命运共同体的现实意义［J］.
宗教学研究，2018（3）：1 - 4.

［25］胡正荣．结构·组织·供应链·制度安排（上）——对当前西方媒介产业
的经济学分析［J］.现代传播，2003（5）：77 - 82.

［26］胡正荣，王润珏．"一带一路"建设中的传媒软力量建构——基于国家文
化安全视角［J］.国际传播，2018（3）：1 - 7.

［27］黄发红．"和平，中国的特质"——访德国前总理施密特［N］.人民日报，
2014 - 04 - 01.

［28］姬德强．数字平台的地缘政治：中国网络媒体全球传播的新语境与新路径
［J］.对外传播，2020（11）：14 - 16.

［29］季桂保，田晓玲．约瑟夫·奈：请不要误解和滥用"软实力"［N］.文汇
报，2010 - 12 - 07.

［30］加深文明交融互鉴 共同应对全球挑战——来自中法文明对话的声音［N］.
光明日报，2019 - 10 - 31.

［31］坚定不移走和平发展道路——70 年中国发展的世界意义［N］.人民日报，
2019 - 09 - 19.

［32］姜辉．新时代中国特色社会主义在世界社会主义发展史上的重大意义［J］.
国外理论动态，2017（11）：1 - 3.

［33］蒯正明，齐敬席．人类命运共同体：引领和推动全球正义的中国方案［J］.
思想教育研究，2023（3）：58 - 65.

［34］郎毅怀．"人类命运共同体"的价值体系及其视野下的文化批判（下）
［J］.吉林师范大学学报（人文社会科学版），2018（6）：69 - 78.

［35］乐黛云．小议文化对话与文化吸引力［J］.中国比较文学，2009（3）：
138 - 140.

［36］李包庚．世界普遍交往中的人类命运共同体［J］.中国社会科学，2020
（4）：4 - 26，204.

［37］李丹．构建"一带一路"文化共同体的基础条件与现实路径［J］.中国人
民大学学报，2021（6）：165 - 175.

［38］李凤翔，罗教讲．计算社会科学视角：媒体传播效果的计算机模拟研究
［J］.学术论坛，2018（4）：15 - 27.

［39］李钢，张琦．对我国发展数字贸易的思考［J］.国际经济合作，2020（1）：
56 - 65.

［40］李光明，王蒙蒙．文化折扣还是文化增值？——文化多元倾向的多维效应
分析［J］.郑州轻工业学院学报（社会科学版），2018（4）：65 - 72.

［41］李欢欢，韦湘燕，杭晓娟．人类命运共同体理念对外传播的不足与应对［J］．沈阳工业大学学报（社会科学版），2022（3）：237－241.

［42］李佳玮．人类命运共同体的历史意识探析［J］．马克思主义理论学科研究，2021（11）：114－121.

［43］李丽丽，余祥臻．构建人类命运共同体与创造人类文明新形态［J］．云南社会科学，2023（1）：27－34.

［44］李晓华．激发数字经济的增长潜能［N］．人民日报，2021－08－30.

［45］李雪．"人类命运共同体"的理想性与现实性［J］．探索，2017（5）：105－109.

［46］李玉洁．国际传播研究中的中国话语建构——2018年国际传播论坛对话纪实［N］．中国社会科学报，2018－09－27.

［47］联合国报告：疫情加剧全球不平等现象［N］．人民日报，2021－03－30.

［48］梁凯音．中国拓展国际话语权的思考［J］．中共中央党校学报，2009（3）：109－112.

［49］廖小平．人类命运共同体与共同价值安全构建［J］．求索，2020（4）：29－36.

［50］林坚．从"五个文明"视角看人类命运共同体的逻辑结构［J］．南昌大学学报（人文社会科学版），2021（6）：5－14.

［51］林玮．论"人类命运共同体"的文化传播学意义［J］．学习与探索，2021（10）：154－160，198.

［52］林子涵．美国网络霸权就是这么赤裸裸［N］．人民日报（海外版），2021－07－29.

［53］刘方喜．论人类命运共同体与共享理念的文化战略学意义［J］．学术论坛，2018（3）：1－8.

［54］刘康．构建人类命运共同体——十九大之后的中国全球文化战略［J］．国际传播，2018（1）：1－7.

［55］刘同舫．构建人类命运共同体对历史唯物主义的原创性贡献［J］．中国社会科学，2018（7）：4－21，204.

［56］刘同舫．在增进文化认同中坚定文化自信［N］．人民日报，2018－04－25.

［57］刘勇，章钊铭．构建人类命运共同体：中国共产党的时代使命与责任担当［J］．探索，2021（5）：1－13.

［58］卢泽华．借网出海 打破"文化折扣"［N］．人民日报（海外版），2018－01－19.

［59］鲁品越，王永章．从"普世价值"到"共同价值"：国际话语权的历史转

换——兼论两种经济全球化［J］. 马克思主义研究, 2017（10）: 86 - 94, 160.

［60］罗小卫, 张兵一. 图书版权输出现状分析与思考［J］. 出版广角, 2014（Z1）: 24 - 29.

［61］马凯硕. "中国屋"不断扩大, 地球村受挑战［N］. 环球时报, 2013 - 05 - 20.

［62］毛俊超, 陈文殿. 关于构建人类命运共同体的三个基本问题——基于中国传统文化视域［J］. 山东农业大学学报（社会科学版）, 2021（3）: 162 - 167.

［63］毛莉. "锐实力"背后的霸权逻辑和双重标准——访北京外国语大学英语学院教授谢韬［N］. 中国社会科学报, 2018 - 04 - 24.

［64］美国中情局对华的十条诫令［J］. 党政论坛, 2001（9）: 25.

［65］蒲国良. 新时代中国特色社会主义的世界意义［J］. 理论与改革, 2018（2）: 11 - 18.

［66］钱仕英, 齐鹏飞. 人类命运共同体理念的中国传统文化意蕴和时代价值［J］. 云南省社会主义学院学报, 2018（1）: 95 - 100.

［67］秦龙. 戳穿"锐实力"背后的话语霸权［N］. 光明日报, 2019 - 09 - 20.

［68］秦宣. 深刻把握中国特色社会主义进入新时代的依据［J］. 求是, 2018（3）: 17 - 19.

［69］曲星. 人类命运共同体的价值观基础［J］. 求是, 2013（4）: 53 - 55.

［70］任成金. 国家形象塑造背景下中华文化立场的坚守与传承［J］. 中国矿业大学学报（社会科学版）, 2021（5）: 33 - 44.

［71］任生德. 突出文化战略定位 努力推进中国国际话语体系建设［N］. 中国文化报, 2019 - 05 - 27.

［72］邵发军. 人类命运共同体建构的价值逻辑及价值位阶问题研究［J］. 理论月刊, 2020（1）: 42 - 49.

［73］邵鹏, 陶陶. 新世界主义图景下的国际话语权——话语体系框架下中国国际传播的路径研究［J］. 新疆师范大学学报（哲学社会科学版）, 2018（2）: 105 - 110.

［74］沈江平. 中国特色社会主义文化自信的四大主体建构［J］. 东南学术, 2018（1）: 18 - 26.

［75］沈湘平. 关于人类命运共同体、人类共同价值的几点思考［J］. 社会科学辑刊, 2018（3）: 5 - 10.

［76］盛玉雷. 路要去走才能开辟通途［N］. 人民日报, 2017 - 12 - 18.

［77］史安斌. 透析所谓"锐实力"［N］. 人民日报, 2018 - 03 - 26.

［78］宋才发. 党的文化外交对完善全球治理的贡献［J］. 学习论坛, 2021（5）:

21 – 29.

[79] 宋才发. 人类命运共同体本质解析及全球化治理探讨 [J]. 党政研究, 2019 (3): 54 – 64.

[80] 苏林森. 美国人眼中的东方巨龙: 涉华新闻关注与美国人对中国的认知、态度的关系 [J]. 国际新闻界, 2018 (5): 98 – 111.

[81] 孙海潮. 法国总统马克龙提出西方霸权终结论 [N]. 北京日报, 2019 – 09 – 18.

[82] 孙吉胜. 加强中国文化理念的国际传播——以 "人类命运共同体" 话语为例 [J]. 对外传播, 2019 (7): 4 – 6.

[83] 孙伟平. "人类共同价值" 与 "人类命运共同体" [J]. 湖北大学学报 (哲学社会科学版), 2017 (6): 6 – 9, 168.

[84] 唐利如. "普世价值" 的理性解读 [J]. 红旗文稿, 2014 (9): 25 – 27.

[85] 田小玲. "北京共识" 首创者乔舒亚·库珀·雷默: 国家形象塑造不可能一蹴而就 [N]. 文汇报, 2011 – 06 – 13.

[86] 王华. 世界近代史背景下的殖民文化问题 [J]. 清华大学学报 (哲学社会科学版), 2008 (5): 151 – 157.

[87] 王辉耀. 推进一带一路多边化发展与国际合作 [N]. 中国社会科学报, 2022 – 02 – 10.

[88] 王靖华. 美国互联网管制的三个标准 [J]. 当代传播, 2008 (3): 51 – 54.

[89] 王宁. 传统文化语境下人类命运共同体思想的再阐释 [J]. 南京航空航天大学学报 (社会科学版), 2021 (4): 28 – 33.

[90] 王晓霞. 浅谈群众文化工作的创新与思考 [J]. 文化创新比较研究, 2018 (19): 159, 161.

[91] 王毅. 携手打造人类命运共同体 [N]. 人民日报, 2016 – 05 – 31.

[92] 韦蔚笑, 武洁, 贺艺斌. 基于降低 "文化贴现" 的山西文化产业对外输出研究 [J]. 山西高等学校社会科学学报, 2017 (6): 20 – 23.

[93] 韦文英, 戴俊骋. 全球文化空间格局与中国地缘文化战略——从习近平总体国家安全观谈起 [J]. 广西社会科学, 2019 (5): 1 – 6.

[94] 为世界和平与发展和人类文明进步贡献智慧和力量 [N]. 人民日报, 2022 – 10 – 09.

[95] 维护国际秩序的 "中国贡献" ——70 年中国发展的世界意义 [N]. 人民日报, 2019 – 09 – 27.

[96] 文明交流互鉴是打造人类命运共同体的重要途径——深入学习习近平总书记关于文明交流互鉴的重要论述 [J]. 求是, 2016 (11): 59 – 61.

［97］吴畏，石敬琳．全球化时代的科学社会主义最新成果——习近平新时代中国特色社会主义思想的历史性贡献［J］．思想教育研究，2018（5）：13－17.

［98］吴月刚，张岳嵩，刘达．发生学视角下的极端民族主义研究［J］．贵州民族研究，2017（11）：18－22.

［99］项久雨．莫把共同价值与"普世价值"混为一谈［N］．人民日报，2016－03－30.

［100］徐秀军．全球财富鸿沟的演进与弥合［J］．人民论坛，2021（03 中）：84－87.

［101］许坚，张文秋．国际文化交流平台与中国文化产品出口——基于全球1356 所孔子学院的数据［J］．文化产业研究，2019（4）：202－220.

［102］许晓丽．人类命运共同体理论自洽性的话语体现与时代意义［J］．社会主义研究，2020（1）：120－127.

［103］闫玉刚．"文化折扣"与中国对外文化贸易的产品策略［J］．现代经济探讨，2008（2）：52－55，65.

［104］杨洁篪．深入学习贯彻习近平总书记外交思想不断谱写中国特色大国外交新篇章［J］．求是，2017（14）：3－6.

［105］杨洁勉．构建人类命运共同体是人间正道［N］．人民日报，2020－07－09.

［106］杨毅，向辉，张琳．人工智能赋能文化产业融合创新：技术实践与优化进路［J］．福建论坛（人文社会科学版），2018（12）：66－73.

［107］杨永红．防止对人类命运共同体理念的曲解［N］．人民日报，2018－02－23.

［108］杨章文．文化互通：新时代"人类命运共同体"的实践逻辑［J］．理论月刊，2018（11）：18－25.

［109］叶小文．"命运共同体"的文化思考［J］．当代贵州，2016（1）：63.

［110］一带一路，"促进国际合作的一项创举"［N］．人民日报，2019－02－13.

［111］于沛．国际格局演变中的世界大变局［N］．光明日报，2020－01－03.

［112］于小植．从"文明冲突论"走向"文化冲和说"——构建"人类命运共同体"的中国智慧［J］．清华大学学报（哲学社会科学版），2023（1）：19－29，218.

［113］余俊雯，潘可武．"一带一路"电影的建构性传播［J］．现代传播（中国传媒大学学报），2021（11）：95－100.

［114］袁荷，徐进毅．共同创造：2020—2030 年英国文化艺术发展战略［J］．美术观察，2021（4）：79－83.

[115] 袁祖社. 以文明观之: 人类命运共同体思想的新世界观意义 [J]. 浙江社会科学, 2023 (1): 4 – 14, 156.

[116] 昝廷全, 昝小娜. 信息粗传递及其传播学意义 [J]. 现代传播 (中国传媒大学学报), 2017 (4): 137 – 139.

[117] 张国启. 论习近平全人类共同价值思想的话语特质及其意义 [J]. 学术论坛, 2018 (3): 9 – 15.

[118] 张继龙. 人类命运共同体视角下文化自信构建的辩证考察 [J]. 湖湘论坛, 2017 (5): 10 – 16.

[119] 张娜, 田晓玮, 郑宏丹. 英国文化创意产业发展路径及启示 [J]. 中国国情国力, 2019 (6): 71 – 75.

[120] 张岂之. "打造人类命运共同体" 与中华优秀传统文化 [J]. 山东省社会主义学院学报, 2017 (1): 9 – 13.

[121] 张三元, 彭歆格. 论人类共同价值生成的三维基础 [J]. 宁夏社会科学, 2019 (3): 32 – 38.

[122] 张祥建, 徐晋, 李向民, 等. 终极竞争力: 全球文化竞争力的评价与分析 [J]. 贵州大学学报 (社会科学版), 2020 (2): 53 – 71.

[123] 张志安, 李辉. 平台社会语境下中国网络国际传播的战略和路径 [J]. 青年探索, 2021 (4): 15 – 27.

[124] 赵朝霞. 跨文化交流中中国影视文化逆差现象分析 [J]. 河北学刊, 2012 (1): 248 – 250.

[125] 赵可金. 人类命运共同体思想的丰富内涵与理论价值 [J]. 前线, 2017 (5): 28 – 31.

[126] 赵玲, 黄建忠, 蒙英华. 关于高质量开放若干问题的理论思考 [J]. 南开学报 (哲学社会科学版), 2018 (5): 11 – 17.

[127] 赵汀阳. 以天下重新定义政治概念: 问题、条件和方法 [J]. 世界经济与政治, 2015 (6): 4 – 22, 156.

[128] 赵曜. 关于繁荣发展哲学社会科学的若干思考 [J]. 中国浦东干部学院学报, 2016 (6): 13 – 17.

[129] 郑必坚. 在和平发展中构建利益共同体 [N]. 人民日报, 2013 – 03 – 17 (9).

[130] 郑永年. 为世界提供确定性和正能量 [N]. 人民日报, 2019 – 12 – 26 (8).

[131] 郑云天. 论新时代中国特色社会主义的国际大局观 [J]. 理论与改革, 2018 (6): 86 – 94.

［132］中国奋斗，带给世界的精神财富［N］.人民日报，2018 – 03 – 07.

［133］中国理念获国际广泛认同［N］.人民日报（海外版），2017 – 03 – 27.

［134］钟声.人类命运共同体理念成为广泛共识［N］.人民日报，2017 – 02 – 14（3）.

［135］周大鸣.文化多元性与全球化背景下的他者认同［J］.学术研究，2012（6）：33 – 37.

［136］周东辰，唐子清.中国新时代提升"软实力"作用之探析［J］.内蒙古师范大学学报（哲学社会科学版），2019（2）：28 – 33.

［137］周宁.在西方现代性中发现中国历史［J］.厦门大学学报（哲学社会科学版），2005（5）：5 – 14.

［138］周洋洋.人类命运共同体的中华优秀传统文化思想底蕴［J］.广东省社会主义学院学报，2021（4）：81 – 86.

［139］周银珍.全球变局下中国方案："人类命运共同体"构建研究［J］.新疆大学学报（哲学·人文社会科学版），2021（3）：43 – 49.

［140］朱莉娅·卡尔波纳罗.30项全球调查显示发展中国家更挺中国［N］.崔晓冬，译.环球时报，2022 – 10 – 27.

［141］邹广文.对人类命运共同体的文化哲学思考［N］.中国社会科学报，2019 – 05 – 30.

［142］邹广文.人类命运共同体意识的文化关切——学习习主席 G20 杭州峰会重要讲话精神［N］.光明日报，2016 – 09 – 24.

三、学术专著

［1］蔡翠红.信息网络与国际政治［M］.上海：学林出版社，2003.

［2］陈柏福.我国文化产业"走出去"发展研究：基于文化产品和服务的国际贸易视角［M］.厦门：厦门大学出版社，2014.

［3］陈学明，等.中国道路的世界意义［M］.天津：天津人民出版社，2015.

［4］陈岳，蒲俜.构建人类命运共同体［M］.北京：中国人民大学出版社，2017.

［5］当代中国与世界研究院，法国桥智库.文明交流与互鉴：构建人类命运共同体［M］.北京：朝华出版社，2020.

［6］邓显超.中国文化发展战略研究［M］.南昌：江西人民出版社，2009.

［7］丰子义，杨学功.马克思"世界历史"理论与全球化［M］.北京：人民出版社，2002。

［8］冯之浚，等.战略研究与中国发展［M］.北京：中共中央党校出版社，

2002.

　　[9] 郭建宁. 中国文化强国战略 [M]. 北京：高等教育出版社，2012.

　　[10] 何英. 大国外交——"人类命运共同体"解读，[M]. 上海：上海大学出版社，2019.

　　[11] 洪晓楠. 提高国家文化软实力的哲学研究 [M]. 北京：人民出版社，2013.

　　[12] 胡惠林. 国家文化治理：中国文化产业发展战略论 [M]. 上海：上海人民出版社，2012.

　　[13] 花建. 文化软实力——全球化背景下的强国之道 [M]. 上海：上海人民出版社，2013.

　　[14] 贾磊磊. 构筑文化江山——中国国家文化安全研究 [C]. 北京：中国广播电视出版社，2015.

　　[15] 江时学. 人类命运共同体研究 [M]. 北京：世界知识出版社，2018.

　　[16] 李长成. 人类命运共同体的政治哲学研究 [M]. 北京：中国社会科学出版社，2023.

　　[17] 李君如，罗建波，等. 人间正道：构建人类命运共同体 [M]. 北京：外文出版社，2021.

　　[18] 李君如. 人类命运共同体：中国人的世界梦 [M]. 北京：人民日报出版社，2020.

　　[19] 李智. 文化外交——一种传播学的解读 [M]. 北京：北京大学出版社，2005.

　　[20] 联合国教科文组织. 世界文化报告（1998）[R]. 北京：北京大学出版社，2000.

　　[21] 梁漱溟. 东西文化及其哲学 [M]. 北京：商务印书馆，2010.

　　[22] 刘鄂培. 孟子大传 [M]. 北京：清华大学出版社，1998.

　　[23] 刘同舫. 人类命运共同体的历史唯物主义沉思 [M]. 北京：人民出版社，2023.

　　[24] 陆树程. 价值哲学和共同体研究 [M]. 苏州：苏州大学出版社，2019.

　　[25] 马广利. 文化霸权：后殖民批评策略 [M]. 北京：光明日报出版社，2011.

　　[26] 马俊峰. 马克思主义价值理论研究 [M]. 北京：北京师范大学出版社，2012.

　　[27] 马俊峰，马乔恩. 构建人类命运共同体的历史性研究 [M]. 北京：人民出版社，2019.

　　[28] 明安香. 美国：超级传媒帝国 [M]. 北京：社会科学文献出版社，2005.

　　[29] 欧阳永忠. 道德心理和谐及其教育研究 [M]. 北京：人民出版社，2014.

［30］钱穆．中国文化史导论［M］．北京：商务印书馆，1994.

［31］邵发军．推动构建人类命运共同体的理论内涵与实践路径研究［M］．北京：人民出版社，2021.

［32］沈晓阳．正义论经纬［M］．北京：人民出版社，2007.

［33］释清仁．构建人类命运共同体的理论与实践研究［M］．北京：人民出版社，2022.

［34］孙维学．美国文化［M］．北京：文化艺术出版社，2004.

［35］万俊人．寻求普世伦理［M］．北京：商务印书馆，2009.

［36］王公龙，等．构建人类命运共同体思想研究［M］．北京：人民出版社，2019.

［37］王海锋．历史唯物主义世界观的当代阐释［M］．北京：中国社会科学出版社，2016.

［38］王灵芝．网络舆情引导与政府治理创新［M］．北京：人民出版社，2017.

［39］王庆丰．《资本论》的再现［M］．北京：中央编译出版社，2016.

［40］王彤．世界与中国——构建人类命运共同体［M］．北京：中共中央党校出版社，2019.

［41］王义桅．人类命运共同体：新型全球化的价值观［M］．北京：外文出版社，2021.

［42］王义桅．时代之问中国之答：构建人类命运共同体［M］．长沙：湖南人民出版社，2021.

［43］王治河．福柯［M］．长沙：湖南教育出版社，1999.

［44］肖珺．跨文化虚拟共同体：连接、信任与认同［M］．北京：社会科学文献出版社，2016.

［45］闫艳．交往视域中的思想政治教育［M］．北京：人民出版社，2011.

［46］杨伯溆，徐泓．平台魅力与舞台诱惑——中国互联网传播中的行动者［M］．北京：中国社会科学出版社，2011.

［47］杨洪源．构建命运共同体的人类文明［M］．北京：社会科学文献出版社，2022.

［48］叶飞霞，刘淑兰．引领文化与文化引领［M］．北京：人民出版社，2012.

［49］云德．全球化语境中的文化选择［M］．北京：人民文学出版社，2008.

［50］张骥．中国文化走向世界策略研究：基于文化软实力建设的视角［M］．北京：中国社会科学出版社，2019.

［51］张建英．文化安全战略研究［M］．北京：国防大学出版社，2011.

［52］张康之．为了人的共生共在［M］．北京：人民出版社，2016.

［53］张立文．和合与东亚意识［M］．上海：华东师范大学出版社，2001.

［54］张立文．中国传统文化与人类命运共同体［M］．北京：人民出版社，2018.

［55］张旭东．全球化时代的文化认同：西方普遍主义话语的历史批判［M］．北京：北京大学出版社，2006.

［56］张战．构建人类命运共同体思想研究［M］．北京：时事出版社，2019.

［57］赵刚，肖欢．国家软实力：超越经济和军事的第三种力量［M］．北京：新世界出版社，2010.

［58］赵启正．公共外交与跨文化交流［M］．北京：中国人民大学出版社，2011.

［59］郑乐平．超越现代主义和后现代主义：论新的社会理论空间之建构［M］．上海：上海教育出版社，2003.

［60］郑晓云．文化认同论［M］．北京：中国社会科学出版社，1992.

［61］中华人民共和国国民经济和社会发展第十四个五年规划和 2035 年远景目标纲要［M］．北京：人民出版社，2021.

［62］中华人民共和国国务院新闻办公室．中国的和平发展［M］．北京：人民出版社，2011.

［63］种海峰．时代性与民族性：全球交往格局中的文化冲突问题研究［M］．北京：中国社会科学出版社，2011.

［64］周怡．解读社会文化与结构的路径［M］．北京：社会科学文献出版社，2004.

四、译著

［1］［英］B·马林诺斯基．科学的文化理论［M］．黄建波，等译．北京：中央民族大学出版社，1999.

［2］［美］阿尔文·托夫勒．第三次浪潮［M］．朱志焱，等译．北京：新华出版社，1996.

［3］［美］阿尔文·托夫勒．权力的转移［M］．吴迎春，傅凌，译．北京：中信出版社，2006.

［4］［美］爱德华·W. 萨义德．东方学［M］．王宇根，译．北京：三联书店，2007.

［5］［英］爱德华·泰勒．原始文化：神话、哲学、宗教、语言、艺术和习俗发展之研究［M］．连树声，译．桂林：广西师范大学出版社，2005.

［6］［苏］巴尔格．历史学的范畴和方法［M］．莫润先，陈桂荣，译．北京：华夏出版社，1989.

［7］［日］池田大作，杜维明．对话的文明：谈和平的希望哲学［M］．卞立强，

张彩虹，译．成都：四川人民出版社，2007.

　　［8］［英］戴维·莫利．电视、受众与文化研究［M］．史安斌，译．北京：新华出版社，2005.

　　［9］［英］戴维·莫利，凯文·罗宾斯．认同的空间：全球媒介、电子世界景观与文化边界［M］．司艳，译．南京：南京大学出版社，2001.

　　［10］［美］菲利普·巴格比．文化与历史：文明比较研究导论［M］．夏克，李天纲，译．北京：商务印书馆，2018.

　　［11］［德］斐迪南·滕尼斯．共同体与社会：纯粹社会学的基本概念［M］．林容远，译．北京：北京大学出版社，2010.

　　［12］［美］弗朗西斯·福山．历史的终结及最后之人［M］．黄胜强，等译．北京：中国社会科学出版社，2003.

　　［13］［美］弗朗兹·博厄斯．人类学与现代生活［M］．刘莎，等译．北京：华夏出版社，1999.

　　［14］［法］弗雷德里克·马特尔．主流：谁将打赢全球文化战争［M］．刘成富，等译．北京：商务印书馆，2012.

　　［15］［德］哈拉尔德·米勒．文明的共存：对亨廷顿“文明冲突论”的批判［M］．郦红，等译．北京：新华出版社，2002.

　　［16］［美］汉斯·摩根索．国际纵横策论［M］．卢明华，等译．上海：上海译文出版社，1995.

　　［17］［美］汉斯·摩根索．国家间政治［M］．徐昕，郝望，李保平，译．北京：北京大学出版社，2006.

　　［18］［美］基辛格．论中国［M］．胡利平，等译．北京：中信出版社，2012.

　　［19］［加］考林·霍斯金斯，斯图亚特·迈克法蒂耶，亚当·费恩．全球电视和电影：产业经济学导论［M］．刘丰海，张慧宇，译．北京：新华出版社，2004.

　　［20］［法］卢梭．论人类不平等的起源［M］．高修娟，译．上海：上海三联书店，2009.

　　［21］［法］卢梭．社会契约论［M］．何兆武，译．北京：商务印书馆，2003.

　　［22］［美］罗兰·罗伯森．全球化：社会理论和全球文化［M］．梁光严，译．上海：上海人民出版社，2000.

　　［23］［英］罗素．中国问题［M］．秦悦，译．上海：学林出版社，1996.

　　［24］［美］马克斯韦尔·麦库姆斯．议程设置：大众媒介与舆论［M］．郭镇之，等译．北京：北京大学出版社，2008.

　　［25］［加］马歇尔·麦克卢汉．媒介即按摩：麦克卢汉媒介效应一览［M］．何道宽，译．北京：机械工业出版社，2016.

［26］［澳］迈克尔·A·豪格，［英］多米尼克·阿布拉姆斯．社会认同过程［M］．高明华，译．北京：中国人民大学出版社，2011．

［27］［美］麦金太尔．德性之后［M］．龚群，戴扬毅，等译．北京：中国社会科学出版社，1995．

［28］［美］曼瑟尔·奥尔森．集体行动的逻辑［M］．陈郁，郭宇峰，李崇新，译．上海：上海三联书店、上海人民出版社，1995．

［29］［美］奈森·嘉戴尔斯，迈克·麦德沃．全球媒体时代的软实力之争——伊拉克战争之后的美国形象［M］．何明智，译．北京：中信出版社，2010．

［30］［美］尼古拉斯·克里斯塔基斯，詹姆斯·富勒．大连接：社会网络是如何形成的以及对人类现实行为的影响［M］．简学，译．北京：中国人民大学出版社，2013．

［31］［美］欧文·拉兹洛．多种文化的星球——联合国教科文组织国际专家小组的报告［M］．戴侃，辛未，译．北京：社会科学文献出版社，2001．

［32］［美］塞缪尔·亨廷顿，彼得·伯杰主编．全球化的文化动力：当今世界的文化多样性［C］．康敬贻，林振熙，林雄，译．北京：新华出版社，2004．

［33］［美］塞缪尔·亨廷顿．文明的冲突与世界秩序的重建［M］．周琪，等译．北京：新华出版社，2009．

［34］［德］斯宾格勒．西方的没落［M］．齐世荣，译．北京：群言出版社，2014．

［35］［英］汤林森．文化帝国主义［M］．冯建三，译．上海：上海人民出版社，1999．

［36］［英］汤因比．历史研究［M］．刘北成，郭小凌，译．上海：上海人民出版社，2005．

［37］［美］威廉·麦克尼尔．西方的兴起：人类共同体史［M］．孙岳，陈志坚，于展，等译．北京：中信出版社，2015．

［38］［德］乌尔里希·贝克．世界主义的观点——战争即和平［M］．杨祖群，译．上海：华东师范大学出版社，2008．

［39］［法］雅克·德里达．马克思的幽灵：债务国家、哀悼活动和新国际［M］．何一，译．北京：中国人民大学出版社，2016．

［40］［古希腊］亚里士多德．政治学［M］．颜一，秦典华，译．北京：中国人民大学出版社，2003．

［41］［美］亚历山大·温特．国际政治的社会理论［M］．秦亚青，译．上海：上海人民出版社，2014．

［42］［英］约翰·汤姆林森．全球化与文化［M］．郭英剑，译．南京：南京大学出版社，2002．

［43］［英］约翰·汤普森. 意识形态与现代文化［M］. 高铦, 等译. 南京: 译林出版社, 2019.

［44］［美］约瑟夫·奈. 美国霸权的困惑: 为什么美国不能独断专行［M］. 郑志国, 何向东, 等译. 北京: 世界知识出版社, 2002.

［45］［美］约瑟夫·奈. 软力量——世界政坛成功之道［M］. 吴晓辉, 钱程, 译. 北京: 东方出版社, 2005.

［46］［美］约瑟夫·奈. 软实力［M］. 马娟娟, 译. 北京: 中信出版社, 2013.

［47］［美］约瑟夫·奈. 硬权力与软权力［M］. 门洪华, 译. 北京: 北京大学出版社, 2005.

［48］［美］兹比格涅夫·布热津斯基. 大棋局: 美国的首要地位及其地缘战略［M］. 中国国际问题研究所, 译. 上海: 上海世纪出版集团, 2007.

五、外文文献

［1］ Arthur M. Schlesinger · Jr. The Cycles of American History. Boston: Freedom Press, 1986: 16.

［2］ Hendrik Hertzberg, "Smart Power". New Yorker, 2009, 84 (46): 24.

［3］ Homi Bhabha. Difference, Discrimination, and the Discourse of Colonialism. in Francis Barker et al. des. The Polities of Theory. Colchester: University of Essex, 1983: 200.

［4］ Jerald Hage, Rogers Hollingsworth, Francis Fukuyama. The End of History and the Last Man. Contemporary Sociology A Journal of Reviews, 1993, 22 (2).

［5］ Josef Joffe: soft Power Politics, Time Europe, 2000, 155 (23): 32.

［6］ Joseph S. Nye, Jr. , Soft Power: The Means to Success in World Politics, New York: Public Affairs, 2004: 8.

［7］ Joseph S. Nye, Jr. , The Paradox of American Power: Why the World's Only Super Power Can't Go It Alone［M］. New York: Oxford University Press, 2002: 42.

［8］ Joseph S. Nye, "What China and Russia Don't Get About Soft Power," Foreign Policy (May 2013), 2013, 29 (10).

［9］ Kroeber, A. L. , & Kluckholn, C. Culture: A Critical Review of Concepts and Definitions, New York: Vintage Books, 1963: 181.

［10］ Mitchell J M. International Cultural Relations. London: Allen & Unwin Ltd, 1986: 19 - 20.

［11］ Nancy J. Adler, International Dimensions of Organizational Behavior (3ded.). Wads-worth, Belmont, CA, 1997.

［12］Richard L. Armitage and Joseph S. Nye：CSIS Commission on Smart Power, 2007，p. 7.

［13］Robert O. Keohane and Joseph Snye Jt：Power and Interdependence in the Information Age，Foreign Affairs，September/October，1998：5.

［14］Suzannel Nossel, "Smart Power". Foreign Affairs，2004，83（2）.

［15］World Economic Outlook：Managing Divergent Recoveries（2021APR），International Monetary Fund，April，2021.

六、网络资源

［1］陈须隆. 当今世界面临的主要全球性问题［EB/OL］. 中国日报网，2015 – 09 – 27，http：//cn. chinadaily. com. cn/Xjpfm2015/2015 – 09/27/content_21991824. htm.

［2］调查显示，新冠疫情加剧全球社会不平等问题［EB/OL］. 中华人民共和国商务部网站，2021 – 01 – 02，http：//de. mofcom. gov. cn/article/jmxw/202102/20210203 036390. shtml.

［3］美国对华认知中的谬误和事实真相［EB/OL］. 外交部网站，2022 – 06 – 19，http：//russiaembassy. fmprc. gov. cn/wjbxw_new/202206/t20220619_10706065. shtml.

［4］国家发改委，外交部，商务部. 推动共建丝绸之路经济带和21 世纪海上丝绸之路的愿景与行动［EB/OL］. 国务院新闻办公室网站，2015 – 03 – 28，http：//www. scio. gov. cn/31773/35507/35519/Document/1535279/1535279. htm.

［5］国务院新闻办公室. 中国的军事战略［EB/OL］. 中国政府网，2015 – 05 – 26，http：//www. gov. cn/zhengce/2015 – 05/26/content_2868988. htm.

［6］理查德·哈纳尼亚. 中国的真正威胁在于其对美国主流意识形态的威胁［EB/OL］. 观察者网，2021 – 02 – 23，https：//www. guancha. cn/RichardHanania/2021_ 02_23_581954_s. shtml.

［7］联合国发布《2020 年世界社会报告》［EB/OL］. 中国社会科学网，2020 – 01 – 18，http：//sky. cssn. cn/hqxx/gclt/202001/t20200118_5080601. shtml.

［8］《纽约时报》：中国想打造一套抗衡 BBC 和 CNN 的方案［EB/OL］. 中华网，2021 – 05 – 10，https：//news. china. com/domestic/945/20210510/39559892_all. html# page_3.

［9］世界各地已有548 所孔子学院［EB/OL］. 国务院新闻办公室网站，2018 – 12 – 15，http：//www. scio. gov. cn/31773/35507/35514/35522/Document/1642931/1642 931. htm.

［10］世界评说中国软实力［EB/OL］. 中国经济网，2006 – 06 – 05，http：//in-tl. ce. cn/wdck/yw/200606/05/t20060605_7217501. shtml.

［11］孙敬鑫，曹俊．为推动构建人类命运共同体提供正能量［EB/OL］．中国社会科学网，2022 - 09 - 09，http：//ex. cssn. cn/zx/bwyc/202209/t20220909_5492188. shtml.

［12］徐祥丽，李焱．"构建人类命运共同体"为什么被写入联合国决议？［EB/OL］．人民网，2019 - 10 - 11，http：//politics. people. com. cn/n1/2019/1011/c429373 - 31394646. html.

［13］亚投行成立六周年 在推动全球多边开发机构合作方面作出巨大贡献［EB/OL］．国际在线，2021 - 12 - 27，https：//news. cri. cn/20211227/7a8bb70a - b363 - 85 e0 - aee1 - d63639656fd1. html.

［14］赵衍龙．中国媒体的国际影响力任重而道远［EB/OL］．环球网，2016 - 12 - 17，https：//world. huanqiu. com/article/9CaKrnJZdwR.

后　记

　　文化这一范畴发展到今天，已经形成了一个多层次多维度的概念。文化是人类形成的标志，也是人类文明不断发展的尺度。从宏观的维度来看，文化成为一个与人类观念、行为相对应的泛泛的概念，它的范围覆盖了与人类所有活动相关的领域。

　　显然，思想性观念性文化是文化核心层面的内容，它构成了不同国家、不同民族乃至所有人精神世界的主要内涵，影响着每一个人、不同国家和民族的立场、取向和选择。由此，很多人都关注文化，对于文化的作用提供多种范式或理论，形成了纷繁复杂的文化研究格局，也形成了丰富多彩的文化研究成果。

　　文化对于很多社会活动、对于人们的工作、对于社会领域的现象都有多方面的影响。这也是我长期关注文化的依据。我也是在这个背景下对于构建人类命运共同体的文化问题展开了研究，并以此为主题于 2017 年获批国家哲学社会科学基金重点项目（项目批准号：17AKS012）。在构建人类命运共同体的积极推进下，世界文化发展迎来新的机遇与挑战，为我国文化建设提出新的要求。本课题在深入研究共同体内涵与意义的基础上，深刻阐释了文化在构建共同体进程中不可替代的实践功能，全面剖析了人类命运共同体建设中面临的文化问题与挑战、我国文化存在的薄弱环节与不足。在这个基础上，课题充分阐发了中国文化对于构建人类命运共同体的独特价值，科学探讨了人类命运共同体建设中文化战略的理论与原则、目标与取向。在对这一课题进行研究的过程中，我也深刻感受到文化研究的困难之处，特别是对于文化层面、文化边界的把握，有时会出现模糊不清、不好明确的情况。这种困难和给文化下一个定义出现的困难是一样的。

　　在这本专著即将付梓之际，我更加深刻地认识到一个问题，这个问题无法也没有在专著中展开进一步的阐释和研究。那就是，今天，人工智能风起云涌，将面向未来打开人类社会新的入口，也为我们认识未来的社会和生活提供了无限的可能性，无限的想象力。它既会为未来人类共同体提供新的技术力量和组织架构，也会为人类文化系统新陈代谢、推陈出新提供不可或缺的推动力。但无论未来技术如何改变社会的效率，改变社会的结构，人们之间的联系、基于共同体之间的联系将更加紧密，这种趋势不会发生改变；同时，文化——不断升级换代的文化规则和社会秩序观——对于未来社会的影响力甚至是塑造力，也必将更加强大，这种趋势也不会发生改变。社会是科技和文化的母体，科技和文化正在也必将重塑这个社会。

　　苏格拉底说，未经省察的人生是不值得过的。同理，未能省察的学术成果是不值得面世的。以人为镜，可以明得失。学途漫漫，学海无涯，只有在学术研究的进程中坚持好学术自觉和学术反思，在学术交流和共鸣中坚持好肯定——否定——否定之否定的学术态度，一个人的学术能力才能得到波浪式前进，才能在学术道路上不断提高，不断进步，谨以自勉。在本专著完成的过程中，学习和吸收了专家和学者们的观点和素材，在国家课题结项的过程中，也得到了结项评审专家的全面指导，在此，向专家和同仁们致以衷心的感谢！

　　在本专著出版的过程中，得到了经济科学出版社领导和编辑的支持和评阅，并对于专著提出了宝贵修改意见，对于出版社专业细致的工作致以衷心的感谢！

　　独行快而众行远，独学寡而众学乐。由于个人学术研究能力不足，学术视野不够广泛，本专著可能存在着诸多不足的地方，请各位专家读者给予批评指正。

赵学琳

2024 年 8 月